식민지 조선과 일본군'위안부' 문제 자료집 Ⅵ
- 일제의 성병 대책과 전장의 위안소 -

• 이 책은 2023년도 동북아역사재단 기획연구 수행 결과물임(NAHF-2023-기획연구-08).

일제침탈사
자료총서 100

식민지 조선과 일본군'위안부' 문제 자료집 Ⅵ

-일제의 성병 대책과 전장의 위안소-

동북아역사재단 편

동북아역사재단
NORTHEAST ASIAN HISTORY FOUNDATION

| 발간사

일본이 한국을 침탈한 지 100년이 지나고 한국이 일본의 지배로부터 벗어난 지 70년이 넘었건만, 식민 지배에 대한 청산은 이루어지지 못하고 있다. 일본의 독도영유권 주장은 도를 넘어섰다. 일본은 일본군'위안부', 강제동원 등 인적 수탈의 강제성도 인정하지 않고 있다. 일본군'위안부'와 강제동원의 피해를 해결하는 방안을 놓고 한·일 간의 갈등은 최고조에 이르고 있다. 역사 문제를 벗어나 무역분쟁, 안보위기 등 현실 문제가 위기국면을 맞고 있다.

한·일 간의 갈등은 식민 지배의 역사를 어떻게 볼 것인가 하는 역사인식에서 기인한다. 역사는 현재와 과거의 대화이며 이를 기반으로 미래로 나아갈 수 있다. 과거 침략의 역사를 미화하면서 평화로운 미래를 말하는 것은 불가능하다. 식민 지배와 전쟁발발의 책임을 인정하지 않고 반성하지 않으면 다시 군국주의가 부활할 수 있고 전쟁이 일어날 위험성도 배제할 수 없다. 미래지향적 한일관계를 형성하고 나아가 동아시아의 평화와 번영의 기틀을 조성하기 위해 일본은 식민 지배의 책임을 인정하고 그 청산을 위해 노력해야 할 것이다.

식민 지배의 역사를 청산하기 위해서는 식민 지배는 어떻게 이루어졌는지 그 실상을 명확하게 규명하는 일이 긴요하다. 그동안 일본제국주의에 맞서 조국의 독립을 위해 헌신한 독립운동가들의 활동을 찾아내고 역사적으로 평가하는 일에는 상당한 성과를 거두었다. 반면 일제 식민침탈의 구체적인 실상을 규명하는 일에는 충분한 노력을 기울이지 못했다. 제국주의가 식민지를 침탈했다는 것은 너무나 당연한 사실로 여겨졌기 때문에, 굳이 식민 지배에서 비롯된 수탈과 억압, 인권유린을 낱낱이 확인할 필요가 없었는지도 모른다. 그러는 사이 일본은 식민 지배가 오히려 한국에 은혜를 베푼 것이라고 미화하고, 참혹한 인권유린을 부인하는 역사부정의 인식을 보이는 데까지 이르고 있다. 일제의 통치와 침탈 그리고 그 피해를 종합적으로 조사하고 편찬할 필요성이 여기에 있다.

일제침탈사를 체계적으로 정리하는 일은 개인이 감당하기 어렵다. 이에 우리 재단은 한국학계의 힘을 모아 일제침탈사 편찬위원회를 꾸렸다. 편찬위원회가 중심이 되어 일제의 식민지 침탈사를 정치·경제·사회·문화 모든 방면에 걸쳐 체계적으로 집대성하기로 했다. 일제 식민침탈의 실체를 파악하기 위해 2020년부터 세 가지 방면으로 사업을 추진하고 있다. 하나는 일제침탈의 실상을 구체적이고 생생한 자료를 통해서 제공하는 일로서 〈일제침탈사 자료총서〉로 편찬한다. 다른 하나는 이 자료들을 바탕으로 연구한 결과물을 〈일제침탈사 연구총서〉로 간행한다. 그리고 연구의 결과를 대중들이 이해하기 쉽게 〈일제침탈사 교양총서〉를 바로알기 시리즈로 간행한다. 자료총서 100권, 연구총서 50권, 교양총서 70권을 기본 목표로 삼아 진행하고 있다.

〈일제침탈사 자료총서〉에서는 정치·경제·사회·문화 모든 방면에 걸쳐 침탈의 역사를 자료적 차원에서 종합했다. 침략과 수탈의 역사를 또렷하게 직시할 수 있도록 생생한 자료를 제공하는 데 목표를 두었다. 그동안 관련 자료집도 여러 방면에서 편찬되었지만 원자료를 그대로 간행한 경우가 많았다. 이번에 발간되는 자료총서는 해당 주제에 대한 침탈의 실상을 체계적으로 이해할 수 있는 구성 방식을 취했으며, 지배자의 언어로 기록되어 있는 자료들을 독자들이 쉽게 읽을 수 있도록 모두 번역했다. 자료총서를 통해 일제 식민 지배의 실체와 침탈의 실상을 있는 그대로 이해할 수 있게 되기를 기대한다.

일제침탈사 자료총서의 일환으로 발간하는 이 자료집은 일본군'위안부' 피해의 역사적 배경과 그 특성을 이해하기 위해 기획한 것이다. 모두 6개의 주제로 분류하여 《식민지 조선과 일본군'위안부' 문제 자료집》 시리즈로 엮어가고 있다. 2020년에는 그 첫 번째 성과로 제Ⅰ권 '중일전쟁 이후 일제의 도항 통제' 자료집을 발간했다. 이어서 2021년에는 제Ⅱ권 '제국 외 이송유괴 사건 관계'와 제Ⅲ권 '전시체제기 유언비어 통제 관계' 자료집을 세상에 내놓았다. 2022년에는 1930년대 국제연맹의 아시아 지역 여성·아동 매매 조사 자료를 엮은 제Ⅳ권을 펴냈으며, 2023년에는 일제 성관리 정책하의 식민지 경찰과 인신매매 문제를 다룬 제Ⅴ권을 펴냈다. 이 시리즈는 올해 2024년 일제의 성병 대책과 전장의 위안소를 다룬 제Ⅵ권을 발간하고 마무리된다. 아무쪼록 이 자료집 시리즈가 일본의 전쟁 범죄와 식민지 지배 책임을 밝히고 피해자 입장에서 일본군'위안부' 문제를 이해하는 데 바탕이 될 수 있기를 바란다.

2024년
동북아역사재단 이사장

| 머리말

김학순이 일본군'위안부' 문제를 전쟁 범죄와 식민지 지배 책임 문제로 공개증언하고, 여기에 공감하는 청중이 모여 전시(戰時)와 일상의 성폭력 역사를 새롭게 쓰기 시작한 지 30년이 지났다. 여성의 관점과 소수자의 경험을 배제해 온 역사쓰기에 거리를 두고 역사를 배우기보다 역사에서 배우는 것이 더욱 중요하다는 사실을 깨달아 온 시간이었다. 동시에 평화와 인권을 존중하는 미래를 만들기 위해서는 역사를 소비하는 데 그치지 않고 각자 역사 쓰기에 참여하는 것이 중요하다는 사실을 깨닫는 시간이기도 했다. 개인의 자유의지와 자율적인 일상이 보장받는 개인의 권리는 타인의 권리와 균형을 이뤘을 때 비로소 평화로운 상태에 이르기 때문이다. 따라서 타인의 역사를 안다는 것은 나를 위한 역사쓰기의 전제 조건이며, 누구도 타자화하지 않는 역사쓰기를 하려면 각자의 역할과 책임을 공유하는 민주적인 공동체 사회를 지향해야 한다는 목적의식이 있어야 한다.

그리고 우리는 그 어려운 일을 해내기 위해 지난 역사에서 다양한 권력 주체들이 저질러 온 폭력과 여기에서 비롯된 인간의 고통을 배워야 한다. 피해자의 편에서 분노하고 가해자를 응징하기 위해서만이 아니다. 폭력을 낳는 구조와 그로 인해 이득을 얻는 주체를 직시하고 폭력을 재생산하는 구조를 해체하기 위해서다. 동시에 폭력 구조가 짜놓은 관계의 그물망에서 가해와 피해 사이 어디쯤엔가 배치되어 있는 우리를 해방시키기 위해서다. 오늘날까지 지속된 폭력 구조는 미래에도 이어질 것이며, 그로 인한 인간의 갈등과 고통은 끝이 나지 않을 것이기 때문이다.

《식민지 조선과 일본군'위안부' 문제 자료집》 시리즈는 군사주의와 식민주의 그리고 가부장주의를 발판으로 '제국'을 지배했던 일제 권력이 어떠한 지배구조를 만들어 내고 또 이를 어떻게 차별적으로 운용했는지 점검하면서 '위안부' 피해에 접근하고자 한다. 그간 일본군'위안부' 문제를 둘러싼 논의에서 조선인 '위안부'의 피해 성격 문제가 쟁점이 되어 왔음에도 불구하고 역사적 실태 연구는 충분치 않았다. 이는 일차적으로 조선인 '위안부'의 피해 특성을 직접적으로 드러내는 역사자료를 찾기가 쉽지 않다는 현실 때문일 것이다. 그러나 동시에 우리가 얼마나 탈식민주의 및 젠더 관점으로 조선인 '위안부'의 피해를 이해하고자 노력해 왔는지에 대한 질문도 필요하다. 인식의 틀을 달리하면 기존의 자료를 새롭게 독해하여 전시와 일상의 성폭력 피해에 대해 풍부하게 이야기할 수 있다. 일본군'위안부' 피해를 이해하기에 필요한 것은 새로운 자료가 아니라 새로운 관점과 방법론이다. 이를 위해 이 자료집 시리즈에서는 일본군'위안부'의 동원 배경과 피해를 이야기하기 위한 여섯 가지 주제를 설정하여 관련 자료를 수집하고, 해당 주제와 관련되는 관계 사료를 정리하였다.

식민지 조선은 제국 일본의 '외지(外地)'로서 법의 예외 상태에 놓여 있었다. 따라서 그 역사적 특성을 이해하려면 교차하는 권력들과 이들 간의 공모에 의해 구축된 정치적, 경제적, 사회적 지배질서의 성격을 따져봐야 한다. 제국 본국에 견준 차별적인 법 적용뿐만 아니라 법의 불비(不備) 또는 권력에 의한 폭력의 관리 상태를 드러내며 식민주의가 어떻게 작동되고 있었는지 살펴봐야 하는 것이다. 나아가 제국 본국뿐만 아니라 또 다른 외지 지역, 그외 점령지나 실질적 식민지 지역에 대한 권력 행사 방식을 더불어 살펴봐야 내셔널리즘 역사인식의 함정에 빠지지 않을 수 있다. 비교사의 접근으로 시공간을 가로질러 작동하는 권력들의 본질을 드러냄으로써 현재에도 엄습하고 있는 식민주의의 공세에 맞설 수 있는 것이다. 젠더와 탈식민주의의 관점에서 조선인 여성의 피해 성격을 밝히는 데 관심을 둔 이 자료집에 '제국 일본'의 영역과 나아가 국제적 범위에서 일어났던 여성 피해 사례까지 포함하고 있는 이유는 이 때문이다.

2020년에 발간한 제I권 '중일전쟁 이후 일제의 도항 통제'에서는 중일전쟁 발발 이후 일본 정부와 조선총독부가 시행한 '불량분자' 도항 통제와 '위안부' 도항 관계 자료를 살펴보았다. 이 책으로 전시체제기 식민지 조선, 대만과 일본의 여성이 '본인의 의지'에 따라 전쟁터로 가서 '위안부'가 된다는 것이 불가능하다는 사실을 드러냈다. 일본군과 일본 정부 그리고 식민권력이 '위안부'의 도항을 허가하는 과정에서 사용된 용어는 '작부'나 '여급', '조추', '나카이'였다는 사실도 확인할 수 있었다. 성적 서비스나 가사 서비스를 위해 일본이 여성의 일로서 합법화해 놓은 분야의 용어들을 활용하여 전쟁터의 '위안부' 공급을 비불법(非不法) 차원으로 관리한 것이다.

2021년에는 '제국 외 이송유괴 사건 관계' 자료와 '전시체제기 유언비어 통제 관계' 자료를 엮어 제II권과 제III권으로 내놓았다. 제국 일본의 영역을 넘어 인신매매되는 여성들의 피해 내용이 담긴 제국 외 이송유괴 사건 관련 형사판결문은 당시 사법 당국이 '위안부' 이송을 불법으로 인식하고 처벌한 실태를 보여 주는 사례로서 주목되어 왔다. 전시체제기 언론 및 여론 통제의 시대에 '위안부' 동원과 관련되었다고 여겨지는 '유언비어' 처벌 자료들은 사기와 감언이설의 방법으로 '위안부'가 되어야 했던 식민지 여성의 동원 배경을 드러내는 자료로서 검토되어 왔다.

2022년에는 1930년대 초반 국제적인 시각으로 일본 성관리 정책의 실태와 성격을 살펴보았다. 구체적으로 국제연맹 여성·아동 매매 실지조사단의 조사 내용과 보고서 그리고 이에 대한 일본 정부의 대응 관련 내용이다. 국제연맹은 일본의 공창제가 바로 인신매매제도라고 지적했으며, 이러한 국제사회의 평가에 대응하는 과정에서 일본은 일본의 공창제가 지닌 노예적, 인신매매제도로서의 성격을 면피할 수 있는 대응 논리를 만들었다. 그리고 아시아·태평양전쟁을 도발하고 일본군'위안부' 제도를 운용하면서 '공인과 은폐'의 속성을 지닌 국가관리 성동원 시스템을 만들어 냈다. 따라서 이 자료집에 실린 주제와 내용은 일본군'위안부' 제도 시행의 배경에 대한 이해와 긴밀하게 연결되어 있다고 할 수 있다.

2023년에 발간된 제Ⅴ권의 주제는 일제 성관리 정책하의 식민지 경찰과 인신매매 문제다. 일본군'위안부' 동원 배경으로서 성관리 정책과 식민지 경찰 그리고 인신매매 문제에 주목했다.

2024년에 발간되는 이 자료집은 《식민지 조선과 일본군'위안부' 문제 자료집》 시리즈의 마지막인 제Ⅵ권이다. 원래 제Ⅴ권, 식민지 경찰의 성관리 정책 중 위생 측면을 살펴보기 위해, 수집하기 시작했는데, 제Ⅴ권 발간 과정 중에 '성병' 부분을 분리할 필요를 느꼈다. 곧 일본 정부, 일본군의 성관리 정책은 일반적으로 '위안부'와 '공창', '사창'으로 분리해 보는 경향이 있다. 이 때문에 '위안부'와 '공창' 그리고 '사창'은 서로 같거나 다르며, 이는 '위안부'의 피해를 입증하는 기준이 된다는 주장이 있기도 하다. 그러나 최근 한일 간의 연구 경향은 일본의 정치 세력권에서의 성관리 정책은 '성매매 면허'의 허가 여부가 아니라 성병 관리와 단속을 기준으로 봐야 한다는 논의들이 활발해지는 것이다. 애초에 일본 정부의 근대 성관리 정책, 곧 공창제는 '부국강병'을 담당하는 남성 집단인 노동자와, 특히 군인의 성병 예방에 목적이 있었으며, 면허가 있든 없든, 평시든 전시든 군인이 이용을 허가받은 성적 시설에서 성병 관리를 받는 여성들이 남성들의 '위안'의 대상으로 배치되었다는 주장이다. 군인이 전쟁을 수행하는 상황에서, 이를 효율적으로 돕기 위한 전시체제의 상황에서 군인의 성병 예방과 이들의 '성적 위안'의 존재로 배치된 여성들에 대한 관리감독이 더욱 엄격해지는 것은 당연한 일이다. 따라서 이번 자료집에서는 시리즈의 마지막 권으로서 국가권력의 성병 인식과 대책 그리고 그에 따른 정책의 변동 과정을 중심으로 살피고, 마지막에는 그러한 축적된 경험들이 전장에서 어떻게 '군인 성병 예방의 방침'으로서 이동하여 다양한 양태를 보이는지 검토할 수 있도록 했다. '성병'과 관련된 언론보도 자료는 국가권력과 전문가들의 성병 인식과 대책 모색들이 현실 사회에서 어떠한 비판을 받거나 시행착오를 거치거나 좌절됐는지 살펴보기 위해 정리한 것이다. 마지막으로 군 회고록과 피해자 구술 자료집 가운데 '성병'과 관련된 부분을 모았다. 이는 엄격한 군의 인식과 대책에 대해 군인들이 어떻게 인식했는지 그리고 '효율적인 전쟁수행'을 위한다는 명분의 성병 관리가 피해자에게는 어떠한 경험이었는지 드러내기 위한 것이다. 특히 피해자들은 최초의 성병 검진에서 이어지는 군의관의 강간 그리고 수치심, 한편으로는 '죽음'과 연동되어 성병 검진과 관련한 직간접적인 기억들을 토로했다. 이는 '국익과 전쟁 승리'를 위한다는 명분으로 개설, 관리된 일본군'위안부' 제도는 여성을 공공연하게 비인간화하여 도구화했다는 사실을 말해 준다. 1993년 고노담화에서 언급된 대로 '위안부'들은 위안소 안에서 비참한 일상을 강요받고 있었던 것이다.

일본군'위안부' 문제를 해결하려고 노력해 온 30년이 넘는 시간 속에서 우리는 수많은 '자료 발굴'과 자료집 발간 그리고 데이터베이스의 구축 소식을 접해 왔다. 그동안의 수고와 노력이 없었다면 이 자료집 시리즈는 기획조차 어려웠을 것이다. 따라서 이 자료집의 발간도 그동안의 성과에 빚지고 있다고 할 수 있다.

한편 수많은 자료 발굴과 연구 성과에도 불구하고 '팩트'를 내세우며 일본군'위안부' 피해와 그 책임을 부정하는 역사부정론자들의 공세가 더욱 높아지고 있는 현실에 주목한다. 이는 일본군'위안부' 진상규명이라는 과제가 자료의 '발굴'에서 '해석'으로 이행되었음을 시사한다. 그리고 우리는 어떠한 관점으로 자료를 해석하여 어떠한 미래를 만들어 가기 위한 '위안부' 역사쓰기를 할 것인가라는 질문에 맞닥트리고 있다. 이제 '위안부' 문제 해결이라는 당위를 외치기에 앞서 그 해결의 길을 찾기 위해 우리에게 필요한 관점이 무엇인지 확인하고 그 바탕 위에서 '위안부' 역사를 구성해 나갈 때다. 이 자료집 시리즈가 역사로부터 배우는 방법을 사유하는 데 밑거름이 될 수 있기를 바란다.

2024년 12월

동북아역사재단 박정애 연구위원

| 차례

일러두기

1. 용어 표기

- 당대 역사상을 보여 주는 용어는 가능한 한 그대로 사용했다. 단, 문장을 풀어쓸 필요가 있는 경우에는 풀어서 번역했다.
- 내지(內地), 내지인(內地人)은 '일본', '일본인'만을 지칭하는 용어다. 따라서 원문 그대로 썼다.
- 중국, 중국인을 뜻하는 지나(支那), 지나인(支那人)은 원문 그대로 번역했다. 일본은 중국인이 '지나인'으로 불리는 것을 싫어한다는 사실을 알면서도 공문서 대부분에서 '지나', '지나인'이라는 표현을 사용했다. 일본의 아시아 인식을 드러내는 말이라 생각한다.
- 당대 일본어에서는 성매매 여성을 매춘부(賣春婦), 매소부(賣笑婦), 추업부(醜業婦), 매음부(淫賣婦) 등으로 표현했다. 사회적으로 성매매 여성을 부도덕하고 법을 어기는 존재로 폄하하여 가리키는 용어다. 당대 일본 사회의 여성의식과 이에 따른 여성정책을 드러낸다는 의미에서 원문에 따라 표기하였다.
- '가시자시키(貸座敷)', '오키야(置屋)', '조추(女中)', '나카이(仲居)' 등과 같이 일본의 역사나 정책에서 비롯된 말은 일본어의 한글 발음으로 표기하였다.
- 주로 창기나 예기, 작부, 나카이 등의 일을 말할 때 표현되는 '가교오(稼業)'는 그동안의 연구나 자료집에서 '가업'으로 번역되어 왔지만, 이는 한국어에 없는 말이다. '가교오'는 생계유지를 위한 일이라는 의미인데, 근대 일본에서 '창기가교오'나 '예기가교오'라는 합성어가 하나의 단어처럼 사용되는 배경을 살펴보는 것이 중요하다. 곧 예창기제도는 인신매매제도라는 국내외의 비판을 배경으로 메이지 정부가 '예창기해방령'을 공포하고 다시 관리 법령을 제정하는 과정에서 '생계를 위해 [성매매] 일을 하는 여성과 포주의 계약은 인신매매가 아닌 합리적인 계약'이라는 해석을 해온 것이다. 이에 따라 근대 일본의 공창제는 '본인의 의사에 따른 계약 제도'라는 정치적 수사를 내포하여 '가교오'라는 말의 쓰임이 정착되었다. 이에 따라 이 자료집에서는 이를 '가교오'를 한자대로 음독하여 '가업'이라고 표기하거나 특정 단어로 통일하지 않고 문맥에 따라 '일을 하다', '일', '생업' 등의 표현으로 풀어서 번역했다.
- '매합(媒合)'은 남녀가 관계를 갖도록 다리를 놓는 것을 말하며, '용지(容止)'는 자신의 집에서 남녀가 관계를 맺도록 머물게 하는 것을 말한다. '매합용지'라는 조합어로 자주 쓰이는데, 일본어로는 '바이고요시'라고 읽는다. 일제 시기에 경찰이 단속하는 사창(私娼) 관련 용어로 쓰이다가, 해방 후 한국의 법조문에 '매합용지'라는 표현으로 남았다. 이에 따라 이 자료집에서는 '매합용지'라고 표기한다.
- '확청(廓清)'은 일제 시기 공창제도 폐지(廢娼) 운동가들의 활동 모토였다. 본래 의미는 '사회적으로 더러운 것, 폐단 따위를 없애서 사회를 정화한다'는 것이며, 폐창운동의 맥락에서 '유곽을 없앤다'는 의미도 내포했다.

'廓'이라는 한자는 '곽', 또는 '확'으로 읽는데, '廓清'은 일반적으로 '확청'으로 읽히며 조선시대에도 사용된 말이다. 그런데 어느 시기부터 이를 '곽청'으로도 번역하고 있으나, 이는 오역으로 판단된다. 따라서 이 자료집에서는 '확청'으로 번역한다.

- 일본군의 보급부대를 담당하는 시쵸다이(輜重隊)의 경우, 한국에서는 치중대라는 말을 사용하지 않는다. 따라서 이 책에서는 번역어로 '보급부대'로 표기한다.
- 매독을 의미하는 한자 '黴毒'은 곰팡이 미(黴) 자와 독 독(毒) 자로 구성되어 '미독'이라 읽는 것이 마땅할 것이다. 그러나 '黴' 자의 간체자로 매(霉)가 사용되기도 하며, 일제 시기 한글 신문에서 '매'라고 읽힌 사례가 발견된다. '미독(黴毒)'과 '매독(梅毒)'의 일본어 발음은 모두 '바이도쿠'로 읽힌다. 무엇보다 '미독(黴毒)'은 이 자료집에서 모두 우리에게 흔하게 알려진 성병의 이름인 '매독'의 의미로 쓰이고 있다. 이 때문에 이 자료집에서 '黴毒'은 문맥에 따라 '미독' 또는 '매독'으로 번역한다.

2. 지명 표기

- 식민지 조선 이외 지역의 지명은 오사카(大阪), 모지(文司), 신징(新京) 등과 같이 현지 지명의 발음 표기에 따랐다. 조선 내의 지명은 한자의 한글 표기, 곧 본정(本町), 신정(新町) 등으로 표기했다. 그러나 예를 들어 일본에 소재하는 '新町'은 '신마치', 관동주 다롄(大連)에 소재하는 '新町'은 '신딩'으로 표기한다.

3. 이름 표기

- 일본인의 경우, 일본어의 한글 표기(한자 병기)를 하였다. 실제로 사용한 이름 표기를 찾을 수 없는 경우 일반적으로 사용되는 이름으로 표기했다. 이 때문에 실제 사용된 이름 표기와 다를 수 있는 점을 양해 바란다.

4. 번호 표기

- 자료 안에 매겨진 번호 형식은 원문을 따른 것이다.
  一, 二, 三, (一), (二), (三) 등 원문 그대로 번호를 매겼다. 단, 원문의 (イ), (ロ), (ハ)는 (가), (나), (다)로 번역했다.

5. 자료의 통계에 대하여

- 자료 중에 제시된 통계의 수나 합계는 서로 모순되거나 맞지 않은 경우가 상당했다. 그럼에도 원문 그대로 제시하는 것이 통계의 왜곡을 가장 줄일 수 있는 방법이라고 판단했다. 따라서 자료상 통계의 활용은 경향성을 파악하는 데 참조하는 것이 필요하다. '통계의 왜곡' 그 자체가 연구 주제라 생각된다.

6. 신문 번역 및 기사 정리에 대하여

- 일본어 신문인 경성일보(京城日報), 부산일보(釜山日報), 조선신문(朝鮮新聞), 조선신보(朝鮮新報) 등은 이 자료집에서 설정한 번역지침에 따라 한글 번역을 하였다.
- 한글 신문으로 두루 인식되어 있는 동아일보, 조선일보, 매일신보 등은 현대 한글로 고쳐 옮겨 적었다. '차(此)',

‘우(又)’, ‘황(況)’, ‘유(有)하야’, ‘연(然)하야’ 등과 같이 자주 나오는 한자식 말도 모두 ‘이에’, ‘또한’, ‘하물며’, ‘있어’, ‘그러나’ 등으로 바꿔 옮겼다.

- 특히 국한문이 혼용되어 있는 경우, 독자의 이해를 돕기 위해 가능한 한 한자를 뜻풀이하여 옮겨 적었다. 예를 들어, 원문이 “第三期는 傳染力은 微弱ᄒᆞᄂᆞ 病毒은 愈益猛烈ᄒᆞ여 其治療가 正鵠을 得치 못ᄒᆞ면 閉眼滅鼻ᄒᆞ며 毁陰具ᄒᆞ며 聾聵啞聆等諸般慘狀을 演出ᄒᆞ야” 등으로 표기되어 있는 경우, “제3기는 전염력은 미약하나 병독은 더욱 맹렬하여 그 치료가 핵심[正鵠]을 짚지 못하면 눈이 안 보이고 코를 못 쓰게[閉眼滅鼻] 하여 결함이 있게 하며, 들리지 않고 말하지 못하는[聾聵啞聆] 등의 제반 참상을 연출하여” 등으로 거의 번역하여 표기하였다.

7. 해독 불가능한 글자의 입력에 관하여

- 원문이 보이지 않는 경우에는 ‘□□’로 입력했다. ‘○○’나 ‘…’, ‘××’ 등으로 입력한 것은 원문 그대로 입력한 것이다.

8. 내용 생략에 대하여

한 문단 안의 줄임과 같은 짧은 줄임은 (…), 여러 문장을 생략하거나 여러 장절을 함께 생략하는 긴 줄임 경우에는 (……)로 표기한다.

해제

제국 일본의 성병 관리로 보는 일본군'위안부' 문제

박정애 | 동북아역사재단 연구위원

1. 점령지/식민지 경험을 중심으로 보는 제국 일본의 '성적 위안' 정책과 '빠진 고리'

〈식민지 조선과 일본군'위안부' 문제 자료집〉 시리즈의 첫 번째 목표는 시기나 지역 그리고 제한된 열쇳말에만 갇힌 채 일본군'위안부' 시스템의 역사적 실상을 들여다보는 기존의 한계를 넘어서겠다는 것이었다. 곧 일본군'위안부' 피해를 둘러싼 실태 연구가 아시아·태평양 전쟁 시기,[1] 일본군의 전투지 및 점령지 지역, 위안소나 '위안부'라는 열쇳말에 한정되어 이루어지고 있는 현실에 대한 문제의식이었다. 이를 배경으로 조선인, 일본인, 점령지 여성의 피해를 둘러싸고 차별적인 평가가 이루어지거나, 공창제나 '위안부' 제도를 단순하게 동일시하거나 차별화하면서 이 문제의 본질에 관한 생산적인 논의를 가로막고 있다고 생각했기 때문이다.

아시아·태평양 전쟁기라는 기간 안에서도, 시기와 지역에 따라 양태와 성격을 달리했던 일본군'위안부' 시스템이라는 사건을 근본적으로 이해하고 그 재발을 막으려면, 전쟁과 식민지 지배를 연료로 삼아 제국을 확장했던 일본 제국주의의 성격을 파악하는 것이 중요하다. 근대 일본은 진출(전쟁) → 점령 → 식민지의 과정을 거치면서 제국을 확장했고, 이 과정의 촉매제로 '성적 위안'

---

1 일본군'위안부' 피해 실태 연구는 일반적으로 1932년 중국 상하이의 해군위안소 설치에서부터 시작한다. 1932년 상하이 사변 발발을 계기로 상하이 주둔 해군을 대상으로 위안소를 개설했다는 일본 외무성 기록이 그 근거다(在上海総領事館, 「昭和13年中に於ける在留邦人の特殊婦女の状況及其の取締竝に租界当局の私娼取締状況」, 1938. 이 자료는 鈴木裕子·山下英愛·外村大, 『日本軍「慰安婦」関係資料集成 〈上〉』, 明石書店, 2006, 118~120쪽에 수록되어 있다). 그러나 이때 개설된 위안소인 다이이치살롱(大一サーロン)이 이미 1910년대부터 일본 상하이 총영사관의 영업 허가를 받고 있었다는 사실을 생각하면, 상하이 위안소 개설의 역사는 1932년부터 시작한다고 말할 수 없을 것이다(宋連玉, 『植民地「公娼制」に帝国の性政治をみる』, 有志舍, 2023, 250~269쪽).

정책을 활용했다. 1870년대부터 1900년에 걸쳐서는 메이지(明治) 정부가 '합법 성매매'를 중심으로 성관리 정책을 재편했고, 개항장이나 조차지 등 일본 세력이 진출한 곳에서는 '합법 성매매'를 중심으로 관리하다가 '비합법 성매매' 관리로 이동하였다. 19세기 후반부터 국제적으로 거셌던 합법 성매매제도 반대 운동 및 국제규범 때문이었다. 청일전쟁이나 러일전쟁 등 전쟁으로 점령한 지역에는 비합법 성매매 관리 정책을 시행했으며, 그러다가 식민지 지배에 성공하면 해당 지역에 합법 성매매 관리 제도와 비합법 성매매 관리 제도를 혼용하여 실시하였다. 아시아·태평양 전쟁기 점령 지역을 중심으로 출현한 일본군'위안부'제도가 비합법 성매매 여성에 해당하는 작부나 여급 등을 대상으로 이루어진 것도 이러한 제국 일본의 '성적 위안' 정책의 특징 때문이었다.[2] 이것이 제국 일본이 시행한 공창제(公娼制)의 진상이었으며, 국가권력이 파악하고 등록하고 관리하는 한 합법 또는 비합법의 형태는 중요한 것이 아니었다. 근대 국가의 부국강병을 수행하는 남성들에게 '성적 위안'이라는 보상을 주고, 이를 위생이나 풍기 차원에서 관리하는 것이 '국익' 차원에서 필수적이라고 파악했기 때문이다. 공창제라고 부르든, 일본군'위안부'제도라고 부르든, 제국 일본이 적극적으로 관리하는 '성적 위안' 정책[3]하에서 포주와 남성이 여성의 성을 매매하는 성매매 관행이 일반화되어 갔다.

따라서 '공창'을 '합법 성매매 제도'로 협소하게 이해하고, '위안부'와 같다거나, 다르다거나 주장하면서 정쟁하는 것은 두 가지 점에서 쓸 만한 가치가 없다. 첫째, 근대 공창제가 등장한 19세기 후반부터 일본 내는 물론, 국제사회에서 공창제는 '인신매매제도' 또는 '노예제도'로서 비판받았다. 그러므로 '위안부는 공창이라서 인신매매제도가 아니다'라는 주장은 성립할 수 없다. 둘째, '공창제'는 법률 용어가 아니라 국가나 폐창(廢娼) 운동가의 정치적 수사로 사용된 보통 명사였으며, 당대 정치사회의 변화에 대응하면서 탄력적으로 사용된 용어였다. 곧 당대 폐창운동의 초점이 성매매 근절이 아니라, '합법 성매매제도' 폐지에 놓여 있었기 때문에, '공창=합법 성매매제도'라는 인식이 강했다. 국제사회 또한 여성아동매매 억제 국제법을 위반하는 일본의 '합법 성매매제도'의

---

2 宋連玉, 앞의 책과 박정애, 「공창제 개념의 재정의를 위한 연구사 검토와 비평 : 탈식민과 젠더 관점을 중심으로」, 『개념과 소통』 34, 2024 참조.

3 따라서 공창제의 개념을 합법 성매매제도로만 한정하고 역사 부정론자들이 공창제와 일본군'위안부'제도는 같다든가, 이를 비판하는 실천적 학자들이 서로 다르다든가, 주장하는 것은 역사적 실상을 무시한 공론(空論)이라 할 수 있을 것이다(박정애, 「어째서 공창과 '위안부'를 비교하는가 : 정쟁이 된 역사, 지속되는 폭력」, 『더 많은 논쟁을 할 책임』, 휴머니스트, 2024 참조). 공창제하의 합법 성매매 업소와 여성은 가시자시키(貸座敷)와 창기(娼妓)다. 그러나 1937년 말 상하이 일본영사관 경찰이 이 지역 해군위안소 11채와 이곳의 여성을 가시세키(貸席)와 작부로서 등록하여 관리하고 있었다는 사실을 염두에 두어야 할 것이다(宋連玉, 위의 책, 287~288쪽).

성격에 주목했으며, 이러한 국내외 비판에 대응하는 과정에서 일본은 성매매제도의 '합법'적 측면을 비켜 가면서 국가 관리 성매매제도를 정비했다. 국가가 관리하는 성매매 시스템을 그대로 놔둔 채, 눈속임을 위해서 용어만 바꾼 것이다. 곧 법률상 합법적 존재로서 성매매 면허를 받는 '창기'라는 명칭을 '작부', '예기', '여급' 등으로 바꾸고 비면허 상태의 이들을 실질적으로 '창기'와 같이 관리한 것이다.

전쟁으로 인한 점령지와 식민지 지배가 확대될수록 일본의 '합법 성매매제도'는 약화되고 국가 관리 성매매제도는 강화되었다. 1920~1930년대를 거치면서 '합법 성매매제도'를 중심으로 한 여성아동매매를 억제하려는 국제사회의 규제 또한 강화되었고, 이 과정에서 일본군의 전투지와 점령지를 중심으로 '위안부'라는 신조어가 출현하였다. 아시아·태평양 전쟁이라는 정치 상황 속에서 효율적 전쟁 수행을 명분으로 '성적 위안' 정책이 더욱 절실해졌으나 '공창'이나 '창기'라는 말은 사용하기 어려운 상황에서 만들어진 용어였다. 이처럼 '공창'이나 '위안부'라는 말 사이에는 역사적인 실태 이해가 전제되어야 하는 '빠진 고리'가 있다.[4]

2020년부터 발간된 〈식민지 조선과 일본군'위안부' 문제 자료집〉 시리즈는 식민지 조선의 경험을 중심으로 이 '빠진 고리'를 메워 보려는 시도였다. 곧 거류지 → 전투지 → 점령지 → 식민지라는 성격 변화를 거친 식민지 조선의 성관리 정책과 전시총동원체제기 통제 정책을 조감하면서 일본군'위안부' 문제에 접근하려는 것이다. 제국 일본의 시공간과 그 변천 과정을 톺아보는 가운데, 1930년대 이후 다시 반복된 전쟁과 그에 따라 전투지와 점령지 등에 출현한 일본군'위안부'제도의 성격을 역사적으로 가늠하는 것이 가능하기 때문이다.

이러한 목적하에서 이 자료집 시리즈에서는 전시체제기 도항 정책(Ⅰ권)을 살펴보며 이 시기 여성들이 '자발적'으로 전쟁터에 가서 '위안부'가 된다는 것이 불가능하다는 사실을 드러냈다. 시기와 지역의 성격 변화에 따라 제국 외 이송유괴 범죄를 다루는 일제의 차별적 태도(Ⅱ권)를 검토하였으며, 전쟁 지역으로 보내지는 여성들을 둘러싼 식민지민의 감각과 각종 소문들을 '치안을 방해하는 유언비어'로 통제하는 식민 권력(Ⅲ권)의 모습도 드러냈다. 또한 일본 본국과 그 식민지 지역의

---

4 宋連玉, 앞의 책, 332~336쪽. 실태 차원에서 살펴보면, 전쟁터나 해외에 보내지는 여성들은 '작부'나 '예기' 외에도 '낭자군'이나 '추업부', '특종부인', '종업부' 등 다양하게 불렸다. 송연옥은 일본 정부나 지식인들이 사용한 이 다양한 용어가, 일본의 제국주의 확장을 위해 이용된 여성들의 본질적 성격을 비가시화하는 정치로서 활용되어 왔다고 비판한다. 아울러 '공창' 또한 명칭과 실제가 일치하지 않은 용어이지만 그간 검증 없이 논의되어 왔으며, 그 결과 '공창'과 '위안부' 사이의 '빠진 고리'를 해소하지 않은 채, 역사부정론자든, 실천적 학자들이든 각자의 목소리를 높이는 데 골몰해 왔다고 지적한다.

여성아동매매를 조사하는 국제연맹에 대응하여 식민지 조선 등의 인신매매 상황을 비가시화하는 전략을 취했던 일본 정부의 대응을 살펴보았으며(Ⅳ권), 식민지의 성매매 정책에서 차별적인 제도와 단속, 인식을 내보였던 식민지 경찰의 모습을 드러내는 자료를 정리하기도 하였다(Ⅴ권). 마지막 Ⅵ권은 일본 정부와 식민 권력, 일본군의 성병 인식과 관리 정책을 검토하며 근대 일본의 성관리 정책과 '위안부'제도 사이의 '빠진 고리'를 엮어 보고자 한다.

2. '근대 위생'이라는 이름의 폭력 : 제국주의 일본의 성병 관리와 전장의 위안소

일본군'위안부' 피해 여성과 면담할 때, 반드시 듣게 되는 얘기 중 하나가 '성병'에 관한 것이었다. 공장 노동자나 '간호부', 또는 식당 등에 '허드렛일' 정도를 하는 줄 알고 따라갔다가, 자신이 앞으로 '해야 할 일'의 정체를 감지하는 것은 주로 강제 성병 검진을 처음으로 당할 때였다. '위안부'라는 말을 미리 들었다 하더라도, 생경한 그 말의 뜻을 비로소 실감하는 순간도 성병 검진 때였다. 그 순간에 관한 피해자의 이야기는 주로 몸의 괴로움과 수치심 그리고 공포심과 절망감과 어우러져 구성되고는 한다.

성병 예방과 감염 문제는 1990년대 초 '위안부' 문제가 공론장에서 논의되기 시작했을 때부터 그 피해를 구성하는 요인 중 하나로 제기되어 왔다. 일본군'위안부'제도 시행의 배경으로서, 일본군의 성병 예방과 '성적 위안' 그리고 일반 여성에 대한 강간 방지를 포함한 전쟁터의 치안 유지와 스파이 방지가 꼽히는 것은, 이제 상식의 영역이다. 일본군은 병사들의 성병 예방 문제를 전쟁의 승패를 좌우하는 문제로 인식했고, 따라서 여성들을 전쟁터/점령지의 일정 시설로 이동시켜 집단적으로 관리하고 정기적인 성병 검진을 했다. 이 때문에 지자체나 시민단체에 어떤 여성이 처음으로 '위안부' 피해 신고를 하는 경우, 조사관은 그 여성과 면담하며 성병 검진의 유무와 감염 여부, 그리고 그 후유증에 관한 이야기를 물으며 그 피해 상황을 가늠하려 애쓰기도 하였다. 면담이나 구술집 등을 통해 우리가 접할 수 있는 바에 따르면, 성병 검진은 꽤 정기적이었지만 '위안부'들은 자주 성병에 노출되었다. 치료가 불가능할 정도로 성병에 감염된 여성들은 '위안부'로서의 가치가 훼손됐다고 판단되어 버려지기도 했다. 또한 성병 감염 경험은, 피해자들에게 반복된 유산과 불임의 후유증을 남겼다고도 한다.

15세기 말 유럽에서 처음 발병하고 확산하기 시작한 성병이 중국을 거쳐 조선과 일본에 들어온 것은 16세기 초였다.[5] 그러나 성병이 정치 · 사회적으로 집중적인 관심과 통제의 대상이 된 시기는 근대 위생학이 발달하는 19세기 이후의 일이었다. 감염 경로의 도덕성 문제와 빠른 전염 속도 그리고 치료의 어려움과 그 후유증 차원에서 성병이 국가와 민족의 미래를 위협하는 질병으로 인식된 것이다.

메이지 시기(1868~1912년) 서구적 근대를 추종했던 일본의 통치자와 의학자들은 서구와 같이 부국강병을 기초로 한 근대국가를 건설하기 위해 서구에서 형성된 과학적 위생론을 적극적으로 받아들였다.[6] “질병은 더 이상 개인적 불행이 아니라 공공질서에 대한 도전”이라고 받아들였으며, 철저한 검역을 통해 비건강 인구와 건강 인간을 분리해야 한다고 생각했다. 그리고 이러한 검역 위주 위생정책은 메이지 후기로 가면서 예방접종 중심으로 이동하였다. ‘제국의 발전’을 위해 ‘제국의 국민’을 통합해야 했기 때문이다.[7]

특히 제국의 입장에서 국민 각자의 몸은 전쟁 승리를 위한 군사적 수단으로 인식되었다. 일본은 특히 군진 위생[8]에 주력하여 군사력을 높이려 하였는데, 그 결과 러일전쟁 시기에는 질병으로 사망한 병사의 수가 이전에 비해 큰 폭으로 줄어드는 성과를 보이기도 했다.[9] 일본군의 군의관은 일본군의 위생과 환경에 대해 총체적인 지휘권을 가지고 있었다. 이들은 군대 내 전염병을 예방하고 환자와 부상자를 치료하였으며, 병사들의 일상적인 생활 습관과 오락 생활까지 관장했다. 군의관의 일상적인 업무는 전장에서 효과적으로 ‘싸우는 기계’로서 병사의 몸을 관리하는 것이었다.[10] 1850년대에 처음으로 군진위생의 중요성을 인식한 일본 정부는 이후 요코하마, 오사카, 도쿄 등에 군대 병원을 만들었다. 일본의 의학 교육에서 군진 위생은 매우 중요한 위치에 있었으며, 의학자들은 제국의 팽창을 위해 필연적으로 수반되었던 군사력을 증강하는 데 근대적 위생을 전략적

---

5 성병이 조선에 전파된 시기는 1510년 전후였으며, 일본에도 비슷한 시기인 1512년경에 전파되었다고 한다(신규환, 「개항, 전쟁, 성병: 한말 일제 초의 성병 유행과 통제」, 『의사학』 17(2), 2008, 240쪽; 유지아, 「20세기 초 일본 군대의 성병 관리: 육군성의 화류병 분석을 중심으로」, 『의료사회사연구』 10, 2022, 6쪽).

6 이하 근대적 위생론 하의 일본의 군진 위생에 관한 설명은 다음의 논문 참조. 이종찬, 「메이지 일본에서 근대적 위생의 형성 과정, 1868-1905」, 『의사학』 12(1), 2003.

7 이종찬, 위의 논문, 47~48쪽.

8 군진 위생(軍陣衛生, Military Hygiene)은 군대에서 병사들의 건강을 유지하고 질병을 예방하기 위한 체계적인 위생 관리 및 의료 지원 체계를 의미한다. 이는 전쟁이나 군사 작전 중 병사들의 건강을 보호하고, 부상이나 질병으로 인한 전투력 저하를 최소화하는 것을 목표로 한다.

9 이종찬, 위의 논문, 41쪽, 48~49쪽.

10 이종찬, 위의 논문, 50쪽.

으로 활용하였다.[11]

한편, 1853년 미국의 흑선이 개항을 요구한 후, 그다음 해부터 미국을 시작으로 영국, 네덜란드, 러시아, 프랑스 등과 화친조약 또는 통상조약을 맺은 일본은 외국인 산책 구역을 설정하여 그 안에 외국인 휴게소를 두고 거의 성매매 시설로 사용하도록 하였다. 개항장에서는 허가받은 성매매 업소에 한정하지 않고 성매매가 이루어졌기 때문에 성병이 퍼졌고, 일본의 개항지에 머무는 여러 나라는 자국의 군대를 지키기 위해 성병 문제를 해결하라고 일본에게 강하게 요구했다.[12] 앞에서 살펴보았듯이 일본의 근대 의학은 부국강병과 불가분의 관계에 있었으며, 군사적 관심에서 국가의 성병 관리가 주목되었다.[13]

이에 따라 근대적 위생 논리에 따라 국가의 성관리제도가 재편되었다. 성병은 사회적으로 '문명병', '유전병', '화류병(花柳病)'이라고 더 자주 불렸다. 근대적 질병으로서의 이 병에 대한 체념과 그 해악에 대한 공포 그리고 감염 경로에 대한 도덕적 판단이 성병에 대한 의식을 구성하고 있었음을 시사한다.[14] 이 가운데 성병을 가리키는 가장 일반적인 호칭은 화류병이었다. 남성을 대상으로 한 오락공간인 화류계 안에서 이뤄지는 성적 접촉으로 인해 성병 감염이 시작되었다는 사회 인식이 지배적이었던 것이다. 여러 여성과 성적으로 접촉하려는 남성들의 '성적 욕망'이 생리적이고 자연스러운 것으로 받아들여지던 이중적 성적 규범 속에서 화류병의 감염원으로서 지적된 것은 '화류계 여자'였다. 이에 따라 '화류계 여자'들이 국가 성병 관리의 대상이 되었다.

그러나 이 '화류계'의 범위가 불분명했다. 1872년 마리아루스호 사건을 거치면서 서구 국가로부터 일본 예창기의 노예 상태에 대해 비판을 받은 일본 정부는 1872년 예창기해방령을 공포했다.[15] 그러나 이것이 성매매 금지 정책을 의미한 것은 아니었다. 메이지 정부는 1873년 도쿄부의 성매매 관리 정책을 시작으로 수차례 관련 법령을 개정하면서 근대 성매매 관리 정책을 만들어 나

---

11 이종찬, 앞의 논문, 51쪽. 이종찬은 근대적 위생론을 설파한 일본의 의학자들이 일본 제국이 시키는 대로 과학적 연구를 수행한 의학자라기보다는 '위생의 제국'을 건설한 제국주의자라고 규정했다.

12 林葉子, 『性を管理する帝国: 公娼制度下の「衛生」問題と廃娼運動』, 大阪大学出版会, 2017, 27~28쪽.

13 林葉子, 위의 책, 29쪽.

14 박정애, 「조선총독부의 성병예방정책과 〈화류병예방령〉」, 『사림』 55, 2016, 302~305쪽.

15 청나라 노동자를 싣고 마카오에서 페루로 가던 마리아루스호가 수리를 위해 1872년 7월 일본 가나가와현(神奈川縣) 요코하마항(横浜港)에 입항했는데, 청나라 노동자 한 명이 탈출하여 영국 군함으로 도망쳤다. 이 문제를 놓고 요코하마재판소에서 재판을 했던 일본은 청나라 노동자 상황이 국제법 위반인 노예와 같다 하여 풀어줄 것을 판결했다. 패소한 페루는 일본에도 노예매매와 같은 예창기제도가 있다고 항의했고, 일본 정부는 이 문제를 형식적이나마 해결하지 않을 수 없어 1872년 10월 태정관 포고 제295호로 〈예창기해방령〉을 공포했다(송경호, 「마리아 루스호 사건을 통해 본 메이지 일본에서의 인권 개념 수용」, 『한국동양정치사상사연구』 21(1), 2022. 참조).

갔다. 이 과정에서 정부가 중점을 둔 것은 예창기, 작부, 나카이(仲居) 등 접객업(接客業) 종사자들의 경찰 등록과 이를 기초로 한 강제 성병 검진이었다. 성매매 관련 업계, 곧 화류계 종사자라고 여겨진 여성들에 대해서는 성매매 합법, 비합법 여부를 가리지 않고 성병 검진의 대상으로 삼았다.

일반적으로 합법 성매매 정책을 시행하는 지역에서는 비합법, 곧 면허가 없는 성매매에 대해서는 금지 단속이 이뤄질 것이라고 생각한다. 그러나 성매매 관리를 하는 공권력의 입장에서 중요한 것은 성매매 면허 또는 비면허의 여부가 아니라, 경찰 등 공권력이 성매매 가능성이 있는 접객 여성을 등록하고 강제 성병 검진 대상으로 삼을 수 있느냐의 문제였다. 따라서 국가의 성관리 정책을 뜻하는 '공창제(公娼制)'라는 말은 재정의되어야 한다. 역사적 사실과 어긋나게 합법 성매매제도에 한정되어 사용될 것이 아니라, 강제 성병 검진을 기준으로 합법과 비합법을 막론하고 공권력의 '성적 위안' 정책을 위해 관리된 시스템 차원으로 이해해야 하는 것이다.[16] 군대를 앞세운 점령과 식민지 지배를 통해 제국주의를 확장하고자 했던 일본은 '국익'과 효율성을 명목으로 성매매 관리 정책을 시행했다. 성매매 면허 여부보다 일본 정부에게 중요했던 것은, 병사의 '성적 위안' 대상인 여성을 위생적으로 관리한다는 것이었다. 면허가 있는 창기든, 면허가 없는 작부나 예기, '위안부'든 모두 제국 일본의 성관리 정책의 자장 안에 있었다. 따라서 '공창'과 '위안부'를 비교하며 그 피해를 비교하는 것은 전혀 생산적이지 않다.

후지메 유키(藤目ゆき)는 일본의 "근대 공창제는 군대 위안과 성병 관리를 기축으로 한 국가 관리 체계"라고 정의한 바 있다.[17] 하야시 요코(林葉子) 또한 일본의 근대 성관리 정책은 '군대 위생' 시스템을 중심으로 이해해야 한다고 주장했다.[18] 일본에서 최초의 성병 검사는 1860년 나가사키에서 러시아 병사 상대의 성매매 여성을 대상으로 실시되었다. 영국 의관(醫官)의 건의에 따라 요코하마(横浜)에 성병 검진을 전문으로 하는 성 병원을 처음 일본에 설립한 것은 1868년이었다. 1866년 영국에서 성병예방법이 수정되어 병영소재지 전체의 성매매 여성에게 성병 검진할 것이 정해지자, 요코하마도 그 병영소재지에 포함된 것이 배경이었다.[19]

이처럼 근대 위생론에 기초한 성병에 대한 인식, 병사에 대한 '성적 위안' 정책이 제국의 확장과 치안 유지에 필요하다는 믿음, 병사를 상대하는 여성들에 대한 강제 성병 검진과 관리로 성병 감

16 박정애, 앞의 논문, 2024, 205쪽.

17 후지메 유키 지음, 김경자·윤경원 옮김, 『성의 역사학 : 근대국가는 성을 어떻게 관리하는가』, 삼인, 2004, 55쪽.

18 林葉子, 앞의 책, 4~6쪽.

19 林葉子, 위의 책, 32~43쪽.

염을 최소화할 수 있다는 근대 일본의 정책이 성매매관리제도로 체계화되었다. 그리고 아시아·태평양 전쟁 시기 합법 성매매제도를 실시하기 어려웠던 전투지와 점령지를 중심으로 일본군'위안부'제도를 실시했다. 예창기든, 작부든, '위안부'든, 호칭이 어떻게 되든, 이 여성들은 공권력에 의해 성병이 관리되어 병사들을 '성적 위안' 하고 병사들의 성병을 예방하는 존재로서 배치되어 '국익'을 돕는 자들로 의미화되었다. 전쟁과 '성적 위안' 정책을 통해 효율적으로 제국을 확장하겠다는 일본군·정부의 목표와, 이 목표에 도달하기 위한 성병 관리의 문제는 제국 일본이 일본군'위안부'제도를 출현시킨 배경이자 명분이었던 것이다.

3. 자료집의 구성과 내용

〈식민지 조선과 일본군'위안부' 문제 자료집〉 시리즈의 마지막 권으로서 제VI권은 이 시리즈의 주제 의식을 잘 드러낼 수 있기를 바랐다. 그간 '위안부'라는 주제에 긴박되어 있던 시공간을 넘어 제국주의 일본을 확장해 가는 데 총력을 기울였던 근대 일본의 시간과 공간을 염두에 두면서 관련 자료를 수집하고 체계적으로 정리하고자 하였다. 조선인 '위안부'의 피해를 중심으로 일본군'위안부' 문제를 둘러싼 논점이 형성되는 경향이 있음을 감안하여 조선이라는 식민지와 이곳의 식민 권력의 성격을 중심으로 제국 일본 내에서 시행된 성관리 정책에 내재된 식민주의 문제를 가늠해 보고자 하였다. 역사부정론자들의 공격이 공창제와 일본군'위안부'제도의 관계 그리고 조선인 '위안부'에 대한 피해 부정에 집중되어 있는 상황에 대응하고자 하는 목적도 있었다. 이들의 주장은 실제로 존재하지 않았던 역사상(歷史像)에 기초해 있었고, 따라서 당대의 자료에 기초하여 역사부정론의 허상을 해체할 필요가 있었던 것이다. 이러한 문제의식을 바탕으로 이 자료집 시리즈의 제V권까지에서는 식민지 조선을 중심으로 한 도항 통제, 유언비어 통제와 인신매매 단속, 국제사회에서의 식민지 비가시화 문제와 식민지 지배를 위해 활용됐던 일제의 성관리 정책과 경찰의 단속을 살펴보았다. 제VI권에서는 이러한 주제들을 이어가는 측면에서 식민지 조선의 성병 관리 문제를 다루면서도, 이것이 어떻게 아시아·태평양 전쟁기 일본군'위안부'제도의 출현으로까지 이어질 수 있었는지 드러내고자 했다. 곧 성병 인식과 관리라는 측면에서 근대 일본의 성관리 정책을 조감하면서, 합법과 비합법을 떠나 제국 일본의 일관된 '성적 위안' 정책이라는 차원에서 일본군'위안부'제도를 이해할 수 있도록 구성했다.

이러한 문제의식 아래 '일제의 성병 대책과 전장의 위안소'라는 제목을 붙인 제VI권은 모두 네

개의 장으로 구분된다. 제Ⅰ장은 식민지 조선의 성병 대책, 제Ⅱ장은 일본군의 성병 대책, 제Ⅲ장은 신문에 비친 성병 현황과 대책, 제Ⅳ장은 증언·구술 자료를 통해 보는 성병과 일본군 위안소이다. 먼저 일제가 조선을 식민지로 지배한 전 시기를 대상으로 성병 관련 법령과 경찰 관계자나 의학자가 내보인 조선의 성병 인식을 살펴보고자 했다. 식민지 조선에 대한 일제의 성관리 정책이 1916년에 전국적으로 확립되었다는 사실을 염두에 두되, 이후 국내외 정세의 영향을 받아 합법 성매매제도가 축소되고 비합법 성매매제도가 확대되는 상황을 조선 내의 성병 증가 상황과 이에 대한 경찰과 전문가들의 대책 방안을 중심으로 검토할 수 있도록 했다.

다음 제Ⅱ장에서는 일본군의 성병 인식과 대책 그리고 지배 지역에 대한 성병 관리를 중심으로 자료를 정리하였다. 식민지 조선에서 일본으로 초점을 옮겨 근대 위생론에 근거한 성병 인식과 현황 파악 그리고 대책들을 살피고자 했다. 육군성 위생과장이었던 야마다 히로토모(山田弘倫)가 참여한 글이 많은데, 1908년에 육군성이 발간한 「육군의 화류병과 지방 화류병 만연의 상황 조사」는 육군 군의학교 교관이었던 야마다 히로토모가 조사한 내용을 육군성이 성병 예방을 위해 참고하기에 유익하다고 인정하여 인쇄·배포한 자료다.[20] 통계를 바탕으로 하여 구미 육군을 망라한 성병 현황과 군대 내의 성병 환자가 군사력과 사회에 미치는 영향, 응급법이나 위생법 제정을 통한 육군의 성병 관리 등에 대해 상세히 제시하였다. 병사의 성병 감염의 원인으로 공사창을 거론하기도 하였다.[21] 야마다 히로토모는 이후에도 지속적으로 통계 조사에 근거한 성병 현황과 대책에 대한 글을 발표하였다. 이 자료집에서는 1913년과 1916년, 1921년, 1923년에 쓴 글을 살펴볼 수 있다. 1921년에 발표한 글의 제목은 「조선에서 화류병의 통계적 관찰」이다. 식민지 조선에 관한 내용이지만, 제Ⅱ장의 2절 일본군의 지배 지역에 대한 성병 관리 부분에 배치하였다. 일본군의 지배 지역으로서 조선에 대한 성병 인식과 대책을 검토하고, 이것이 아시아·태평양 전쟁 이후 어떻게 점령지의 성병 관리로 이어졌는지 살펴볼 수 있도록 하기 위함이다. 식민지와 점령지의 '성병 관리'라는 측면에서 위안소의 출현을 이해할 수 있기를 바랐다.

제Ⅲ장 성병과 관련된 신문보도 자료는 국가권력과 전문가들의 성병 인식과 대책 모색들이 현실 사회에서 어떠한 비판을 받거나 시행착오를 거쳤는지 살펴보기 위해 정리한 것이다. 신문 지면에 실린 조선인 의사의 글도 수록하여, 일본인 식민자들과 견주어서 이들은 조선의 성병 문제에

---

20 유지아, 앞의 글, 20쪽.

21 유지아, 위의 글, 24쪽.

관해 어떻게 파악하고 대책을 강구하였는지 비교해 볼 수 있도록 하였다. 또한 성병 현황 및 대책 마련 차원에서 거의 매년 접객 여성 수를 통계 내어 파악하고 있는 기사를 수록했다. 시간의 흐름에 따른 변화 추이를 살필 수 있을 것이다.

마지막으로 군 회고록과 피해자 구술자료집 가운데 성병과 관련된 부분을 모았다. 이는 엄격한 군의 인식과 대책에 대해 군인들이 어떻게 인식했는지 그리고 효율적인 전쟁 수행을 위한다는 명분의 성병 관리가 피해자에게는 어떠한 경험이었는지 드러내기 위한 것이다. 특히 피해자들은 최초의 성병 검진에서 이어지는 군의관의 강간 그리고 수치심, 한편으로는 죽음과 연동하여 성병 검진과 관련한 직간접적인 기억들을 토로했다. 이는 '국익과 전쟁 승리'를 위한다는 명분으로 개설, 관리된 일본군'위안부'제도가 여성을 공공연하게 비인간화하여 도구화했다는 사실을 말해 준다. 근대 위생이라는 명분의 성병 관리는 그 대상이 되어야 했던 여성들에게는 거대한 폭력의 다른 이름이었을 뿐이다.

참고문헌

林葉子,『性を管理する帝国: 公娼制度下の「衛生」問題と廃娼運動』, 大阪大学出版会, 2017.

박정애, 「공창제 개념의 재정의를 위한 연구사 검토와 비평: 탈식민과 젠더 관점을 중심으로」, 『개념과소통』 34, 2024.

박정애, 「어째서 공창과 '위안부'를 비교하는가: 정쟁이 된 역사, 지속되는 폭력」, 『더 많은 논쟁을 할 책임』, 휴머니스트, 2024.

박정애, 「조선총독부의 성병예방정책과 〈화류병예방령〉」, 『사림』 55, 2016.

송경호, 「마리아 루스호 사건을 통해 본 메이지 일본에서의 인권 개념 수용」, 『한국동양정치사상사연구』 21(1), 2022.

宋連玉,『植民地「公娼制」に帝国の性政治をみる:釜山から上海まで』, 有志舍, 2023.

유지아, 「20세기 초 일본 군대의 성병관리: 육군성의 화류병 분석을 중심으로」, 『의료사회사연구』 10, 2022.

이종찬, 「메이지 일본에서 근대적 위생의 형성과정, 1868-1905」, 『의사학』 12(1), 2003.

후지메 유키 지음, 김경자 · 윤경원 옮김, 『성의 역사학: 근대국가는 성을 어떻게 관리하는가』, 삼인, 2004.

Ⅰ. 식민지 조선의 성병 대책

1. 식민지 조선의 성병 관리의 방침

1) 경남의 매소부 단속 상황(경무휘보 40, 1913.)

경남의 매소부 단속 상황
「慶南に於ける賣笑婦取締の状況」, 『警務彙報』 40, 1913. 1.

경상남도는 최근 조선인 사이에서 화류병이 눈에 띄게 만연하고 또한 풍속 차원으로도 폐해가 적지 않기 때문에, 장래 일정 정도의 법규를 제정하기까지 당분간 매소부(賣笑婦)에 대해 다음의 방법에 따라 일제 단속을 장려한다는 내용의 보고가 있었음(개요)

一. 각지 기생 또는 이와 유사한 업태를 영업하는 자에 대해서 모두 신청 후 관할 경찰서장(헌병분대장, 같은 분견소장을 포함하며 이하 같음)의 허가를 받도록 할 것.

二. 앞 항의 신청자는 갑종 기생과 을종 기생으로 나누고 노래와 춤, 놀이와 예능(歌舞遊藝)을 주로 하여 객석을 모시는 자를 갑종 예기로 한다. 오로지 매음 행위를 목적으로 하는 이른바 중류 이하의 기생과 갈보와 같은 자를 을종이라고 한다.

三. 을종 기생에 대해서는 매월 3회 일정한 날짜와 시간에 건강진단을 하여 병이 있는 자(有毒者)로 인정되는 자에게는 영업을 정지하고 치료를 명한다. 단, 의사가 있지 않은 지방에서는 이를 시행하지 않는다.

四. 건강진단에 관한 비용과 시행 방법은 모두 내지인에 따른다.

五. 갑종 기생을 신청할 때는 엄밀히 조사하여 만약 오로지 매음 행위로 영업하는 것을 목적으로 하는 자라고 인정될 때는 을종으로 허가받게 하는 것은 물론, 갑종 기생에 대해서는 때때로 시찰하고 단속(臨檢)하여 혹시 이름을 갑종에 올려두고 그 업태에 해당하는 단속 범위를 벗어나는 등의 일이 없도록 한다.

六. 을종 기생을 허가할 때는 다음 각호에 따른다.

가. 연령 만 16세 이상의 자일 것

나. 신체 건강하여 전염성 질환이 없는 자일 것

다. 유괴약취, 또는 불법 계약에 기초하여 영업하는 자가 아닐 것.

위 단속의 결과 을종 기생에 대해 건강진단을 장려하기에 이르므로 이를 싫어하여 다른 곳으로 가거나, 또는 표면적으로 폐업을 꾸미는 것을 근심하여 각지의 단속에 차이가 없도록 하고 동시에 폐업자의 시찰을 엄하게 하는 방침을 정하도록 한다. 그중에는 비교적 이를 싫어하지 않고 오히려 당연한 조치로 생각하거나, 또는 이를 수치로 여기거나, 또는 외첩(外妾)이라고 주장하거나, 또는 강제로 민적의 혼인 등록을 하여 갑종이기를 도모하는 자가 있다. 심한 것은 이번 조치가 과세의 전조라고 오해가 생겨, 표면으로는 폐업을 계출하고 소재를 숨기거나, 또는 도망하는 자도 적지 않은 고로 관할 각 헌병분대와 경찰서(隊署)에서 그 유시(諭示)에 노력하여 폐업자 또는 갑종을 표방하고 매춘 행위를 하는 것으로 의심되는 자에 대해 현장 검사를 하는 일이 있었다. 그들도 점차 이를 회피하지 않음을 깨달은 이래, 신청자(出願者)가 다수 증가해 가고 있다.

2) 법령 : 예기작부예기오키야영업단속규칙(경무휘보 117, 1916.)

예기작부예기오키야영업단속규칙[1]
「藝妓酌婦藝置屋妓營業取締規則」, 『警務彙報』 117, 1916. 4.

1916(大正 5)년 3월 31일
총감부령 제3호

제一조 예기(기생 포함, 이하 동일) 또는 작부 영업을 하고자 하는 자는 본적, 주소, 씨명, 생년월일, 영업지와 예기인 경우 예명을 기재하여 신청서에 다음의 서면을 첨부하고 경찰서장(경찰서의 사무를 다루는 헌병분대, 헌병분견소의 장을 포함. 이하 동일)에게 신청하여 허가받고, 포주가 있는 때는 포주 연명으로 신청해야 한다.

一. 유부녀는 남편의 승낙서, 그 밖의 경우는 부친의 승낙서, 부친을 모르거나 사망했을 때, 가족을 떠난 때 또는 친권을 행사할 수 없는 때는 미성년자인 경우 후견인, 성년자인 경우 호주 또는 부양의무자의 승낙서 또는 승낙해주는 자가 없음을 소명하는 서면
二. 앞 호에 열거한 승낙서의 인감증명서
三. 호적등본 또는 민적등본
四. 포주가 있는 경우 영업과 전차금에 관한 계약서 사본
五. 경력과 예기 또는 작부를 하는 사유를 기재한 서면
六. 건강진단서
앞 항 제一호의 승낙에 계부, 계모 또는 적모(嫡母)는 후견인으로 간주한다.
제一항 제四호 계약을 변경할 때는 포주가 연명하여 경찰서장에게 신고해야 한다.

제二조 다음 각호의 一에 해당하는 자에 대해서는 경찰서장은 예기 또는 작부의 영업을 허가할

1 이 법령의 전문은 동북아역사재단 편, 『식민지 조선과 일본군 '위안부' 문제 자료집 V: 일제 성관리 정책하의 식민지 경찰과 인신매매 문제』, 동북아역사재단, 2023, 140~144쪽에서 볼 수 있다. 이 책에는 검진 관련 부분만 발췌하여 수록함.

수 없다.

一. 전염성 질환이 있을 때

二. 풍속을 해칠 우려가 있다고 인정될 때

三. 앞 조 제一항 제一호의 승낙이 없을 때 또는 승낙해 주는 자가 없음을 소명할 수 없을 때

四. 포주와의 계약이 부당하다고 인정될 때

(…)

제八조 경찰서장은 예기 또는 작부에 대해 그 지정하는 의사 또는 의생의 검진을 받게 하고 또는 건강진단서 제출을 명령할 수 있다.

(…)

제十一조 예기오키야 영업자는 다음 각호를 준수해야 한다.

(…)

七. 예기가 질병에 걸린 때는 신속하게 의사나 의생의 치료를 받게 할 것

3) 예규 : 예기작부예기오키야영업단속규칙 취급 수칙(경무휘보 119, 1916.)

예기작부예기오키야영업단속규칙 취급 수칙
「藝妓酌婦藝妓置屋營業取締規則取扱心得」, 『警務彙報』 119, 1916. 5.

1916(大正 5)년 4월 20일
경무총감부 내훈갑(內訓甲) 제13호

(……)

제七조 경찰서장은 다음 사항에 대해 처분을 하려고 할 때는 의견을 갖춰 경찰부장에게 문의해야 한다.

一. 규칙 제八조에 따라 예기에 대해 검진받게 하거나 또는 건강진단서 제출을 명령하려고 할 때
二. 규칙 제十七조 제一항의 규정에 따라 명령으로 일반에 영향을 미치거나 개개인의 경우에도 중요하다고 인정될 때
三. 규칙 제十九조에 따라 영업을 정지하거나 그 허가를 취소하고자 할 때

앞 항 제一호의 경우에 건강 차원에서 특히 의심스러운 자에 대해 명령을 할 때나 또는 제二호의 명령으로 긴급 사전이 있을 때는 직접 결행할 수 있다. 이 경우에는 사후 신속하게 보고해야 한다.

(……)

4) 법령 : 가시자시키창기단속규칙(117, 1916.)

가시자시키창기단속규칙[2]

「貸座敷娼妓取締規則」, 『警務彙報』 117, 1916. 4.

1916(大正 5)년 3월 31일

총감부령 제4호

(…)

제七조 가시자시키 영업자는 다음의 각 호를 준수해야 한다.

(…)

十三. 전염성 질환이 있는 자로 하여금 손님 시중을 들게 하거나 음식물, 음식기 또는 침구를 취급하게 하지 않을 것

十四. 창기의 의사에 반하여 계약의 변경 또는 포주인 가시자시키 영업자의 변경을 강요하지 않을 것

十五. 질병 중 또는 제十八조의 기간 내에 취업시키거나 기타 창기를 학대하지 않을 것

十六. 창기로 하여금 함부로 지출하게 하지 않을 것

十七. 함부로 창기의 계약, 폐업, 통신, 면접을 방해하거나 타인으로 하여금 방해하게 하지 않을 것

十八. 창기가 질병에 걸린 때는 신속하게 의사나 의생(醫生)의 치료를 받게 할 것

(…)

2 이 법령의 전문은 동북아역사재단 편, 『식민지 조선과 일본군 '위안부' 문제 자료집 V : 일제 성관리 정책하의 식민지 경찰과 인신매매 문제』, 동북아역사재단, 2023, 145~153쪽에서 볼 수 있다. 이 책에는 검진 관련 부분만 발췌하여 수록함.

제十五조 경찰서장이 필요하다고 인정할 때는 가시자시키 영업자에 대하여 본인 또는 그의 호주, 가족 또는 고용인의 건강진단서 제출을 명령할 수 있다.

제十六조 창기일(稼)을 하고자 하는 자는 본적, 주소, 씨명, 기명(妓名), 생년월일과 일하는(稼) 장소를 기재하고 또한 가시자시키 영업자가 연서한 원서에 다음의 서면을 첨부하여 스스로 출두하고 경찰서장에게 신청하여 허가받아야 한다.

一. 아버지의 승낙서, 아버지를 모를 때나 사망한 때 또는 집을 떠난 때나 친권을 행사할 수 없는 때에는 집에 있는 어머니의 승낙서, 어머니도 사망하였거나 집을 떠난 때, 또는 친권을 행사할 수 없는 때는 미성년자라면 후견인, 성년자라면 호주 또는 부양의무자의 승낙서 또는 승낙할 수 없음을 소명하는 서면

二. 앞의 호에 열거한 승낙자의 인감증명서

三. 호적등본 또는 민적등본

四. 창기일과 전차금에 관한 계약서 사본

五. 경력과 창기를 하는 사유를 기재한 서면

六. 경찰서장이 지정한 의사 또는 의생이 작성한 건강진단서

앞의 항 제一호의 승낙에 대해서 계부는 후견인으로 간주한다.

제一항 제四호의 계약을 갱신할 때는 가시자시키 영업자가 연서하여 경찰서장에게 신고해야 한다.

제十七조 다음의 각 호 一에 해당하는 자에 대해서는 창기 일을 허가할 수 없다.

一. 17세 미만인 자

二. 전염성 질환이 있는 자

(…)

제二十二조 창기는 다음의 각 호를 준수해야 한다.

一. 취업 중 허가증과 건강진단서를 휴대할 것

二. 통행인에게 유흥을 권유하지 않을 것

三. 객석에서 무용하고 음곡을 연주할 수 없다는 것

제二十三조 창기는 정기 또는 임시로 건강진단을 받아야 한다. 건강진단서, 건강진단의 시행 장소와 정기 건강진단 시행 기일은 경찰서장이 지정한다.

제二十四조 다음의 각 호 1에 해당하는 경우에 창기는 임시로 건강진단을 받아야 한다. 단, 이전 진단 때부터 차기 정기 건강진단 시행 기일에 이르는 사이에 제1호 또는 제2호에 해당하는 경우는 이에 해당하지 않는다.

一. 창기 허가 후 처음으로 일을 하고자 할 때

二. 휴업 후 다시 일을 하고자 할 때

三. 질병에 걸린 것을 자각하였거나 가시자시키 영업자로부터 주의를 받았을 때

四. 경찰서장의 명령이 있었을 때

제二十五조 앞 조 제一호의 경우 건강진단을 받은 때는 경찰서장으로부터 건강진단서를 교부받아 정기 또는 임시 건강진단 때에 증명 날인을 받아야 한다.

제二十六조 창기가 질병으로 건강진단소에 출두하지 못한 때는 의사의 진단서를 첨부해 경찰서장에게 제출해야 한다. 경찰서장이 필요하다고 인정하는 때에는 가시자시키에서 건강진단을 해야 한다. 제二十一조[3]의 단서에 해당할 경우에는 경찰서장은 건강진단을 실시하지 않을 수 있다.

제二十七조 건강진단에 따라 창기일을 할 수 없다거나 전염성 질환이 있다고 인정되는 때는 치료 후 건강진단을 받을 상황이 아니라면 일을 할 수 없다.

건강진단에 따라 전염성 질환이 있다고 인정된 창기는 경찰서장의 지시에 따라 치료받아야 한다.

제二十八조 창기는 본적, 주소, 이름 또는 기명(妓名)에 변경이 있을 때는 10일 내에 허가증과 건강진단서를 첨부해 경찰서장에게 신고해야 한다. 허가증 또는 건강진단서가 망실, 훼손되었거나 건강진단서 사용이 끝났을 때는 그 사유를 갖춰 경찰서장에게 재교

3 제二十一조 창기는 가시자시키 외에서 임시로 머물거나 숙박할 수 없음. 단, 부모의 간호, 전지(轉地) 요양, 기타 부득이한 사유에 따라 경찰서장의 허가를 받은 경우에는 이에 한정하지 않음.

부 또는 재작성(書換)을 요청해야 한다.

창기는 앞 조의 경우 임신, 분만으로 휴업할 때는 직접 건강진단서를 경찰서장에게 제출해야 한다.

제二十九조 창기는 허가 후 처음으로 일을 하고자 할 때는 미리 경찰서장에게 신고해야 한다.

제二十七조가 규정한 사유 또는 임신 분만으로 휴업한 후 창기가 다시 일을 하고자 할 때는 경찰서장에게 신고하여 건강진단서를 환급받아야 한다.

창기가 폐업한 때는 곧바로 허가증을 첨부하여 경찰서장에게 신고해야 한다.

제三十조 경찰관 또는 헌병이 필요하다고 인정한 때는 가시자시키를 현장 조사하거나 영업용 장부를 검사할 수 있다.

제三十一조 경찰서장은 가시자시키 영업자 또는 창기에 대해 공중위생, 풍속, 단속, 기타 공익 차원에서 필요한 명령을 내릴 수 있다.

(…)

5) 예규 : 창기건강진단시행수속(118, 1916.)

창기건강진단시행수속
「娼妓健康診斷施行手續」, 『警務彙報』 118, 1916. 4.

1916(大正 5)년 4월 20일

총감부령 제15호

경찰부

경찰서

(경찰서 사무를 취급하는) 헌병분대

(경찰서 사무를 취급하는) 헌병분견소

제一조 경찰서(경찰서의 사무를 취급하는 헌병분대, 헌병분견소를 포함. 이하 동일)에서 창기건강진단의(醫), 건강진단시행의 장소와 정기 건강진단 시행의 기일을 지정할 때는 그 사유를 갖춰 경무부장에게 보고해야 한다.

창기의 건강진단은 어쩔 수 없는 경우 외 가능한 한 공의(公醫), 촉탁 경찰의(警察醫) 또는 경찰의무(醫務)촉탁이 하도록 해야 한다.

제二조 경찰서에서 창기건강진단을 시행할 때, 경찰관리 또는 헌병을 그 진단소에 파견하여 다음을 주의 감독하도록 해야 한다.

一. 불참자의 유무

二. 진단받는 창기 중 사람이 다른지의 유무

三. 소내(所內)의 질서와 청결의 유지

四. 앞의 각호 외 필요 사항

제三조 가시자시키창기단속규칙(이하 규칙이라고 함) 제十六조 제一항 제六호의 건강진단서는 제一호 양식에 따라야 한다.

第四조 규칙 第二十五조에 따라 교부하는 건강진단서는 第二호 양식에 따라야 한다.

第五조 창기의 건강진단을 할 때는 다음 구분에 따라 건강진단서에 증인(證印)은 날인해야 한다.

一. 건강(건강하다고 인정되는 자)

二. 입원(전염성 질병 때문에 격리 치료를 요한다고 인정되는 자)

三. 통원(통원치료를 요한다고 인정되는 자)

四. 휴업(전염성이 아닌 질병 또는 임신, 분만 등으로 인해 일을 할 수 없다고 인정되는 자)

五. 치유(第二호 또는 第三호의 질병을 치유하고 일을 해도 지장 없다고 인정되는 자)

第六조 건강진단의는 창기의 정기 또는 임시 건강진단을 할 때는 그때마다 第三호 양식에 따라 관할 경찰서에 보고해야 한다.

第七조 경찰서는 매월 5일까지 앞 달에 있었던 창기건강진단의 성적을 第四호 양식에 따라 경무부장에게 보고해야 한다.

第八조 창기건강진다소에는 다음의 부책(簿冊)을 구비할 것

一. 건강진단부 第五호 양식

二. 사무일지 第六호 양식

三. 건강진단 보고표 묶음(控綴)

四. 앞의 각호 외 필요한 보조 장부

제一호 양식

진단서

머무는 곳(寄寓所)

창기일 신청자(娼妓稼出願者)　　　씨

위 자의 건강(뭐뭐 때문에 일시 불건강) (뭐뭐 때문에 일을 할 수 없는) 자로 인정함

다이쇼(大正)　　년　　월　　일

의사　　　　　씨　　　　　명인(名印)

제二호 양식

앞면

제　　호

머무는 곳

기명　　　씨

년　월　일 생　명

건강진단서

다이쇼　　년　　월　　일

경찰서印

뒷면

횟수 \ 월별	1월	2월	3월	4월	5월	6월	7월	8월	9월	10월	11월	12월	비고
1회													주의 : 임시 건강진단을 하는 경우에는 비교에 그 월일을 기입하고 제五조의 구분에 따라 증인(證印)을 해야 한다.
2회													
3회													
4회													
5회													
6회													
7회													
8회													

제三호 양식

<table>
<tr><td rowspan="14">건강진단의(醫) 씨 명 印</td><td rowspan="14">다이쇼 년 월 일 어떤 곳 창기건강진단 보고표</td><td colspan="3">기루 명 / 종별</td><td colspan="3"></td><td colspan="3"></td><td colspan="3"></td><td colspan="3"></td><td>비고</td></tr>
<tr><td colspan="3"></td><td>내지인</td><td>조선인</td><td>외국인</td><td>내지인</td><td>조선인</td><td>외국인</td><td>내지인</td><td>조선인</td><td>외국인</td><td>내지인</td><td>조선인</td><td>외국인</td><td rowspan="13">一. 진단별 난에는 머무는 곳에서 진단하는 자를 계상(計上)함을 요함.

二. 격리 치료를 요하는 자의 난 중 '기타'의 난에 계상하는 인원은 다시 병별로 통계하고 비고에 기재할 것을 요함.

三. 불참자 중 임신 또는 분만 휴업에 관계된 자는 그 인원을 비고에 기재함을 요함.

四. 격리 치료를 요하는 자는 그 기루 이름, 기명과 병명을 기보에 나란히 기록함을 요함.</td></tr>
<tr><td colspan="3">현재 인원</td><td></td><td></td><td></td><td></td><td></td><td></td><td></td><td></td><td></td><td></td><td></td><td></td></tr>
<tr><td rowspan="11"></td><td colspan="2">건강자</td><td></td><td></td><td></td><td></td><td></td><td></td><td></td><td></td><td></td><td></td><td></td><td></td></tr>
<tr><td colspan="2">통원치료를 요하는 자</td><td></td><td></td><td></td><td></td><td></td><td></td><td></td><td></td><td></td><td></td><td></td><td></td></tr>
<tr><td colspan="2">휴업치료를 요하는 자</td><td></td><td></td><td></td><td></td><td></td><td></td><td></td><td></td><td></td><td></td><td></td><td></td></tr>
<tr><td rowspan="6"></td><td>매독</td><td></td><td></td><td></td><td></td><td></td><td></td><td></td><td></td><td></td><td></td><td></td><td></td></tr>
<tr><td>임질</td><td></td><td></td><td></td><td></td><td></td><td></td><td></td><td></td><td></td><td></td><td></td><td></td></tr>
<tr><td>연하감</td><td></td><td></td><td></td><td></td><td></td><td></td><td></td><td></td><td></td><td></td><td></td><td></td></tr>
<tr><td>횡현</td><td></td><td></td><td></td><td></td><td></td><td></td><td></td><td></td><td></td><td></td><td></td><td></td></tr>
<tr><td>기타</td><td></td><td></td><td></td><td></td><td></td><td></td><td></td><td></td><td></td><td></td><td></td><td></td></tr>
<tr><td>계</td><td></td><td></td><td></td><td></td><td></td><td></td><td></td><td></td><td></td><td></td><td></td><td></td></tr>
<tr><td colspan="2">불참자</td><td></td><td></td><td></td><td></td><td></td><td></td><td></td><td></td><td></td><td></td><td></td><td></td></tr>
<tr><td colspan="2">격리 치료 중</td><td></td><td></td><td></td><td></td><td></td><td></td><td></td><td></td><td></td><td></td><td></td><td></td></tr>
</table>

제四호 서식

<table>
<tr><td rowspan="13">다이쇼 연 월중 창기 건강진단 성적표

대서(隊署) 명 印</td><td colspan="3">기루 명 / 종별</td><td colspan="3"></td><td colspan="3"></td><td colspan="3"></td><td colspan="3"></td><td>비고</td></tr>
<tr><td colspan="3"></td><td>내지인</td><td>조선인</td><td>외국인</td><td>내지인</td><td>조선인</td><td>외국인</td><td>내지인</td><td>조선인</td><td>외국인</td><td>내지인</td><td>조선인</td><td>외국인</td><td rowspan="12">주의 : 이 표에는 임시 건강진단에 관계하는 것은 제외하고, 이 표의 구별에 따라 비고에 그 주요 사항을 기재해야 한다.</td></tr>
<tr><td rowspan="2">진단</td><td colspan="2">횟수</td><td></td><td></td><td></td><td></td><td></td><td></td><td></td><td></td><td></td><td></td><td></td><td></td></tr>
<tr><td colspan="2">연인원</td><td></td><td></td><td></td><td></td><td></td><td></td><td></td><td></td><td></td><td></td><td></td><td></td></tr>
<tr><td rowspan="9">진단 결과</td><td colspan="2">건강</td><td></td><td></td><td></td><td></td><td></td><td></td><td></td><td></td><td></td><td></td><td></td><td></td></tr>
<tr><td colspan="2">통원</td><td></td><td></td><td></td><td></td><td></td><td></td><td></td><td></td><td></td><td></td><td></td><td></td></tr>
<tr><td colspan="2">휴업</td><td></td><td></td><td></td><td></td><td></td><td></td><td></td><td></td><td></td><td></td><td></td><td></td></tr>
<tr><td rowspan="6">격리</td><td>매독</td><td></td><td></td><td></td><td></td><td></td><td></td><td></td><td></td><td></td><td></td><td></td><td></td></tr>
<tr><td>임질</td><td></td><td></td><td></td><td></td><td></td><td></td><td></td><td></td><td></td><td></td><td></td><td></td></tr>
<tr><td>연하감</td><td></td><td></td><td></td><td></td><td></td><td></td><td></td><td></td><td></td><td></td><td></td><td></td></tr>
<tr><td>횡현</td><td></td><td></td><td></td><td></td><td></td><td></td><td></td><td></td><td></td><td></td><td></td><td></td></tr>
<tr><td>기타</td><td></td><td></td><td></td><td></td><td></td><td></td><td></td><td></td><td></td><td></td><td></td><td></td></tr>
<tr><td>계</td><td></td><td></td><td></td><td></td><td></td><td></td><td></td><td></td><td></td><td></td><td></td><td></td></tr>
</table>

제五호 양식

허가 연월일	월별 / 횟수	1월	2월	3월	4월	5월	6월	7월	8월	9월	10월	11월	12월	제 호
	1회													비고
기루 명	2회													주의 : 임시 진단을 하는 경우는 비고에 그 월일을 기입하고 제五조의 구별에 따라 증인(證印)해야 한다. 입원, 통원, 휴업에 대해서는 병명 또는 임신, 분만의 구별 모두 기입해야 한다.
	3회													
기명	4회													
	5회													
씨명	6회													
	7회													
	8회													

제六호 양식

<table>
<tr><td rowspan="3">월
일
(요일)</td><td rowspan="3">진단 인원
명

정시 명
(건강 명
유독 명
보통 질환병
기타 명)

임시 명
(건강 명
유독 명
보통 질환병
기타 명)</td><td rowspan="3">진단 시간

시 분
午 시
분 개시
午 시
분 종료</td><td>격리 치료를 명해야 하는 자의 병명, 머무는 곳 명, 기명</td><td></td><td></td><td></td><td></td><td>비고</td></tr>
<tr><td>통원 치료를 명해야 하는 자의 병명, 머무는 곳 명, 기명</td><td></td><td></td><td></td><td></td><td rowspan="2">주의 : 임신, 분만 등에 따라 휴업해야 하는 자가 있을 때는 비고에 그 머무는 곳 명, 기명을 기재해야 한다.</td></tr>
<tr><td>보통 질병으로 휴업해야 하는 자의 병명, 머무는 곳 명, 기명</td><td></td><td></td><td></td><td></td></tr>
</table>

6) 경무총감부 위생과장 통첩, 예기작부건강진단내규에 관한 건(경무휘보 119, 1916.)

경무총감부 위생과장 통첩, 예기작부건강진단내규에 관한 건
警務總監部 衛生課長 通牒,「藝妓酌婦健康診斷內規二関スル件」,『警務彙報』119, 1916. 5.

916(大正 5)년 4월 30일
경무총감부 위생과장 통첩

가시자시키 영업 지역을 지정하는 장소로서 가시자시키 창기단속규칙 시행 전부터 성병 검사(檢黴)를 행해 온 지구, 기타 같은 상태의 장소에서 위생단속에 필요하다고 인정될 때는 예기작부예기오키야영업단속규칙 제八조에 따라 예기 또는 작부에 대한 건강진단을 받도록 조치하고 지장이 없도록 그 진단 수속에 관해서는 창기건강진단시행수속에 준하고 또 미리 요리옥 업자 등에 지시하여 진단소의 시설 기타 시행에 편의를 도모하도록 할 것.

7) 창기건강진단내규에 관한 건(경무휘보 119, 1916.)

창기건강진단내규에 관한 건
「娼妓健康診斷內規ニ関スル件」,『警務彙報』119, 1916. 5.

1916년(大正 5年) 4월 25일
위발(衛發) 제170호

내규 별지에 정한 바에 따라서 본 내규에 의해 시행을 정하고 통첩함.

창기건강진단내규

一. 창기건강진단은 상부 진단, 하부 진단 및 내부 진단의 3종으로 함.

二. 상부 진단 및 하부 진단은 정기 또는 임시 건강진단의 경우에 그것을 시행하고 내부 진단은 매월 1회 또는 필요한 경우에 그것을 시행함.

三. 상부 진단의 순서는 다음과 같음.

가. 안면, 두부, 목덜미(頸部)를 눈으로 진찰(視診)할 것

나. 안열(眼裂)에 분비물 또는 안구에 충혈이 있는 것은 특히 주의할 것

다. 콧구멍 상하 입술, 인두(咽頭) 및 목구멍 점막을 검사할 것

라. 상반신을 노출시키고 흉부 및 목과 등을 검사하고 특히 겨드랑이에 주의할 것

四. 하부 진단의 순서는 다음과 같음.

가. 진찰대 위에 배꼽 이하를 노출시키고 복부 허벅지 등을 시진할 것

나. 서혜부(鼠蹊部),[4] 외음부, 항문을 검사할 것

다. 대소음순 점막, 음핵, 전정(前庭), 발씨선(拔氏腺), 요도구, 질구를 검사할 것

라. 자궁경을 넣어서 질 내, 자궁질부 및 자궁분비물을 검사하고 요도를 눌러 분비물의 유무

---

4 샅굴. 아랫배와 넓적다리 사이에 있는 오목하게 길게 파인 부분.

를 검사할 것

五. 내부 검사는 오로지 흉부, 목부의 여러 장기를 검사할 것

8) 오구시 마사하루, 화류병예방법규(조선 위생행정법 요론, 1921. 8.)

오구시 마사하루, 화류병예방법규, 『조선 위생행정법 요론』, 1921. 8.
小串政治, 「花柳病豫防法規」, 『朝鮮衛生行政法要論』, 1921. 8.

제4장 제2절 화류병예방법규

제一. 가시자시키창기단속규칙

이미 서술한 것처럼 조선에서는 매음에 대해 유곽제를 채용하고 일정 조건 아래 공창을 인정하여 1916년 3월 경무총감부령 제4호를 통해 가시자시키창기단속규칙을 제정하였다. 이 규칙이 규정하는 바는 경찰 위생의 각 사항에 걸쳐 단순히 화류병 예방을 목적으로 하는 것이 아님은 물론이다. 다음에 동 규칙 중 화류병에 관한 점을 설명하겠다.

창기 일을 하고자 하는 자는 경찰서장의 허가를 받아야 한다(규칙 제16조). 바꿔 말하면 경찰서장의 허가를 받은 자는 매음을 하여도 처벌받는 일이 없고 소위 공창이라 칭할 만하다. 이에 반해 경찰서장의 허가를 받지 않은 자가 매음을 할 때는 밀매음으로서 경찰범처벌규칙 제1조 제3호에 의거해 구류 또는 과료에 처해야 한다. 밀매음의 매합·용지(媒合·容止)를 하는 자 역시 마찬가지다.

창기는 부모의 간호, 전지(轉地), 요양, 기타 부득이한 사유에 의해 경찰서장의 허가를 받은 경우 이외에 도지사가 지정한 지역 외에 남의 집에 임시 기거하거나(寄寓) 숙박할 수 없다(규칙 제21조). 이는 소위 유곽주의를 규정하는 것으로서 창기가 유곽 외에 거주하는 것을 금한 것이다. 또한 창기는 경찰서에 왕복하기 위해 외출하는 경우 외에 경찰서장의 허가를 받지 않으면 지정지 외에 나갈 수 없다(규칙 제20조). 이상은 창기의 주거에 대한 제한인데 창기는 또한 그 가업의 장소에 대하여 제한을 받는다. 즉 관청이 허가한 가시자시키 내가 아니면 창기 생업을 할 수 없고 또한 창기는 가시자시키 내에서 예기를 하는 이외에 다른 영업을 하는 것을 금한다(규칙 제19조).

질병에 걸려 생업을 할 수 없는 자 또는 전염성 질환 특히 화류병에 걸린 자는 창기가 될 수 없으며 또한 가령 창기가 된 후에라도 질병에 걸려 생업을 할 수 없는 자 또는 전염성 질환이 있다고 진단받은 자에게 그사이 생업을 금하는 것은 질병의 전염 특히 화류병 예방상 필요하다. 따라서 창기의 허가를 받고자 하는 자는 경찰서장이 지정한 의사 또는 의생(醫生)의 건강진단서를 요하고(규칙 제16조 제1항 제6호), 이미 허가를 받은 창기는 경찰서장이 지정한 장소, 일시에 정기 또는 임시 건강진단을 받아야 한다(규칙 제23조). 창기가 질병으로 건강진단에 출두하지 못할 때는 의사의 진단서를 첨부해 경찰서장에게 신고해야 한다. 이 경우 필요하다고 인정될 때 경찰서장은 특히 가시자시키에 가서 건강진단을 실시한다(규칙 제26조). 건강진단에 의해 창기 생업을 할 수 없거나 전염성 질환이 있다고 인정되는 때는 치료한 후 건강진단을 받지 않으면 일을 할 수 없고 만일 전염성 질환인 경우는 경찰서장의 지시에 따라 치료해야 한다(규칙 제27조). 또한 다음 각호에 해당하는 경우 임시로 건강진단을 받아야 한다(규칙 제24조).

一. 창기 허가 후 처음으로 일을 시작할 때
二. 휴업 후 다시 일에 들어가려 할 때
三. 질병에 걸린 것을 자각하거나 가시자시키 영업자에게서 주의를 받은 때
四. 경찰서장의 명령이 있을 때

이상의 규정은 비단 화류병만을 목적으로 하는 것이 아님은 물론이지만, 주안은 화류병에 있다. 창기의 건강진단 및 유독자의 생업 금지와 그 치료는 창기의 매개에 의한 화류병 예방의 골자이며, 이 규정을 힘써 행하는 상황이 어떠한지는 화류병 예방상 중대한 관계를 지니기 때문에 상당히 누누이 검사하고 그 검사는 충분히 정중하고 면밀해야 한다. 유독자에 대해서는 그 전염의 위험이 없어질 때까지 엄격하게 생업을 정지시키고 완치하지 않았음에도 불구하고 생업에 들어가는 것을 허용하는 일 등이 결코 없도록 기하지 않으면 안 된다.

이상 외에 본칙은 경찰상의 규정을 마련해 두고 있지만 여기에 서술하지는 않는다.

제二. 밀매음의 단속

공창을 인정하는 국가에서도 다수의 밀매음이 병존하는 것은 부득이한 일에 속하며, 이의 절멸을 기하는 것이 어렵다는 것은 이미 총설에서 서술하였다. 따라서 공창에 대해 단속을 엄하게 해도 밀매음에 대하여 아무런 단속이 없으면 화류병 예방의 결실을 거둘 수 없을 것이다. 우리 조선에서 공창 이외에 매음하는 것을 금하고, 범하는 자는 처벌하기로 했음은 이미 서술했다. 또한 밀

매음에 대한 화류병의 예방 방법으로서는 1914년 7월 제령 제23호 행정집행령이 있었고, 이 법령에 따르면 해당 행정청은 (1) 밀매음을 범한 자 또는 (2) 그 전과자이면서 밀매음 상습이 있는 자에 대하여, (1) 그의 건강진단을 하거나, 또는 (2) 지정한 의사의 검진을 받게 하여 전염성 질환에 걸려 필요하다고 인정할 때는 (1) 병원에 들어가게 하거나, 또는 (2) 지정한 의사의 치료를 받게 하고 (3) 치료에 이르기까지 지정한 장소에 거주하게 하며 그의 외출을 금지할 수 있고(행정집행령 제3조 제1항), 밀매음자의 치료에 필요한 비용은 본인 또는 매합자(媒合者)의 부담으로 한다. 단, 본인 또는 매합자가 비용을 부담할 자금력이 없다고 인정할 때는 국비를 통해 지불한다(행정집행령 제3조 제2항). 이 비용의 징수는 국세징수령에 의거해 그 선취특권의 순위는 국세 다음으로 한다(행정집행령 제6조).

또한 해당 행정청은 밀매음의 현행이 있다고 인정될 때는 일출 전, 일몰 후라 할지라도 현 거주자의 뜻에 반하여 사람의 저택에 들어갈 수 있다(행정집행령 제2조). 이상 서술한 것처럼 밀매음을 발견한 경우는 이에 대하여 화류병 예방상 상당한 조치를 할 수 있다는 규정이 있어도 모든 밀매음자를 발견한다는 것은 도저히 실행할 수 없는 일에 속하며 밀매음자 대다수에 대해서는 이들 규정에 따른 검진 치료를 받게 할 기회가 없을 터다. 이 점은 화류병 예방상 가장 어려움을 느끼는 문제다. 이 때문에 도령(道令) 통첩, 기타의 방법을 통해 밀매음 행위를 감행하기 쉬운 업체에 있는 특수 영업자, 예를 들면 음식점, 나카이(仲居), 술 파는 여자 등에 대해 정기 또는 임시 검진을 실시하여 이 결함을 보완함으로써 상당한 효과를 거두도록 힘쓸 필요가 있다.

제三. 밀매음의 치료 및 검진 기관

공창 및 밀매음자에 대하여 건강진단을 하고 유병자는 그의 치료에 이르기까지 생업에 들어감을 허용치 않는다는 것은 이미 서술한 바와 같다. 그러나 공창 이외에 다수 존재하는 밀매음자를 검거하여 건강진단을 하는 것은 일부분의 적은 자들에 불과하기 때문에 현행 제도는 제도 자체에 중대한 결점을 지니며, 이를 개량하는 것은 대단한 연구를 필요로 함은 물론이지만 그 점은 잠시 별개 문제로 해두고, 현행제도의 범위에서 가장 마음을 써야 하는 것은 매독검사제도의 완성과 밀매음 단속을 치밀하게 하는 것이다. 그리고 매독검사제도의 개량에는 검진기관의 개량과 치료 설비의 개량이 가장 급선무다. 그럼에도 우리 조선에서는 치료 설비에 관한 특별한 규정 마련 없이 그저 창기의 치료 설비로서 영업자의 경영에 관련하여 불완전한 것이 있는 것에 불과하고 그중에는 이 불완전한 치료 설비조차도 마련하지 않은 곳이 있다. 이리하여 특히 환자의 구호상 부족한 곳이 있을 뿐만 아니라 나아가 검진의 엄정 주도(周到)를 저해하여 유곽 설치의 본 취지를 완수하기 어려운 감이 있으니, 치료 설비의 개선을 꾀하기 위해 먼저 이를 도청 경영으로 옮기고 지방비로 창기 병원을 설립하여 그 직원을 도지사의 부하로 속하게 할 필요가 있다. 또한 밀매음 환자에 대해서는 종래 대부분이 치료 설비가 없어 강제 치료의 결실을 거둘 수 없었다. 이 때문에 창기 병원을 통해 도지사가 설립 관리해야 하는 것으로 정하여 화류병, 기타 전염성 질환에 걸리거나 생업을 할 수 없는 질환이 있는 창기를 여기에 수용함과 동시에 밀매음자도 수용할 시설을 특설하고 또는 창기 병원을 통해 이 목적을 채우도록 규정함으로써 행정집행령 제3조의 취지를 관철하여 화류병 예방의 결실을 거두는 데 힘쓸 필요가 있다. 그러나 지방경제 상황에 따라 한꺼번에 이상의 목적을 달성하기 어려운 사정도 있을 터이므로, 부칙을 마련해 일정 기간 그 전부 또는 일부의 시행을 유예하기로 한다. 또한 벽지 등 부득이한 사유가 있는 곳에 대해서는 당분간 별단(別段)의 시설을 창기병원으로 전환하는 것을 인허하는 방침을 통해 점차 치료 설비의 개량을 꾀할 필요가 있지 않을까.

다음으로 매음자의 검진을 할 때는 엄정하고도 치밀(周密)하게 하는 것이 화류병 예방상 가장 필요하다는 점은 군말이 필요 없다. 그렇다 할지라도 창기의 입원을 명령받은 영업자는 창기의 생업을 할 수 없는 것과 입원비가 필요하다는 이중의 손실이 있기 때문에 유병자를 적극적으로 감소시키려 하고 그 결과 검진 의사와 영업자 사이에 정으로 엮인 폐단(情弊)이 생기기 쉽다. 그러므로 검진기관의 검진 의료진은 관리 또는 준관리로 하고 상당한 보수를 줌으로써 그 지위의 안정화를 꾀하는 것이 상책이다. 따라서 조선에서는 이 사무들에 종사시키기 위해 촉탁의(囑託医) 및 공의(公醫)를 두고 판임관(判任官) 대우를 하거나, 또는 도의 자혜의원 의관, 의원 중에서 촉탁한다. 촉탁의, 공의를 두는 목적은 오로지 매음자의 검진만을 위한 것이 아니라 일반의 치료에 임하게 함은 물론 전염병 예방, 지방병 조사, 종두, 학교 위생, 공장 위생, 시체 검안, 행려병자와 빈민 환자의 진료, 기타 일반경찰 의무(醫務)에 관한 사무 등도 그 직무 안에 속한다. 그러나 이 제도 안에 적어도 창기 및 밀매음을 검진하게 하여 치밀함을 기하는 목적을 포함시키고 있음은 분명하다.

9) 미야모토 하지메, 화류병의 예방 박멸과 형벌 법규 (1)~(3)(경무휘보 264~266, 1928. 4.~1928. 6.)

미야모토 하지메, 화류병의 예방 박멸과 형벌 법규 (1)
宮本元, 「花柳病の豫防撲滅と刑罰法規」, 『警務彙報』 264, 1928. 4.

一.

우리 내지에서 화류병을 예방 박멸하기 위해 이를 목적으로 하는 법률을 제정할지 여부가 여러 해에 걸친 현안이었는데, 마침내 정부는 제52회 의회에 법률안을 제출해 협찬을 얻음으로써 화류병예방법이 드디어 1927년 4월 5일에 동년 법률 제48호로 공포되었다. 물론 이 법은 오늘에 이르러서도 아직 실시를 보기에 이르지 못하였는데, 나는 말할 것도 없이 그 사정을 알지 못한다. 과연 신문지가 전하는 것처럼 소정의 형벌이 과중하다는 이유로 화류계 방면의 실시 반대운동이 있기 때문이었는지 여부는 내가 아는 바가 아니다. 또한 그 말을 믿고 싶지는 않다. 머지않아 실시하게 되리라고 생각한다. 따라서 이제 와서 이 법의 옳고 그름 내지 입법 문제 등을 논의하는 것은 일견 쓸데없는 일인 듯도 싶지만, 우리 조선에는 화류병의 예방 박멸책으로써 아직 그러한 법령이 공포된 일이나, 또는 특별한 새로운 시설이 있다거나 하는 일을 들은 바가 없으므로, 오늘날 이들 문제를 성찰하는 것이 반드시 헛되지만은 않으리라고 생각한다.

화류병, 특히 매독·임질이 얼마나 가공할 만한 질병인지는 전문 의술가가 아니더라도 보통의 상식이 있는 자라면 대체로 견문하고 있는 바다. 그 병독은 매우 격렬해서 사람의 중요한 기능을 침식하므로, 한 번 이 질병에 걸린 자는 철저히 건강이 시달리고 인생의 행복을 파괴당하여 암담한 생활을 보내야 하는 처지에 빠진다. 그뿐만 아니라 놀라운 유전성이 있어서 그 참혹한 해로움은 단순히 병에 걸린 자(罹病者, 이병자) 한 몸에 그치지 않고 퍼져서 그의 자손 후예에게까지도 미치므로, 한 사람의 감염자가 있을 때 어떤 경우는 유산, 조산, 사산 등으로 자손을 두지 못하기도 하고, 혹은 허약한 불구의 자손 후예가 죄도 없이 운명에 눈물 흘리는 참상을 봐야 하는 것이다. 또한 이 질병은 말할 것도 없이 전염성을 띠는 것이어서 무시무시한 전파력을 지니며, 한 사람의 감염자가 있는 경우 이로부터 수백 수천의 남녀에게 전염될지 그 바닥을 거의 미루어 알 수도 없다.

이 병의 전파 사정을 생각할 때, 전염의 주된 기회가 성교에 있고 성교가 부부 사이에서 이뤄지는 경우는 물론 그 이외의 남녀 사이에 이뤄지는 경우더라도, 또한 여자가 매음부 공창인 경우에도, 일반적으로 인간의 이성 작용이 충분히 발휘될 수 없는 상황을 피할 수 없다는 점이 있다. 이는 음주로 인해 정신을 못 차리게 취한 경우에 특히 그러할 뿐만 아니라, 성욕은 본래 수양이 부족한 보통 사람을 농락(翻弄)하는 마성을 지녔다. 또한 매독, 임질 등의 감염자는 그 환부 관계 때문에 의사의 치료를 주저하고 망설이며 게을리하기 십상이다. 어쩌다 치료를 일부러 시작했다 하더라도 긴 시간과 고액의 비용이 필요하기 때문에 가정 생활 내지 사회 생활 면에서 지장을 초래하여 치료를 중지하는 경우가 흔하다. 게다가 전문 의술가의 말에 따르면 이 질병은 대단히 치료하기 어려운 고질병(頑症)이어서, 이를 완전히 치료하는 데는 상당히 긴 세월이 필요하고, 특히 잠재성 매독인 경우는 감염자가 아무런 병의 증상을 깨닫지 못한 채 모르는 새에 이리저리 전염되어 맹위를 떨친다. 또한 화류병은 상당한 시일을 들여 전문적으로 연구한 의사가 아니면 완전히 치료할 수 없을 뿐 아니라, 현재는 직접적이고도 완전한 예방 방법이 없는 탓에 그 병독이 가공할 만한 기세로 전파되어 집요하게 인체에 둥지를 틀고 있게 된다.

이렇듯 무서운 화류병은 이제 전 세계 모든 민족 사이에 널리 전파되고 깊이 침투하고 있어 각국이 대책으로 부심하는 상태이며, 우리나라에서도 화류병은 온갖 계급에 넘쳐흐르고 있다. 나는 충분한 자료를 갖고 있지 않지만, 요지를 서술하고자 한다. 최근 몇 년간 징병검사 실적에 따르면 내지에서는, 각 부현(府県)에서 과거 13년 동안 창기의 화류병 환자는 100명에 대하여 2명 반 이하이고, 예기의 경우는 그 3배 이상, 작부는 6배 반 이상에 상당한다. 이들은 모두 심한 증상을 보여 입원한 자만의 숫자이므로, 만일 혈청 진단법, 세균학 검사법, 현미경적 검사법 등을 통해 상세히 검사한다면 그들 대부분이 화류병자일 것이라고 일컬어진다. 이들과 유사한 소위 마굴(魔窟)의 사창은 도쿄의 가메이도(亀戸)와 다마노이(玉の井)만 해도 1925년 12월 말 현재 1,600명에 달하고 있다. 또한 조선에서도 1927년 말 건강진단의 결과, 경성부 내의 나카이(仲居), 작부, 카페 여급 등 이른바 접객업자인 내선인 합계 797명 중 매독 환자가 26명이라는 숫자가 제시되고 있다. 그리고 전파 상황이 전술한 바와 같다는 점을 생각할 때, 감염자의 수는 실로 엄청날 테고, 또한 나날이 격증하리라고 봐야 할 것이다. 따라서 모성의 불임, 사산, 유산 등을 초래해 자손을 허약한 불구 상태로 빠뜨리는 일이 얼마나 될지 알 수 없다고 해야 할 것이다.

이렇게 본다면, 만일 국가가 화류병의 전파를 수수방관한 채 대책을 강구하지 않을 경우, 현재와 장래의 국민건강 상태는 한 걸음씩 점차 저하되어 활동력이 감퇴되고, 국방과 산업, 자칫하면 교육, 학술에서도 국가의 진보와 발전을 바랄 수 없게 됨은 물론이거니와, 마침내 국력의 쇠퇴(萎靡)와 후퇴(退嬰)를 초래하게 되리라는 것은 쉽게 상상할 수 있는 바이니, 비관론자 유의 기우에 지나지 않는다며 일축해 버릴 수만은 없을 것이다.

따라서 화류병의 예방 박멸에 대한 법률을 통해 엄중히 단속해야 한다는 논의가 내지에서 일찍부터 식자들 사이에서 주장된 것이며, 이에 관한 건의가 중의원에 제출되어 가결되기도 했고, 이어 정부는 보건조사위원회의 답신에 기초해 입안하고 의회에 제안해 마침내 앞에서 말한 화류병예방법이 공포되기에 이른 것이다. 우리 정부와 국민이 드디어 화류병이 국가에 미치는 해독을 자각하고 새로 입법을 실현한 것은 대체적으로는 경하해야 할 일이라 믿는다. 그러나 그 화류병예방법의 형벌 규정이 과연 얼마나 효과를 실현할 것인지, 이 법이 방임한 채 돌아보지 않는 방면으로부터 전염되는 병독으로 인해 그 효과가 사라지지(滅却)는 않을지, 또한 국민의 지식과 도덕 정도에 따라서는 이 예방 박멸에 대해 형벌 법규로 임하는 것이 부적절한 것은 아닌지. 나는 이러한 점들에 대해 깊은 의문을 품게 되었기에 이하에 약간의 소견을 피력하고자 한다.

二.

이 논고에서는 형벌 규정을 문제 삼고 있다. 화류병예방법 안에 따로 관련 규정이 있고 이 법 전체의 정신을 알 필요가 있으므로, 우선 이 법 전문(8개조)을 게재하고 대략 정부위원의 설명에 따라 주요한 점의 요지를 약술하기로 하겠다.

○ 화류병예방법(1927년 법률 제48호)

이 법 전체가 취지하는 바는 직접 일반 국민에 대한 화류병의 예방과 박멸을 목적으로 두지 않고, 공창 이외 중에서 이 병의 전파의 주요 원천인 특수 업태(業態)자, 예를 들면 예기, 작부 등과 같이 매음하는 바가 많은 자의 병독을 박멸하는 데에 목적을 두고 있고, 이들에 대해서는 적어도 제일 먼저 착수하여 특별한 법률을 적용함으로써 병독의 전파를 방지할 필요가 있다고 말하고 있다.

제一조 이 법에서 화류병이라 칭함은 매독, 임질 및 연성하감을 말한다.

제二조 주무 대신은 업태상 화류병 전파의 우려가 있는 자를 진료시키기 위해 시(市) 또는 특히 필요하다고 인정되는 기타 공공단체에 대하여 진료소 설치를 명령할 수 있다.

전 항의 규정에 의해 설치하는 진료소의 진료 비용 부담 및 징수에 관해서는 칙령을 통해 이를 정한다.

(요지) '업태상 화류병 전파의 우려가 있는 자'란 매음을 할 우려가 있고, 따라서 화류병을 전파할 우려가 있는 자로, 예를 들어 예기, 작부 등과 같은, 이른바 접객업자인 여자를 말한다. '진료시킨다'라 함은 본인이 임의 치료를 받는다는 취지로, 어차피 본인의 행복을 위해서 임의 승낙을 얻어 검사하고 치료를 받게 한다는 것을 포함한다. 그러므로 본 조는 결국 이른바 접객업자만을 위해서 이 자들이 쉽게 임의 치료를 받을 수 있도록 필요한 진료 기관을 마련한다는 취지이지, 그 진료를 시킨다는 것에 대해서는 따로 명령을 통해 정한다는 말이다.

제三조 국고(國庫)는 칙령이 정하는 바에 따라 전 조의 규정에 의해 진료소를 설치할 때, 기타 공공단체가 설치하는 진료소와 관련하여 시, 기타 공공단체가 지출하는 경비의 6분의 1 내지 2분의 1을 보조하도록 한다.

(요지) 진료소에 관한 보조금에 대하여 '경비의 6분의 1 내지 2분의 1'이라 규정하고 있지만, 정부는 설비비에 대해서는 2분의 1, 경상비에 대해서는 6분의 1을 보조할 예정이며, 이는 결핵병예방법 및 트라코마예방법과 같은 비율이라 한다.

제四조 주무 대신은 기간을 지정해 적당하다고 인정되는 공립·사립 진료소를 그 승낙을 얻어 제二조 제一항의 규정에 의해 설치하는 진료소로 대용할 수 있다. 이 경우에는 제二조 제二항 및 전 조의 규정을 준용한다.

제五조 전염의 우려가 있는 화류병에 걸릴 것을 알았거나, 또는 알 수 있었음에도 매음을 한 자는 3개월 이하의 징역에 처한다.

전염의 우려가 있는 화류병에 걸릴 것을 알았거나, 또는 알 수 있었음에도 매음의 매합(媒合) 또는 용지(容止)를 한 자는 6개월 이하의 징역 또는 5백 엔 이하의 벌금에 처한다.

앞의 二항의 경우에 전염 방지에 대하여 상당한 방법을 강구한 자는 그 형을 경감한다.

(요지) 제一항은 매독, 임질 및 연성하감에 걸린 자가 이를 알면서도 또는 부주의로 인해 이를 모르고 매음, 즉 돈을 받고 음행(淫行)을 했을 때는 1개월 이상, 3개월 이하의 징역에 처해지므로, 이는 제二조와 달리 여자에게만 국한되지 않고 남자에게도 적용되지만, 공창에게는 아무 관계가 없는 규정이다. 그리고 제二항은 이러한 화류병 환자임을 알면

서도 또는 부주의로 인해 이를 모른 채 그 자가 매음하는 데 대해 매합, 즉 주선, 권유, 기타의 방법으로 매음 실행의 기회를 주는 행위를 하였거나, 또는 용지, 즉 매음 실행의 장소를 공급하는 행위를 한 자는 1개월 이상, 6개월 이하의 징역 또는 20엔 이상, 5백엔 이하의 벌금에 처하게 된다. 이상은 화류병 환자의 매음에 관한 내용이므로, 그렇지 않은 자의 매음에 관한 행위보다도 중형을 부과할 필요가 있다는 이야기다. 그리고 제三항은 위와 같은 매음자 및 매합자 또는 용지자이더라도 화류병의 전염 방지에 대해 상당한 방법을 강구한 자는 법률상 당연히 감형된다는 말이다. 여기서 전염 방지에 대한 상당한 방법이란 일시적 방지의 효력이 있는 방법이어도 무방하므로 약을 파는 것(賣薬) 등도 일례라고 한다.

제六조 의사는 전염의 우려가 있는 화류병에 걸린 자를 진단할 때에는 전염의 위험 및 전염 방지의 방법을 지시해야 한다.

(요지) 의사는 이러한 의무를 지고 일반인에게 화류병 지식을 알리고 깨우치게 한다는 말이다.

제七조 화류병에 관한 약을 팔(賣薬) 때는 그 용기 또는 겉 포장(被包)에 약의 성분 및 분량을, 성분이 불분명한 것은 그 본질 및 제조법의 요지를 기재하지 않으면 발매할 수 없다.

약을 파는 영업자가 전 항의 규정을 위반한 때 지방 장관은 그 발매의 면허를 취소할 수 있다.

제八조 전 조 제一항의 규정을 위반한 자는 50엔 이하의 벌금에 처한다.

(요지) 화류병의 예방 치료에 아무런 효력이 없는데도 과대한 광고를 하여 약을 판매하여 공중을 그르치는 자를 단속한다는 말이다.

부칙

이 법 시행의 기일은 칙령이 정하는 바에 따라 각 조에 대하여 이를 정한다.

화류병에 관한 약의 판매(賣薬)면서 이 법 공포 전부터 발매되어 온 것에 관해서는 당분간 제七조의 규정을 적용하지 않는다.

이상을 통해 개략적으로나마 화류병예방법의 요령을 엿볼 수 있으리라 생각한다. (미완)

미야모토 하지메, 화류병의 예방 박멸과 형벌 법규 (2)
宮本元, 「花柳病の豫防撲滅と刑罰法規(続き)」, 『警務彙報』 265, 1928. 5.

三.

이 법률을 고찰해 보면, 첫째, 대체로 매음부로 말미암은 화류병 전파의 방지만을 목적으로 두었다고 보아야 한다. 제二조에 대해서는 누구나 수긍하는 바일 테고, 형벌 규정인 제五조에 대해서도 그 취지를 엿볼 수 있으리라 생각한다. 과연 법문은 널리 '매음한 자'라 하고 특히 제한하고 있지 않으니, 여자만이 아니라 남자에게도 적용된다고 이해해야겠지만, 매음자처벌법규(경찰범처벌령 제一조 제二호) 적용의 실제에 비추어 보면 실질적으로는 매음부에게만 착안한 것이라 보는 것이 타당하기 때문이다. 그러나 매음부로 말미암은 화류병 전파만을 방지하겠다는 기도가 과연 얼마나 효력을 거둘 것인가.

(一) 우선 가령 매음부로 말미암은 전파를 방지할 수 있다 하더라도 화류병 전파의 원인은 그외에도 많이 존재한다는 점을 생각해야 한다. 즉 그중 가장 유력한 전파자로서 남자가 존재한다는 점을 간과할 수 없다. 남자 화류병 환자는 여자 화류병 환자보다도 훨씬 다수를 점하며, 통계상 모든 환자의 대략 4분의 3에 해당한다는 것은 세계 공통의 현상이라고 알려져 있다. 게다가 이 병독을 지닐(帶有) 정도의 남자라면, 이러한 남자 한 사람으로부터 병독을 받는 여자가 반드시 한 사람에 그치지는 않으리라는 점도 상상하기 어렵지 않다. 오히려 이 남자들은 매음부와 서로 순환적으로 병독을 전염시키게 마련이어서 그 원인력(原因力) 면에서 결코 여자에게 뒤떨어지지 않는다고 보는 것에 상당하다고 생각한다. 또한 한편에는 공창도 존재한다. 이들은 강제적 검진제도 아래 놓이지만, 결코 절대적 안전을 기할 수는 없어 공창으로부터 병독을 받은 남자가 적지 않다는 것은 사실이 증명하는 바이기도 하다. 또한 예를 들어 유전으로 인해 매독을 지닌(帶有) 유아를 양자로서 양육을 맡기는 경우 이 아이에게 수유하는 양부모인 여자에게 병독이 전염되고, 매독 환자인 여자에게 유아의 양육을 맡길 때는 그의 수유로 인해 유아가 감염되는 일도 많다. 따라서 이들 전파의 원인 기회가 존재하는 이상 매음부로 말미암은 전파가 방지되더라도 그 효과란 얼마 되지 않는다고 생각한다.

(二) 하물며 예를 들어 매음부라는 화류병 전파의 일개 원천만을 철저히 청결하게 할 수 있다 한들 그것은 일시적이어서, 순식간에 혼탁해질 것을 고려해야 한다. 매음은 물론 법률이 금하는 바

이지만, 매음부가 사회 이면에 뿌리 깊게 진을 치고 매음하고 있음은 오늘날의 현실에 존재하는 사회현상으로서 부정할 수 없을 뿐만 아니라, 동서고금의 역사가 가르치는 바에 따르면 장래라 할지라도 결코 그 흔적이 끊이지 않으리라고 단언할 수밖에 없다. 실제로 독일이 최신 입법인 개정 형법 초안을 입안했을 때도 과거 수 세기에 걸친 경험상 매음부를 박멸 구축(驅逐)한다는 것은 사실상 불가능하다며 단념하고, 단순한(특별한 경우를 제외하고) 매음을 방임하고 매음을 위해 단순히 주거를 제공하는 행위에 대해서도 벌하지 않기로 하면서 오히려 매음을 덮어 주기로 하였다. 그리하여 남자 감염자가 많다는 것은 전술한 바와 같고, 남자는 앞서 매음부로부터 병독을 받은 자도 있고, 공창으로부터 받은 자도 있고, 기타 성교 이외의 원인으로 인한 감염자도 있는데, 끝내는 매음부에게 병독을 전염하기에 이르는 것은 필연이다. 따라서 매음부만을 정화한다는 기도는 결국 일반적인 화류병의 예방 박멸의 일단조차도 효과를 못 보고 끝날 것이라는 생각을 떨칠 수 없다. 물론 전파의 느리고 빠름에 꼭 전혀 효과가 없다고는 할 수 없을 테지만, 이는 지극히 미미해서 실로 구우일모(九牛一毛)[5]나 다름없으니 결코 화류병 전파의 대세를 움직일 수 없는 것이라고 생각한다.

둘째, 형벌 규정과 함께 화류병의 예방 박멸에 기여토록 한다는 취지인 듯한데, 매음할 우려가 있는 소위 접객업자에 대해서만 임의 진료를 받도록 하기 위해 진료소를 특설하기로 되어 있다. 그러나 이렇게 한다고 해서 화류병의 전파 방지에 과연 얼마만큼의 효과가 있겠는가. 앞에서 말했듯이 매음부 이외에도 병독을 보유한 자가 많이 있기 때문에 이들의 치료가 촉진되지 않는 한 결코 이 병의 방지 목적은 달성되지 않을 것이다. 임의 진료를 받게 한다고 하지만, 실제로는 경고 지도 여하에 따라 대개는 진료받게 할 수 있는지는 몰라도, 매음부 신세에 빠져 있을 정도로 방종한 자에게 철저히 진료를 계속할 만큼의 의사나, 또는 긴 세월이 필요한 진료를 감당할 만한 경제력이 있을 턱이 없으니, 완전히 무료 진료라고 한다면 몰라도 도저히 완전히 치료하도록 한다는 것은 불가능하다. 만일 무료로 한다면 이들 여자에게 강제적으로 치료를 제공할 수밖에 없는데 그렇다면 다른 일반 무산계급의 병자도 무료로 임의 진료를 받게 할 필요가 있으리라 생각한다. 그리고 전문 의술가의 말에 따르면, 화류병의 치료는 긴 세월을 들여 철저히 해나가지 않으면 목적을 달성할 수 없고, 의사도 상당한 세월을 투여해 전문적으로 연구한 자가 아니면 완전한 치료를 제공할 수 없으며, 더욱이 치료가 불철저함에도 불구하고 이 병자가 완치되었다고 생각하는 경우,

5 '아홉 마리 소에 붙어 있는 한 가닥의 털'이라는 뜻으로 아주 큰 것 중에 극히 작은 부분을 비유하는 표현임.

부지불식간에 전파 기회를 늘리게 돼 버린다고 한다. 따라서 진료소 제도를 통해 과연 얼마만큼 이 병에 걸린 접객업자를 완전히 치료할 수 있을지 많은 것을 기대할 수 없으리라는 생각을 떨칠 수 없다.

셋째, 제五조와 같은 유일한 형벌 규정을 마련한다 한들 화류병의 전파 방지에 과연 얼마나 효과가 있겠는가. 제五조 제一항의 범죄는 혹자가 대가를 받고 음행할 것, 이 사람이 화류병에 걸려 있을 것, 그리고 스스로 화류병에 걸려 있다는 것을 알거나 또는 모르더라도 과실 때문이라는 점으로 인해 성립된다. 따라서 일종의 매음죄인 것이며, 음행의 대가를 받는 자만이 범죄가 되고 대가를 주는 자는 범죄자가 아니게 되며, 보통 사람의 경우 스스로 알아챌 수 없을 법한 화류병에 걸린 자가 매음을 하더라도 이 범죄는 성립될 수 없는 셈이다. 또한 동조 제二항의 범죄는 혹자가 어떤 여자에 대하여 주선, 권유, 기타의 방법으로 매음 행위의 기회를 주거나, 또는 매음 실행의 장소를 공급하는 것과, 여자가 화류병에 걸린 것을 알고 있거나, 또는 모른다 하더라도 모르는 이유가 부주의 때문이라는 상황으로 인해 성립된다. 따라서 일종의 매합·용지죄인 것이며, 여자의 감염을 모르는 동시에 보통 사람이 볼 때 여자가 화류병에 걸렸다는 것을 모를 법한 경우에 이 범죄는 성립되지 않는 셈이다. 단순히 매음에 관해서만 이러한 범죄를 인정하고 보통의 매음죄 또는 매합·용지죄보다도 무거운 형을 통해 위협해 봐야 다른 많은 전파 원인이 방임되고 있음은 앞에서 말한 바와 같이 분명하지만, 이 규정에 대해서만 생각하더라도 결함이 적지 않다고 생각한다. 결함인즉슨 다음과 같다.

(一) 우선 이러한 범죄를 매음부에 대해서만 인정하고 그 상대방인 남자에 대해 인정하지 않는 점이다. 이는 근본인 보통 매음죄에 대해서도 문제가 됨은 물론이지만, 원래 매음은 대가에 의한 성교라는 점에서 보면 성애의 순결함과 신성함을 더럽히고 선량한 풍속을 해치므로 금지해야 마땅하고, 한편에서 보면 대가를 주는 자와 받는 자가 있고, 다른 한편에서 보면 남자와 여자가 있어야 성립되는 것이다. 따라서 매음에 대한 책임은 그 당사자 쌍방에게 돌아가야 한다. 대가를 받는 한쪽이자 실제는 여자만을 처벌할 이유는 없다. 그뿐만 아니라 대가를 받는 한쪽(실제는 여자)만을 처벌한들 대가를 주는 자(실제는 남자)를 형벌로써 위협하지 않는다면 도저히 매음부 수를 줄일 수조차 없을 것이다. 따라서 화류병의 전파 방지라는 필요에서 매음에 대해 독을 지닌 자(帶毒者)를 형벌로써 위협하려면 매음부만이 아니라 그 상대방인 남자에 대해서도 범죄 성립을 인정해야 하고, 또한 그렇게 하지 않으면 목적 달성은 도저히 불가능하리라 생각한다. 매음부만을 아무리 형벌로 위협해 봤자 병독을 지닌 남자를 방임하는 한 아직 화류병에 감염되지 않았거나, 또는

이미 완치한 매음부도 순식간에 이 병의 환자가 되어 버려 병독을 다른 남자에게 전파하게 될 것이다. 또한 매음할 법한 부녀는 일반적으로 교육을 받지 못한 자여서 자신의 처지나 환경의 영향으로 말미암아 자포자기에 빠지고 성정이 방종해져서 살기 위해 그러한 행위를 하게 된 인생의 패배자이므로, 화류병에 대한 그러한 형벌로 위협해도 도저히 자성할 여유가 없는 자라고 보는 것에 상당하지 않을까. 하물며 매음에 대해 부당하게 책임을 면하고 있는 남자의 유인이 있다면야 더욱 그러하다. 또한 여기서 한마디 덧붙이자면, 그러한 관계에 놓인 남녀 중 여자만을 처벌하고 남자를 방임한다는 것은 남녀에 대해 근거 없이 불평등하고 불공평하게 취급하는 입법이므로, 현대의 사회관념에 반한다고 하지 않을 수 없다. 원래 남녀는 모두 사회의 구성원으로서 평등하고 대등한 지위를 지니는 존재이므로, 사회 생활상 남자는 그저 남성이라는 이유 하나만으로 아무런 특권을 지니지는 않는다. 따라서 남녀가 동일한 관계에 놓인 사항에 대해서는 평등하게 책임을 짊어져야 한다. 매음과 화류 병독을 지녔다는 점에 대해서는 남녀라는 관계를 구별해야 할 털끝만큼의 이유도 없다고 생각한다.

□

(二) 다음으로 문제되는 것은 매음부가 화류병에 걸렸다는 점과 스스로 또는 매합·용지자가 아는 때나 모를 때의 과실 증명이 지극히 어렵다는 점이다. 매음부가 이를 인정하지 않을 때, 외관상 병의 증상이 나타나지 않을 때는 병에 걸린 사실을 증명하는 자료를 어떻게 얻을 작정이란 말인가. 매음부가 거부할 경우 강제력을 써서 그의 신체 내외부를 진찰하고 기타 방법을 통해 감정한다는 것은 물론 불가능할 테고, 비밀스런 병이므로 병의 증상이 외관상 나타나지 않는 이상 주위 사람들도 대부분 이를 감지하지 못했다고 말할 것이다. 또한 상대방인 남자도 미리 일반적으로 전염 위험을 충분히 알고 있으면서 자기의 병을 비밀에 부치려 하는 관계상 설령 실제로 그가 매음부로부터 감염되었음을 지각한 경우도 대부분 그 사실을 부인할 것이다. 그리고 이 병 사실을 아는지 여부, 또는 모르는 데 대한 과실 여부는 결국 병의 증상이 어떠한지에 따라 정해지는 미묘한 문제이니, 증명한다는 것이 더욱 어려우리라 생각된다. 특히 매합·용지자가 매음부에 대해 이 비밀 병에 걸린 사실을 아는 것, 또는 모르는 경우 과실이 있다고 증명한다는 것은 더욱 지난한 일이라 생각한다. 따라서 범인 대다수는 결국 처벌을 면하는 결과를 맞지 않겠는가.

□

(三) 다음 문제로, 전문 의술가의 말에 따르면, 보통 사람이라면 병에 걸렸다고 스스로 지각하지 못하거나 또는 완치했다고 오인할 정도의 성질을 지닌 화류병이 존재하며, 게다가 그것은 알지 못하는 사이에 전염되는 경우가 많다는 점이다. 화류병 중에는 특별한 전문 의사가 아니면 발견할 수 없는 종류가 있는데, 특히 소위 잠재성 매독 같은 것은 후과를 자손에게 남기는 가장 무서운 병이지만 감염되어도 아무런 증상도 보이지 않아 스스로 지각하지 못한다고 한다. 이 처벌 규정을 통해서는 도저히 그런 화류병의 전파를 방지할 수 없으리라고 본다.

□

(四) 마지막으로 문제되는 것은 법률상의 절대적 감형을 인정한 점이다. 법률은 화류병 전염에 대해 상당한 방법을 강구했다는 점을 이유로 들어 당연히 형을 경감하겠다고 하는데, 매음부나 매합·용지자가 강구해야 할 상당한 방법이란 무엇을 의미하는 것일까. 전문가의 말에 따르면, 현재 절대 안전을 보장할 예방 방법은 없어서, 일반적으로 상당한 예방 방법이라고 여겨지고 있는 방법을 강구했음에도 불구하고 실제로 화류병에 전염된 실제 사례가 적지 않다고 한다. 그뿐만 아니라 매음부에 대하여 그 방법을 강구했는지 여부는 당사자만이 아는 일이고, 타인으로서도 상대방인 남자가 아는 경우가 있을 뿐일 텐데, 과연 그 예방 방법을 강구했는지 여부의 진실을 발견할 수 있겠는가. 또한 매합·용지자가 강구하는 예방 방법이라 해 봐야 항간에 넘치는 예방약이나 예방구를 갖추는 정도일 테니 결국은 준비 수준에 그칠 뿐이고, 실제로 이를 매음 당사자에게 쓰지 않으면 무익하니, 결국 그저 형식에 흐르고 말 것이다. 따라서 예방 방법을 실시했는지 여부는 불분명한 경우가 많고, 이를 실시해도 병독 전염이라는 결과를 야기하는 일이 적지 않으므로, 그러한 감형 규정을 마련해 봤자 예방에는 그다지 효과는 없으리라고 봐야 할 것이다.

이상과 같은 사정이므로, 화류병예방법, 특히 형벌 규정은 화류병의 전염 방지가 사회적 국가적으로 중요하기에 국민 일반의 자각을 환기한다는 취지에 물론 의의가 있기는 하지만, 전파 방지의 실효성에 대해서는 거의 인정할 만한 것이 없다 해도 결코 과언이 아닐 것이다. 모처럼 입법을 촉구할 정도의 기운을 맞았는데도 이렇듯 임시방편적으로 불철저한 법률을 보게 되었음은 참으로 유감스러운 일이다. (미완)

미야모토 하지메, 화류병의 예방 박멸과 형벌 법규 (3)
宮本元, 「花柳病の豫防撲滅と刑罰法規(続き)」, 『警務彙報』 266, 1928. 6.

四

그렇다면 대체 어떤 형벌 법규를 마련하면 훌륭하게 화류병 전파 방지의 열매를 거둘 수 있을 것인가. 이는 참으로 지난한 문제다. 우선 참고삼아 입법 사례 한둘을 들어 고찰해 보자.

(一) 우리 내무성 보건조사회는 화류병의 전파 방지에 관한 수년간의 조사 연구를 통해 원안을 마련할 수 있었지만, 그 핵심이 빠지면서 지금과 같은 화류병예방법이 제정되기에 이르렀다. 그 원안에서는 "화류병 환자가 전염의 우려가 있음을 알고도 성교를 한 때는 몇 개월 이하의 금고 또는 몇백 엔 이하의 벌금에 처한다. 전 항의 죄는 부부 사이의 성교인 경우는 고소를 하지 않고 이를 논한다. 화류병 환자가 전염의 우려가 있음을 알고도 그 사실을 상대방에게 알리지 않고 결혼한 때는 몇 개월 이하의 금고 또는 몇백 엔 이하의 벌금에 처한다. 전항의 죄는 고소를 하지 않고 이를 논한다."고 하였다.

(二) 또한 독일에서는 화류병의 전파 방지에 대하여 일찍부터 초안은 나와 있었지만, 드디어 지난 1927년 2월에 의회를 통과해 그달 18일에 화류병박멸법으로 공포되었고, 그해 8월 1일부터 시행되기에 이르렀다. 그러나 이를 실시함에는 빈민의 무료 진료, 보건 관청, 보건 상담소 및 경찰 관리의 협력, 진료 절차의 강제실시 등의 점에 많은 어려움이 있어 각 연방의 시행규칙이 필요했기 때문에 프러시아가 먼저 같은 달 4일에 시행규칙을 공포하고 실시했다. 그런데 이 법의 형벌 규정은 대체로 다음과 같은 취지를 담고 있다. 즉 "스스로 전염 우려가 있는 화류병에 걸린 사실을 알았거나 알 수 있었음에도 성교를 한 자는 이러이러한 형에 처한다(제五조). 스스로 전염의 우려가 있는 화류병에 걸린 사실을 알았거나 알 수 있었음에도 혼인을 한 자는 이러이러한 형에 처한다(제六조). 단 이상은 고소를 하지 않고 죄를 논한다. 타인의 유아가 전염의 우려가 있는 화류병에 걸린 사실을 알았거나 알 수 있었음에도 타인의 유아에게 수유한 부녀는 이러이러한 형에 처한다. 화류병자가 아니라는 의사의 증명 없이 유모가 된 자와 그 고용주는 이러이러한 형에 처한다. 유아에 대한 화류병 전염의 위험이 없음을 의사의 증명을 통해 보장하지 않고 부녀로 하여금 타인의 유아에게 수유시킨 자는 이러이러한 형에 처한다(제十四조, 제十五조)."

이들은 모두 대체로 화류병 전파 방지에 대한 우리 화류병예방법의 형벌 규정에 비해 더욱 철저하니, 만일 이 전파 방지 형벌을 통해 위협하는 방식이 적당하다고 인정한다면 적어도 이 정도의 규정이 필요하다고는 생각하지만, 그렇다고 내가 이 입법 사례 등을 채택해야 한다고 말할 작정은 아니고, 오히려 다른 견해를 가지고 있다.

이 입법의 예 등은 우선 전염의 우려가 있는 화류병에 걸린 사실을 알았거나, 또는 알 수 있었음에도 성교했거나, 또는 혼인한 자를 처벌한다고 하고 있으니, 매음이나 기타 혼인 이외의 성교는 물론, 혼인에서의 성교나 혼인 성립 후의 부부간 성교나 모두 범죄가 될 수 있는데, 모두 고소하지 않고 그 죄를 논하기로 한다면 과연 어떠한 결과를 초래할 것인가. 결코 예기한 효과를 거두지는 못 하지 않을까. 서구 국가들의 국민사정(民情)은 혹 다를지 모르겠으나, 우리나라의 민심(民情)에서는 화류병 전염을 당했다(법률상은 전염 위험에 놓였다)고 해서 고소할 사람이 지극히 적다는 것은 누구나 상상하기 어렵지 않을 것이다. 이는 남녀 간의 신비한 애정 관계, 질병의 비밀성, 기타 제반 이해관계를 고려할 때 분명하다. 특히 이미 부부가 된 남녀 사이에서는 더욱 이러한 고소가 적으리라고 봐야 한다. 그렇게 되면 결국 이 형벌 규정의 태반은 실익이 없는 상황으로 귀결되리라고 말할 수밖에 없다. 그뿐만 아니라 혼인할 때의 성교와 혼인 성립 후의 부부간 성교에 대해서는 친고죄 여부를 불문하고 본래 그런 형벌 규정을 만드는 것이 문제다. 일반적으로 말하면 부부의 공동 생활에서는 다른 것으로 인한 커다란 행복 이익이 존재하는데, 화류병의 전염, 아니 전염의 위험이라는 하나만 가지고 배우자를 처벌하게 된다면 평생 평화로워야 할 공동 생활을 파괴할 동기를 주는 꼴일 테니, 결국은 다른 특별한 사정 목적을 위해 이 형벌 규정을 악용해 고소, 고발을 하는 등 그 폐해가 적지 않을 것이다. 또한 형법상의 문제로서도 부부간 성교에 대해 화류병 환자인 배우자가 화류병 전염의 단순한 위험이란 이유로 처벌된다는 것은 어떤 책임에 기초하는 것일까. 이는 사회 생활상 당연히 위법성이 있는 행위라고는 생각할 수 없을 뿐 아니라, 위생경찰의 범위도 이미 뛰어넘은 문제라고 봐야 한다. 독일의 어떤 학자는 이 점에 대해 "신학(神学)상의 도덕관에 의한 원시 죄업에 대해 책임이 있다고 말하는 옛 사상에 기초했다고 생각할 수밖에 없지만, 그러한 책임을 기초로 형벌을 부과할 수는 없다."고 말한다. 기타 화류병자라는 사실과 인식, 과실 등의 증명이 지난해서 법의 위력을 충분히 발휘할 수 없음은 이미 제3항에서 우리 화류병예방법 제5조에 대해 서술한 바와 마찬가지다. 따라서 이 입법 예 등도 그대로 시인할 수는 없다고 생각한다.

그렇지만 우리 화류병예방법이나 내무성 보건조사회의 원안 내지는 독일 화류병박멸법 모두 다수의 학자나 실무가(実際家)들이 다년간 조사 연구한 결과 만든 것인데도 많은 문제가 있음은 종래 서술한 바와 같으므로, 형벌 법규를 통해 화류병의 전파를 방지한다는 것이 얼마나 어려운 일인지는 짐작하고도 남는다. 나는 그런 점에서 위의 법률 입법 예 등에 대하여 심심한 경의를 표하는 동시에 이제까지의 망평(妄評)을 엎드려 사과드리는 바다.

五.

여기서 조선에서 화류병 전파 방지에 진전을 이루기 위해 형벌 법규를 마련함이 적당한지 어떤지를 말하자면, 나는 오늘날 새로 형벌 법규, 특히 내지의 화류병예방법 제五조 같은 것을 마련하는 것은 합당하지 않다고 생각한다. 앞의 서술에서 분명히 드러나듯이, 오늘날 완전한 것을 확보하는 일은 매우 어렵다. 가령 법안이 완성됐다 하더라도 철저하거나 완전하지 못하면 실제의 인정(人情)에 반하여 준법을 강요하는 것이 부당해져서 악법으로 빠질 우려가 크기 때문이다. 그뿐만 아니라, 화류병 예방 박멸의 문제는 결국은 병자의 자발성에 의한 완전하고도 철저한 치료와 인간의 본능적 욕구인 성욕에 대한 어느 정도의 제어라는 문제로 귀착하니, 아무리 형벌로써 위협해도 일반 민중의 위생사상의 보급, 남녀 정조관념의 향상, 여자의 인격 존중의 각성 내지 생활고의 사회 정책적 완화 등과 맞물리지 않으면 도저히 그 실효를 거둘 수 없다. 그러므로 조선의 현실에서(내지에서도 그러하지만) 그 수준에 도달하기에는 아직 멀었다고 보기 때문(에 위의 형벌 법규 마련이 합당하지 않다는 생각)이다. 우리의 이성이 요구하는 바에 아무리 적합한 형벌 법규라도 그 시대 민중의 지식, 도덕관 내지 생활의 현실과 너무 동떨어지게 되면 그것은 그저 이지(理知)의 힘이 약하되 선량한 민중을 범죄자로 만들고 준법심을 쇠퇴시킬 뿐이라 생각한다.

그리고 매음이 화류병 전파의 유력한 원천이어서 이를 전혀 고갈시킬 수 없더라도 가능한 한 그러려고 힘쓰는 것이 예방 박멸에 큰 효과가 있다는 점은 누구나 수긍하는 바이겠지만, 그렇다면 이론상 굳이 화류병예방법 제五조 같은 규정을 만들 것도 없이 매음부나 매합·용지자의 대소탕을 기할 수가 있을 터다. 물론 그러려면 당국이 극단적으로 커다란 노력을 기울이지 않는 한 도저히 목적은 달성할 수 없을 것이다. 경찰 관헌이 항상 부단한 보편적 수사 검거를 하고, 상습범(累犯者)을 질서 생활에 적응(馴致)시키기 위해 수용할 새로운 시설과 화류병 환자를 무료 진료할 새로운 시설을 마련함과 동시에, 매음부의 상대방인 남자도 처벌하고 매합·용지에 중형을 부과하는 제도를 마련할 필요가 있다고 생각한다. 매음부에 대해서 아무리 대대적으로 수사와 검거를 한다 해도 만일 그것이 일시적인 것에 그친다면 틈새를 틈타 순식간에 다시 발호하여 날뛰게 되는 법이다. 하물며 만일 가끔 생각난 듯이 보여 주기식 현장조사(臨検)에 그치거나 사람이나 장소에 따라 수사 검사를 달리하는 식의 일이 있기라도 한다면, 거기서 불철저함의 발단이 있게 될 것이다. 또한 아무리 매음부를 검거하고 처벌해도 그들의 성정이나 생활 상태는 앞에서 말한 바와 같으므로, 오늘날의 생활고에 대해 아무런 사회 정책적 완화책을 강구하지 않고 상습범을 그대로 방치한다면, (생활고를 겪는 자는) 화류병독을 지닌 채 몇 번이고 범행을 되풀이할 필요가 있을 테니 그 남자도 형벌로 위협하지 않는 한 소탕의 완전을 기할 수 없는 점 또한 전술한 바와 같다. 또한 매합·용지자가 사라지지 않는 한 매음부의 그림자도 사라지지 않는다는 것도 참으로 흔한 현상이다. 그러나 매음부에 대한 그러한 방법이 과연 오늘날 실제로 이뤄질 수 있을지 어떨지, 다른 행정시설의 관계상 이 실행이 적당한지 어떤지는 내가 단정할 수 없는 바다. 아무튼 나는 조선의 현재 상태에서는 화류병의 예방 박멸에 대해 이를 목적으로 하는 특별한 형벌 법규를 마련하기보다는 다른 방법으로 대책을 강구하는 편이 타당하다고 생각한다.

마지막으로 내가 특히 강하게 주장하고 싶은 점은 앞에서도 언급한 남녀, 특히 남자의 정조 관념과 여자의 인격 존중에 대한 각성이다. 이는 실로 화류병 예방 박멸의 근본을 이루는 것이므로, 어떤 시설을 조치하더라도 이 점을 등한시한다면 목적 달성은 백년하청(百年河清), 즉 황하 물이 맑아지기를 기다리듯 오랜 시간이 흘러도 이루어지기 어려우리라 생각한다. 아마도 화류병 전염의 시작을 탐구한다면, 대다수는 혼인 중 혹은 내연의 부부 사이 또는 적어도 부부의 목적을 갖는 남녀 간의 남편이나 남자와 다른 여자의 성교 또는 그 이외의 남자와 여자가 부부의 목적 없이 갖는 성교가 발단이다. 따라서 그 남편 또는 남자가 아내 또는 장래를 약속한 여자가 있는데도 다른 여자, 특히 아마도 첩, 매음부, 창부 등과 성교를 하거나, 혹은 그 이외의 남자가 매음부, 창부 등과 성교를 함으로써 먼저 화류병에 감염되었다가, 그로부터 직간접적으로 순차적으로 병독을 전파한다고 볼 수 있다. 이는 아마도 전자인 남편 또는 남자의 경우 모두 사회적으로 자기와 대등한 여자에 대해 도덕적으로 상호 성실의 의무에 반하여 그 인격을 무시하고 돌아보지 않는 까닭에 발생하며, 후자 남자의 경우 신성한 자기 순결을 더럽히고 통제 없는 음란(濫淫)을 저지르고도 부끄러워하지 않는 데서 발생한다. 또한 이 남편 또는 남자들의 행위는 한편에서 보면 성교의 상대방인 여자의 인격을 무시한 처사라고 말해야 한다. (설령 이들 여자 중에는 이를 자각하지 못하는 자도 있다 하더라도 말이다.) 아마도 도학자(道学者) 유의 공론이라며 웃음거리가 되겠지만, 만일 그렇다면 이는 예로부터의 전통적 관념에 지배되어 남자가 여자에 비해 정조상의 특권이라도 마치 지닌 것으로 맹신하기 때문이거나, 그렇지 않다면 자기 어리석음을 자각하면서도 여자의 겸양이나 무자각에 편승해 남자의 방자함을 밀고 나가려는 속내가 있기 때문이라고 말해도 결코 과언이 아닐 것이다. 물론 매음부 창부 기타 예외는 있겠지만, 대부분의 보통 여자는 이 비행을 저지르지 않는데 어째서 오늘날의 많은 남자들이 이를 저지르고도 부끄러워하지 않고 또한 사회도 이를 허용하는 것일까. 나는 아무리 생각해도 이는 남자와 더불어 사회 임무를 분담하고 있는 여자의 지위를 비하하고 그 인격을 무시하고 있는 남자의 근거 없는 전횡이라 볼 수밖에 없다고 생각한다. 이 문제는 그 자체로도 우리의 오늘날의 사회 생활에서 남자의 냉철한 반성과 여자의 명민한 자각을 요하는 중대한 사회 문제이고, 또한 화류병의 예방 박멸에서도 간과할 수 없는 근본 문제라고 말해야 할 것이다. (완)

- 1928년 5월 9일 원고 마침 -

2. 조선의 성병 현황과 인식

1) 매소부 건강진단의 상황(조선휘보, 1916. 6.)

매소부 건강진단의 상황

「賣笑婦健康診斷の狀況」, 『朝鮮彙報』 1916. 6.

기생, 갈보라 칭하는 매소부는 종래 조선의 각지에 존재하는 것이었지만 단순 내지인인 매소부는 최근 내지인의 증가에 비례하여 갑자기 증가를 보였다. 내지인 매소부 중에는 결국 예기로서 가무를 전속으로 하는 자, 또는 작부, 나카이(仲居)라 칭하며 술자리의 알선에만 따르는 자 등이 있고, 이들에 대해서는 원래부터 매독검사 건강진단을 시행할 필요가 인정되지 않았다. 그러나 을종 예기 또는 제2종 예기 혹은 작부배(杯)라 칭하며 기실 공창적 업체(業體)에 있는 자는 매독검사를 요하는 점에서 창기와 아무런 차이가 없으므로, 일정한 기일 아래 이를 시행하고 있다. 이상 건강진단을 요하는 매소부는 과연 얼마의 수에 달하는가. 1915년 말의 조사에 따르면 3,793명을 헤아리지만 만일 여름, 가을 성어(盛漁)기에 이를 조사하면 한층 더 많은 수가 될 것이다. 그 계절에는 어부의 증가가 현저하기 때문에 이를 목적으로 갑자기 연해지에 군집하는 것에 기인한다.

조선인 매소부에 대한 건강진단은 한국 정부의 말엽에 겨우 경성에서 시행했을 뿐 각지는 완전히 방임된 상태였다. 그러나 신정 시행 이래 내지인 공창과 마찬가지로 점차 이의 시행을 보기에 이르렀고, 다만 기생이라 칭하고 무곡을 표방하며 업에 종사하여 거의 내지인 예기와 다름없었기 때문에 이를 생략했을 뿐이다. 지금 1915년 말의 공창 수를 도별로 제시하면 다음과 같다.

도별		내지인	조선인	외국인	계
경기	경성	554	321	4	879
	기타	241	127	-	368
	계	795	448	4	1,247
충청북도		95	1	-	96
충청남도		178	33	-	220
전라북도		206	83	-	289
전라남도		200	41	-	241
경상북도		352	47	-	399
경상남도		925	118	-	1,043
황해도		120	106	-	226
평안남도		159	180	-	339
평안북도		128	158	-	376
강원도		113	2	-	115
함경남도		175	39	-	214
함경북도		248	15	-	263
계		3,793	1,271	4	5,068

주. 통계 합산이 맞지 않는 경우도 있으나 원문에 따른다.

상기 매소부면서 일정 지역에 모여 유곽 형태를 이루는 경우는 겨우 14곳에 불과하며, 위 유곽 중 매소부가 가장 많은 것은 경성부 신정(新町)유곽의 399명이며, 그다음이 부산부 녹정(綠町)유곽의 234명이다. 다음은 경성부 미생정(彌生町)유곽의 155명, 평양부 진정(賑町)유곽의 151명, 인천부 유곽의 120명, 경남 진해유곽의 119명, 원산부 유곽의 95명, 부산부 주갑(洲岬)유곽의 91명, 경북 울산군 방어진의 84명, 평북 의주의 76명, 대구부 팔중원정(八重垣町)유곽의 72명 등이다.

지금 시험 삼아 이상의 내지인 매소부를 조선 거주 내지인으로 배당하니 3.1%로 나타나고, 남자만을 배당하니 5.7%를 나타내니, 심히 지나치다는 감이 없지 않으나, 식민지에 흔한 일로서 단신자가 많기 때문이다.

매소부 건강진단소는 다수의 매소부 집단지에서는 영업자가 특설했지만, 장소 대부분은 공의(公醫) 또는 영업자의 사택에서 이루어지고 있고, 그 특설 건강 진단소 수는 1915년 말에 65곳이다.

건강진단은 촉탁 경찰의(警察醫) 또는 공의(公醫) 등이 담당하게 하고, 간간이 일반 개업의로 하여금 종사하게 하는 장소는 경비 관계상 필경 부득이한 상황이다. 건강진단 시행일은 대체로 1주에 1회인데 경성부 각 유곽에서는 내지인에 대해 특히 5일마다 시행하는 장소도 없지 않지만, 이들은 지극히 소수다. 1915년 중에 건강진단 수검 연인원은 내지인이 18만 833명, 조선인은 5만 904명이다. 이상 매소부 건강진단에 필요한 비품, 소모품 같은 것은 국고 지원에 속하고 그 예산은 1만 651엔을 올렸다.

1915년 중에 건강진단으로 발견한 화류병 환자는 다음과 같다.

병명	내지인	조선인	계
매독(黴毒)	423	403	826
임질	3,725	1,565	5,290
연하감	1,111	789	1,900
횡현	54	12	66
계	5,313	2,769	8,082

앞에 게재한 환자 수를 수검 연인원에 비례해 보면, 내지인은 2.95%, 조선인은 5.45%로 나타난다. 그중에서 가장 많은 질환은 임질이고 그다음이 연하감이다. 이들 화류병 질환과 기타 전염성 질환자는 병원에 들어가게 하거나 영업자가 경영하는 치료소에서 치료하게 한다. 다만 벽지의 당업자가 소수인 지구에서는 임시적(寓) 치료소를 인정하는 것도 부득이한 상황이다.

조선의 매소부 건강진단에 관한 규정은 각 도구구(道区区)에서 통일된 것이 없고 그 시행 양상도 보조가 맞춰지지 않은 감이 없지 않지만, 5월 1일부터 시행된 가시자시키창기단속규칙에 의해 매독검사의 기초를 확립하고, 이어서 창기 건강진단 시행수속, 건강진단 내규 등의 발포에 따라, 여기 조선의 매독검사 사무에 일신기원(一新紀元)의 획을 긋게 되었다.

또한 1915년 7월에 밀매음 범죄 및 동 전과자로 밀매음을 상습하는 자에 대하여 건강진단과 치료 절차를 정한 이래로 연말까지 시행한 인원은 내지인 15명, 조선인 76명이며, 그중 전염성 질환이 인정되어 치료한 자는 내지인 5명, 조선인 32명이다. 밀매음 범죄 및 상습자인 질환자이면서 스스로 치료비를 지불할 수 없는 자에 대한 강제 치료비 예산은 1916년도에 6,142엔이 되므로 동년도에는 대략 유감없을 정도로 그 목적을 달성할 수 있을 것이다.

화류병이 어떻게 사회에서 만연하고 있는가, 또한 어떻게 생산력에 영향을 미치고 있는가를 당장 상술하기에는 재료가 부족하기는 하지만, 조선의 징병검사 성적에 비추어 보면 대략 추측할 수 있다. 즉 1913년에는 6.54%, 1914년에는 4.72%, 1915년에는 2.83%, 1916년에는 4.03%로 나타난다.

밀매음 범죄 건강진단의 결과, 내지인에서 33.33%, 조선인에서 42.11%의 질환자가 인정된 점은 누구든 의외라 생각할 것이고 위험천만하다고 해야 할 터다. 그러나 다만 공창에 이르러서는 항상 엄밀한 건강진단을 시행하여 질환자 같은 것은 직접 치료에 임하게 하여 병독 매개의 기회를 안 준다면 위험의 정도가 전자에 비할 바가 아님을 알아야 한다. 세간에서는 왕왕 화류병 전파의 원천을 공창에게 돌리면서 가로등 빛 희미한 거리에서 교묘하게 매독검사의 그물을 피하는 저들 사창에 생각이 미치지 않는 것은 실로 탄식할 만하다.

2) 조선총독부, 조선 위생사정 요람(1922.)

조선총독부, 『조선 위생사정 요람』, 1922.

제二절 전염병 및 그 예방의 2 〔초〕

四. 화류병

조선에서 화류병은 일반 환자에 대해 재조선 내지인 7.0%, 조선인 6.2%로, 내지의 5.2%에 비해 1.8 내지 1.0% 높고, 이를 1919년도 주민 수와 진찰받은 화류병에 대비하면 조선인 평균 2.1%, 내지인 평균 57.82%다. 그리고 남녀 화류병의 비율은 조선인 남 14 대 여 7, 재조선 내지인 남 14 대 여 8이어서, 내지의 남 14 대 여 6에 비해 조선 거주 여자 감염률은 내지 여자보다 비교적 높게 나타난다. 다음으로 화류병 각 병의 비율은 조선인은 매독이 가장 많고 임질이 조금 소수이며 연성하감이 가장 적고, 재조선 내지인은 임질이 가장 많고 매독이 그다음이며 연성하감이 가장 적다. 내지의 매독, 임질이 거의 동수이고 연성하감이 가장 적은 것에 비하면 경향을 달리한다. 또한 연령에 따른 화류병 감염의 비율은 내선인 모두 20세 이하에서 매우 높아 내지의 배수 이상에 달하고 그중에서도 조선인이 가장 높다.

원래 조선에는 삼패 기생이라 칭하는 공사창이 도처에 산재했고, 그중 내지인 매음부가 심히 많아 1920년에는 내지인 3,646명, 조선인 1,655명으로 총 6,301명이었다. 종전에는 이에 대한 단속 같은 것은 거의 쓸 방법이 없었고 그렇다고 매독검사를 하지도 않아 국민보건상 우려하여 마지않는 것이 있었으나, 신정(新政) 시행 후 경성과 기타 도시에서 점차 매독검사를 시행하기에 이르렀다. 이는 일면 내지인의 이주가 격증함에 따라 내지인의 매소부도 역시 그 수가 증가하여 엄중한 단속을 필요해짐에 기인한다. 그리고 1916년 3월에 예기작부예기오키야영업단속규칙 및 가시자시키창기단속규칙을 공포하여 내선 외인을 일률적으로 각기 업태에 따라 구별하고 단속함으로써 점차 통일을 보기에 이르렀다. 창기에 대해서는 지역 상황에 따라 정기 건강진단을 실시하고, 예기, 작부에 대해서는 실제 필요에 따라 건강서의 제출을 명하기로 하여 화류병 예방을 기하고 있다.

건강진단은 경성부 내에서는 내지인 창기는 5일마다, 조선인 창기는 1주마다 1회씩 시행하기로 하고 있지만 지방에서 건강진단 기일은 1주 1회 또는 약 10일(旬日)에 1회 등 일률적이지 않다. 게다가 진단 장소도 특설한 것이 있기는 하지만 대부분은 자혜의원 또는 공의의 자택 등에서 실시하는 상황이어서 여전히 대폭 개선할 필요가 인정되고 있다. 밀음매 범죄자 및 밀음매의 상습자에 대한 강제 치료 같은 것은 행정집행령에 따라 단속에 힘쓰고 있다.

부표

창기 건강진단

종별 \ 연차		1919년	1920년
본 기말 창기 수	내지인	2,215	2,382
	조선인	1,253 2	1,337 5
본 기말 건강진단소 연인원	내지인	116,365	174,099
	조선인	57,539 72	64,873 97
같은 연인원 중 화류병 백분비례	내지인	2.54	1.83
	조선인	4.84 2.77	4.43 5.12
매독(黴毒)	내지인	173	345
	조선인	369	487
임질	내지인	1,917	2,021
	조선인	1,271	1,777
연하감	내지인	877	826
	조선인	1,150	1,217
박탈(剝奪)	내지인	244	140
	조선인	66	61
전염성 피부병	내지인	92	14
	조선인	119	4
결핵성 질환	내지인	-	1
	조선인	4	-

도라홈	내지인	1,021	251
	조선인	566	549
기타 전염성 질환	내지인	262	212
	조선인	343	392
계	내지인	4,686	3,810
	조선인	3,888	4,487

비고 一. 조선인란의 작은 글자는 외국인을 표시함

예기 건강진단

종별 \ 연차		1919년	1920년
본 기말 창기 수	내지인	462	451
	조선인	349	300
본 기말 건강진단소 연인원	내지인	19,798	17,661
	조선인	12,086	12,088
같은 연인원 중 화류병 백분비례	내지인	1.85	2.07
	조선인	2.74	3.21
매독(黴毒)	내지인	65	34
	조선인	116	44
임질	내지인	221	256
	조선인	155	267
연하감	내지인	81	87
	조선인	60	78
박탈(剝奪)	내지인	58	32
	조선인	56	41
전염성 피부병	내지인	11	-
	조선인	7	-
결핵성 질환	내지인	-	-
	조선인	-	-
도라홈	내지인	22	20
	조선인	11	10

기타 전염성 질환	내지인	81	134
	조선인	23	86
계	내지인	539	563
	조선인	428	526

작부 건강진단

종별 \ 연차		1919년	1920년
본 기말 창기 수	내지인	732	790
	조선인	884	849
본 기말 건강진단소 연인원	내지인	38,742	32,576
	조선인	38,902	36,622
같은 연인원 중 화류병 백분비례	내지인	7.38	3.22
	조선인	4.02	3.97
매독(黴毒)	내지인	226	138
	조선인	476	454
임질	내지인	874	703
	조선인	612	597
연하감	내지인	362	240
	조선인	478	405
박탈(剝奪)	내지인	118	89
	조선인	124	77
전염성 피부병	내지인	42	17
	조선인	63	30
결핵성 질환	내지인	1	-
	조선인	-	-
도라홈	내지인	60	59
	조선인	34	5
기타 전염성 질환	내지인	223	282
	조선인	185	321

계	내지인	1,906	1,528
	조선인	1,972	1,889

밀매음자 건강진단

종별 \ 연차			1919년	1920년
진단받은 인원		내지인	9	23
		조선인	79	169
전염성 질환	매독	내지인	-	-
		조선인	5	14
	임질	내지인	-	4
		조선인	18	22
	연성하감	내지인	-	2
		조선인	1	7
	기타	내지인	-	1
		조선인	-	36
	계	내지인	-	7
		조선인	24	79
치료비별	자비 인원	내지인	-	7
		조선인	23	74
	국고 지불 인원	내지인	-	-
		조선인	-	1
	본인 국고 공동 지불 인원	내지인	-	-
		조선인	-	-
	자비 금액	내지인	-	109,000
		조선인	95,500	418,200
	국고 지불 금액	내지인	-	-
		조선인	-	50,000

비고 一. 1919년은 상반기 해당 분만 게재

3) 와타나베 스스무, 조선의 성병 문제 (1)~(2)(조선과 만주 186~187, 1923.)

조선총독부 의원 피부과 부장 의학박사 와타나베 스스무, 조선의 성병 문제
渡邊晋, 「朝鮮に於ける性病問題」, 『朝鮮及満洲』 186, 1923. 5.

성교로 말미암은 전염병은 종래 화류병이라 불러왔고 성병이라는 말은 그다지 사용하지 않았기 때문에 다소 귀에 익지 않은 감이 있다. 화류라 하면 아름다운 말이기는 하지만 일종의 수수께끼여서 본래의 의미를 드러내기에는 심히 동떨어진 표현이다. 근래는 주로 성병이라 부르게 되었기 때문에 여기서는 이 용어를 사용하기로 한다.

성병에는 3종류의 구별이 있는데 그중 수가 많고 해독이 가장 큰 것은 매독이다. 특히 그 화를 후대의 자손까지 남긴다는 점에서 참으로 죄가 깊다. 임독(淋毒)이 그다음이고 가장 가벼운 것은 연하감(軟下疳)이다. 세 병은 각기 병원균을 달리 하지만, 전염 동기는 완전히 동일해서 모두 직간접적으로 정당한 배우자 이외와의 성교에 원인한다는 점은 공통이다. 이 특징 외에도 성병에는 하나 더 다른 종류의 전염병과 구별해야 할 절대적 차이가 있다. 즉 다른 종류의 전염병은 전염을 면하기 위해 아무리 의지의 힘으로 노력해도 결국 어쩔 수 없이 병에 걸리는(罹病) 경우도 있지만, 이에 반해 성병은 의지력이 강하고 이 병에 관해 다소의 예비 지식을 지닌 자는 병에 걸리지 않는다. 즉 스스로 찾는 병인 셈이다. 이 점이 내가 굳이 이 문제를 언급하는 까닭이다.

이러한 논리는 상당히 잘 알려진 사실임에도 불구하고 사회에 이 병이 끊이지 않는 것은 실로 인간계의 비참한 일이다.

그 전염 방법에 대해서 전문적으로 논하자면 많은 종류로 구별할 수도 있겠지만, 우리 동양의 현실에서 전염 경로의 대다수는 다음과 같다. 즉 먼저 남자가 성의 욕구를 정당한 수단, 요컨대 결혼으로 해결하는 것을 기다리지 못하고 이른바 화류 거리에 출입하는 경우에 그 직업부인이 유독(有毒)이었다면 전염 당하게 된다. 여자의 경우 독을 지닌 신랑과 결혼해서 꽃다운 얼굴이 순식간에 시들어 떨어지는 일은 너무도 종종 조우하는 사실이다. 배우자 사이에서는 남편이 먼저 이를 수입하는 경우가 대다수다. 구미에서는 이와 정반대의 일도 많지만 동양에서는 우선 전술한 바와 같다. 조선에서도 고금을 통해 예외가 아니다.

조선의 과거에 괴병이 언제 일어나 어떤 상태로 만연했는지에 대해서 나는 불행히도 그 기록을 모른다. 게다가 임독, 연하감에 관해서는 이 병의 기원이 언제인지 세계적으로도 명확하지 않은 문제이니 비단 조선에 국한된 얘기가 아니다. 매독은 세계 역사상 최신 질병의 하나다. 구세계, 즉 동반구에서 옛날에는 이 병이 존재하지 않았고, 콜럼버스의 아메리카 탐험대가 아메리카 발견의 토산품으로 신세계로부터 이를 유럽에 수입했다는 사실은 의학계에서 확증된 바이며 이는 실로 1493년의 일이다. 이 신병은 순식간에 유럽에서 만연했고 이어서 바스쿠 다가마의 희망봉을 우회하여 동양교통을 열어놓으면서 인도, 지나, 일본으로 전파되었다는 점은 기록이 밝히고 있는 바고 서기 제16세 초였다. 따라서 조선에도 그즈음 수입되었다고 인정해야 할 것이며, 어쩌면 일본 내지보다도 먼저 이 병이 침범했다고 생각하는 편이 사실에 가까울지도 모른다. 어찌되었든 일본은 상시 외국과의 국제교통이 공적으로는 거의 단절되어 있었고 지세 관계상으로도 가장 빈번한 육로 교통이 불가능한 데 비해 조선은 반도의 토대가 넓고 지나 대륙과 연결되어 있고 삼면이 바다에 근접해 있으므로 현재도 해륙 양 방면에서 쉽게 전염병의 침습을 받는다. 또한 평소의 조선은 지나 대륙과 국제교통이 대단히 빈번했던 사실을 고려해야 한다.

조선에서 그 후 어떻게 경과했고 어떻게 만연했는가에 대해서는 분명하지 않지만 조선의 특수한 습관을 고려해 만연한 상황을 짐작해 보면, 어려운 점과 쉬운 점 두 재료가 교차적으로 존재한다.

조선의 생활이 비교적 간이해서 개인의 생계가 비교적 용이하기 때문에 조기에 결혼하는 가능성이 많다. 특히 아직은 그 필요가 인정되지 않을 정도로 미숙한 연령에 남자가 결혼하는 자도 많았던 탓에 이러한 조선의 특수한 사정은 성병의 만연을 방지하는 데 유효했다고 생각해야 할 것이다. 또한 동양 특유의 가족제도는 조선에서 잘 유지되고 있고 따라서 부인의 정조가 비교적 견고하다. 이것도 만연을 방지하기에 적합한 사정이다. 반대로 다른 방면에서 관찰하자면, 연상의 부인이 어린 남편을 둔 성적 불만도 있을 수 있다. 또한 연하의 남자가 연장의 부인과 결혼한 후 해가 감에 따라 부부 사이에 남녀 연령의 불평형 불만족이 일어난다. 따라서 남자는 성병 감염의 기회를 만든다. 그리고 축첩이라는 풍습도 왕성했다. 이러한 점들은 성병 전염을 조장했다고 인정할 수 있다.

매소부의 문제에 관해서는 조선도 예로부터 결코 세계 대세에서 제외되는 예가 아니었다. 예로부터 행해지고 있었다고 봐야 하고, 하등의 다른 국민과 구별할 만한 점은 없으리라 생각한다. 세계 어느 나라 어느 민족을 불문하고 매소부가 존재하니 않은 곳이 없었음은 물론이다. 다만 조선

시대에 공창을 인정하는 제도가 있었는지 여부를 문제 삼는 사람도 있는가본데 법제상의 제도 문제를 여기서 깊이 들어가는 것은 피하려 하지만, 매소부가 존재하는 사실만 존재한다면 이미 만연론과 관련해 제도의 건을 문제 삼기에는 그다지 족하지 않다.

조선의 현 상황에서 성병이 어느 정도로 만연하고 있는가. 무릇 질병이 많고 적은 빈도를 절대적으로 정확하게 조사하려면 일정한 지역을 제한 봉쇄해서 호별, 인별로 현장검사하고 과학적 방법으로 치료 조사하는 것 외에는 없다. 그러나 그렇듯 번잡하고 비용이 필요한 조사는 전염병의 비상한 위기 시에 특별히 집행되어야 하는 것이지, 예를 들어 콜레라 환자가 처음 발생했을 때는 현재의 조선에서도 (그런 방법이) 실시되었지만 성병조사 따위에 이를 응용하고 있는 나라는 세계에 하나도 없다. 징병검사는 남자 전부에 대해서 20세에 실시한다. 이는 숫자 면에서도 누락이 없고 진찰도 면밀하므로 비교적 정확하게 성병 통계를 알 수 있는데, 남자에 국한되고 여자에게는 미치지 않는다. 지금 조선에서 성병의 빈도를 조사하는 데에 이용할 수 있는 재료는 관공병원의 환자 통계와 접객부인의 매독검사(検黴) 보고 정도이니, 이것만으로는 성병 빈도의 일단을 알 수 있을 뿐 도저히 조선 주민 전반의 상황을 알기에는 부족하다.

내가 1918년에 조사한 조선관립병원에서의 매독 환자 통계를 보아도 그렇고, 또한 최근 존경하는 벗 야마다(山田) 박사와 히라마(平馬) 씨 두 사람이 수집한 조선 접객부인 검사표, 재조선군대 성병율에 의거해서 추측해도 그렇고, 조선의 성병은 결코 적다고 말할 수 없다. 또한 내가 총독부 의원에서 진료한 경험에서 보아도 조선에는 성병 환자가 세계 수준만큼 존재한다고 말해야 한다. (미완)

의학박사 와타나베 스스무, 조선의 성병 문제(앞의 호에 이어)

渡邊晋, 「朝鮮に於ける性病問題」, 『朝鮮及満洲』 187, 1923. 6.

조선에서 성병 환자는 어떻게 치료하고 있는가. 무료 치료(施療)기관으로는 30곳 가까운 관립 자혜(慈恵)의원, 공사립의 자혜(慈恵)적 의원이 있다. 창기의 의무적 치료를 위해서는 유곽의 부속 치료원도 있지만 수적으로 보면 조선 전체에 대해 여전히 부족한 감이 있으므로 그 증설과 충실을 기해야 하리라 생각한다. 자비 환자는 소재지 의료기관에서 치료를 받을 수 있지만 현재의 조선에서는 정규 의사가 부족하고 그 분포가 심히 희박하다. 특히 전문 의가(医家)는 대단히 소수이기 때문에 치료 일손 부족이라 해야 할 상황이다.

나의 오랜 경험에 따르면 조선에서는 성병의 무서움이 환자에게 충분히 알려져 있지 않은 것 같다. 성병에 약간의 치료를 하여 급성기의 병상, 즉 발진, 동통(疼痛), 출혈 등이 가벼워지면 그것만으로 매독이나 임질도 벌써 다 나았다고 생각하고 치료를 중단하는 자가 거의 전부다. 내 기억을 더듬어 봐도 약 10년 사이에 조선 환자로서 충분히 철저하게 성병을 치료한 사람은 불과 열손가락을 꼽아도 족하다. 조선의 지식과 부의 중심인 경성에서조차 이러한 양상이니 다른 지방은 미루어 짐작할 만하다. 특히 대다수를 점하는 시료 환자 계급은 치료에 시간을 쓰면 생활이 어려워지는 사정이 있기 때문에 치료의 지속과 철저가 더욱 어렵다. 또한 조선 부인은 국부 치료를 꺼리기 때문에 충분한 치료를 받지 않고 고질이 되는 경우가 많다. 즉 거의 모든 성병 환자가 지금 의사에게서 그저 한때의 고통을 치료받고 있을 뿐이고, 결코 근원적 치료를 할 정도의 치료는 받고 있지 않은 셈이다.

원래 성병은 지속적으로 환자를 괴롭히지 않는다. 때때로 나타나서 그 병상을 환자에게 자각시키는 데 불과하다. 특히 조금의 치료를 가하면 그 고통이 일시적으로 완전히 소실되어 마치 전치한 느낌이 들지만, 이 시기가 이른바 잠복기여서 타인에게 전염시키는 힘은 보존되고, 환자 당사자에게도 다시 재발한다. 유전매독 등 중증인 자도 많이 태어나기 때문에 국민보건상 참으로 한심해해야 한다.

나는 성병 치료의 지속과 철저, 즉 성병을 근원적으로 치료해야 한다는 것을 잘 이해시키기 위해서 초진 환자에게는 성병 치료의 마음가짐을 인쇄해서 건네 주고는 하는데 좀처럼 생각대로 충분한 치료를 계속해 주지 않으니 유감천만한 일이다.

공창을 인정하는 현재의 제도는 원래 이상적이지 않다. 만일 국민이 한 사람도 빠짐없이 정당한 배우자를 얻어 성에 만족할 때가 온다면 물론 필요 없을 유해한 제도가 있다. 그러나 그러한 천국이 과연 몇 년 후에 세계에 실현하겠는가.

현재 표면상 공창을 허용하고 있지 않은 나라에서는 오히려 사창이 창궐하여 활발하게 성병의 해독을 방출하고 있다. 외관은 좋아도 실로 불친절한 정치 경향이다. 과도시대의 오늘날 공창은 부득이하다. 그러나 도리어 친절한 제도라 하더라도 여전히 개량 여지가 많이 있다고 인정한다. 그 폐해의 첫째는 공창이 관이 명하는 신체검사를 받기 때문에 비교적 성병에 대해 안전할 것이라고 오해하는 자가 있다는 점이다. 이는 전술한 성병의 성질에서 볼 때 안심하는 쪽이 잘못이다. 하지만 그럼에도 공창이 사창에 비해 비교적 안전한 것 또한 확실한 사실이다. 앞으로도 한층 공창의 매독검사를 엄밀히 하고 치료를 철저히 하고 특히 사전 사후의 세척, 소독 등의 설비를 강제로 실행시킬 필요가 있다. 사창을 면밀하게 검거해 이에 대한 근절을 기함은 물론, 기생, 음식점의 접객부 등에 대해서도 한층 단속을 엄중히 해야 한다. 그리고 성병학의 입장에서 논하자면, 파는 자를 벌하는 것은 물론 사는 자도 엄벌에 처한다면 성병 근절에 커다란 공헌이 있으리라 생각한다.

또한 유곽 등 공창 부락을 일반인의 거주지에서 한층 격리하여 눈의 띄지 않도록 하고 음식가무의 환락을 겸업하는 것을 금지하여 단순히 성고민 해결만을 위한 전문 장소로 만든다면 지금처럼 불야성 환락의 목소리가 밖으로 새어나오는 일 없이 사람을 유혹할 일도 없어질 것이다. 또한 유흥비용도 저감되어 어쩔 수 없이 싼값의 사창에게 다가가는 현재의 위험을 감소시킬 수 있으리라 생각한다.

성병의 위험을 설파하고 그 방지 방법을 가르치는 선전사업은 물론 필요하다. 이 사업은 유럽대전 후에 각국에서 현저하게 진보해 왔다.

원래 이번 전쟁 중에 대유행을 초래한 두 개의 병이 있다. 하나는 인플루엔자이고 또 하나는 성병이다. 인플루엔자는 1918년 가을기에 발발하여 세계적으로 크게 유행하여 수십만 인명을 앗아갔다. 대참사는 지금까지도 세인들의 뇌리에 새롭게 남아 있다. 하지만 1, 2년으로 거의 종식해 버렸다. 성병은 이에 반해 대전을 계기로 대유행을 가져왔지만 사람들의 시선을 그다지 끌지 않는 성질 때문에 각별한 대공황도 일으키지 않고 현재에 이르기까지 여전히 그 참혹한 피해를 지속하고 있으니 참으로 쉽지 않은 사태다. 다만 성병은 전쟁의 직접적 영향을 입은 나라들에서 특히 두드러지게 증가했다. 즉 유럽에서 특히 그 침해를 드러내고 있고 유럽 이외에서는 그다지 주의를 기울이고 있지 않다.

다만 전쟁의 영향으로서 성병이 증가한다는 것은 비단 이번 대전에만 국한되지 않는다. 예로부터 전란의 거리가 전쟁적 상태를 드러냈음은 세계 어디든 마찬가지였다. 심한 경우 전승자가 패전자 측 부녀를 강탈하여 개선(凱旋)하는 일도 적지 않았다. 중세에는 유럽에서 부녀대를 야전 원정에 대동하는 일도 있었다. 문명의 오늘날의 세계대전에서도 인명을 건 전승자의 기(気)는 거칠어진다. 패해서 식주(食住)를 잃은 부녀는 육체를 팔아 생명을 유지했다. 프랑스의 점령지, 라인 점령지대 등에 다수의 혼혈아가 생겼다. 성병도 놀랍도록 만연해 전열(戦列) 병사의 전투력 소모를 초래하게 되었다. 그 때문에 점령지대의 전염병과 부녀의 신체검사는 점령군 위생부의 주요한 임무가 되었을 정도다. 또한 전쟁이 길어짐에 따라 전선에서 병사를 후송해 1~2주의 귀휴(帰休)를 허락하는 새로운 제도도 내지로 성병이 수입되는 것을 도왔다. 전시 직업을 얻어 독립적으로 생활할 수 있게 된 부녀자가 방탕하게 생활한 일도 큰 영향이 있었다. 이는 전쟁 중의 일이었지만 나아가 전후에도 각국의 기강이 이완해 청년 남녀가 방종해졌다. 종교심은 줄어들었다. 생활이 어려운 탓에 정당한 결혼은 더욱 곤란해졌다. 그 결과로서 전쟁 중에 만연한 성병은 조금도 감퇴하지 않고 오히려 창궐하는 추세를 보이기에 이르렀다.

유럽의 각국도 뒤늦게나마 성병의 참혹한 피해에 놀랐지만 아무래도 각국 모두 전후에는 더욱 국가 일이 많다 보니 성병 예방에는 상당히 힘을 다하면서도 아직 충분히 그 공과를 거두지 못하고 있는 실정이다. 그중에서도 다소 여유가 있는 나라, 즉 영국 같은 곳은 가장 힘을 기울여 착실히 효과를 거두려 하고 있다. 성병의 비참한 피해를 주장한 인쇄물을 간행하고, 활동 사진, 연극, 소설 등의 수단을 통해 선전하고, 또한 성적 교육의 방법을 바꾸며, 성병을 진료한 의사에게는 신고를 의무화하고 무료 진료소를 증설하는 등 작업을 전개하고 있다. 일본 내지에는 예로부터 사립 화류병예방회라는 것이 있어, 매독검사 방법의 개량과 의학교육 안에서 성병 방면의 교수 등에 관해 누누이 당국에 대책을 내놓고 선전했다. 근래 일본 성병을 예방하여 점차 그 실시를 보았다.[6] 또한 성병 전염을 피하는 방법 등도 인쇄물을 배포하고 방협회(防協会)로 개칭하고 상당한 기본금도 모집해 크게 활동하고 있다.

조선에서는 세계대전을 기해 성병이 격증했다는 사실을 인정할 만한 근거는 없는 것 같다. 그러나 세계의 풍조를 거스를 수는 없다. 최근 몇 년 현저하게 청년 남녀가 해방되기 시작한 듯하다. 혹자는 방종으로 흘러가는 경향도 있다. 덧붙여 동양의 수천 년 미풍인 장유유서에 균열이 생겨 연장자의 훈계는 현저히 그 공력을 잃었다. 특히 최근의 성교육 연구를 빙자하는 성욕문학이 유행한 결과, 조선에서도 몇 년 지나지 않아 성병의 증가를 예상할 수 있다고 생각해야 한다.

나는 지금부터 어떻게든 이 예방을 계획해야 하는 중대한 위기에 놓여 있다고 믿는다. (완)

6 번역문 의미가 부정확한데, 이 문장의 원문은 近来日本性病豫して漸次其の実施を見た임. 일본 성병 다음에 뭔가 누락된 것으로 보임.

4) 히로타 야스시, 성병에 대하여(조선과 만주 249, 1928.)

경성대학교 의학박사 히로타 야스시,
성병에 대하여 : 「유령」과 「다다나오경 행장기」의 일면관
廣田康, 「幽靈」と「忠直卿行狀記」の一面觀」, 『朝鮮及滿州』 249, 1928. 8.

경성대학교 의학박사 히로타 야스시(廣田康)

우리나라에서도 화류병 법안이 올 봄 의회를 통과하여 9월부터 실시되는 모양이나, 독일에서는 작년 10월 1일부터 실시되어 대전 후 급증한 성 질환자에 대해 이를 예방하고, 완전한 치료를 강구하려고 한다.

성병 중에서 매독은 결핵, 나병과 더불어 3대 망국병으로 불리는 것 중 하나이며, 감염된 당초는 의외로 경증이어서 등한시하기 쉬운 병이다. 그러나 이 병은 대체로 만성의 경과를 보이며 진행하는 것이기는 한데, 때로 소위 전격성이라 하여 상당히 급격한 증세에 빠지는 사람도 있다. 또는 소위 유전매독이라는 것도 있는데, 유전이라 해도 정자에 유전물질이 함유되어 난자와 결합하는 것과 같은 엄밀한 의미의 유전은 아니다. 우선 태내 전염이라고 보는 학자가 비교적 많다. 결핵도 또한 이런 의미의 진정한 유전은 의심받고 있다. 폐결핵에 걸린 사람 중에는 간혹 뇌의 작용이 매우 예민해져서 다방면으로 보통 사람 이상의 일을 하는 사람이 많다. 예로부터 천재라든가 대사상가 등에는 가끔 이 병을 가진 사람도 있다. 그러나 매독이 뇌를 침범하면 다시 회복할 수 없는 상태에 이르게 하여 뇌의 작용을 둔하게 만들어 소위 치매 상태가 된다. 그 결과로서 능력 있는 사람도 폐인처럼 되어 버린다. 부모로부터 받은 강한 병독에는 각기 강약이 있으나, 이런 병독이 있는 자는 오랜 동안 뭔가의 정신적 결함을 일으켜 불행한 비극으로 끝나는 경우도 있다.

입센이 지은 「유령」의 주인공 오스왈드와 그 엄마 사이의 회화 속에 오스왈드가 자신을 낳아준 부모를 저주하는 것이 쓰여 있는데, 이것은 이런 종류의 병독을 부모로부터 이어받은 경우의 비극을 다룬 것으로서 많은 사람이 잘 알고 있는 내용이다.

가까이는 기쿠치 간(菊地寬)의 「다다나오경 행장기」에 나오는 다다나오경의 수많은 패륜적 행동을 기쿠치 씨는 그가 다이묘(大名)로서 주위 사람들로부터 대우받은 환경에 대한 혐오감을 깨려고 한 데에서 왔다고 관찰하고 있는 것 같으나, 실제로 그런 측면도 있었겠지만, 그러나 유키 히데야스(結城秀康)의 병을 생각하면 과연 그런 점만으로 해석할 수 있을까. 고문서에 따르면 대일본자료 중에 1607년 윤4월 8일 유키 히데야스는 34세로 죽었는데, 그 사망 기록에 히데야스는 당창(唐瘡)에 걸려 코의 형태에 이상이 있다고 되어 있다. 당창이란 당시 우리나라에 이입되어 이미 상하 귀천에 전파되었던 매독을 말하며, 코의 형태에 이상이 있었다는 것은 매독 제3기의 고무종(護謨腫)[7]이라는 가장 중한 증상이다. 또한 가로(家老)가 부친 이에야스(家康)에게 히데야스경의 병의 쾌유를 고하자 이에야스는 히데야스의 코 모양도 변함이 없는가라고 묻고 있다. 가로는 이에 답하여 여느 때와 같습니다만 통증 때문인지 아직 약을 바르고 계십니다라고 한다. 그랬더니 이에야스가 뜻밖에 화를 내며 코가 빠진 것을 좋게 보이게 하려고 세공을 한다는 것은 이에야스의 자식으로 태어나 미카와노카미(三河守)도 되고 한쪽의 대장이 되려는 자에게는 심히 어울리지 않는 일이다 운운, 마침내 그날 히데야스와의 대면은 거절했다고 되어 있는데, 이것을 봐도 다다나오의 부친 히데야스는 34세라는 장년에 매독으로 사망한 것이 분명해 보인다. 다다나오는 부친 미카와노카미의 병독 또는 그런 병독에 감염되어 점차 변해 간 성격을 이어받아 성장함에 따라 점차로 정신상에 약점과 결함을 초래한 것으로도 생각된다.

유전매독은 단순히 피부, 기타에 여러 증후를 노정할 뿐만 아니라 이런 사실 등을 고찰에 넣어 관찰하면 그 자손, 후세에 미치는 영향은 정말로 심각하다. 매독은 아시카가(足利) 씨 시대부터 우리나라에도 들어왔으며, 전국(戰國)시대의 여파를 받아 도쿠가와(德川) 씨 초기에는 이미 다이묘, 사농공상(士農工商), 상하의 계급에까지 널리 퍼졌다.

이리하여 이 병은 상당히 예부터 여러 가지로 연구되고, 여러 가지 치료법이 강구되어 왔다. 예부터 아이오딘칼륨(沃剝)이 효과가 있다고 하여 사용되어 왔고, 그 후 수은요법이 행해지고 현재는 살바르산 주사가 가장 효과가 있는 것으로 되어 있다. 살바르산은 비소의 화합물로 독일의 에를리히, 우리나라의 하타(秦) 씨가 연구에 성공한 것이다. 최근 5, 6년 이래로 창연제(蒼鉛劑)[8]가 효과가 있다고 사용되게 되었으나, 그 효과는 우선 살바르산의 다음에 위치한다. 또한 말라리아 요법이라는 것이 최근 쓰이게 되었다. 이것은 말라리아 환자의 혈액을 매독 환자 또는 거기에서 온

---

7 고무종은 종양의 질감이 고무처럼 단단하고 탄력이 있는 것임. 만성 매독의 후기 단계에서 나타나는 염증성 종양을 말함.

8 푸른 납을 포함한 약제를 말함.

정신병 환자에 주입하는 방법으로, 후(後)요법로서 흔히 전술한 살바르산 등을 주사하고 있다.

이처럼 여러 가지 치료법이 발견되어 사용되고 있으나, 매독뿐만 아니라 성병은 다른 병과 달리 인간의 약점을 노정하는 느낌을 갖는 탓인지 일반적으로 이런 병에 대해 치료도 철저하지 않게 되기 십상이다. 유럽대전 후 유럽에서는 남자의 수가 급감하여, 특히 베를린의 경우는 여자 22명에 대해 남자 1명의 비율이 되었고, 자연 퇴폐적 기분에 휩싸여 성병 등도 상당히 많이 분포되어 있었다고 보인다. 독일에서는 매춘부의 강제적 성병검사 대신 자발적으로 성병검사를 받는 것으로 바꾸었는데, 이 병에 걸려 점차 세상을 저주하고 사람을 저주하는 기분으로 퇴폐해지는 사람이 많다고 한다면, 사회 시설 면에서 결코 등한시할 수 없는 문제일 것이다.

5) 고스키 도라이치, 화류병 이야기 (1)~(2)(경무휘보 277~278, 1929.)

경성제국대학교 교수 의학박사 고스키 도라이치, 화류병 이야기 (1)
小杉虎一, 「花柳病の話 (1)」, 『警務彙報』 277, 1929. 5.

화류병이라고 하면 누구나 곧바로 아, 그거구나 하고 할 정도로 매우 통속적인 것이지만, 그렇다면 대관절 어떤 병이며, 어떤 염증을 일으키는 것인지를 물어보면 옳게 그것을 이해하고 있는 사람들은 의외로 적다는 것에 깜짝 놀랍니다. 단순히 화류병이라고 하더라도 결코 하나로 정해진 병이 아닙니다. 원래 화류병이라는 이름이 과학적 칭호가 아니라, 즉 화류계에 출입해서 이른바 '반화절류(攀花折柳)'[9] 걸음을 굳이 했을 때에 그 응보로 감염되는 병, 예를 들면 임병(淋病), 연성하감(軟性下疳), 매독 등을 일괄해서 가리키는 것입니다. 그중에서도 매독이 가장 무서운 결과를 가져오기도 해서 일부에서는 화류병이라고 하면 마치 매독의 별명인 것처럼 생각하고 있기조차 합니다. 그래서 먼저 첫 번째로 매독에 대해서 그것은 대체 어떤 질병인지를 매우 통속적으로 말씀드려 보겠습니다.

기원부터 어떤 경로로 전파, 만연하게 되었는지는 현재 아직 학자들 사이에 논의가 되고 있어서 확실히는 알지 못합니다. 그에 대해서 어떤 사람은 아마도 남미 쪽일 것이라고 상정하고 있고, 또 어떤 사람은 아니다 동양 방면에서 시작되었을 것이라고 주장하고 있습니다. 우리나라에서도 이 분야의 대가 도히(土肥) 박사 등은 동양이 결코 그러한 불길한 질병의 발생지가 아니라고 딱 잘라 역설하고 있습니다. 여하튼 이 질병은 야만, 미개의 지옥에서 최초로 유행하기 시작했다고 생각되고 있으며, 유명한 그 콜럼버스가 미국 대륙을 발견했을 당시 그 선원, 수부(水夫)들이 매우 악성인 매독에 걸려서, 그리고 모국 스페인에 돌아와서 그들의 땅 유럽에서 비로소 매독이 무서운 기세로 만연하고 창궐했다는 것도 잘 알려진 사실입니다. 그래서 아마 동서의 교통이 열리고, 그 지역과의 교역이 빈번해지면서 그와 함께 이 무서운 병까지 침투해 왔을 것입니다. 서양의 말에 "Civilisation is syphilisation"이라는 것이 있는데, 그것을 직역해 보면 "문화는 매독화된다."인

9 즉흥적으로 꽃이나 나뭇가지를 꺾는 모습을 뜻하며, 충동적인 행동을 비유함.

데, 필경 문화와 함께 만연하게 되는 점을 풍자한 것입니다.

◇

그렇다면 이 병은 무엇으로 인해 생기는가? 즉 원인 관계가 무엇인지를 말씀드리면, 여기에 특유의 병원체가 있습니다. 물론 이 병이 사람에서 사람으로 감염되어 점점 확산되어 가는 것은 당초부터 이미 밝혀졌으며, 이 증상이 참으로 무서운 비참한 전염성 질환이라는 것도 예전부터 의학 관련 이외의 기록에서도 찾아볼 수 있습니다. 그러면서도 이 병원체를 명백하게 그리고 확실하게 발견해 낸 것은 아주 훗날인 20세기가 되어서인데, 샤우딘과 호프만이라는 두 사람이 1905년에 마침내 발견한 하나의 나선형 균, 즉 오늘날 학명으로 스피로헤타 파르다[10]라고 부르고 있는 것이 그것입니다. 길이가 10미크론 내외의 작은 미생물로 1미크론이라고 하면 1밀리미터의 천분의 1, 즉 1천 배 현미경으로 보아야 비로소 10밀리미터 정도의 길이로 보이는 것입니다. 그렇다면 그러한 병원균이 어떤 방식으로 사람의 신체 안으로 들어오는가? 바꿔 말하면 이 매독 감염이 어떻게 일어나는가를 말씀드리면, 그것은 접촉 감염으로, 즉 병원체가 번식하고 있는 부위에 몸의 일정 부분이 닿을 경우 균체가 직접 부착되었다가 그것이 더 깊이 조직 내로 침투해서 발병하게 되는 것입니다.

이렇게 말씀드리면 매독에 대한 감염의 위험은 매우 크고 적어도 매독 환자 측에는 도저히 무서워서 가까이 갈 수 없는 것처럼 생각되지만, 사실은 그렇게 쉽게 전염되지 않습니다. 거의 모든 경우, 이미 매독에 걸린 남녀를 상대로 해서 성교를 할 경우에만 감염되는 것이라고 해도 무방합니다. 다만 아주 드물게 이발소의 면도날을 매개로 코로 매독이 감염된다거나, 전차의 손잡이에서 손바닥으로 매독이 전염한 것 같은 예외적인 기재(記載)가 없지는 않지만, 만약 있다 하더라도 이런 예는 매우 드물고, 주의 경계보다 좋은 것은 없지만, 그렇게 전전긍긍할 필요는 없는 것입니다.

◇

흔히 화류병 전문의를 몰래 찾아오는 청년 남녀 중에 자신은 처녀, 동정의 순결을 지켜왔는데 이 병에 걸렸다는 이야기를 하는 경향이 있습니다. 그러나 계속 캐물어 보면 하나같이 나쁜 친구의 꼬임에 하룻밤 홍등가에 발걸음을 했다든가 경솔하게도 남자의 감언이설에 속아서 한 번 몸을

---

10 현재 매독균의 정확한 명칭은 트레포네마 팔리둠(*Treponema pallidum*)임.

허락했다는 식의 기회가 반드시 있습니다. 구미에서는 입맞춤을 통해서 매독 감염이 일어난다고 하는데, 다행히 동양에서는 종래에 그런 악습이 없습니다. 그러나 최근에 경조부박(輕佻浮薄)한 기풍이 넘쳐서, 소위 모던 보이나 모던 걸이 횡행하는 시대이기 때문에 그것도 하나의 경고로서 말씀드릴 필요가 있다고 생각합니다. 즉 입술이나 혀 등으로 나중에 말씀드릴 것과 같은 매독성의 변화를 갖고 있는 사람과 입맞춤할 경우에는 그 위험이 동반되는 것입니다. 만약 이러한 거의 개의치 않아도 될 동기로 무시무시한 병독을 감수해야 한다고 하면 그것은 바보 같은 짓입니다. 당연히 그러한 무절제 아니 폭거—이런 소식들에 너무 무지해서 스스로를 위험한 곳에 몸을 던지는 것은 폭거라고 해도 지장 없습니다—를 굳이 행한 경우, 즉 속된 말로 멧돼지를 먹은 응보를 감수해야 하는 것으로 비교하면 아직 크게 동정할 여지가 있겠으나, 간간이 그 죄에 비해서 과중한 처형을 받는 것도, 어쩌면 한때의 잠시 잠깐의 경거망동은 항상 피하라고 마음에 새겨두어야 하는 까닭일 것입니다.

위에 접촉 감염이라고 말씀드렸는데, 그렇다면 병독을 갖고 있는 자와 육체적인 교섭을 하면 항상 반드시 병에 걸리나 하면, 꼭 그렇지만은 않습니다. 인간의 신체는 조물주에 의해서 매우 정교하게 만들어져서 그렇게 간단히 위험한 것이 신체 안으로 들어오지 못하는 구조로 되어 있습니다. 지금 이론의학상 이 문제가 매우 시끄럽게 논의되고 있는데, 이론으로는 건강한 피부 표면, 특히 부드럽고 그리고 말랑한 점막층을 통해서 세균이 신체 안으로 침입할 가능성이 있다는 식으로 생각하는 사람이 있지만, 실제 문제에 있어서 그러한 위험도는 매우 적은 것으로 생각해도 좋습니다.

◇

따라서 매독이 감염되게 하는 하나의 보조적 조건이 필요하게 됩니다. 그것은 이러한 감염이 되는 국소의 외상이 그러한 중요한 관계를 보여 줍니다. 예를 들면 성교 시에 자주 일어나는 소위 털끊김, 또는 부위적으로 몸에서 비교적 오염되기 쉬운 음부이기 때문에 종종 보게 되는 '짓무름' 등이 이 병의 감염을 매우 쉽게 하는 것입니다. 상식적으로 생각해 보더라도 고장나지 않은 곳보다 예를 들면 조금이라도 상처가 있는 곳부터 매독균(黴菌)이 침입하기 쉽다는 것은 당연한 이치입니다. 그러나 한마디로 상처라고 해도 그 정도는 여러 가지로 다양해서, 꼭 한 번 보고 알 수 있는 명확한 외상일 필요는 없습니다. 육안으로는 물론 알아볼 수 없는 것이라도 마찬가지 영향을 주는 것을 고려해야 합니다.

◇

드디어 본론으로 들어가서 매독이 얼마나 무서운 병인지 어떤 식으로 놀라운 변화를 우리의 신체 안에 야기하는 것인지를 순서대로 말씀드려 보겠습니다. (계속)

경성제국대학교 교수 의학박사 고스키 도라이치, 화류병 이야기 (2)
小杉虎一, 「花柳病の話 (2)」, 『警務彙報』 278, 1929. 6.

임상적인 증후에서 매독을 제1기, 제2기, 제3기의 세 시기로 나누고 있기 때문에 여기에서도 역시 그 순서로 매독 감염으로 인해 나타나는 병리학적 변화의 상세를 서술하겠습니다.

◇

앞에서 말씀드린 바와 같이 이미 이 병에 걸린 것을 상대로 해서 성교를 한 경우 만약 약간의 상처가 생겼다고 하면, 여기에 매독 감염이 성립하는 것으로 제1기에 그 감염이 이루어진 국소에 감염의 기회로부터 약 1주일 전후를 거쳐서 일반적으로 모양이 작은 아주 깊지 않은 그리고 경계가 명확한 짓무름, 즉 표재성 궤양이 생깁니다. 이 궤양의 변연(邊緣) 및 사위는 부어오르고, 만져 보면 확실하게 딱딱해져 있기 때문에 그것을 우리는 매독성 초기 경결(硬結)이라고 부르고 있습니다. 이것은 전문가가 한 번 보고 바로 매독성 변화라고 알 정도로 특유의 증상입니다.

이러한 초기 경결이 생기는 경우는 통례적으로 남자라면 귀두관이라고 해서 귀두 뒤의 홈 그리고 그 뒤쪽 부분에서 세로로 나 있는 작은 식벽(飾襞)의 양쪽에 잘 나타나며, 여자라면 소음순의 안쪽에서 가장 잘 나타납니다.

◇

이렇게 일단 조직 내에 침투해 온 매독 병원체는 매우 빠르게 림프 모세관으로 퍼져서 림프의 흐름과 함께 점점 심부로 들어갑니다. 그리고 전신의 구석구석에 존재하고 있는 림프 모세관은 옆에서 서로 모여서 합류해서 점점 굵고 넓은 흐름이 되어 가는데, 이 흐름의 곳곳 게다가 많은 림프관이 한 곳에서 합류하는 곳에는 림프선이라고 하는 특별한 조직을 갖추고 있는데, 그것은 림프 속에 섞여서 들어온 일체의 유해 유독성 물질을 나포구착(拿捕拘捉)하거나 또는 나아가 그것을 처리 안배해서 가능한 한 무해한 것으로 만들려고 하는 작용이 있습니다. 마치 사회조직에서 볼 수 있는 경찰 및 재판소와 같은 관계에 있는 것이며, 그리고 후자에 정해진 경비 구역 내지는 소관이 있는 것처럼 림프선에도 각각 그 배하에 속하는 일정한 소령(所領)이 있어 신체의 일정 부분은 정해진 림프선에게 지배를 받고 있는 것입니다.

◇

그렇기 때문에 체내에 침투한 매독 병원체가 제일 처음 파악한 장소는 외음부에 속하는 국소 림프선, 즉 서혜선입니다. 혹자의 연구에 따르면 교접 후 몇 분이 지나면 이미 병원체가 이 선(腺) 내에 찾아볼 수 있다고 하는데, 이로써 병원균이 얼마나 빨리 침습하는지 엿볼 수 있을 것입니다. 이렇게 병원체가 침입하면, 그 림프선은 점점 부풀어서 커집니다. 그리고 방치하면 나중에는 계란 크기, 또는 그 이상으로 커지는데, 그 정도로 염증이 심하게 부어오름에도 불구하고 자각적으로 고통은 거의 느끼지 못하고, 이러한 점이 단순한 림프선염과 근본적으로 다른 점이며, 진단에 있어 역시 커다란 근거가 됩니다. 그것이, 즉 임상가가 무통성 횡현(横痃) 형성이 소위 매독의 초기 변화군이라고 명명된 것으로 이때까지는 병독은 아직 전신으로 만연되지 않고, 다만 입구, 즉 침입 문호의 부근에 국한되어 존재하고 있는 시기로, 이른바 화재가 아직 주인집으로 옮겨 붙기 전이기 때문에 독이 이미 신체 안을 다 돌고 난 시기와 구분해서 그것을 매독의 제1기라고 부르고 있습니다.

이상 말씀드린 점에 따라 저절로 분명해지는데, 이 초기 변화군은 거의 항상 외부 생식기를 침범해 오지만, 예외적으로 그 밖의 다른 부분에 같은 변화가 일어나는 일이 전혀 없는 것은 아닙니다.

예를 들면 입술에 초기 경결이 발생하고 턱 아랫부분 림프선에 횡현을 만드는 경우나, 또는 이미 말씀드린 콧구멍이나 귓구멍, 손 등에 매우 드물게 침투되는 경우가 있습니다. (계속)

6) 와타나베 스스무, 조선의 성병 문제(조선의 연구, 1930.)

조선총독부의원 피부과부장 · 의학박사 와타나베 스스무, 조선의 성병 문제
渡邊晋, 朝鮮及満蒙社編, 「朝鮮の性病問題」, 『朝鮮之研究』, 1930.

성교로 인한 전염병을 종래 화류병이라 말하였고 성병이라는 말은 별로 사용되지 않았기 때문에 좀 귀에 익지 않다. 화류라 하면 아름다운 말이기는 하지만 일종의 수수께끼여서 본래의 뜻을 표현하기에는 매우 돌아가는 감이 있다. 최근에는 주로 성병이라고 말하기 때문에 여기서는 이 말을 사용하기로 한다.

성병에는 3종을 구별하는데 그중에서 수가 많고 그 해독이 가장 큰 것은 매독이다. 특히 그 화를 후대에 남기는 점에서 참으로 죄가 깊다. 임독(淋毒)은 그뒤를 잇고 가장 가벼운 것은 연하감이다. 세 병은 각기 병원균을 달리하지만 전염의 동기는 전적으로 동일하며 모두 직간접으로 정단한 배우 이외의 성교에 원인한다는 점은 공통이다. 이 특징 이외에 성병에는 또 하나 타종의 전염병과 구별해야 할 절대적 차이가 있다. 즉 타종 전염병은 그 전염을 면하기 위해 아무리 의지의 힘을 가지고 노력해도 결국 어쩔 수 없이 병에 걸리고 마는 경우도 있지만, 그에 반해 성병은 의지의 힘이 강하고 이 병에 관해 다소의 예비지식을 지닌 자는 절대로 걸리지 않는 병이다. 이점이 내가 굳이 이 문제를 건드리는 까닭이다.

위의 논리는 상당히 잘 알려진 사실임에도 불구하고 사회에 이 병이 끊이지 않는 것은 실로 인간계의 비참한 일이다.

그 전염의 방법에 대해서는 전문적으로 논하자면 많은 종류를 구별할 수도 있지만 우리 동양의 현 상황에서 전염 경로의 대다수는 다음과 같다. 즉 먼저 남자가 성의 욕구를 정당한 수단, 즉 결혼으로 해결하는 것을 기다리지 못해 소위 화류의 거리를 출입하는 경우에 그 직업 부인이 유독했다면 전염을 받는 것이다. 여자의 경우는 유독한 신랑과 결혼하고 감염되어 꽃처럼 아름다운 얼굴이 병으로 져버리는 것은 너무도 누누이 조우하는 사실이다. 배우자 사이에서는 남편이 먼저 이를 수입하는 경우가 대다수다. 구미에서는 이상과 정방대의 일도 많지만 동양에서는 대체로 위와 같다. 조선에서도 예로부터 이 예에서 빠지지 않는다.

조선의 과거에 괴병이 언제 일어나 어떤 상태에 만연했는지 나는 불행히도 그 기록을 모른다. 게다가 임독과 연하감의 기원이 언제인지는 세계적으로 불명인 문제여서 결코 조선에 국한된 일이 아니다. 매독은 세계의 역사에서 최신 질병의 하나다. 구세계, 즉 동반구에는 옛날에는 이 병이 존재하지 않았고 콜럼버스의 아메리카 탐험 함대가 아메리카 발견의 선물로서 신세계로부터 이를 유럽으로 수입한 사실은 의학계에서 확증된 바고, 실로 1493년 일이다. 이 새로운 병은 순식간에 유럽에서 만연하고 이어 바스코 다가마의 희망봉을 우회하여 동양교통을 열게 되면서, 인도, 지나, 일본으로 전파했음은 기록이 증명하는 바며 서기 16세기 초였다. 따라서 조선에도 그 즈음 들어왔다고 인정해야 할 것이고 혹은 일본 내지보다 먼저 이 병에 걸렸다고 생각하는 편이 사실에 가까울지도 모른다. 왜냐하면 일본은 당시 외국과 국제교통이 공적으로는 거의 단절해 있었다는 점과 지세(地勢)의 관계상 가장 빈번할 수 있는 육로 교통이 불가능했던 것에 비해 조선은 반도의 토대(基根)가 넓고 지나 대륙과 연결되어 있고 또한 3면이 바다에 면하고 있어 현재도 육해 양방면으로부터 용이하게 전염병의 침습을 받고, 또한 당시의 조선은 지나 대륙과 국제교통이 대단히 빈번했던 사실을 고려하기 때문이다.

조선에서 그후 어떻게 경과해 어떻게 만연했는가에 대해서는 불명하지만 조선의 특수한 습관을 고려해 만연 상황을 짐작하자면 어려운 것과 쉬운 것 두 재료가 번갈아 존재한다.

조선에서 생활이 비교적 간단하고 개인의 생계가 비교적 쉽기 때문에 조기에 결혼할 가능성이 많다. 특히 아직 그 필요가 인정되지 않을 정도로 미숙한 연령에 남자는 결혼하는 자도 많았던 까닭에 이러한 조선의 특수 사정이 성병의 만연을 방지하기에 유효했다고 생각하지 않으면 안 된다. 또한 동양의 독특한 가족제도는 조선에서 잘 유지되었고 따라서 부인의 정조가 비교적 견고하다. 이것도 만연 방지에 적합한 사정이다.

반대로 다른 방면에서 관찰하면 연상의 부인이 어린 남편을 갖는 성적 불만도 있을 수 있다. 또한 연하의 남자가 부인과 결혼한 후 시간이 지남에 따라 부부 사이에 남녀 연령의 불평형 불만족이 일어난다. 따라서 남자에게 성병 감염의 기회를 만든다. 또한 축첩의 풍조도 성했다. 이 점들은 성병 전염을 조장했다고 인정할 수 있다.

매소부 문제에 관해서는 조선도 예로부터 결코 세계의 대세에서 제외 사례가 아니었다. 예로부터 이것이 행해지고 있었다고 보아 마땅하지 다른 국민과 구별해야 할 아무런 점이 없으리라 생각한다. 세계 어느 나라 어느 민족을 불문하고 매소부가 존재하지 않은 곳은 없음은 물론이다. 다만 이조시대에 공창을 인정하는 제도가 있었는지 여부를 문제로 하는 사람도 있는듯한데, 법제상의 제도 문제는 여기서 깊이 들어가는 것을 피하겠지만 이미 매소부 존재의 사실만 존재했어도 만연론은 제도의 건으로 문제 삼기에 부족하지 않다.

조선의 현실에서 성병이 어떠한 정도로 만연하고 있는지 무릇 질병의 많고 적은 빈도를 절대적으로 정확하게 조사하려면 일정한 지역을 제한 봉쇄하여 호별 사람별로 현장조사(臨検)하여 과학적 방법으로 치료 조사하는 수밖에 없다. 그러나 그러한 번잡하고도 비용을 요하는 조사는 전염병의 비상한 위기에 특히 집행되어야 하는 것이며, 예를 들어 콜레라 환자의 첫 발생 때 등은 현재의 조선에서도 행해지고 있지만, 성병 조사 같은 것에 응용하고 있는 나라는 세계에 하나도 없다. 징병검사는 남자의 전부를 20세에 검사 그의 20세에 검사하는 것이고 수에 있어서도 빠짐없고 진찰도 면밀하니 비교적 정확하게 성병 통계를 알 수 있기는 하지만, 남자에 국한되고 여자에게는 미치지 않는다. 바로 지금 성병의 빈도를 조사하는 데에 이용할 수 있는 재료는 관공병원의 환자 통계와 접객부인의 매독검사 보고 정도인데 이것만으로는 성병 빈도의 일단을 알 수 있을 뿐 도저히 조선 주민 전반의 상황을 알기에는 족하지가 않다.

내가 1918년에 조사한 조선관립병원의 매독 환자 통계를 통해, 또한 최근 아끼고 존경하는 친구 야마다 박사와 히라마 씨 두 사람이 수집한 조선 접객부인 검사표, 재조선 군대 성병률을 통해 추측해도 조선의 성병은 결코 적다고는 말할 수 없다. 또 내가 총독부의원에서 진찰한 경험에서 보아도 조선에는 성병 환자가 세계 수준으로 존재한다고 말하지 않으면 안 된다. (1923년 5월)

7) 지상 좌담회 : 화류병의 예방과 치료법(조선과 만주 270, 1930.)

지상 좌담회 : 화류병의 예방과 치료법

「誌上座談會: 花柳病の豫防及治療法」, 『朝鮮及滿洲』 270, 1930. 5.

신정(新町)병원장	오시우미 모토노리(鴛海元則) 씨
한성병원장	아베 슈조(安部修三) 씨
신정 성병검사의(醫) 의관	아사야마 히데오(朝山英夫) 씨
제국대학의학부 교수 의학박사	히로타 야스시(廣田康) 씨
제국대학 부속병원	우에키 다카아키(植木貴明) 씨
의전(醫專) 부속병원	오원석(吳元錫) 씨
와타나베(渡邊)병원장	와타나베 신(渡邊晉) 씨
시오이(鹽井)병원장	시오이 시카노스케(鹽井鹿之助) 씨

기자 : 우선 화류병의 예방법에 대해 듣고자 합니다. 그것과 관련해서 요즘 신정에서는 도(道)의 위생과가 '오스스메(おすすめ)'라는 약을 사용하도록 지시하고 그 결과 현저하게 병자 수가 감소하고 있다는데, 그 진의는 어떤가요?

아베 : 그렇습니다. 사용하게 하고 있습니다. 꽤 효과가 있는 것은 물론입니다.

아사야마 : 그것은 도의 위생과에 가서 통계를 보면 곧 알 수 있을 텐데요.

기자 : 그렇게 말씀하시면 곤란합니다. 그 통계는 도에서 복사해서 가져온 것인데, 통계만 믿을 수도 없으니까요.

아사야마 : 이쪽의 여자는 큰 이동이 없지만, 손님 쪽은 항상 바뀌기 때문에 완전한 조사를 할 수 없고 정확한 숫자를 제시하기 어려우므로 이점이 매우 곤란한 점, 힘든 점입니다.

아베 : 숫자는 잘 모르지만, 별로 줄었다고는 생각되지 않습니다. 그리고 그것은 약의 효능 여하보다는 그들이 성교할 때마다 반드시 사용하고 있는지가 의문입니다.

오시우미 : 물론 때로는 쓰지 않는 경우도 있겠지요.

기자 : '오스스메'는 어떤 약입니까. 또 사용법은 번거롭습니까?

히로타 : 잠깐 주사를 놓으면 되도록 되어 있는 끈적한 액체로, 사용해도 아무런 고통도 느끼지 않으며, 사용법도 번거롭지 않습니다.

아베 : 역시 게으르기 때문입니다. 그러니까 사용하면 반드시 현재 이상으로 예방할 수 있습니다.

기자 : 완전히 예방할 수 있을까요?

와타나베 : 완전한 예방 따위 가능하지 않습니다. 절대적인 것이 아니다. 허나 사용하면 사용하지 않는 것보다 전염률을 낮출 수 있습니다. 그러나 그것도 반드시 몇 퍼센트를 줄인다고 말할 수 있는 것은 아닙니다.

시오이 : 나한테 오는 환자 중에는 한 사람도 '오스스메'를 사용했다는 사람이 없으며, 또 어디서 감염되었는지 등은 애써 묻지 않기로 하고 있으므로 그 효능도 결과도 모릅니다.

히로타 : 그것은 내지에서도 일찍부터 사용하고, 또 군대에서도 사용케 하여 예방의 효과가 큰 것이 인정되고 있습니다.

우에키 : 군대처럼 조사하는 환자가 이동하지 않는 곳이라면 비교적 정확한 숫자를 나타내기 쉽습니다만.

시오이 : 나는 오히려 콘돔(속칭 사크) 쪽이 낫다고 생각합니다. 이것이면 확실하게 예방할 수 있다. 다만 그 남용은 상당히 불쾌한 부작용을 갖고 있습니다.

우에키 : 나도 동감입니다. 콘돔이라면 완전히 예방 가능하다고 생각합니다. 다만 이것은 찢어지기 쉬운 결점을 갖고 있고, 쉽게 찢어지지 않게 두꺼운 것은 쾌감을 줄입니다.

시오이 : 근래 물고기의 방광으로 만든 것이 있는데, 대동소이합니다.

기자 : '오스스메'의 효과는 임질뿐입니까, 매독에도 효과가 있을까요?

아베 : 물론 양쪽 모두입니다.

기자 : 예방의 효과가 그 정도 크다면 치료약으로서 사용해도 상당히 효과가 있으리라고 문외한에게는 생각됩니다만

우에키 : 그것은 다릅니다. 예방의 효과가 크다고 해서 반드시 치료약으로서 유효하다고는 말할 수 없습니다.

히로타 : 물론 치료의 효과도 있습니다만, 치료약으로서는 그 외에 더 유효한 좋은 약이 있으니 사용하지 않는다는 것입니다.

기자 : 옛날에는 매독임병(淋病)이라 하여 같은 병인 것처럼 여겨지고 있었던 모양입니다만.

히로타 : 그것이, 즉 임병, 매독, 비뇨의 셋으로 구별되었습니다. 옛날에는 같은 병으로 여겨지고 있었습니다. 그것도 무리가 아닌 게 의학이 유치한 데다 매독에서 오는 임병도 있고, 임질도 매독도 모두 관절염을 일으키기 때문입니다.

기자 : 임질균과 매독균은 다릅니까?

우에키 : 그것은 전혀 다릅니다. 임질균은 약하고 죽기 쉽습니다.

기자 : "남자로 임질에 걸리지 않는 사람은 없다고들 합니다만."

우에키 : 그만큼 많은 사람이 걸리는 병입니다. 일본에서는 이 병에 걸리지 않는 사람은 100명 중 5명 정도일 겁니다. 즉 95명은 걸리게 됩니다.

기자 : 병에 걸리는 원인은 모두 전염입니까? 아니면 자체에서 발병하는 경우가 있습니까?

우에키 : 모두 전염입니다. 예외는 없습니다. 단, 한 번 이 전염병에 걸렸던 사람이 과격한 노동이나 술을 많이 마시거나 해서 재발하는 수는 있습니다. 그러나 이 경우는 이미 자체에 갖고 있던 병균이 급격히 번식한 것에 기인해 재차 발병한 것인데, 이것을 자체에서 발병한 것처럼 말하고 있는 것입니다.

기자 : 그럼 가장 처음에 이 균을 갖고 있던 것은 누구입니까? 일반적으로 일본 재래의 병은 아니고 서양에서 전염된 것으로 알려져 있습니다만.

히로타 : 그렇습니다. 이 병은 콜럼버스가 아메리카 대륙을 발견했을 때 긴 해상 생활에서 오랜만에 상륙한 선원이 기쁘기도 신기하기도 해서 미국의 여성으로부터 옮아 유럽으로 가지고 돌아온 것이 각국에 만연하고, 점차 동쪽으로 옮기어 마침내 우리나라에도 전파된 것입니다.

기자 : 전혀 자체에서 발병하지 않는다면 미국 토인(土人)은 어떻게 해서 이 병균을 갖고 있었을까요?

히로타 : 아메리카의 토인, 즉 흑인이 갖고 있었습니다. 흑인은 자체에서 발생한 것이 아니라 다른 것, 인체 이외에서 발생한 것이 흑인에게 전염되었던 것입니다.

기자 : 유전됩니까?

우에키 : 유전이라고는 하지 않고 선천(先天)이라고 합니다. 태어나면서 이미 이 병균을 갖고 있었다는 의미입니다. 유전에는 격세유전이라는 것도 있습니다만, 이 병은 설령 부모가 이 병을 앓아도 그 자식에서 발병하지 않을 경우는 결코 그 손자에게는 병이 전달되지 않습니다. 이 점이 유전과는 다릅니다. 그래서 전염에는 태 내에서 모체로부터의 전염과, 모체 이외로

부터의 전염의 두 경우가 있습니다.

기자 : 어떤 경우에 전염됩니까?

시오이 : 불결한 성교에 의해 전염됩니다. 또 소녀 등은 손이나 목욕탕, 수건, 욕조 가장자리 등을 매개로 전염되는 경우도 드물게는 있습니다.

기자 : 전염되기 쉬운 경우는.

시오이 : 성교에 장시간을 쓰거나 도중에 중단하는 경우는 가장 전염되기 쉽고, 외요도구(外尿道口)가 크게 열려 있는 것은 좁게 닫혀 있는 것보다 감염되기 쉽습니다. 또 이와 반대로 성교 후 곧바로 방뇨하거나 국부를 깨끗이 씻으면 감염은 적어집니다.

기자 : 화류의 거리를 항상 출입하는 사람인데 전혀 감염되지 않고, 단지 한두 번 놀고서 병에 걸리는 것은 왜 그런 겁니까?

와타나베 : 그것은 그 개인의 체질, 병균에 대한 저항력에 따라 감염률에 큰 차이를 낳습니다. 단지 많이 출입했다는 것만으로는 상대가 임질을 갖고 있는 사람과 접촉했는지 어떤지도 알 수 없고, 딱 한 번 놀아도 상대가 심하게 병에 걸려 있다면 곧바로 전염될 것이고.

우에키 : 어떤 사람은 약간의 임질균이 부착하거나 침입해도 그 몸에 들어가 번식하지 않고 사멸해 버리는 수도 있습니다.

시오이 : 예를 들면 동일한 여성과 접하고도 갑은 병에 걸렸으나, 을은 걸리지 않았다는 경우도 있습니다.

우에키 : 화류계 여자로 임질을 갖고 있지 않은 사람은 우선 없다고 봐야 하며, 대체로 잠복성 임질을 갖고 있습니다. 다만 분비물 중 임질균이 비교적 적기 때문에 감염되지 않았던 경우는 있습니다.

시오이 : 그 잠복해 있던 것이 뭔가의 원인(월경이라든가 그 밖에 과도한 이상 성교, 무분별한 음식)으로 급히 몸의 저항력이 약해지면 임질균이 증식합니다. 지금까지 아무 일도 없이 성교했던 여성에서 돌연히 감염되는 것은 그런 원인입니다.

아베 : 이것은 남자도 마찬가지인데, 자신은 전혀 자각하지 못했던 임질균을 처에게 감염시키는 수가 있으니 완전한 치료를 해야 합니다.

기자 : 임병과 계절의 관계는?

우에키 : 전혀 없다는 사람도 있지만, 인간도 일종의 동물로서 자연을 떠나서는 생존할 수 없습니다. 큰 자연의 힘에 의해 지배되고 있으므로 얼마간 관계가 있다고 해야겠지요.

기자 : 환절기, 나무에 새싹이 돋을 무렵, 낙엽이 질 무렵 등은 발병 또는 재발하기 쉽다고 세간에는 알려져 있습니다만.

우에키 : 그럴지도 모르겠으나, 그러나 확실하게는 말할 수 없습니다.

기자 : 조선의 사람은 평소 마늘이나 콩을 많이 먹어 병에 대한 저항력도 강할 테니까 이 병에 걸리는 사람은 내지인보다 적을 것 같은데 어떻습니까?

오 : 아니 그렇지 않습니다. 확실한 통계는 모르겠지만, 조선인 중에도 이 병에 걸린 사람이 꽤 많습니다. 지금의 젊은 조선인은 내지인보다 이 병에 걸린 자가 많지는 않을 것으로 생각됩니다. 그러나 조선인은 이런 공립병원에는 좀처럼 오지 않습니다. 대부분은 파는 약 등으로 가정요법을 합니다. 설령 병원에 간다고 해도 사립 병원에 갑니다. 공립병원에는 5명이나 6명이 손을 대니 많은 사람한테 얼굴을 보이는 것을 꺼리는 것입니다. 그다지 좋은 병도 아니니 아무래도 한 명의 의사가 진료해 주는 사립 쪽으로 가는 겁니다. 될수록 숨겨서 남한테 알리기 싫은 병이니까요.

우에키 : 단지 저항력이 강하다는 것만으로는 병자의 수는 알 수 없습니다. 저항력이 강한 신체의 사람이라고 해도 정도의 문제이고, 일반의 위생사상의 정도 등도 생각해야 합니다. 그것을 실제에 대해 조사한 바에 따르면 내지인 창기가 35~40%인 것에 비해 조선인은 60%라는 거의 2배 가까운 비율을 보이고 있습니다.

기자 : 어떤 형태의 어느 정도의 병균일까요?

시오이 : 병원체는 유명한 나이셀 씨가 발견하고 붐 씨가 처음으로 순배양법에 성공한 임질균(고놋겐)인데, 이것은 일종의 쌍구균(雙球菌)으로 뢰플러 씨의 알칼리성 메틸렌 블루로 염색하고 그람염색법에 의해 탈색한 뒤에 1200배 정도의 현미경으로 확대해서 보면 원 안에 마주보는 두 개의 병렬한 좁쌀만 한 것을 볼 수 있습니다. 이 작은 세균이 곧 임질균입니다.

히로타 : 이것이 일단 요도라든가 눈의 결막에 침입하면 놀랄 만한 속도로 증식하고, 일종의 카타르(염성(炎性) 증상을 일으킨다. 임질이라는 것이 이것입니다.

기자 : 만일 보균자와 성교를 한다면 며칠 정도에 나타납니까?

시오이 : 그것은 사람에 따라, 때에 따라 얼마간 다릅니다. 통상은 감염되고 나서 2일에서 8일 사이입니다. 8일 이상의 잠복기를 보이는 경우는 적습니다. 따라서 10일 이상이나 경과하고도 발병하지 않으면 대체로 감염되지 않았다고 안심해도 좋습니다. 단지 예외로서 부요도구(副尿道口)에서 처음 감염되고 이로부터 2차적으로 요도에 전염되는 경우가 있기도 하

고, 환자의 부주의로 감염을 알아채지 못한 경우 등도 있기 때문에 절대적인 것은 아닙니다. 그러나 이는 비교적 경증인 경우가 많습니다.

기자 : 초기 증상은 어떻습니까?

우에키 : 외요도구가 가볍게 빨갛게 붓고, 누르면 점액성 액체가 나옵니다. 방뇨 시 경미한 작열감, 가려운 느낌이 있고, 이 시기를 전구기(前驅期)라고 하는데, 여자의 것은 복잡하기는 하나 둔감하여 거의 이것을 인지하지 못하고 자각하지 못하고 다음의 급성기로 들어갑니다. 급성기로 들어가면 요도에서 나왔던 점액은 점점 짙어져서 고름이 되고, 포피(包皮)는 부어오릅니다. 요도의 입구는 한층 더 빨갛게 부어 배뇨 시 뜨거운 물이 통과하는 듯한 작열감을 느껴 견디지 못하고 아픕니다. 소변이 좀처럼 잘 나오지 않고. 때로는 피를 흘리는 경우조차 있습니다.

기자 : 그대로 방치해 두면 어떻게 됩니까?

우에키 : 고환염이라든가 관절염, 기타 여러 합병증을 일으켜 쉽게 낫지 않게 됩니다. 그러나 이때는 방치해 둘 수 없으니까 대개는 의사한테 가고, 여러 처치를 합니다. 적당한 치료를 하면 점차 증상이 줄고, 아(亞)급성기가 됩니다.

시오이 : 이 시기가 매우 중요한 때입니다. 그것은 급성기 때는 고통을 참기 어려워 여러 가지로 치료를 받으나, 아급성기에 들어가면 요도의 발적(發赤)도 사라지고 방뇨 시의 고통도 점차 줄며, 분비물의 양도 적어지고 고름은 점차 옅어져 점액성 액체가 아침에 조금 보이는 정도가 됩니다. 그 때문에 치료를 게을리 하여 완치하지 못하고 방치하는 경우가 많습니다. 단, 병자의 체질이 약하다든가 건강에 주의하지 않는(과격한 움직임, 폭음 폭식 성교) 등 때문에 일단 진정되었던 급성염이 반복되는 경우도 있습니다.

우에키 : 사람에 따라서는 처음부터 급성기를 거치지 않고 아급성기처럼 비교적 가볍게 발병하는 사람도 있습니다. 즉 방뇨 시도 그다지 고통이 없고, 분비물도 소량이어서 거의 스스로는 병자라고 생각하지 않는 경우도 있습니다. 이것은 여성에서 많이 보이고, 한번 임질을 앓았던 사람이 새로 감염된 경우라든가 재발했을 때도 흔히 보입니다.

기자 : 만성기의 증상은 어떻습니까?

시오이 : 퇴보기에 들어가서 병의 증상이 점차 사라져 그다지 고통도 느끼지 않게 되고, 요도에서 고름이 나지 않습니다. 점액을 약간 흘리고, 아침에 요도구가 달라붙거나 가끔 방뇨 후 후부 요도, 즉 안쪽에 이물감을 느끼는 정도입니다.

기자 : 만성기에 들어간 것과 완치한 것은 어떻게 다릅니까?

시오이 : 그것은 전문의의 영역으로, 비전문가가 판단하기는 조금 어려운 일입니다. 소변을 컵에 담아 보면 가는 실 부스러기 같은 것이 떠다닙니다. 이것이 임사(淋絲)라고 하는 것인데. 섭후선(攝後線) 또는 후부 요도로부터의 분비물로, 이것을 염색해서 현미경으로 보면 아직 치료되지 않은 임질에서는 많은 임질균을 확인할 수 있습니다. 이것은 아직 만성기에 속하는 것이나, 대체로 완치하지 않고 내버려 두는 사람이 많습니다. 만성기에 임질균은 요도의 여러 측관(側管)(리트레이선 또는 쿠벨선)[11] 등에 깊이 침입해서 작은 병소(病巢)를 만들고 입구의 작은 낭상(囊狀) 속에 번식하여 오래 점막하에 잠입해 있는 관계상, 어떤 기회, 음주, 성교, 장거리 여행, 기타 과격한 자극이 가해지면 금세 번식하기 시작하여 염증을 일으키게 됩니다. 이것을 내버려두고 뿌리를 뽑지 않기 때문에 몇 번이건 재발하고, 이를 번번이 반복하고 있는 상태입니다.

오 : 특히 조선인 중에는 만성기에 들어가면 전혀 신경을 쓰지 않고 완치한 듯이 생각하는 사람이 많은 것 같습니다.

아베 : 임질이 자주 발병하여 반복되는 동안에 마침내 점막하 조직의 침윤, 경결(硬結)을 초래하여 장래 무서운 요도 협착을 일으킴으로써 소변을 배출하지 못하게 됩니다.

우에키 : 이 치료되지 않은 임질, 만성기로 들어간 임질은 꽤 현저하게 만연해 있을 겁니다.

기자 : 그러면 임질에는 면역성은 없다는 것입니까?

시오이 : 그것은 제설이 분분하여 여전히 어떻게 될지 모르나, 보통 면역성이 아니라는 것은 확실합니다. 따라서 기회만 있으면 몇 번이고 병에 걸립니다.

기자 : 임질은 국부적인 병이므로 신체에 큰 해는 끼치지 않는다고 합니다만.

우에키 : 아니 그것은 대단한 오해입니다. 앞의 이야기에도 있었듯이 매우 무서운 것입니다. 종래 임질은 단지 요도에 국한된 국부 질환으로서 세인은 조금도 개의치 않고 낡은 인습에 빠져 혹자는 임질을 일종의 남자 통유성(通有性)의 병인 것처럼 생각하고, 혹자는 임질은 완치가 불가능한 것이라고 혼자 정하여 철저한 치료를 하지 않은 채 파는 약 정도로 일시적 고식적인 수단을 취한다든가, 혹은 고름이 멈추면 치유됐다고 방임하여 돌아보지 않습니다. 따라서 이 때문에 얼마나 청년의 활동력을 떨어뜨리고 여자의 부인과 질환을 유발하

11 리트레이선(Littre's ducts)과 쿠벨선 (Kübeler's ducts)은 모두 복막과 후복막의 경계를 나타내는 해부학적 기준임.

고 있는지 모릅니다.

히로타 : 가장 완고한 병발증은 섭호선염(攝護腺炎)[12]일 것입니다. 때때로 부고환염을 일으켜 그 결과는 정충의 사멸, 결핍을 초래할 뿐만 아니라 장래 여러 가지 생식기 장애에 빠져서 수년에 걸쳐 고통을 받는 경우가 적지 않습니다. 단순히 국부에 그칠 때는 생명에 직접 관계는 없다고 해도 가끔 임질성 관절염을 일으켜 손발의 관절이 부어올라 수개월이나 병상에 눕고, 결국 나중에 관절의 강직을 일으켜 불구가 되는 사람이 있습니다. 이것은 여자에게서 왕왕 보는 사례입니다.

우에키 : 여자의 생식기는 남자와 달리 꽤 복잡하기 때문에 일단 임질균의 침입을 받았을 때는 요도, 방광은 물론 자궁, 난소 등 모든 심부에 잠입합니다. 여러 가지 부인병이 속출합니다. 부인과 대수술의 7, 8할은 임질에서 기인한다고 단언해도 좋을 정도입니다.

시오이 : 유명한 부인과 의사 슈뢰더 씨는 임질이 여성에 끼치는 해독(害毒)을 한탄하여, 묘령의 처녀는 마음에 더할 나위 없는 쾌락을 그리며 일단 시집을 갔으나, 얼마 되지 않아 금세 하복부의 염증을 앓아 와상(臥床) 몇 주, 수개월, 병이 조금 낫더라도 초췌해져 예전의 꽃 같던 얼굴은 찾아볼 수 없이 마침내 평생 병든 여인으로 세상을 마감한다고 했습니다.

기자 : 창기나 예기 등이 유부녀가 되었을 경우, 대부분 임신하지 못하는 것은 화류병 때문인가요?

우에키 : 그 밖에도 원인이 없는 것은 아니나, 대부분은 화류병 때문이라고 생각해도 틀리지 않습니다.

기자 : 신장과 임질의 증상에 비슷한 점이 있습니까?

히로타 : 비슷한 점은 없습니다. 신장염도 소변이 잦은 증상은 있습니다만, 고름이 나오거나 아프거나 하지는 않습니다.

기자 : 현재 이루어지고 있는 치료법에서 가장 좋은 방법은?

와타나베 : 여러 가지 있으나, 어떤 것이 가장 좋은 치료법인가는 단언할 수 없습니다. 모든 치료법은 환자의 체질에 따라, 병의 상태나 연령, 기타 여러 점을 고려하지 않으면 안 되기 때문이지요.

우에키 : 그 요령이 매우 중요한 것으로, 그 부분에서 의사의 수완과 기량의 차이가 생겨나고,

12 일본어이며 세쓰고센(攝護腺)이라고 읽음. 현재 한국에서는 전립선이라고 표기함.

같은 병에 치료법이 여럿 생긴 것도 그 때문입니다.

기자 : 세척에 의한 치료법의 득실은?

오 : 병의 상태에 따라서도 다릅니다만, 잘못하면 오히려 나쁜 결과에 빠지므로 제 쪽에서는 세척법은 쓰고 있지 않습니다.

기자 : 임질은 초기에 치료하면 어느 정도의 날수로 완치가 가능할까요?

와타나베 : "그런 것은 정해져 있지 않습니다. 병의 상태에 따라, 체질에 따라 모두 다릅니다.

히로타 : 우선 3개월, 아무리 해도 한 달 정도로는 안심할 수 없지요.

기자 : 좀 더 빨리 나을 방법, 속효약은 발견되지 않습니까?

시오이 : 그런 빨리 낫는 치료법 따위는 현재 없습니다. 아마도 영원히 발견할 수 없으리라고 생각합니다. 임질 등의 병의 성질에서 생각할 때 그렇게 빨리 치료가 가능한 것은 아닙니다. 그런 방법을 쓰면 신체를 해칠 우려가 있습니다.

우에키 : 흔히 파는 약 등의 광고에서 10일이나 20일에 낫는 것처럼 쓰여 있는 것이 있는데 정말 곤란합니다. 그런 광고 따위를 믿고 가정에서 비전문적 요법을 하고, 겨우 1, 2주일간의 복약으로 나았다고 생각하는 사람이 많습니다. 게다가 병원에서는 2개월, 3개월을 말하니까, 근본적 치료를 하지 않아서 곤란합니다. 파는 약은 누구나 파는 것이니까 병자의 병상태나 체질 등은 전혀 고려하지 않습니다. 단지 누구에게나 양이 지나치지 않도록 최소한의 분량을 사용하고 있으니 사용하는 쪽에서 조절해서 사용해야 합니다. 가장 무난한 것으로 조제하고 있으니까요.

기자 : 신정(新町) 쪽은 환자의 입원 일수가 너무 짧은 것 같은데요.

아베 : 그래서 검사하는 의사와 치료하는 의사를 다른 사람으로 해서 될수록 엄정하게 하려고 하고 있습니다. 그러나 조합의 경제적 사정도 있으니까 가능한 한 퇴원을 빠르게 시키고는 있습니다.

기자 : 그러면 결국 창기라든가 예기는 화류병을 완치할 수 없겠네요.

아사야마 : 뭐 결국 그렇게 되는 거지요.

기자 : 매독에는 606호라든가 묘약이 발견되었는데, 임질의 속효약이나 완치약이 발견되지 않은 것은 유감입니다. 두세 번의 주사로 완치할 수 있는 묘약이 발견된다면 그것이야말로 많은 사람을 구하는 것이고, 그런 발명자는 엄청 돈을 벌겠네요.

우에키 : 그렇게 되면 지금의 화류병 의사는 입에 풀칠하기 어려워집니다. 외과라는 간판을 걸고

있어도 실제는 임질 환자의 치료가 대부분이니까요.

기자 : 인간의 향락에 대한 신의 제재로서 임질 즉효약이 발견되지 않는 편이 좋을지도 모르겠습니다.

8) 고마츠 간비, 화류병 예방에 대하여(경무휘보 299, 1931.)

본정경찰서장 고마츠 간비, 화류병 예방에 대하여
小松寬美,「花柳病予防に付て」,『警務彙報』299, 1931. 3.

화류병 발생 시기에 대해서는 적확한 문헌에서 근거를 찾을 수는 없지만, 이것이 세계적으로 만연한 것은 15세기부터 16세기에 걸쳐서라고 합니다.

프랑스 왕 샤를 8세 때 나폴리에 원정 간 프랑스군이 전투에서는 훌륭하게 승리했지만 출정군의 대부분이 매독에 감염되었기 때문에 전투력을 잃고 퇴각하지 않을 수 없게 된 것은 화류병 역사상의 한 넌센스입니다.

우리나라는 영세(永世) 9년, 아시카가 요시즈미(足利義澄) 쇼군(將軍) 시대부터 나가사키(長崎) 류큐(琉球) 방면에 유행했던 점에서 짐작하면 외국에서 건너온 것은 의심할 여지가 없습니다.

그 후 화류병의 만연은 전국적으로 퍼졌고, 징병검사 등에서 나이 어린 청년 중에 다수 매독 감염자를 발견하여 결국 국민보건상의 문제가 되었고 여러 관계 분야의 반대를 무릅쓰고, 1927년 4월 법률 제48호로 화류병예방법을 발포하였고, 이듬해인 3년 9월 1일부터 실시되기에 이르렀습니다.

그리고 이 법규의 내용을 검핵(檢覈)하면, 전염의 우려가 있는 화류병에 걸린 것을 알고 매음(賣淫)을 한 자는 3개월 이하의 징역에 처하고, 또 전염의 우려가 있는 화류병에 걸린 것을 알고, 또는 알 만한데도 매음의 매개 또는 객지(客止)를 한 자는 한층 무거운 6개월 이하의 징역, 또는 500엔 이하의 벌금에 처하게 되었습니다.

화류계 계통의 맹렬한 반대운동을 배제하고 이러한 엄중한 제재 법규를 규정하게 된 주요 원인은 생각하기에 화류병의 전파를 경시하기 어려워서일 뿐만 아니라 한 번 매독, 연성하감에 침범당한 자는 그 회복이 쉽지 않고, 결국에는 내장의 모든 기관이나 뇌, 척수 등을 침범하여 정신병자, 척수로(脊髓癆),[13] 유산·사산, 저능(低能) 등의 원인을 이루는 사례가 많으며, 또 임병(淋病)은 방광

13 일본어로 세키즈이로(脊髓癆)라고 읽음. 신경매독의 한 형태로, 매독균의 감염으로 인해 발생하는 만성 신경계 질환임.

염, 불임신증, 자궁병관절염, 농루안(膿漏眼) 등의 무시무시한 질병의 원인이 되고, 본인은 물론 자손에게까지 미치는 영향이 매우 크기 때문이라고 생각합니다.

이 때문에 우리 서에서는 목하 조선 화류병예방법의 적용이 없는 까닭으로 그것을 등한시하는 것은 국민보건상 결코 득책이 아니라고 생각해서, 1928년 11월부터 관내 신정(新町) 가시자시키 조합에 대해서 스오(周防) 경기도 위생과장이 고안한 화류병 예방약을 사용하고, 또 그에 철저함을 기하기 위해 예방약 비용은 영업자에게 간담(懇談), 모두 누주(樓主)의 부담으로 하는 한편, 부담 경감책으로서 거의 실비에 가까운 1개 5전이라는 가격으로 알선 공급하도록 했습니다.

그리고 사용 당초에는 영업자 및 창기가 이해하지 못했기 때문에 독려하는 데 상당히 곤란했는데, 시일이 경과하고 선전 보급이 되면서 일반 유객(遊客) 또한 예방약의 효과를 구가(謳歌)하게 되어, 1929년도에는 89,100개를, 이듬해인 5년도에는 64,152개의 예방약을 사용할 수 있었고, 그러한 성적으로도 다음에 서술하는 양호한 수치를 거둘 수 있었습니다. 1928년 중에 입원 환자 341명에 1인 평균 14일의 입원 수를 곱할 때는 연(延)인원 4,794명이었던 데 반해 1929년도는 입원 환자 268명, 그것이 연인원 3,752명으로 줄었고, 또 1930년도는 입원 환자 198명, 그것이 연인원 2,772명으로 줄었습니다. 또 통원 환자는 1928년도의 2,206명에 1인 평균 3일 반의 통원 일을 곱할 때 그것이 연인원 7,721명이었던 데 반해, 1929년도는 통원 환자 1,642명, 그것이 연인원 5,747명으로 줄었고, 또 1929년도는 통원 환자 1,042명, 그것이 연인원 3,647명으로 격감했습니다. 그리고 이상에서 나타난 통계를 다시 합계 대조하면 거의 예방약을 사용하지 않고, 1928년도의 통원 입원 두 환자 합계 연인원 12,515명이었던 데 반해, 1928년도 합계 연인원 6,419명으로 딱 절반으로 줄었습니다.

1년 365일로 그것을 할당했을 때는 예방약 사용 전의 유독자 1일 평균 34명 미만이었는데, 사용 2년이 지나 1일 평균 17명 미만으로 반감되었습니다.

이상의 통계는 창기에 대해서 드러난 수치이며, 창기의 대상인 유객, 즉 상대방 남자에 대해서는 예방약 사용 후의 성적을 조사하는 것은 불가능하지만, 현재 경성부 내에 존재하는 내지인 수는 93,272명이기 때문에 그중의 3분의 2를 부인 및 아이라고 가정하고 공제하면 남은 31,090명은, 즉 화류계에 출입할 수 있는 성년 남자인데, 결국 품행이 방정하고 방정하지 않고를 불문하고 성년 남자 32명당 추업부 1명의 비율이 되기 때문에, 신정유곽에서 1일 평균 17명의 유독자를 줄임으로써 재경성 내지인이 걸릴 화류병 감염률에는 획기적인 영향이 있을 것으로 상상할 수 있습니다.

이상의 통계에 따라 확신을 얻은 우리 서는 더욱더 이 연도에는 예방약의 보급에 철저를 기하여 무시무시한 화류병을 경성 천지에서 가능한 한 구축하기 위해 한층 노력을 기울일 마음가짐을 하고 있습니다.

9) 와쿠사와 료자부로, 접객업자와 건강진단(조선경찰신문 253, 1931.)

본정서 위생주임 와쿠사와 료자부로, 접객업자와 건강진단
本町署 衛生主任 涌澤良三郎, 「接客業者と健康診斷」, 『朝鮮警察新聞』 253, 1931. 9. 15.

접객업자라 하면 카페의 여급부터 식당이나 메밀국수집, 음식점, 요리점 등에 고용된 여자 그리고 예기 등을 합한 자들을 말한다. 이들은 접객업자로서 직접 손님을 맞으며 특수한 직업에 종사하고 있기 때문에, 특히 위생 면에서 건강 또는 불건강 여부가 자신에게 직접 지대한 영향을 미칠 뿐 아니라 간접적으로 상대 손님에게도 큰 관련을 미친다. 그러므로 경찰서에서도 지금까지 비상한 주의를 기울이며 선처해 온 바가 있다.

현재 본정서 관내에 있는 위와 같은 접객업자는 모두 1,367명에 달한다. 이에 그들의 건강 상태를 조사하여 유독자(有毒者)에 대한 처치를 철저히 연구하고자, 지난번에 이들 전부에 대해서 적극적으로 건강진단을 실시했다. 그 결과 진료를 받은 1,367명 중 질병자 246명을 발견하여 상상보다 대단히 양호한 성적으로 파악되었다. 그중 특히 경계가 필요한 유독자로서 매독 환자가 169명 있고 기타는 경증의 트라코마 환자 등이 77명이었으므로, 총체적으로 생각할 때 진료 받은 자가 1,300여 명이라는 다수에 이르는 점에서 보면 그다지 우려할 만한 상태는 아니다.

본정서는 지금까지도 이들 접객업자에 대한 건강진단을 상당히 철저하게 힘써 왔다고 생각하지만 최근 들어 한층 더 엄중하게 실시하기로 하였다. 그래서 1년에 한 번씩 접객업자에 대하여 일제히 시행하는 건강진단은 지금까지와 변함없이 실시하지만, 한 발 더 나아가 보다 더 철저한 효과를 올리기 위해 특별히 유독자로 인정된 접객업자에 대해서는 일정한 치료표를 교부하고, 이것을 한 달에 두 번 경찰서에 제시하게 해서 평소 적당한 처치 아래 의료를 받고 있는지 여부의 실상을 보고하도록 하고 있다. 그 결과, 건강진단 시행 당초는 진찰을 받은 자 중 당국의 처치에 대한 실제 이해가 결여된 자가 당국의 처치에 이의를 제기하는 경우도 있었지만, 최근에는 점차 당국이 의도하는 바를 잘 이해해 그러한 자가 점차 사라지기에 이르렀다. 더욱이 매달 일정한 날에 치료표를 제시하는 점에 대해서도 앞다퉈 이를 실행하고 있어 성적은 대단히 양호한 편이다. 또한 설령 분별없는 자가 있다 하더라도 당국은 각 영업자의 조합 측과 협조해 가능한 한 이를 효과적으로 실행하고 있으므로 그다지 당국의 뜻에 반하는 일을 할 수도 없는 셈이다. 그리고 당국이 접객업자에게 교부하는 치료표에는 병명의 기입 외에도 다음과 같은 주의서가 쓰여 있다.

一. 즉각 의료를 받고 완전히 치료할 때까지 계속할 것
二. 치료를 받으면 그때마다 월일 난에 주치의의 확인 도장을 받을 것
三. 이 표는 때때로 검사할 예정이므로 주치의의 날인을 받고 날마다 경찰서에 제출할 것
四. 이 경찰서 관내로부터 다른 곳으로 전출할 때는 이 표를 첨부해 본서에 신고할 것

이러한 치료표를 (당국이) 제시받았을 때에는 각각 날인하여 치료서를 제시했음을 증명하게 되어있다. 한편 접객업자 자신이 주의를 환기하고 스스로 당국의 뜻을 이해토록 만들기 위해 이들 해당 업자를 모아 일정한 때에 위생 강연(講話)을 듣게 하는 한편 고용 측을 중심으로 한 조합원도 집합시켜 적절히 주의를 주고 당국의 지시사항을 실시하도록 종용하고 있다. 그 결과, 상호 관계를 매우 원활히 맺게 됨에 따라 좋은 성과를 착실히 거두에 되었기에 당국으로서도 이를 더없이 유쾌하게 생각한다.

개중에는 상대가 고정 수입을 갖지 않는 특수 부녀다 보니 무서운 병을 안고서 자기가 치료해야 한다는 점은 잘 알면서도 경제적 어려움을 느껴 뜻대로 못하는 자도 없지는 않으며, 현재까지 그러한 이유로 당국에 도움을 청해 온 자가 77명 있었다. 이들에 대해서는 당국도 특히 동정심을 느껴 도 당국 측과 협의하여 적절한 처치를 강구하고자 거의 실비로 치료하기로 하고 이미 실행 중인데, 이 또한 상상 이상으로 좋은 결과를 거두고 있어 당국의 동정어린 처치의 취지를 잘 반영해 주고 있으니 대단히 유쾌한 일로 받아들이고 있다.

10) 핫토리 로쿠로, 매독의 말라리아 요법(조선과 만주 288, 1931.)

핫토리 로쿠로, 매독의 말라리아 요법

服部六郎, 「黴毒のマラリヤ療法」, 『朝鮮及満洲』 288, 1931. 11.

경성대학 조교수 의학박사 핫토리 로쿠로

'문명이란 매독화다(Civilization is syphilisation)'라는 말이 있을 정도로 그 나라의 문명이 진전됨에 따라 매독이 만연한다. 매독에 걸려도 곧장 철저하게 치료를 받으면 문제가 없는데, 시간이 없다, 귀찮다며 등한히 하면 병균은 내장에 뿌리 깊이 침입하여 완치가 매우 힘들어진다. 또 스스로 감염되었다는 자각은 없는데 어딘가 몸의 상태가 좋지 않아서 의사의 진찰을 받으니 바세르만 반응이 강양성(强陽性)이었다는 경우도 종종 있다. 특히 매독이 뇌를 침범하는 경우는 감염 당시에 별다른 국부(局部) 증상이 없었다는 사례에서 많이 보인다.

마비성 치매라는 질환은 광의로 말하면 뇌매독인데, 전문적으로 말하는 뇌매독에서는 뇌막 및 혈관이 주로 감염되지만, 마비성 치매에서는 단순히 그 부분만이 아니라 뇌실질(腦實質)까지도 감염되므로 이 병에 걸린 자는 기억력이 떨어지고, 계산 등도 틀리고, 말투가 어눌해져 급속히 치매가 되는 것이다. 그리고 이 병은 뇌매독이 매독 감염에서부터 수년 이후에 발생하는 것에 비해 십년 이후, 때로는 30년이나 지나서 발병한다. 즉 청년 시대의 환락은 그 사람의 장년 시대인 40세 전후에 점차 가정을 이루고 재산을 만들고 하는 일이 궤도에 오르려는 시기에 비애가 되어 나타나므로, 가족에게는 집안의 대들보로서 의지하는 사람이 갑자기 발병하여 때로는 과대망상에서 돈을 낭비하여 가산을 탕진한 끝에 2, 3년 후에 반드시 사망하니 정말 비참한 병이다. 이 병의 원래 병균은 매독균 '스피로헤타 팔리다'이기 때문에 종래의 살바르산, 수은법의 구매(驅梅)요법으로 나을 것이라고 생각되나, 사실 종래의 어떤 요법도 이 병에 대해서는 거의 무력하며, '말라리아' 요법이 창안되기까지는 이 병의 진단을 내리는 것이 곧 죽음의 선고를 하는 것과 같은 것으로 여겨졌다. 종래 이렇듯 난치, 거의 불치라고도 할 수 있는 이 병에 대해 학자들이 수수방관하고 있었던 것은 아니고, 여러 가지 방법이 강구되고 있었다. 특히 정신병이 열병 뒤에 매우 좋아지고, 때로는 낫기조차 한다는 관찰이 이 경우에 주의 깊게 이루어졌다. 이미 그리스의 의학의 아버지 히포크라테스(기원전 460~기원전 377)가 이 일을 관찰하여 기록하고 있으며, 로마의 명의 갈레노스(131~200)[14]도 이 일을 기록했다고 한다. 근세기가 되어 최근 50, 60년 전부터는 의학의 급속한 진보와 더불어 이런 종류의 관찰 보고가 많이 보이게 되었다. 빈(Wien)대학 정신과의 와그너 폰 야우레크 교수는 정신과 영역에서 지금까지 큰 공헌을 한 사람인데, 이러한 보고들을 종합하여 발열이 정신병에 미치는 양호한 영향을 확신하고, 여러 가지 인공적으로 발열시키는 약제를 각종 정신병자에게 주사하여 관찰하는 가운데 정신병자 중에서도 특히 마비성 치매에서 그 효과가 가장 현저함을 확인했다. 그러나 약제로는 충분히 고도의 발열을 보이는 경우가 적고 그 효과도 충분히 만족할 정도에 도달하지 않았으므로, 1917년에 '말라리아' 삼일열(三日熱)에 걸린 환자의 피를 9명의 마비성 치매 환자에 주사하여 인공적으로 '말라리아'에 걸리게 한 뒤 그 경과를 보았더니 매우 양호한 성적이었다. 이후 이 요법을 다수 사례에 시행하는 동안 처음에 얻은 양호한 성적은 우연이 아니라 항상성의 것이라는 확신을 얻은 것이다. 원래 어떤 질환에서도 최신 요법이라는 것은 시간이 지나면서 여러 가지 부작용이 보고되어 그 가치를 떨어뜨리는데, '말라리아' 요법은 시간이 갈수록 그 진가가 인정되어 현재는 세계에서 이 요법을 시행하지 않는 국가가 없을 정도로 보급해 있다. 이 요법 때문에 와그너 교수는 1928년에 노벨상을 수상했다.

'말라리아' 요법을 쓰면 마비성 치매는 반드시 낫는가 하면 그렇게 간단하지는 않다. 앞서 서술한 바와 같이 스피로헤타 팔리다가 뇌 속에 침입하여 이 병을 일으키는 것이므로, 발병 후 1년 이상 지난 사례에서는 이미 뇌의 조직이 스피로헤타 때문에 파괴되어, 이 요법으로 '스피로헤타'를 죽일 수 있다 해도 무너진 뇌 조직은 재생할 수 없으므로 그 환자는 치매가 되어 사회의 폐인이 되어버린다. 또 이 병은 단순히 뇌뿐만이 아니라 신체 전체가 병변(病變)해 있으므로, 특히 심장이나 혈관이 침범되어 있으므로 이 요법으로도 효과 없이 죽는 경우도 물론 있다. 평균적으로 말하자면 마비성 치매의 30~40%는 원래의 직업을 가질 수 있을 만큼의 정신 능력을 회복할 수 있으며, 20% 정도는 간단한 손작업이나 노동에 종사할 정도가 될 수 있으나, 나머지 40% 정도는 폐인이 되어 사망한다. 그러나 발병 후 곧 치료를 받는다면 80~100%에서 완전한 치유를 볼 수 있지만, 반년이나 1년 정도 경과한 후는 그 희망이 매우 적어진다.

'말라리아' 요법은 단순히 마비성 치매뿐만 아니라 척수로(脊髓癆)나 뇌매독에 응용되어 양호한

14 갈레노스는 129년에 태어난 것으로 알려졌지만, 사망 연도는 정확하지 않음. 이글에서는 원문에 따름.

성적을 거두고 있다. 최근에는 매독이 아직 뇌에 미치기 전에 이 요법을 시행하고 있다. 종래의 매독 퇴치 요법에서 좀처럼 바세르만 반응, 기타의 매독 반응이 없는 경우에도 이 요법으로 상당히 양호한 성적을 얻었다는 보고가 많다. '말라리아' 요법처럼 매독성 질환에 대해서 매우 효과가 있는데, 최근 우리 교실에서 쓰고 있는 어떤 약제에 의한 요법에 의해서도 '말라리아' 요법에 못지않은 효과를 거두고 있다. 요컨대 뇌매독에 대해서는 우리 의사의 입장에서 보면 충분한 대책을 갖고 있으므로, 일반 사람들이 주위를 잘 둘러보아 30세 이후에 이른바 신경쇠약인 것 같다고 생각되는 경우는 전문의의 상담을 받게 하는 것이 중요하다. 지금까지 신경쇠약의 기미가 없던 사람이 30세 이후에 갑자기 멍해지거나 건망증이 생기게 되는 경우는 이 병의 의심이 매우 농후하기 때문이다.

11) 세토 기요시, 매독에 대하여(조선과 만주 319, 1934.)

경성세토병원장 세토 기요시, 매독에 대하여 : 독이 있다 · 606호 · 기타
瀨戸潔, 「梅毒に就て : 毒がある · 六〇六號 · 其他」, 『朝鮮及滿洲』 319, 1934. 6.

경성세토(瀨戸)병원장 세토 기요시

일반적으로 "내 몸에는 독이 있어서 종기가 생긴다"라든가 "독이 많아 상처가 잘 낫지 않는다"고 생각하거나 혹은 "이 병도 또 독인가요?"라는 질문을 하는 사람이 매우 많다.

대체 세상 사람이 독이라고 하는 것은 무엇을 의미하는가. 그것은 대개의 사람이 매독을 의미하고 있는 모양이다. 자신이 감염되어 온 사람도, 부모로부터 유전된 사람도 한결같이 독이라고 칭하고, 모든 사람이 매독 환자라도 되는 듯이 생각하고 있는 것 같다. 개중에는 완전히 병이라는 것은 매독에서 오는 것이라고 생각하는 사람이 적잖이 있다고 생각한다.

그렇다면 왜 세간의 사람들이 이 정도까지 매독만 두려워하는 것일까. 현대 의학에서 보자면 매독 이외에도 병은 무수히 많다. 화류병조차도 매독 이외에 3종 정도 더 있다. 하물며 피부, 기타 매독과 비슷한 병은 무수히 많다. 그것을 모두 두려워하지 않고 유독 매독만을 두려워하는 것은 왜일까.

대체로 매독이라는 것은 보통 제1기, 즉 경성하감(硬性下疳), 그다음에는 제2기 몸의 표면에 발진한다. 즉 몸에 붉은 반점이 생기거나 검은 반점이 되기도 하고, 탈모가 생기고, 목이 쉬고, 기타 여러 가지 신경계통을 침범하는 시기가 있다. 제3기는 소위 뼈가 쑤시고 아픈 상태로, 사방의 뼈를 침범하여 코뼈가 무너져 코가 낮아지고 얼굴에 구멍이 뚫리거나 흉골이 부어오르거나 정강이뼈가 부어올라 썩고, 피부가 사방 썩거나 혈관이 나빠지고, 기타 내장 여러 기관이 드물지 않게 침범 당한다. 뱃속에서는 간장, 기타의 장기가 침범되고, 뇌가 침범 당해 뇌척수에 고무와 같은 종양이 생기거나 하는 시기다. 그리고 제4기라고 할 후(喉)매독, 메타매독, 변형매독 등으로 불리는 시기로, 이 시기에 뇌와 척수의 실질이 감염되어 자연히 작아지고, 일종의 미치광이가 되는 사람이 있다. 매독 때문에 바보가 되었다고 하는 것이 바로 이 상태다.

이처럼 제1기에서 제4기까지의 증상이 있으나, 지금이니까 이와 같이 명료하게 알고 있지 아직 매독학이 진보하지 않았던 시대에 이 각 시기의 증상을 하나하나 보였다면, 그것은 전혀 관계가 없는 병처럼 다르기 때문에 같은 매독이라는 것을 눈치 채지 못했을 것이다. 지금 얼마나 다른가 하는 예로서 한두 사례를 들어보면, 이 분야의 대가인 모 의학박사가 혀의 매독을 한 달 반이나 치료하면서도 매독이라는 것을 눈치 채지 못했다는 이야기가 있다. 또 제2기 증상에서도 특수한 경우에는 일본의 일류 대가가 너댓 명이나 오진했다는 사례도 있다. 즉 매독인 것을 매독이 아니라고 진단하거나, 매독이 아닌 것을 매독이라고 한 사례는 적잖이 있다. 피부병 중에서 아주 간단히 짐작이 가는 병인데도 치료가 상당히 어려워 매우 고심하는 경우가 있으며, 그 반대로 무슨 병인지 좀처럼 짐작이 가지 않으나 판단이 서면 어렵지 않게 치료가 가능한 병이 있다. 이것이 곧 매독이다. 어떤 매독이라도 하루 진찰하여 매독으로 진단하는 의사가 있다면, 그는 세계의 대가라고 해도 좋다. 이처럼 매독의 진단은 어려운 법이다.

옛날에는 피부병이 전혀 발달하지 않았다. 병명이 열 가지도 되지 않았다. 그런 시대에는 물론 매독과 구별이 되지 않았다. 그러나 매독을 치료하면 어떤 종류의 피부병, 난병이 어렵지 않게 나았다. 그렇기 때문에 모든 매독의 증후와 비슷한 병을 매독으로 취급했음에 틀림없다. 즉 그 시대에는 피부병이나 기타 상처를 치료하는 동시에 매독을 치료하여 경과가 좋은 경우가 있었다. 그러면 이런 경우에는 그 환자에게 독이 있었다고 말했음에 틀림없다. 선천적으로 아이나 어른이 이어받은 유전매독의 피부병도 다른 피부병과의 구별이 상당히 어렵다. 그것을 어떤 피부병이 매독의 치료로 낫다고 해서 모든 피부병을 매독이라고 해버렸다는 모양새다. 험담을 하자면 그런 식으로 해서 피부병이나 상처의 치료를 하는 동시에 매독을 치료하면 의사가 두 배, 세 배나 돈을 번다는 사실이 있었기 때문에, 병자를 이렇게 믿게 만드는 것은 영업상 가장 유리한 일임에 틀림없다. 의사가 모를 뿐만 아니라 그 모르는 바를 이용하여 영업 정책에 썼다는 경향이 없지 않다고 할 것이다. 이상이 일반 사회의 사람들이 뭐든지 매독이라고 생각하게 된 원인이라고 나는 생각한다.

모 씨가 말하기를 매독의 진단은 다수결이어서는 안 된다. 병자가 의사를 방문하여 "병이 있습니까?" 하고 물으면 많은 의사는 '있다'고 답한다고 한다. 있다고 하는 편이 병자를 위해서라기보다 의사에 도움이 되기 때문이라는 이야기가 있다. 마찬가지로 606호를 주사하는 게 좋은가라고 의사에게 물으면 많은 의사는 '하는 편이 좋다'고 답한다고 한다. 이것은 꼭 병자만을 위해서가 아니라 자신의 주머니 사정도 생각하고 있는 게 아닌가라는 것이다.

일찍이 내 친구가 어떤 의사에게 가서 606호를 맞고 20원을 지불했다. 그것으로 매독은 나았다고 생각하고 있었는데, 한 달도 안 되어 또 나왔다. 이번에는 나한테로 와서 말하기를 "창피해서 어떤 의사를 방문해서 치료를 받았는데, 606호를 한 번 주사하면 낫는다고 하길래 20원을 큰 마음 먹고 치렀다. 그러나 또 발병해서 이것으로 안 되나 하고 생각하여 자네에게 왔다네"라고 한다. 그래서 나는 "606호는 아주 초기라면 5, 6회 내지 8, 9회로 완전히 낫지만, 2기, 3기, 경매독이면 몇 번을 맞아도 좀처럼 낫기 어렵다"고 답했다. 친구는 크게 분개하여 전 의사를 방문하여 잡아먹을 듯이 달려들었다. 그러나 그 의사는 "한 번에 낫는다고 하지 않으면 누가 20원이나 내겠습니까"라고 별 대수롭지 않게 여기는 듯했다. 너무 어이없어서 싸우지도 않고 돌아왔는 이야기다. 어쨌든 606호는 맞는다면 몇 번이건 계속 맞는 것이 좋다. 매독이 있는 사람은 가끔씩 한두 번 맞아서는 매독이 낫기 어려워질 뿐이고 결코 낫지 않는다. 또한 매독이 없는 사람은 그만큼 돈을 손해 볼 뿐만 아니라 독약이기 때문에 몸을 다소 해치게 된다.

한편, 바세르만 혈청반응은 몇 십 년 전에 발견된 이후 여러 변형된 방법이 발견되어 잡다한 종류의 방법이 있으나, 어느 것이든 완전히 매독의 유무를 판단할 수 있는 방법은 없다. 어떤 방법에서는 매독 환자가 아닌 사람의 피를 매독 환자처럼 나타내고, 또는 매독 환자라도 그것이 나타나지 않는 수가 있다. 예를 들면 아주 초기나 3기, 4기에는 나오지 않는 것이 얼마든지 있다. 비전문가는 혈액검사를 하면 무엇이나 알 수 있다고 생각하여 "피를 보여 주소"라고 부탁해 오는데, 매독의 진단은 피를 보기보다는 다른 증상을 찾는 편이 더 확실하므로 매독의 유무를 판단하려면 그 분야의 사람에게 가서 자신의 병 상태를 잘 이야기해 보는 것이 가장 좋다.

606호를 남용해서 생명을 잃는 사람이 적지 않다고 나는 생각한다. 주사 시 부주의로 소변검사를 게을리 하거나 심장검사를 하지 않고, 간장을 확인하는 것을 잊고 주사를 놓았기 때문에 불행한 결과를 초래한 경우를 가끔 듣는다. 606호의 중독 작용에 의해 그 자리에서 생명을 잃는 경우는 주사액을 준비하는 과정에서 부주의로 인해 일어나는 수가 있으나, 대부분은 수일 후에 부작용을 일으켜 죽는 것이므로 의사도 병자도 그것 때문에 불행을 초래한 것을 모르는 수가 있다. 따라서 606호의 남용은 크게 삼가야 한다. 사용한다면 상당한 주의를 기울여 상당한 방법으로 해야 한다. (談)

12) 가토 간지로, 집단 매소부의 위생 대책(조선경찰신문 322, 1934.)

경시청 의무과장 가토 간지로, 집단 매소부의 위생 대책
警視廳 醫務課長 加藤寬二郎, 「集團賣笑婦の衛生對策」,
『朝鮮警察新聞』 322, 1934. 8. 1.

도회의 매소부

아양을 떠는 자, 그 이름을 매소부라 한다면 접객업의 여인들 모두를 매소부라 해야 한다. 대가를 얻기 위한 아양이 뭔가 빗나간다 할 때 그건 종이 한 장 차이 때문일 것이다. 때와 대조(対照)에 따라 이 종이 한 장 차이가 사라질 위험이 있는 곳에서 풍속 문제가 야기된다고 할 수 있다.

매소 업태가 표면에 내건 간판에 정통성이 있더라도 그것이 꼭 흔들리지 않으리란 법은 없다는 점은 사실이 증명하는 바다. 그 사실 행위가 상습적으로 이뤄질 때 그리고 모두는 아닐지라도 만일 대부분이 그런 상태라면, 사회상식은 이를 매춘부로 간주하게 될 것이다.

도시의 위생 문제로서 분뇨 쓰레기의 처분이 도시의 발전 확충에 따라 정화처리하기 어려워지는 것처럼 매소부가 여러 양태로 떼 지어 발생하여 보건위생 상 중대한 관심을 쏟아야 하는 상황은 분뇨 쓰레기의 처분이나 마찬가지다.

시대 조류는 그들의 업태에도 변천을 가져왔다. 세상이 인정하는 불야성에 능라금수(綾羅錦繍)를 두른 유군(遊君)들도 결국은 유녀들(源氏名)[15]을 버리게 될 것이다. 유일한 관허(公許) 매춘시장도 사실상은 고금을 통해 유일하지는 않았다. 면허가 없음을 자랑스러워하는 무리가 날뛰고 세월이 흐르면서, 그들(공창)의 견고한 보루를 뒤흔들어 추풍낙막에 외로운 가난함을 사수할 것인지 탈출할 것인지 초조해하는 날이 아직도 지속될 만한 지경이다.

그들은 의기와 부끄러움을 에도(江戸) 게이샤(芸者)의 긍지로 알고 가무음곡에 정진해 왔고 요염한 자태는 이전과 다름없지만, 이제 시대와 동떨어진 그들의 일류 정조관의 긍지는 헌신짝처럼 짓밟혀, 대부분은 본능이 요구하는 바를 채우는 공급자 사명을 다하고자 어두운 길을 달리며 자

---

15 源氏名(げんじな)은 여러 의미가 있으나 여기서는 유녀의 통칭, 또는 예기나 유녀가 본명 외에 가진 이름을 말하는 것으로 보임.

신도 살아보려는 상태가 되었다.

근대인의 방탕한 마음을 부추기는 네온이 빛나고 재즈가 흘러나오면서 불량노인과 젊은이의 화제 중심은 카페로 옮겨갔다. 붉은빛이 어스름한 홀의 일각을 청초하게 걷는 그녀는 순수한 급사여성(給仕婦)이 아니었다. 담배 연기, 화장품 향기, 강렬한 매력을 뿜는 여급 무리, 어수선함과 간단한 차이는 있지만 대가를 위해 움직이며 잘라 파는 정조는 그들의 생활 전술이다. 여급 모두가 어떠어떠해야 한다고 단정할 수 없을지라도 이들에 대해 경이로워하는 자는 어리석다고 비웃음을 살 정도의 사회 공통 관념은 가지고 있게 된 것 같다.

도쿄 명소의 하나로 가메이도(亀戸), 다마노이(玉の井)의 마굴이 있다. 2대 추악함 덩어리인 이 집단은 풍속 역사의 자전(字典)인 탄압과 검거에 맞서 20여 년간 악전고투하며 그 존재를 사회적으로 의식하게 했고 공창, 사창이라는 새 숙어를 관용어로 만들어 놓았다.

도회지는 매소부가 활약하는 절호의 무대다. 옥루(玉楼)로 헷갈릴 정도의 호사스런 건물에서 푸른 장막 꿈같은 곳에서 맺어 주는 매소부가 있는가 하면 머리가 희끗해져 들판자락에서 푸른 하늘을 보며 싼값에 제공되는 매소부도 있다. 공적으로 정한(公定) 지역을 점거하는 매소부, 어둠을 만나면 숨었다 나타났다 출몰하는 잠수함식 산창(散娼), 도회 생활의 계급이 다종다양한 것처럼 그들에게도 이에 상응하는 대조가 있어 생활 필수품을 닮은 인간 생활 현상을 응시하게 된다.

문화의 그림자에 깃드는 매소부의 약동은 두 성이 대립하는 한 둥글게 하나로 섞이는 공통의 문제여서 때와 장소를 가리지 않는다. 다만 그 수의 증감은 사회적 요인에 따라 영향을 받는다 하겠다.

10평방 리[16]의 한없이 넓은 곳에 천종만태의 매소부를 싸안고 있는 대도회 풍속 위생의 단속에 대해 다른 부현에서 거둔 성적을 들어 대도시도 그러해야 한다고 추론한다면 이는 잘못된 판단이자 억측이다. 그 양이나 지역에 따라 양식이 전환되니 도저히 지방과 비교할 수 없다. 최근 우리는 국민보건 이해관계의 기쁨과 슬픔을 양어깨에 짊어졌으니 또한 어려운 일이다.

관하 매소부의 위생대책

공창의 위생이 일정한 기준을 통해 다뤄지고 있음은 새삼 말할 것도 없다. 현행제도의 위생 간섭이 꼭 완전무결하다고는 잘라 말할 수 없다. 병독 전파 방지 조치는 위생 시설만 가지고 완전성

16 10평방 리는 약 53제곱미터임.

을 증명할 수 없다. 영업 양식을 제한하고 간섭해야 마땅한 많은 사항이 있지만 이를 지금 논할 여유는 없다.

매소부의 존재가 사회 생활의 필연적 산물이라 한다면 매소부가 전파하는 병독 만연을 방지함은 위생 당사자에게 맡겨진 임무다. 각자가 안고 있는 성교의 불안을 제거해 주려는 친절한 마음 때문이 아니라, 그 병독으로 인해 파급되는 개인과 국가의 손해는 많은 말이 필요 없을 정도로 명백하다.

우리는 이런 관점에서 출발해 사실을 직시하며 대책을 강구하고자 하는데 그곳에는 사실과 형식의 충돌이 소용돌이치고 있었기 때문에 시설에 대한 수행에 상당한 노력을 쏟았다. 시간이 흐르면서 형식편중론자의 방패에도 흠집이 생기기 시작했다. 눈을 감고 지나치려 해도 냄새가 코끝을 스치는 현실적 폐해가 나타나니, 형식상 파생하는 폐해보다 실질상의 폐해가 얼마나 과대한지 논할 필요도 없다.

제도에 바탕을 둔 창루(娼楼)에 대해서는 예방 시설을 명령하기도 비교적 쉽고 업자 또한 준법을 잘하려는 마음가짐이 있다. 업태자를 각성시켜 예방 시설을 완비하는 일, 개인 예방 지식의 계몽, 대중의 자각적 예방, 설비를 이용하게 만드는 현실지도가 화류병 예방의 커다란 방침이다. 이 점들이 일반 습성으로 자리 잡는다면 어느 정도의 위해는 제거될 수 있으리라.

화류병예방법 공포를 계기로 집단 사창굴인 가메이도(亀戸), 다마노이(玉の井)에 대해서는 1914년 10월 이래 반강제적으로 검진을 시행하고 각 호에 대해 예방설비를 적극 권장함으로써 불완전하게나마 각 호마다 예방약과 예방기구를 정비하기에 이르렀다. 또한 조합에는 치료 기관을 설비하도록 종용함으로써 당당하게 조합병원(組合病院)을 건설토록 해 마침내 위생개선에 착수했다. 그들 자신도 그 성적 면에서 커다란 성과에 크게 경탄했다.

예기에 대하여 동일한 방식을 취하기는 매우 어렵다. 자신을 지키기 위한 건강진단 개시 실행을 타이른 결과, 다소 차이는 보이지만 현재 65개 조합 중 51개 조합은 내용 시설에서 실행하고 있다. 검사의 성적은 조합이 매달 제출하도록 하여 유독률(有毒率)을 검토하고 순번대로 순회하며 장려에 힘쓰고 있다. 이 유독률은 6% 내지 7% 사이로 나타났다. 검진에 종사하는 의사는 조합의 촉탁의다. 다소는 경찰의 보증 아래 있는데 이 수를 몇 할 정도 늘려야 하는 상태임은 말할 것도 없다.

마치아이자야(待合茶屋)에 대해서는 조합을 독려해 예방 설비를 명령하고 순회 감찰을 실시하고 있는데 가장 성적이 불량한 것이 바로 이 업자다. 특히 주목할 점은 새로 열린 지역(新開地)의 예기 혹은 마치아이(待合) 업자는 권유를 받아들여 바로 설비하지만 예로부터 있던 일류 장소는 앞에서만 복종하는 체 반항하며 심하게 애를 먹인다.

화제 거리를 뿌리고 있는 카페는 그 수량 면에서 단연 우세한 위치에 있다. 위해는 상상할 수 있지만 풍속 단속 측이 주체여서 위생단속은 여기까지 손을 뻗치지는 못하고 있다.

현재 매소부의 위생단속 대책을 전망할 때 가려운 발을 신발 위에서 긁듯이 핵심에 닿지 못해 답답한 감이 있는데, 사실과 형식의 모순이 위생단속에도 반영되어 철지하지 못한 점이 많다. 이를 시정하고픈 것이 우리들의 염원이다. 위생단속 강화는 위생 당사자만의 주장이 아니다. 시대적 운의 진전은 형식보다도 실제 해악의 재앙을 각성할 때 가능하며 경시청 고시 88호 공포는 그 발로라 할 수 있다.

경시청 고시와 부(府)의회 공포의 경위

법률의 형식관념에서 보면 존재해서는 안 되는 것이 현존하고 있음은 단속이 철저하지 않기 때문이라는 논지에 대해서는 그렇게 보는 것도 무리도 아니라고 일단은 물러나야 할 정도로 사실상 간극이 크다. 인간 생활의 표리를 종횡하며 관통하는 성 문제는 윤리 도덕 종교의 힘으로도 청소 정화를 기대할 수 없을 정도로 깊고 넓은 심각한 문제다.

사회 생활의 기준이자 표준이 되는 법령에 맞지 않는 행위 또는 행위가 빈번하게 나타나는 것도 시대조류 사상(事象)이다. 다마노이, 가메이도 지역의 집단 사창이 바로 그렇다. 그들의 존재는 전술했듯이 형식론으로 규율할 수 없는 사회현상으로 부즉불리의 외곽 단속으로는 막을 수 없다. 위험이 보다 큰 영향을 방지하기 위해 1938년 이래 위생 시설의 대책을 강구하기에 급급한 면이 있었다.

그들 집단의 위법성 대립의 이면에는 융통성 없는 입장 대립이 있는가 하면, 업태자 간의 배제, 혹은 조합의 분열 암투도 있으며, 모든 장면의 전개 모습은 사창가에서 늘 있는 풍경이다. 경찰 단속의 골칫거리이니만큼 자위적으로 장려한 위생 시설도 이러한 분란의 와중에서는 물론 원활히 돌아가지 않는다. 매소제도의 근본 해결은 차치하더라도 그들에게 위생단속의 철저를 기하고픈 숙원을 안고 상사에게 가부의 말씀을 올린 적도 한두 번이 아니었다. 직속 상사는 열의를 가지고 이를 실현하기 위해 노력하여 경시청 고시 88호를 위생단속의 준거로 명시했다.

청령으로 나와야 할 사항이 고시를 통해 명시된 것은 과도기적 고심의 산물이다. 국가의 태도 방침이 미정이다 보니 형식적 자귀를 회피하고자 하는 의도의 발로임을 헤아려 볼 수 있다. 고시와 훈령으로 일반적 매소부에 대한 위생 당국의 태도를 보여 주는 한편, 통첩으로만 대상을 다마노이, 가메이도에만 국한시켰다. 고유(告諭) 고시를 통해 제한과 금지를 완수하는 일이 전혀 없지는 않지만 대부분의 경우 그것은 일과성이다.

법률제도가 유치했던 메이지 초년 1868년에는 관동 방면이 매독검사제도의 시초였다. 1871년 9월 1일 관할 현이 고유(告諭)를 발표해 매독검사규칙(検黴規則)을 마련하고 위반자에게는 벌금 5냥(兩)을 부과했다. 그 고유는 한결같은 인정미를 상세히 보이고 있어 여러 정황을 생각할 때 대단히 흥미롭다.

이에 앞서 도쿄부 세제위원회(税制委員會)에서는 그들에게 누과세(累課税)를 적용하고자 이전부터 조사를 실시했다. 아무리 조세부담 능력이 있어도 현행제도로는 과세의 근거가 없으니 보물 산에 들어가도 늘 흐지부지돼 버려 기회를 놓친 감이 있었으리라.

강제 건강진단의 예산에 관한 회의에서는 기회를 놓칠 수 없다 하였고 강제 검진은 당연한 일이라며 위생단속 시설에서도 아무도 이의를 제기하지 않았다. 또한 이 검진에 요금을 부과하라며 논의로 이야기꽃을 피웠다.

강제 검진의 요금 징수는 구류나 검속에 돈을 지불하라는 비유를 닮은 드문 예라는 얘기를 듣자 다들 납득했고, 진료비를 징수하라는 주문이 나온 건강진단과 함께 진료를 부가하면 이는 일석이조일지도 모른다고 의사소통을 한 결과, 부령(府令) 제4호 화류병치료규정(花柳病治療規程)이 공포되었다.

해당 집단에는 상당한 충격을 주었지만, 검진에는 이미 숙달해 있기도 하고 요금 납부는 일면 세금처럼 여겨지기도 해서 4월 1일부터 실시하였는데, 이는 검진과 치료를 겸한다는 특색을 지닌 이례적 건강진단이다. 이 검진 치료를 원활하게 시행하려면 그들 조합의 통제와 준법정신이 중요하니 우리는 지금 조합의 개혁 공작에 착수하고 있다.

매소의 사회관

모든 업태의 매소부가 모조리 매춘 행위를 한다고 단정한다면 이는 좀 심한 얘기다. 절대성은 없어도 다소 경력을 지닌 자가 혼연히 섞여 있는 것만은 사실이다. 매소 행위를 상시 업으로 삼는 공창과 사창에 대한 사회적 관계는 중요한 논제이지만 여기서는 짧은 소견으로 일절을 서술하고자 한다.

매소부의 존재는 사회적 필연성의 산물이다. 때와 장소의 차이에 따라 부가적 사정에도 차이가 있겠지만 미래 영겁의 사회 생활에서도 말소할 수 없을 특수한 군족이다.

공창제도는 이런 사회현상을 용인하고 매소 행위를 공적으로 허가함으로써 미풍양속을 유지하고자 했으리라. 당시의 사회정세는 제도의 엄수를 통해 효과를 거둘 수 있었다는 점도 지울 수 없는 사실이다. 그러나 공창제도가 마련되어도 공창 이외에 매춘 행위를 상습적으로 하는 매소부는 존재했다. 그리고 이 존재가 시대 추이에 따라 흥망을 따르는 당대 위정자의 고민거리였음은 예나 지금이나 마찬가지다.

공창의 쇠퇴는 시대의 유행이다. 업태 양식이 너무 유장하거나 바깥 간판이 향락 기분을 감쇄시키는 느낌도 있었을 테고, 또한 풍속 단속에 진전이 있었음도 간과할 수 없는 사실이다. 공창 쇠퇴 목소리는 크지만 그렇다고 꼭 진실을 꿰뚫고 있지도 않다. 오히려 이 목소리에 겁먹은 가시자시키(貸座敷) 업자가 전향하게 되는 지방 사정도 다분히 있다.

가시자시키의 표객(嫖客)[17] 수는 결코 감소하지 않았고 반대로 많을지도 모른다. 다만 소비금액이 이전에 비하면 감소했다. 사람은 많지만 쓰는 돈이 적으니 떼돈을 벌 수 없어 그들을 초조하게 만든다.

공인 매춘부와 대조적으로 명실상부한 밀매춘부는 시대 변천 속에서 내 시대가 왔노라 약진의 발걸음을 뗐다. 다마노이, 가메이도가 탄압 중에 요새를 지켰고 공창과 다르지 않은 업태이지만 공인이 아니라는 이유로 사창으로 통칭되면서 그 대표적 집단으로서 사회적 용인을 부여받게 되었다.

예기도 그 모든 부분이 사창으로 간주되어야 할 일군임은 주지의 사실이다. 게다가 카페의 전성기에 여급의 발전으로 인해 그들에게도 낙엽 지는 가을이 왔다. 연례 통계에 따르면 평균 200여 명이 폐업하고 있다.

공창, 사창으로 칭호가 구별되는 이유의 하나로 상대적 수량의 우열이 없어진 점도 꼽을 수 있을 것이다.

감시가 필요한 매소부의 출현은 시대가 낳은 현상이겠지만, 과거에는 공창제도를 풍속상의 금과옥조로 삼고 용감히도 고려 없이 풍기 실행을 시도한 시대도 있었으리라. 모든 경찰규범은 사회 생활의 훈련 교화를 함축하지만 도덕적·종교적 사명이 경찰의 목적은 아니다. 풍속상의 단속도 질서 양속에 반하지 않는 한은 개인의 권리, 자유를 존중하고 개인 행위를 척결해서는 안 된다는

17 嫖客은 유곽에서 노는 손님.

견해도 사창의 움직임과 무관하지 않다. 이것이 정통 견해라 할지라도 제도를 따르지 않는다면 폐해가 발생하는 것이 사회적 현상이다.

공창 폐지는 사회 문제로서 세간의 관심을 자극하는 좋은 제목이다. 종교, 도덕의 입장에서 절창을 희망하는 인사도 계속 전술을 바꿔 타협적으로 공창제도의 폐지를 강조하면서 점차 그 운동이 치열해졌다. 여기에 박차를 가한 이론적 근거로서 국가의 체면과 법제상의 불합리와 단속상의 모순을 지적하면서, 공창 폐지가 눈앞에 닥친 것처럼 주장하기에 이르렀다.

우리는 여기서 공창 존폐의 이론을 말하려는 것이 아니다. 사실을 바로 적어 충분한 고려를 하고자 함이다.

매소부가 사회에서 부정할 수 없는 존재라면 어떤 형태로든 사실상의 행위를 용인해야 한다. 결국 공인이냐 묵인이냐의 한 길이 있다. 묵인은 되고 공인은 안 되는가, 이론상의 쟁점은 명명백백하다. 이 결과로 나타날 사실상의 폐해와 파생적 폐해가 국가 국민의 이해와 기쁨, 슬픔에 미치는 크고 작은 영향을 해결의 열쇠로 삼아야 한다. 공창, 사창의 입장은 형식적으로 근본 차이가 있지만 이익 하나에 손해 하나(一利一害)라는 장단점이 있음을 인정해야 한다. 이 폐해를 제거하기 위해서는 절충적인 상호 양보도 당연히 일어날 문제이리라.

매음 문제는 어차피 추악한 사회적 산물이다. 폐해 없이 사회적 필요성을 실현하다니 상상도 못할 사태이니 폐해를 실질적으로 제거하는 데에 주안점이 있다. 매소와 대조될 민속 습관이 이상적 추론과 일치하는지 여부도 연구해야 할 소재다.

폐창 문제의 사회 위생적 고찰

공창 폐지 주장에서 국가의 체면, 제도와 사실의 모순, 단속상의 불합리를 거론한 논지는 명백하고 당당한 면이 있다. 하지만 실질적인 이해를 세로축, 폐해를 가로축으로 한 과학적 근거에 따라 논리를 세운 폐지론은 과문해서인지 별로 듣지 못했다. 폐창 후의 전후 처치도 남는 문제로 둔 채 구체적 사항을 언급하지 않고 있다.

공창 폐지의 가부는 형식적 이론으로 가치를 매길 문제가 아니다. 그것이 국가와 국민에게 파급시킬 실질적인 이해를 선결조건으로 삼아야 한다.

예를 들어 공창을 폐지함으로써 보건위생에 상당한 위해를 끼칠 사실을 긍정한다면, 국가의 체면과 국민보건에 대한 위해를 따져 봐야 한다. 만일 보건위생에 독이 되는 점이 크다면 그것이 국가의 성쇠에 미치는 영향은 체면론에 비할 바가 아니다. 사창은 어디까지나 사창이라며 형식적 명분에 얽매여 자위적 위생 시설로 족하다고 주장한다면, 나는 국운의 성쇠에 관한 안건으로 공창 존치를 강조하면서 북을 치며 시비를 가리기를 주저하지 않는다.

공창제도가 착취이자 추업(醜業) 혹사인 질곡으로 이어지는 악습은 시대에 걸맞게 개선할 수도 있다.

공창을 폐지한 지방에서 풍속 단속이 얼마나 방종한지는 문제 외이고, 또한 단속의 적부성에도 관련되는 일이니 굳이 여기서는 다루지 않겠고 가장 주안점인 위생단속을 살펴보자.

사창의 위생단속이 형식에 매여 사실행위에 눈을 감고 그들의 자위 설비에만 맡겨둔 채 그때그때 이를 감독할 뿐이니 그 폐해는 짐작하고도 남는다. 사사로운 정에 이끌려 생기는 폐단은 아무리 촉탁의사를 엄선한다 하더라도 일소할 수 없는 인습적 폐단이다.

과거에 폐창한 현이 있는 지방에서 화류병 조사를 하명 받은 동료의 상세한 보고에 따르면, 청년 자녀의 과반수가 잠복 매독에 걸려 있다는 귀중한 자료가 가장 설득력 있게 말해 주고 있다.

구미 각국이 화류병 예방을 위해 특수한 사회적 시설을 둔 점도 성병 환자가 얼마나 많은지 상상할 수 있게 해 주는 증거다.

정신병 전부가 매독으로 발생할 수 있다고는 단언할 수 없지만 대다수가 매독에 기인함은 의심의 여지없는 명료한 사실이다. 도읍에 따라 차이는 있으되 미국에서는 500명에 1명 정신병자가 나오고 있다. 일본에서도 점차 수가 증가해 근래는 지방이 1,000명에 대해 반 명 이상, 도쿄는 1,000명에 대하여 1명 2푼 이상의 비율로 정신병자가 나온다는 점도 잊어서는 안 될 사실이다.

공창 폐지 후의 대상(代償) 기관은 당연히 현재의 사창 군이다. 사창인 어떤 자는 거래 관계가 공창의 악습보다 더 큰 폐습 아래 혹사당하고 있으니 이 또한 자유인 듯 자유가 아닌 사창의 폐단이다.

대중은 물론 매소부의 위생 도덕, 예방 지식에 상상 이상으로 무관심하니 이들을 지도 교육하는 데에 각별한 노력이 필요하다는 점도 그들의 자치위생이 부적당함을 나타내고 있다.

사회위생의 관점에서 진행하는 공창 폐지는 파는 여성에 대한 강제력 있는 검진과 치료를 조건으로 삼아야 한다. 위생상의 단속에 대한 기우에서 펼치는 상상론이 아니라, 사실이 증명하는 위해를 고려한 주장이다. 공창의 현행 검진 방법조차 의학적 완전성을 보증할 수 없는 방식인데, 하물며 자위적 위생 시설에 일임하고도 큰 화가 없으리라고 터무니없는 판단을 내려 공창 폐지를 처치하는 것은 보건위생상 한심한 사태임을 역설한다.

우리는 공창의 존치 폐지를 운운하는 것이 아니다. 공창, 사창의 제도적 차별은 더 나아가 위생

단속에도 공사의 구별을 낳고 심지어는 철저함이 결여되는 현실을 감안하여 단속의 일원화를 주장하는 바임을 천명하면서 붓을 놓는다.

13) 다무라 하지메, 무서운 매독(조선경찰신문 339, 1934.)

도쿄여자의전 교수 · 의학박사 다무라 하지메, 무서운 매독
東京女子醫專教授 · 醫學博士 田村一, 「怖れべき黴毒」, 『朝鮮警察新聞』 339, 1934. 4. 15.

현미경으로 보면 꼭 코르크 따개처럼 나선형 모양으로 생긴 병원균. 이것이 샤우딘이 발견한 매독균 스피로헤타 팔리다입니다. 눈에 보이지 않는 이 작은 악마의 장난으로 인해 얼마나 많은 인간이 비참한 모습으로 타격을 받아왔는지 상상하고도 남습니다. '문명은 매독화다'라는 말이나 '착각과 매독 낌새가 없는 자는 없다'는 말도 필경 이 작은 병균에 대한 인류의 무력함 그리고 거기서 생겨난 패배자의 억지 핑계 또는 포기의 탄성에 지나지 않을 것입니다. 하지만 그럼에도 우리는 오늘날 무턱대고 혐오하고 저주하면서 눈을 감고 있기만 할 것이 아니라 더 크게 눈을 뜨고 이 병의 정체를 보아야 할 때입니다.

〈전염의 경로〉 매독균은 연성하감균과는 달리 혈액 안을 돌아다니며 온몸의 도처에 병변을 일으키는 데 그 전염 경로는 불결한 성교에 국한되지 않습니다. 물론 그로 인한 경우가 많기는 하지만 그외의 원인 때문인 경우도 드물지 않습니다. 즉 병자와의 입맞춤, 병자가 사용한 식기, 잔, 담뱃대, 젓가락, 완구 등으로부터 전염되기도 합니다. 또한 유모로부터 유아에게, 선천성 매독아로부터 유모에게 감염되는 경우도 있습니다. 의사나 간호부나 산파 등이 환자로부터 감염되는 경우도 적지는 않습니다. 이렇듯 온갖 경로를 통해 매독균은 감염 기회를 엿보고 있는 셈이니, 우리는 늘 마음의 준비를 잊어서는 안 됩니다.

〈병의 증세〉 매독균의 침입을 받으면 3주 정도 잠복기를 거치고 초기 경결이 생깁니다. 이 경결이란 작은 콩알 덩어리이고 얼마 안 있어 그 표면이 문드러지며 경성하감이 되는데 그 표면에서 나오는 옅은 액체 안에는 스피로헤타 팔리다가 우글우글 헤엄치고 있습니다. 경성하감은 보통 국부에 생기지만, 다른 원인으로 인한 경우에는 혀, 입술, 귓불, 손가락 끝 등 어디에나 생깁니다. 경성하감은 내버려두면 자연히 사라질 정도로 낫지 않는데[18] 그 치료는 결코 매독의 완치를 의미하지 않습니다. 그 즈음부터 림프선이 붓기 시작하고 아프거나 욱신거리는 임질이나 연성하감 때와는 다른 가래톳(橫痃)이 나옵니다. 이상이 매독의 제1기에 해당합니다.

〈감염〉된 지 8, 9주 정도 지나면 가끔 미열이 나기도 하고 두통이 생기거나 식욕이 없어지는 등 전신에 매독의 전조 증상이 나타나지만 그다지 신경 쓰지 않고 지나쳐 버리곤 합니다. 그 후 얼마 안 있어 제2기의 발진이 나타납니다. 이 발진은 사람에 따라 제각각이어서 작고 붉은 반점(장미진 薔薇疹), 동그스름한 구진[구진(丘疹)성 매독], 포창(疱瘡)처럼 화농한 발진(농포성 매독), 딱지(痂皮)가 굴 껍데기처럼 붙어 있는 발진[여각진(蠣殼疹)] 등이 생기는데, 이러한 발진은 보통 통증도 없기 때문에 치료하지 않더라도 일단 수그러듭니다. 하지만 한때 모습을 감췄다고 해서 결코 나은 것이 아니라 매독이 지하에 숨은 것이어서 이른바 잠복성 매독이 되었을 뿐이니 어떤 시기가 오면 다시 맹렬히 고개를 쳐듭니다. 이러한 제2기에는 입안 전체가 짓무르거나 손톱이나 털이 빠지기도 합니다. 발진에서 나오는 액체 안에는 무수한 균이 들어 있고 환자의 혈액, 유즙, 정액 등도 역시 전염력을 지닙니다.

〈치료〉하지 않고 그대로 두면 3년간 정도는 전술한 바와 같은 제2기 증상이 되풀이되다가 제3기로 넘어갑니다. 이 시기에는 매독성 발진 중에서도 가장 위중한 호막종(護膜腫)이라는 것이 생기고 코가 떨어져 나가거나 내장기관이 공격받아 목숨을 잃기도 합니다. 또한 매독이 여러 해 경과하면 척수나 뇌 같은 신경계통에 침입해 척수로(脊髓癆)나 마비성 치매 같은 무시무시한 상태로 진행합니다. 이것이 매독의 제4기이고, 변형매독이라 부르기도 합니다. 이 상태에 이르는 경우를 이전에는 직접적으로 매독 때문이 아니라고 여겼지만, 유명한 황열병(黃熱病) 연구 완성을 눈앞에 두고 서아프리카에서 객사한 노구치 히데요(野口英世) 박사에 의해서 이 역시 스피로헤타 팔리다 때문임이 밝혀진 바 있습니다. 제4기로 진행하는 데에는 대략 매독 감염 후 10년 이상이 걸린다고 알려져 있습니다. 척수로에 걸리면 다리가 휘청휘청해져 좌골신경통이 생기고 대소변이 흘러내리는 비참한 상태가 됩니다. 또한 뇌를 공격당해 마비성 치매가 된 경우 그 비참한 모습에 우리는 그저 눈을 감을 수밖에 없는 지경이 됩니다.

---

18 '낫지 않는 것은 아니지만'의 원문 오기는 아닌지 의심스러움.

〈선천적 매독〉 매독이 무서운 이유는 이 병이 당사자만이 아니라 자손에게도 미치기 때문입니다. 아버지의 매독이 어머니를 감염시키면 유산, 조산을 하는 일이 많고 달을 채우고 태어난 아기도 피부에 발진이 나타나거나 발육이 불량해 자라지 않기도 하고, 발육이 되어도 백치, 농, 아, 맹인이 되기도 합니다. 병독이 가벼울 때는 보통으로 자라지만 그래도 여러 장애를 일으킵니다. 선천성 매독을 이전에는 유전 매독이라고 말했지만, 이는 진정한 의미의 유전이 아니라 모태 내에서 감염된 결과이니 선천성 매독이라고 불러야 옳습니다.

〈치료〉 매독의 진단은 의사라 해도 결코 쉽지 않고 특히 발진이나 아무것도 없는 숨은 매독에 대해서는 바세르만 씨가 발견한 특수한 혈청검사법(바세르만 반응)을 통해 비로소 최후의 결정을 내리게 됩니다. 그러나 이 방법에는 검사가 지극히 복잡한 특수 기술이 필요하기 때문에 충분히 신뢰할 수 있는 검사소에서 실시한 경우가 아니라면, 나타난 결과를 바로 신뢰할 수는 없습니다. 치료로서 우선 아이오딘제(내복 수은제 내복) 또는 (주사), 비소제(주사)의 네 가지를 주로 쓰고, 비소제, 즉 독일인 파울 에를리히가 경이롭게 조제한 살바르산이 주력입니다. 이것을 1주일에 1회 정맥 내에 주사하고, 그사이 창연 또는 수은을 2회 군살(贅肉) 내에 주사하기를 우선 10주간 정도 계속합니다. 그리고 그 결과를 바세르만 반응 실시로 살펴봅니다. 만일 반응이 음성이라면 일단 병이 없어졌다고 안심할 수 있지만 그래도 그 후 3년간 정도는 1년에 한두 번 검사를 받아야 합니다. 또한 만일 양성 반응이 나왔다면 병이 아직 낫지 않았다는 증거이니, 일정 기간을 두고 주사를 되풀이해야 합니다. 눈에 보이지 않는 만큼 자각할 만한 병변이 사라졌다 하더라도 주사를 그만둬 버리는 것은 대단히 위험합니다. 인내심을 가지고 철저하게 의사와 끈기를 겨룰 정도로 매독 치료(驅黴) 요법을 계속 실행하는 것이야말로 모든 매독 환자에게 주어진 최대 의무입니다.

14) 조선총독부, 도 경찰부장회의 자문사항 답신서(1935. 4.)

조선총독부, 도 경찰부장회의 자문사항 답신서
㊙ 朝鮮総督府, 「道 警察部長會議 諮問事項 答申書」, 1935. 4.[19]

(……)

전라북도

一. 도시에서의 풍기 단속(振粛) 대책

1. 요리옥, 음식점, 카페, 바 등에 대한 단속(取締)

(…)

바. 화류병예방법의 시행

화류병예방법은 당장 풍기 단속(振粛)의 효과를 거둘 수는 없는 것처럼 여겨지지만 매음 행위로 발생하는 화류병은 국민의 보건 차원에서 중대한 문제이므로, 이 법의 시행은 국민보건으로 보나, 혹은 또한 풍기 유지 일반에 대해 간접적 위협을 주는 매음 행위의 감소를 꾀한다는 점으로 보나, 상당한 효과가 있다고 인정된다. 이에 이 법을 신속하게 시행할 필요가 있다.

(……)

경상남도

(…)

19 이 자료는 한국 국가기록원에 소장되어 있으며, 원문 서비스도 이용할 수 있음. 분류는 총독부기록물이고 관리번호는 CJA0002451임. 이 자료는 야마시타 영애(山下英愛)가 조선의 공창제도 관계 자료로서 발췌, 탈초하여 2006년에 발간된 자료집에 수록한 바 있음(鈴木裕子, 山下英愛, 外村大, 『日本軍「慰安婦」関係資料集成〈上〉』, 明石書店, 2006, 703-729쪽). 여기에서는 야마시타 영애가 발췌, 탈초한 내용을 기초로 번역하되, 국가기록원에 소장된 원문과 대조하여 자료 내용을 확인하고 보완하였음.

二. 밀매음의 단속

(…)

3. 접객업자의 검진

업태 차원의 사창에 대한 위생 문제가 풍기 단속에서 몹시 중요해도 사실 그 검진에 관해서는 등한시하고 있거나 느끼지 못하고 있다. 예기, 작부, 여급, 고용녀에 대해서는 조합, 기타의 것으로 1개월에 3회 이상 임의로 정기 건강진단을 힘써 행하게 하여 병독의 전파를 방지함과 함께 사회 일반의 풍기, 위생의 단속을 엄하게 할 것.

15) 세토 기요시, 성병의 상식 (1)~(2)(경무휘보 351~352, 1935. 7.~1935. 8.)

경성세토병원장 세토 기요시, 성병의 상식 (1)[20]
京城瀨戸病院長 瀨戸潔, 「性病の常識」, 『경무휘보』 351, 1935. 7.

성병에 대해서는 누구나 알고 있는 것 같아도 의외로 확실한 지식은 없는 듯하다.

성병이란 무엇인가란 질문 앞에서도 매독과 임질만을 떠올리는 사람이 많지만, 실제로는 연성하감이란 것이 있고 또 하나 제4병이란 것도 있다[니콜라파브르병(Nicolas-Favre disease)이라고도 한다].

이 네 가지에 대해 순서대로 개념만을 말씀드리고자 한다.

첫째, 매독

매독은 콜럼버스가 미국을 발견한 이래 뱃사람들이 세계로 뻗어나가 꽤 옛날부터 동양에도 찾아오면서부터 그 역사도 명료해진 것인데, 원인이 밝혀지고 연구가 철저해져 치료 방법이 오늘날처럼 진보된 지는 오래되지 않았다. 30년쯤 전에 그 균이 발견되고 나서 각종 동물시험과 연구가 여러모로 이루어져 장족의 진보가 있었고, 치료 쪽에서도 606호라든가 창연제의 사용, 열 요법 등 잇달아 진보가 이루어져 왔다. 우리 학생 시절의 책 중 좀 오래된 판의 책에는 매독의 원인으로서 각종 불가사의한 일들이 쓰여 있어 역사적으로 흥미롭다.

일본과 중국(支那)에서도 양매창(楊梅瘡)이나 광동창(廣東瘡)이라 부르기도 했으니, 그 발진의 색 또는 전염 경로 등이 잘 이해되리라 생각한다. 다만 예전에는 각종 잡다한 다른 피부병과 구별하지 못했기 때문에 발진이 생기는 병을 죄다 매독이라 오해한 것도 어쩔 수 없었다. 그 결과 지금도 뭐든 피부병은 성병이고, 매독이라고 보는 경향이 있다. 또한 한 가지 더 말씀드리는데, 실제 매독 환자를 보고 있자면, 발진과 기타 증후도 여러모로 잡다해서 그 어느 것도 확실히 매독인지 혹은 아닌지를 다른 질환과 명료하게 구별하기가 어렵다. 구별할 수 있는 사람이 만일 있다면 피부과 전문의로서 세계를 활보 있으리라고 얘기될 정도이니, 어느 매독 환자에 대해서도 예외 없이

20 본문에는 구어체와 문어체가 섞여 있으나 문어체로 통일해 옮김. 문체로 보아 강연 녹취록일 가능성이 있음.

한 번 보고 진단을 정할 수 있을 만큼 자신 있는 의사는 세상에 한 사람도 없을 것이다. 그런데 매독이란 것은 치료에 대해 예민하기 때문에 잠깐 치료하면 곧바로 표면적으로는 좋아지므로(신경중추의 변형 매독은 예외), 의사도 어떨까? 싶어 자신이 없을 때는 우선 매독 치료를 해 보고, 좋아졌으니 이건 매독인 것 같다, 반응이 없으니 매독이 아닌 것 같다는 식으로 구별할 정도다. 그러니 매독이 아닌 질병도 실제로는 매독 치료법을 사용하고 있어 비전문가가 온갖 병을 매독이라고 오해하는 것도 당연할 수 있다. 아무튼 매독은 비전문가 사이에서는 대단히 많다고 여겨지고 있지만, 그토록 많지는 않다고 한다. '문화(시빌리제이션)는 매독화(시빌리제이션)'란 말이 있으니 각종 원인으로 인해, 혹은 교통편과 더불어 실제로 많아지고 있을까, 혹은 그 예방 치료법이 진보한 덕에 감소하고 있을까. 서두가 길어졌지만, 지금부터 매독에 관해 말씀 드리겠다.

〈원인〉 스피로헤타 팔리다(*Spirochaeta pallida*)라는 작은 나선형의 균이다. 매우 작고, 동물체 밖으로 꺼내면 약해지지만 우리 체내에서는 실로 놀라우리만큼 끈질긴 힘을 갖는다. 이는 대부분의 경우 성적 교섭을 통해 전염하기 때문에 성병이라 불리지만 꼭 그런 것만은 아니다. 즉 성적 교섭이 전혀 없이 전해지기도 한다. 예를 들어 의사, 산파가 진료 중에 손가락 등으로 감염되는 일도 있고, 이발소, 대중 목욕탕, 안마, 치과의사, 이비인과 의사로부터 전염된 것으로 보이는 예도 있고, 선천매독 소아의 유모가 되었다가 소아로부터 유모의 유방으로 감염된 경우도 있다. 반대로 유모나 돌봄이(付添人)가 돌보는 유아나 소아에게 전염시키는 경우도 있을 수 있다. 오랫동안은 가족 전체가 건강했음에도 불구하고 4~5살의 아이가 신선한 매독에 걸렸다거나, 귀한 집 딸에게서 불명한 매독이 있는 것을 보기도 해서 우리도 놀라고 있다.

그렇다면 감염되면 어떻게 될까.

〈증후〉가 있거나 알기 쉬워서 종래 널리 사용되고 있는 제1기, 제2기, 제3기, 제4기(후매독 혹은 변형매독)로 구분해서 말씀드리는 것이 좋겠다.

〈제1증후〉 이는 초기 경결(始期硬結)이나 경성하감이라고도 불리며 이름에서 나타나듯 딱딱하다. 감염된 지 2~3주, 늦은 경우 8~9주 후에 병균이 침입한 곳에 생긴다. 형태는 증후가 나온 부위와 기타 병원균을 동반하는가의 여부에 따라 달라지지만, 대부분은 반달모양이며, 경도는 연골 모양의 사마귀 정도이다. 둥글게 생기는 경우도 있고, 경도는 생긴 부위에 따라 매우 다르다. 여성의 가장 부드러운 부분 등에 생기면 숙련된 의사도 오진하는 일이 있을 정도로 부드러운 경우가 있으므로, 딱딱한지 부드러운지만 가지고는 비전문가가 진단하기 어렵다. 또한 나중에 말씀드릴 연성하감이나 단순한 상처, 헤르페스진이나 기타와의 구별도 쉽지만은 않다.

그리고 2~3주 후여야만 꼭 증후가 나타나느냐 하면, 감염 초에는 보통 전술했듯이 3주 정도는 잠복기여서 겉보기에는 아무렇지도 않다 하지만, 때로 처음에는 그저 상처 같거나 연성하감 형태이거나 하다가, 3주, 4주 지나면서 점점 연성하감의 형태를 띠는 경우도 있다. 또한 빠른 경우는 곧바로 가래톳(橫痃), 즉 서혜부의 림프선이 부어오른다. 이것도 보통은 매독성이면 무통 가래톳이라 해서 동통이 없고 화농하지도 않을 테지만, 실제로는 다른 여러 화농균 등의 혼합 감염으로 인해 동통이 있거나 화농하는 일도 드물지 않다.

〈제2증후〉 그다음에는 군집하듯 퍼진다. 이 또한 전혀 치료하지 않고 처음부터 방치하거나 매독 관련 치료가 아니라 다른 치료를 했을 경우, 2~3개월 후가 되면 피부에 여러 발진이 생긴다. 이 시기가 가장 다른 여러 종류 피부병으로 잘못 알기 쉽다. 즉 온갖 피부병 모양을 닮은 각종 잡다한 발진이 생길 뿐 아니라, 신경계통이나 뼈, 내장에까지도 [병균이] 침범한다. 또한 때로는 중등 정도의 열, 드물게는 고열을 동반하는 발진인 경우도 있다. 이 시기는 처음부터 2~3개월 경에 시작되는데, 도중에 치료를 하거나 또는 치료가 불완전한 경우에는 그 치료의 정도에 따라 4개월, 5개월 후에, 혹은 도중에 불완전한 치료를 재차 되풀이하면 2기 증상이 2년, 3년씩 지속되기도 한다. 대부분은 방치하더라도 수 개월이면 표면적으로는 완치된 것처럼 보인다. 지금 여기서 그 각종 발진들을 자세히 이야기해도 의사조차 알지 못할 정도이기는 하지만, 두세 가지 대표적인 것만 말씀드리겠다. 피부면 중에서도 특히 동체에 약간 구릿빛을 띤 콩알 정도 크기에서 50전 은화 정도 크기의 반점이 생긴다. 이것이 좀 더 심해져 딱딱해지게 되면 좌창처럼 생긴 모양으로 끝이 화농한다. 매독의 2기 증상의 특징으로서 발진은 흉터를 남기지 않고 완치되지만, 화농한 것만은 작은 흉터를 남긴다. 또한 각종 형태로 생긴다는 점은 전술한 바와 같지만, 대부분은 가렵지 않다. 모발부에 생긴 것은 가려울 때도 있다. 아무튼 피부병은 대부분 가렵다는 것이 특징이지만 매독의 발진은 가렵지 않은 것이 특징이다. 동시에 비전문가가 알 수 있는 경우는 항부(項部), 경부(頸部), 서혜부, 팔꿈치 등의 림프선이 부어올라 피부 표면을 만지면 피하에 작은 새의 간이라도 있는 게 아닌가 생각될 정도다. 두발이 빠지는데, 신기하게도 남자는 후두부에서 많이 빠지고, 여자는 전두부의 머리카락이 나는 언저리에서 잘 빠지곤 한다. 그리고 점막, 즉 구강 인후부, 음부나 항문 등에도 특수한 발진이 나오곤 한다. 이상의 증후도 오래 지속되지만, 치료할 경우는 물론이고 치료하지 않고 방치하더라도 1~2년이면 완쾌한 것처럼 된다. 즉 잠복해서 안 보이게 된다. 이로부터 수년 후에는 그 독이 쌓이고 쌓여서, 제3기 증상으로 나타나며, 그 부위는 신체 중 어디든 가리지 않는다. 피부에도 나오고, 내장 기관들, 뼈, 골막, 신경 중추 순환 계통에 소위 고무종(ゴム腫)[이라 하

는 증상]으로 나온다. 공격 받은 부위에 중등으로 열이 날 때 잘라보면 회백색 고무를 자른 것 같은 외관을 띠기 때문이다. 물론 피부 표면에 나타난 것과 오감기관 등에 나타난 것은 각기 특별한 형태를 띤다.

〈제3기의 특징〉은 공격 받은 부분을 [균이] 완전히 괴멸시켜 버리기 때문에 완치되더라도 큰 흉터로 남는다. 피부면 등에서는 대단히 부끄러운 형태를 띤다. 코가 함몰한다거나, 코와 구강 사이의 뼈가 썩어 코와 입이 붙어서 예의 특수한 콧소리 등을 낸다. 가슴뼈나 발의 뼈 등에도 종종 나타나는데 이들이 꺼진 후의 흉터는 부끄럽게 생겼지만 가장 사람들 눈에 띄는 것은 안면이다. 내가 본 가장 심한 경우는 얼굴의 반이 영향을 받아 반쪽의 눈썹과 눈이 다 밋밋해지게 흉이 졌고 코는 입 위쪽에 구멍만 나 있는 모양이었다. 이런 예는 지금은 볼 수 없다. 뇌나 내장에 고무종이 생기면 각종 증후를 보인다.

이런 것들은 그나마 완치될 전망이 남아 있지만, 거기서 더 나아가 쌓인 독이 뇌나 척수를 침범하여, 제4기라 할 수 있는 변형매독 또는 후매독이라고 칭하는 단계까지 가면 광인이 되거나, 척수를 균이 침범하면 건들건들한 인간이 되어 인간 폐업 상태가 된다. 이들에 대해서는 각종 치료법도 효과를 보지 못한다.

〈선천매독〉이라고 해서, 부모의 병독이 자손에게 전해져 유산이나 조산을 한다거나, 건강해 보이게 태어났어도 여러 병이 있는 경우, 가령 눈이 나쁘다, 치아가 나쁘다, 귀도 나쁘다, 신체 전체의 발육이나 뇌 기능도 충분히 발단하지 않는다는 식으로, 본인에게는 더없이 비참한 상태가 되기도 한다.

이상으로 지극히 간단하게 개념을 설명 드려보았다.

〈예방에 대해서〉는 국가의 법률로 관련 직업 부인을 검사하여 어느 정도는 전파를 줄이도록 하고 있기도 하다. 또한 나라에 따라서는 화류병 환자를 보면 의사가 당국에 신고하고, 당국은 본인에게 치료 의무를 지게 하는 방법을 취하는 곳도 있다. 또한 각 개인은 각기 그런 거리를 출입하지 않도록 하고, 만일 출입하면 그 전후에 여러 예방약을 사용하는 방법도 전염 비율을 대단히 줄인다. 약으로는 수은을 사용하는데, 자극이 없고 휴대가 편리해야 하니, 각종 크림을 만들어 작은 튜브에 넣어서 시중에서 팔고 있기도 하다. 치료에는 606호 주사와 수은제나 창연제의 주사를 쓴다. 그리고 매독 치료는 조기에 하면 할수록 쉽게 완치되고, 오래될수록 완치되기 어렵다.

먼저 606호를 3, 4, 5호로 7~8회, 동시에 수은제나 창연제(蒼鉛劑) 주사를 20회 정도 맞힌다. 조기에 조치했다면 이로써 완치되지만, 제2기가 되면 그 이상의 치료를 마치고나서 12개월 쉬고 다시 동일한 치료를 한다. 제3기라면 여전히 1회 이상의 치료를 해도 완치는 어렵다.

그런데 606호도 종류가 여러 가지 있어서, 내복약이나 정맥 주사, 근육 주사도 있고, 수은제나 창연제에도 여러 종류가 있다.

어쨌거나 이상의 치료를 해나가면서 혈액반응 검사를 가끔 실시해 본다. 3기에 들어선 지 오래된 것은 수십 회를 주사해도 반응이 사라지지 않는 경우가 있지만, 대부분 사라지고는 한다. 다만 그 반응이 사라지더라도 2~3개월 혹은 1년이나 지난 후에 다시 나오는 경우가 있으므로 치료 후 몇 년 동안은 가끔 진료를 받아야 좋을 것이다.

경성세토병원장 세토 기요시, 성병의 상식 (2)
京城瀨戶病院長 瀨戶潔, 「性病の常識(続く)」, 『경무휘보』 352, 1935. 8.

임질[21]

성병 중에서 가장 많은 것은 임질이다. 중년 이상의 남자 대다수는 한 번 혹은 그 이상 임질을 거쳐 왔다고들 이야기한다. 모 과일 도매상의 주인공이 임질에 걸려 매일매일 의사에게 다니면서 오늘은 소변이 좋다는 둥 오늘 소변은 안 좋다는 둥 이야기를 듣다 보니, 도대체 일반인들의 소변은 어떤지 의문이 생겨 어느 날 쓸데없이 자기 가게를 드나드는 점원, 소매 상인, 인부 30명의 소변을 자신이 병원에서 검사 받듯 2개의 유리컵에 받아본 결과, 이들 30명의 소변은 모두 주인공의 소변보다 혼탁이 심했다는 이야기가 있다. 그 가게를 출입하는 남자 모두가 대체로 임질에 걸려 있었다는 결론에 도달한 셈이다. 그 책에 따르면, 먼저 아내들의 반수는 주인공으로부터 임질을 얻었다고 쓰여 있었는데, 어쩌면 그 이상일지도 모른다. 아무튼 임질이라는 병은 대단히 많다는 얘기다.

〈원인〉은 나이셀(Albert Neisser) 씨가 발견한 고노콕켄[22]이다. 이 균은 꽤나 분에 넘치는 녀석이어서 인간님의 점막 장액막이 아니면 번식이 어렵다. 동물실험이라도 해 보려 해도 인간 이외의 동물 점막에는 좀처럼 붙지 않는다. 따라서 이 병의 연구는 동물실험을 할 수가 없으니 연구가 대단

21 원문에 없으나 번역자가 삽입한 소제목임.

22 고노콕켄은 독일어로 임질균(*Neisseria gonorrhoeae*)을 뜻함.

히 어려워서 성병 중에서 가장 많음에도 불구하고 불분명한 점도 꽤나 많고 치료 면에서도 의외로 진보가 이뤄지지 않았다.

〈증후〉로는 빠를 경우 감염한 이튿날부터 늦어도 1주일 정도면(예외적으로 조금 늦게 발견되는 경우도 있음) 우선 요도에 이상감이 느껴진다. 가렵다가 다음에는 욱신거리는데 심한 경우 방뇨할 때 찌르거나 잘려 나가는 것 같은 동통을 수반하는 경우도 있고, 동시에 요도에서 황록색을 띤 고름이 나온다. 더 진행되면 점차 속으로 침입해 방광 쪽으로 가서 방광염도 일으키는데, 때로는 소변에 혈액이 섞여 나오게 되고, 소변을 보아도 극히 조금밖에 나오지 않는데도 매우 소변이 마렵다고 느끼며, 때로는 한 시간에 10회 이상이나 그런 증세를 겪는데 그때마다 매일 땀이 날 정도로 아프기도 하다. 그리고 도중에 전립선이나 정낭의 출구로부터 침입해 이들 장기를 공격하고 화농시키게 되면 40도 이상의 발열을 수반하는 경우도 드물지 않다. 그리하여 이 병이 만성으로 이행되면 실은 치료하기 어려워진다. 또한 그 위로 가면 방광 쪽은 수뇨관을 거슬러가 신우로 도달할 수 있다. 여기서는 고열과 요통을 일으키기 때문에 열병 등으로 오진하는 일도 드물지 않다. 그리고 정농의 위쪽 정계(精系)에서 부고환을 거쳐 여기서 심한 종창, 동통, 발열을 초래하는 일이 비교적 많은데, 외부에서 봐도 알 수 있기 때문에 여러분도 잘 아시리라 생각한다. 신기하게도 매독은 흔히 고환 실질을 공격하지만, 임질은 고환 실질을 공격하지 않고, 전술했듯이 고환에서 정충[精蟲, 정자]이 나와 통과하는 통로, 그러니까 부고환 정계·정농 등을 공격한다. 이상과 같이 점막을 타고 상행할 뿐만 아니라 혈액 안으로 들어가 이곳저곳의 장액막, 즉 늑막, 복막 같은 곳, 가장 많게는 관절강의 점막을 공격해 특유의 동통을 수반하는 관절염을 일으킨다. 이 관절염은 관절염 중에서도 가장 동통이 격렬할 뿐 아니라 가장 많이 사용하는 대관절 부위로 오기 때문에 보행을 업으로 삼는 사람이라면 무릎관절에 많이 나타나고, 손을 많이 사용하는 사람이라면 견갑관절[23]에 나타나는 경우가 많다. 다타미(畳) 장인이 팔꿈치의 관절이 상해서 마침내 불구자가 되어 그 직을 중년에 그만둬야 하게 된 것을 보고 참으로 딱하기 짝이 없었다. 관절만이 아니라 심장을 공격해 여러 고장이 생긴 탓에 한평생 노동을 할 수 없게 되는 경우도 흔히 보는 바다.

그리고 눈으로 오면 풍안(風眼, 농루안의 속칭)이 되어 하루 이틀 새에 실명하기도 하고, 코, 구강, 직장의 점막이 상해 특유의 증후를 보이기도 한다. 태어날 때까지는 건강했던 태아가 태어나면서 부모의 경미한 질환이 눈에 들어가는 바람에 맹인이 되기도 하니 실로 가여운 일이다.

---

23 견갑관절은 흔히 어깨관절이라고 부르는 관절로, 팔을 몸에 연결하는 관절임. 의학적으로는 견관절(肩関節)이라고도 함.

〈여자의 임독성 질환〉으로서 요도, 방광, 신장까지는 남자와 동일한 경과를 밟고 관절, 심장 등을 해치게 되는 것도 동일하지만, 성기는 구조를 달리하기 때문에 자연히 경과도 달리한다. 우선 입구에서 바르톨린선염을 일으킨다. 이는 양쪽에서 동시에 일어나는 경우는 적고, 좌우 중 어느 한쪽의 대음순 밑에 농양이 생기고 때로는 거대해지기도 해서 상당히 고통스러운 듯하다. 다음으로 질의 염증은 어린 사람이든 부인이든 점막이 부드러운 사람에게 오는데 부기가 오고, 그 위의 자궁 입구를 공격하는 경우가 가장 많은데 다량의 분비가 있고 농즙도 나온다. 거기서 위쪽으로는 일시에 올라가지는 않지만 점차 여러 원인, 즉 섭생이 안 좋은 경우(不養生)나 출산 등으로 인해 위쪽으로 침입해 자궁 실질과, 수란관, 난소와 그 주위에 각종 잡다한 고장을 초래하는 경우가 대단히 많은데, 본지에서는 상세히 서술하기 어렵다.

〈치료〉 예방이 물론 좋다면 더할 나위 없고, 깨달았을 때에는 과감하게 일을 쉬고 안정을 지키면서 치료해야 한다. 대부분의 사람들은 초기에 병을 숨기기 때문에 점차 병이 무거워져 치료가 어려워지고 동시에 합병증을 일으켜 뜻하지 않게 불구자가 되기도 한다. 이 질병에 대해 저항이 있는 사람은 전혀 감염되지 않는 사람도 있을 정도니, 때로는 자연치유도 있을 수 있다. 특히 초기에는 안정을 취하면 치료도 쉬운 병이다.

연성하감

〈원인〉 뒤크레이 씨가 발견한 균으로 인한 성병이며, 여러분이 말하는 감창(疳瘡)이다. 옛날에는 이 병과 매독의 구별이 불분명했기 때문에 한 데 묶이기도 했었다. 지금도 초기에는 전문의조차 구별하기가 지난하다 보니 비전문가인 여러분이 당연히 혼동할 만도 하지만, 연성하감은 완전히 그 국부만의 질병이어서 병독이 전신에 걸쳐 발전하지는 않는 병이다.

〈경과 증후〉 감염된 지 2, 3일 즈음부터 상처가 생기고 그 상처가 앞에서 말씀드린 매독의 제1기, 즉 경성하감과는 달리 딱딱하지 않고 부드럽다. 그리고 상처는 쥐에 물린 것처럼 불규칙한 테두리(創緣, wound margin) 같은 것이 있고 그 표면도 불결하고 더러운 것이 덮여 있다. 또한 가래톳이 생기면 반드시 동통이 따른다. 섭생이 안 좋으면 화농하는데, 옛날에는 화농시켜 절개하면 독이 외부로 나오기 때문에 장차 좋다고들 했지만 이는 완전한 오해다. 옛날에 매독성 가래톳(橫痃)이 자연히 완치될 때 장래에 그 독이 돌았다고 생각했던 것이다. 연성하감에 의한 가래톳은 절개하든 안 하든 장래에 아무것도 남지 않는다. 매독으로 인한 경우에는 절개하든 안 하든 장래에 걸쳐 병은 발전하므로 이를 오해하고 걱정하지 않아도 된다.

지극히 드문 일이기는 하지만 이 하감이 어설프게 치료되었을 때, 또는 특히 신체가 허약해졌을 때 등에 악성 경과를 밟으며 점차 진행되었다가 그 부분을 순차적으로 공격해 조직을 비상하게 부패하게 만드는 일이 있어, 매우 드물게는 생명을 위험에 빠뜨릴 수도 있다.

가래톳은 전술했듯이 화농하기도 하지만 반드시 화농하는 것은 아니어서, 안정을 취하고 있는 사람이라면 절개하게 되는 경우는 적다. 만일 절개하게 되더라도 아주 조금만 열었을 정도로 완치하니, 흉한 상처를 남기지 않는다. 커다란 흉터를 남길 만큼 화농하게 두었다면 참으로 섭생이 대단히 잘못했기 때문일 것이다.

〈치료〉 방법으로는 예로부터 아이오도포름이 가장 잘 듣는 약 중 하나인데, 이 약으로 피부가 덧나는 사람은 바를 수 없다. 에리나콜이라는 이상한 연고 같은 약이 있는데 잘 듣는다고 한다.

제4병[24]

니콜라 파브르 병(Nicolas-Favre disease)이라든가 기후성 가래톳, 림프선육아종 등 이름만은 많이 있는데, 이는 최근 들어 명료해지기 시작한 병이다. 음부에 상처가 없고 가래톳만이 생기는데다, 무슨 조치를 해도 그 가래톳이 치료되지 않는다. 최근 사용되는 스티브날(Stibnal)이라는 약을 주사하면 완치된다. 이 병은 그다지 많지는 않다.

성병 예방 방법

첫째, 국법적 매독검사제도인데, 이는 물론 글자 그대로 엄중히 시행하면 한 사람도 장사를 해나갈 수 없을 테니 적당히 하고 있으므로, 이를 너무 믿지 말고 개인이 스스로 주의해야 할 것이다.

둘째, 자신의 개인적 주의로서, (가) 그러한 때에는 음주하지 않을 것. 부주의해지고 또한 오래가게 되니 감염 우려가 많다, (나) 외부를 천배의 승홍수 또는 백배의 리졸수 등으로 닦을 것, (다) 각종 임균을 죽이는 약품으로 제조된 요도에 넣는 작은 막대를 넣을 것, (라) 각종 크림 종류를 사용할 것, (마) 콘돔을 사용할 것[이는 파손 우려가 있음. 생선 부레로 제조한 것이 가장 좋음].

---

24 네 가지 성병을 서술하겠다는 글 모두의 설명에 따라, 제목을 다른 성병과 동일한 형식으로 표기함.

16) 조선총독부 경기도지부 위생과, 화류병 예방사상의 보급 계발에 대하여(자계 111, 1937.)

조선총독부 경기도지부 위생과, 화류병 예방사상의 보급 계발에 대하여

朝鮮總督府 京畿道支部 衛生課, 「花柳病豫防思想の普及啓發に就て」

『自啓』 111, 1937. 3.

一.

현대의 특색으로서 도회지로 인구가 집중하는 것은 특히 현저한 현상이다. 그 가장 큰 원인을 이루는 농촌이 경제적으로 보아 인구의 포화 상태에 있기 때문이라고 할 수 있을 것이다. 그래서 농촌에서 도시로 나오는 것은 대부분 청소년이다. 이러한 점은 도시의 인구 구성에서 청장년 계급이 매우 많은 사실로 드러난다. 그리하여 이들 청장년은 주로 상공업 근로자가 되어서 생활하는데, 현대의 경제기구하에서는 그 근로 계급에 있는 사람들의 수입은 도시에서 가정을 갖는 부부생활을 영위하기에 부족한 것이 보통이며, 게다가 그들은 대부분 결혼 적령기에 있기 때문에 여기에 경제적인 조건과 본능적 영구(靈求)의 불일치를 초래해서 화류병 전파에 중요한 역할을 하는 사창(私娼), 공창 등의 매소부(賣笑婦)와 접할 기회가 많아짐과 동시에, 다른 한편으로 여자 직업군의 증가에 따른 과인 여자들은 그 생활수단으로서 매소부 무리에 몸을 던지게 되며, 여기에 매음업자의 증가를 초래하는 두 가지가 서로 맞물려서 성병 만연의 기회를 키우게 되는 것이다. 1925년 10월 교토에서 개최되었던 제5회 전국 도시 문제 회의에서 내무성의 하자마(狹間) 위생국장은 도회의 청장년에 관한 위생 문제로서 결핵, 화류병 및 정신병에 대해서 특히 일반에 주위를 환기하고 있는데, 참으로 현대 청년을 이러한 사회의 병에서 구해내는 것은 다가올 시대를 대상으로 위생 문제에 있어 많이 고려할 필요가 있는 문제다.

二.

성병의 예방에 관한 사회적 방책으로는 여러 가지 생각할 수 있지만, 우선 (1) 모든 성병 환자가 적정한 치료를 받을 수 있는 진료 기관의 설치, (2) 매소부 대책, (3) 공중 예방사상의 보급 계발,

(4) 결혼 제한 등이 주가 될 것이다.

이러한 점에 관한 구미 각국의 시설은 우리나라보다 훨씬 발전해 있다. 예를 들면 공공 부담의 무료 진료소 설치, 의사에 대한 매독 치료제의 무료 배포, 환자의 신고제도, 결혼 시의 화류병 증명 등이 일찍이 실시되었고, 미국에서는 매독 환자의 결혼제도마저 이루어지고 있다.

내지에서는 화류병예방법이 시행되어 화류병 환자의 병독 전파 행위의 금지, 의사의 환자에 대한 주의 의무 등이 규정되어 있으나, 조선에서는 아직 이와 같은 법률은 시행되지 않고 있는데, 현재 조선에서의 화류병 예방에 관한 법제로서는 창기단속규칙, 행정집행령, 경찰범처벌규칙이 있지만, 이러한 것들은 모두 매음업자(賣淫業者) 전문의 대책뿐이지만, 여하튼 이 도(道)에서도 이러한 법령들에 입각하여 5일 내지 7일에 한 번 매음업자에 대해 매독검사를 시행하고 있다. 그러나 그처럼 성병 대책의 중점을 매소부의 의학적 단속에만 두어서야 사회 전반의 성병을 박멸하는 데 있어 예상만큼의 효과가 과연 있을지는 미지수다. 특히 현재와 같이 여자 직업군의 증가에 따라 일반적으로 매소부라고는 인정할 수 없으며, 게다가 성적으로 방종한 많은 여자들이 존재하고 있는 것 그리고 어떠한 구속 없이 병독을 전파할 위험성이 있는 남자 다수가 존재하는 것은 향후의 화류병 예방 박멸에 있어 일대 장애이며, 또 일대 목표다. 지금 도내의 매음 위험성이 있는 직업에 종사하는 부녀만도 아래와 같이 6,889명이라는 다수에 달한다.

	내지인	선인	합계
예기	547	1,192	1,739
창기	599	595	1,194
작부	19	68	83
여급 및 고녀(雇女)			3,893
합계			6,889[25]

三.

일반적으로 매소부라고 인정되는 부녀자에 대해서만 하는 의학적 단속, 즉 매독검사가 사회 전반의 성병을 박멸하는 유일한 방책이 아닌 것은 명백하다. 이상적으로 말하면 현재 다른 문명국에서 실시하고 있는 것과 같은 환자의 무료 진료 시설, 기타의 사회적 방책의 실현이 바람직하지만,

25 작부의 합계와 총합이 맞지 않지만, 원문대로 수록함.

그러나 현실의 문제가 있어 가장 많이 화류병을 전파할 위험성이 있다고 인정되는 매소부에 대해서 성병에 대한 충분한 인식을 갖게 하고, 자위적 및 공공적 관념에서 출발한 보건의식을 갖게 하고, 예방약, 예방 도구의 사용을 장려하고, 세척 설비의 완비를 도모하는 것은 매우 중요한 한 방책이라고 인정된다. 특히 현재 실시하고 있는 매독검사의 결과에 비추어 보기에 진단 시행 인원 100명에 대한 유병자는 아래와 같으며, 경시청 관하의 성적이 해마다 저하되어 가는 데 반해, 이 도의 성적은 오히려 점증하는 경향에 있다. 이것은 필경 누주(樓主, 기루주인) 및 창기의 화류병에 대한 인식의 불충분에 기인한다고 생각되기 때문에, 이번에 누주, 창기, 예기, 작부, 음식점 고녀 등의 성병 전파 위험성이 있는 업태에 종사하는 사람들에게 성병에 관한 자각을 심어 주는 것은 매우 필요하다.

진단 시행 인원 100명에 대한 유병자

연차		1933년	1934년	1935년	1936년
시행 장소	內別鮮				
경성(新町)	내	1.04	0.79	1.16	0.70
	선	1.82	1.88	2.37	1.83
	외	-	-	-	-
경성(彌生町)	내	1.02	0.70	1.50	0.73
	선	1.70	1.88	2.06	1.07
인천	내	3.28	3.14	5.35	3.56
	선	4.55	4.77	7.29	7.46
개성	내	0.09	0.27	2.23	-
	선	-	0.26	4.24	4.03

경시청 관하 평균	1931년	1932년	1933년	1934년
	2.61	2.22	2.35	1.18

四.

기존 본 도에서는 예방약, 예방 도구의 사용에 대해서는 상당히 장려해 왔는데, 표면적으로 드러난 숫자는 여하튼 실제 사용을 했는지 아닌지 생각되는 부분이 있는 것이다.

작년 가을 이래 각 서의 노력으로 기존에 매우 불충분했던 세척 설비를 손님용, 창기용으로 나누어서 각 호에 상당수를 구비하도록 장려한 결과, 현재 거의 대부분이 설비가 되어 있지만, 이러한 것들의 실제 사용 및 이용에 누주 및 창기, 예기, 자체의 각성을 촉진하고 이 병에 대한 관심을 높여서 자위적 및 공공적 입장에서 적극적으로 예방약, 예방 도구의 사용 및 세척 설비를 이용하게 하는 것이 가장 중요하다고 생각되기 때문에, 아래와 같이 3월 4일과 5일 이틀간 경성부 내의 관련 접객업자를 모아서 강연과 영화 모임을 열었는데, 각 방면에 이 병에 대한 인식을 깊게 할 수 있었던 것은 참으로 다행이라고 생각한다.

一. 일시 및 집합 인원

3월 4일 국어를 이해하는 자 1,500명

5일 국어 이해를 못 하는 자 2,000명

二. 장소 경성부 부민관

三. 소집자 예기, 창기, 여급, 고용녀 및 각 영업주

순서

一. 성병 예방에 대해서 아마기시(天岸) 위생과장(大略左の通り)

二. 영화 (가) '퐁퐁의 퐁(ポンポンのポン)' 만화

(나) '피의 적' 성병 예방 영화(일본판)

(다) 특급함대 만화

화류병의 지식

목차

제一. 화류병은 어떤 병인가?

보통 화류병 혹은 성병이라고 하는 병은 (1) 매독, (2) 임질, (3) 연성하감의 세 가지가 있는데, (4) 최근에는 제4 성병이라고 하는 병도 포함하고 있습니다.

화류병은 옛날부터 있었던 병이었나 하면, 매독은 일본에는 옛날에는 없었습니다. 이 병은 옛날 콜럼버스가 아메리카 대륙을 발견했을 때에 아메리카 대륙의 토인들로부터 선원이 감염되어 유럽에 가지고 들어왔기 때문에 유럽, 즉 서양 국가에서 유행하기 시작했다고들 합니다. 그리고 아시카가(足利) 시대가 되어서 일본과 포르투갈, 스페인 혹은 지나(支那)와 여러 가지로 교통하고 거래하게 되면서부터 우리나라에도 비로소 유행하기 시작했고, 당시 이 병을 '당창(唐瘡)' 혹은 '류큐창(琉球瘡)'이라고 하여 매우 두려워했는데, 그것은 지나의 해적선 혹은 일본의 해적선을 통해 지나 방면에서 직접적으로 혹은 류큐를 통해서 규슈에 전해졌다고 보입니다.

임병(淋病)이나 연성하감은 서양에서나 동양에서는 옛날부터 있던 것인데, 제4 성병은 최근 들어 구별된 것이지만, 그것도 옛날부터 있었던 병이라고 합니다.

제二. 화류병은 어느 정도 만연해 있는가?

지금 말씀드린 바와 같이 옛날에는 우리나라에는 화류병은 없었는데, 지나가 서양과 교통을 하게 되면서 점점 우리 일본에서도 유행하게 되었는데, 지금은 도시와 농촌을 불문하고 전국 방방곡곡에 걸쳐서 감염된 수는 실로 어마어마한 수치라고 생각되고 있습니다.

우리나라에 화류병 환자가 실제로 얼마나 있는지에 대해서는 유감스럽게도 정확한 내용이 없습니다만, 도쿄의 이즈미바시(泉橋) 선생님이 조사한 바에 따르면, 인구 천 명 중의 17명은 매독 환자라고 합니다. 이로 보아 현재 경성부 인구를 60만 명이라고 하면, 매독 환자는 11,200명 있는 셈입니다. 그 밖에 임병이나 연성하감을 포함하면 매우 많은 인원이 될 것이라고 생각합니다.

또 이전에 경성의 화류계 사람들에 대해서 매독이 있는지 없는지에 대해서 조사한 바에 따르면 100명 중에 40명 내지 50명 정도 유독 환자가 있다고 합니다. 또 1935년도에 전국적으로 징병검사를 받은 장정은 전부 467,250명인데, 이때 검사 결과에 따르면 장정 1,000명 중에 매독 환자는 4명, 임질 환자는 26명, 연성하감 환자는 4명, 합계 1,000명 중에 화류병 환자가 34명 있다고 되어 있습니다.

제三. 화류병은 얼마나 무서운 병인가?

다음으로 성병은 얼마나 무서운 병인지 말씀드리면, 우선 매독 및 임병에 대해서 보면, 그 병에 걸린 사람 자신은 물론 육체적으로 여러 가지 변화를 일으키지만, 정신적으로도 매우 괴롭고, 개중에는 자살을 기도하기도 할 정도인데, 가장 무서운 것은 그들은 자녀의 출산율에 매우 큰 영향이 있을 뿐 아니라 사산, 조산, 유산의 증가를 초래하고, 태어난 아이는 일찍 죽어서 영아, 유아의 사망 비율이 매우 높아짐과 동시에 그 태어난 아이는 맹인이거나 선천적 매독이거나 기형이나 정신병자가 되어서 사회에 끼치는 해독은 실로 무서운 것입니다.

우선 매독에 대해서 살펴보면,

1. 어느 학자의 조사에 따르면, 매독에 걸린 부인의 임신 수 100회 중에 28회는 아이가 죽은 상태로 태어나고, 산후 2년 이내에 죽은 것이 42명이고, 2년 이상 자란 것은 100회 임신 중에서 30명밖에 없다고 합니다.

2. 다음으로 매독은 정신병, 즉 기광(氣狂)이나 바보의 원인이 되는 경우가 매우 많기 때문에 도쿄제국대학에 입원하고 있는 정신병 환자에 대해서 조사한 바에 따르면 정신병 환자 100명 중 44명, 즉 반 정도는 매독이 원인인 마비성 치매였다고 합니다.

3. 또 매독은 이 병에 걸린 그 사람이 직접 정신병자가 될 위험이 많을 뿐만 아니라, 아무런 죄과(罪過)도 없는 태어나는 자식에게 유전되는 것입니다. 예로부터 흔히 "부모의 인과가 자식에게 돌아간다"고 하는 말이 있는데, 매독에 걸린 부인의 피 속에는 매독균이 많이 섞여 있어, 이 병독이 어머니의 피와 함께 복중에 있는 아기의 몸속에 들어가기 때문에 태어난 아기가 선천적으로 매독에 걸리거나 혹은 기광이나 바보가 되거나, 또는 불량 소년, 소녀가 되어서 사회에 해독을 끼치는 것입니다. 보통 불량 소년, 소녀의 반 이상은 유전매독에 기인한다고도 이야기합니다.

다음으로 임병인데, 그것도 임신 확률에 매우 큰 영향을 끼치고, 부부 사이에 자식이 없는 경우의 반은 이러한 임병 때문이라고 말해지며, 또 태어날 아이의 실명, 즉 맹인의 60%는 그에 원인이 있다고 하며, 또 부인의 생식기 외과 수술의 60% 내지 75%, 즉 100 중 60 내지 75는 임질이 원인이라고 합니다.

또 단순한 임병에 걸린 부부 사이에서는 절대적으로 자식이 생기지 않는 경우는 100명 중 10명, 한 명밖에 생기지 않는 경우가 100명 중 17명이며, 또 한쪽의 임독성 고환염에 걸린 경유에는 절대로 태어나지 않을 경우가 23명, 한 명밖에 생기지 않는 경우가 14명, 그것이 만약 양쪽의 고환염에 걸린 경우에는 절대로 생기지 않는 경우가 42명, 한 명밖에 생기지 않는 경우가 21명이라고 합니다.

제四. 화류병에 왜 걸릴까?

성병은 그처럼 무서운 병인데, 그렇다면 왜 이 성병에 걸리는 것인지 말씀드리면, 아까 말씀드린 유전매독의 경우처럼 부모로부터 받은 경우도 있지만, 보통은 전부 불결한 접촉, 즉 성교나 입맞춤 등으로 전염되는 것은 새삼 말씀드릴 필요도 없다고 생각합니다. 또 부인의 경우에는 목욕 등으로 전염되는 경우도 있습니다. 또 매독은 술잔을 주고받아서 전염되는 경우도 있습니다.

최근에는 점점 남녀 간의 도덕이 문란해지고 있다든가 혹은 여러 가지 형태로 성욕을 선동하는 장소가 많아지고 있다든가, 혹은 청년의 경우라면, 현재와 같은 경제사회의 구조하에서는 일반 노동자 계급의 수입은 도회지에서는 가정 생활을 영위하기에 부족하다는 것이 통상적입니다. 게다가 그러한 사람들은 대개 결혼 적령기에 있는 사람들인데, 그들은 동물의 본능인 성욕을 정상적인 가정 생활을 통해서 만족할 수가 없다. 따라서 어딘가에 그 배출구를 찾아야 하는 사정으로 인해 성병에 걸릴 기회가 많아지며, 사회에 이런 병이 전파되고 만연하게 되는 것입니다.

제五. 화류병은 어떻게 예방하고 치료할까?

다만 지금 말씀드린 대로 그러한 성병들은 대부분 불결한 접촉, 즉 병독을 가지고 있는 사람과의 성교나 입맞춤 혹은 술잔을 주고받음으로 인해서 전염되기 때문에 절대로 그러한 것을 하지 않는 것이 좋습니다. 그것이 가장 간단하고 또 확실하며 안전한 예방 방법인데, 또 결혼하기까지는 서로 동정이거나 처녀이고 또 결혼하고 나서는 엄격한 일부일처제를 지켜 남편은 처 외의 사람과는 절대로 관계하지 않는다고 하는 것이 가장 바람직하고, 동양 도덕의 근본입니다만 세상에는 여러 가지 사정으로 다음과 같은 경우는 가기 어려운 경우가 있을 것이며, 설령 그러한 사정으로 어쩔 수 없는 경우가 있을 때는 어떻게 하면 좋을까?

첫째로 예방약 또는 예방 도구를 사용하는 것입니다.

최근에는 이런 방면에도 여러 가지 편한 것이 고안되어 있습니다. 일일이 설명하지 않더라도 어디에서나 팔고 있으니 꼭 사용하시길 권합니다.

둘째로 볼일이 끝난 뒤에는 깨끗하게 국부(局部)를 씻는 것입니다. 화류계에서는 보통 과망간산칼륨 용액을 사용하고 있습니다. 가능한 한 그러한 소독제로 세척하는 것보다 좋은 것은 없지만, 만약 없을 경우에는 보통의 따뜻한 물이나 물로라도 괜찮으니 반드시 씻어 두는 것이 절대적으로 필요합니다.

경찰에서는 화류계 방면에 대해서는 반드시 항상 이 예방약이나 예방 도구 혹은 세척 설비를 하도록 까다롭게 이야기하고 있고, 그것은 일면으로는 화류계 사람들이 병에 걸리지 않도록 또 이 병에 걸리면 본인만이 손해를 보는 것이 아니라 영업자 분들도 그 때문에 경영상 여러 가지 비용이 들기 때문에 주의하고, 그와 더불어 모르는 사이에 혹은 걸린 줄도 모르는 병을 손님에게 전염시키는 일이 없도록 하고, 세상에 될 수 있는 한 이런 망국병이 퍼지지 않도록 하는 것입니다. 그중에는 이러한 예방약이나 예상 도구를 사용하고, 혹은 씻는 것을 귀찮아하는 있는 것 같은데, 만약 자신의 신체가 귀하고 손님이 소중하다, 혹은 자식들이 불쌍하다고 생각한다면, 반드시 자기도 사용인에게도 권해서 예방약이나 예방 도구를 사용하거나 또 세척하도록 부탁하고 싶습니다. 그것이 세상에서 성병을 없애고 일본이라는 나라를 더욱 번성시키는 것이 될 것입니다.

성병은 처음 걸렸을 때는 반드시 국부에 무언가의 징후가 나타나기 때문에, 이것이 다양한 치료를 하거나 혹은 내버려 두더라도 조금 지나면 별로 아프지도 가렵지도 않게 되어서 마치 병이 나은 것처럼 됩니다. 보통 사람들은 이걸로 병이 나았다고 믿고 있는데, 이런 것으로 결코 나은 것이 아닙니다.

이것은 처음에는 입 쪽으로 나오고 있던 것이 점점 자신의 안쪽으로 들어간 것이어서 의사는 그것을 병이 안에서 공격한 것이라고 말했다. 표면적으로 나은 것처럼 보이더라도 현미경으로 보면 임균(淋菌)이 많이 있고 또 매독이라면 혈액을 채취해서 바세르만 반응 혹은 무라타씨법(村田氏法) 등으로 검사하면 비로소 매독에 걸렸는지 여부를 명백히 알 수 있어서 전문가가 아니면 좀처럼 알기 어렵습니다. 어중간한 치료를 하고 나았다는 심산으로 내버려 두면 결국 콧대가 내려앉거나 아이가 안 생기게 되거나 정신병에 걸리거나 혹은 태어난 아이가 맹인이거나, 바보나 기광이거나 혹은 불량스러워지는 것입니다.

매독에는 살바르산 소위 606호라고 하는 특효약이 있기 때문에 그것을 주사 맞으면 낫지만, 그렇더라도 중도에 그만두어서는 절대로 안 됩니다. 3대나 5대까지 주사 맞아야 하는 사람도 있기 때문에 의사가 괜찮다고 할 때까지는 귀찮더라도 철저하게 치료해야 합니다. 임질이나 연성하감과 같은 것도 마찬가지입니다.

세간에서는 특효약이라고 이름 붙여서 여러 가지 자택에서 몰래 치료하기에 편한 것 같은 약을 높은 가격으로 팔고 있는데, 그러한 것을 시도하다가 병이 덧나거나 내공(內攻) 받게 되거나 해서 돌이킬 수 없게 되는 것보다는 반드시 신뢰할 수 있는 의사와 잘 상담해서 충분히 치료를 받는 것이 무엇보다 중요하다는 것을 덧붙여 말씀드리고 싶습니다.

다음은 3월 4일, 5일 이틀간에 걸쳐서 부민관에서 개최한 '성병 예방에 대하여'의 강연 및 영화에 대한 영업주를 비롯하여 예창기 기타로부터 보내온 감상문으로 원문 그대로 참고 삼아 여기에 게재해 보았다.

감상

지난 4, 5일 양일 개최한 성병 예방 영화에 대해서 제가 느낀 것을 조금 말씀드리고 참고해 주시기 바랍니다.

우선 첫째, 영화회를 개최해 주신 당국에 심심한 감사의 뜻을 표합니다.

一. 영화 자체는 우리가 기대한 정도의 것이 아니었습니다.

一. 성병 예방 영화라는 이름을 달 정도에는 너무 부족한 감이 들었습니다.

一. 사진이 너무나도 단편적이었고, 하나의 줄거리로 이어지지 않았으며 서양의 것인 점.

一. 자연스럽지 않고 무리하게 이어붙인 것 같은 느낌이 들어서 보는 사람에게 흥미를 불러일으키지 못했기 때문에 예방 및 치료상의 지식을 깊이 전달시키지 못했다고 생각합니다.

一. 그러나 강연과 함께한 영화여서 특히 처음 아마기시(天岸) 위생과장님이 여러 가지 예를 인용해서 자세하게 가장 적절한 설명을 해 주신 것이 효과가 있었습니다.

一. 총괄적으로 말씀드리면 결과적으로 70%의 효과를 얻을 수 있었다고 생각합니다.

1937년 3월 6일

경성 종로 화양식(和洋食) 조합장 시오바라 헤이지로(鹽原平次郎)

◇

3월 5일 경기도 위생과 주최로 부민관에서 활동사진 '피의 적'을 보기 위해 이 조합장은 220명을 인솔하여 참가해서 위생과장의 강연을 듣고 사진을 보았는데, 일반 조합원은 화류병은 그다지 큰일이 아니라고 생각했었는데, 일반은 비로소 화류병은 그 정도로 무서운 것이며 그 병을 예방하는 것은 물론 박멸하는 데 노력하도록 자각해서 감격할 수밖에 없습니다.

경성 종로 선인(鮮人)음식점 조합장 장원영(張元永)

◇

부민관에서 '피의 적'을 보여 주셔서 돌아오는 길에 모두 같이 여러 가지 이야기를 했는데, 지금까지 보지도 듣지도 못했던 화류병이 이렇게나 무서운 것이라고는 생각지 못했습니다. 이 영화를 보고 망국병의 무서움을 절실히 느끼고 몸이 떨릴 정도였고, 우리 가까이에 이러한 무서운 사실이 많이 있었나 하고 생각하니 술잔을 주고받는 것까지도 주의해야 한다고 생각했습니다. 특히 많은 사람들과 함께 일하고 많은 손님들을 상대해야 하는 우리이기 때문에, 이러한 지식이 지금까지 없었던 것인데, 무사태평으로 어딘가 남의 일이라고 생각하고 있었습니다. 우리의 비상식이 새삼 확실해져서 어쩐지 두렵게 느껴졌습니다.

이후에는 화류병뿐만 아니라 일체의 병에 주의하고 위생을 중시해야겠다고 생각했습니다.

이러한 행사는 기분 나쁘고 그다지 고맙지 않다고 생각했던 것이 부끄럽습니다. 우리들의 위생 사상을 향상시켜 주셔서 깊이 감사드립니다. (K코)

◇

1937년 3월 4일 부민관에서 청강 및 사진 관람에 대해서는 매우 각오했었는데, 대체로 많이 매독의 무서움을 미루어 살필(推察) 수 있었고, 우리 인생 생활에서 실제로 어떠한 영향을 미치는지 이제 상세히 알 수 있게 되었으며 너무나도 주의 없이 만일의 경우라고 해도 신속하게 의진(醫診)을 바라는 것과 같은 감상이 있음. [여급 야에코(八重子)]

◇

1937년 3월 4일 부민관에서 위생 선전 청강 및 사진 관람에 대해서는 처음으로 매독의 위험천만함을 알게 되었고, 그만큼 일가를 위해서 사회를 위해서 악영향을 미치는 일이라고는 전혀 생각하지 못했었는데, 오늘 확실하게 알게 되어 더욱 주의가 필요하다는 여지 있음. [여급 스즈란(鈴蘭)]

◇

1937년 3월 5일 위생 선전 청강 및 사진 관람에 대해서는 적잖이 감상이 있어 하나하나 말하지는 못해도 매독 때문에 일신을 망치고 자손에게 유전되며, 가정의 불행 등을 생각하면 실로 무섭다는 감상이 있다. 여자도 물론 충분히 주의를 거듭해야 하지만, 각자 남편 되는 사람도 품행에 있어 걱정되면 매우 많이 병독 방지 등 한층 조심하고, 앞날을 위해 고심할 소감이다. [여급 쓰바키(椿)]

◇

화류병의 무서움을 새삼 느꼈습니다. 자신을 망칠 뿐만 아니라 자손에게까지 미치는 비참한 상황은 한 사람 한 사람 이런 병에 대한 예방 인식을 높이는 것밖에는 없다고 생각하고 이러한 영화를 많은 사람들에게 보여주는 것은 매우 좋은 일이라고 생각합니다. [낙원(樂園)]

◇

피의 적을 보고 화류병의 무서움을 절실하게 맛보았습니다.

이러한 망국병은 일반 사람들의 도덕심을 통해 병의 만연을 방지해야 한다고 생각합니다. (낙원)

◇

우리 일동은 어제 부민관에서 위생 강연을 들을 수 있었기에 변변찮은 붓을 잡고 저의 감상을 적겠습니다.

'화류병' 이런 말이 무섭다는 것은 지금까지 잘 알고 있었습니다. 또 이에 대해서 만연 예방에는 노력해 왔었습니다.

그러나 이 무시무시한 화류병으로 우리는 화류계만의 공포로 알고 있었습니다.

또 여러 가지 전염병에 대해서도 너무나도 무서운 일이 많다는 것에 새삼 놀라서 관심을 가지고 이러한 감염 예방에 전율(戰慄)할 듯한 필요성을 느꼈습니다. 하지만 여기에 우리의 사견을 말씀드리니 용서해 주십시오.

비 온 뒤 진창에 길은 더러워지고 한 푼의 돈에도 아쉬운 우리가 하루 업무를 버리고 부민관에 발걸음을 한 것은 강사 선생님들이 우리를 연민하시고, 또 동정하시는 그 마음에 보답하기에 충분한 것이 있었다고 생각합니다.

아니, 우리에게는 실로 훌륭한 사회를 보여 주셨습니다. 강사 선생님이 접수에 서 계셨던 것 그리고 무지한 우리의 안내역까지 (…) 우리는 이러한 것을 눈물을 머금고 감사합니다. 하지만 그런 반면 (…) 유곽 안의 위생 설비 등은 어떠할까요? 우리는 답답한 규칙으로 인해 꼼짝 못하고 있습니다. 이러한 것에는 오히려 우리는 자신의 몸을 보호해 주시는 당국의 분들에 대해서 한층 감사를 드리고 있습니다.

그런데도 누주의 우리에 대한 그런 태도는 손님을 대하는 우리, 손님에 대해서는 불쾌한 느낌을 품게 하지 않겠다고 그리고 위생 제일로 일하고 있는, 그에 이끌려 너무나도 무이해한 그리고 장

샷속으로 가득차서, 여하튼 잔혹하기까지 한 내부는?

우리가 말씀드리고 싶습니다. 직접적으로 이러한 병의 공격을 받을 수밖에 없는 우리는 자기 몸이 중하기 때문에 이런 위생 도덕도 지킵니다. 역시 자기 한 사람이라도 지키는 것이 국가 사회에 크게 영향을 준다고 믿습니다.

우리는 접대 일을 쉬고서라도 기꺼이 부민관까지 발걸음을 했습니다. 아니 인천까지도 갑니다. 우리는 금전을 위해서라면 자신의 신체를 썩게 해야만 합니까?

지금 조심 누주들의 이해와 그리고 동정으로 살고 싶습니다. 표면과 이면과 이러한 것은 누구라도 적나라하게 말씀드리는 일은 없을 것입니다. 이것도 자기가 귀하기 때문에 불합리도 감수하고 있는 것입니다. 하지만 저는 생각합니다.

말하는 것은 옳다고 믿고 그것이 서로 우리 큰 사회의 복음(福音)이 되어 오지 않을까 하고 그저 분주하고 혼잡스러운 홀 구석에서 생각한 대로 적어 저의 감상을 대신합니다. (○코)

◇

내일은 위생 강연 또 상투적인 졸리는 행사가 아닌가 하고 속이 편치 않던 우리에게는 이렇게 생각하는 것은 거짓 없는 고백입니다.

하지만 다른 분보다 늦게 가는 것은 우리 집의 주인은 매우 싫어하기 때문에 그날은 아침 일찍 일어나 객실 등의 청소도 하고 몸단장도 끝내고 정오가 되었기에 친구들 전부 모여 외출했을 때, 길이 나빠서 택시 탈까 전차 탈까 했는데, 주인이 절약, 절약해서 전차를 탔습니다. ○시 반에 부민관에 들어가서 잠깐 있으니 개회가 되었고, 아마기시(天岸) 과장님으로부터 여러 가지 실로 유익한 이야기들을 듣고 다양한 영화를 보면서 망국병의 무서움, 두려움을 실감했습니다.

우리도 가까운 장래에 누군가의 아내가 되고, 엄마가 될 몸으로 자신의 입장에서 생각해도 얼마나 예방 치료에 주의하지 않으면 사회에 대해서도 그냥 두면 안 된다는 것을 느꼈습니다.

또 앞으로도 이런 이야기를 들려주시면 좋겠다고 생각했습니다. [후미코(富美子)]

◇

오늘 당국이 이러한 행사를 해주신 것은 우리 접객업자로서 매우 참고가 되고 또 유의미한 일이라고 생각합니다. 우리 현재의 입장으로서 결코 비하하는 것이 아닙니다.

그러나 사회의 일부에 악독(惡毒)을 내보내는 우리가 현재 눈앞에서 이 영화 모형을 본 것은 상상 이상의 스릴을 느낀 것은 사실입니다.

영화와 우리와의 입장 그것은 조금 견해의 차이가 있습니다.

이 영화를 보고 느낀 것은 말하기 어려운 일종의 책임과 중압을 느꼈습니다.

물론 영화를 보지 않고도 우리는 그 이상으로 주의에 주의를 거듭해 오고 있습니다.

그저 제3자에 대한 악독의 전염 예방책으로서 우선 자기의 건강 증진, 접객의 예방에 완전을 기해야 하는 것은 새삼 말할 것도 없습니다.

당국으로서도 그에 대한 예방 공작으로서 우리 창기에게 열흘마다 검사를 하고 있는 것은 말할 것도 없습니다.

오늘 이영화 병독의 모형을 보고, 앞으로 더욱더 병독의 공포를 통절하고 느끼고 오늘 같은 뜻 있는 날을 유의하겠습니다. [우근(右近)]

◇

귀하와 가족의 건강을 기원합니다. 일전에는 바쁘신 중에도 불구하고 우리와 같은 불행한 사람들을 위해서 훌륭한 사진을 보여 주셔서 진심으로 감사드립니다. 그 사진을 보고 나서 화류병의 무서움을 절실히 느꼈습니다.

우리도 앞으로는 한층 위생상의 주의를 게을리하지 않고 다른 사람을 위해서도 자신을 위해서도 최선을 다하겠다고 생각합니다. 공무 바쁘신 중에도 불구하고 우리를 위해 그러한 사진을 보여주셔서 언제까지나 잊지 않고 감사하겠습니다. (금강산)

◇

우리 일동은 기분 좋게 부민관에 활동사진을 구경하러 갔습니다. 조금 있다가 사진이 시작되었습니다. 저는 어떤 사진일지 처음부터 침착하게 보았습니다. 화류병에 대해서 반드시 인간이 실행해야 할 것을 알아두고 싶은 사람입니다. 저는 병이라는 것은 어떤 것이나 무섭지만, 이 화류병에는 특히 놀랐습니다. 우리는 조금의 병이라도 방심하지 말고 의사에게 알리고 싶고, 주의하고 싶습니다. 특히 화류계, 저의 입장에서는 손님에게도 주의해야 할 것을 더 자주 이야기했습니다. 이렇게 하고 한층 실행을 한시도 잊어서는 안 된다. 장수를 유지하려면 무엇보다 제일 위생에 주의해야 한다는 것을 영구히 가슴 속에 새겨 넣었습니다. 사진을 통해 많은 위생 지식을 얻었다고 생각합니다. 여러 가지 감격했습니다. 우리에게 도움이 되는 것을 보여 주셔서 감사하게 생각합니다.

순서 없는 글을 용서해 주시기 바랍니다. 은혜는 결코 잊지 않겠습니다. 안녕히 계세요. (최○)

◇

오는 4일의 강연과 영화에 대한 우리 일동이 느낀 것은 무엇보다도 청결해야 한다는 것을 절실히 느꼈습니다. [남권번 예기(南券藝妓) 일동]

◇

'피의 적' 성병 예방 영화에 대한 감상

一. 화류병이 얼마나 무서운가. 어떻게 영향을 미치는가 하는 것을 절실히 깨달은 것

二. 마음 있는 사람, 아니 아무리 정조관념이 희박한 사람이라고 하더라도 반드시 그 영화를 보고 공포심이 일지 않은 사람은 없었을 것이라고 생각한 것.

三. 여러 남성에게 접근해야 하는 우리 같은 사람들에게 있어 좋은 참고가 되고, 또 좋은 견본이 되었다는 것 등. [노에코(乃枝子)]

17) 도시오카 하루카즈, 화류병 예방과 경찰단속에 대하여(경무휘보 384, 1938.)

충청남도 경찰부 도시오카 하루카즈, 화류병 예방과 경찰 단속에 대하여
忠淸南道警察部 年岡治一, 「花柳病豫防と警察取締に就いて」
『警務彙報』 384, 1938. 4.

현재 화류병 예방책으로서 각 방면에서 주창되거나 실제로 실행되고 있는 제도는 대략 다음 세 종류다.

一. 단속주의

이 주의는 간섭 또는 검사주의라고도 말하며, 매춘부로 등록하게 하고 매춘부의 영업을 공인하고 가능한 한 매춘부의 주거지를 일정한 지역에 정하여 건강진단과 기타 풍속상의 단속을 편리하게 하거나 유병자를 강제적으로 치료하는 것이다.

二. 방임주의

이 주의는 개방 또는 검미(檢黴 : 성병 검사) 반대주의라고 말하며, 사회에서 일컫는 폐창론으로서 말할 것도 없이 유곽주의 등을 전폐하고 밀매를 방임하는 주의로서 그것이 말하는 바를 종합하건대, '매음으로 입는 해독은 그 책임이 매음한 남자 자신에게 있다. 나쁜 행실의 결과 방종한 성교로 얻은 일종의 체벌로 간주한 것이므로 이를 보호할 필요가 없다'고 인정하고 있는 것이다.

지금 위 두 가지 주의를 비교하건대 서로 모순되는 점이 있어서 단순히 그 이롭고 해로움을 비판할 수 없다.

三. 사회 교육주의

이 주의는 공중을 교육하고 청년 남녀의 방종, 타락을 예방하여 근본적으로 매음의 수요, 공급자의 감소, 절멸을 기도하는 것이다. 이는 국민 위생사상·공공심·자제력 등의 여하에 따라 좋은 결과 또는 나쁜 결과를 초래하는 것이므로 그 효과는 백년 후를 기대해도 유감없다고 하지 않지만 서민의 도덕 경제 진보가 동반한다면 끝내는 그 성공을 거두어들일 것이다.

우리나라에서는 대체로 창부를 공인하고 등록하고 건강진단을 실시하는 등 단속주의에 의거하고 있으나, 화류병 예방을 꾀하는 데는 공창 이외의 사창 단속, 일반 공중 교육에 의해 위생사상·공공심·자제력의 계배(啓培) 또는 법령의 제정·완비·상담소의 개설 등 각종 시설을 함께 실현하는 것이 긴요하다고 인정하지만 각종 시설 실현의 문제는 당분간 제쳐두고 현행 공창제도하에서도 공창, 사창에 대한 경찰 단속의 철저, 법령의 적절한 운용, 일반 민중사상의 향상 등에 의해 화류병 예방의 목적을 달성할 수 있음을 확신하는 사정이다. 이하에서 그 개요를 말하고자 한다.

A. 공창 단속의 철저

공창 단속의 철저하고 적절함을 기하기 위하는 것은 현행제도에서 화류병 전파 방지상에서 가장 긴요한 일이므로 매주 1회 이상 정기 검미 및 임시 검미를 실시하여 공창의 화류병자를 발견하고 치료를 하게 하여 병독 전파 방지에 힘쓰는 것이다. 그리고 이러한 검미를 실시하는 것은 전술한 바와 같이 화류병 발견의 수단으로서 그 목적은 병독의 전파 방지에 있으므로 검미의 적확성을 기함과 동시에 유병자에 대해서는 입원 치료를 하게 하여 만에 하나 통원으로 치료하게 하는 경우에는 통원 치료 중 영업을 휴업하게 하는 등 적절하고 철저한 경찰 단속을 할 필요가 있다. 왕왕 통원 치료 중인 공창에 대한 경찰의 단속이 철저하지 못해서 통원 중인 자들에 의해 병독이 전파된 실례가 적지 않은 상황이다. 현재의 비근한 실례를 감안해서 이에 대한 단속 방책을 내세워서 굳이 관계자의 반성, 삼사(三思)를 촉구하고 장래의 참고에 도움이 되게 하고자 한다.

×라는 지역에서 화류병이 만연한다. 공창 등루자(登樓者) 모두가 병독에 감염된다. 항상 검미를 실시해서 화류병자의 존재를 허용해서는 안 되는 공창에 의해 이와 같이 감염하는 것은 진단 의사가 적당히 처리해서 진단의 적확성을 결여했기 때문이라는 비난이 있다. 이에 그 원인을 조사했는데, 이 비난의 대상인 공의(公醫)의 진단이 부정확했기 때문이 아니라 검미 후의 경찰 단속이 불철저했기 때문임이 판명되었다. 즉 검미의 결과 유병자로서 통원 치료를 명령 받은 자가 통원 치료 중인데도 모두가 영업을 계속했기 때문에 이 같이 다수의 감염자(罹病者)가 나와서 안전해야 할 공창이 도리어 병독 전파의 근원지였던 것이다.

검미를 실시해도 그 후의 단속, 조치가 철저하지 않고 적확성을 결여한 경우에는 애써 실시한 검미는 형식에 지나지 않게 된다. 경찰이 하는 일은 끝까지 철저해야 하는 것은 여기서 새삼스럽게 말할 필요도 없지만, 혹시 다른 지방에서도 이런 종류의 부실한 데가 있는 것은 아닐까? 기우에 지나지 않기를 바라는 형편이다. 즉 위생계는 검미하는 것으로써 내 일은 다했다고 하고서는 그 후의 단속, 조치를 강구하지 않고, 당연히 연락을 할 필요가 있는 보안계 및 외근과의 연락을 취하지 않는다. 그 때문에 보안계로서는 어느 창부가 유병으로 영업 정지를 할 필요가 있는지의 여부를 모르고, 외근 영업 정지를 어느 창부가 대신 하기로 했는지의 여부를 모르고, 모두가 자신이 맡은 사무에 한하는 조치만을 취하고 경찰이 일체화된 단속을 등한시한 결과이다. 위생계가 검미는 화류병 발견의 수단이며 그 목적은 병독의 전파 방지에 있고 검미 후의 단속이야말로 필요하다는 것을 자각하게 된다면 각 계간의 연락, 단속의 철저를 기하고 목적을 달성하는 데 아무런 실수가 없을 것이다. 그 일의 중임을 떠맡은 자가 크게 생각해야 할 것이다.

이 도에서 영업하고 있는 공창 중에 작년에 화류병에 걸린 자의 연인원은 348명에 달하지만, 지금 만일 이들에게 방만한 경찰 단속을 하고 통원 중 영업을 계속하게 했다면 직접, 간접으로 다수의 화류병 환자를 만드는 일이 아닐까?

공창은 모두 포주와 사이에 대차계산표를 만들어 가지고 있고, 매일의 영업 상황을 기록하여 계산한 다음 다음 달 5일까지 경찰서에 제출하는 규정이 있다. 따라서 이 계산표를 보면 영업의 휴업, 정지 중에 위반 행위가 있었는지의 여부를 가만히 앉아서 단속을 철저히 할 수 있을 것이다. 물론 위반자에 대해서는 엄중한 벌칙을 과하고 명령을 철저히 해야 할 것이다.

이와 같이 검미 유병자에 대한 단속을 철저히 할 때는 공창 자신이 반성하기에 이른다는 것이다. 바꿔 말하면 그들은 휴업이 거듭될 때마다 전차금이 증가하기 때문에 결국은 병에 걸리지 않기 위해 자발적 예방 방법도 강구하게 되고 자각을 촉구하기에 이르는 것이다. 이리하여 단속과 병행해서 항상 예방 방법을 지도, 독려하고 또는 공공심의 환기를 꾀하기 위한 강화(講話)나 활동사진 영화를 이용해서 공창의 자각을 촉구함과 동시에 진단 의사의 정실 관계에 의한 이른바 손대중을 배제하고 진단의 적확성을 기할 수 있다면 공창에 의한 화류병의 전파 방지는 예기치 않게 상당한 효과를 거둘 수 있음을 믿어 의심하지 않는 것이다. 검미의 결과 다수의 유병자를 발견해도 그 후의 조치, 단속에서 경찰관의 주의가 결여되고 담당 계원 간의 연락을 소홀히 하고 지나치게 관대하고 검미의 목적을 벗어나니 부처님 만들어 혼을 넣지 않고 끝나는 일은 없는 것과 같다?

B. 공창 이외의 매음 단속의 철저

공창 이외의 매음자는 공창 외의 예기, 작부, 여급, 조추, 나카이 등의 밀매음 행위로 인한 화류병 전파도 또한 아주 적지 않을 것이다. 아니 공창 이상으로 상당한 수에 이를 것이 아닐까? 이의 단속을 철저히 하는 것은 화류병의 전파 방지상에서 공창의 단속 이상으로 긴요한 일이면서 지난한 일이다. 이의 단속은 수시로 밀매음자의 단속, 검거를 장려하고 유병자의 강제 진료를 실시할 필요가 있지만 밀매음 검거는 여러 종류의 관계로 비교적 지난한 일이므로 검거, 단속과 함께 규정에 의한 건강 진단서의 제출할 때에 진단 의사를 지정해서 화류병의 유무를 진단하거나 필요에 따라 수시로 진단서 제출을 명령하는 등 규정을 많이 활용하고 경찰 단속을 철저히 함으로써 유병자를 구축하거나 전파 방지를 할 수 있는 데 어렵지 않다. 이를 요약하면 경찰 단속이 적절히 실행되고 철저히 하는지의 여부에 따라 결정되는 바다.

C. 일반 민중의 화류병 예방

민중에 대해서는 공중위생과 직접 관계가 적기 때문에 경찰 단속상에서 필요 없는 것 같지만 민중의 건강 유지, 증진이 국가 진전과 중대한 관계가 있고 특히 화류병 만연이 국가 흥망에 관계를 미친다는 사실을 감안하여 그 예방을 도모하는 것은 무엇보다도 긴요한 것이므로 모형, 모형도 전람회 또는 활동사진을 이용하거나 위생 강화를 실시하는 등의 방법으로 화류병 지식, 방종한 성욕의 공포, 자제력 함양 등 위생사상, 공덕심의 환기를 꾀함과 동시에 법령의 제정·완비·사회 교육의 향상과 함께 예방의 철저를 기하는 것이 긴요하다고 생각한다.

× ×

면이 읍이 되고 읍이 부가 되고 인구가 점점 증가하고 교통이 더욱더 뚫림에 따라 화류병이 만연하는 것은 어찌할 수도 없는 추세다. 특히 조선에서 이 병의 만연 상황은 내지의 농촌, 산촌에 비할 바가 아니고 그 병에 걸린 자의 대부분은 만연 상태가 매우 심각하다. 이들 지역에서는 화류병에 걸리는 것은 청장년 때의 통상적인 일로서 간과하는 경향이 있다. 청장년 때에 누구든지 거치는 것 같은 그릇된 관념을 품고 있다는 느낌이다.

제 몸의 부주의, 불섭생으로 인해 건강을 해치고 활동력을 감살(減殺)하여 결혼 해소 문제를 일으키거나 사랑하는 처를 병상에서 울려서 일가 불화의 근본이 되고 혹은 유의한 인재가 폐질의 몸이 되고 오뇌(懊惱)하여 일생을 즐기지 못하고 혹은 매독이 유전하여 자손에게 누를 끼치는 등 수많은 비참함에 우는 것은 젊은 혈기로 저지른 잘못으로는 너무나도 희생이 많은 것이다.

원래 화류병과 같이 사람이 가능한 한 비밀로 하고자 하는 질병에 걸린 자는 매약 등과 같은 비전문가 치료에 의뢰하고 혹은 다액의 치료비가 필요한 연유로 병실 치료를 받아야 하는데도 받지 않고 끝내는 일신일가가 불행해져서 그 자손, 주위에 누를 끼치고 더 나아가서는 민족의 흥망이 걸린 가공할 것은 화류병의 만연이다.

지금이야말로 심신이 모두 건전한 국민의 분기를 기대하는 때에 위생에 관심을 가지고 있는 자가 한결같이 화류병 예방이 긴요한 일임을 통감하고 굳이 비견을 내세워서 귀중한 지면의 일단을 더럽힌 까닭이다. 다행히 장래 얼마간의 참고가 된다면 망외의 행운으로 삼을 것이다.

화류병 영화(전 3권)

제1권

자막 이 영화 제작에는 도쿄제국대학 의학부 피부과 교실 및 재단법인 일본성병예방협회로부터 다대한 원조를 받았다.

자막 화류병은 주로 화류가에서 감염된다. 대부분은 성욕이 저지른 잘못에서 발생하는 것이므로 성병이라고 일컫는다.

자막 전염의 경로.
대부분은 무구한 부부 이외의 성교에 원인이 있거나 우연히 병독이 부착된
물품을 매개로 해서 전염하는 경우도 있다.

선화(線畵) 인체도-생식기·입술·손(발)가락 끝·젖꼭지·눈 등에서 병독이 침입하는 곳(윤곽만으로 암시한 개략도).

자막 화류병에는 세 가지 종류가 있다.

임질

연성하감

매독

자막 임질.

자막 임질 병원균은 임질균(gonococcus)이라는 커피콩과 같은 모양을 한 세균이다.

실제 사진 현미경으로 본 임질균.

자막 남자의 임질.

보통 남자의 임질이란 요도구에서 고름이 나오는 것인데, 이는 급성 요도림으로 만성이 되면 이때부터 고름도 나오지 않고 종기도 통증도 없어진다.

자막 그러나 이는 만성 요도염이라 하는데, 임질균은 여전히 요도 속에 잠복해 있어서 여기에 접촉한 부인에게 바로 전염되어 소갈이나 내막염을 일으키는 것이다.

선화 남자의 동체. 절취부 확대-요도에서 소변이 나오는 곳-정자가 전립선에 수송되는 곳-임질균이 요도구에서 점차 속으로 침입하는 곳.

자막 이를 그대로 방치하면 임질균은 전립선에서 결국은 부고환까지 침입해 간다. 세인이 흔히 고환염이라 말하는 것은 부고환염을 말하는 것이다.

선화 임질균이 전립선·부고환에 침입해 가는 곳-부고환이 종창(腫脹)해서 팽창하는 곳-고름이 새는 곳.

자막 이렇게 되면 고환은 위축하고 정자는 전혀 나오지 않게 된다.

자막 임질에서 자주 발생하는 요도협착은?

선화 요도협착의 도해.

자막 임질은 더욱더 방광 쪽으로도 침입해 방광 카타르(catarrh)나 신장병, 이어서는 전신 임질을 일으키고 얼마 안 있어 목숨에 관계하게 된다.

선화 오른쪽 도해.

자막 부인의 임질.

부인의 요도에 임질균이 침입하면 역시 요도구에서 고름이 나온다. 이를 흔히 소갈이라 한다.

선화 부인의 동체.

자막 부인의 요도는 짧고 간단하므로 곧바로 방광 카타르를 일으키기 쉽다.

선화 방광 카타르가 되는 경로.

자막 부인이 임질에 걸린 남자와 관계를 가지면 임질균은 질에 침입하고 게다가 자궁 내에 침입한다. 이리하여 발생한 자궁내막염 증상으로서는 먼저 냉이 있다.

선화 부인의 동체 정면. 확대도-자궁의 도해-질에서 자궁으로 임질균이 들어가서 퍼지는 곳.

자막 임질균은 또 나아가서 나팔관에 침입해서 난소에 들어간다.

선화 임질균이 나팔관에 들어가서 나아가 난소에 침입하는 그림.

자막 이리하여 발생한 급성 나팔관염을 인해 하복부 옆이 아프고 열이 난다. 그것이 곪아서 파열이라도 하면 임질균은 순식간에 복강 안에 산란하여 급성 복막염이라는 일각을 다투는 급병을 발생시킨다.

선화 몹시 부어오른 나팔관이 파열하여 고름이 새는 곳.

자막 산욕열은 대부분 자궁에 잠입한 임질균 때문이다.

자막 또 신생아의 농루성 결막염(일반적으로 농루안이라 함)은 이러한 부인의 산도를 통과하는 태아의 눈 속에 임질균이 들어가기 때문이다. 그 죄는 과연 누구에게 있을까?

실제 사진 농루안이 걸린 신생아 사진.

자막 지금은 병의 유무에 관계없이 태어나자마자 질산은액을 점안한다.

사진 신생아에게 점안하는 광경.

자막 임질균이 요도나 자궁에서 혈관 속으로 들어가면 그것이 전신을 순환하다가 어느 장소에 걸려서 그곳에 번식하며 열을 낸다.

선화 임질균이 혈행(血行) 중에 돌아다니는 곳.

자막 특히 무릎이나 손목 등에 급성 관절염을 일으켜서 그곳이 붉게 부어오르고 극심하게 아프다.

선화 임질균이 무릎에 걸리면 관절염을 일으킨다.

자막 치료를 게을리 하면 관절이 뻣뻣해져서 신축성이 없어진다.

실제 사진 관절 강직 환자의 실제 사진.

(제1권 끝)

제2권

자막 그 밖의 근육이나 건초(腱鞘),[26] 심한 것은 내장 속에 농양(膿瘍)을 만드는 특히 심장내막염이 가장 많다. 어느 것이나 고열이 나고 생명을 위험에 빠뜨린다.

선화 심장의 도해 및 혈행 상태.

자막 이 판(瓣)이 임질균에 침해되면 완전히 닫아서 막지 못하기 때문에 혈액이 제자리로 되돌아가게 된다.

---

26 건초(腱鞘, Tendon Sheath)는 인체의 힘줄[腱]을 감싸고 보호하는 얇고 섬유질로 된 덮개를 말함. 주요 기능은 힘줄이 원활하게 움직일 수 있도록 돕는 것임.

선화 심장이 임질균에 침해되고 그 때문에 혈액이 되돌아가는 그림.

자막 임질의 치료.

안정

금주

기타 자극물을 피한다.

특히 부인은 참을성이 많기 때문에 자신도 모르게 무리를 하여 되돌이킬 수 없는 심한 자궁병을 야기한다.

자막 임질 환자는 의사가 허락하기 전까지는 절대로 성교를 해서는 안 된다. 병이 있는 것을 알면서 그대로 성교를 하는 것은 마치 상대방에게 해독을 끼치는 것과 같다. 남자는 여자에게, 그리고 여자는 남자에게.

자막 연성하감.

자막 연성하감균은 발견자의 이름을 따서 뒤크레이균(*Haemophilus ducreyi*)이라고도 일컬어지고 연결된 가늘고 긴 세균이다.

실제 사진 현미경으로 본 연성하감균.

자막 감염 기회가 있은 후 하루나 이틀이 지나서 가벼운 것은 흔히 털갈이라 하고 중해지면 점점 크고 심해진다.

자막 그 고름이 부착하면 음부 이외의 피부에도 감염한다. 그러나 보통은 같은 음부에 넓게 퍼져서 거기에 크고 작은 몇 개의 종기를 만든다.

실제 사진 종기의 실제 사진.

자막 종기의 경과.

연성하감은 매독과 같이 혈행 중에 침입하지 않고 국부 질환에 지나지 않지만 통증이 심하다. 그러나 방심할 수 없는 것은 곪아서 통증이 있는 횡현(橫痃)이 시작하고 열이 나고 종기가 터져서 고름이 나온다.

선화 하감균이 서혜부의 림프선에 침입하여 붓고 끝내는 종기가 터져서 고름이 나오는 곳.

자막 가장 무서운 것은 연성하감의 종기에 매독균이 부착하는 것으로 이러한 혼합하감은 처음에는 연성하감의 형태를 하다가 2, 3주간 지나는 사이 매독의 경결(硬結)이 점차 나타나게 된다.

실제 사진 혼합하감.

자막 연성하감의 치료.

연성하감의 치료는 간단하지만, 그러나 혼합하감이 될 우려가 있으므로 빨리 의사의 진료를 받는 것이 좋다.

자막 매독.

자막 옛날에는 매독이 없었다. 1493년 콜럼버스 일행이 중앙아메리카의 아이티섬에서 이 병을 유럽에 선물로 가지고 돌아온 것이다.

선화 지도. 아이티섬·대서양·서구·난반센(南蠻船)으로 서구에, 서구 전체에 흑점(黑點)의 점증.

자막 그다음에 1498년 아프리카 남단을 우회하여 인도에 내왕한 포르투갈에 의해서 아시아에 수입되었다.

선화 지도. 서구-아프리카-인도.

자막 그리고 중국의 광둥(廣東)에서 발생한 것이 16세기 초이고 일본에서는 류큐(琉球)에서 규슈(九州)로 들어왔고 에이쇼(永正) 19(1512)년부터 일거에 전국에 만연했다.

선화 지도. 중국-일본.

자막 이리하여 서반구의 열대에 국한했던 지방병이었던 매독은 동점하고 끝내는 세계적 유행병이 되고 인류의 피와 살과 뼛속에 파고들었던 것이다.

선화 세계 전체에 흑점의 점진적 만연.

자막 1905년 독일의 샤우딘(F.R.Schaudin) 씨는 매독 환자의 피고름에서 장구벌레와 같은 모양을 한 아주 작은 벌레를 발견하고 이것을 스피로헤타 팔리다(*Spiroheta pallida* : 매독 벌레)라고 이름 붙였다.

실제 사진 현미경으로 본 스피로헤타 팔리다.

자막 매독의 전염 경로.

매독은 주로 성교에 의해 전염되고 임질이나 연성하감보다도 더 감염되기 쉽고 종종 어디서 든지 비성교적으로 체내에 침입한다.

자막 입속에서.

자막 매독이 잠입하고 있는 사람과 키스할 때.

선화 두 사람의 얼굴이 접근해서 매독 벌레가 옮겨간다.

자막 그런 사람의 입이 닿은 술잔·찻잔·젓가락·담뱃대·완구·연필 등을 그냥 입술에 갖다 댈 때.

선화 두 사람의 얼굴 사이에서 술병·잔, 오른손이 잔을 입에 대고 이것을 왼손으로 받아서 입에 댄다.

자막 건강한 유아가 매독이 있는 부인의 젖을 빨았을 때는 그 젖으로부터.

선화 소아 유모의 젖을 빨다.

자막 유두로부터.

자막 건강한 부인이 유전 매독의 보균자인 줄 모르고 수유하면 소아의 병독은 유두의 상처를 통해 유모에게 전염된다.

실제 사진 유모가 소아에게 수유한다.

자막 그 밖에 신체의 어디라도 손가락의 손거스러미, 면도칼의 상처 자국 등에서 병독은 체내에 침입한다.

선화 손가락에서, 뺨의 상처에서, 스피로헤타 팔리다가 들어온다.

자막 매독 감염 후의 경과.

자막 제1기 매독.

자막 경성하감.

감염 기회가 있은 후 2, 3주간 내외가 지나고 나서 먼저 초기 경결이라고 하여 콩알 정도의 딱딱한 심지가 생기고 얼마 안 있어 그 표면이 짓무르게 된다.

선화 표피의 상처에서 매독 벌레가 들어오고 표면이 짓무르게 된다.

자막 입술의 연성하감.

실제 사진 동상.

자막 뺨의 연성하감.

실제 사진 동상.

자막 그 종기에서 나오는 희박한 액즙 속에는 강력한 전염력을 가진 매독 벌레가 무수하게?

선화 벌레가 맹렬히 움직인다.

자막 경성하감이 나타나고 얼마 안 있어 서혜부에 횡현이 나타난다. 매독의 횡현은 아프지 않고 곪지 않고 붉어지지도 않고 피부가 높이 솟아오를 뿐이다. 일반적으로 ? 횡현이 무섭다고 말하는 것은 바로 이런 사정이다.

실제 사진 매독성 횡현.

자막 이러한 횡현이 나타나는 것은 이미 5, 6주간 전에 매독 벌레가 혈행 중에 흘러들어간 증거이므로 이제는 울어도 웃어도 진지하게 치료하는 길밖에 없다.

자막 제2기 매독.

자막 병독이 감염되고 나서 9주간 정도 지난 무렵에 머리와 수족을 제외한 동체에 홍역과 같이 큰 홍반(紅斑)이 나타난다. 이를 제2기 매독이라 한다.

자막 매독성 장미진(薔薇疹).

실제 사진 장미진.

자막 매독성 구진(丘疹).

실제 사진 구진.

자막 이 발진은 아프지도 가렵지도 않다. 치료하지 않더라도 일단은 소멸한다. 그러나 다만 잠복할 뿐 때가 지나면 또 재발하고 얼마 안 있어 발진 이외에 털이 빠진다.

자막 매독성 탈모.

실제 사진 탈모.

자막 손톱, 발톱이 곪거나 목구멍이 아프고 목소리가 쉰다.

실제 사진 손톱, 발톱이 곪은 곳.

자막 음부 등에도 자주 치질로 착각한 종기가 생긴다.

자막 평평한 콘로지움.[27]

실제 사진 콘로지움.

자막 매독성 대구진(大丘珍).

실제 사진 대구진.

자막 농포성 매독.

실제 사진 농포진.

자막 환상성 매독.

실제 사진 환상진.

자막 매독성 여각진(蠣殼疹).

실제 사진 여각진.

(제2권 끝)

---

27 원어 표기는 コンロヂューム인데, 정확한 의미를 확인할 수 없음.

제3권

자막 제3기 매독.

자막 매독을 치료하지 않고 그대로 두면 3년간은 제2기 증상이 되풀이한 후에 제3기로 이행한다.

자막 그 발진은 종기와 같이 커지기 때문에 결절성 매독이라 한다.

실제 사진 결절성 매독.

자막 그것도 결국은 터져서 흘러나오기 때문에 궤양성 매독이라고도 칭한다.

실제 사진 궤양성 매독.

자막 이 양자를 합쳐서 고무종(護膜腫)이라고 총칭한다. 그것은 피부에 생길 뿐만 아니라 뼈와 얽히면 뼈 종양(骨瘍)이 된다.

자막 골양이 콧뼈에 생기면 코가 떨어진다.

자막 비골 골양.

자막 두개골은 깨지고 흉골(胸骨)과 근골(筋骨)이 부어오른다.

실제 사진 그 사실은.

자막 게다가 내장에 호막종이 생기면 생명에 관계되는 병을 일으키고 간장이나 비장이 비대해지기도 하고 심장판막병이나 폐병이 되는데, 특히 혈관 경화병이나 동맥류(動脈瘤)는 직접적으로 매독에 그 원인이 있다.

선화 동맥류.

자막 제4기 매독.

자막 거의 구제할 수 없는 것은 척추와 뇌와 얽힌 오래된 매독으로 척추로(脊椎痨)와 마비광(痲痹狂)이다.

성화 인체도.

자막 척추로에 걸리면 좌골 신경통이 일어나고 보행이 비틀거리게 되고 대소변은 무의식중에 싸고 결국은 뇌도 침해된다. 특히 마비광의 환자는 불쌍하다.

자막 척추매독 및 그 증상.

실제 사진 환자의 실제 사진.

자막 뇌매독.

실제 사진 환자의 실제 사진.

자막 마쓰자와(松沢)병원(도쿄 부립 정신병원)의 정신병자 3분 1은 그러한 매독의 결과라고 하고, 이리하여 개인 및 국가 입는 손해는 얼마나 막대할까?

자막 유전매독.

자막 매독의 해독은 그것에 걸린 환자에게만 멎지 않고 그 병독이 어린이에게 유전한 결과는 상상 이상으로 무섭다.

자막 예컨대 부친의 매독이 모친에게 감염되면 그 모친의 매독은 다시 태반을 통해서 태아에게 유전한다.

자막 배란 작용.

선화 난소에서 나팔관을 통과해서 배란하는 곳.

자막 수정하면.

선화 자궁 내에 멈춘 난자에게 정자가 향해 가는 곳. 수태해서 세포가 분열 생육하는 곳. 태반을 통해 매독 벌레가 태아에게 옮겨가는 곳.

자막 유산과 요사(夭死).

자막 태아가 병독을 받아들이면 대부분은 2, 3개월, 늦어도 6, 7개월에 대개는 유산한다.

선화 유산하는 곳.

자막 가령 조산까지 가까스로 이르렀다고 해도 발육 불량으로 머리가 크고 이마가 작아서 쭈글쭈글하고 모발이 성기며 피부색이 청백하고 그리고 대개는 1년 미만에 뇌막염이나 장염 등으로 요사한다.

실제 사진 유전매독.

자막 다행히 발육하더라도 벙어리나 귀머거리, 맹인이 되기도 하고 백치 저능아가 되기도 한다.

자막 그리고 대부분은 코가 낮아서 양미간이 멀리 떨어져 있는데, 그것을 안장코라고 하여 콧구멍이 천정을 바라다본다.

실제 사진 안장코의 실제 사진.

자막 다음으로 허친슨 치형(Hutchinson 齒型)이라 하여 치열이 좋지 않다. 귀치(鬼齒)·난항치(亂抗齒)·거치(鋸齒) 등이 많다.

실제 사진 허친슨 치형.

자막 어쩌면 어린이가 성년이 가까워지고 나서 오랫동안 잠복해 있던 유독(遺毒)이 돌연히 발발하는 때가 있다. 매독 벌레는 이렇게 집요하게 따라 다니며 죄 없는 어린이를 노리는 것이다.

자막 매독의 치료.

자막 잠복 매독이 되면 그 판정이 용이하지 않아서 최후의 결정은 혈액검사인데, 이를 바세르만 반응이라 한다.

자막 바세르만 반응.

실제 사진 바세르만 반응.

자막 실제 사진.

실제 사진 혈액.

자막 양성.

실제 사진 혈액.

자막 매독은 전치(全治)하지만 매약이나 주사를 조금 놓아서는 좀처럼 낫지 않아서 여러 번 주사를 놓아야 한다.

자막 살바르산 희박액 주사.

실제 사진 살바르산 희박액 주사.

자막 살바르산 희박액 주사.

실제 사진 살바르산 희박액 주사.

이하 계속

(의학적 설명에 대신하여 화류병의 본체를 평이하게 밝히기 위해 영화 대본을 제시했다.)

18) 다지마 기요시, 화류병의 지식(조선과 만주 380, 1939.)

조선총독부 기사 · 의학박사 다지마 기요시, 화류병의 지식
田島清, 「花柳病の知識」, 『朝鮮及満洲』 380, 1939. 7.

무릇 전염성 병에는 모두 각기 독특한 병원체가 있으며, 그 병원체는 병의 종류에 따라 피부나 점막을 통해 사람의 신체 속에 들어가 신체의 저항력을 이기고 병을 일으키게 된다.

여기서 서술하려는 화류병도 전염성의 병으로, 일명 성병으로도 불리고 있다.

화류병이란 주로 남녀의 성교에 의해 병에 걸린 남자에서 건강한 여자로, 또는 역으로 병독을 갖고 있는 여자에서 남자로 주로 생식기관에 의해 순차로 전파되어가는 병의 총칭으로, 의학적으로 화류병으로 칭하는 것은 매독, 임질, 연성하감(軟性下疳) 및 제4성병, 즉 서혜림프육아종(鼠蹊淋巴肉芽腫)의 네 종류의 병인데, 1927년 우리나라에서 발포된 화류병예방법의 규칙에는 마지막의 제4성병은 우리나라에서는 매우 드문 병이기 때문에 제외되었다.

원래 화류병은 결코 건전한 가정에서는 발견되지 않는 것으로, 처음에 남자가 이 병에 감염되는 것은 매소부(賣笑婦)를 통한 경우가 가장 많다. 따라서 이 병에 걸리는 것을 상당히 수치스럽게 생각하는 관계에서 병이 생겨도 처음에는 좀처럼 의사의 진찰을 받을 용기가 없어 대부분은 우선 임시방편으로 자택요법을 하면서 시간을 보내기 때문에 조기 치료의 시기를 놓치고, 그 결과 많은 불행을 초래한다.

아무튼 이 병이 일단 가정 내로 들어오면 그것이 많은 가정적 비극의 유인이 되는 것은 독자 여러분도 이미 잘 알고 있는 바다.

어떤 나라에서 전쟁이 일어나면 그 나라에는 여러 전염병이 유행하는 경우가 많은데, 특히 현저하게 화류병이 만연하는 것이 보통이다. 유럽대전 후의 유럽 국가들의 경우도 바로 그 사례에서 벗어나지 않으며, 그 때문에 커다란 국력의 손실을 입은 것도 주지의 사실이다.

중일전쟁 발발 이후 이미 3주년을 맞이하여 국민 체위의 향상, 인적 자원의 함양이 정말 절실해진 시점에서 이 병에 대한 충분한 인식과 이해를 갖는 것은 그 예방, 박멸에 참으로 필요한 일이라고 생각되므로 여기에 그 개념을 서술해 보고자 한다.

화류병에 매독, 임질, 연성하감, 제4성병의 구별이 있음은 전술한 바이나, 이 병들은 모두 남녀 생식기를 통해 전파된다는 점에서는 공통 되나, 모두 각기 특유의 다른 병원체의 감염에 의해 발생하는 것이므로 따라서 병의 성질도 전혀 다르다. 그러나 혼자서 동시에 두 종류 내지 세 종류의 성병에 걸리는 것은 결코 드물지는 않다.

이하 간단하나마 성병의 일반에 대해 서술해 보고자 한다.

(1) 매독

매독은 결핵 및 암과 더불어 3대 사회병으로 불리는데, 한번 이 병에 걸리면 방임해 두어서는 평생 치유되지 않으며, 단지 본인의 고통에만 머물지 않고 자손에까지 누를 끼치는 점에서 정말 무서운 병이다.

이 병은 옛날에는 미국 특유의 병이었으나, 콜럼버스가 신대륙을 발견한 당시 일행 중에 미국에서 이 병에 감염된 자가 있어서 귀환 시에 이것을 유럽으로 수입하여 그것이 전유럽으로 퍼지게 된 것이다. 우리나라에는 포르투갈인에 의해 수입되어 이후 많은 변천을 거쳐 오늘날에 이르렀다고 여겨지고 있다.

매독을 일으키는 병원체는 1905년 샤우딘, 호프만 씨에 의해 발견된 매독스피로헤타, 즉 스피로헤타 팔리다로 불리는 매우 섬세한 나선형의 미생물로, 길이 6~14미크론(1미크론은 1/1,000밀리미터)이며, 몸체는 마치 병따개처럼 8~12의 굴곡이 있고, 양끝은 뾰족하여 활발한 운동을 한다.

이 미생물은 일단 체외로 나가면 빠르게 사멸해 버리기 때문에 감염은 주로 접촉에 의해 이루어지고 환자의 병독, 즉 스피로헤타가 건강한 사람의 피부나 점막에 있는 눈에 보이지 않을 정도의 미세한 상처를 통해 신체 속에 들어가 거기서 발육 증식하기 시작하여 감염을 완수한다.

감염의 기회는 주로 성교에 의한 것이 대부분이나, 의사, 산파, 간호사와 같이 특수한 직업의 사람은 드물게 수술이나 진찰 중에 손가락 등에 있는 미세한 상처로부터, 또한 유모의 매독이 유방을 통해 유아에게 감염되는 사례도 있으므로 주의가 필요하다.

매독은 단순한 국부적인 병과 달리 전신성 병으로, 매독스피로헤타가 신체 속에 침입해도 곧바로 병을 일으키는 것은 아니며, 반드시 2~3주일의 잠복 기간을 거쳐 비로소 감염 부위에 특유의 매독성 병변을 일으킨다. 남자는 관상구(冠狀溝), 포피연(包皮緣), 요도외구(尿道外口) 및 그 부근에 단발성으로 발생하는 것이 보통이며, 팥 내지 누에콩 크기의 경결(硬結)을 만들면 이것을 초기경결이라고 하고, 그 표면이 궤양성을 이룰 때는 이를 경성하감(硬性下疳)이라고 한다. 이 궤양은 원형이나 타원형을 이루고, 암홍색을 띠고 광택이 있으며, 표면은 불결해져 옅은 선액(腺液)을 보이나, 궤양의 주위에는 경결을 드러내고 림프선은 딱딱한 종장(腫張)을 초래하나 동통(疼痛)도 화농도 없다. 이와 같은 감염에서 초기 경결 발생까지의 잠복 기간을 제1잠복기라고 하며, 초기경결에 이어서 병독은 점차 림프관, 혈관에 의해 전신 감염을 일으키고, 초기 경결 발생 후 약 9주일에 미친다. 제2잠복기를 경과하면 제2기 매독으로서 여러 가지 전신 증상을 드러낸다. 즉, 피부 및 점막에 특유의 발진을 일으킨다.

이 시기는 약 3년 전후 계속되며 매독 제2기로 불린다. 매독성 징후가 가장 뚜렷한 시기로, 격렬한 두통, 탈모, 전신성 피로 등이 뚜렷하다.

그러나 제2기 매독에 의한 여러 발진도 수년 안에는 자연히 사라지고 병도 치료된 듯이 생각되나, 이것은 결코 치료된 것이 아니라 제2기 잠복매독으로 이행했기 때문으로 감염 후 3~10년 지나면 대부분은 매독 제3기로 들어간다.

제3기에는 주로 피부, 뼈 등에 호모종성(護謨腫性)의 궤양이 생기는 것이 특징으로, 그외에 뇌, 간장, 신장, 심장, 기타 중요한 기관에 호모종성 변화를 일으켜 생명에 위협을 주는 경우도 적지 않다.

매독 제4기는 경성하감 발생 후 10년에서 15년 후에 오는 것으로, 이 시기에 이르면 주로 뇌, 척수의 조직이 감염되어 마비광(痲痹狂), 척수로(脊髓勞) 등을 일으키게 된다.

이상과 같이 매독은 적당한 치료를 받지 않으면 감염 후 몇 십년간에 걸쳐 끊임없이 여러 불쾌한 병을 일으킨다. 만일 가정에서 처가 매독에 길렸으면 태어나는 아이는 대부분 성숙하기 전에 유산해버리는 것이 보통이나, 다행히 태어났을 경우도 대다수는 선천 매독에 걸려 있어 안질환, 청력장애, 기타 여러 중병을 일으켜 불구나 불치병자가 되는 사람이 적지 않다. 참으로 비참한 일이다.

전술한 바와 같이 매독은 실로 두려운 질병이므로 만약 불행히도 감염이 의심되는 경우는 반드시 확실한 진단을 받고, 만약 매독 양성의 경우는 될수록 조기에 철저한 매독 퇴치 요법을 받아야 한다.

매독의 진단법에는 현미경적 검사와 혈액검사의 구별이 있다. 전자는 감염 후 얼마 되지 않은 경성하감의 의심이 있는 경우에 시행하는 방법으로 가장 간단하고 확실한 방법이다. 그 밖의 시기는 오로지 혈액검사가 행해진다.

혈액검사에는 바세르만 반응과 각종 침강(沈降) 반응[28]이 있다. 바세르만 반응은 매독 감염 후 침강 반응에 비해 이른 시기부터 나타나지만, 매독 치료법을 속행하면 침강 반응보다도 빨리 음성이 된다고 한다. 침강 반응은 매독 치료법을 계속해 가도 좀처럼 간단히 음성이 되기 어려우나, 매독의 치료는 역시 침강 반응이 음성이 될 때까지는 계속하는 것이 지당하다고 생각된다.

매독의 치료법은 이미 알고 있는 바와 같이 살바르산 주사가 제일이며, 여기에 수은요법, 창연제(蒼鉛劑)요법, 시기에 따라서는 옥도가리(沃度加里) 복용 등에 의해 매독 퇴치의 목적을 달성할 수 있으나, 살바르산제는 신뢰할 만한 제품을 쓰고, 치료에 필요한 양을 써야 한다.

(2) 임질

임질은 화류병 중 가장 보통으로 보이는 것으로, 구미에서는 남자의 7, 8할은 예전에 이 병에 걸린 경험을 갖고 있다고 하는 학자도 있을 정도로 많은 질환이다.

이 병은 1879년 나이셀 씨가 발견한 임균이 성교에 의해 요도 안으로 침입해서 생기는 병으로, 보통 2, 3일의 잠복 기간 후 남자에서는 급성 임균성 전부(前部)요도염으로서 발병하는 경우가 가장 많으며, 그다음으로 부고환염, 전립선염(攝護腺炎) 등을 일으키는 경우도 있다. 여자에서는 백대하(白帶下)로 시작하는 것이 보통으로, 대부분은 자궁내막염, 나팔관염 등을 일으킨다. 남자가 양쪽의 부고환염을 일으키면 수태 능력을 잃으며, 여자가 나팔관염을 일으키면 불임증에 빠진다. 또한 임균은 종종 생식기관에서 신체의 다른 부분으로 감염을 일으켜 임균성 관절염, 심내막염 등을 일으키고, 눈에 들어가면 농루안(膿漏眼)을 일으켜 실명하는 수가 있다.

그러나 임질은 매독과 달리 전신성 병은 아니므로 감염된 초기에 적당한 처치를 받으면 보통 2개월 이내에 낫는데, 처음에 자택 요법을 하고 병을 만성으로 키워 버리면 좀처럼 치료하기 어려워지고 몇 년이나 걸리는 경우가 드물지 않다. 남자가 임질에 걸리면 소변 속에 가는 실과 같은 것이 나오는데 이것을 임사(淋絲)라고 한다. 임사가 나오는지 아닌지는 소변을 컵에 조금 담아서 밝은 곳에서 비쳐 보면 간단히 검사할 수 있으니 편리하다. 임사가 확인되는 동안은 아직 완전히 치료되지 않은 경우가 많고, 음주, 과로 등을 하면 임사 배출이 증가하거나 소변이 혼탁해지는 것이 보통이다.

임질의 치료에는 살바르산만큼의 특효약이 없으므로 예부터 요로 소독약의 복용, 주사를 놓고,

---

28 혈액 내 가라앉는 속도를 측정하여 감염 여부 등을 평가하는 검사임.

국부적으로는 초산은(硝酸銀), 프로타르고르 등에 의한 세척 등이 행해진다. 최근 설폰아마이드 제제가 사용되어 개중에는 현저한 효과를 발휘하는 경우도 적지 않다고 한다.

(3) 연성하감

연성하감은 뒤크레이 씨가 발견한 연성하감균에 의해 일어나는 병으로, 잠복기는 1~3일로 남자는 포피 입구, 계대(繫帶), 포피 내면 등에, 여자는 주상와(舟狀窩)[29], 소음순, 자궁질부 등에 작은 원형의 결절이 생기고, 이윽고 농포(膿疱)가 되면 다시 2~3일에 터져서 궤양이 되는 경우가 많다. 연성하감의 궤양은 그 주변 부분이 예리하게 패이며, 주위에 딱딱한 결절을 만들지 않는 점과 동통이 격렬하다는 점을 특징으로 한다.

연성하감 시에는 림프선의 종장을 초래하는데, 급성 염증을 일으키기 때문에 화농에 빠지는 것이 보통이다. 따라서 외과적으로 절개해서 고름을 빼내야 하는 경우가 적지 않다.

이 병은 임질과 마찬가지로 전신성으로 감염을 일으키는 일이 없으므로 주로 국부의 처치만으로 충분하다. 그러나 때로는 매독과 혼합 감염을 일으키는 경우가 있으므로 주의를 요한다.

최근 연성하감균의 백신을 사용하여 현저한 효과를 보았다는 보고가 적지 않다. 꼭 한번은 시도해 볼 만하다.

(4) 서혜림프육아종(제4성병)

이 병은 1913년 니콜라와 및 파브르 씨에 의해 보고된 질병으로, 니콜라 파브르씨병 또는 제4성병으로도 불린다.

이 병은 감염 후 2~3주일을 거쳐 서혜부에 먼저 작은 횡현(橫痃)이 생기고, 이것이 점차 부어올라 돌무더기 모양으로 딱딱해지며, 점차 그 수를 늘려가 만지면 돌덩이를 잡는 듯한 느낌인데 별로 두드러진 동통을 느끼지 않고, 대부분 좌우 양쪽의 림프선이 침해를 받는 경우가 많다.

이 병의 진단에는 플라이씨 반응이 사용된다. 이 병에 걸리면 100% 양성으로 나타난다.

이 병은 좀처럼 볼 수 없는 병으로, 병원체도 오늘날까지 아직 밝혀지지 않았는데, 일부에서는 일종의 녹과성(漉過性)[30] 병원체가 아닌가 생각되고 있다.

---

29 배 모양의 오목한 부분을 뜻하며, 질과 외음부 사이 함몰된 부분을 가리킴.

30 어떤 물질이나 입자가 여과 장치를 통과할 수 있는 성질을 말함.

이 병에 특효약은 없으나, 오늘날에는 주로 안티몬 제제[31]의 주사가 사용된다.

(5) 화류병 예방에 대하여

화류병 전파의 일부 요인은 사회 질서 탓으로 돌려야 함은 물론이다. 이를 예방하기 위해서는 일반 민중의 도덕적 관념을 향상시키는 동시에 법률로 단속하지 않으면 충분한 효과를 거둘 수 없다.

우리나라의 화류병예방규칙에서는 전염의 우려가 있는 화류병에 걸린 것을 알면서도 매음을 한 자는 처벌되는 것으로 되어 있는데, 여기에도 여러 곤란한 문제가 수반되는 것 같다.

우리나라에서는 창기의 성병검사제도가 엄중히 행해지게 된 이후 얼마간 감염률이 낮아지고, 경시청 조사에 따르면 유곽의 병자 수는 3.6%이나, 사창(私娼)에서는 19%에나 달한다고 한다. 그러나 공창이라 할지라도 혈액검사를 해보면 그 1/3 내지 1/2은 명확히 매독 양성임은 주의를 요한다.

화류병의 개인적 예방으로서는 화류병 감염 의심이 있는 자와 성교하지 말 것, 불가피한 경우에는 콘돔을 사용하든가 화류병 예방제를 사용할 것, 성교 후에는 충분히 청결하게 하고, 의심이 들 경우에는 소독약으로 충분히 소독할 것, 성교 이외에 입맞춤 등은 엄히 삼가야 한다.

이상 간단하나마 화류병에 관한 개념과 예방 일반을 서술했는데, 요컨대 숭고한 인격을 기르고 위험한 사회를 가까이하지 않도록 하는 것이 이상임은 말할 필요도 없다.

31 안티몬 제제는 기생충 감염을 치료하는 데 사용되는 약물임. 독성이 높아 중독 부작용이 있음.

Ⅱ. 일본군의 성병 대책

1. 일본 군·정부의 성병 인식과 대책

1) 육군성, (육보 제4035호) 구급법과 위생법 대의(1898. 8. 29.)

육군성, (육보 제4035호) 구급법과 위생법 대의
陸軍大臣 寺內正毅, (陸普第四〇三五號)救急法及衛生法大意, 1898. 8. 29.

七. 화류병

제五十　화류병은 임병, 하감, 매독의 세 종류가 있다.

제五十一　임병, 하감의 병원균은 이 병에 붙어 나오는 곳에서 나오는 진물에 있다.
환자와 성교할 때 전염된다.
병이 눈에 붙어 있는 때는 눈으로도 전염된다.

제五十二　매독의 병원균은 환자의 전신(全身)에 있다.
환자와 성교할 때 감염된다.
균은 환자의 침에도 있고 진(疹)에도 있기 때문에 환자와 접촉하는 것만으로도 전염되는 일이 있다.

제五十三　장년인 사람이 오랫동안 성교를 하지 않을 때는 건강을 해친다는 말이 있지만 틀린 것으로 믿어서는 안 된다.

2) 육군성, 육군의 화류병과 지방 화류병 만연의 상황 조사(1908.)

육군성, 육군의 화류병과 지방화류병 만연의 상황 조사
陸軍省, 陸軍ニ於ケル花柳病並地方花柳病蔓延ノ状況調査, 明治 41年.

이 책은 육군 군의학교 교관인 육군 3등 군의정(軍医正) 야마다 히로토모(山田弘倫)의 조사와 관련해 화류병 예방의 참고로서 유익하다고 인정되기에 인쇄 배포하는 것임.

1908년 7월 1일 육군성

목차

육군의 화류병

서론

8종 전염병은 민간에서도 그 참해와 위험에 대해서 이해하고 당국 관헌도 이전부터 방비에 온 힘을 쏟아왔다. 관민이 점차 일치된 태도로 함께 적절한 시설과 처치를 게을리 하지 않았고 오늘날 더욱 진전시켜 선량한 단계로 나아가고 있다. 공중위생의 견지에서 전염병의 의의를 해석하자면, 국민 사이에 어떠한 만연이 있는지, 개인과 사회에 어떠한 손해를 입히는지를 그 전염병 위험의 척도로 삼을 수 있을 것이다. 그렇다면 역시 화류병 같은 것은 가장 두려워할 만한 전염병의 하나이고, 그중에서도 임질과 매독은 가장 혐오스럽고 가공할 만한 전염병이자 국민병이라 하겠다. 이 병의 경우 인간이 존재하는 곳이라면 아무리 변두리 산간의 미개한 국민일지라도, 그들 사이에서 많든 적든 환자를 찾아볼 수 있다. 그 실제 예는 다음과 같다.

블랑크(Blanc)의 보고에 따르면, 아프리카의 아비시니아(Abesinien)[1]에서는 10명의 환자 중 9명이 매독이라 하고, 알제리(Algier)에서는 1,000명의 환자 중 113명 그리고 잔지바르(Sansibar)[2] 등에서는 매독이 가장 많아 환자의 반수를 차지한다고 한다. 또한 두블레(Doubler)의 보고에 따르면, 남아프리카의 산베이(Sanbeai) 부족(種属)의 경우 환자가 대단히 많아서 그 작은 부족이 현재 멸종될 위험에 처해 있다고 한다. 또한 기니(Guiner), 세네감비아(Seneganbien)[3] 등에서도 극심하게 창궐하고 있다고 한다(Handbuch d. Hygiene Bd. X. 40 Lief). 이에 반해 8종 전염병의 경우, 물질적 개명과 평행해서, 바꿔 말하면 대도시의 큰 시장처럼 시설이 완전하고 여러 기관이 완비된 곳에서는 서서히 만연과 유행을 방지함에 따라, 해가 갈수록 환자 수가 감소하는 경향을 보이고 있고, 적어도 오늘날에는 어느 정도 예방할 수 있게 되었다. 하지만 유독 화류병만은 배편이 있고 교통기관이 용이해 인민 간 교통이 빈번해지면, 그와 평행 비례해 연안지구나 항구, 대도시, 상업지와 무역장, 군대, 학교 소재지 등 개화한 인민 사이에서 유독 만연 정도가 더욱 확대되고 항진하고 있음이 사실이니, 이에 대해서는 아무도 이의가 없을 것이다. 내가 이전에 들은 바에 따르면, 미개하고 삭막한 땅을 신속하게 붐비고 번성한 지역으로 나아가게 하려면, 그 방법으로서 매음자류의 부인 또는 점포를 신설하면 된다고 한다. 이 말에는 아마도 절반의 진리가 함축되어 있으리라

1 아비시니아는 에티오피아의 옛 이름이며 영문 표기는 Abyssinia임. 본문은 독일어 표기.

2 잔지바르는 동아프리카 탄자니아에 속한 섬 지역임.

3 세네갈과 감비아의 양국에 걸친 지역을 가리키는 명칭.

고 믿지 않을 수 없다. 그런데 똑같은 전염병인데도, 그 중 하나는 대도시 상업지처럼 지역이 번성하는 것과 비례해 점점 더 만연을 드러내고, 또 하나는 방지라는 목적을 서서히 달성시키고 있다는 반대 현상을 보이는 것은 어째서일까. 생산력의 기초가 되고 도시 시장 부국강병의 기초가 되는 번창한 장소일수록 더 만연하고 있는 화류병이라는 전염병에 대해서는, 관민 모두가 8종 전염병을 대할 때처럼 열심을 내서 예방을 위한 아무런 적절한 시설도 시도하지 않을 뿐 아니라, 괘념치 않고 돌아보지 않는 경향이 있는 것은 어째서일까. 아마도 이는 주로 그 질병이 급격히 찾아오지 않고 사망자 등의 참해를 눈앞에서 직접 인식하게 되지 않기 때문일 것이다. 세찬 물살로 떨어지는 물은 막을 길이 없지 않고, 은근히 스며드는 물을 끊는 일은 가장 신중한 주의를 기울여 영원한 대책에 의거하지 않을 수 없다. 여기서 이것과 저것의 각 만연 상황이 개인과 사회에 미치는 손해의 정도를 비교한다면 그 사이 얼마나 우열(軒輊)이 있을까. 참혹한 해독의 내습을 발견하는 데에 완급과 명암의 차는 있을지언정, 깊게 오래도록 그리고 널리 암암리에 전염을 떨쳐 국민에 미치는 손해를 따지자면 임질, 매독 같은 것이 오히려 8종 전염병을 훨씬 능가하고도 남는다.

유지스(Yusice) 씨가 요제프 씨의 외래 환자 13,000명에 대해서 조사한 결과에 따르면, 그중 1,347명, 즉 10.36%는 처음으로 감염된 임질 환자이고, 944명, 즉 7.26%는 만성 임질 환자여서 합계 17.62%로 나타났고, 그중 2,300명은 노동자, 직공, 상인, 관리였다. 또한 대도시의 하급 인민 남자의 반수는 모두 임질에 감염되어 있다고 한다(Serenot. Centrialblutt. Bd. X Hefs. 10).

그리고 부인의 임질 통계는 다음과 같다.

생어(Sanger) 씨는 부인과(婦人科) 외래 환자의 약 10~11%는 임질이라 했다. 또한 오펜하이머(Oppemheimer) 씨는 임신부인 100명 중 30명, 즉 27%,[4] 슈왈츠(Schwarz) 씨는 12.4%, 조머(Sommer) 씨는 28%라고 보고한 바 있다(Handbuch d. Gynnecologie Bd. I E. Bumn).

그리고 불임에 미치는 영향의 개황은 다음과 같다.

글륀더(Gliunder) 씨에 따르면, 구세로(Gusserow) 씨의 외래 환자 중에서는 남편이 과거에 임질에 걸린 적이 있는 부인의 불임 수가 71.3%였고, 또한 낵그라트(Nacggerath) 씨는 60~75%라고 했다. 그러므로 두 사람의 산정에 따르면, 모든 불임자를 부부의 12%라고 가정하면, 즉 부부의 8%는 실제로 임질 때문에 사랑하는 자녀를 갖지 못하는 불행자임을 증명한다고 하겠다(Handb. d. Gynaccologie Bd. I. Bumm).

4 계산하면 30%이지만 원문 그대로 기재함.

매독의 경우 단순한 생식기병에 그치는 것이 아니라 일종의 가족병 혹은 악성 국민병이라는 점을 보여 주는 적절한 예를 다음에서 볼 수 있다.

러시아의 작은 촌락 포포(Popow), 볼라소(Bolassow)의 경우 다음 백분율을 보인다.

유전매독	7.8%	
포유(수유)를 통한 전염	2.4%	
동거에 의한 경우	17.0%	
입맞춤에 의한 경우	63.9%	합 91.1%

이를 통해 보면, 매독 환자의 91%는 실제로 성교와 관계가 없고 오직 9%만이 생식기적 전염을 보이고 있다.

또한 같은 예증이 있는데 다음과 같다.

샌드버그(Sandberg) 씨는 러시아의 어느 부락 주민에게서 다음과 같은 현상을 인식했다(Handbuch. d. Hygiene Bd. X 40 Lief.).

	남	여	아동
제1~2기 매독	17.7%	13.9%	58.0%
세3기 매독	82.3%	86.1%	42.0%

이를 통해 보면, 중증인 제3기로 이행하는 경우가 매우 많은 것으로 인정된다. 우리는 매독에 관한 위의 두 표를 보면서 그 참혹성이 얼마나 깊고도 길게 서서히 침투해 만연하는지 상상할 수 있으니 한심하기 짝이 없다. 지금 매독이 유럽 대도시에서 만연하는 정황은 어떠할까. 덴마크의 수도 코펜하겐의 통계는 다소 차이를 보이지만, 거의 모든 유럽 대도시가 비슷한 상황에 놓여 있다. 그 결과가 어떤가 하면 1886년과 1895년의 1만 명 주민을 통해 계산할 때, 임질은 평균 11.9%, 매독은 3.6%로 나타난다. 즉 20세 내지 30세의 장년층에서는 16~20%를 화류병의 평균수로 간주할 수 있을 것이며, 고로 45명의 장년 중에 1명의 화류병 환자가 있고, 임질 환자는 장년 중 8명에 대해 1명, 매독은 55명에 1명 인지된다는 계산이 된다. 그리고 그 전염 위험은 몇 년으로 전망되는가 하면 약 10년이라 하니, 손해가 만연하는 상황임을 짐작할 수 있다.

한편 이를 군대에서 살펴보면, 각국 육군의 1,000명에 대한 환자 수는 다음과 같다(1885년 전후의 것).

독일	36.1
프랑스	58.2
오스트리아	73.6
이탈리아	102.9
영국	251.0
러시아	42.4
북미	64.3
일본	77.0

이와 같이 국민 중에서 가장 강건한 장년층을 괴롭히고 있으니 손해가 영향 미치는 바가 한층 크리라고 말하지 않을 수 없다.

이처럼 개명할수록 그와 비례해 전염의 조류는 대단한 잠재력을 가지고 장년 남녀 사이에 넘쳐나 그칠 줄을 모른다. 물론 유럽에서는 일찍부터 화류병예방회를 일으켜 탐구해 왔고, 근자에도 유럽, 특히 독일에서는 결국 예방법 교육의 힘을 빌리고자 일대 문제로 다뤄 지금도 연구 중인데, 이 점은 문부성 유학생 오토타케 이와조(乙竹岩造)의 보고에도 상세히 나와 있다. 시험 삼아 그 일절을 초록해 보면, 지금 유럽에서 생식기병의 만연이 심해서, 블라쉬코 씨의 조사에 따르면, 베를린이나 라이프치히 같은 대도시에서는 20~30세의 청년 남녀 1,000명 중 200명은 임질, 24명은 매독에 걸려 있다. 또한 프로이센 주에서 매일 평균 100,000명 이상의 사람이 생식기병에 감염돼 있다. 즉 전 인구 1,000명 중 3명은 감염돼 있다는 통계를 보여 준다. 또한 키르히너 씨의 조사에 따르면, 이 병독으로 지출하는 비용은 프로이센 주에서만도 하루 금액 25만 마르크 이상에 달한다고 한다. 이는 사회와 개인이 이 병독으로부터 입는 물질적 손해이지만, 그뿐만 아니라 정신적 소모, 즉 지력과 체력 나아가서 연구력, 근면력, 생산력에 미치는 손실까지 본다면 실로 이루 헤아릴 수 없는 바가 있다. 실로 독일 국민의 장래를 위해 참으로 한심한 일이라 말하지 않을 수 없다. 그리고 이 같은 병독의 만연은 도대체 무엇으로 인해 일어나는가 하면, 주로 성욕에 대한 절제의 의지력이 없다는 점과 이에 관한 착실한 지식을 갖지 못한 점에 기인하니, 소위 무지와 은폐에서 생기는 바가 많다고 말하지 않을 수 없다. 운운(1907년 3월 관보 오토타케 이와조).

지금 임질에 걸린 유럽의 남녀 비례는 남자 4명에 대해 부인 1명으로 나타난다. 바꿔 말하면, 1명의 화류병 부인은 4명의 남자에 대한 전염병소로 작용하고 있고, 4명의 화류병 남자는 오직 1명의 부인에게 만연시키는 기회를 갖고 있다(Handbuch d. Hygiene Bd X. 40 Lief).

그런데 일본의 전문가가 위와 같은 비율로 우리 화류병을 진료한다는 것은 도저히 바랄 수 없는 일일 뿐 아니라, 부인의 화류병은 직업 여하와 계급의 높고 낮음을 불문하고 전문가 슬하에서 치료하는 경우가 거의 전무하다고 할 수 있다. 도쿄제국대학 피부병 매독과의 통계가 이를 입증해준다(1899~1902년). 남자 화류병 1,175명에 대해 부인은 불과 168명, 즉 14분의 1에 상당한다. 또한 임질의 비율은 461명의 남자에 대해 실로 8명이라는 소수로 나타나니, 유럽의 비율과 간극이 너무도 크지 않은가. 그렇다면 일본 부인은 아직 화류병의 침습을 유럽만큼 입지 않았다는 말일까. 오늘날 이미 남자들의 만연 정도가 심하고 매음자 무리도 증가하고 있는 것을 보면, 분명 부인들도 그 영향을 받아 감염자가 매우 많으리라 생각한다. 그에 대한 진료는 어떤 사람이 어디에서 하고 있을까. 대부분은 부인과 의사에게 진료 받고 있을까. 나는 이를 부인과의 아는 친구 두세 명에게 물어봤지만, 화류병 환자로 진료 받는 자는 역시 지극히 적다는 것을 알게 됐다. 최근 들은 바로, 요시와라유곽의 공창 전부에 대해 모씨가 실시한 임질 조사에 따르면, 현미경 검사를 한 결과 33.0%는 임질이었다고 한다. 공창이 그러한데 하물며 여러 종류의 무수한 매음부가 어떤 상태일지는 상상하고도 남는다. 이 사실이 보여 주듯이 남자보다 4배 많은 전염병소인 부인의 진료를 이처럼 등한시하는 상황에서 일본의 화류병 만연은 오히려 당연하다고 해야 할 것이다. 나는 이러한 실황을 보고 듣고 여러 보고도 열람하면서, 일본의 화류병 만연의 정도를 구체적으로 조사하고 싶어졌고 또한 선량한 기회도 가질 수 있었다. 이에 1906년 보병 제3연대에 입영한 신병에 대해서 조사의 단서를 열고 그 개황을 대일본 피부과학회 제7총회에서 공표하였다. 이어 1907년도 입영병에 대해서도 역시 이를 시행했다. 그러나 이는 육군의 하나의 작은 부분에 국한된 현상이어서 여러 종류의 관계를 통해서 전반을 상정하기 어렵다. 즉 육군 전반에 걸쳐 수년간의 상황, 지방에서의 만연 상태, 군대에 미치는 영향, 국민의 의무를 부과할 수 없는 장정자 관계 등을 조사하는 것은 우리의 바람일 뿐만 아니라 의무임을 느끼고 있다. 이와 같은 통계를 지금까지 견문하지 못했기 때문이다. 그러니 만일 이러한 통계를 성취할 수 있다면 우리 육군의 참고자료로 삼을 수 있을 뿐 아니라 화류병 예방을 위한 좋은 재료로 삼을 수 있을 것이다. 마침 다카하시(高橋)와 이시구로(石黒)라는 두 군의(軍医) 등이 연구하고 있다 하기에 나는 희망하는 바를 전하고 조사를 위촉

했다. 두 사람은 쾌히 승낙하였고, 이후 학문을 변경해 분주히 재료를 수집하고 부지런히 열심을 냈다. 전반부는 이시구로 군의, 후반부는 다카하시 군의가 맡기로 분담하여 마침내 상세하고도 풍부한 한 권을 마무리했다. 이는 아마도 화류병에 대한 일본의 유일한 통계이니, 이로써 나의 숙원이 이루어졌음을 기뻐할 뿐 아니라, 앞으로 참고자료의 기본이 되리라 믿기에 두 사람의 공로는 심히 크다고 말하겠다. 끝으로 두 사람에게 심심한 사의를 표하고자 기록하며 서론으로 갈음한다.

1908년 4월

육군 삼등 군의정 야마다 히로토모(山田弘倫) 씀

제一 1897년 이후 우리 육군의 화류병 성쇠(消長)와 유럽 육군의 비교

1897년 이후 1907년에 이르는 7개년(1904, 1905년은 전쟁 중이므로 제외함) 동안 우리 육군 내의 화류병 성쇠는 다음과 같다.

연별 화류병 환자당 천분율 표(年別 花柳病患者 每千比例 表)

연별	1897년	1898년	1899년	1900년	1901년	1902년	1903년	1906년
천분율	64.24	52.70	50.01	47.61	38.60	36.08	43.04	38.70

위 표에 따르면 가장 많은 수가 나타난 시기는 1897년으로 64.24‰이고, 이래로 다소의 증감이 없지는 않으나 개괄적으로 보면 해가 갈수록 점차 감소하는 경향을 보인 듯하다. 이는 국가를 위해 참으로 기뻐할 만한 현상인데, 아마도 교육이 좋아지고 위생관이 취한 예방조치가 효력을 거둔 것으로 간주해야 할 것이다. 앞으로도 과연 이러한 경향을 지속할 수 있을 것인가. 여기서 한발 더 나아가 화류병의 성쇠를 유럽 열국들의 군대와 비교하면 다음과 같다.

연별, 국가별 화류병 환자 비교표(‰)

연별 / 국가별	1897	1898	1899	1900	1901	1902	1903	1906
일본	64.24	52.70	50.01	47.61	38.60	36.08	43.04	38.70
영국	139.70	132.70	122.40	93.30	105.40	122.70	125.00	-

프로이센	21.90	21.00	19.90	18.50	17.80	18.30	19.40	-
이탈리아	90.10	96.00	93.40	89.70	87.40	91.50	-	-
오스트리아	60.60	61.50	64.00	59.70	59.90	57.60	58.90	-
러시아	35.40	36.30	37.90	42.10	44.20	41.30	40.50	-
프랑스	26.70	27.10	28.60	27.50	27.10	26.30	27.10	-
벨기에	28.30	28.10	29.30	28.30	29.30	27.10	26.40	-
네덜란드	44.70	40.30	33.50	31.00	27.80	25.70	31.40	-
덴마크	-	33.50	29.30	28.90	41.40	34.80	44.00	-

위 표를 보면, 해마다 제1위를 차지한 곳은 영국군인데, 가장 심할 때는 139.7‰에 달하고 가장 적을 때도 93.3‰이다. 그다음은 이탈리아 군으로 가장 많은 수일 때는 96.0‰, 적은 때도 87.4‰을 차지하고, 오스트리아와 러시아가 그에 버금간다. 비교적 적은 수치인 프로이센의 17.8‰은 각국 군에서 볼 수 없는 좋은 성적이다. 반면 우리 군대는 1897년에 족히 세계 제3위를 차지했지만 3개년이 지나지 않아 제4위로 내려갔고, 1901년에는 제5위가 되었다. 그래도 아직 프랑스군이나 벨기에군, 네덜란드군에 훨씬 못 미친다[부표 제1 대조]. 우리 군의 성적을 1로 가정하고 그 비율을 유럽 열국의 수치와 비교하면 다음과 같다.

연별 / 국가별	1897	1898	1899	1900	1901	1902	1903
영국	2.17	2.51	2.44	1.95	2.63	3.40	2.88
프로이센	0.34	0.39	0.38	0.38	0.45	0.50	0.45
이탈리아	1.40	1.82	1.86	1.88	2.25	2.53	-
오스트리아	0.94	1.16	1.27	1.25	1.55	1.59	1.36
러시아	0.55	0.68	0.75	0.88	1.14	1.14	0.94
프랑스	0.41	0.51	0.57	0.57	0.70	0.72	0.62
벨기에	0.44	0.53	0.58	0.58	0.75	0.74	0.61
네덜란드	0.69	0.74	0.66	0.65	0.72	0.71	0.72
덴마크	-	0.63	0.58	0.60	1.07	0.96	1.02

즉 영국군은 해마다 우리의 약 두 배, 이탈리아군, 오스트리아군은 1배 남짓에 해당하고 우리의 반수에도 미치지 못하는 곳은 오직 프로이센군뿐이니 프로이센의 성적이 참으로 훌륭하지 않

은가.

전술한 각국 군대에서 화류병 증감의 원인으로 작용하는 바는 딱히 단일하지 않다. 따라서 이를 해설하기가 대단히 어려운 일에 속하지만, 아마도 각국의 개화 정도, 행정법의 차이, 풍속, 습관의 차이, 교통의 상태, 도의적 관념의 정도, 현재의 의사 수, 치료법 여하, 혹은 또 종족적 관계로 귀결되는 것이리라.

〈각 연월별 화류병의 성쇠(消長)〉

1897년 이후 7개년에 걸쳐 각 연월별로 우리 군대 내의 화류병 상황을 관찰하면 아래와 같고, 그 증감(消長)에 흥미진진한 점이 있다.

연별, 월별 화류병 환자표(‰)

월별 \ 연별	1897	1898	1899	1900	1901	1902	1903	평균
1월	7.09	4.49	5.32	3.47	3.45	2.24	3.71	4.25
2월	4.00	3.38	3.60	2.55	2.76	2.17	2.44	2.99
3월	4.63	3.90	3.63	3.47	2.76	2.50	2.71	2.98
4월	4.63	3.36	3.30	3.06	2.80	2.48	2.89	3.22
5월	4.09	3.46	3.85	3.65	2.57	2.72	3.01	3.33
6월	5.12	4.22	3.84	3.75	3.34	3.89	3.52	3.95
7월	4.30	3.53	3.69	3.42	2.91	2.73	3.42	3.43
8월	12.26	3.63	3.52	3.96	3.01	2.81	3.48	4.66
9월	3.66	3.14	3.26	3.83	2.69	2.64	3.24	3.21
10월	3.46	3.34	3.24	3.47	2.47	2.43	3.44	3.12
11월	3.39	2.81	2.10	2.46	1.72	1.76	2.07	2.33
12월	14.95	2.70	10.45	10.14	7.58	9.02	8.99	10.39

이를 요약하자면, 화류병은 1월부터 점차 하강해 3월까지 갔다가 4월부터 다시 상승해 8월에 다소 높은 수치를 보이고, 다시 내려가 11월에 가장 낮은 수준에 달한다. 12월이 되면 다시 별안간 폭등을 보인다(부표 제2).

이를 유럽의 여러 열국들의 성적과 대비하면 다음과 같다.

국가별 / 연한 / 월별	일본	프로이센	바이에른	오스트리아	프랑스	이탈리아	러시아	벨기에	스페인	네덜란드	세르비아
	1897~1903	1897~1903	1897~1901	1900~1902	1901~1903	1900~1902	1899~1902	1901~1904	1903	1903~1902	1903
1월	4.25	1.6	1.9	6.4	2.9	8.2	4.1	2.7	6.5	2.9	2.3
2월	2.99	1.4	1.5	4.5	1.8	6.1	3.1	1.7	5.0	1.9	6.4
3월	2.98	1.2	1.6	4.1	1.6	7.0	3.0	1.8	8.3	2.3	5.6
4월	3.22	1.3	1.5	4.6	2.1	8.4	3.0	2.0	5.7	1.7	2.7
5월	3.33	1.1	1.5	4.6	2.0	7.5	3.8	2.1	3.2	1.6	2.7
6월	3.95	1.4	1.5	5.2	2.0	7.2	3.3	2.5	5.0	1.6	3.7
7월	3.43	1.5	1.7	5.7	2.2	7.7	3.5	2.3	4.6	1.8	3.3
8월	4.66	1.6	2.1	5.0	2.5	8.1	3.2	2.6	4.1	2.0	100.0
9월	3.21	1.1	1.5	4.2	2.0	6.6	2.8	2.2	6.7	1.8	4.4
10월	3.12	4.3	3.7	6.2	2.2	8.0	3.5	2.5	5.2	2.2	4.5
11월	2.33	1.6	2.0	4.4	3.4	7.4	3.8	2.1	4.4	1.9	6.4
12월	10.39	0.95	1.4	3.8	2.4	6.6	4.1	1.7	4.0	1.4	5.3

위의 표를 곡선으로 나타내면(부표 제3) 각 군대의 높낮이에 자연히 차이가 나타나기는 하지만, 곡선의 경과에서 하나의 특이한 현상을 볼 수 있다. 그리고 프로이센, 바이에른, 오스트리아, 프랑스, 벨기에는 대략 곡선의 경과가 서로 유사하여, 1월부터 봄철에 걸쳐 분명한 저하를 보였다가, 그로부터 다시 상승해서 여름철에 높아지고, 9월이 되면 다시 두루 떨어졌다가 10월(프랑스는 11월) 들어 갑자기 상승하고 연말에 이르러 다시 하강하고 있다.

이에 반해 러시아 곡선의 경우, 두 군데의 고점은 3월과 12월이고 최저점은 9월로, 급격한 고저 변화는 나타나지 않는다. 우리나라 곡선은 1월부터 봄철에 걸쳐 추락하고 8월이 되어 높은 수를 보인다는 점에서는 다른 나라와 거의 일치하지만, 그사이 6월에 미세한 상승을 보이고 11월에는 최저이며 우리 측에서 급격한 상승은 12월에 나타났다.

이에 별표 곡선의 상승 원인을 탐구하건대, 프로이센군 의무국 위생 연보에 실린 바에 따르면, 유럽에서 봄철에 저하를 보이는 것은 당시 병무가 다망해서 병졸이 한가한 시간이 적기 때문일 것이다. 여름철에 높은 것은 기후와 정욕의 관계, 즉 온난함이 정욕을 자극하는 경우가 많을 뿐 아니라, 이 계절에는 병졸의 자유산책 시간이 길기 때문에 따라서 자신의 본능을 만족시킬 여유가 있다. 또한 한여름, 즉 8월에 그 최고치를 보이는 것은 위수지 이외에서 연습을 거행하기 때문에 다른 지방에서 여자와 어울리기(交婦) 수월하고 기회가 많다. 따라서 화류병의 침습을 받기 쉽기 때문일 것이다.

9월에 낮은 것은 오래된 병사(旧兵)가 제대하기 때문이고, 10월(프랑스군은 11월)에 높은 것은 신병이 입영할 때 병을 지닌 자가 많기 때문이다. 그리고 11월 12월에 하강을 보이는 것은 신병이 영외로 나갈 때 반드시 감시 아래 놓이고 병사 또한 많은 임무를 요구 받기 때문에 정욕의 본능을 따를 수 없기 때문일 것이다. 특히 프로이센과 오스트리아의 12월 성적을 보면 다른 달에 볼 수 없는 감소가 표출되고 있는데 역시 크리스마스(耶蘇降誕節会)도 관계가 있다. 즉 한편에서는 크리스마스 때에 귀향 허가를 받기 위해서 여자와 어울리는(交婦) 데에 대단히 주의를 기울이고, 다른 한편 금전을 저축하기 위해 소비를 삼가는 것이다.

그러나 1월의 상승은 아마도 크리스마스 때에 많은 병사가 귀성하여 정욕을 채우고 잔류자는 크리스마스 당일 밤에 완전히 자유를 허가받으므로 화류병 감염 기회가 많기 때문일 것이다.

우리나라에서 1월에 다소 높은 것은 사회 일반에서 1월은 집 안 유희가 활발하고 군대에서도 병졸의 휴업이 많은 점, 또한 신병 중 병에 걸려 있으면서 잠복 상태인 자 중 입영 이래의 격무에 의해 도발되어 발병하는 자가 있기 때문일 것이다. 점차 3월에 낮아지는 것은 때마침 제1기 검열에 임해서 군대훈련(練兵)이 매우 바쁘니 아무래도 근무가 많아 한가한 시간이 적어서이고, 이 시기가 지나 6월에 다소 높은 것은 보충병 입영 때에 병을 지닌 자가 있기 때문이고, 제1기 말 검열을 마치고 차츰 각 병사에게도 여유가 있기 시작하기 때문일 것이다. 한여름에 높은 것은 대략 유럽의 설명과 같다. 11월이 되면 고참 병사가 제대하기 때문에 현저히 하강한다. 12월은 신병이 입영하기 때문에 병을 지니고 들어온 자에 의해 대단한 폭등이 유래된다.

지금 다시 신병 입영에 관해 각 열국을 훑어보면, 스페인은 3월에 표 안에서 분명히 상승을 보인다. 이탈리아에서는 3월과 4월에도 이와 일치하는 오르내림이 없고, 네덜란드에서는 3월이 돼도 현저한 상승이 없다. 세르비아에서는 동요가 현저한데, 이를 설명하려 해도 지금까지 위생 보고가 없고 조사사항이 없기 때문에 불가능하다. 그리고 상승 비율을 보니 가장 동요가 적은 것은 프로이센이지만, 신병이 입영할 때의 상승은 다른 나라에 비해 오히려 현저하다.

이탈리아의 특유한 곡선에 대해서도 이탈리아의 위생 보고가 없기 때문에 역시 해설할 수 없다. 그러나 우리나라에서 신병이 입영할 때 화류병 환자가 많은 것은 다른 열국에서 볼 수 없는 점이므로, 다른 나라에 비해 우리나라의 민간에서 화류병 만연의 정도가 얼마나 광활하고 우세한지 미루어 알기가 어렵지 않을 것이다.

〈병종(兵種)별 화류병 만연 상황〉

여기서 각 병종의 화류병 상황을 생각해 보는 것도 역시 무익하지 않을 것이다.

연별, 병종별 화류병 환자 천분 비례표

병종별 / 연별	보병	기병	야전 포병	요새 포병	공병	철도	치중(輜重)	경비	사관 학교	중유(中幼) 학교	여러 기타 학교	죄수(囚徒)
1897년	64.6	61.4	68.4	66.7	63.3	24.4	82.3	60.9	3.8	2.9	18.6	208.0
1898년	52.9	51.5	53.7	62.5	63.7	13.6	85.7	57.4	11.2	-	101.9	144.3
1899년	50.8	52.3	48.1	59.8	46.9	26.7	72.3	88.2	1.5	-	4.5	17.7
1900년	47.5	60.7	46.5	60.3	53.9	20.5	65.1	28.6	2.9	6.0	125.0	99.4
1901년	39.2	35.3	37.5	10.6	12.8	16.0	11.4	27.0	4.4	2.4	10.4	113.4
1902년	35.8	32.9	38.2	51.8	50.5	20.0	54.9	76.6	7.6	-	8.5	102.3
1903년	43.7	35.2	48.9	58.8	60.3	13.2	55.6	74.4	1.4	-	12.3	75.6
평균	47.7	47.0	48.7	52.9	53.0	19.2	61.0	51.6	4.6	3.7	40.2	108.6

위의 표를 훑어보면, 부대 중 가장 많은 수를 보이는 곳은 보급부대(輜重隊)로 평균 61.0‰이다. 공병 53.0‰이 그다음이고, 요새포병대의 52.9‰, 경비대의 51.6‰, 야전포병대의 48.7‰ 순으로 떨어지며, 보병과 기병은 서로 엇비슷하다. 그리고 사관학교가 4.6‰, 중앙유년학교가 3.7‰을 보이고 있음은 심히 통탄할 만한 현상이다. 그 밖의 여러 학교로서, 예를 들어 교도단(教導團), 도야마(戸山)학교[5] 등의 40.2‰은 오히려 당연한 수치라 하겠다. 죄수(囚徒)의 108.6‰은 최다수를 나타내고 있기는 하나 아마도 분명 그 인원 수가 적은 데 비해 화류병 환자가 자연히 많은 수인 것이 원인인 듯하다.

그리고 자세히 살펴보면, 부대에서는 1899년도 경비대의 88.2‰이 가장 많고, 1901년도 요새포병대의 10.6‰이 가장 적다(부표 제4).

그리고 각 병과(兵科)에서 화류병이 많고 적은 원인에 관해서는 무엇으로 해설해야 온당한지 알 수 없다. 만일 특과대(特科隊)의 성적이 대개 보병대보다 불량하다고 단언하려 한다면, 철도대 같은 곳은 오히려 다른 대에 비할 수 없이 좋은 성적을 보여 주고 있으니 역시 부정당할 것이고, 특

5 육군도야마학교를 가리킴.

히 보급부대에서 다수를 보이는 이유에 대해서도 상상도 미치지 않는다.

제二 각 사단의 화류병 만연 상태

각 사단의 화류병 만연 상황은 곧 그 지방 민간에서의 만연을 간접적으로 짐작할 수 있는 지침으로서 각지가 어떠한 상황에 놓였는지 헤아릴 수 있게 해 준다(다음 표 외에 부표 제5의 1, 2도 참조).

연별, 사단별 화류병 환자 천분 비례표[6]

병종별 / 연별	근위	제1	제2	제3	제4	제5	제6	제7	제8	제9	제10	제11	제12
1897년	27.2	46.2	63.7	65.1	74.6	61.1	111.2	76.2	96.8	82.3	60.8	59.8	75.4
1898년	20.9	36.9	55.0	52.7	56.2	53.8	90.8	4.3	61.2	57.7	64.2	58.9	59.9
1899년	24.4	40.1	53.2	48.5	56.1	47.8	74.4	54.3	48.4	54.3	54.5	50.5	58.0
1900년	32.7	43.7	49.0	44.8	46.5	47.4	66.5	48.5	43.3	53.6	51.3	58.3	57.8
1901년	22.0	27.1	36.3	41.4	37.5	44.7	57.2	35.0	38.2	35.9	43.5	32.4	66.3
1902년	21.0	28.8	29.2	29.3	39.4	58.8	61.5	338.7	33.2	31.5	23.9	41.9	49.7
1903년	24.6	28.2	32.7	50.7	45.5	57.2	72.5	35.0	37.5	37.2	34.7	36.4	65.4
평균	26.4	35.8	52.7	47.5	50.8	52.9	73.4	69.2	51.2	50.3	47.5	55.1	60.3

위 표를 곡선으로 나타낸 것에서 보듯이(부표 제5의 3), 제6사단의 73.4‰이 최고치이고, 제7사단의 69.2‰이 그뒤를 잇고, 근위의 24.6‰이 가장 적으며, 제1사단의 35.8‰도 역시 매우 적은 수준에 속한다.

근위와 제1사단은 제국 수도에서 화류병 감염 경로가 많은데도 오히려 다른 사단에서 볼 수 없는 좋은 성적을 보이는 원인이 무엇일까. 일률적으로 논하고 판단할 수는 없겠지만, 천황 슬하에 가까이 있고 특히 근위병의 경우 황궁 수호(禁衛) 임무를 맡기 때문에 군기도 자연히 엄숙하고 각 병사의 자위심도 더욱 힘이 있기 때문이라고 간주해야 하는 것이 아닐까.

가장 많은 수를 보이는 제6사단은 규슈의 중앙에 위치하여 기후가 온난한 결과 정욕이 왕성하다는 관계로 설명하고자 하지만, 그다음으로 다수인 제7사단은 홋카이도에 소재하고 있으므로 춥거나 더운 기후 관계로 쉽게 해석해서는 안 되겠다. 하지만 춥고 더운 기후가 완전히 반대

6 평균이 맞지 않는 경우도 있으나 원문에 따름.

인 지역에서 비교적 다수를 보이는 사실은 일고할 가치가 없지 않을 것이다. 다만 이 설을 확실히 하기 위해서는 오히려 추운 지역에 속하는 제2사단(센다이仙台)은 52.7‰, 제8사단(히로사키弘前)은 51.2‰이고, 따뜻한 지역에 속하는 제12사단(고쿠라小倉)은 60.3‰, 제11사단(젠쓰지善通寺)은 55.1‰, 제5사단(히로시마)은 52.9‰이고, 중간 지역인 제3사단(나고야)의 47.5‰, 제4사단(오사카)의 50.8‰, 제10사단(히메지姫路)의 47.5‰에 비하면 모두 한온 양 지역에 속하면서 함께 화류병 증가 경향을 보이는 사실이 인정되는 것 같다.

다음으로 참고 삼아 유럽 대국들 군대에서의 군단별 화류병 환자 수를 열거하고자 한다.

〈독일군〉(1898~1903년의 평균 수)

제12군단(제1작센)	31.9‰
제1바이에른군단	29.4‰
제19군단(제2작센) (1)	26.3‰
제15군단	22.5‰
제1군단	22.0‰
근위사단	21.8‰
제9군단	20.3‰
제6군단	20.2‰
제17군단	(2) 19.9‰
제3군단	19.7‰
제16군단	(2) 19.4‰
제2군단	19.3‰
제5군단	17.4‰
제8군단	16.1‰
제10군단	15.8‰
제2바이에른군단	15.6‰
제7군단	15.3‰
제4군단	15.1‰
제11군단	14.2‰

제14군단	13.8‰
제18군단	12.6‰
제3바이에른군단	12.6‰
제13군단(우르텔부르크[7])	9.6‰

비고 (1) 독일군대는 19군단과 바이에른 3군단으로 편성됨.

(2) 제19군단은 1902년에 설립되었기 때문에 이 군단은 1902년부터 3년의 통계임.

(3) 제17군단, 제16군단은 1900년부터 1903년 사이의 통계임.

(4) 제3바이에른왕국 군단은 1899년에 설립되었기 때문에 1899년부터 1903년까지의 통계임.

〈오스트리아-헝가리군〉(1898~1902년의 평균 수)

제7군단(테메시바르)	97.2‰
제4군단(부다페스트)	88.2‰
제12군단(헤르만슈타트)[8]	74.8‰
제11군단(셈베르그)	73.5‰
제5군단(프레스부르그)	71.3‰
제13군단(아그람)	69.7‰
제6군단(코시체)	65.8‰
자라[9] 독립군단	64.6‰
제9군단(요제프슈타트)	62.5‰
제1군단(크라칸)	55.5‰
제15군단(사라예보)	49.6‰
제2군단(빈)	48.1‰
제10군단(프셰미실)	45.5‰
제8군단(프라하)	43.4‰

7 원문 표기는 ウルテルブルク이며, 원어를 확인할 수 없어 일어에서 음독 표기함.

8 독일어 지명인 헤르만슈타트(Hermaunstadt)는 현재 루바니아의 시비우(Sibiu)를 가리킴.

9 현재 크로아티아의 도시 자다르(Zadar)일 가능성이 있음.

제3군단(그라츠)	39.3‰
제14군단(인스부르크)	39.1‰

〈프랑스군〉(1899~1903년의 평균 수)

제3군단(루앙)	53.3‰
제15군단(마르세유)	44.4‰
제18군단(보르도)	32.9‰
제10대군단(몽펠리에)	32.3‰
파리 위수대	32.1‰
제14군단(리모주)	30.7‰
제12군단(리모주)	29.2‰
제17군단(툴루즈)	28.3‰
제19군단(투르)	26.7‰
제13군단(클레르몽)	26.4‰
제20군단(낭시)	25.7‰
제7군단(브장송)	25.0‰
제5군단(오를레앙)	24.1‰
제2군단(아미앵)	23.1‰
제6군단(샬롱)	21.2‰
제8군단(부르주)	20.2‰
제11군단(낭트)	19.6‰
제4군단(르 몽스)	19.5‰
제10군단(렌)	18.8‰
제1군단(릴)	18.0‰

〈이탈리아군〉(1900~1902년의 평균 수)

메시나(25)	192.6‰
나폴리(20)	161.3‰

카탄자로(23)	159.7‰
팔레르모(24)	149.6‰
바리(22)	128.8‰
살레르노(21)	110.1‰
로마(17)	105.7‰
피렌체(15)	95.4‰
키에스(14)	94.5‰
리보르노(16)	94.2‰
칼리아리(19)	93.8‰
라벤나(12)	87.1‰
발라냐(11)	74.0‰
앙코나(13)	71.7‰
페루자(18)	70.0‰
브레시아(6)	69.1‰
피아첸차(8)	66.2‰
토리노(1)	66.0‰
알렉산드리아(3)	65.3‰
파도바(10)	63.9‰
밀라노(5)	61.6‰
베로나(9)	60.3‰
쿠네오(4)	47.5‰
제노바(7)	46.7‰
노바라(2)	46.3‰

〈러시아군〉(1889~1902년의 평균 수)

시베리아	124.9‰
두셴 헤어스	84.3‰
카산	79.3‰

오데사	53.4‰
관동	47.6‰
키이우	47.8‰
모스크바	41.8‰
빌나	40.3‰
투르키스탄	38.8‰
프리아무르	37.8‰
바르샤	35.8‰
코카서스	31.5‰
페테르부르크	27.9‰
핀란드	9.8‰

〈영국 본국군〉(1899~1903년의 평균 수)

더블린	193.6‰
웨스턴	161.5‰
홈	155.6‰
울리지	144.2‰
벨파스트	139.7‰
노스이스턴	139.5‰
서던	124.7‰
채널 제도	122.0‰
솔즈베리 평원	99.3‰
스코틀랜드	95.6‰
쏜즈	94.5‰
올더숏	90.4‰
이스턴	88.7‰
노스웨스턴	84.7‰
사우스이스턴	81.9‰
코크	65.7‰

벨기에, 네덜란드, 스페인 군의 각 군단 상태는 해당국 보고를 볼 수 없으므로 생략한다. 각국의 각 군단 수를 비교해 보면, 독일군의 성적이 가장 뛰어나서 독일군 중 불량한 성적을 보이는 제12군단(제1작센왕국군)의 31.9‰조차도 오스트리아, 헝가리(39.1), 이탈리아(46.3)와 영국(65.7)의 가장 양호한 숫자보다 소수이고, 스페인 전군(63.4)과 세르비아(46.0)군보다도 역시 소수로 나타나고 있다. 러시아에서는 페테르부르크가 27.9‰, 핀란드는 19.8‰, 코카서스는 31.5‰이어서 이들 삼사군단은 독일군보다 성적이 우수하지만 다른 지방에서는 현저히 불량한 결과를 보인다.

프랑스군과 독일군을 비교하면, 프랑스군에서는 독일군 제12군단(31.9)보다 탁월한 성적으로 근소한 수이고, 프랑스군의 가장 좋은 성적은 릴의 제1군단(18.0‰)이다. 그리고 독일군 중 제4, 제5, 제7, 제8, 제10, 제11, 제13, 제14, 제18과 제2, 제3 바이에른 군단의 성적은 다른 유럽 군대 중에서 볼 수 없으리만큼 양호하다.

프랑스군의 특이점인 중부와 북부, 서부의 군단[제10(렌), 제11(낭트), 제4(르 몽스)]과 최북위 군단[제1(릴)]은 화류병의 화를 입는 일이 적다. 반면 남방 특히 남서방과 남동방 해안의 여러 군단[제18(보르도), 제16(몽펠리에), 제15(마르세유)]의 경우 현저한 만연을 볼 수 있다.

북부에서는 칼레, 셰르부르, 브레스트 낭트 등 여러 큰 정박 항구가 있음에도 불구하고 대개 소수를 보이고 있음은 특이한 점이다. 단, 제3군단의 소재지인 루앙만은 예외적이어서 이곳 성적은 프랑스군 중 가장 불량하게 나타남으로써 북부 해안의 양호한 현상에 오점을 기록하고 있다.

이탈리아에서는 북부 지방이 대체로 성적이 좋고 북서쪽에서는 인접하는 프랑스의 제15군단보다 다소 많은 환자가 존재한다. 북동부 지방에서는 인접하는 오스트리아의 제4[10] 인스부르크, 제3 그라츠 군단보다 일반적으로 화류 병자가 많다. 그리고 남쪽으로 갈수록 순차적으로 수가 늘어 가장 남부의 메시나 군대에서는 해마다 200‰의 화류 병자가 있다고 한다.

오스트리아-헝가리에서는 독일에 인접하는 티롤, 포어아를베르크, 잘츠부르크, 케른텐, 슈타이어마르크, 모라바, 오스트리아, 크란스카에서 전체적으로 비교적 병에 걸린 자가 적고, 이스트리아 및 보스니아(제15군단[11])는 비교적 양호하며, 헝가리 위수대에는 이 병에 걸린 자가 많다. 그리고 위수에 복무하는 곳은 제7, 제4 군단인데, 제7군단에는 해마다 병원(兵員)의 10분의 1이 병을 지녔다고 한다.

10 본문 위쪽의 국가별 기재에서 인스부르크는 제14임. 기재 불일치.

11 본문 위쪽의 국가별 기재에서 제15군단은 사라예보임. 기재 불일치.

갈리치아 및 지벤뷔르겐(제11, 제12 군단[12])도 역시 불량한 지방으로 꼽히는 하나다.

러시아의 상황을 요약하면, 핀란드와 페테르부르크에서 비교적 소수이고, 동쪽으로 갈수록 점차 현저한 감염 만연을 인지할 수 있다.

우리나라에서 가장 불량한 제6사단 구마모토의 73.4‰은 프랑스-프로이센 양군에서도 볼 수 없을 만큼 큰 수이고, 가장 양호한 근위사단의 24.6‰조차도 독일군의 하위와 비할 만하고 프랑스군과는 차이가 커서 그 반에도 미치지 못한다. 영국과 비교하면 가장 불량한 성적과 가장 좋은 성적 모두 그들이 우리를 능가한다. 즉 영국의 높은 수치는 193.6‰인데 우리는 73.4‰이고, 영국의 낮은 수치 65.7‰은 우리의 24.6‰에 대응한다.

영국이나 오스트리아, 이탈리아, 러시아의 화류병이 각 군에서 만연하는 실상에 놀랄 수 있지만, 우리나라의 각 사단 상황을 생각하면 한층 더 불안한 점이 있으니, 그 분야에 관련된 자들이 떨쳐 일어나 힘써야 할 것이다.

제三 화류병의 각 병에 대하여

화류병 중 매독, 연하감, 임질의 대비가 어떠한지 연구하면, 열국들의 군대를 통해 다음과 같은 관계를 인정할 수 있다.

(화류병 환자를 백분율로 표시함.)

국명	연간	매독	임질	연하감
이탈리아	1900~1902	15.6	51.4	33.0
네덜란드	1902~1903	18.8	74.7	6.5
스페인	1903	19.2	37.3	43.5
덴마크	1902~1903	19.4	75.5	5.1
벨기에	1899~1903	20.2	77.6	2.2
바이에른	1898~1903	21.2	66.7	12.1
프러시아	1899~1903	21.5	65.3	13.2
일본	1897~1903	26.4	45.7	27.9
프랑스	1899~1903	31.4	52.7	15.9

12 본문 위쪽의 국가별 기재에서 제11은 셈베르그, 제12는 헤르만슈타트임. 기재 불일치.

오스트리아	1899~1903	32.1	50.2	17.6
영국	1899~1902	38.0	52.8	9.2

위 표를 보면, 화류병 전체 중 매독은 이탈리아의 15.6%가 가장 적다.

연하감은 스페인, 이탈리아, 일본에서 특히 현저히 다수로 나타난다. 임질은 벨기에의 77.6%가 가장 많고, 가장 적은 것은 스페인의 37.3%다.

매독은 전체 군대를 크게 둘로 나눌 수 있다. 즉 하나는 모든 화류병 중 약 20~26% 이상인 나라, 또 하나는 30% 이상을 갖는 나라다. 전자에 속하는 곳은 이탈리아, 네덜란드, 스페인, 덴마크, 벨기에, 바이에른, 프로이센, 일본이고, 후자에 속하는 곳은 프랑스, 오스트리아, 영국이다.

임질에 대해서는 약 50.0% 이하인 곳과 그 이상인 곳 둘로 나눌 수 있다. 즉 우리나라는 매독이 많다는 점에서 열국 중 제4위다.

또한 연하감을 제외하고 매독, 임질 상호관계를 1903년을 기준으로 비교하면 다음과 같다.

국가명	매독	임질
세르비아	1	6.0
네덜란드	1	4.0
덴마크	1	3.9
벨기에	1	3.8
이탈리아	1	3.3
바이에른	1	3.1
프러시아	1	3.0
프랑스	1	2.8
일본	1	2.1
스페인	1	1.9
러시아	1	1.7
오스트리아	1	1.6
영국	1	1.4

즉 위에 따르면 매독에서 제1위를 점하는 이탈리아가 임질에서는 제4위로 내려가 있고, 제2위인 네덜란드는 오히려 제1위로 올라가 있고, 스페인은 제8위로, 덴마크는 제2위로, 벨기에는 제3위로 이동하고, 우리 일본은 여전히 제8위를 차지한다.

화류병 중 이들 세 병의 관계는 항상 같지는 않고 해마다 다소 감소하는 경향이 있는 듯하다. 아쉽게도 과거 몇 년의 여러 외국의 위생보고를 통일적으로 비교할 수는 없다. 따라서 그저 모든 화류병에 대해서 또는 일부만을 어떤 방법으로 구별하는 데에 지나지 않으니, 지금 일반적으로 통할 수 있는 정밀한 모델을 만들 수는 없었고, 그저 유럽의 여러 외국의 위생보고에서 인용하고 산출함으로써 다음 표를 얻을 수 있었다(화류병 환자 총수에 대한 백분율임).

프러시아군

연대	매독	임질	하감	임질과 매독 비율
1873~1878	23.0	49.5	27.5	10 ‥ 4.6
1878~1883	25.3	50.4	24.3	10 ‥ 5.0
1883~1888	25.0	57.5	17.5	10 ‥ 4.3
1888~1893	21.3	60.9	17.8	10 ‥ 3.5
1893~1898	22.2	60.2	17.6	10 ‥ 3.7
1898~1904	21.5	65.3	13.2	10 ‥ 3.3

즉 화류병 전체 중 연하감은 해마다 규칙적으로 감소하고, 매독도 역시 하강 경향을 보인다. 그에 반해 임질은 오히려 증가하고 있다. 이를 통해 보면 화류병은 대개 감소하고 있음이 분명한데, 개중 연하감은 가장 현저하고 매독이 그다음이다. 이와 유사한 관련을 보이는 것이 바이에른이다.

바이에른군

연대	매독	임질	하감	임질과 매독 비율
1874~1879	20.1	52.0	27.8	10 ‥ 3.9
1879~1884	26.8	50.2	23.0	10 ‥ 5.3
1884~1889	22.2	56.4	21.6	10 ‥ 3.9
1889~1894	24.4	57.4	18.3	10 ‥ 4.2
1894~1899	24.0	60.6	15.4	10 ‥ 4.0
1899~1903	21.1	66.9	12.0	10 ‥ 3.1

프랑스군

연대	매독	임질	하감	임질과 매독 비율
1876~1880	15.1	68.1	16.8	10 ‥ 2.2
1881~1885	17.1	61.7	21.2	10 ‥ 2.8
1886~1890	19.4	63.7	16.9	10 ‥ 3.0
1891~1895	20.7	65.4	13.9	10 ‥ 3.2
1896~1900	21.9	65.9	12.2	10 ‥ 3.3
1901~1903	23.3	68.0	8.7	10 ‥ 3.4

즉 연하감은 전체적으로 점차 감소하고 있기는 하나, 매독은 증가하고 있고, 임질 역시 항상 증가 경향을 보인다. 이와 유사한 것이 다음이다.

벨기에군

연대	매독	임질	하감	임질과 매독 비율
1870~1874	12.9	68.2	18.9	10 ‥ 1.9
1875~1879	12.5	73.0	14.5	10 ‥ 1.7
1880~1884	15.1	74.5	10.4	10 ‥ 2.0
1885~1889	15.7	78.9	5.4	10 ‥ 2.0
1890~1894	19.7	75.8	4.5	10 ‥ 2.6
1895~1899	20.0	77.2	2.8	10 ‥ 2.6
1900~1904	20.3	77.6	2.1	10 ‥ 2.6

연하감은 다른 열국에서 볼 수 없을 만큼 현저한 감소를 보인다(즉 18.9%에서 2.1%에 이름). 하지만 매독 수는 프랑스군처럼 증가하고 있고 임질 또한 그렇다.

오스트리아군

연대	매독	임질	하감	임질과 매독 비율
1871~1875	24.8	44.6	30.5	10 ‥ 5.6
1876~1880	25.3	47.6	27.1	10 ‥ 5.3
1881~1885	23.5	53.7	22.8	10 ‥ 4.4

1886~1890	28.7	52.7	18.6	10 ‥ 5.4
1891~1895	29.2	51.4	19.4	10 ‥ 5.7
1896~1900	31.1	50.5	18.4	10 ‥ 6.2
1901~1904	31.8	50.9	17.3	10 ‥ 6.2

매독은 증가하고 연하감은 여전히 감소된 수를 보인다.

영국(국외 주차군을 제외함)

연대	매독	임질	하감	임질과 매독 비율
1886~1890	47.0	42.0	11.0	10 ‥ 11.2
1891~1895	47.2	43.8	9.0	10 ‥ 10.58
1896~1900	43.1	48.3	8.6	10 ‥ 8.5
1901~1903	36.9	52.1	10.9	10 ‥ 7.1

처음 5년 동안 매독이 임질보다 좋지 않은 것이 분명하고, 그 후의 10년 사이 매독이 감소했음에도 여전히 프러시아와 바이에른 같지는 않다. 연하감은 처음 15년 동안 다른 군대처럼 근소하게 감소를 보이지만, 이후 5년 동안에는 다시 증가를 보인다.

이탈리아군

연대	매독	임질	하감	임질과 매독 비율
1881~1885	13.7	4.9	44.4	10 ‥ 3.3
1886~1890	14.2	41.5	44.3	10 ‥ 3.4
1891~1895	19.2	38.5	42.3	10 ‥ 5.0
1896~1900	19.8	45.4	34.8	10 ‥ 4.4
1901~1902	19.9	49.1	31.0	10 ‥ 4.1

연하감은 타국에서 볼 수 없는 다수를 나타내고 있을 뿐 아니라 최초 15년 동안에는 임질을 능가하고 있고, 그 후의 7년에 다소 감소하긴 했으나 전체적으로 보면 매독보다 더한 면이 있다.

매독 수는 해마다 상승하고 그사이 임질은 일시적으로 감소했다가 다시 상승한다. 다른 나라 군대에서는 그 변화가 이탈리아군처럼 심하지 않다. 전반에 걸쳐 개요를 서술하면, 프러시아, 바

이에른, 영국에서 매독은 모든 화류병 중 해마다 감소하고, 연하감의 경우 전군에서 현저한 감소를 보인다. 즉 프러시아, 바이에른, 영국에서는 연하감과 매독이 해마다 감소하고, 반면 임질은 오히려 이를 능가하려는 것 같다. 다른 군대에서는 매독의 증가와 연하감의 감소는 서로 평균하지 않고 이 기간에 임질은 일반적으로 다소의 증가가 증명되는 듯하다.

우리 일본 군대의 상황은 어떠할까.

일본군

연대	매독	임질	하감	임질과 매독 비율
1897	23,8	41.3	34.9	10 ·· 1.7
1898	26.2	42.1	31.7	10 ·· 1.6
1899	28.3	42.4	29.3	10 ·· 1.5
1900	28.6	42.3	29.1	10 ·· 1.4
1901	27.5	47.2	25.3	10 ·· 1.7
1902	27.0	51.5	22.5	10 ·· 1.9
1903	23.8	53.7	22.5	10 ·· 2.3
1906	25.3	42.6	32.1	10 ·· 1.6

매독은 해마다 거의 동일하고, 연하감은 오히려 감소 경향이 나타난다. 임질은 한때 상승했다가 다시 감소한다. 그리고 그 수를 매독과 비교해서 보면 백분율 수가 심히 미미해서 가장 많은 2.3%도 벨기에와 프랑스에서 볼 수 있을 뿐 다른 열국에 비해 매우 적은 수를 보인다.

일반적으로 매독과 임질은 열국에 비해 대체로 적은 수이지만, 연하감만은 오히려 타를 능가하는 경향이 있다. 즉 연하감의 최고치인 34.9%는 그저 이탈리아군에서만 볼 수 있고 타국에서는 찾을 수 없는 값이다. 최소치인 22.5%도 프러시아, 바이에른, 프랑스, 오스트리아-헝가리의 최다수와 거의 엇비슷하다.

그리고 여러 열국군의 화류병 중에서 각 병을 수월하게 비교할 수 있도록 이를 곡선으로 묘사하기에 앞서 종합하면 다음 표와 같이 정리할 수 있다.

각군 화류병 연별, 병명별 천분 비교표

국가명 \ 병명 \ 연도		1897	1898	1899	1900	1901	1902	1903
일본	임질	22.72	18.85	17.58	16.60	15.57	16.29	20.34
	하감	18.65	13.50	11.93	11.34	8.04	7.04	8.43
	매독	13.20	12.14	12.03	11.48	9.10	8.25	9.18
영국	임질	64.0	64.01	59.9	52.6	57.5	64.1	62.8
	하감	12.0	11.4	11.2	7.3	9.8	12.6	16.0
	매독	63.2	57.2	41.3	33.3	38.1	46.0	46.3
프러시아	임질	13.8	13.5	12.9	11.9	11.7	12.0	12.8
	하감	3.4	3.1	2.7	2.5	2.4	2.3	2.4
	매독	4.7	4.4	4.3	4.1	3.6	4.0	4.1
바이에른	임질	14.4	14.9	15.3	12.6	14.5	14.1	13.2
	하감	3.5	2.7	2.6	3.3	2.5	2.4	1.6
	매독	4.9	4.3	5.0	4.6	4.8	4.3	3.5
오스트리아	임질	31.0	31.1	31.4	30.1	29.9	29.4	30.1
	하감	11.7	11.2	11.3	10.8	10.8	10.3	9.6
	매독	17.9	19.2	21.3	18.2	19.2	17.9	19.2
프랑스	임질	18.4	18.3	17.9	17.7	17.5	17.9	19.3
	하감	2.8	2.9	4.0	3.5	2.9	2.2	1.9
	매독	5.5	5.9	6.7	6.3	6.7	6.2	9.5
이탈리아	임질	28.2	31.6	31.5	30.9	30.1	32.8	-
	하감	23.9	20.2	20.7	21.0	19.4	20.4	-
	매독	13.2	13.3	13.4	12.1	12.5	13.0	-
벨기에	임질	22.1	20.4	22.7	22.4	22.5	21.0	20.6
	하감	0.4	1.0	0.8	0.4	0.6	0.6	0.4
	매독	5.8	6.7	5.8	5.5	6.1	5.4	5.4

네덜란드	임질	-	-	-	-	-	19.1	23.6
	하감	-	-	-	-	-	1.5	2.2
	매독	6.7	4.9	5.0	4.3	4.6	5.2	5.6
러시아	임질	18.8	18.9	19.6	22.6	23.3	21.9	21.7
	하감	5.9	5.6	6.0	6.8	7.2	6.6	6.0
	매독	10.7	11.8	12.3	12.7	13.7	12.8	12.8

위 표의 각 병을 연차별, 나라별 곡선(부표 제6, 제7, 제8)으로 표시해 비교하면, 대체로 상승 파동이 많은 것은 임질이다. 가장 낮은 곳은 프러시아군이고, 바이에른군이 이와 비슷하다. 러시아군과 프랑스군은 점차 높아지는 데 비해, 오르내리는 변화가 적은 것은 오스트리아와 벨기에다. 우리나라는 1897년부터 곡선이 서서히 낮아지다가 1901년에 이르러 바이에른군에 접근했다가 다시 급격히 올라가 1903년에는 벨기에군의 위치에 가까워진다.

연하감의 곡선에서 뚜렷한 사실은 벨기에군과 영국군 그리고 우리 일본군에서 나타난다. 벨기에는 가장 우량한 성적으로 나타나고, 영국군은 한때 낮다가 다시 급격히 올라가며, 일본군은 1897년 이후에야 겨우 내려가 다른 나라에서 볼 수 없는 현상인데, 왜냐하면 다른 외국의 곡선은 대체로 동요하는 일이 적기 때문이다.

매독의 곡선은 각 군에서 다 심한 오르내림이 없으며, 각 군 모두 다소 고저를 달리하면서도 요약하자면 모두 같은 위치에 정지해 있고, 오직 우리 일본군의 곡선은 1900년부터 다소 움직여 낮아진 것만을 볼 수 있다.

〈각 사단의 매독 환자 비교〉

여기서 제국과 서양 열국의 군대에 재앙을 입히는 매독에 대해서만 관찰하자면, 사단이 달라짐에 따라, 즉 그 지역이 달라짐에 따라 증가도 자연히 달라지는 내용이 다음과 같다.

연별, 사단별 병사당(每兵員) 천분 비례표

병종별 / 연별	근위	제1	제2	제3	제4	제5	제6	제7	제8	제9	제10	제11	제12
1897년	4.95	8.44	13.23	10.67	11.09	7.21	25.80	15.88	27.17	16.68	17.80	11.13	15.20
1898년	4.44	7.00	13.34	12.35	10.79	8.92	20.22	6.45	22.33	12.86	15.38	16.58	11.86
1899년	5.46	9.81	16.23	11.03	11.36	7.83	21.14	9.06	14.07	13.77	14.87	8.32	12.70
1900년	4.61	11.73	14.27	9.56	9.01	5.80	20.71	10.52	12.84	12.45	16.24	7.14	15.01
1901년	4.92	5.08	8.36	8.21	7.63	5.80	15.93	10.21	14.70	8.25	12.05	7.34	14.91
1902년	5.16	6.21	8.52	3.91	9.19	11.78	15.25	112.91	9.68	4.55	5.96	10.05	6.95
1903년	3.03	5.70	8.68	6.96	10.44	11.82	14.70	13.55	9.57	6.36	8.39	8.73	10.18
평균	4.65	7.71	11.80	8.95	9.91	8.45	19.10	25.51	17.05	10.70	12.95	9.89	12.83

주. 평균이 맞지 않는 경우도 있으나 원문에 따른다.

위 표를 훑어보면 가장 많은 천분율을 보이는 것은 1902년도 제7사단의 112.91‰이고, 1897년도 제8사단의 27.17‰이 그다음이고, 가장 낮은 것은 1903년도 근위사단의 3.03‰이다. 그리고 각 해마다 일반적으로 많은 것은 제6사단(구마모토)이고 적은 것은 근위사단(도쿄), 평균으로는 제7사단(아사히카와)의 25.51‰이 가장 많고 근위사단(도쿄)의 4.65‰이 가장 소수로 나타난다.

우리나라의 상황은 그러한데, 이를 다시 서양 열국의 군과 비교하면 다음과 같다.

국명	평균 연수	군단 명	최고 ‰	군단 명	최저 ‰
프러시아	1898~1903	작센 제2, 제19군단	6.7	제30군단	2.3
오스트리아	1898~1902	제7군단(데메스플)	34.9	제14군단(인스부르크)	11.6
프랑스	1899~1903	제3군단(로)	10.7	제10군단(렌네)	3.7
이탈리아	1900~1920[13]	제23(카탄투어로)	35.8	제7 '게바'	5.4
영국	1898~1902	'잉글랜드'	43.6	'스코틀랜드'	32.4
벨기에	1898~1902	-	5.9	-	-

13 1900~1902의 오기로 보임.

네덜란드	1898-1902	-	4.8	-	-
스페인	1903	-	12.2	-	-
세르비아	1903	-	6.5	-	-
덴마크	1902~1903	-	6.5	-	-
일본	1897-1903	제7사단	25.5	근위사단	4.6

위의 표 안에서 우리나라의 가장 높은 수는 실로 제4위에 위치하고 있고, 가장 낮은 수는 제3위를 점하고 있음을 볼 수 있다. 영국, 이탈리아, 오스트리아-헝가리 제국의 매독 만연은 놀라울 정도이지만 우리나라 역시 결코 순조로운 상황은 아니다. 시험 삼아 이를 네덜란드와 비교하면, 우리의 최고치는 참으로 네덜란드의 5배 남짓에 이르고, 프러시아와 비교하면 3배 이상에 해당하며, 우리의 최저 수치가 4.6인 데 비해 프러시아는 2.3이어서 두 배임을 인식할 수 있을 정도니 참으로 한심하지 않은가.

제四 매독과 각 사관의 관계

1897년 이후 10개년 동안 우리 일본의 매독 만연 상황을 알고자 한다면, 첫째로 징병검사 시점의 장정 매독 환자 상황 관련을 보는 것이 가장 정확하리라 믿는다. 이에 징병 병류(病類) 표에서 추려 매독 때문에 병종(丙種)과 불합격으로 판정된 자의 검정을 천분율로 산출한다(부표 제9).

이 표에 따르면, 분명히 각 사단에서 매독이 만연하고 있는 상황임을 상상하고도 남는다. 즉 각 해에 어떤 사관(師管)에서는 천분율이 상승하고 있고, 어떤 사관에서는 항상 떨어지고 있음을 인식할 수 있다. 구체적으로 서술하자면, 1897년과 1898년에는 매독 때문에 불합격으로 결정된 자에 국한되기는 하나, 비교적 많은 것으로서 제3사관이 2.0 이상으로 나타난 것과 제9사관이 1.0 이상을 보인 것 둘뿐이고, 1899년 이후 들어서는 제12사관이 각 해에 가장 많고, 1899년의 천분율 수치는 무려 36.91에 달하고 있고, 이에 버금가는 것으로 제1, 제6, 제7, 제9의 각 사관이 모두 대체로 각 해마다 많은 것을 볼 수 있다. 기타의 각 사관에서는 대동소이한 위치에 있는데, 그 지리적 관계에 대해서는 뒷장의 지방 매독 성적의 조에서 서술하고자 한다.

그리고 전국의 병종 및 불합격으로 판정된 매독 환자의 수를 비교하면 다음과 같다.

1897~1906년 전국 장정 1,000명당 매독 환자의 비교표

연차	1897년	1898년	1899년	1900년	1901년	1902년	1903년	1904년	1905년	1906년
장정 1,000명당 매독 환자	0.34	0.44	5.46	5.30	5.37	3.43	3.69	2.67	2.20	4.49

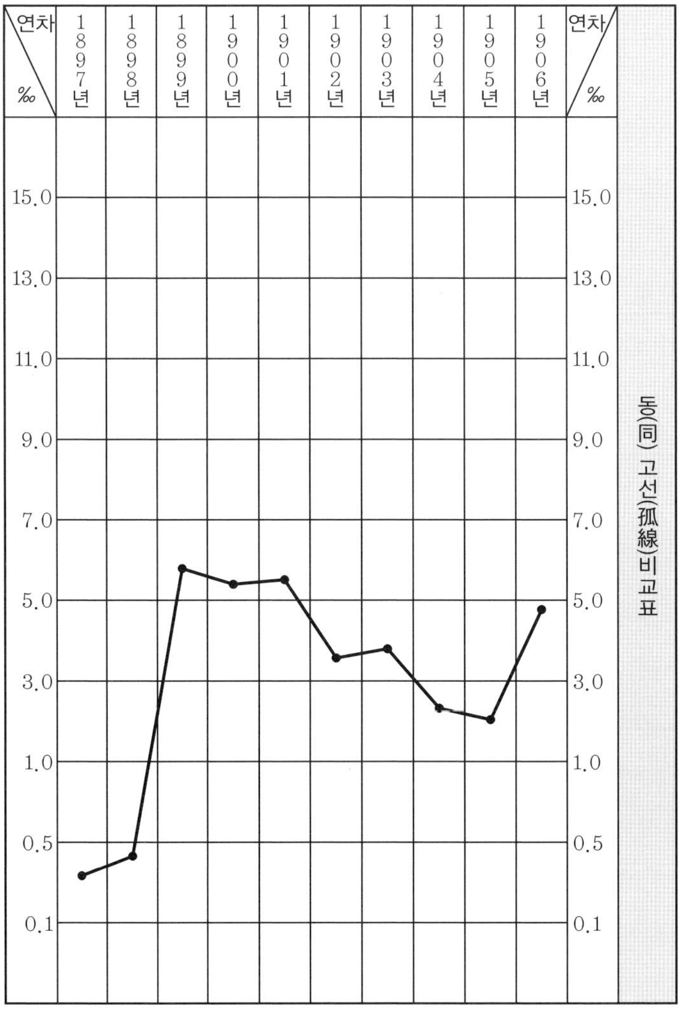

1899년, 1900년, 1901년은 모두 천분율이 5.0 이상에 달한다. 그러나 일반적으로 1899년부터 점차 감소하기 시작해 1905년에 들어서는 약 반수가 되어 천분율이 2.1로 나타난다. 이듬해 1906년에 다시 상승해 4.0 이상을 보이는데, 이는 1904, 1905년의 전쟁과 관계가 있는 것이 아닐까 싶다.

또한 1897년 이후 10개년 동안 평균 1년간 각 사관 장정 중 매독으로 인해 병종 및 불합격 판정된 자를 비교하면 다음 표와 같다.

1897~1906년 각 사단의 평균 1년간 장정 1,000명당 매독 환자 비교표

사단별	근위	제1	제2	제3	제4	제5	제6	제7	제8	제9	제10	제11	제12	대만
장정 1,000명당 매독 환자	0.12	5.24	2.34	2.79	2.57	2.41	4.34	4.40	2.89	3.21	1.85	2.47	9.19	9.78

비고-근위는 1897년, 1898년의 두 해, 대만은 1897, 1898, 1898년의 3개년 평균임.

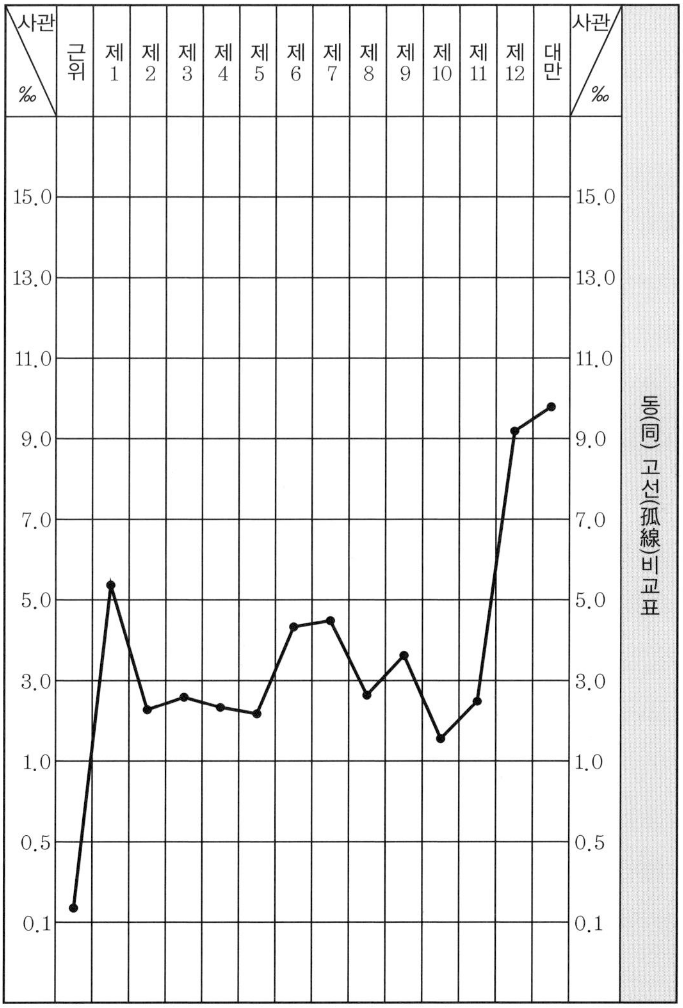

제12사관에서는 9.0 이상의 천분율을 보이고, 제1, 제6, 제7, 제9 각 사관이 그뒤를 잇고, 가장 적은 것은 근위, 제2, 제10이다(근위사관은 1897년, 1898년 두 해의 불합격자에 국한됨). 또한 대만에서는 1897년 이후 3개년의 평균이 9.0 이상의 천분율을 보인다.

제五 화류병 환자가 군대에 미치는 영향

1897년 이후 10개년 동안 화류병이 우리 장정을 엄습한 상황은 전 항에서 이미 서술한 바를 통해 대략 짐작할 수 있을 것이다. 여기서는 이 습격을 만나 우리 군이 어떠한 영향을 입었는지를 알아보고자 한다. 화류병으로 인한 전역(除役)자 인원 수, 화류병을 지니고[帶患] 입영한 전역자 인원 수, 화류병 환자의 치료 일수 등에 대해 통계적 기재를 시도하고자 한다.

1. 화류병으로 인한 전역자의 인원 수

화류병이 군대에 미치는 영향 중 가장 심한 것은 끝내 해당 질병으로 인해 복역할 수 없게 되는 경우이다. 그러므로 여기서 화류병으로 인한 전역자가 각 해에 각 사단에서 어느 정도로 진행해 왔는가를 조사해 화류병 전역자의 1일 평균 현재 병사(兵員)에 대한 천분율을 산출한다(부표 제10).

이 표에 따르면, 각 사단 모두 각 연차에 다양한 천분율을 보이고 있기는 하나(1904년, 1905년 빠짐), 각 해별로 각 사단을 훑어보면 1897년에는 제6, 제10, 제11 각 사단에서 가장 많은 전역자가 나와 1.0‰ 이상으로 나타난다. 1898년에는 제3, 제9 두 사단에서 1.0‰ 이상의 전역자가 나왔다. 1899년에 전역자가 1.0‰ 이상인 사단은 제8, 제9, 제11의 3개다. 1900년에는 제3, 제4, 제7, 제9의 각 사단 모두 1.0‰ 내지 2.0‰의 전역자를 보인다. 1901년은 제3, 제5, 제9의 각 사단에서 전역자가 가장 많이 발생했는데 비율은 모두 1.0‰ 이상이다. 1902년에는 제7사단만이 홀로 1.98‰의 전역자 비율을 보이고, 1903년에도 역시 전년과 마찬가지로 제7사단만이 화류병 전역자를 많이 배출해 1.93‰이었다. 건너뛰어 1906년에는 제7, 제8, 제12의 3개 사단이 심한 증가를 보여 2.0‰ 이상으로 상승했다. 이상의 상황으로 볼 때 각 사단에 일정한 관계를 볼 수 없기는 하나 다만 제7사단에서는 해마다 전역자가 많이 보였다.

이어서 다음 표를 통해 모든 사단의 화류병 전역자의 천분율을 연차별로 비교해서 살펴보고자 한다.

1897~1906년 전국 사단 화류병 환자 전역(除役) 비교표

연차	1897년	1898년	1899년	1900년	1901년	1902년	1903년	1906년	평균
전역자의 천비례	0.62	0.57	0.69	0.86	0.71	0.52	0.51	1.08	0.69

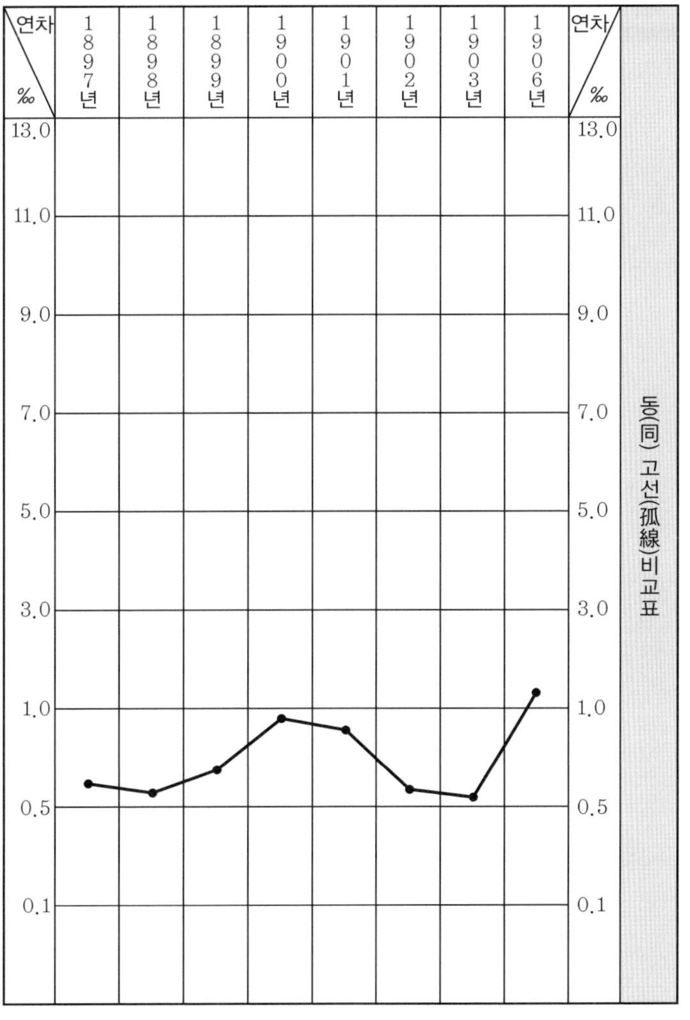

즉 1901년, 1899년, 1906년 순서로 화류병 전역자가 많이 나왔고, 특히 1906년에 가장 많은 전역자가 배출되어 1.08‰에 달한다. 이 점은 충분히 각 사관(師管)의 장정 매독 환자가 많은 상황과 일치하므로, 이를 통해 생각해도 역시 전쟁 후에 화류병이 세력을 키우고 있는 것이 아닌가 싶다.

또한 다음 표를 통해, 1897년부터 1906년에 이르는 8개년(1904년, 1905년 제외) 동안 각 사단에서 평균 1개년 동안 화류병으로 인한 전역자가 얼마나 있었는지 그 천분율을 살펴보겠다.

1897~1906년 각 사단의 평균 1개년간의 화류병 환자 전역 비교표

사단별	근위	제1	제2	제3	제4	제5	제6	제7	제8	제9	제10	제11	제12
전역자의 천분비	0.57	0.55	0.45	0.98	0.60	0.60	0.61	1.31	0.73	0.83	0.51	0.67	0.92

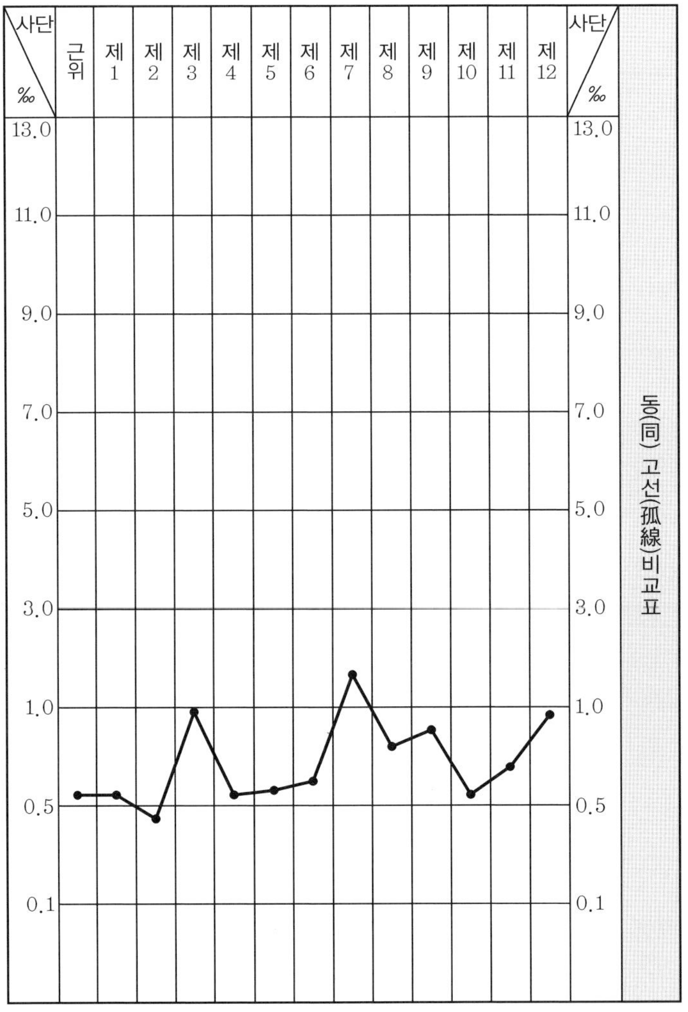

즉 제9, 제12, 제3, 제7 각 사단은 모두 0.8‰ 이상의 전역자를 보인다. 이를 장정 매독 환자의 각 사관 상황과 비교하면 장정의 매독 환자도 제7, 제9, 제12의 3개 사관에서 많다는 점을 볼 때,

어쩌면 화류병은 어떤 일정한 지방에서 세력을 떨치고 있는 것은 아닌지 의심스럽다.

2. 화류병을 지니고 입영한 전역자(花柳病帯患入営除役者)의 인원 수

전술했듯이 이렇게 화류병으로 인한 전역자가 많이 나왔음에도 불구하고 다시 덧붙여야 할 점으로써, 이미 징병검사 시에 건강한 자로 간주되었거나 병에 걸려 있으되 치료될 전망이 충분하여 합격자로 편입된 자가 입영할 때에 중증 화류병을 지니고 왔기 때문에 복역하지 못하고 즉각 전역되는 경우가 적지 않다. 이에 병을 지니고 입영한(帯患入営) 전역 표에서 화류병으로 인한 전역자만을 추려 이를 입영자에 대한 천분율로 산출하면 다음 표와 같은 성적을 구할 수 있으니, 화류병이 우리 군대에 미치는 영향이 놀라운 수준이다.

1897~1906년 각 사단별 화류병 환자(帯患) 입영 전역자 천분 비례 비교표

사단별 / 연차	근위	제1	제2	제3	제4	제5	제6	제7	제8	제9	제10	제11	제12	평균
1897년	0.278	0.245	-	3.964	0.248	-	0.260	-	-	2.909	1.590	0.970	0.577	0.872
1898년	2.069	0.906	0.258	3.889	0.905	0.472	0.451	-	0.798	1.054	-	1.331	1.496	1.110
1899년	1.348	0.573	0.367	3.479	0.229	0.236	0.440	-	2.684	2.952	0.257	0.804	3.235	1.115
1900년	1.861	2.649	0.538	2.945	1.378	0.468	1.534	4.712	2.489	1.070	1.525	1.071	2.925	1.877
1901년	0.830	2.265	2.421	2.155	0.667	1.870	1.098	1.498	1.861	1.596	1.507	1.593	5.510	1.126
1902년	3.605	0.336	1.626	1.355	1.849	3.495	4.167	0.738	2.859	1.850	1.006	1.850	4.320	2.221
1903년	2.755	1.848	4.066	1.355	0.471	0.465	5.665	2.270	2.855	0.264	1.757	3.431	-	2.067
1905년	0.636	3.075	1.239	1.446	2.039	1.098	5.850	1.676	3.242	3.147	1.497	1.826	0.827	2.153
1906년	5.523	3.581	1.570	2.019	3.636	1.619	6.459	6.295	6.055	1.548	2.585	4.886	6.084	4.003

비고- 1. 입영 총 인원은 군사 기밀에 속하므로 해당 인원 수와 전역 환자 인원 수는 표기하지 않음.
2. 1903년의 제12사단과 1904년 전부는 조사가 없어 기입하지 않음.
주. 평균이 맞지 않는 경우도 있으나 원문에 따른다.

해당 표에 따르면, 간혹 한 두 사단에서 2~3년 전역자를 볼 수 없는 것 외에 각 해, 각 사단은 1.0‰ 내지 6.0‰을 보인다. 그리고 각 해 전역자가 많은 것은 근위, 제3, 제6, 제7, 제8, 제9, 제11, 제12 각 사단이다. 또한 각 사단 모두 1902, 1903, 1906, 1907년의 각 해에 전역자가 가장 많이 나왔다.

한 발 더 나아가 모든 사단을 통산해 화류병을 지니고 입영한 전역자의 인원 수를 연차별로 비교하면 다음과 같다.

1897~1906년 전국 사단 입영자 천 명당 화류병 대환(帶患) 전역자의 각년 비교표

연차	1897년	1898년	1899년	1900년	1901년	1902년	1903년	1905년	1906년
전역자의 천분 비례	0.78	1.11	1.12	1.88	1.13	2.21	2.16	2.15	4.00

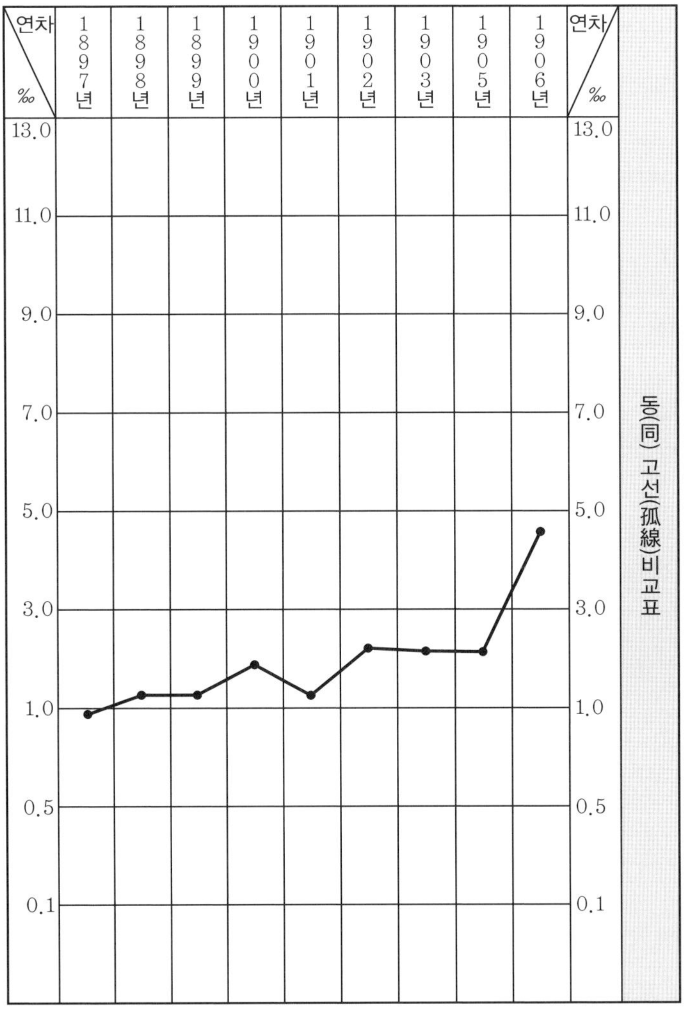

1897년부터 순차적으로 증가하다가 1906년 들어 단번에 증가해 비율이 4.0‰ 이상에 달한다. 1906년에는 장정 매독 환자도 갑자기 증가하고 또한 화류병으로 인한 전역자도 증가를 보였

는데, 여기서 화류병을 지니고 입영한 전역자도 증가한 것으로 나타났다. 이는 어쩌면 다름 아닌 1904년, 1905년의 전쟁과 관계가 있는 것일 수 있으니, 원인이 되는 전기에 대해서 연구가 필요하다. 또한 1897년부터 1906년에 이르는 동안의 평균 1개년의 각 사단별 화류병을 지닌 전역자의 천분율을 비교하면 다음 표와 같다.

1897~1906년 각 사단의 평균 1개년간의 입영자 천 명당 화류병 대환 전역자 비교표

사단별	근위	제1	제2	제3	제4	제5	제6	제7	제8	제9	제10	제11	제12
천 명당 비례	2.10	1.80	1.21	2.36	1.27	1.08	2.88	1.96	2.54	1.83	1.08	1.97	2.37

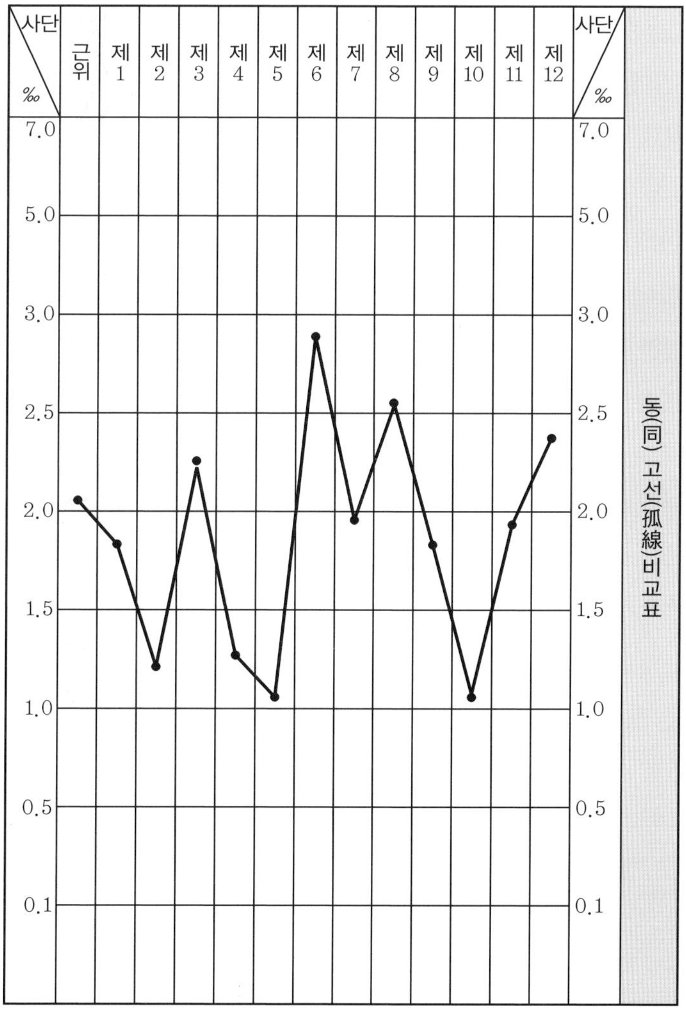

즉 근위, 제3, 제6, 제7, 제9, 제11, 제12[15] 각 사단이 가장 많다. 그리고 나머지는 대동소이한 수준이다. 이에 대해 장정의 매독 환자 및 화류병으로 인한 전역자의 각 해 상황과 비교하면, 제6 사관에 장정 매독 환자가 많다는 점과 동 사단에 병을 지니고 입영한 전역자가 많다는 점이 서로 일치한다. 또한 제7, 제9, 제12의 각 사관에 장정 매독 환자가 많은데 동 사단에 화류병 전역자, 화류병을 지니고 입영한 전역자가 많은 점이 일치한다. 기타 제3사단에서는 화류병을 지니고 온 전역자, 화류병으로 인한 전역자가 모두 많다. 이러한 점들을 통해 생각하면 틀림없이 지방과 흥미로운 관계가 있음이 분명하고, 이는 뒷장에서 지방의 매독검사 성적과 비교하고자 한다.

이상 1과 2에서 서술한 전역자 인원 수 비교를 훑어보며 생각건대, 화류병이 우리 군대에 미치는 영향이 막대하다고 하지 않을 수 없다. 그러나 이것만을 화류병이 우리 군대에 미치는 손해(損耗)의 전부라고는 할 수 없다. 이외에 전역할 정도에 이르지 않는 자에게 치료를 가한 결과 치유 복역할 수 있었던 자에 대해서는 이미 서술한 화류병 환자 표를 통해 명백하고, 또한 이들 치료한 환자의 평균 1인 치료 일수 등에 대해서 순차적으로 기재하고자 한다.

3. 화류병으로 인해 병역을 수행하지 못하는 자의 인원 수

다소 중복되는 감이 없지 않지만, 이상에 서술한 장정의 매독 환자, 화류병으로 인한 전역자, 화류병을 지니고 입영한 전역자 등을 통합해서 각 해에 화류병으로 병역 의무를 수행하지 못한 자가 얼마나 있는지를 조사하면 다음과 같다.

구별 \ 연차	1897년	1898년	1899년	1900년	1901년	1902년	1903년	1904년	1905년	1906년	합계
장정 천 명당 매독 환자	0.34	0.44	5.46	5.30	5.37	3.43	3.69	2.67	2.20	4.49	33.04
입영자 천 명당 화류병 전역자	0.87	1.11	1.12	1.88	1.13	2.21	2.16	-	2.15	4.00	16.23
군대에 있는 화류병 전역자	0.62	0.57	0.69	0.86	0.71	0.52	0.51	-	-	1.08	5.56
합계	1.93	2.12	7.27	8.04	7.21	6.16	6.26	-	-	9.57	54.85

비고- 1. 매독 환자 중 1897년과 1898년은 불합격 처리된 자에 국한되고, 1900년은 병종(丙種)이 된 자에 국한됨.
2. 화류병을 지니고 입영한 전역자 통계에 1903년의 경우 제12사단은 빠짐.
3. 화류병 전역자는 1906년의 경우 4월부터임.

주. 통계 합산이 맞지 않는 경우도 있으나 원문에 따른다. 화류병 환자가 나온 1904년과 1905년 합계가 각각 0으로 되어 있는 것은 표의 신뢰성을 의심케 한다. 그외 각각의 합계도 대부분 다르다.

앞의 표에 따르면, 각 해의 징병검사에서 이미 장정의 2 내지 5‰은(30, 31년 제외) 단순히 매독이 있다는 이유로 병종 혹은 불합격, 즉 정종(丁種) 이하로 결정되어 국민의 의무인 병역에 복무하지 못했다. 그리고 이들 불합격과 병종을 제하고 을종 이상으로 결정되어 합격자로 편입된 자가 입영에 즈음해 다시 새로 화류병을 지니고 와서 복역하지 못하게 된 자가 0.8 내지 4.0‰로 헤아려진다. 다음으로 이들 병을 지닌 자를 제외한 이른바 건강한 자로서 입영한 자가 다시 복역 중 화류병에 걸려 복역을 견디지 못하고 중도 전역하는 자가 0.5 내지 1.0‰에 달하고 있음을 볼 수 있다.

지금 이들 화류병에 의한 불합격자와 전역자를 가령 합계해 보면 6 내지 9‰이 됨을 알 수 있다. 바꿔 말하면 전국에서 해마다 병역 의무가 있는 자 1,000명에 대해 단순히 화류병 때문에 6명 내지 9명이 중대한 임무를 수행하지 못하는 것으로 볼 수 있다. 그리고 또한 징병검사 때에 매독 이외의 화류병으로 인한 병종과 불합격자도 적지 않을 테니, 화류병이 국가 병력에 미치는 영향은 역시 크다고 할 수 있다.

4. 화류병 환자 평균 1인의 치료 일수

다음 표를 훑어보면, 1897년부터 1906년(1904년, 1905년 제외)에 이르는 8개년 동안 각 해의 화류병 각종은 모두 평균 1인의 치료 일수가 18.64에서 40.03일로 나타난다. 각종 질병과 비교하면 치료 일수가 가장 적은 것은 임질이고 연성하감이 그다음이며 매독이 그다음, 횡현(橫痃, 가래톳)은 가장 많은 치료 일수를 소요한다. 매독 환자의 치료 일수가 비교적 적은 것은 여러 종류의 사정 때문에 완전한 치료를 할 수 없기 때문이다

1897~1906년 화류병 환자 치료 일수 비교표

구별 \ 종류		임질	연성하감	횡현	매독	합계
1897년	환자 실수	1,909	1,617	859	1,098	4,650
	총 치료 일수	36,464	35,775	28,731	33,169	133,839
	1인 평균 치료 일수	19.10	22.12	33.10	30.21	24.41

14 원문대로 표기함. 그러나 고선에 따르면 근위를 기준으로 제3, 제6, 제8, 제12 사단의 화류병 환자가 더 많음.

1898년	환자 실수	2,076	1,562	977	1,290	5,905
	총 치료 일수	33, 529	37,639	33,529	40,586	150,183
	1인 평균 치료 일수	18.51	24.10	34.32	31.46	25.42
1899년	환자 실수	2,362	1,625	1,169	1,575	6,731
	총 치료 일수	44,034	40,059	41,530	47,866	173,489
	1인 평균 치료 일수	18.64	24.65	35.53	30.39	25.77
1900년	환자 실수	2,154	1,479	1,082	1,458	6,173
	총 치료 일수	40,962	39,034	39,407	45,394	164,804
	1인 평균 치료 일수	19.02	26.39	36.42	31.12	26.70
1901년	환자 실수	2,030	1,086	816	1,134	5,116
	총 치료 일수	38,566	28,409	29,701	37,385	134,061
	1인 평균 치료 일수	19.00	26.16	36.40	31.58	26.20
1902년	환자 실수	2,187	598	646	1,098	4,889
	총 치료 일수	40,857	24,164	24,205	36,205	125,431
	1인 평균 치료 일수	18.68	25.22	37.47	32.97	25.66
1903년	환자 실수	2,878	1,207	722	1,266	6,073
	총 치료 일수	54,488	32,632	28,902	40,705	156,727
	1인 평균 치료 일수	18.93	27.04	40.03	32.15	25.81
1906년	환자 실수	2,060	1,549	797	1,221	5,627
	총 치료 일수	44,826	45,756	30,032	41,984	162,598
	1인 평균 치료 일수	22.76	29.54	37.68	34.48	28.90

비고- 1. 1904년과 1905년은 조사가 빠졌고 1906년은 4월부터임.
2. 각 연도의 환자의 실수는 각 전년도의 후유 환자를 포함함.
3. 표 안에서 1인 평균 치료 일수 칸의 합계 수는 합계 평균수를 의미함.
주. 통계 합산이 맞지 않는 경우도 있으나 원문에 따른다.

각 병을 통산한 1인 평균 치료 일수를 보면, 각 연차의 화류병 환자 총인원은 4,650명 내지 6,731명 사이를 오르내리고 있다. 그리고 그 1인 평균이 치료 일수는 24.41일 내지 28.90일이다. 바꿔 말하면 각 해에 4,650명 내지 6,731명의 화류병 환자가 1인 평균 24.41일 내지 28.90일 동안 병업에 복무하지 않고 그사이 일정한 치료와 투약을 받고 있는 셈이다.

다음으로 1906년의 치료 일수는 다른 해에 비해 일반적으로 증가하는 경향을 볼 수 있다. 생각건대 그 원인이 어디 있는지는 상상할 것도 없다. 또한 화류병이 가장 적으면서 치료의 성적도 양호한 프러시아와 1인 평균 치료 일수를 비교하면 다음 곡선표와 같다. 과연 합리적 치료를 실시한 것이라면 우리 군의 성적이 좋다고 보겠지만, 한편에서 보면 그 치료가 여전히 불충분하기 때문은 아닐는지.

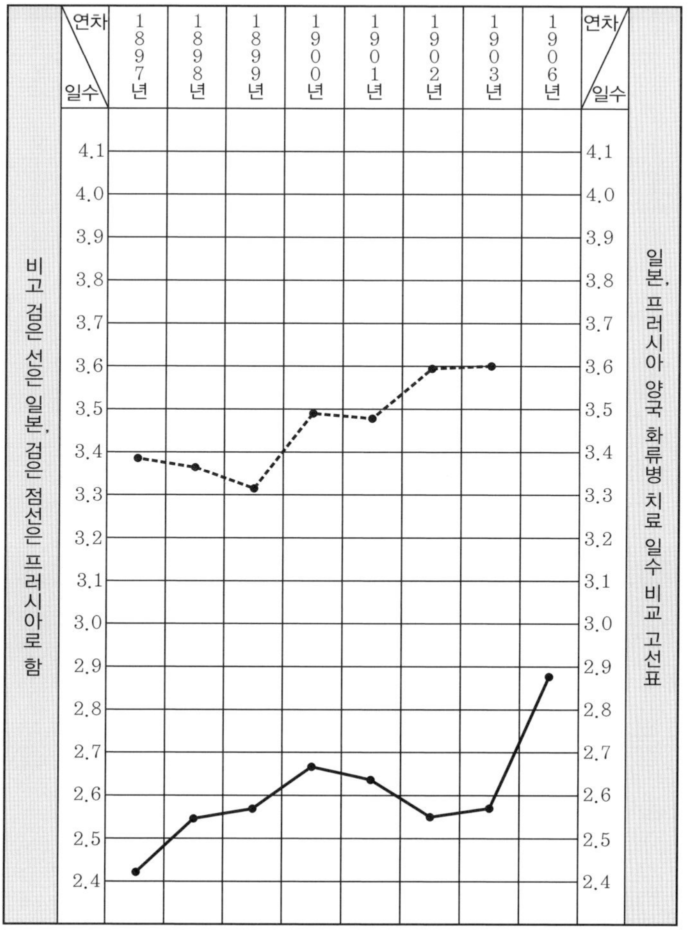

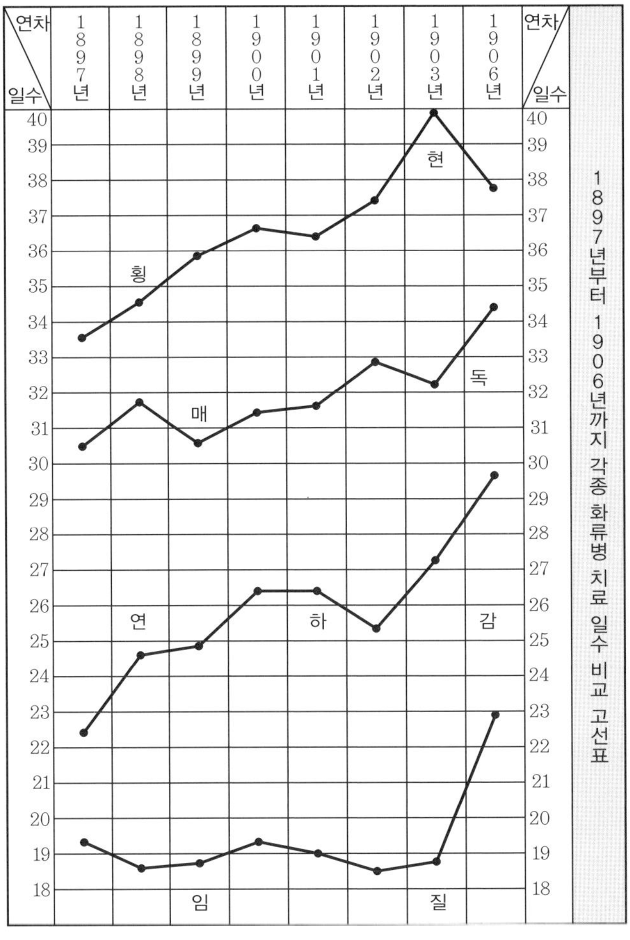

第六 지방 매독검사(檢黴)의 성적

1. 사관별 창기 화류병 환자 수

1897년부터 1906년까지 창기의 화류병 상황을 알아보기 위해, 각 부현(府縣)의 유곽 소재지에서 매독검사 성적을 수집하고 이를 각 사관(師管)별로 통합해 화류병 환자의 상황을 살펴보니, 부표 제11과 같은 결과를 얻을 수 있었다(평균 1일 현재 창기 수로부터 화류병 환자와 매독 환자의 천분율을 나타낸 것).

해당 표에 따르면, 화류병 환자의 천분율은 항상 각 해 각 사관에서 400‰ 내지 2,500‰ 남짓을 보이고, 또한 매독 환자는 30‰ 내지 600‰ 남짓으로 나타난다. 즉 화류병에서 1,000‰ 이상으로 나타난 것은 한 사람의 창기가 1년 동안 1회 이상 병에 걸린 것으로 인정할 수 있을 것이다.

비교적 병에 걸린 자가 많은 점은 예상 밖이라 할 수 있다.

여기서 매독 천분율을 살펴보면, 일반적으로 각 해 각 사관 모두 평균 1일 현재 창기가 많은 사관에서는 매독 천분율이 낮고, 이에 반해 창기 수가 적은 사관에서는 천분율이 상승하고 있음이 인정된다. 시험 삼아 이 표에서 추려, 가장 창기 수가 많은 사관과 가장 적은 사관을 매독 천분율 상황으로 나타내면 다음과 같다.

제1, 제11 양 사관 창기 수 및 매독 환자 천분 비례 비교표

사관	구별＼연차	1897년	1898년	1899년	1900년	1901년	1902년	1903년	1904년	1905년	1906년
제1	창기 수	7,643	7,548	12,906	11,679	9,906	9,980	9,787	10,312	10,217	10,990
	매독 천비	34.54	27.42	43.93	40.41	40.58	33.97	27.08	36.27	43.65	45.84
제11	창기 수	322	367	449	880	777	798	808	927	865	994
	매독 천비	602.48	405.99	498.89	468.18	283.14	127.82	125.00	159.65	143.35	95.48

즉 제1사관에서는 각 해의 창기 수가 7,548명에서 12,906명 사이를 오르내리고 있고, 매독은 27.08‰에서 45.84‰ 사이를 오르내리고 있음에도 불구하고, 제11사관에서는 1897년도에 602.48‰을 보이고 1906년도에 이르러 창기 수가 약 3배에 달함과 동시에 천분율도 역시 현저히 저하된 것으로 나타나 95.48‰임을 볼 수 있다. 그리고 그러한 관계는 다른 사관에서도 마찬가지 결과를 보인다. 즉 다음 고선표로써 분명하다.

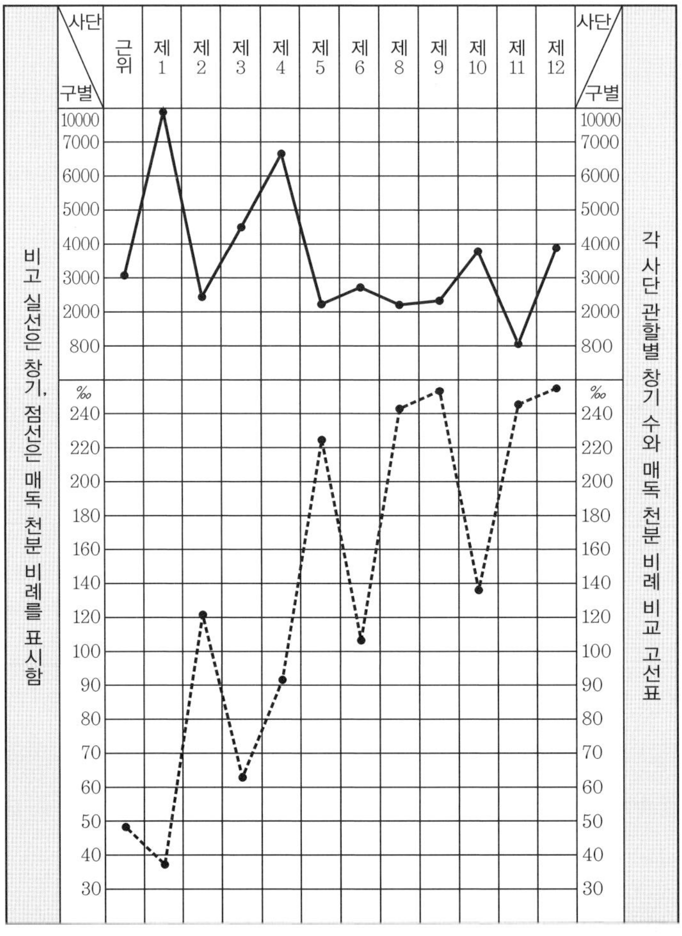

다음으로 화류병 환자 전체 수를 살펴보면, 매독 환자처럼 창기 수의 많고 적음에 관계를 갖지 않는 듯하고, 또한 달리 일정한 관계도 없는 듯하다. 다만 대체적으로 제8사관은 각 해에 공히 화류병 환자가 적고, 이에 반해 매독 환자가 적은 근위, 제1, 제3 각 사관은 각 해 화류병 환자가 많음을 볼 수 있을 뿐이다.

그리고 전국 창기의 화류병 환자와 매독 환자의 1897년부터 1906년까지 각 해 상황을 비교하면 다음과 같다.

1897~1906년 전국 창기 화류병 및 매독 환자 천분 비례 비교표

구별 \ 연별	1897년	1898년	1899년	1900년	1901년	1902년	1903년	1904년	1905년	1906년
1일 평균 현재 창기 수	43,564	44,779	46,510	44,522	36,066	38,725	39,191	41,842	39,235	42,171
매독 환자 수	6,114	6,428	7,173	6,530	5,491	4,720	3,688	4,259	3,425	3,987
화류병 환자 수	64,367	67,768	72,866	69,134	64,562	61,343	58,324	55,590	58,206	69,015
창기 천 명당 매독 환자	140.32	143.54	154.22	146.66	140.57	121.88	94.10	101.80	88.91	94.54
창기 천 명당 화류병 환자	1,477.52	1,513.58	1,566.67	1,552.80	1,652.89	1,584.06	1,488.19	1,327.37	1,483.52	1,423.13

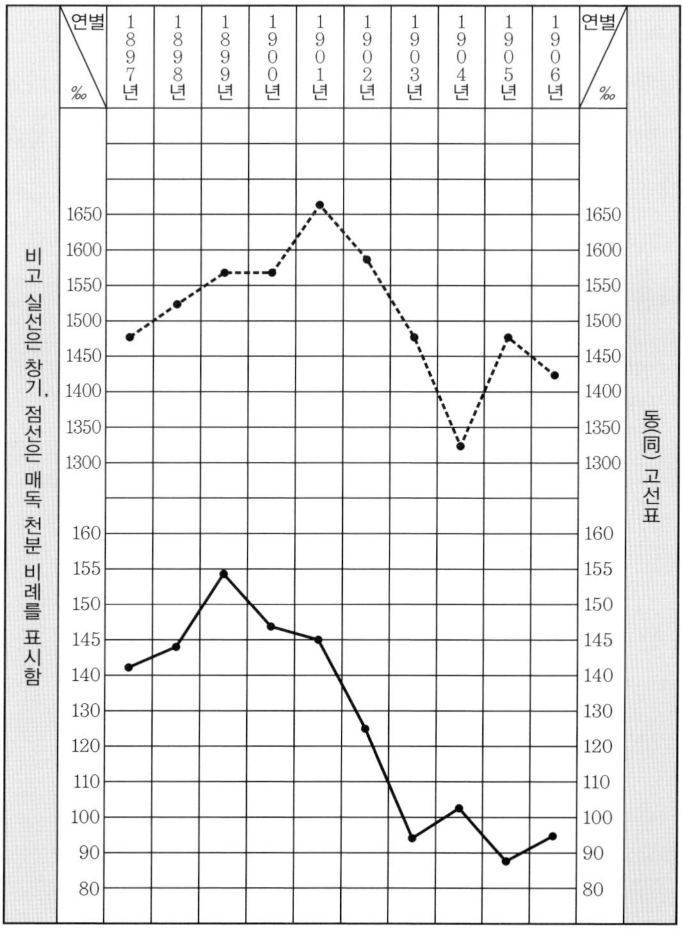

즉 매독 환자는 88.91‰에서 154.22‰ 사이를 오르내리고 화류병 환자는 1327.37‰에서 1652.89‰ 사이를 오르내리며, 일반적으로 양자 모두 점차 감소하고 있음을 인정할 수 있다. 이 점은 사단의 화류병 환자와 사관 장정의 매독 환자가 각 해에 줄어들고 있는 점과 충분히 일치한다.

2. 장정의 매독 환자 수와 창기 매독 환자 수의 대조 및 각 사단의 화류병 환자 수와 창기 화류병 환자 수의 대조

각 사관에서 매독이 만연하는 정도는 앞의 항에서 이미 장정 매독 환자 상황을 통해 대략 알 수 있었다. 또한 일반 화류병이 어느 정도로 각 사단과 사관에서 만연하고 있는가는 각 사단의 화류병 환자 인원 수와 화류병을 지니고 입영한 전역자의 인원 수를 통해 대략 짐작할 수 있다. 하지만 이것만으로 만연 상황을 완전하고도 정확하게 알 수 있었다고는 할 수 없으니, 좀 더 도움이 되도록 각 사관으로 구별한 창기의 매독 환자 상황 그리고 창기의 화류병 환자 상황에 대해서 비교하여 기재하고자 한다.

여기서 처음 1897년부터 1906년에 이르는 평균 1개년 동안의 창기 천분율 매독 환자를 각 사관별로 비교하면 다음과 같다.

1897~1906년 평균 1개년간의 사관별 창기 천 명당 매독 환자 비교표

사관별	근위	제1	제2	제3	제4	제5	제6	제7	제8	제9	제10	제11	제12
매독 천분비	50.16	38.36	125.84	62.56	92.79	222.88	103.81	242.37	242.37	248.98	132.69	246.15	264.21

즉 가장 많은 수는 제12사관의 264.21‰이고 다음으로 많은 것은 제9사관, 제11사관, 제8사관, 제7사관 등이다. 가장 적은 것은 제1사관의 38.36‰이며, 근위, 제3 두 사관이 그다음이다. 그리고 이를 장정의 매독 환자와 비교해 곡선으로 나타내면 다음과 같다.

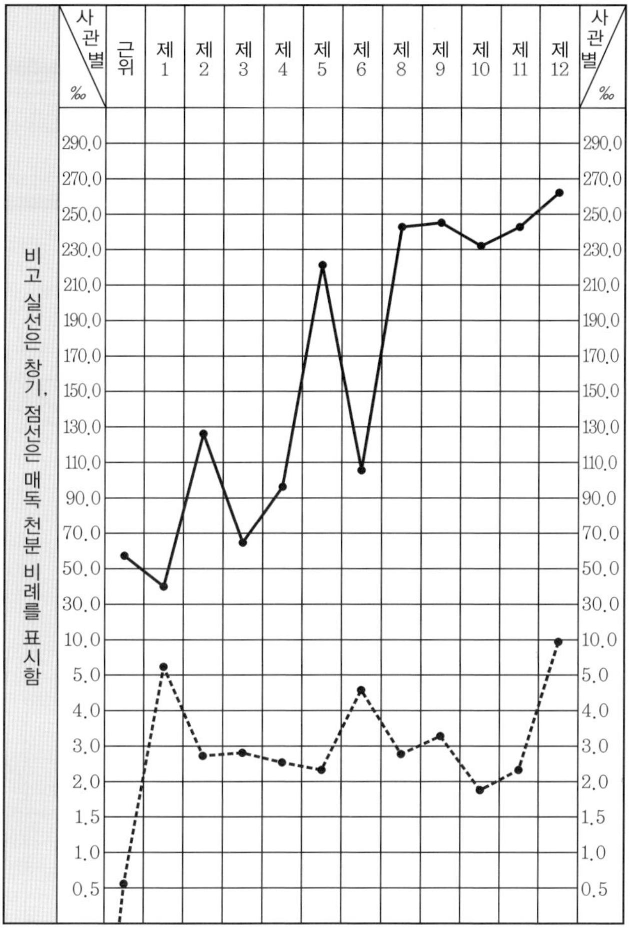

위의 표에 따르면, 근위, 제1, 제2, 제3, 제4, 제5, 제6 각 사관에서는 다소 상반된 곡선을 보이지만, 제8, 제9, 제10, 제11, 제12 각 사관에서는 장정 매독 환자와 창기 매독 환자가 거의 서로 평행하고 있음을 인정할 수 있다.

다음으로 1897년부터 1906년까지의 평균 1개년 동안의 창기 화류병 환자의 각 사관에서의 상황을 비교하면 다음과 같다.

1897~1906년 평균 사관별 창기 천 명당 화류병 환자 비교표

사관별	근위	제1	제2	제3	제4	제5	제6	제8	제9	제10	제11	제12
화류병 천분비	1,622.37	1,714.52	1,286.80	1,519.50	1,045.50	1,140.49	1,769.49	580.69	1,412.85	2,084.62	1,818.56	1,836.36

즉 제10사관이 가장 높은 수치를 보이고 있으며, 제12, 제11 두 사관이 그뒤를 잇는다. 그리고 가장 낮은 수치는 제8사관이고 그다음은 제5, 제4 두 사관이다. 제10사관의 2084.62‰의 경우 참으로 각 창기 모두가 1년간에 2회 화류병에 걸린 자라고 보지 않을 수 없다.

또한 각 사단의 화류병 환자와 화류병을 지니고 입영한 전역자의 곡선 비교는 다음과 같다.

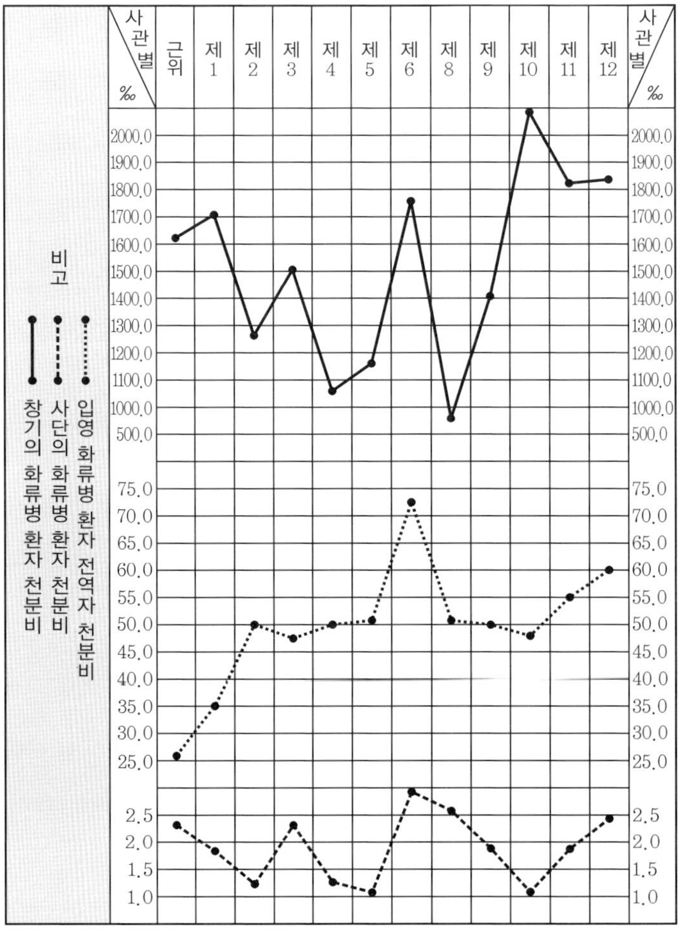

위의 곡선표에 따르면, 창기의 화류병 환자 천분율과 각 사단의 화류병 환자 천분율은 거의 서로 평행하고 있음을 인정할 수 있다. 또한 창기의 화류병 환자와 화류병을 지니고 입영한 전역자는 제8, 제10 사관에서 커다란 간극이 나타나지만, 다른 각 사관에서는 거의 서로 평행하는 상태에 있음을 인정할 수 있다.

이상처럼 장정 매독 환자의 상태와 각 사단의 화류병 환자 및 각 사관의 화류병을 지니고 입영한 전역자의 상황을 비교하기 위해, 창기 매독 환자의 상황과 창기 화류병 환자의 상황을 통해 보면 대략 각 사관에서 서로 일치함을 인정할 수 있다. 따라서 이들 지방과의 관계에 대해서는 별지 부록 도표(附図) 1~5에서 볼 수 있듯이 항상 어느 일정한 지방에서 화류병 창궐의 극치가 나타남을 인정할 수 있다.

제七 매독으로 인한 사망에 대하여

화류병, 특히 매독이 군대에 미치는 화에 대해서는 대략 이미 논한 것 같다. 여기서 다시 한 발 더 나아가 우리나라 민간에서 길고도 깊은 참혹한 피해가 어떻게 서서히 침투했는지를 탐구하고자 한다면 먼저 그 사망 수를 살펴보는 것이 가장 좋다.

내각 통계국이 편찬에 관계한 일본제국 인구 동태 통계에서 매독 사망의 실수를 수집하여, 이를 총 사망 수에 대한 비율로 산출하고, 다시 급성 전염병 중 비교적 다수를 점하고 사계절에 걸쳐 해독이 나타나는 장티푸스(장질부사)로 인한 사망 수와 비교해 대조하면, 다음 표와 같다.

연별 매독, 장티푸스 사망자 비교표[15]

연별 / 구별	1899년	1900년	1901년	1902년	1903년	1904년	1905년	합계평균
총 사망 수	934,566	914,557	928,578	962,097	933,834	999,621	1,044,855	959,730
장티푸스 사망 수	6,761	5,549	5,882	5,239	4,585	5,100	9,291	6,058
동(同) 천분율	7.23	6.07	6.33	5.45	4.91	5.10	8.89	6.31
매독 사망 수	8,467	8,297	9,198	9,336	9,170	8,872	8,490	8,818
동 천분율	7.38	9.07	9.90	9.61	9.82	8.82	8.13	9.19

15 평균이 맞지 않는 경우도 있으나 원문에 따름.

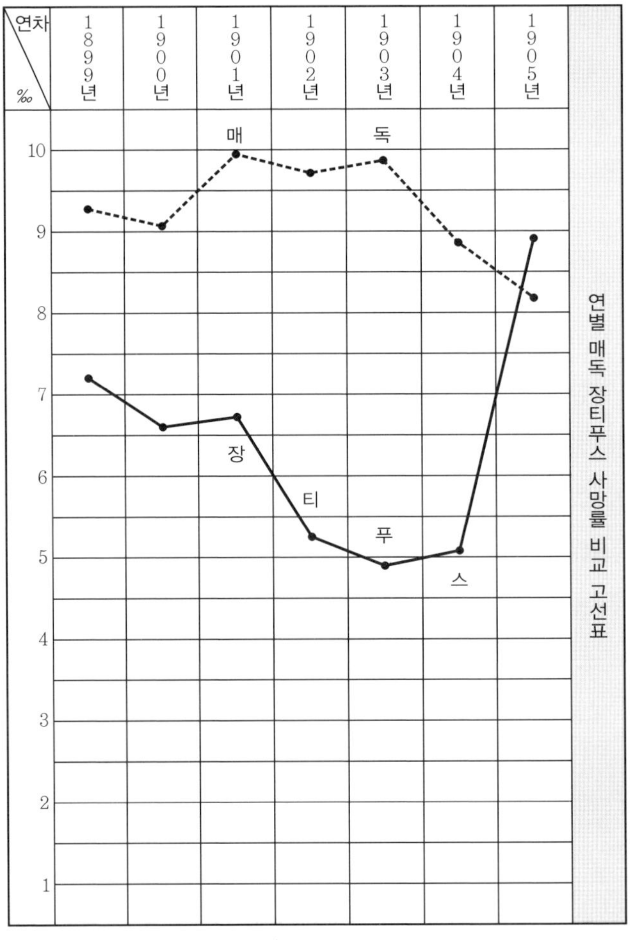

즉 해마다 매독의 사망률은 앞의 표에서 보듯 장티푸스의 사망률을 초과하고 있다. 사계절에 걸쳐 유행하는 장티푸스는 이미 이와 같고, 다른 8종 전염병의 사망자와 비교해도 같은 성적이니, 참으로 가공할 만한 국민병임을 증명하고도 남는다. 다만 기뻐할 일은 1903년 이후 매독의 사망률이 점차 감소하는 경향을 보이는 점이며, 이는 역시 우리 군대에서 이 병의 증감과 서로 매우 유사하다.

급성 전염병은 그 환자를 격리해 소독에 힘쓰고 치료하다가 설령 불행하게도 사망하는 병세 진행이 있었다 할지라도 그 화가 한 사람에 그친다. 매독 같은 만성질환의 경우 꼭 그런 것은 아니어서, 그 화가 미치는 유역이 멀고 아득해 무고한 자손에게까지 결국 폐를 입히고 가정을 해치며 일가를 멸하기에 이른다. 또한 의심할 여지 없는 그 증례로서 다음 표를 얻었다.

즉 1세 미만의 유아로 매독 때문에 허무하게 저승으로 간 자를 생산 수와 대조해 그 비율을 구하면 다음과 같다.

연별 신생아 매독 사망표[16]

연별 / 구별	1899년	1900년	1901년	1902년	1903년	1904년	1905년	합계평균
출생 수	1,388,077	1,421,919	1,503,361	1,513,090	1,493,547	1,444,307	1,457,039	1,460,191
매독 사망 수	4,023	3,169	4,813	4,809	4,923	4,539	4,290	4,366
천분율	2.9	2.23	3.14	3.17	3.30	3.14	2.94	2.99

즉 매년 출생 수에 대해 약 3‰ 규모로 매독으로 인한 불행아가 출현하고 있으니 생산아 300명[17] 중 1명은 유전매독 때문에 사망하는 자가 있다는 말이다. 그리고 이를 비교적 많은 소아 사망의 원인이 되는 영영 변조(変調, 영양상태의 이상)와 대비해 보면 이는 해마다 거의 0.69‰을 차지하고 있으니, 매독이 실로 약 5배의 사망자다. 유아가 영양 변조의 명칭 아래 총괄되어 목숨을 잃는 자가 많다는 이야기는 종종 접하지만, 그래도 매독은 이의 5배나 된다 하니 참으로 상상을 뛰어넘는 일에 속한다.

더 세밀하게 들어가 각 현별로 1899년 이후 7개년의 평균 상황을 관찰해 보면, 가장 심한 곳은 사가(佐賀)현 6.55‰이고 홋카이도(北海道) 5.65‰, 미야기(宮城)현 5.30‰, 아키타(秋田)현 5.23‰, 돗토리(鳥取)현 5.22‰이 그뒤를 잇는다. 가장 적은 곳은 이시카와(石河)현 0.79‰, 후쿠이(福井)현 0.81‰이고, 가고시마(鹿児島)현 1.76‰, 오카야마(岡山)현 1.66‰, 조금 올라가서 아이치(愛知)현과 구마모토(熊本)현 함께 1.80‰로 나타나고, 그외의 현들은 2.0‰에서 4.0‰ 사이를 오르내린다. 이들의 원인에 대해서는 굳이 탐사할 것까지도 없지만 그 참혹한 피해가 파급하는 바는 대략 상상하고도 남는다.

이를 요약하면, 훗날 쓸모 있는 재목이 될 이들 유아가 아직 사회국가에 공헌할 새도 없이 허무하게 불행의 와중에 묻히게 됨을 의미하니, 국가인민의 경제 차원의 논의에서도 간과할 수 없는 우려스러운 현상이다. 그러므로 적절한 시설을 강구해 이와 같은 국민병적 경향을 지금 구제하지

16 평균이 맞지 않는 경우도 있으나 원문에 따름.

17 원문의 앞줄에서 3‰이라 쓰면서도 3,000명이 아닌 300으로 기재되어 단위가 맞지 않으나, 원문대로 옮김.

않는다면 러시아의 포포, 보랏소[18] 같은 비참한 상황에 이르리란 점은 의심의 여지가 없다. 생각건대 매독의 경우 그러한 방법이 있다면 구제할 수 있는 질병일 것이다.

제八 1907년 12월 보병 제3연대 신 입영병의 화류병 조사

1907년 12월 보병 제3연대에 입영한 신병 총인원 1,324명에 대해 현재 화류병을 지니고 있거나 혹은 과거에 화류병을 앓은 자를 조사하니 다음과 같다.

1. 연대 구역별 비교

혼고(本鄕) 연대 구역			고후(甲府) 연대 구역			두 개 연대 구역 합계		
입영 총원	기왕의 화류병 보유자	동(同) 백분 비례	입영 총원	기왕의 화류병 보유자	동(同) 백분 비례	입영 총원	기왕의 화류병 보유자	동(同) 백분 비례
905	172	17.00	419	89	20.52	1.324	258	19.49

위의 표에 따르면 두 개 연대 구역에서 커다란 차이가 없기는 하나 고후 연대 구역은 혼고 연대 구역에 비해 화류병을 지닌 자가 다소 많음을 알 수 있다.

2. 화류병 각종의 비교

두 개 연대 구역에 대하여 화류병의 각종, 즉 매독, 연성하감, 임질의 3종을 비교하면 다음과 같다.

질병별 \ 종별		혼고 연대 구역		고후 연대 구역		합계	
		환자 실수	입영병에 대한 %	환자 실수	입영병에 대한 %	환자 실수	입영병에 대한 %
매독	현재 있는 자	5	0.55	5	1.19	10	0.76

18 원문 표기의 ポポー, ボラッソー를 음독한 표기인데, 검색 엔진으로는 의미를 확인하지 못함. ポポー는 러시아에서 나는 포포나무 열매를 가리키는 말 pawpaw일 수 있고, 이 유추가 맞는다면 3일도 채 안 돼서 열매가 검게 변해 버리는 포포 열매의 특징에 비유했을 가능성이 있음. ボラッソーの 일치하는 말이 아예 발견되지 않음.

연성하감	현재 있는 자	15	1.66	7	1.67	22	1.66
	기왕 있는 자	36	3.98	16	3.82	52	3.93
	소계	51	5.64	23	5.49	74	5.59
임질	현재 있는 자	68	7.51	34	8.11	102	7.70
	기왕 있는 자	48	5.30	24	5.96	72	5.44
	소계	116	12.82	58	13.84	174	13.14
합계		172	19.00	86	20.52	258	19.49

비고- 환자 실수 안에는 이전에 앓은 자를 포함함.

해당 표에 따르면, 혼고 연대 구역에서 임질 환자는 매독 환자의 20여 배, 연성하감 환자는 매독 환자의 10여 배임을 볼 수 있고, 고후 연대 구역에서는 임질 환자가 매독 환자의 10여 배, 연성하감 환자가 매독 환자의 약 5배에 달한다. 즉 그 비례는 혼고 연대 구역과 고후 연대 구역이 2 대 1이어서 혼고 연대 구역에서 매독 환자가 0.55%인데 고후 연대 구역에서는 1.19%의 매독 환자가 있으며, 두 개 연대 구역 모두 연성하감과 임질 환자의 비율에서 큰 차이를 볼 수 없다. 지금 두 개 연대 구역을 통해 각종 화류병의 비율을 보니 대략 매독과 연성하감, 임질이 만연하는 비례를 족히 상상할 수 있을 것이다. 또한 임질은 현재 병을 지닌 자가 많은 데 반해 연성하감은 이전에 앓은 자가 많은데, 이는 임질이 만성에 빠지기 쉬워 방임해 두고 있다는 것을 증명하기에 충분한 것이 아닐까.

양 연대 구역을 통해 화류병 환자의 직업별 비율(%)을 조사하면, 제1위는 상업, 다음이 어부, 다음은 학생이고, 직공(職人)이 이에 버금가며, 가장 적은 것은 14.36%의 농업이다.

직업별 / 구별	농업	직인(職人)	상(商)	학생	어부	기타
입영 총수	710	320	175	43	38	37
환자 총수	102	72	54	10	14	6
동 %	14.36	23.12	30.86	23.26	26.84	16.21

3. 임질 환자의 직업별 조사

전술한 임질 환자 174명에 대해 직업별 조사를 실시하니 다음과 같다.

구별＼직업별	농	직인	상	학생	회사원	관리	승려	어부	예인	무직	합계
입영 총수	710	320	175	43	16	5	6	38	2	9	1,324
임질 환자 수	70	45	29	6	2	2	1	8	1	0	174
동 %	11.27	14.06	16.57	13.95	12.50	40.00	16.67	21.05	50.00	0	12.14

주. 통제 합산이 맞지 않는 경우도 있으나 원문에 따른다.

위의 표를 볼 때, 입영 총인원이 극히 적은 경우는 바로 정할 수 없으므로 입영 총인원이 가장 적은 예인(藝人)은 계산 외로 두고, 기타의 각 %를 비교하자면, 가장 많은 것은 관리이고 그뒤를 잇는 것은 어부다. 이 관리들은 대부분 아직 징병 적령에 달하지 않으면서 이미 관리가 된 자인데 아마도 방탕아여서 학업을 중도에 그만둔 자가 많기 때문일 것이다. 어부의 비율이 높은 것은 예로부터의 우리나라 기풍이 그렇듯 배에서 생활하는 자의 대부분은 방탕무뢰한 무리일 뿐이기 때문이다. 다음으로 많은 것은 승려, 상인, 직공, 학생, 회사원 등이고 가장 적은 것은 농민이다. 학생이 비교적 많은 수를 보이는 점은 한심하게 여길 일이다(부표 제12의 1).

4. 임질 환자의 감염경로 조사

전술한 임질 환자에 대한 감염 경로 조사를 통해 다음 성적을 얻을 수 있었다.

공창에서 감염	공창에서 감염된 임병 환자에 대한 %	사창에서 감염	사창에서 감염된 임병 환자에 대한 %	불명인 자	불명에서 감염된 임병 환자에 대한 %
53	30.46	101	58.05	20	11.49

즉 감염 경로가 공창인 자는 사창인 자의 약 반수에 지나지 않는다. 그리고 불분명하다고 하는 자 대부분도 아마 사창으로부터 얻은 것으로 보아도 무방할 것이다. 그러므로 이를 합산할 때는 공창으로부터 감염된 자는 사창이 경로인 자의 약 3분의 1에도 달하지 않으니, 따라서 사창의 위험을 알기에 충분하다.

5. 임질 환자의 소변에 대한 소견과 기타에 대해서

임질 환자의 포경 유무와 고름(膿)의 유무, 소변 중의 요계(尿系)의 유무와 요계 중의 농양(膿球)의 유무 등에 대해 조사하니 다음과 같다.

포피 과잉인 자	위의 임병 환자에 대한 %	소변 중 고름이 있는 자	위의 임병 환자에 대한 %	소변 중 요계인 자	위의 임병 환자에 대한 %	요계 중 농양이 있는 자	위의 임병 환자에 대한 %
50	28.70	37	21.26	109	62.64	101	58.05

위 표를 보면 가장 드러나는 소변 중에 대한 소견은 요계가 있다는 점이다. 이어 해당 요계 중 농양을 볼 수 있는 점도 거의 항상 드러나는 소견인 듯하다. 임질 환자로서 포피 과잉인 자는 약 3분의 1에 조금 못 미친다(부표 제12의 2).

6. 임질 환자의 부고환(副睾丸)에 대한 조사

전술한 임질 환자에 대해 부고환염이 있거나 적어도 부고환에 이상이 나타난 자에 대해 조사하니 다음과 같다.

좌측의 자	위의 임질 환자에 대한 %	우측의 자	위의 임질 환자에 대한 %	양측의 자	위의 임질 환자에 대한 %	합계	위의 임질 환자에 대한 %
27	15.52	18	10.34	4	2.30	49	28.22

즉(이상이 나타난 부위는) 좌측의 15.52에 대해 우측은 10.34로 헤아려 지고 있고 양측인 것은 2.30에 지나지 않는다. 부고환에 이상이 나타난 자의 임질 환자에 대한 %는 전술한 과잉포피를 지닌 자의 %와 거의 엇비슷해서 즉 28.22%다.

7. 임질과 다른 화류병의 관계

연성하감				횡현				매독			
현재 있는 자	기왕에 있는 자	합계	임질 환자에 대한 %	현재 있는 자	기왕에 있는 자	합계	임질 환자에 대한 %	현재 있는 자	기왕에 있는 자	합계	임질 환자에 대한 %
3	27	30	17.26	3	18	21	12.11	4	2	6	3.45

위의 표에 따르면 연성하감이 (임질과) 가장 친밀한 관계에 서 있는 듯하고, 그다음은 횡현(가래톳)이며, 매독과는 가장 관계가 적은 듯하다(부표 12의 3).

결론

이상과 같이 서술한 사건을 개괄하여 다음과 같이 결론 맺는다.

하나, 우리 육군의 화류병은 열국 군과 비교해 다수라는 점에서 제4위다.

하나, 우리 육군에서 매독의 수는 열국 군과 비교해 다수라는 점에서 제4위다.

하나, 우리 육군에서 화류병은 병사 총수에 대해 46.40‰로 나타난다.

하나, 우리 육군에서 매독은 화류병 중 26.30‰로 나타난다.

하나, 우리 육군의 화류병 환자는 1년 평균 5,693명이다.

하나, 우리 육군에서 화류병의 치료 일수는 1인 평균 26.8일이다.

하나, 따라서 화류병 환자의 연 인원 수는 1년 평균 153,000여 명이다.

하나, 우리 육군에서 화류병으로 말미암은 불합격자, 병역 면제, 제대자 등의 천분율 총수는 매년 평균 7‰이다.

하나, 사단 중 다수를 보이는 곳은 제6, 제7, 제12 각 사단이다.

하나, 병종 별로 다수를 보이는 곳은 보급병, 공병, 요새포병 등이다.

하나, 매독의 치료 일수는 매우 짧으며, 오늘날의 학문원리(学理)로 보면 최소한 40일이라 할 것이다.

하나, 매독 치료는 특별한 종류의 사정을 제외하고는 교육에 지장을 초래하지 않으며 부대 내 치료로 양호한 결과를 얻을 수 있다.

하나, 민간 장정들 사이에서 화류병의 만연은 월별 화류병 증감 표를 통해 추정하건대 육군의 경우에 비해 대략 6배로 간주할 수 있다.

하나, 매독에 의한 병종, 불합격자, 화류병을 지니고 입영한 전역자의 합계는 매년 평균 5%이며, 부대에 있는 병사의 화류병 전역자는 0.56‰이다.

하나, 따라서 위 글의 수를 통해 추정하면, 장정의 화류병은 육군에 비해 약 8배로 나타난다.

하나, 사관별로 있는 민간, 즉 공창의 화류병은 제10, 제11, 제12 등이 최다다.

하나, 공창은 적은 지방에서 2명에 1명, 많은 경우 1명에 대해 2회 병에 걸린 것으로 나타난다.

하나, 공창의 화류병과 장정의 화류병은 거의 반대의 만연 상황을 보이는 듯하다.

하나, 오직 공창으로부터만 매독에 감염되는 것으로 가정한다면, 창부 1명에 대해 장정 0.03명의 감염자(罹病者)가 나오는 비례다.

하나, 매년 평균 장티푸스(장질부사) 사망자의 총수는 6.3‰을 보이고, 매독은 9.2‰을 보이므로, 매독 사망자는 장티푸스 사망자를 3.0‰ 초과한다.

하나, 일본의 매독 사망자는 총사망자에 대해 9.19‰로 나타난다.

하나, 일본의 유전 매독이라 할 1년 미만의 매독 사망자는 생산아에 대해 2.99‰로 나타난다. 즉 300명의 생산아에 대해 약 1명의 매독 사산아의 비례다.

하나, 감염 경로는 공창보다 사창이 많다.

이와 같이 우리 육군의 화류병은 프러시아, 프랑스 등에 비해 더 삭감될 수 있는 여지가 있을 것이다. 병졸의 교육이나 군기가 어떠한지의 상황, 또한 장정 징모가 정밀한지 거친지도 원인이 된다 하겠으나 오직 병졸에 대해서만 방어해도 효과는 없고, 병졸의 근원인 장정들의 만연 방지 대책을 강구하지 않을 수 없는데, 그 요약은 참으로 다양할 테니 간단히 설명하기 어렵다. 일반의 교육에도 이를 기대하지 않을 수 없다. 혹은 정욕에 관한 교육 시행의 가부도 연구해야 할 것이다. 혹은 화류병예방회 같은 공공기관이 활동해서 점차 개선 방법을 강구하는 것도 필요할 것이다. 풍기 위생상의 시설과 여러 기관을 설비할 필요도 있다 하겠으나, 하루아침에 목적을 달성할 수는 없고 이 같은 것은 서서히 시설해야 하는 일에 속한다. 그리고 당장 관헌 감독 아래 있는 공창에 대해서도 여전히 충분한 개선의 여지가 있을 것이다. 유럽에서도 화류병 만연의 죄에 대해서는 검사와 관련한 불완전성이 지적되고 있는데, 즉 베를린의 경우 1년에 1명당 불과 26회 검사를 한다. 이처럼 불완전한 점으로서 열거해야 하는 것은 검사의 빈도수가 적다는 점, 검사의 시간이 너무 짧다는 점(베를린, 보르도, 부다페스트는 평균 2분간, 페테르부르크는 3분, 파리는 1분 반이고, 우리 일본은 약 1분 내지 1분 반인 듯함), 검사하는 의사가 적은 수에 지나지 않는 점(일본은 경시청의 검사의가 불과 16명인데, 이를 유럽의 비율과 비교, 즉 베를린의 매소부 4,500명에 대해 12명, 파리의 23명, 페테르부르크의 3,000명에 대해 11명, 부다페스트 1,100명에 대해 14명, 마르세유의 700명에 대한 8명, 리옹의 900명에 대한 7명과 비교하면, 아마도 일본이 가장 적은 수리라 믿는다), 검사의는 전문적 지식이 부족하고 특히 지방에서 그렇다. 또한 지방 대부분은 검사장이 불완전해서 참으로 합리적인 검사를 할 수 없다는 점, 또한 매독의 경우도 완전한 치료를 일반적으로 실시할 수 없는 점 등은 정말 실행 개선의 급선무라 믿는다. 기타 매음부 단속 같은 법규 제정이 필요함은 물론이다. 이를 요약할 때, 조야의 인사가 화류병 만연의 이러한 상황을 자세히 살펴본다면 내키는 대로 등한시할 수 없다는 점에서 8종 전염병과 아무런 차이가 없을 것이다. 유전매독 사망자가 9.0‰로 나타나고 매독 사망자가 장티푸스 사망자를 3‰ 초과하는 점 등 구체적 증명을 얻고도 여전히 오늘날 같은 상태로 충분하다고 한다면, 우리는 수십 수백 년 후에 반드시 우리 일본 국민이 러시아의 작은 부락처럼 국민병, 가족병 때문에 허약해지고 줄어들 것이라고 거리낌 없이 단언하고자 한다. 관민이 일치해서 마땅한 방어책을 신속하게 강구할 것을 간절히 바라마지 않는다.

부표(附表) 목차[19]

부표 제1 각국 군의 화류병 증감(消長)의 비교 곡선도
부표 제2 우리 군의 월별 화류병 증감(消長)의 비교 곡선도
부표 제3 각국 군의 월별 화류병 비교 곡선도
부표 제4 병과별 화류병 연별 비교 표-그 1, 그 2
부표 제5 사단별 연별 화류병 비교 표-그 1, 그 2, 그 3
부표 제6 열국 군의 연별 임질 증감(消長)의 비교 곡선도
부표 제7 열국 군의 연별 연하감 증감(消長)의 비교 곡선도
부표 제8 열국 군의 연별 매독 증감(消長)의 비교 곡선도
부표 제9 각 사관별 장정(병종, 불합격) 매독 환자 비교표
부표 제10 각 사단의 화류병 환자 전역 표
부표 제11 각 사관별 창기 매독과 화류병 환자 표
부록 도표(附図) 제1 1897년부터 1906년까지의 육군 화류병 만연 상황(사단별)
부록 도표(附図) 제2 상동 시기, 육군 매독 만연 상황(사단별)
부록 도표(附図) 제3 상동 시기, 각 사관 장정 매독 만연 상황
부록 도표(附図) 제4 상동 시기, 사관별 창기 매독 만연 상황
부록 도표(附図) 제5 상동 시기, 사관별 창기 화류병 만연 상황
부표 제12 1907년 12월 보병 제3연대 신 입영병 화류병 환자 조사표

19 부표는 목차만 제시하고 이 자료집에서는 생략함. 그 내용은 국립중앙도서관에 소장된 이 책의 원문 파일을 통해 확인할 수 있음.

3) 야마다 히로토모, 육군 병사와 화류병의 관계(확청 3(4), 1913.)

육군성 의무국 위생과장 · 의학박사 야마다 히로토모, 육군 병사와 화류병의 관계
陸軍省醫務局衛生科長 · 醫學博士 山田弘倫, 「陸軍兵と花柳病との關係」,
『廓清』 3(4), 1913. 3.

다음은 국가의학회에서 발표된 강연의 개요다. 아직 교열을 거치지 않았으며 글의 책임은 기자에게 있다.

一. 육군에서 화류병의 바람직한 경향

나는 7년 전에 최근 8개년 통계에 기초해 『육군의 화류병』을 쓴 바 있다. 그때의 결론으로서 (一) 육군의 화류병은 1,000명 중 46.4명이고, (二) 매독은 26.3명이며, (三) 화류병 환자의 1년 수는 5,690명이라는 많은 수에 달하고, (四) 평균 1인의 치료 일수는 26.8일이며, (五) 이를 연인원으로 환산하면 1년 동안 15만 3,000명이라는 거대한 수에 달하는데, (六) 화류병 때문에 불합격하여 귀향 또는 병역 면제로 조치되는 자가 1,000명에 대해 1년 평균 7명인 것으로 파악하였다. 그런데 이번에 조사하면서 보니, 놀랍게도 육군에서 화류병이 현저한 감소를 보이고 있었다. 즉 7년 전에 46명이었는데 오늘날은 20명으로, 대단한 감소가 나타났다. 이를 유럽 국가들과 비교하면, 가장 적은 나라는 독일이며 최근 5년의 평균은 아래 표와 같다.

그런데 1911년에 일본은 불과 20%로 나타나 실로 프로이센에 필적할 만한 수준이다.

열국의 육군 화류병 환자 비교표(‰)	바이에른	프로이센	네덜란드	러시아	오스트리아	스페인
	15.0	19.4	29.4	39.2	52.4	78.7

일본만을 사단별로 구분해 현재 어디가 가장 많은지 조사해 보면, 규슈(九州) 지방의 사단이 가장 많아 구루메(久留米)가 58‰로 필두를 기록했고, 다음은 주고쿠(中国) 지방 40‰이다. 가장 적은 곳은 13사단의 다카다(高田)병으로 16‰ 그리고 홋카이도(北海道)의 7사단, 히로사키(弘前)의 제8사단이다. 게이한(京阪) 지방과 도카이도(東海道)는 대략 중간 정도다. 과거 5년 동안 눈에 띄는 현상이 나타난 곳은 제7사단으로, 1907년 이전과 1911년을 비교하면 5분의 1로 감소했다. 제8사단도 4분의 1 이하로 줄었다. 최근 5년간의 평균수를 각 사단의 성적으로 비교하면, 가장 많은 곳은 역시 제18사단 구루메이고, 다음은 제6사단[구마모토(熊本)], 제14사단[우츠노미야(宇都宮)]인데, 이상은 모두 1,000명에 대해 10명 이상의 환자 수를 보이고 있다. 가장 매독 수가 적은 곳은 제13사단(다카다)으로 3.8‰이다.

二. 놀랄 만한 장정의 화류병

이번에는 징병검사를 받으러 온 장정들의 화류병을 조사해 보면 다음과 같다.

1909년 23.48명 1910년 27.10명

1911년 25.25명 1912년 25.2명

이를 평균하면(1909년 이전에는 통계가 없음), 1,000명 중 25.26명이다. 그렇다면 장정 중 어느 곳이 가장 많은가를 연대로 구분해 살펴보면, 사가(佐賀)의 51‰이 가장 높고, 고치(高知), 고베(神戸), 오무라(大村), 마츠야마(松山)가 그뒤를 이어 모두 40‰ 이상으로 나타난다. 적은 곳은 무라마츠(村松) 연대 구역이 9.35‰로 첫째고, 후쿠시마(福島), 와카마츠(若松), 아오모리(青森), 아사히카와(旭川), 삿포로(札幌), 도요하시(豊橋) 순으로 모두 15‰ 이하의 숫자다. 또한 이를 더 큰 단위인 부/현

(府県) 별로 살펴보면, 가장 많은 곳이 고치(高知)현 46.3‰ 그리고 나가사키(長崎)현, 사가(佐賀)현의 45‰ 이상이다. 적은 쪽부터 보자면, 후쿠시마(福島)현 11.3‰, 이보다 약간 많은 곳이 야마나시(山梨)현, 이와테(岩手)현, 니가타(新潟)현 등으로 15‰ 이하다.

사관(師管)과 사단은 대체로 환자 수가 일치한다. 단, 지나(支那)에 주재하는 장정의 경우, 놀랍게도 100명 중 100명이 환자여서 화류병 사단을 만들 수 있을 정도의 기세다. 이어 관동주(關東州), 조선, 대만에서는 모두 100명 중 50명 이상의 환자가 있다.

그리고 이 장정들의 평균 수 25.26명이라는 수와 1911년의 20.89명을 대조해 보면 또한 놀랄만한 차이를 볼 수 있다. 장정은 징병검사를 받으러 온 바로 그날 하루의 수이지만, 군대는 1년을 통틀어 센 수이므로, 시험 삼아 장정의 이 수를 환산해 보면, 군대는 1,000명 중 1.93명이 하루 수가 된다. 이를 가지고 장정과 대조하는 것이 더 확실한 수에 가까울 테고, 이는 약 13배가 된다. 군대에서 1년에 20.89명에 대해 장정은 약 280명이라는 계산이다. 이는 군대보다도 장정들이 한층 자유로우니 당연한 일이고, 어쩌면 그보다 훨씬 많으리라고 생각된다.

이제 1,000명 중 280명이라는 정정들의 화류병을 병류별로 보면, 매독 51‰, 임질 67‰, 연성하감 51‰이다. 그런데 군대에서는 매독 5‰, 임질 9‰, 연성하감 6‰이다. 나아가 이를 열국들의 군대와 비교해 보면, 매독이 가장 많은 나라는 러시아 16.5‰, 다음은 오스트리아 15.9‰, 그다음이 일본 7.2‰이고 프랑스가 그뒤를 따르고 있으며, 네덜란드는 불과 5.3‰, 프로이센이 4.8‰, 바이에른이 3.23‰이다. 임질은 바이에른이 10.47‰로 가장 많고, 네덜란드가 적다.

三. 화류병이 군대에 미치는 영향

화류병이 군대에 미치는 영향은 다음과 같다.

첫째, 병사의 감소다. 화류병에 걸리면 그 증상에 따라 군대에서 제대(除役)하거나 귀향을 명령한다. 이러한 전역 수가 1년 평균 1.36‰이고, 귀향 명령이 7.19‰이다. 양자를 합해 1,000명 중 8명 반의 병사가 화류병 때문에 감소한다는 말이다. 게다가 이 수는 반대로 증가 경향을 보이고 있다.

둘째, 교육의 영향이다. 병에 걸려 치료 중인 병사는 교육을 받을 수 없는데, 그 경우가 평균 매년 5,750명이라는 많은 수에 달하고, 일수로는 1만 8,360일이다. 하루에 494명은 병사 교육을 받지 못하게 된다.

셋째, 경비의 손실이다. 전술한 인원, 즉 매일 494명이라는 인원은 전적으로 비생산적일 뿐만 아니라 약을 먹고 치료를 받으며 놀고 있다. 이를 금액으로 따지면 1년에 약 8만 엔은 육군 병사의 화류병으로 손실되고 있다. 이에 가령 장정들의 1년간의 화류병 치료비를 어림잡아 보면 약 13배이니, 놀랍게도 만 20살 청년의 화류병에 대한 1년 치료비가 백만 엔에 달한다. 독일에서는 프로이센의 군대에서만 1년에 12만 엔을 쓰고 있다. 전체로는 연간 4,300만 엔이라는 거액을 쏟고 있다.

四. 공창 폐지는 찬성

징병검사에 합격한 자가 입대하고 나서 화류병 때문에 귀향 또는 제대(除役) 명령을 받는 경우에 대해 임질 시기를 조사해 보니, 합격 후 입영까지 기간에 감염된 자가 80%이었다. 이는 군대를 부자유스럽고 갑갑한 곳으로 보고, 들어가기 전에 지금이라도 즐겨 두자는 식의 생각에서 일어난 현상으로 짐작된다.

육군에서 화류병 총수는 12개 사단 당시 5,640명이었던 수가 18사단이 되고 나서, 즉 3분의 1의 병원이 증가한 오늘날도 여전히 5,700명에 그치고 있음은 대단한 성적이라 생각한다. 이를 연인원으로 보아도, 1906년에는 12개 사단에서 15만 3,000명이었는데, 1911년에는 18개 사단에서 18만 3,000명이어서, 어디 내놓아도 부끄럽지 않은 성적이다. 그렇다면 장정 쪽은 어떤지 살펴보면, 1,000명 중 270명이고 매독만 해도 51명이 있다. 유럽에서는 1,000명 중 160명 내지 200명이 있는데, 그중 매독이 1,000명 중 20명 정도로, 이것이 유럽에서 대도시의 비례(比例)가 되고 있다.

그외에 포병 공칭의 직공 지원자를 조사한 자료가 있다. 이를 제1사단 장정과 비교하면 2배 내지 3배의 환자 수를 보인다. 그 내역을 직업별로 살펴보면 다음과 같은 결과가 나타난다.

뱃사람	225	노동자	75	무직	50
봉공인	100	상업	70	학생	20
공업	80	농업	65	기타	70

대체로 화류병의 대상인 매소부(売笑婦)는 집창(集娼)보다는 산창(散娼)이 되는 경향이 있다고 생각한다. 2~3년 전 만국폐창동맹회의 그레고리 씨가 육군성에 와서 구세군 야마무로(山室) 대좌의 통역을 통해 집창제도가 유럽에서 잘 안 됐던 이야기를 한 적이 있다. 나는 오늘날 일본의 요시와라(吉原) 같은 상태는 결코 나라의 자랑거리가 될 수 없다고 생각한다. 검매법(検黴法)은 극히 적

은 수라도 예방의 일단을 보여 주는 측면이 있다고 믿으므로, 검사를 사창에게도 실시할 수 있다면 공창 폐지에 지극히 찬성이라는 취지로 답한 일이 있다. 도쿄는 물론 일본의 각 대도시는 유럽처럼 공창이 줄고 사창, 즉 산창이 늘고 있는 오늘날의 추세이지만, 그 가운데서도 군대에서는 해마다 감소하는 바람직한 경향을 보이고 있으니, 이참에 지방유지 여러분들의 연구와 노력을 기대하면서 이 해독(害毒)이 더욱더 감소하기를 희망해마지 않는다.

4) 오누키 야스조, 해군 병사와 화류병의 관계(확청 3(4), 1913.)

해군군의 쇼칸 오누키 야스조, 해군 병사와 화류병의 관계
海軍 軍醫 少監[20] 大貫安三,「海軍兵と花柳病との關係」,『廓清』3(4), 1913. 3.

다음은 국가의학회에서 발표된 강연의 개요다. 아직 교열을 거치지 않았으며 글의 책임은 기자에게 있다.

一. 해군 병사의 생활과 화류병의 관계

해군병사의 화류병을 이야기하기에 앞서 대략 해군 병사의 생활 상태를 밝혀 둘 필요가 있다. 원래 해군 병사에는 지원(志願)과 징모(徵募)의 두 종류가 있다. 신병은 처음 해병단에 넣어 한 차례 훈련하고 나서 배를 타게 한다. 한마디로 배라고 해도, 일등 전투함처럼 500피트가 넘는 장대한 배도 있고 수뢰정처럼 현저히 단소한 규모도 있으니, 생활 상태는 각기 다르다. 배의 밑바닥에서 종일 태양을 보지 못하는 근무가 있는가 하면, 수증기가 응결해 빗물처럼 떨어지기 때문에 우비를 뒤집어쓰고 자야 하는 직무도 있다. 배도 이곳저곳을 회항하는 배와 군항에 정박하는 배가 있는데, 첫째가 상비함대, 둘째가 조선 북청(北清)의 경비를 맡고, 셋째가 남청(南清) 경비다. 그외에 연습함이 있어 후보생을 훈련하고, 또한 예비함이 있다. 병사들의 일에는 대포를 쏘는 법이나 석탄을 태우는 법 등도 들어 있어 조금도 쉴 새가 없다. 선박 손질도 중요한 일이어서 15년 쓸 배가 13년밖에 안 간다거나, 혹은 매년 10만 엔 소요되는 수리비가 8만 엔으로 해결되는 식으로 쉽지 않은 관계가 있다.

요컨대 해군은 해상에서 생활하는 자로서, 물구름 아득하고 바다물결 망망한 대양을 달리며, 수면과 하늘이 맞닿은 곳에 일말의 구름 같은 섬 그림자라도 보이면 가슴이 뛰다가도, 즐풍목우

---

20 쇼칸(少監)은 일본 해군의 특수 직책을 맡은 소령급 장교임. 전투 임무보다는 군의, 병참, 기술 관리 등과 같은 분야에서 활동함.

(櫛風沐雨) 광란노도(狂瀾怒濤)[21]와 싸우는 것이 일상의 직무이다 보니, 육지를 밟는다는 것은 해군 병사에게 더없는 기쁨이어서 막상 상륙을 맞으면 인간의 모습이 달라질 정도다. 심한 폭풍우가 몰아칠 때 등 보트로 상륙하려면 대단히 어려운데도, 허가만 떨어지면 어떤 파도를 무릅쓰고라도 반드시 상륙한다. 그도 그럴 것이 배 위에서는 해먹 안에서 거북하게 자거나, 기관병 등은 수평선 아래에서 잠을 자니, 다타미(畳) 위에 드러눕는다는 것이 육상 사람들이 도저히 상상할 수 없는 기쁨이고, 그다음을 잇는 것이 민물 목욕탕에서 목욕하는 것에 대한 갈망이다. 왜냐하면 해상에서는 소금탕인데다가 겨우 한 되 다섯 홉(1升5合) 정도밖에 민물이 주어지지 않으니, 목욕하고 나서도 충분히 염분을 씻어낼 수가 없어서 대단히 마음이 불편하다. 근래 음식은 냉장고가 있기는 하지만 구식 선박의 경우 사흘 이상 두지 못하니 통조림을 먹어야 한다. 통조림이란 것은 계속 먹다 보면 깡통 냄새가 나서 먹을 수가 없어서, 날것이 못 견디게 먹고 싶어진다. 따라서 육지를 밟고 민물 목욕탕에 들어가고 날것을 먹고 다타미 위에서 잔다는 것은 그들에게는 더할 나위 없는 동경이자 갈망이다. 그렇기 때문에 육군에는 없는 외박이란 것을 허용하지 않을 수 없는 것이다. 히로시마 부근에 정박하여 육지를 보면서도 한 달이나 상륙시키지 않기라도 하면 현저히 사기가 꺾인다. 그러니 외박은 직무 관계상 부득이한 것이고, 정박 중에는 격일로 허가하게 되어 있다. 물론 계급에 따라 3일이나 5일이 되기도 한다.

이러한 해군 병사의 생활은 자연히 화류병에 대한 접근을 많아지게 만들고, 이는 군항을 보통의 지역과 달라지게 하는 까닭이기도 하다. 군항에는 다수의 공창 외에도 반드시 엄청난 수의 사창이 있어, 공공연하게 영업을 하고 있다. 사세보(佐世保) 등에는 특히 현저하게 사창 거리가 버젓이 있어. 결국은 그곳을 공창으로 만들어 버렸다. 요코스카(横須賀)라면 간넨지(観念寺), 구레(呉)에서는 가와라이시(瓦石)라는 식으로 해군 병사들 머리에 곧바로 연관 지어 떠오르는 기항지는 고베, 나가사키, 오사카, 아오모리, 다롄(大連), 뤼순(旅順), 즈푸(芝罘), 아모이(廈門), 홍콩, 싱가포르 등이고, 수뢰정이나 구축함의 경우는 작은 항구에도 기항한다. 작은 항구라 해도 각각 공창과 사창이 갖춰져 있고, 양쪽이 맞물려 해군병사의 화류병은 실로 대단히 많은 수에 달하고 있다.

21 즐풍목우(櫛風沐雨)는 "바람으로 머리를 빗고, 비로 몸을 씻는다"는 뜻이며, 광란노도(狂瀾怒濤)는 "미친 파도와 성난 물결"이라는 뜻임. 격렬한 혼란이나 위험 상황에서도 인내와 끈기를 가지고 버티는 상황을 말함.

二. 약품과 소모품에만 5만 엔

〈해군 병사의 화류병 높낮이 표〉 1/00

30	31	32	33	34	35	36	37	38	39	40	41	42	43	44
1897	1898	1899	1900	1901	1902	1903	1904	1905	1906	1907	1908	1909	1910	1911
153	211	234	214	206	164	211	136	166	175	187	155	129	120	117

해군에서 화류병은 위의 표처럼 거대한 숫자로 나타나고 있지만, 1907년 이후 점차 하강 조짐을 보이고 있음은 기뻐할 만한 현상이다. 1902년에 현저히 치솟아 오른 이유는 전쟁 전이어서 각 군함의 해상 경계(遊弋)가 격렬했기 때문이다. 1906년, 1907년은 전후 영향으로 인해, 그리고 평정한 상황으로 돌아온 덕분에 점차 하강하는 좋은 성적을 보이고 있다. 지금 보통 질병과 화류병을 연 일수로 나타내면 다음과 같다.

보통의 질병

총 치료 일수	566,517
총 입원 일수	218,348
평균 하루의 환자 수	1,551
평균 하루의 입원 수	598

화류병

총 치료 일수	236,397
총 입원 일수	93,256
평균 하루의 환자 수	647
평균 하루의 입원 수	255

이처럼 방대한 수가 병력을 감쇄시키고 경비 손실을 낳고 있다. 화류병에만 소요되는 1개년의 약품과 거즈, 기타 소모품 비용만 해도 5만 엔이다. 이를 반으로 줄일 수 있다면 매년 비행기를 한 척씩 제조할 수 있는 셈이다. 여기에 식량 피복을 가산하면 실로 막대한 금액에 달하니, 화류병을

위해서 국가는 해군에서만 이렇듯 커다란 손실을 입고 있다.

열국 해군의 화류병 환자 표(매 1천 명에 대하여)

연도	국가	환자
1902	일본	164.5
	영국	115.3
	독일	81.8
	미국	92.3
1903	일본	210.5
	영국	121.8
	독일	76.4
	미국	107.6
1904	일본	135.8
	영국	108.9
	독일	66.8
	미국	120.5
1905	일본	166.0
	영국	120.7
	독일	66.7
	미국	127.4
1906	일본	175.2
	영국	121.9
	독일	67.9
	미국	결
1907	일본	187.0
	영국	124.4
	독일	62.2
	미국	127.3
1908	일본	154.8
	영국	결
	독일	결
	미국	128.8

1909	일본	128.7
	영국	119.5
	독일	67.3
	미국	199.2
1910	일본	117.5
	영국	결
	독일	62.8
	미국	196.5
1911	일본	116.8
	영국	결
	독일	결
	미국	결

비고-1909년부터 미국 수가 현저히 증가한 것은 단속이 엄격해졌기 때문이어서, 종전 수치가 오히려 사실과 거리가 멀다. 일본의 경우 3일 이상 쉬면 이 통계에 포함됨.

해군 병사 종별 화류병 표

‰

연차	30	31	32	33	34	35	36	37	38	39	40	41	42	43	44
	1897	1898	1899	1900	1901	1902	1903	1904	1905	1906	1907	1908	1909	1910	1911
하사	49.3	85.7	93.8	104.3	103.3	94.0	101.2	64.5	101.2	98.1	119.1	97.8	78.1	68.9	63.4
졸	179.6	242.6	272.9	250.1	241.9	189.3	251.6	158.9	190.1	201.8	211.9	175.3	147.0	137.7	134.7
군속	44.2	38.9	95.4	73.6	60.1	44.8	41.7	43.2	48.9	82.0	61.1	31.1	49.5	28.8	44.3
수인	253.6	259.1	327.5	216.2	242.6	354.7	169.8	191.9	262.1	263.2	293.6	258.1	194.0	209.7	207.4

화류병 환자 병류별 표

연차	35	36	37	38	39	40	41	42	43	44	평균	치료 연일 수
	1902	1903	1904	1905	1906	1907	1908	1909	1910	1911		
임질	1893	1959	1659	2587	2181	2354	2303	2217	2229	2242	2162	65263
연성하감	1288	2303	1434	2037	1963	2266	1942	1338	1143	1110	1682	53900
횡현(横痃)	865	1304	883	970	1086	1168	850	783	546	645	910	51800
경성하감	253	344	224	343	377	465	399	326	303	378	341	3300
매독	705	738	848	698	941	1307	1274	1106	1077	989	968	52138

그렇다면 해군의 군의는 대체 뭘 하고 있는가 하면, 매달 첫째 목요일에 신체검사를 해서 화류병 은폐자를 발견한다. 은폐하는 이유는 화류병에 걸려 치료를 받으면 7일 동안 상륙 금지 처벌을 받는 일대 고통이 있기 때문인데, 발견한 후 한 달에 2~3번 급성·열성 전염병이나 혹은 화류병이 얼마나 무서운지 등에 관한 위생 강의(講話)를 하고 있다. 이전에 마이즈루(舞鶴) 진수부(鎮守府)에서는 1902년 신설 당시에 여기서 이상적으로 단속해야 한다며 경찰과 조율해, 화류병에 걸린 자가 있으면 그 전염 경로를 물어 경찰에 알리고, 경찰은 즉각 매독검사 의사(検黴医)로 하여금 건강진단을 하게 해 입원 치료를 시키는 방식으로 엄중하게 단속했다. 이 방법은 상당히 유효했다. 1904년, 1905년에는 사세보(佐世保)에서 사창 단속에 힘쓰고 예기, 작부 등도 한 달에 한 번 건강진단을 실시하여 상당한 환자가 발견된 일이 있다. 이는 과연 어떤 변화를 보였는지 숫자로 나타나있지 않아서 알 수는 없다. 또한 각 군함에는 주보(酒保)가 있어서 거기서 예방구를 판매했다. 그러나 이는 팔리지 않게 돼버렸다. 전쟁 전에 아즈마(吾妻)함에서는 군의가 열심히 화류병 박멸을 꾀하여, 군함 위에 상륙표(上陸札)를 가지고 정렬할 때 오른 손에 상륙표, 왼손에 예방구를 가지고 있지 않으면 상륙을 허가하지 않았다. 이렇게 해서 이 군함에서는 한때 화류병이 끊긴 일이 있었다.

三. 화류병은 동양에 가장 많다

여기서 주의할 점은 세계 각국의 해군에서도 화류병은 동양 방면에 가장 많다는 것이고, 이는 동양 방면의 풍속 퇴폐와 낮은 위생사상, 불충분한 단속을 말해 준다. 영국에서도 식민지 특히 인도를 중심으로 한 동양 함대에 많고, 미국에서도 아시아 함대가 가장 많다.

열국 해군 중 화류병이 가장 적은 나라는 프랑스로, 통계를 제시하지는 못했지만 1,000명 중 30여 명에 불과하다. 그에 반해 가장 많은 나라는 미국으로, 1908년부터 미 군함에서는 상륙해서 전염 기회를 접한 자는 귀함 후 즉시 비밀리에 아무도 모르게 소독실로 들어가 소독법을 실시토록 해 좋은 성적을 거뒀다. 일본에서도 이를 본받아 작년 봄부터 유사한 방법을 개시했다. 그러나 아무래도 일본 해병은 귀함하자마자 각종 잡일이 많아서 이 소독법을 실시할 여유가 충분히 없기 때문에 과연 어떠한 성적을 보여 줄지, 아직 1년이 지나지 않아 재료도 올라오지 않았지만, 어떤 배에서는 양호하다는 보고가 나오기도 했다.

이처럼 세계 각국이 화류병으로 인한 병력 감쇄에 대해서는 대단히 고심하며 여러 방법을 강구하고 있는데, 해군 병사에 현저하게 화류병이 많은 것은 급료가 좋기 때문이라고 논하는 사람이 있다. 실제로 해병은 육병에 비해 심히 비율이 좋다. 일본에서는 상등병에 해당하는 자가 하루에 26센이고, 거기에 1등 상장을 가지고 있으면 5센이 더 붙고 항해를 하면 하루 3센의 수당이 나온다. 각국의 해군도 식민지, 특히 동양 부근에 오는 자는 할증 수당이 있다. 하지만 동양은 물가가 싸니 자연히 사치를 할 수 있다. 여유는 인간을 음탕한 놀이(遊蕩)로 이끈다고 하니, 이는 확실히 하나의 요인으로 작용한다. 주머니가 넉넉하면 아무래도 술이나 담배 같은 자극품도 많이 섭취하고 매춘부를 접하는 기회도 많아진다. 그렇다고 급료를 줄이는 것은 괴로운 직무를 하는 자에 대해 잔혹한 처치이니, 예방법은 달리 강구해야 한다. 굳이 여러분께 번거로운 연구를 바라는 것은 이 때문이다.

(3월 25일)

5) 야마다 히로토모, 육군과 풍기(확청 6(2), 1916. 6.)

육군성 위생과장 · 의학박사 야마다 히로토모, 육군과 풍기
陸軍省 衛生科長 · 醫學博士 山田弘倫, 「陸軍と風紀」, 『廓淸』 6(2), 1916. 6.

육군에서 화류병은 1908(明治 41)년부터 1912(大正元)년까지의 통계에서 현저한 내리막길을 보이면서 거의 세계 1등인 독일에 필적할 만한 좋은 성적을 보였다. 그 후의 통계는 아직 충분히 조사하지 않았지만 분명 나쁘지 않을 것으로 생각한다. 원래 이런 종류의 통계는 1년이나 2년만으로는 아무 소용이 없다. 우선 5년 정도의 통계를 내보지 않으면 알 수 없기 때문에 이후 3년간의 통계가 잡힐 때까지는 특별히 상세한 조사도 하고 있지 않다.

공창제도에 대해서 나는 위생상의 시설이 다른 방법으로 적당히 조치되기만 한다면 이를 폐지하는 데에 물론 찬성이다. 오늘날의 매독검사(檢黴)는 곽청회가 주장하는 만큼 무효하지는 않다고 생각한다. 공창과 사창 중에서 유독(有毒)한(=매독에 걸린) 비율은 세계 만국을 통틀어 사창 쪽이 더 많고, 이 사실은 결코 지울 수 없다. 우리 위생 임무를 맡은 사람들 입장에서는 공창, 사창을 불문하고 결국 위생상의 시설에 완전을 기하는 것 외에는 없다.

그러므로 귀 회에서도 사창에 대해 이러한 방면의 감시를 충분히 실시하신다면 우리가 왜 굳이 공창제도 같은 매음의 공인(公認)에 편을 들 필요가 있겠는가.

어제는 경시청 구리모토(栗本) 위생부장과 만났는데, 그는 아사쿠사(浅草)와 기타 지역의 사창 때문에 애를 먹어 산창제도를 도입할 수밖에 없다는 의견이어서, 그러한 안을 만들고 있었다. 그 내용은 일정한 장소에 한정해 거주시키기, 감찰(鑑札)을 주고 매독검사를 실시하기, 세금 징수하기 등이고, 요시와라(吉原) 측에서 당연히 큰 반대가 일어나는 것은 어쩔 수 없으니 세금을 낮춰 주도록 한다는 데 대해 의견을 구해 왔다.

실제로 오늘날의 풍기 퇴폐는 참으로 극심해서, 예기라 하면 모양새는 좋지만, 실제는 조로(女郎)이다. 일전에도 어떤 사람이 하마(浜)정의 마치아이(待合)에 가니 거기서 나온 여자가 뜻밖에도 안면이 있는 간호부였다고 한다. 여자는 놀라서 도망쳤고 남자는 재미있어 하며 다시 불러들이는 소동을 벌였다고 하는데, 실제로 훌륭한 직업을 가지고 있으면서 뒤에서는 매음을 하고 있었던 셈이다. 도쿄역 위에는 호텔이 만들어졌는데, 그곳은 서양식 방 하나하나에 열쇠를 걸어 잠그면 일본식과 달리 이야기가 외부로 새나가지 않으니, 프로(黒人)[22]들은 마치아이보다도 오히려 이곳을 선택하게 되었다는 소문까지 있다.

몇 년 전에 만국폐창동맹회의 그레고리 씨가 귀회의 임원들과 함께 나를 방문했다. 나는 이런 이야기를 했다. 즉 영국 군대에서는 공창을 폐지하는 동시에 병사에게 하루 종일 운동을 많이 시켜 지쳐서 잠들게 했다. 그 때문에 대부분 성욕 등은 떠올릴 새도 없어서 성적이 양호했다고 한다. 이는 일개 개인인 나의 경험으로도 실제로 그러해서, 유도나 검도(劇剣)에 열심히 몰두할 때는 그런 더러운 생각 따위는 일어나지 않는다(예외는 있지만). 그러니 청년들에게는 가능한 한 그런 충동이 일어날 여유나 틈새가 없을 만큼 충실한 생활을 시키면 좋겠다.

---

22 黒人＝玄人. 일반 명사로 전문가, 프로의 뜻. 여기서는 게이샤, 창기 등 화류계 여자를 가리킴.

6) 야마다 히로토모·히라마 사키쓰, 통계로 보는 화류병(1923. 1.)

야마다 히로토모 · 히라마 사키쓰, 통계로 보는 화류병
山田弘倫 · 平馬左橘, 『統計より觀たる花柳病』 1923. 1.[23]

(…)

일본의 매음
24. 일본

일본 매음의 기원

우리나라에서 매음의 기원은 쇼무(聖武)천황 덴표(天平) 연간(729년에서 748년)이라 한다. 『유녀기(遊女記)』 등의 기재에 따르면 왕조 시대에 비롯되었음을 상상하기 어렵지 않다. 당시 곳곳에 유녀가 있었고, 특히 교토, 에구치(江口), 가와지리(河尻), 가지마[蟹島, 세쓰(攝津)], 무로(室), 아사즈마[朝妻, 고노에(近江)], 무로즈미[室積, 스오(周防)] 등이 유명하다.

시라뵤시

진코(人皇) 75대 도바(鳥羽)천황의 글(御字)에 가무를 하는 시라뵤시(白拍子)라는 것이 나타나 있다. 교고쿠(京極) 대신 무네스케(宗輔)의 여자와카(女和歌) 앞 같은 것을 보면 천황(天子) 어전에서 노래를 읊은 일이 있다. 그 외 시라뵤시와 유녀의 와카(和歌) 중에 빼어난 것이 많아서 유녀 고지마(兒島)의 와카 등이 만요슈(万葉集)나 기타 노래집에 수록된 것도 적지 않다.

유녀와 괴뢰

당시 수변에 다니는(遊行) 이들을 유녀(遊女)라 불렀고, 산간 역참(宿駅)에서는 괴뢰(傀儡)라 불렀

---

23 이 자료는 『売買春問題資料集成』 제9권에서 영인 자료를 볼 수 있음.

다. 나이토 지조(内藤耻叟), 고미야마 ○○(小宮山安○)의 아이바 나가아키(相場長昭) 저서『유녀기(遊女記)』의 주석에 따르면, "당시의 창기의 가문내력(素性)이 바른 것은 천성이 음탕해 집에서 부녀의 도리(婦道)를 지키지 못하는 자의 행위이지 딱히 빈곤해서 입에 풀칠하기 어려운 자가 아니기 때문이다"라고 나온다. 그러므로 오늘날의 창부와 동일시할 수 없는 점이 있음을 알아야 한다.

유군별당

다음으로 호겐·헤이지(保元平治) 시대에 이르러서는 무인이 대두함에 따라 유녀가 필요해지면서 역참 길 곳곳에 창부를 키우는 창가와 요리다옥(料理茶屋) 등이 일곽을 형성하기에 이르렀다. 기루 주인을 장자(長者, 조샤)라 하고 유녀를 가카에온나(抱女, 고용녀)라 칭했다. 이후 가마쿠라(鎌倉)시대에는 가마쿠라에 '유군별당(遊君別當)'이라는 관제를 창설하여 유녀의 단속을 담당하게 한 점을 통해 보더라도 당시 무인의 발호와 함께 유녀가 많아졌음을 미루어 짐작할 수 있다.

게이세이(傾城)국

유군별당은 호조(北条)나 아시카가(足利) 장군 시대에도 계속 존재했다가,

과세

아시카가의 말세에 이르러 '게이세이국'을 설치하면서 유녀를 하나의 영업으로 인정하고 과세법을 강구하게 되었다.

가게마(陰間)[24]

전국 시대에는 전란이 잇따랐기 때문에 자연히 창가는 쇠망하였고 이를 대신해 남색이 성행하면서 '가게마'라는 것이 출현하기에 이르렀다.

유곽의 기원

도요토미 히데요시(豊臣秀吉)가 천하를 평정하자 교토의 마데노코지[万里小路, 시마바라(島原)]에 처음으로 유곽을 신설하고 유녀별당(遊女別當)을 일으켰다. 얼마 안 가서 오사카, 나라(奈良), 스루

---

24 陰間, かげま. 에도 시대에 아직 무대에 서지 못한 소년 가부키 배우. 또는 남창을 가리킴.

가(駿河) 등에서도 유곽을 볼 수 있게 되었다.

도쿠가와 이에야스(徳川家康)가 막부(幕府)를 열자 여러 나라의 다이묘(大名)들이 에도(江戸)에 모여들면서 시중 곳곳에 일곽 일 부락을 이루며 창가가 등장해 고지마치(麹町) 8정목, 가마쿠라의 강변, 우치야나기(内柳)정 등에서 총수 50여 채에 달했다. 창부는 검소한 복장을 하고 손님의 부름에 응해 그 집에 가는데, 고상한 자는 문학을 이야기하거나 노래를 읊고 차를 다렸다고 한다.

산창의 해로움

게이초(慶長) 17년(1612)이 되어 오다와라(小田原) 사람인 쇼지 진에몬(庄司甚右衛門)이라는 자가 에도에서 산창(散娼)이 풍기 차원에서 해로움으로 유곽제도를 마련해야 한다고 역설한 결과, 겐나(元和) 3년(1617) 3월 인가되었다.

요시와라 설립

겐나 4년(1618) 11월 현재 니혼바시(日本橋)구 이즈미(和泉)정에 요시와라(吉原)의 일곽을 신설하고, 에도의 산창을 집합시켜 집창제도를 만들었다.

유곽 단속

당시 막부는 요시와라에 관한 하나의 규칙(掟)을 정했다. 이 규칙의 개요를 들자면, (1) 조로(女郎)는 일절 요시와라라는 곽(廓) 밖으로 외출하는 것을 금하고, 곽 외에서는 누구라 할지라도 매음을 엄금하며, (2) 손님은 하루 한밤 이상 길게 묵는 것을 금지하고, (3) 조로(女郎)의 의복은 금은자수 인쇄물 등 이목을 끌만 한 복장을 금하고, (4) 기루 건축물을 화려하게 하는 것을 허용하지 않고, (5) 무사나 조닌(町人)을 불문하고 손님 중에 수상한 행동이 있는 자는 즉각 봉행소(奉行所)에 밀고해야 함을 규정했다.

야간영업 금지

이후 요시와라는 날이 갈수록 융성의 극치를 보였기 때문에 간에이(寛永)17년(1640) 막부는 시대의 폐단을 감안하는 바가 있어 단호히 요시와라에서 야간 영업을 금지했다. 그 때문에 요시와라의 번창도 순식간에 쇠퇴하였고, 동시에 그에 대한 반동으로 시중 곳곳에 소위 '목욕탕(風呂屋)'이라는 사창이 출현하여 음란한 풍속이 일시에 퍼졌다.

과세와 노역

메이레키(明曆) 3년(1657) 에도에 큰 화재가 발생해 구 요시와라가 하루아침에 잿더미로 돌아가는 바람에 같은 해 8월 현재의 요시와라 땅으로 이전시켰다. 이와 동시에 창부에 대하여 새로 조세법을 마련하고 별도로 일부에 대해서는 노역법을 부과하였다.

겐로쿠(元禄) 시대는 도쿠가와(徳川)의 전성기로, 문약하고 나태한 풍조가 성하였고 동시에 매음 전성기를 맞았다. 『동방어원(洞房語園)』에 따르면 전국에서 유곽은 모두 35곳 존재했다고 한다. 또한 『유예태평기(遊藝太平記)』에 따르면, 요시와라의 창부는 2,000명, 시마바라의 조로(女郎)는 800명 존재했다고 한다.

요시와라 규칙 증문

다음으로 교호(享保) 9년(1724), 요시와라에서 무사와 조닌(町人)의 쟁투가 심해지면서 다시 야간 영업을 금지했다. 이후 간에이(寛永) 7년(1630)[25] 마쓰다이라(松平) 에치젠노카미(越前守)는 요시와라에 '기모이리(肝入り)'라는 직책을 마련하고 80개조로 구성된 「간세이 요시와라 규칙 증문(寛政吉原掟證文)」을 정했다. 그 후 점차 에도시 안에 사창이 출현해 풍속을 어지럽히자, 덴포(天保) 시기에 요시와라 외에 새로 에도의 입구 사숙(四宿, 네 개의 숙박소)에 창루를 인정하고 그 외에서는 사창을 엄하게 금지했다. 이어서 가에이(嘉永) 6년(1853)이 되어 다시 곳곳에 사창이 등장하자 '요시와라 규칙 증문'을 정하고 밀매음에 대한 단속에 힘썼다.

일본 매독검사의 기원

게이오(慶應)[26] 말년 요코하마에서 영국 군대(赤隊)의 보건을 꾀하기 위해 영국 파크스 공사의 주도로 영국의사 뉴턴과 마쓰야마 도안(松山棟庵), 미야지마 다다노부(宮島義信)에 의해 처음으로 창기의 매독검사를 실시하고, 이어 고베, 나가사키 등에서도 이를 시행했다.

매독검사법과 그 폐지

메이지 시대에 접어들어 고스게(小管)의 현령 가와세 히데쓰구(河瀬秀次)가 발의하여 1871년 9

25 윗줄의 교호 9년과 간에이 7년의 전후 관계가 안 맞는 듯 보이나, 원문 그대로 옮김. 규칙 증문의 명칭에 기재된 간세이(寛政)의 오자일 가능성이 있으며, 그 경우 간세이 9년은 1797년임.

26 게이오(慶應) 시대는 1865~1868년임.

월에 새로 매독검사법(検黴法)을 마련했지만, 많은 사람들이 기피하는 바람에 이듬해(1872)에 폐지되는 운명을 맞았다.

창기해방령(娼妓開放令)[27]

같은 해 10월 12일 태정관(太政官) 포고 제195호를 통해 유명한 창기해방령을 공포하여 인신매매를 엄하게 금했다. 이는 태서(泰西)에서 일어난 노예해방 기운에 촉발된 결과다. 다만 실제로는 창부가 자취를 감추지 않았기에 창부는 창루의 자시키(座敷)를 빌려 영업한다는 명목으로 바꾼 것에 불과하다. 같은 해 개정 율령으로 사창을 금지하고 성을 파는(衒売) 포주(窩主)에 대한 형벌을 정했다.

매독검사법의 재발

1873년 6월 다시 매독검사법(検黴法)을 마련해 도쿄에서는 요시와라, 네즈(根津), 시나가와(品川), 신주쿠(新宿), 센주(千住)에서 매독검사를 시행했다. 1876년 9월 태정관 포고와 도쿄부달(東京府達)을 통해 사창에 대한 처분으로서 과료 30엔, 징역 6개월 이내에 처하기로 정하고, 같은 해 경시청은 창기의 연령은 15세 이상으로 정했다가 1877년 5월에 다시 16세 이상으로 고쳤다. 창루는 창기로 하여금 가능한 한 정업에 종사할 것을 장려했다.

자유폐업

1900년 요시와라의 창기들 사이에 이른바 자유폐업이 일어나, 1909년에 이르는 사이 2,559명의 폐업을 볼 수 있었다.

현행 단속규칙

1912년에 내무성은 현행 창기단속규칙을 공포했다. 우리나라(本邦)의 현재 제도는 전술한 바와 같이 집창제도로, 산창은 인정하지 않고, 밀창은 강력히 금지하고 있다.

---

27 원문의 娼妓開放令(창기개방령)은 두 곳 모두 娼妓解放令(창기해방령)의 오기로 보임. '창기해방령'으로 번역함.

우리나라 유곽 수

현재 군마현을 제외한 각 부현(府県)에 창기가 있다.

1918년 전국 창부와 진단소의 수

1918년 현재의 유곽(반드시 하나의 곽을 구성하지 않더라도 창기가업이 허가된 곳을 유곽으로 명함)은 540개소이며, 그곳 창기의 하루 평균 인원은 43,832명, 이에 대한 건강진단소는 475개소, 진단한 연인원은 2,991,235명이다. 지금 우리나라 과거 20년 동안의 창기의 증감은 다음과 같다.

1900년에서 1919년까지 20개년의 전국 창기 증감표

연차	창기 수	연차	창기 수	연차	창기 수
1900년	44,522	1907년	43,549	1914년	50,401
1901년	39,060	1908년	46,672	1915년	51,299
1902년	38,725	1909년	44,648	1916년	54,049
1903년	39,191	1910년	47,779	1917년	54,535
1904년	50,185	1911년	48,105	1918년	43,832
1905년	35,235	1912년	48,859	1919년	47,743
1906년	42,171	1913년	51,070		

즉 과거 20개년 동안 창기 수는 가장 적은 때가 1905년 35,235명, 가장 많은 때는 1917년 54,535명, 평균이 46,081명으로, 인구의 증가에 비해 현저한 증감이 없는 것으로 인정된다.

조선의 매음

25. 조선

우리 식민지의 한 예로서 조선의 매음부 단속 현황을 들고자 한다.

조선에서 공창의 단속 상황은 크게 두 가지로 나눌 수 있다. 하나는 큰 도회지에서 실시되는 방법으로, 내지와 마찬가지로 예기와 작부 등에 대해서는 특수한 위생적 감시를 하지 않고, 창기에 대해서는 이른바 유곽제도, 즉 집창제도를 채택하고 있다. 또 하나는 작은 도회지에서 실시되고 있는 방법으로, 유곽과 창기는 없이 매음부는 이른바 산창제이며 예기와 작부에 대해서 위생적 감시를 시행하고 있다. 그리고 1920년도의 조선 내 매음부의 실수는 내지인 3,646명, 조선인 2,655명으로 합계 6,301명이라 한다. 지금 1917년 이후 매음부의 증감을 조사한 바는 다음과 같다.

1917년에서 1920년까지 4개년의 조선 매음부의 상세 증감표

연차	예기		창기		작부	
	내지인	조선인	내지인	조선인	내지인	조선인
1917년	579	146	1,913	862	850	524
1918년	499	280	2,058	1,391	871	825
1919년	462	349	2,215	1,253	732	884
1920년	451	300	2,382	1,337	790	849

위의 표와 같이 조선인 매음부는 예기, 창기와 작부가 과거 4년 사이에 순차적으로 현저히 증가하는 경향을 보인다. 예기는 1917년 146명이 1920년에는 300명으로, 창기는 1917년 862명이 1920년 1,337명으로, 작부는 같은 기간에 524명에서 849명으로 증가하여, 이중 예기의 증가율이 가장 높다. 내지인 매음부는 오직 창기만 증가를 보여 1917년 1,913명이 1920명에 2,382명이 되었고, 예기와 작부는 약간 감소하는 경향을 보였다.

(……)

제六. 화류병이 육군에 미치는 영향

Ⅰ. 병사(兵員)의 소모

1. 징병검사 시 화류병으로 말미암은 병종(丙種)과 정종(丁種)의 인원 수
   붙임 무종(戊種)의 인원 수

1907년 이후 1911년까지 5개년 동안 징병검사를 할 때 화류병 특히 중증 매독으로 인해 병종 또는 정종이 된 자의 수는 다음과 같이 매년 감소하여 1910년, 1911년에는 전혀 나타나지 않았다.

1907~1911년 화류병으로 인한 병종(丙種) 정종(丁種) 장정 천 명당 비례표

연차	1907년	1908년	1909년	1910년	1911년	평균
중증 매독	2.94	1.94	1.27	-	-	1.23

또한 1907년도의 징병검사에서 화류병으로 인해 무종(징집 연기)이 나온 장정의 매천 비례는 약 5%이며, 이를 각 병으로 구분하면 약 반수가 임질, 약 3분의 1은 매독이고, 약 5분의 1은 연하감이 원인으로, 다음 표와 같다.

1911년 화류병으로 인한 무종(戊種) 장정 천 명당 비례표

매독	임병	연하감	계
1.64	2.27	0.93	4.84

2. 화류병을 지닌 입영, 귀향, 전역자의 인원 수

징병검사 때에 겉으로 나타나는 증세가 없는 자 또는 화류병에 걸려 있어도 치료 가망이 있어 합격자로 편입된 자 중에서 입영할 때 병무에 지장이 있을 정도의 화류병을 띠기 시작했기 때문에 즉시 전역(除役)되었거나 그날로 귀향시키고 다시 이듬해 징병검사에서 판정하기로 한 인원 수는 다음 표와 같다.

1912~1919년 8개년간 화류병을 지닌 입영, 귀향, 전역자의 입영 인원 천 명당 비례표

면제별	1912년	1913년	1914년	1915년	1916년	1917년	1918년	1919년	평균
전역자	0.40	0.18	0.15	0.08	0.09	0.07	0.02	0.07	0.13
귀향자	12.78	8.23	7.74	7.36	6.50	5.73	3.93	4.13	7.05
계	13.18	8.31	7.89	7.44	6.59	5.80	3.95	4.20	-

주. 통계 합산과 평균이 맞지 않는 경우도 있으나 원문에 따른다.

이 표와 같이 입영할 때 화류병을 지닌 자(帶患者)로 전역 또는 그날로 귀향시킨 자의 인원 수는 모두 매년 현저하게 감소했다. 그 합계를 보면 1912년의 13.18‰은 1919년에 4.20‰, 즉 3분의 1을 조금 넘는 수로 감소를 보인다. 그 원인은 다름이 아니라 지방 관헌과 연대 구역 사령관이 입영 전의 장정들에 대해 화류병 치료를 마치도록 종용하였고, 일반 국민 사이에서도 화류병에 대한 치료가 보급된 결과라 인정해야 할 것이다.

또한 이를 화류병의 각 병으로 구분해서 총수에 대한 비율과 비교하면 다음 표와 같다.

화류병을 지닌 입영자의 병명별 통계

1910~1919년 화류병을 지닌 입영자의 병명별 비교표

연차	화류병을 지닌 입영 전역자 100에 대해			화류병을 지닌 입영 귀환자 100에 대해		
	매독으로 인한 전역	임병으로 인한 전역	연성하감으로 전역	매독으로 인한 귀향	임병으로 인한 귀향	연성하감으로 귀향
1910년	81.3	18.8	-	27.7	43.1	29.1
1911년	60.7	39.3	-	27.3	44.9	27.8
1912년	55.3	42.1	2.6	28.5	43.0	28.6
1913년	63.7	36.5	-	32.9	40.6	28.6
1914년	64.3	28.6	7.1	35.3	37.8	26.9
1915년	50.0	50.0	-	35.3	39.5	25.2
1916년	55.6	44.4	-	31.4	36.8	31.8
1917년	42.9	57.1	-	33.2	32.6	34.2
1918년	50.0	50.0	-	30.7	38.8	30.5
1919년	28.6	57.1	14.3	35.5	32.6	31.9
평균	55.2	42.4	2.4	31.8	39.0	29.5

즉 전역자의 경우, 매독으로 인한 자가 가장 다수여서 거의 항상 화류병으로 인한 총 전역자의 반수 이상을 차지한다. 임질로 인한 자는 해에 따라 증감이 있지만 평균 42% 내외다. 연성하감은 가장 소수여서 1919년의 14%를 제외하면 모두 없거나 혹은 극히 소수다. 귀향자의 경우, 임질이 가장 많고 매독, 연성하감의 순위인데, 이들 삼자의 차이는 전역자에 비해 훨씬 적다.

3. 병사 중 화류병으로 인한 전역자의 인원 수

1910년 이후 10개년에 걸쳐 현역으로 영내에 거주하는 하사 이하로, 화류병으로 말미암아 1개년 간 전역한 자의 인원 1,000명에 대한 비율은 다음 표와 같다.

1910~1919년 화류병 전역자 병사(兵員) 천 명당 비례표

연차	매독	임병	연성하감	계
1910년	0.25	0.13	0.01	0.39
1911년	0.08	0.18	0.01	0.27
1912년	0.09	0.17	-	0.26
1913년	0.12	0.15	-	0.27
1914년	0.12	0.16	-	0.28
1915년	0.07	0.13	-	0.20
1916년	0.11	0.13	-	0.24
1917년	0.10	0.13	0.01	0.24
1918년	0.06	0.15	-	0.21
1919년	0.10	0.05	-	0.15
평균	0.11	0.14	0.003	0.25

주. 통계 합산이 맞지 않는 경우도 있으나 원문에 따른다.

즉 화류병으로 인한 전역자의 수는 병사 1,000에 대해 0.15에서 0.37‰로, 10년을 평균하면 0.25‰에 해당한다. 그리고 그 전역자 수는 해가 갈수록 감소 경향을 보여서 1919년에는 1910년에 비해 2.5분의 1로 감소를 보인다. 또 10년을 평균해서 화류병 전역자를 각 병으로 구분해 관찰하면, 매독과 임질은 거의 동일하고 연하감은 극히 소수다.

II. 군대 교육에 미치는 영향

화류병이 군대에 미치는 영향은 단순히 장정과 병원의 손실에만 그치지 않는다. 전역에 이르지 않는 환자라 할지라도 병의 치료에는 해마다 많은 시일이 걸려 군대 교육을 저해하는 면도 매우 심대한 바가 있다. 1912년 이후 8개년 간의 화류병 환자의 실수, 치료에 소요된 연 일수, 평균 하루 현재 환자 수를 표시하면 다음과 같다.

1912~1919년 8개년간 화류병 환자와 치료 일수 표[28]

구별		1912년	1913년	1914년	1915년	1916년	1917년	1918년	1919년	평균
신 환자 총수(실수)		4,473	4,595	4,569	4,486	4,096	3,967	3,762	3,895	4,230
연 치료 일수	병영	30,780	32,771	26.196	28,536	24,989	22,901	22,554	25,967	26,837
	병사	92,330	102,405	101,717	109,405	96,618	92,124	85,082	84,722	95,558
	계	123,110	135,176	127,913	137,941	121,607	115,025	107,636	110,689	122,387
평균 1일 현재 환자		337.3	369.3	350.4	377.9	333.2	314.3	294.9	303.3	335.1
평균 1인 치료 일수		29.5	28.9	27.3	29.9	29.0	28.5	28.1	27.7	28.6

이 표에 따르면, 각 해의 화류병 신환자 총수는 약 3,800명에서 약 4,600명으로 평균 약 4,200명이고, 각 해의 연 치료 일수는 약 110,000일에서 140,000일로 평균 120,000일로 산출되는데, 1인당 치료 일수는 27일에서 29일로 평균 28일 반이 된다. 평균 하루 현재 환자는 295명에서 378명으로 평균 335명에 해당한다. 바꿔 말하면 화류병 때문에 매년 약 4,200명의 병사가 약 한 달 동안 병무에 복무하지 못하며, 또한 120,000 병사가 하루 동안 휴업하거나 335명의 병사가 1년 동안 전혀 교육을 받지 못하거나, 어느 쪽으로든 가상할 수 있을 것이다. 만일 이 병과 관련한 체력, 활력의 소모와 정신적 타격 등 무형의 악영향까지 고려한다면 화를 입히는 바가 참으로 헤아릴 수 없을 지경이라 보인다.

또한 이 표에 대해서 각 해의 환자와 치료 일수의 증감을 검토해보면 신환자는 1912년부터 1915년까지는 거의 뚜렷한 증감이 없지만 1916년부터 점차 감소해 1919년에 이르러 1912년의 약 7분의 6으로 감소했다. 그리고 평균 1명의 치료 일수는 뚜렷한 감소를 보이지 않지만, 이를 적산한 연 치료 일수는 역시 1919년은 1912년에 비해 12,421일 감소하였고 평균 1일 현재 환자도 역시 실로 34명의 감소를 보였다.

III. 군대 경리에 미치는 영향

각 해의 평균 1일 현재 환자 수는 해당 연간 내내 질병 때문에 병무에 종사할 수 없는 경우이므로 단순히 군대교육에 지장을 초래하는 것만이 아니라 치료와 급양(給養) 등에 소요되는 비용은 곧 군대 경리의 손실로 인정된다. 따라서 지금 가령 병졸 1명의 1년 동안의 급양에 필요한 금액을

28 평균이 맞지 않는 경우도 있으나 원문에 따름.

극히 소액으로 견적을 내도 150엔, 환자 1명의 1년 동안의 치료비를 50엔으로 치면 화류병 환자로 인해 각 해에 손실되는 금액은 다음 표와 같다.

연차	평균 1일 현재 환자	급양에 필요한 비용	치료에 필요한 비용	계
1912년	337.3	50,595엔	16,865엔	67,460엔
1913년	369.3	55,395엔	18,465엔	73,860엔
1914년	350.4	52,560엔	17,520엔	70,080엔
1915년	377.9	56,685엔	18,895엔	75,580엔
1916년	333.2	49,980엔	16,660엔	66,640엔
1917년	314.3	47,145엔	15,715엔	62,860엔
1918년	294.9	44,235엔	14,745엔	58,980엔
1919년	303.3	45,495엔	15,165엔	60,660엔
평균	335.1	50,265엔	16,755엔	67,020엔

즉 각 해의 손실액은 약 55,000엔에서 75,000엔으로 평균 1년 약 67,000엔으로 헤아릴 수 있다. 그리고 1918년에는 환자가 감소한 결과 1912년에 비해 약 10,000엔 감소했다. 화류병이 군대 경리에 미치는 영향도 역시 크지 않은가.

제十一장 전쟁(戰役)과 화류병

청일전쟁과 화류병

우리나라의 과거 전쟁 중 청일전쟁의 경우 출정 부대의 화류병 환자가 청국에서 가장 다수 발생했다. 대만과 한국이 그뒤를 이으며 전지(戰地) 입원 환자 총수가 2,416명에 달하여, 실로 전지 총 입원 환자의 21%를 차지했다.

러일전쟁과 화류병

또한 러일전쟁 때에는 전지에서 위생상의 제반 단속을 엄격히 할 수 있었던 결과 화류병의 발생 역시 현저하게 적은 수가 되었지만, 출정 부대의 환자 총수는 16,479명에 달하고 그중 입원 치료를 한 자가 6,785명으로 전쟁터의 총 입원 환자의 17.4%를 차지한다.

평시 몇 배의 화류병 환자

그리고 일반적으로 최전선에 있는 전투부대에서 화류병 발생은 지극히 드문 일이지만, 전선 후방 병참의 부대들과 출정 군대의 위수지, 또는 승선 지역에서 숙영 주재하는 동안에는 평시의 몇 배에 달하는 화류병이 발생한다. 이 때문에 심한 경우 승선지에서 병독에 감염되어 항해 중 발병하고 전지 상륙과 동시에 결국 입원할 수밖에 없게 되어 얼마 안 가서 내지로 환송되는 자가 적지 않다. 또한 전지에서 감염되는 자 중에는 치료 반응에서 악성 매독이 발병하는 자가 비교적 많아서 그 때문에 병력 감소에 이르는 경우 역시 적지 않다.

출정군 개선 후의 화류병 만연

최근 유럽대전에서는 일반적으로 본국과 전지의 거리가 비교적 가깝고 전투 대부분은 진지전 상태로 추이하고 있다. 또한 교전 국가들의 풍속이나 인정 관계를 보면 우리나라와 중국의 관계만큼 차이가 현저하지 않은 점 등 때문에 진중 화류병 만연이 피아 군대 양쪽에서 우리나라의 과거 전쟁에 비해 한층 맹렬하다. 때문에 사기 저하, 전투 능력 감퇴에 심대한 영향을 초래할 뿐만 아니라, 전후에 출정군이 해산함에 따라 병독이 마을에 수입되어 군읍을 통해 국민 일반에게도 만연시키게 되었기 때문에 교전 국가들이 전후의 오늘날 그저 이를 박멸하기에 바쁜 광경은 세인들이 능히 주지하는 바와 같다.

호프만의 독일 군대의 전쟁 중 화류병 통계

대전 동안 독일 군대에서 호프만(Hofmann)이 화류병에 대해 산출한 통계는 다음과 같다.

구주 대전 간 독일군 화류병 병사 천 명당 비례표

	제1년	제2년	제3년	제4년
지군(地軍)	44.4	44.1	40.7	47.4
내지군	29.2	28.3	25.3	27.2

평시 독일 육군의 화류병에 관해 최근 10년 동안 연간 평균을 보면, 바이에른은 15.6‰, 프러시아는 19‰이다(군대와 화류병 참조). 그런데 전시에는 위의 표처럼(붙임 표 제32 참조) 야전군과 내지군을 불문하고 현저히 증가해 두 배 이상에 달하고 있어 평시에 화류병 환자가 소수라는 점에서 세계 으뜸인 독일 군대에서도 역시 위와 같은 증가를 볼 수 있다. 그러니 평시에 환자 수가 비교적 많은 프랑스, 오스트리아와 현저히 많은 영국, 북미합중국 군대 상황도 미뤄 짐작할 수 있을 것이다.

프랑스군 전시 화류병 감염 장소 통계

전쟁 동안 프랑스군의 화류병 감염 장소와 감염원에 관한 조사는 그 범위가 대단히 작기는 해도 전시 화류병의 발생 상태를 관찰하는 데에 대단히 흥미로운 점이 있어 개요를 적어 보고자 한다.

1916년에서 1917년에 이르는 18개월 동안 프랑스군의 모 야전병원에 입원한 각 병종(兵種)의 화류병 환자 560명 중 전선에서 감염된 자가 143명 곧 25.5%, 전선 외에서 감염된 자 417명, 곧 74.6%라 한다. 그리고 전선 외 감염자 중 338명은 고향으로 귀휴 중에 감염된 경우라 한다. 일반적으로 감염원이 명료한 경우를 들자면, 아내로부터 감염이 46명, 공창으로부터 감염이 32명, 아는 부인으로부터 감염이 36명이다.

또한 화류병의 각 병에 대해 관찰해 보면, 매독은 150명이고 그중 전선에서 감염된 자가 38명으로 25%이며, 20명은 전선에 가까운 X시에서 감염되고, 8명은 병참선에서 감염되었다. 전선 외에서 감염된 자는 112명인데 그중 73명은 귀휴 중에 감염되었다. 감염원은 아내와 공창으로부터 감염이 각 12명이고 아는 부인으로부터 감염이 5명이다. 임질의 경우 333명 중 98명으로 30%에 못 미치는 수는 전선에서 감염된 자이며 그중 39명은 전선에 가까운 X시에서, 18명은 병참선에서 감염되었다. 235명은 전선 외에서 감염되었고 그중 210명은 귀휴 중 감염에 관련돼 있다. 그리고 아내에게서 감염된 자가 30명, 공창에게서 감염된 자가 14명, 아는 부인으로부터 감염된 자가 29명이다. 연하감의 경우, 72명 중 전선에서 감염이 7명인데 그중 2명은 X시, 1명은 병참선에서 감염되었다. 전선 외 감염은 65명이며 그중 55명은 귀휴 중의 감염이다.

그리고 아내로부터 감염이 4명, 공창으로부터 감염이 6명, 아는 부인으로부터 감염이 2명이다. 연하감의 전선 감염은 매독, 임질에 비해 훨씬 소수여서 불과 10%에 지나지 않는다.

연하감은 도회지에 많음

단순히 이 점을 통해 관찰하더라도 뒤크레이균은 대도시에 본거지를 갖는 세균이라는 논지는 수긍할 수 있는 부분이다.

화류병의 전선 감염 빈도

화류병이 전선에서 감염되는 빈도에 대해, 쇼리베는 24%, 칼은 34%, 뉘테레는 45%, 레바이반은 29%라 하였는데, 이와 대비하면 전술한 통계의 25.5%는 비교적 낮은 비율의 부류에 속한다는 점을 인식해야 한다.

독일군 전시 중 화류병 감염원 통계

또한 전시 중 독일 군대의 화류병 감염원에 관한 조사를 다음에 게재한다.

<table>
<tr><th>감염원</th><th colspan="2">매독 %</th><th colspan="2">임병 %</th><th>감염원</th><th>매독 %</th><th>임병 %</th></tr>
<tr><td>매음부(기루)</td><td>2.7</td><td rowspan="2">6.1</td><td>5.6</td><td rowspan="2">15.2</td><td>여사무원</td><td>1.7</td><td>7.3</td></tr>
<tr><td>매음부[街娼(가창)]</td><td>3.4</td><td>9.6</td><td>여공(工女)</td><td>2.0</td><td>6.1</td></tr>
<tr><td>음식점부</td><td colspan="2">4.5</td><td colspan="2">10.9</td><td>재봉 및 세탁부</td><td>0.3</td><td>1.8</td></tr>
<tr><td>하녀</td><td colspan="2">3.5</td><td colspan="2">10.6</td><td>여성 배우(女役者)</td><td>0.2</td><td>0.2</td></tr>
<tr><td>처(자기의)</td><td colspan="2">2.1</td><td colspan="2">5.3</td><td>전화 교환수</td><td>-</td><td>0.1</td></tr>
<tr><td>처녀(娘)</td><td colspan="2">1.8</td><td colspan="2">2.4</td><td>도로의 여성 노동자
(女工夫)</td><td>0.1</td><td>0.3</td></tr>
<tr><td>과부(後家)</td><td colspan="2">0.5</td><td colspan="2">1.4</td><td>여성 농민(農女)</td><td>0.3</td><td>0.4</td></tr>
<tr><td>군인의 처</td><td colspan="2">0.8</td><td colspan="2">3.2</td><td>간호부</td><td>-</td><td>0.1</td></tr>
<tr><td>일반 부인</td><td colspan="2">0.3</td><td colspan="2">1.8</td><td>기타</td><td>-</td><td>0.2</td></tr>
</table>

이상을 통해 전쟁과 화류병에 관한 일반을 살펴볼 수 있었는데, 이하에서 장을 바꿔 두세 가지 서술하고자 한다.

제一 야전부대에서의 화류병

야전부대로 총칭하지만 부대의 전투가 이동전인지 진지전인지에 따라 화류병 발생 상태에 현저한 차이가 나타나는 것이 보통이다.

이동전과 화류병

1870년부터 1871년의 프랑스-프로이센 전쟁 상황을 조사하니, 전쟁 초기에는 독일 군대의 신속한 진군으로 인해 부인과 접촉할 만큼 한가롭지 않았기 때문에 화류병 발생은 평시에 비해 오히려 현저히 떨어져서 한 달 동안 병사 1,000명에 대해 불과 2.2명의 비율이었다.

대진과 화류병

그러나 이후 대진 상태로 옮겨가면서 급격하게 발생이 증가하여 한달 동안 병사 1,000명에 대해 5.1명에서 7.8명의 비율에 달했고, 평화 체결 후의 주둔 중에도 여전히 이 비율이 지속되었다.

진지전과 화류병

진지전의 경우에도 최전선의 경계 부대에서는 이동전과 아무런 차이가 없이 온종일 대적 행동으로 바빠서 심신의 위안이나 향락을 찾을 여유가 물론 없기 때문에 새로 화류병 감염이 나타나는 일이 극히 드물다. 이번 전란 때에 독일군의 한 병사가 쓴 서신의 한 구절은 그 나라 사람들의 그러한 상황의 심정을 노골적으로 드러내고 있다고 보아도 무방하리라고 본다. 내용은 다음과 같다.

> 우리 병졸은 참호 안에서 비를 맞고 추위 속에서 보초를 서거나 또는 구덩이를 파고 목재를 나르며 위험한 철조망을 절단하는 등 끊임없이 계속 고생하고 있다. 우리 병졸은 사살 당하더라도 성교 한 번 할 수 있었으면 하는 생각이 들 때가 있다. 우리의 심신은 전투의 과로로 말미암아 하루하루 닳아 없어지고 있다. 그러한 요구는 오관을 지닌 인간에게 불가능한 일이라 믿는다. 전선 후방에서 적화(敵火)와 멀리 떨어져 있는 사람들에게는 도저히 상상할 수 없는 일이리라. 참호 안에 있는 나는 매독 또는 임질에 걸려 이를 부끄럽게 여길 기회조차도 갖지 못하고 있다.

이렇듯 최전선에서는 이동전과 진지전에 따라 조금도 차이가 없다 할지라도 진지전에서는 일반적으로 적과 마주한 정세에 놓이는 일이 오래가기 때문에 전선 직후에 잔류하는 주민 부녀자를 접할 기회가 많고, 그 때문에 결국 넓은 범위의 매음이 발달하기에 알맞은 조건을 이룬다. 블라쉬코 씨가 대전 초기에 전선을 순시했을 때의 소견에 따르면, 전선 직후의 한 농촌에서 두 아이가 있는 젊은 프랑스 부인이 잔류하고 있었는데 독일군 병졸에게 2마르크에 매음하고 있는 것을 보았다고 한다. 또한 사원 안에 두 개의 카페가 있어 각각 2~3명의 창부를 데리고 있는 것을 목격했다고 한다. 그리고 매음을 하는 적지의 부인 중에는 어린아이 4~5명을 둔 자도 있고 빈곤 때문에 한 조각 빵을 얻기 위해 병사에게 몸을 맡기는 처녀도 있다고 한다. 과거 전쟁에서는 야전군 안에 매음부가 침입하는 일이 딱히 드문 일도 아니었던 듯하다. 진중에서 매음부의 횡행에 관해서는 실로 나폴레옹이 경탄할 정도였다고 한다. 당시 기록의 한 구절에 따르면, 나폴레옹이 이전에 병사를 이끌고 산악지로 들어가면서 진중에 매음부의 침입을 막으려는 생각에서 다리를 놓고 그 위에 두 명의 사관을 배치해 침입을 저지했다. 이후 자신이 사전점검을 위해 나가 보니 다리 건너편에 매음부가 무리 지어 머물러 있었다. 이를 보자마자 그는 "난쟁이(侏儒)들이여, 우리의 통행을 멈추게 하는 것은 너였는가"라고 외쳤다. 아마 나폴레옹은 당시 부대 안에서 'Petit Caporal(작은 상병)(侏儒의 뜻)'이라는 별명으로 불렸다. 이미 군대가 전진했을 때 매음부는 어디인지도 모르는 곳에서 벌써 나타나 군대 안에 섞여 있었으니, 나폴레옹은 분노해서 앞의 두 하사관을 소환해 그 불편한 상황을 질타했다. 그렇지만 두 사람은 결코 여자가 통행하지 않았다고 확신하며 자기 책임이 아니라는 뜻을 굽히지 않았기에 그는 다시 여자 두셋을 불러와 캐물었다. 그러자 그들은 모두 태연자약하게 양식을 넣은 나무통 안에 숨어 들어왔음을 자백했다고 한다. 최근의 전쟁으로는 오직 러일전쟁에서 러시아 사관이 전선에 정부(情婦)를 데리고 간 사실만을 제외하고, 각국 모두 제반 단속이 엄중하기 때문에 달리 매음부의 전선 침입을 보는 경우가 드물지만, 잔존하는 주민 부녀는 항상 병사에게 접근하기 때문에 야합 또는 매음행위 발생이 나타나고, 결국 화류병의 감염을 초래하게 된다. 이러한 상황이어서 최전선 근무를 교대하는 병사와 탄약 종렬, 식량 종렬 등을 하는 병사에게서 먼저 화류병 발생이 나타나는 것이 보통의 상태가 되고 있다.

제二 병참부대의 화류병

병참선과 매음부

병참선은 전선에 비해 신변에 대한 위해가 적으므로 주민들이 다수 잔존하는 경우가 보통이다. 그러나 평시처럼 직업에 종사할 수 없는 경우가 많기 때문에 주민의 궁핍과 병사의 욕구가 맞물려 광의와 협의의 매음 발생을 보이는 경우가 많다. 단속 역시 전선처럼 엄중할 수 없으므로 다른 방면에서 매음부가 들어오는 일 또한 따라서 수월한 면이 있고, 그 때문에 화류병의 일대 만연이 나타나는 것이 보통이다.

유럽대전 당시 프랑스 방면의 독일군 병참선 상황을 보면, 일반적으로 점령지에서는 한 집안의 부양자가 종군해 먹고 살 수 없는 가족이나 여러 공업의 중지로 인해 실업하는 수많은 부녀자 등의 궁핍이 극에 달해, 부호의 자선사업과 지자체(市町)의 구제 등으로는 도저히 감당하기 어려웠다. 또한 한편에서는 절도 특히 밤도둑 강도가 속출해 한층 주민들의 궁핍이 초래되어, 프랑스 소녀 대다수는 부득이하게 평소 증오하는 독일인에게 몸을 맡기게 되면서 커피점이나 흡연소 등이 그러한 소녀로 가득 차는 상태가 되었다. 블라쉬코가 서술한 독일군 점령지 D시의 실상이란 것을 보면 이 시는 4만 명 인구 규모로 부근 촌락에서는 공업이 성행했다. 주민은 일반적으로 경박해 시중에는 다수의 흡연소, 술집(酒亭) 등이 존재하고 많은 여자를 데리고 있다. 독일군 병사는 전선으로부터 와서 이곳을 출입하는 자가 많고, 그 때문에 병졸의 임질 발생이 매우 다수에 달함으로써 T 지역 육군병원에는 500명의 임질 환자를 수용하고 있는 상태다. 이에 시험 삼아 한 흡연소의 여자들에게 검진하자 전원이 임질로 증명되었기에 전반에 걸쳐 순차적으로 검진을 시행하니 D 시에서만 90명의 환자가 발견되었다. 그리고 부근 촌락에서도 속속 새로 오는 자가 있는 상태가 되었다. 이에 프랑스 의사에게 명령해 이들 독이 있는(有毒) 부인을 치료하게 하고, 5일 동안 임균이 증명되지 않았을 때에야 비로소 해방시키기로 하고, 이에 대한 감독은 독일군이 하기로 했다. 이 때문에 프랑스인은 특별한 치료 병원을 설립할 계획을 세웠다고 한다.

이상은 그저 독일군 점령지 병참선에서 일어나는 매음부 횡행의 일단에 지나지 않지만, 어느 군대인지를 불문하고 병참선은 그 성질상 매음 발생과 화류병 만연이 가장 치열한 것이 보통이란 점은 다툼 없는 사실이라 할 수 있다.

제三 내지부대의 화류병

전쟁 시에 내지에는 국민군, 새로 소집되어 교육 중인 보충병 또는 지원병과 수비병 등이 존재하고, 요새에는 평시의 몇 배에 달하는 병사가 존재한다. 그 외에도 전지로부터 송환된 부상병, 전지에서 일시 귀향을 허가받은 휴가병(賜暇兵) 등 다수가 존재하며 비교적 풍부한 급여를 받고 있다. 이들 중 바로 전쟁터로 임하는 자는 한번이라도 주색 환락을 가까이 하기 원하고, 전선에서 복귀하는 자는 전쟁터의 거친 생활을 치유하기 위해 화류 거리를 방황하는 자가 많다. 이들에 대한 유혹을 대조해도 평시에 비해 매우 다수가 속출하여 병참선 이상으로 화류병이 만연하는 것이 보통이다. 실제로 러일전쟁 당시에는 히로시마의 우지나(宇品) 방면에서 놀라우리만큼 많은 수의 공창과 밀창이 출현하여 화류병의 만연이 극심했다. 그 결과 히로시마 현에서는 공창 이외의 경우 예기는 물론 숙박업소(宿屋)나 음식점 등의 접객업부에게 건강진단을 실시했다는 사실을 참조할 때도 저간의 광경은 명료하다. 유럽대전 당시 독일 화류병예방회에 독일 소도시의 한 약제사가 알린 내용은 당시의 광경의 일단을 엿보기에 충분하기에 이하에 발췌한다.

베를린에서 40킬로미터 떨어진 곳에 위치한 본시는 인구가 22,000명으로 평시에는 화류병 환자에 대한 처방전을 내는 일이 매우 드물지만, 이번 전쟁 초기에 이곳 연대에 다수의 병사가 도착하자 종전 상황이 완전히 돌변해서 화류병 처방이 현저히 증가했다. 그 원인은 베를린 방면에서 흘러들어오는 다수의 매음부다. 병사 대부분은 베를린과 부근으로부터 소집된 국민병이고 거의 다 기혼자이다. 이들 화류병 신감염자를 통해 살포될 해독이 몇 천이 될지 참으로 놀라운 수로 올라갈 것이다. 운운.

단순히 내지에 주둔하거나 귀환하는 군인에게서 화류병 증가를 볼 수 있다는 것만이 아니라 출정 군인의 가족, 특히 그 아내에게 화류병이 증가 발생하는 것도 대전 동안 경험된 바인데, 그 대부분은 남편이 휴가 병사(賜暇兵)로 귀향함으로써 감염된 경우다.

제四 전후(戰後)와 화류병

전시 중에 다수 발생하는 화류병과 퇴폐해지는 사회 풍교는 전쟁의 종료와 동시에 곧바로 일소될 수 있는 것이 아님은 물론이다. 과거 전쟁 후 실적에 비춰 보면, 군대 복무해제(復員)와 동시에 화류병의 일대 만연이 나타나기 십상이다. 15세기 말엽부터 16세기 벽두에 유럽 각지에서 매독이 극렬하게 유행했는데, 실로 군대 해산에 말미암은 바가 있었다. 처음에는 1894년 이탈리아 나폴리에 주둔하는 카를 8세의 군대에서 모질고 사나운 매독이 발생하였고, 다음으로 그 군대가 해산하면서 유럽 전역에 걸쳐 신속하게 전파되었다. 당시에 오직 피렌체[29]에서는 이 병이 주로 성교 전염병이라는 것을 간파해 법령으로 예방법을 강구했지만, 일반에 대해서는 병성을 상세히 알리지 않은 채 그저 격리하는 방법을 강구하거나 나병 환자 격리소에 수용하였고, 혹은 페스트 병사 숙소(兵舍)에 격리하거나 임시로 격리병원을 급히 마련해 수용하는 등 매우 두려워하며 허둥댔다. 또한 나폴레옹의 러시아 침입에 이어 스웨덴에서 현저히 만연한 화류병을 그 후 10년의 시일과 많은 노력을 기울여 한동안 평시 상태로 복귀시킬 수 있었다는 점을 보더라도, 전후 그 만연이 얼마나 심했고 박멸이 어려운 일인가를 알 수 있을 것이다. 급성 전염병 같은 것은 발현하고 급격히 참해가 현저해지지만 이를 박멸하는 것은 만성 전염병에 비해 훨씬 쉬우며, 병이 여러 해에 걸쳐 유행하는 경우도 오늘날의 방역법이 진보함에 따라 거의 볼 수 없는 일에 속한다. 그러나 만성 전염병, 개중에서도 화류병의 경우는 외견상 건강체와 마찬가지인데도 전염력을 가지며, 사람의 성욕상의 약점에 편승해 은밀히 만연하게 되므로 방지하기에 역시 매우 어려운 점이 있다. 전시의 군대 요원 대부분은 기혼자인데 이들 중 화류병에 감염되는 자도 결코 적은 수가 아니다. 전쟁 중 독일군에

29 원문은 피엔자(フキエンゾア)이며, 이를 바탕으로 피렌체로 추측함.

서 화류병 환자 1,000명에 대해 결혼 관계를 조사한 결과는 다음과 같다.

미혼자	675	67.5%
기혼자	308	30.8%
홀아비(鰥夫)	14	1.4%
이혼	3	0.3%

기혼자(有妻者)의 비율은 국민군이 많은 병참선과 내지에서 한층 다수에 달한다. 기혼자가 전시 중에 여러 해 동안 서로 떨어져 생활하다가 전쟁이 종료해 귀향한 경우 설령 남편에게 아직 퇴치되지 않은 화류병이 있다는 것을 인지한 경우에도 서로 근엄하게 잘 처신해 전염을 방지할 수 있는가 하면 이는 거의 불가능한 일일 것이다. 전술한 것처럼 전시 중에 휴가 나온 귀향 병사가 자신의 아내에게 전염시킨 실제 사례가 많은 점을 고려하더라도, 군대 해산 후 화류병 전파의 해독은 확실히 상상하고도 남는다. 대전 동안 블라쉬코 씨가 서술한 바에 따르면, "프랑스 서쪽 방면에서 브뤼셀, 릴레(リルレー), 세인트 쿠엔틴, 로츠(ロッツ) 등은 평시에 화류병 만연이 농후한 지방인데다가 1870년 프랑스-프로이센 전쟁 당시에 비해 현저하게 한곳에서 오래 진을 치고 있다 보니 군 안에서 화류병 발생이 놀라운 수에 달했다. 가령 1개년 병사 중의 화류병 발생률을 40%로 보면, 700만 명 중 1년 사이 28만 명의 환자가 발생하고, 그중 6만 명의 매독 환자가 생긴다"고 했다. 1년간에 이미 이러하니 5년에 걸친 대전 동안의 환자는 놀라운 다수에 달할 것이다. 게다가 전시 중에는 치료의 완전을 기할 수 없다 보니, 군사행동에 현저한 장애가 없는 한 매독이나 임질을 불문하고 전선으로 출동했다가 이후 치료는 등한시 되는 일이 많기 때문에 따라서 병독을 전후까지 보유하는 자가 많을 것이다. 그러한 유독자가 군대 해산과 동시에 온 나라에 고루 병독을 확산(散布)시키는 재앙이 심대하다는 것은 말할 것도 없다.

이상은 전후 군대 해산에 따른 병독 확산이지만, 이에 더해 다른 면에서 전후의 일반 생활고, 독신자의 급증, 그중에서도 여자의 과잉 등이 사회 풍교의 퇴폐를 초래해 매음과 야합이 증가하게 되는 것이 자연스러운 추세이므로, 이 때문에 화류병 만연으로 크게 요약되는 것이 분명한 추세다. 특히 유럽대전처럼 몇 년에 걸친 미증유의 전란 후에는 이런 상황이 한층 강하다. 다음으로 전후 독일에서 사회 이면의 진상에 대해 일단을 소개하고자 한다.

독일의 전후 실상

1920년 독일 내무성의 통계에 따르면, 베를린 시내의 무직자 남자는 10만 명으로 반 이상은 재향군인이라 한다. 여자 역시 남자의 급격한 증가에 압박을 받아 실업자 수가 점차 증가하는 상태였다. 어떤 이는 하녀(家婢) 어떤 이는 부자의 첩 또는 외국인의 여비서로 직업을 얻으려 급급한 상태였고 게다가 보수가 매우 적었기 때문에 부업적 매음부가 현저히 증가했다. 저녁 무렵 점포가 폐쇄된 베를린시 타우엔친 스트라세, 프리드리히 스트라세에 군집하고 있는 부인의 약 3분의 1은 파리형으로 분장한 가창(街娼)이며 그 대부분은 따로 정업(正業)이 있지만 박봉이어서 입고 먹을 돈을 받지 못해 야간에 부업 삼아 밀창으로 변신하는 자가 있다고 한다. 또한 전사한 장교 하사졸의 과부로서 이들 가창 무리에 들어간 자도 적지 않다. 함부르크시의 경우 해군 장교 하사의 미망인이 일가를 차려놓고 선원이나 기타 지방 인사에게 매음하는 자도 있다. 또한 일가의 수입 부족을 매우기 위해 첩이 되는 자(旦那取り)도 뚜렷하다. 일부다처라는 추한 행위가 사회 도처에서 연출되기에 이르렀다. 전후 베를린에 체재한 자의 견문에 따르면, 어떤 한 부인의 남편이 상용(商用)으로 수개월 간 외출하는 것을 기회 삼아 아침저녁으로 두 번이면 두 모양의 남자와 교제했는데 결국 임신해서 스스로 이를 낙태하려다가 심한 출혈이 있어 빈사 상태에 빠진 자가 있었다. 이런 일은 전후 베를린 도처에서 보고 들을 수 있는 상황이라 한다. 이렇듯 전후 독일의 사회상태 중에서도 특히 남녀관계는 타락이 극에 달해서, 여자는 생활의 입각 지점을 몸을 파는 것(売肉)에서 찾고 남자는 자기 생활과 먹고사는 자금을 그러한 여자를 유혹하는 데에 쓰려 하면서 감언으로 여자의 환심을 사고 싶어 하게 됐다. 여자도 역시 이를 인식해 이들 불량 남자를 피하고 오히려 생활이 확고한 노인이나 외국인에게 몸을 맡기는 것을 목적으로 삼는 경향으로 흘렀다고 한다.

이상과 같이 독일의 사회 풍교 특히 남녀관계의 타락은 내가 상상한 이상이다. 평시 규율이 올바른 독일에서조차 이러하니 프랑스, 이탈리아, 영미 각국에서는 더욱 뚜렷할 터여서, 전후에 각국이 모두 화류병 예방 문제에 몰두하지 않을 이유가 없다고 하겠다.

(……)

제十三장 전시와 전후의 화류병 예방

본문은 블라쉬코 씨가 화류병 예방에 관해 피력한 의견을 발췌해 번역한 내용이다.

제一 전쟁(戰役) 동안의 화류병 예방

전시의 화류병 예방에 관한 일은 대부분 고등사령부와 위생부의 책무다. 점거지는 물론 내지에서도 항상 그 방지에 관해 여러 방책을 강구하지 않을 수 없다.

전시와 성욕 금제

이를 위해 고등사령부는 우선 성욕 금제(禁制)를 엄달하고 이를 위반하는 자에 대한 처벌 규정 마련을 가장 긴요하게 본다. 이는 일견 가혹한 제도법령(制令)으로 보이지만 사기 진흥과 풍기 유지, 화류병 예방을 위해 성욕 금제는 전시에 군인의 일대 책무라 믿는다. 이런 종류의 주의에 관해서 고등사령부는 항상 여러 수단을 강구하고 명령을 통해 혹은 선전을 통해 혹은 주의서를 통해서 경계하고 타일러야 한다.

전시 중 화류병에 대한 「병졸주의서」로서 독일군이 배포한 내용은 다음과 같다.

각 병사는 지금 조국을 위해 위대한 활동력을 요구당하고 있다. 이를 위해 각 사람은 자신의 건강 정도를 평시의 두 배, 세 배로 유지하지 않으면 안 된다.

병사의 건강을 해치는 것으로는 매독과 임질 같은 화류병보다 현저한 것이 달리 없다. 정신상의 고통, 행군과 전투 능력의 감퇴, 평생의 건강 장애 등이 그렇다.

모든 부녀자는 화류병을 갖고 있으리라 생각하고 주의해야 한다. 전지는 물론 내지에서도 부인과 접촉하는 일은 엄하게 삼가야 한다.

주류를 입에 대는 일이 없도록 하라. 술에 여자는 으레 따르게 마련이다.

음부는 항상 청결하게 유지해야 한다.

전쟁 동안 내내 조국을 위해 자유를 위해 그리고 또한 자기 장래를 위해 강건한 신체와 왕성한 사기를 갖도록 전폭적 주의를 기울여야 한다.

기혼자는 화류병을 고향으로 가지고 돌아갈 경우 일가가 형언할 수 없는 불행에 빠지게 된다는 점을 생각해야 한다.

만일 화류병에 걸리는 경우가 있다면 즉각 신고하기를 잠시도 주저하는 일이 없도록 하라.

이미 화류병에 걸려 있는 자는 부인과 접촉해서는 안 된다.

이러한 선전은 상당한 효과를 거뒀을 것으로 인정된다. 이를 위해 우선 장교는 좋은 모범을 보이도록 노력할 수밖에 없다. 그저 말로만 훈계하는 것은 아무런 효과가 없을 것이다. 만일 상관에게서 파계 행위가 있다면 이러한 주의서는 한 조각의 휴지가 되어 버려 아무리 좋은 말이라도 비웃음을 사고 말 것이다.

야합, 사통, 매음 기회의 제한

전지와 본국에서 모두 병사의 야합, 사통(私通), 매음에 관한 기회를 적극 제한하는 데 힘쓰는 것은 가장 긴요한 일이다. 전시에는 일반적으로 병졸이 거리를 산보하는 것을 금지하고 주점을 폐쇄하는 것이 상책이다.

매음부의 거리 산보 단속

매음부의 시가 횡행을 금지하고 이를 단속하는 것은 브뤼셀, 베를린, 뮌헨 등 대도시에서는 매우 많은 수의 경관이 필요하기 때문에 실제로는 불가능한 경우가 있다. 혹 소도시에서는 이를 감시하기가 비교적 쉽다. 잠시라도 이 단속을 느슨하게 하면 매음부는 순식간에 급증할 것이다. 매음 단속에 힘쓰는 일과 병졸의 야간 외출을 제한하는 것은 물론 밀접한 관계를 갖는다. 또한 병졸로 하여금 접촉한 부인의 주소와 이름을 신고토록 하여 화류병에 감염한 자가 있을 때는 그 감염원을 조사함으로써 매음 단속 재료로 제공해야 한다. 브뤼셀 군대에서는 만일 부녀자의 이름을 신고하지 않을 때는 오히려 부인과 접촉하면 안 된다고 명령한다. 또한 동반 숙박업소(連れ込宿), 하숙 등에서는 수상한 부인을 데리고 오는 병사의 출입을 금지하는 것도 필요한 수단이다.

기루 폐쇄

촌락과 도회지에 따라, 전지와 내지에 따라 매음부 단속에 관해 커다란 차이가 있음은 물론이지만, 일반적으로 기루 폐쇄는 가장 긴요한 사항이다. 기루는 성욕의 운하이며 일반 풍기 퇴폐의 근원이다. 또한 기루에서는 한 사람의 창부가 매일 40명의 손님을 접하기도 한다. 이러한 사실은 본국에서나 프랑스 방면에서도 존재하는 일로 인정된다. 그러한 부인에 대한 위생상의 감시는 매일 이를 실시하지 않으면 효과가 없다. 또한 찾아오는 손님에 대한 검사 실시도 필요하다.

음주는 화류병의 일대 유인(誘因)

알코올 음료는 물론 매음과 커다란 관계가 있다. 화류병의 신감염자, 특히 새롭게 감염된 기혼 병사를 조사하니, 대부분 몹시 취한 경우에 집결지(遊里)로 달려간 결과다. 만취했을 때는 억제력이 소실되고 정욕의 항진과 맞물려 결국 불량한 거리를 출입하게 되고, 게다가 만취했을 때의 성교에서는 여러 예방상의 주의도 자연히 등한시되기 십상이다.

서부 전쟁터에서는 병참선에서 화류병 환자가 속속 발생하였고 내(블라쉬코)가 담임하는 병원에서는 화류병과 피부병 환자가 수용력의 세 배에 달하는 상태인데, 그들 다수는 기혼의 국민군과 후비병(後備兵)이며 전선에서 감염된 자 중에는 많은 부상병이 있다. 이들 환자에 대해 조사한 바에 따르면, 음주와 화류병 감염이 커다란 관계를 지닌다는 것은 움직일 수 없는 사실이다. 전쟁터는 물론 내지에서도 의사의 처방 없이 병사에게 알코올성 음료를 제공하는 자가 있을 경우 그를 처벌하기로 한다면, 화류병 예방에 큰 효과가 있을 것이다. 실제로 러시아와 프랑스에서 음주 금지 목적을 달성하고 있다면 독일에서도 이를 실시하지 않을 이유가 없다. 음주를 위해서는 급사 여자가 필요하다. 술집(酒場), 오락장 등은 매음의 소굴이다. 조국을 위해 신체와 목숨을 희생하는 병사에게서 이러한 위안을 빼앗는 것은 전적으로 화류병을 두려워하기 때문이다. 실제로 참호 안에 있는 병사에 대한 유일한 위안은 따뜻한 방에서 나누는 유쾌한 대화와 자극성 음료임은 물론이지만, 우리 독일 병사는 유감스럽게도 러시아병과 영국병처럼 차를 마시는 것에 익숙하지 않아 커피 등도 추울 때의 음료에 지나지 않으니 여름철을 위해 알코올 성분이 없는 대용 음료를 준비할 필요가 있다.

병졸 오락적 집회소 설치

병졸의 오락을 목적으로 일대 기옥을 충당하여 독서, 수기, 교육, 대화와 회식 용도로 제공함으로써 외부의 유흥(遊楽)을 금지하는 것이 가장 적당한 방법이다. 브뤼셀에서는 철도원 집회소를 마련해 4,000명 종사원의 휴양과 위안을 위한 출입에 충당하고, 우편 관리들과 병사에게도 이를 개방하고 있다. 철도 종사원의 경우 봉급이 많고 개별적으로 숙소가 지급되고 있기 때문에 심한 경우 벨기에 부녀와 동거하는 자도 있다. 또한 일반적으로 화류병에 감염되는 자가 많기 때문에 더욱 그러한 오락적 집합소를 설치할 필요가 있다고 한다. 그러한 목적으로 병참선에서 병사(兵舎)를 급조하는 일이 적지 않다. 하지만 집합소를 지방 부녀와 접근하는 장소로 삼는 것은 경계하지 않을 수 없다. 또한 개인에게 살 집을 지급하는 일 등은 가능한 한 제한해야 한다. 또한 급료는 반드시 일부를 고향으로 송부토록 해야 한다. 특히 기혼 병사는 더욱 그렇다.

기혼자처럼 몇 년 동안 이성과 접촉해온 자가 갑자기 성욕을 억제한다는 것은 사실상 미혼자에 비해 어려운 일이다. 이 점이 기혼의 국민병 등이 많이 있는 병참선에서 화류병 발생이 격렬해지는 하나의 요인이다. 이런 자들에 대한 욕구억제 지도는 가장 긴요한 사항에 속한다.

위생 강연, 예방구의 사용

화류병에 대한 개인적 예방법의 철저는 가장 긴요한 사항에 속한다. 이를 위해 빈번하게 위생 강연(講話)을 실시하여 자위심의 향상과 화류병의 무서운 결과 등에 대해 설명해 주고, 아울러 예방구의 사용을 시행해야 한다. 혹여 예방구를 사용하지 않고 부녀를 접촉하는 일이 있다면 이를 처벌해야 한다. 예방구는 위생부원의 손이 닿는 곳이나 주보(酒保) 또는 창가(娼家)에 비치하여 쉽게 구할 수 있도록 해야 한다.

예방구의 추천은 한편에서 좋지 못한 품행의 유혹으로 인정되는 점이 없지 않아서, 두세 장교가 군대에 교부되는 콘돔을 반환한 경우가 있다고 들었다. 그러나 실제로는 이에 대한 수요가 매우 많아서 지급품 부족을 알려올 정도다. 좋지 못한 품행을 엄히 경계하면서 동시에 화류병의 무서운 결과를 알리되, 다만 이를 수긍하지 않는 자가 있을 때는 설령 예방구가 절대적인 방어력을 갖지 않는다 해도 역시 크게 필요하다고 본다. 작은 배로 큰 바다를 항해하려는 자가 있다면 우리는 이를 저지해야 한다. 만일 이에 수긍하지 않을 경우는 오히려 구조대를 주지 않는 것이나 마찬가지다.

예방구로서 가장 양호한 것은 콘돔이다. 이를 능숙하게 사용할 때는 충분히 예방할 수 있다. 다른 화학적 예방약은 예방상의 보조품으로 삼아야 한다. 콘돔의 파손이 있을 경우 또는 이를 철거할 때는 부착된 병독을 소독하는 목적으로 사용해야 한다. 승홍(昇汞, 염화제이수은) 또는 과망간산칼륨을 일정한 농도로 하여 소량을 휴대토록 해야 한다. 또한 귀대 후 간호졸에게 신고하여 소독받게 하는 것도 하나의 방법이다.

임질 예방 목적으로 5% 알바르긴(Albargin) 또는 프로타르골(Protargol)을 요도 안에 천천히 넣는 방법, 매독 예방 목적으로는 메치니코프 씨의 감홍(甘汞)[30] 연고와 알베르트 나이셀 씨의 예방연고가 있다. 또한 청산산화수은 등을 사용하고 있다.

이상의 방어법을 시행하지 않고 화류병에 감염되는 자가 있으면 처벌해야 한다. 또한 화류병을 은폐하는 경우에도 마찬가지다. 감염한 부녀의 주거, 이름을 신고하지 않는 자도 처벌해야 한다.

30 감홍(甘汞)은 염화제이수은과 수은의 혼합물을 가열해 승화시켜 얻은 무색의 결정.

신체검사

화류병 발견을 위한 신체검사는 전선의 경우 2주간에 1회, 병참선에서는 더 빈번하게 시행해야 한다.

휴가병에 대한 주의

전지에서 휴가 나온 병사가 그의 아내나 정부(情婦)에게 화류병을 감염시키는 경우가 적지 않다고 한다. 그 때문에 미리 충분한 건강진단을 실시하여 화류병을 갖지 않은 자에 한해 휴가를 허가해야 한다. 또한 휴가병이 귀대하는 경우에도 신체 검사를 실시하여 화류병에 감염된 자가 있을 때는 입원시켜 엄중하게 치료해야 한다.

전지 매음부 단속

서부 전장에서 프랑스, 벨기에 부녀로 다수의 매음자가 있음은 현저한 사실이다. 또한 폴란드에서는 13세의 한 소녀로부터 135명의 국민병이 임질에 감염된 사실이 있다. 이는 거의 예외적인 일이라 봐야겠지만 전지에서는 경제적 궁핍으로 다수의 부인이 매음 행위로 내몰리고 있다. 그뿐만 아니라 내지에서 전지로 침입하는 매음부도 있다. 이들 부인 중 만일 화류병을 지닌 자가 있을 때는 엄중한 감금 아래 치료를 실시하고 이들의 감시는 독일군 군의가 해야 한다. 이러한 감시가 물론 실제로는 쉽지 않은 점이 있다. 그러나 점령지에서는 일정한 지역을 한정해 등록 매음부를 허가하고 그들에 대한 감시를 해야 한다. 미등록 부인이 병사의 화류병 감염원이 된 경우에는 검사를 실시해야 한다.

진중 화류병 치료 방법

진중(陣中)에 있는 화류병 환자를 어떠한 방법으로 치료해야 하는가라는 점은 여러 논의가 일고 있는 문제다. 전란 초기에 나이셀 씨는 환자 대부분은 군대 안에 있게 하고 유동 순회 치료를 해야 한다고 창도했고, 부쉬케(Bushuke) 씨는 환자를 본국 병원으로 송환해 치료해야 한다고 했다. 부쉬케 씨의 설을 위해서는 막대한 수송력을 낭비하게 될 뿐 아니라 수송 중에 상당한 치료가 필요하고 그 경우 합병증을 유발하는 일 등이 있다. 또한 치료 후 복귀를 위한 수송력 소비라는 불리한 점이 있다. 실제로 부대 소속 군의가 화류병의 적확한 진단을 내린다는 것은 정황상 불가능한 점이 있다. 그 때문에 화류병 외에는 병업(兵業)에 뚜렷한 장애가 없고 치료도 간단한 음부 질환,

예를 들면 첨형 콘딜로마[31], 음부부행진(陰部匐行疹)[32], 비임독성 요도염, 전염성 연속종, 장미색 비강진[33] 등도 후송되는 일이 있다. 또한 실제로 부대에 머무르며 실시하는 화류병 진료에는 어려움이 따른다. 부대에는 진단에 필요한 기기 재료가 없고, 행군이나 참호 안에서는 치료와 위생이 충분치 않은 점이 있다. 임질의 경우 자칫하면 합병증, 즉 전립선염, 방광염, 부고환염 또는 관절염이 발병하는 불리점이 있다. 그렇지만 임질의 발병 후 6 내지 8시간 이내에 실시하는 돈좌요법(頓挫療法),[34] 즉 2% 알바르긴 수용액 또는 3~4%의 프로타르골 수용액을 주입하는 방법 등은 부대 치료에서 꼭 병행하지 않을 수밖에 없는 방법이다. 보통 임질 환자 모두를 후송하는 방침으로 나가면 왕왕 전선 근무를 기피하는 자가 이용하는 바가 되기 때문에, 그저 백천유(白擅油) 같은 내복을 계속 쓰게 하다가 어느 날 합병증이 생기면 비로소 후송하는 경우가 많다. 그러나 이는 정당한 수단이 아니라 믿는다. 연하감은 전선에서 우선 제1회의 부식(腐蝕)과 제1차 붕대를 처치한 후 후송할 필요가 인정된다. 그렇지 않으면 가래톳(横痃, 횡현) 발생이 매우 빈번해진다. 신선한 매독, 예를 들어 초기 경결, 피부 발진, 점막의 병변, 골 질환 등이 있는 자는 즉각 병참병원으로 후송해야 한다. 타인에게 전염시킬 우려가 있는 이외의 매독성 질환도 물론 후송이 필요하다. 참호 안에서의 집단 기거는 음식기를 같이 쓰거나 청결법이 불충분한 탓에 쉽게 타인에게 전파하게 만든다. 매독의 단일한 사후 요법과 예방적 치료법, 경증이어서 비전염성 병증이 있는 자는 전선에서 치료할 수 있다.

매독에 대해 바세르만 반응이 사라질 때까지 치료하는 것이 가장 좋지만, 실제 야전병원에서는 혈청학적 검사를 실시할 수 없는 경우가 많다. 그렇지만 초기 치료는 환자의 전 생애에 중요하게 관련되므로 바세르만 반응이 사라질 때까지 치료는 필요한 사항이다. 만일 6주 동안 살바르산제와 수은제로 치료를 통해 바세르만 반응이 사라졌을 때는 부대에 머물며 치료하는 방식으로 전환하여 수은제 또는 옥도제의 정제나 캡슐제를 내복하도록 해야 한다.

31 성병성 사마귀.

32 음부 부위에 발생하는 특정한 형태의 피부 발진.

33 비듬 같은 것이 피부에 생기는 증상, 장비늘증.

34 도중에 좌절한다는 의미의 頓挫를 쓴 표현으로, 치료 방법 중 초기에 대량으로 투약해 병세의 진전을 막고 후에 제 분량대로 써서 치료하는 방법을 말함.

화류병을 거친 자에 대한 부대 중 주의

임질 환자의 퇴원 시기 결정은 어려운 문제다. 소변 안에 며칠 동안 임균이 소실되고 전립선 분비액에도 임균이 증명되지 않게 되었을 때 비로소 퇴원시켜야 한다. 임질과 매독을 불문하고 한번 이 병을 거친 자는 부대 소속 군의가 충분히 감독하고 가끔 소변을 도말한 표본을 만들거나, 또는 혈청을 채취해 육군병원에서 이를 검사 받도록 해야 한다.

화류병 전문의의 전지 순회 지도

또한 전지에서는 전문적 지식이 풍부한 화류병 고문 의사를 두고 각소를 순회하여 부대 소속 및 병원 소속 군의의 지도를 맡게 하는 것도 중요한 사항이다.

제二 전후의 화류병 예방

전후 출정군이 귀환하면 그들 중에는 군대 소집에 응한 사이 화류병에 감염되는 자가 다수 있고 병독을 군대 위수지와 고향으로 반입하는 자가 매우 다수에 달할 것이므로 이에 대한 예방 문제는 국민보건에서 가장 주의가 필요한 사항에 속한다.

복무해제 시 바세르만 반응 검사

이를 위해 첫째로 실시해야 할 수단은 복무 해제(復員)할 때 전원에 대해 바세르만 반응을 검사하는 것이다. 이 검사를 통해 진쟁 중 매독에 감염되었어도 병성이 불분명해 치료하지 않은 자, 고의로 은폐해서 치료하지 않은 자를 발견할 수 있을 뿐 아니라, 또한 출정 전에 이미 매독을 가지고 있었어도 이를 인지하지 못한 탓에 치료를 받지 않은 자 그리고 이미 치료를 받은 자 중 여전히 완치되지 않은 자도 발견할 수 있는 이점이 있다. 이는 국민보건상 가장 긴요한 사항에 속하므로, 많은 어려움을 물리치고 이를 실시하도록 한다. 혹여 부득이한 경우에는 매독 이력(既往症)이 있는 자만이라도 이를 실시할 필요가 있다.

소변 임균 검사

임질에 대해서도 마찬가지로 임균의 유무를 검사해야 한다. 이는 매독에 대한 바세르만 반응에 비해 한층 수월하다. 매독, 임질을 불문하고 실제로 임상적으로 병의 증상이 있고 동시에 혈청반응이나 현미경 검사 성적이 양성인 자는 근본적으로 치료될 때까지 군대에서 계속 치료해야 한다.

바세르만 반응이 양성인데도 아무런 임상적 병 증상이 없는 자에 대한 처치는 어떠할까. 그런 자에 대해서도 역시 군대 내에 두고 충분히 치료할 수 있다면 가장 좋겠지만, 전시 중 오랫동안 자기 직업을 방기하고 소집에 응한 자에 대해서 그저 단순히 바세르만 반응의 성적만을 가지고 계속 군대 안에 잡아두는 것은 개인은 물론 국가경제 면에서 보더라도 어려운 경우가 있다. 그러므로 그러한 자에 대한 대응책으로는 달리 뭔가 증세를 감시하고 동시에 치료상 돌볼 수 있는 경우에는 소집을 해제하고 귀향시켜야 할 것이다. 이러한 종류의 감독을 경찰관서에서 실시토록 하는 것도 분명 하나의 방법일 수 있겠지만 당장은 그러한 법규가 없고, 환자 역시 자기의 질병을 경찰관헌에게 감독받는 것을 불쾌하게 여길 것이다. 질병 금고에 이를 알리는 것이 가장 적당하겠지만 출정군인 전부가 조합원이지 않음은 물론이거니와 가령 그렇다 하더라도 다수의 인사에 대해 금고가 이를 잘 담당할 수 있을지의 여부도 의심스럽지 않을 수 없다. 오히려 국립보험사무소에 위임하는 것이 바람직하다.

전후 속출하는 매음부 단속

종래의 전쟁 경험에 비춰 보면 전후에는 매음부 발호가 현저하다. 그러므로 전후라는 호기를 맞아 매음부 단속에 일대 개혁을 단행해야 한다. 즉 종래처럼 직업적 매음부에 대해서만 감독하는 것이 아니라 화류병의 만연을 돕는 모든 자에 대해서 감독하고 동시에 그 화류병에 대한 치료를 완전히 행하는 것이다. 이 단속은 위생국이 담당하고 경찰서는 그 보조에 임해야 한다. 그 중요사항은 다음과 같다.

一. 화류병 전염의 의심이 있는 남녀에 대해 정촌(町村) 위생국은 공의(公医)의 건강증명서를 지참시킨다.
  a. 위생국이 화류병 감염의 근원을 이룬다고 인정하는 자
  b. 거리 또는 공공연한 장소에서 부끄럼 없이 음란한 거동이나 공공연한 유혹을 하는 자
二. 의심되는 자로서 그러한 증명서를 지참하지 않는 자가 있으면 의사의 치료에 의해 완치한 증명서를 지참시키거나, 또는 치료 중이라는 증명서를 지참시켜야 한다.
三. 위생국의 지령에 응하지 않는 자가 있을 때는 강제 치료 방법을 강구해야 한다.

이상은 블라쉬코 씨가 전시와 전후의 화류병 예방에 관해 주장한 바의 개요다.

육군 화류병 예방에 관한 만국회의 결의들

다음으로 참고를 위해 1921년 7월 벨기에 브뤼셀시에서 개최된 육군 의술과 약제에 관한 만국회의에서 육군의 화류병 예방법에 대해 의결한 내용을 게재한다.

이 회의는 육군에서 화류병 해독이 광범하고 중대하다는 점을 인정하고, 군대 위생과 함께 개인 위생 및 사회 위생을 위해 화류병 예방법을 가능한 한 가장 중요하게 실시할 필요가 있다고 믿는다.

가. 화류병도 일반 전염병과 마찬가지로 전염의 병이 침입한 곳(原病竈)을 없애고 군대의 감염을 막기 위해서는 일반 민중을 향한 예방법 강구가 긴요하다.

나. 육군에서의 화류병 예방법은 어떤 형식에서라도 다음 원칙에 따라 구급적인 조직과 완성이 필요하다.

갑. 일반적 훈련에 의한 방법

가능한 한 이른 시기에 그리고 철저히 교훈적인 방법

을. 건강 증진을 목적으로 하는 방법

一. 위안법, 예를 들면 병졸의 귀향 오락놀이(遊技) 등

二. 전염원의 감독

三. 방호적 예방법. 병졸이 절약한 자금으로 위생실 또는 개인 필요품 매장 등을 만드는 것

병. 질병에 대한 방법

一. 조기 치료

二. 전염병 환자의 격리

三. 전문과 중에서 가장 유효한 방법으로 치료할 것

四. 질병 진행 결과(転帰) 이후의 감독

五. 제대(除役)할 때도 여전히 지방 의사의 치료가 필요한 환자에게는 후일 진료 받을 의사를 지정할 것

7) 육군성, 위생법과 구급법(1923. 2. 8.)

육군성, (육보 제377호) 위생법과 구급법
陸軍省, (陸普第三七七號) 衛生法及救急法, 1923. 2. 8.

그 八 화류병

제二十四 화류병이라는 것은 임병, 연하감, 매독을 말한다.

제二十五 화류병은 병이 있는 부인에게서 전염하는 것으로 매독병의 원인(病原)은 전신에 있으며, 임병의 농안(膿眼)에 들어올 때는 무거운 눈병(眼病)을 일으킨다.

제二十六 매독은 부모로부터 자식에게 유전되며, 임병은 부인이 전염되었을 때 태어나는 자식의 눈을 멀게 하는 일이 있어 그 화는 일신에 머물지 않는다는 것을 생각해야 한다.

8) 부요도서점, 위생병 교정(1932. 10.)

부요도서점, (육군성 검열 완료) 위생병 교정
武揚堂書店, (陸軍省檢閱濟) 衛生兵敎程, 武揚堂書店, 1932. 10.

그 五 화류병

제二百五十三 화류병은 임병, 연하감, 매독을 말한다. 성교로 전염되며, 드물게 매독은 칼, 담뱃대, 술잔 등을 매개로 전염되기도 한다.

一. 임병[임(淋)독성 요도염]. 임균에 의해 감염되며 균은 고름 안에 있다. 요도에서 고름이 나와 소변을 볼 때 요도가 아픈 것이 주요 증상이다. 때로는 부고환, 방광, 관절 등의 염증을 계속해서 일으키기도 한다.

二. 연하감. 연하감균에 의해 일어나며 균은 궤양의 분비물에 있다. 주로 귀두, 포피의 안쪽에 작은 통증이 있는 궤양이 만들어 횡현이 계속이 생기는 일이 많다.

三. 매독. 매독스피로헤타에 의해 일어나며 병원체는 연하감, 발진, 분비물 등에 있다. 먼지 음경에 딱딱한 부분이 생기고 통증 없는 연하감을 만든다(제1기 매독), 다음 머리가 아프고 머리카락이 빠지며 목소리가 잠긴다. 피부에 발진이 일고 점막이 화끈거리며 림프선이 딱딱해지고 부어오른다(제2기 매독), 다시 몇 년 후에 뼈, 내장 등을 침범하고(제3기 매독), 또한 뇌, 취소를 침범하기도 하며, 매독은 자손에게 유전된다. 경하감과 연하감은 혼합되어 생기기도 한다.

9) 헤이요도서, 위생법과 구급법(1936. 2.)

헤이요도서, (육군 검열 완료) 위생법과 구급법
兵用圖書, (陸軍省檢閱濟) 衛生法及救急法, 兵用圖書, 1936. 2.

그 四 화류병

제二十九 화류병(성병)이라는 것은 임병, 연하감, 매독을 말한다.

제三十 화류병은 주로 이 병이 있는 부인과 성교할 때 전염되는 것으로, 매독병의 근원체(原體)는 환부의 고름 중에 있다.

제三十一 임병은 요도에서 고름을 내어 배뇨할 때 아프고, 때에 따라서는 부고환, 방광, 관절이 부어 아프며, 또한 고름이 눈(膿眼)에 들어올 때는 중한 눈병(眼病, 風眼)을 일으켜 눈을 멀게 하는 일이 많다. 또한 임병에 걸린 부인에게서 태어나는 자(子)는 눈이 멀게 되는 일이 많다.

제三十二 연하감은 음부에 궤양이 생기고 점차 서혜림프선이 부어오르며(횡현) 통증과 함께 곪아서 고름이 생긴다.

제三十三 매독은 음부에 궤양이 생기고 서혜부, 기타 림프선이 아파지면서 굳는다. 점차 머리카락이 벗겨지고 목구멍(인후)이 아프며 목소리가 잠긴다. 피부에 진물이 생기고 항문이 아프며 몇 년 후에는 뼈, 내장 등에 침투하여 무거운 병의 증상을 일으키며 결국은 뇌에도 침범하여 정신병을 일으키기도 한다. 또한 부모에게서 태아에게 전염되어(유전매독) 눈과 귀가 멀고, 말을 할 수 없는 등의 불구자를 만들어, 이 화는 한 몸에 그치지 않게 된다.

제三十四 화류병 예방에는 은고(銀膏)[성비고(星秘膏)], '콘돔'의 사용, 성교 후의 세정, 소독 등의 방법이 있으나 유효해도 적격의 것은 아니다. 따라서 절대 이 병이 있는 부인과 접하지 않도록 해야 한다는 주의를 할 필요가 있다. 접객부에게는 이러한 병이 많이 있다.

제三十五 이 병에 걸린 자는 빨리 진단을 받고 병을 완전히 고치는 데(根治) 힘쓴다. 또한 타인에게 전염시키지 않도록 소독하고, 수건, 세면기, 목욕탕용 작은 통 등을 혼용하지 말아야 한다.

10) 기획원, 국가총동원 회의 개요(1938. 5. 25.)

기획원, (기동청 제1018호) 1938년 5월 개최한 국가총동원 회의 개요
企劃院, (企總動 第1018號) 昭和十三年五月開催ノ国家總動員會議概要, 1938. 5. 25.

(……)

그 十(其ノ十) 후생성

(……)

六. 화류병 예방

가. 군대와 관계 깊은 중요 지역에 업태 차원에서 화류병을 전파할 우려가 있는 직업에 종사하는 자의 검진 치료를 철저히 하기 위해 시(市)나 기타 공공단체에 진료소 설치를 명하고 이를 조성하도록 한다. 예산 343,654엔.

나. 응소군인이 제대할 때 장래 화류병 재발의 우려가 있는 자는 군 당국에서 거류지 시정촌장에게 통지하여 무료로 완전하게 치료하도록 한다. 예산 200,000엔

11) 도야마 이쿠조, 사변 후의 성병 예방 대책(일본의사신보 865, 1939.)

도야마 이쿠조, 사변 후의 성병 예방 대책
遠山郁三, 「事變後に於ける性病豫防對策」, 日本醫事新報 865, 1939. 4. 8.

[특별 과제] 사변 후에 일어날 수 있는 질병에 대한 대책

【질문】 현재 우리나라는 지금까지 미증유의 비상시국에 놓여 있는데, 이번 가을을 맞아 전후에 기승을 부리는 많은 전염병, 성병, 기타 상병(傷病) 등에 대해 당사자들은 어떠한 대책을 강구하고 어떻게 조치하는지 의견을 들음으로써 후방(銃後)에서 의료 보국(報国)에 일조하고자 합니다. 나아가 국민의 보건에 유감이 없도록 힘쓰는 것은 우리 후방에 있는 의사의 책무라고 생각합니다. [지바(千葉), M 생]

사변 후의 성병 예방 대책

일본성병예방협회 회장(会頭), 체신(逓信)병원장
의학박사 도야마 이쿠조(遠山郁三)

전후에는 성병이 폭증한다는 예로부터 움직일 수 없는 인과적 관계는 우리나라에서도 이제 상식으로 자리 잡고 있어서, 우리 군 당국이 이에 대해 이미 적절한 대책을 일정 정도 수립하고 있으니 국민으로서 참으로 감사하기 짝이 없다. 그런데 성병은 매독이든 임질이든 아무래도 만성화하기 쉬운 경향이 있고, 기회가 있을 때마다 재발하거나 혹은 재삼 감염을 되풀이할 수 있기 때문에 어쨌든 잠행해서 만연하기 쉽고, 가령 의료비 문제를 도외시한다 해도 예방의 완전을 기하기 어려운 감이 있다. 하물며 군인 이외에도 다수에 달하는 여행자, 운수, 통신, 기타의 사업 관계 등으로 병독을 내지로 가지고 들어올 위험은 다분히 잠재해 있을 것이다. 아마 일반 민중 사이에서는 잘못해서 성병에 걸리더라도 수치스러운 나머지 혹은 무지한 결과 또는 이를 경시하는 탓에 임시

방편의 비전문 치료에 만족하거나 부적당한 의료에 맡기기도 하면서 치료의 호기를 놓칠 뿐만 아니라 그사이 병독의 만연을 조장하는 경우가 적지 않다.

혹은 슈피트호프(Spithoff) 씨가 "성병 예방은 우선 금전부터"라고 말했듯이 가령 일단은 정당한 의료를 받더라도 경비나 기타 관계 때문에 이를 도중에 끝내 버리는 자가 대단히 많으리라고 상상할 수 있다. 과연 그렇다면 전시 중보다도 전후에 성병은 가정을 더럽혀 손상시키고 더 나아가서는 민족의 질과 양을 좀먹어 해치기에(蠹毒) 이를 것이다. 이를 생각하면 우리는 섬뜩한 마음을 견딜 수가 없다.

다음 그림은 영국 런던 시와 군부(郡部)가 실시한 조사 결과인데, 이에 따르면 유럽대전 직후에 성병 환자가 얼마나 폭증했는지 알 수 있다. 또한 이후 십수 년이 지난 지금도 이전 상태로 쉽게 돌아가지 못하고 있음을 일목요연하게 보여 준다.

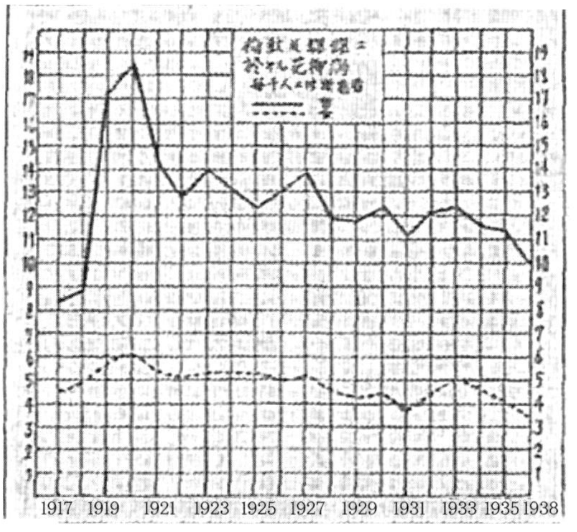

한편 우리나라 현황을 보면, 징병검사에서 장정 1천 명에 대해 1936년에는 9.12, 1937년에는 9.62, 1938년에는 10.54로 나타나고 있어 근소하게 점차 증가 경향을 보이고, 이에 대응해 사변 이래 이른바 군수 경기의 조짐이 있어 어떤 사회 층에서는 종래의 생활에 비해 걸맞지 않은 이득을 얻고 있고, 한편에서 화류계가 번성하여 사변 전후를 비교하면 도쿄시에서는 창기 및 예기의 이병률(罹病率)이 각각 상승하여 유객(遊客) 인원와 유흥비도 역시 증가함을 볼 때 우리는 서리 내리는 계절을 맞아 조만간 딱딱한 얼음이 얼게 되는 예감을 안고 지금쯤 대책을 강구해야 하는 가을이라고 통감한다. 이에 우리 유지는 재삼 협의를 거듭한 결과, 당면 대책과 화류병 예방법 개정에 관해 이번 귀족원과 중의원 양 의회(貴衆両院)에 청원하기에 이르렀다. 지금 나는 그 취지에 약간의 내 사견을 덧붙여 여러분들의 비평을 청하고자 한다.

(一) 풍교의 진숙(振粛)

평시에도 풍교를 진작하고 다잡는 일(振粛)은 대단히 중요한 사항이지만, 풍교가 어지럽혀지기 쉬운 미증유의 비상시에는 한층 절실해져야 한다. 지금이야말로 적어도 일본 내지에서는 공창과 사창과 밀창을 불문한 일체의 매소(売笑) 행위를 일률적으로 금지할 절호의 기회라 말해야 할 것이다. 물론 우리도 매소 행위를 근본적으로 근절해 낼 수 없다는 것은 충분히 인식하고 있지만, 금지하지 않는 부정행위를 범하는 것과 금지된 일을 내가 굳이 범하는 것 사이에는 그 심리적 영향에서 천지 차이가 있다. 그러므로 매소(買笑)는 절대로 허용해서는 안 될 부정행위라는 것을 국민들 특히 청소년기의 자녀에게 명확하게 인식시켜야 한다.

내가 몇 년 전 독일 위생 당국을 방문했을 때 사창이 존재하고 있었음에도 불구하고 그들은 당당하게 "국내에 결코 매소는 존재하지 않는다"고 거리낌 없이 공언하였고, 동시에 한편에서는 현저하게 풍기 진숙과 민족 보건에 몹시 노력하고 있었다. 다소 위선이라는 비난은 있더라도 지조를 지키고 엄연한 마음가짐을 국민 전체 특히 감수성이 풍부한 청년 남녀에게 이해시켜 이를 철저하게 하기 위해서는 그러한 태도를 취하는 편이 죄악을 망연히 간과하고 있기보다는 좋지 않겠는가.

(二) 청년의 건강 유지

청년의 건강 여하는 국운의 진전을 좌우하는 대단히 중요한 사항이므로 장정 적령자에 대해 징병검사 전에 정기(定時) 예비 검진을 실시하여 성병 환자를 발견하면 신속하게 치료된다.

전문학교 이상의 학생 생도에 대해서는 입학시험 때와 재학 중 체격검사 때에 반드시 혈액과 소변 검사를 시행한다. 이렇게 해서 보건을 도모하는 한편 매독과 임질의 유무를 진단하면 학생 등에게 자숙하고 자계(自戒)할 기회를 주게 되고 소극적이나마 하나의 방책이 되리라고 말할 수 있을 것이다.

성병과 술의 관계나 흡연의 해로움에 대해서는 이제 와서 사족을 덧붙일 것도 없겠지만 특히 청소년에 대해서는 금주, 금연에 힘써야 한다고 강조하고 싶다. 학원 부근 일대를 청정하게 하고 적어도 유혹의 우려가 있는 점포, 도서, 음악, 연극을 금지(禁制)한다. 세간에서는 성욕이 발동하는 것을 억압하는 것의 이로움과 해로움(利害)에 대해 의혹을 갖는 자를 왕왕 볼 수 있지만, 우리는 청소년이 금욕해서 무슨 해가 있는 경우를 알지 못한다.

(三) 예방사상의 계발

국제 성병예방회의와 독일 성병구제 조사보고의 결론에 따르면 각 사람이 각각 자발적으로 성병 예방에 전념하는 것이 그 목적의 달성을 위해 가장 중요하다고 한다. 따라서 성병에 관한 지식이 매우 유치한 일반 국민 특히 가정부인과 청소년에 대해 적당한 시기에 적당한 방법을 통해 예방사상을 계발해야 한다.

사창을 다수 취급하는 의사에 따르면 지식계급의 청년, 장년자는 성병 예방에 대해서 상당한 지식을 가지고 있지만 노년자 또는 노동자 중에는 지식이 부족한 자가 많다고 한다. 그 결과라 생각되는 점으로 사회국 보험부 조사가 있는데, 이에 따르면 오사카의 17개 공장의 남공 5,176명의 혈액 매독 반응 양성률은 12.2%, 11개 공장의 여공 1,022명의 13.2%인 데 대해 17개 공장의 직원 416명에 대해서는 양성률이 10.5%였다고 한다.

대체로 교육 정도가 낮은 자는 성병에 대한 지식이 적은 것은 당연하다고 보인다. 이 사람들이 종래의 생활에 비해 갑자기 걸맞지 않은 거액의 금전 자유를 얻은 경우 가장 성병 전염이 크다 하니 이 부분에 특히 예방사상의 계발이 필요하다고 본다. 실제로 지방에서 공장, 그중에서도 특히 군수 관련 분야에서 혈액을 검사한 결과 전년에 비해 성병 증가를 보인 곳도 있다고 한다. 우리가 경영하는 진료소는 본소(本所)와 고지마치(麴町) 두 곳에 있는데 공장이 많은 본소 쪽 환자 수가 최근 몇 년 점차 증가하고 있는 것도 이러한 사정 때문이 아닐까.

'성병의 매듭'이라 불리는 창부의 근절이 실제로는 불가능하다면 더더욱 이들을 어떻게 하면 건강한 상태에 둘지가 매우 중요한 문제이며, 예방사상의 계발은 이를 해결할 첩경이다. 창부의 교육 정도가 높으면 높을수록 자위의 길을 터득하고 있고 따라서 건강 상태를 유지할 수 있다는 것은 명백한 사실이다. 창기의 혈액 매독 반응의 성적에 따르면, 후지타 젠고(藤田善吾) 박사가 도쿄 요시와라(吉原)병원에서 교육 정도가 낮은 자일수록 양성률이 높고 취학하지 않은 자 68%가 최고이며, 의무교육 미수료자가 61%, 수료자 내지 그 이상인 자가 34%라는 현저한 차이가 인정되었다. 또한 도호쿠(東北)제국대학 만주 순회 진료단은 북만주에서 백러계 창기 32%, 일본계 창기 45%, 조선계 창기 50%, 만주계 창기 54%라고 보고하고 있음은 예방사상의 정도와 유독(有毒)률 간의 정보를 전해 준다고 할 수 있다.

창기의 교양이 낮으면 낮을수록 더욱 창가(娼家)의 예방 시설을 완비시키고 가장 편리하게 실용할 수 있도록 충실화시켜야 하지만 당장의 실정은 그야말로 이와 배치하며 역행하고 있다. 과거 내가 창가를 친근하게 시찰한 바에 따르면 예방 시설은 완전히 형식적인 것으로 타락해 과연 사용되고 있는지 여부가 의심스러울 정도인 것이 매우 많아서 놀란 적이 있다. 지금도 아마 비상한 개혁은 이뤄지지 않았을 것이다.

개인적 예방법으로서 학설과 속설 일반에서 유효하다고 인정되고 있는 콘돔도 잘 검사해보면 의외로 막치나 불량품이 많아 예방적 효력의 결핍이 폭로되는 경우를 보고 들을 수 있다. 예방약 역시 마찬가지니 이들에 대해 충분하게 감독하는 것이 바람직하다.

그러나 가령에 대한 예방적 효과가 불충분하고 불완전하더라도 스스로 예방하겠다는 마음 씀씀이만 있다면 의외로 전염 위험을 감소시키는 것 같으니 예방사상을 계발하기만 해도 상당히 도움되리라 생각한다.

창부의 신체가 건전하지 않으면 객석에서 시중들 수 없음은 물론이지만, 사실은 잠자리를 치르는 창부가 반드시 건강한 것은 아니다. 모기장 시설을 갖추고 있는 도쿄시에서조차도 건강한 자가 얼마나 될까. 시험 삼아 어느 신용할 만한 조사를 가져와 살펴보면 창기의 매독 혈청 반응의 양성률은 62%이지만 신규 취업자에서도 48%가 넘고, 이를 이전 직업별로 분류하면 예기 65%, 작부 60%, 전 창기 56%, 여급 52%의 순위를 보인다. 임질은 한층 더 많은 수가 될 것은 상상하고도 남으니, 창부가 철저히 치료되어 건강한 자만이 종업하고 있는지 매우 의심스럽다고 하지 않을 수 없다. 그러므로 한번 성병자로서 휴업한 후 치료받은 자가 복귀하는 경우는 완치 결정을 대단히 신중하게 내려야 한다.

(四) 조기 치료의 장려

살바르산(Salvarsan)으로 매독은 완전히 치유되지만, 이는 전염 후 1, 2년 사이 이른바 조기에 적당한 치료를 했을 때에만 확실하다. 급성 및 아급성 임질도 술파닐아미드(Sulfanilamide) 혹은 울리론(Uliron) 같은 신요법의 발견으로 신속하게 고름 나오는 것을 멈추고 임균을 사멸시킬 수 있게 되었다. 그러한 전염 후에는 역시 희박하다. 즉 새로운 병증상은 고쳐지기 쉬우나 전염력은 실로 강대하다. 그러니 성병의 조기 치료는 분명히 병독의 전파를 예방할 수 있고 서구 국가들에서 최근 몇 년 매독이 급감한 것은 살바르산의 발견에 힘입은 바가 크다.

이를 통해 도시에서는 성병 상담소를 다수 설치하여 불결한 성교 후 곧바로 전문적 교양이 있는 의사로 하여금 적절한 치료를 개시하게 하고 또한 완치할 때까지 이를 철저히 하는 것이 절실하게 요구된다. 명칭은 성병 상담소라 하더라도 그 병에 관한 한 결코 상담만으로 만족할 수도 없고 효과도 없으므로 반드시 동시에 치료를 하지 않을 수 없다. 따라서 이곳이 성병 예방의 첫 관문이 되어, 여기서 치료함과 동시에 의사는 환자에게 성병의 성질과 전염에 대해 지시 또는 주의를 주어야 한다. 우리나라 법률로도 이 점이 규정되어 있지만 어느 정도까지 실행되고 있을지는 심히 의심스럽다.

이렇듯 성병 예방에서 상담소의 존재는 매우 필요하지만, 이를 관공립 상담소에만 맡기고 있다가는 충분한 성과를 기대할 수 없으니 독일의 제도를 본받아 거액의 보조를 줌으로써 반관반민의 명분을 세우고 많은 수를 설립하기 쉽게 만들어야 한다. 즉 당국자는 사회사업가와 민간 개업의사 중에서 학식과 기능이 있고 인격이 높은 자에게 협력을 구하여, 관공사(官公私)가 일체가 되어 이 일에 노력을 기울여야 한다. 각기 독립한 상태로는 아무리 공들여 일하려 해도 긴밀하게 연락하지 않는 한 성공하지 않는 것이 이 사업이다. 그리고 그 활동을 조성하기 위해서는 다소의 어려움은 따르겠지만, 비교적 너무 고가인 성병 약에도 통제를 가해 무료 또는 경비를 통한 배급을 하는 것이 필요하리라.

(五) 합리적 의료의 철저

성병의 치유와 근절은 오로지 근래의 진보된 의학이 가르치는 방법에 의거해서만 기대할 수 있다. 약장사(売薬) 또는 의사가 아닌 자 등의 과대한 선전 광고나 치료 등에 방임해 둔다면 오히려 그 해독의 증가를 조성하게 된다. 독일에서는 성병 치료를 목적으로 한 약품, 기구, 방법 등을 공공연히 또는 비밀리에 가르쳐 주거나, 또는 이목에 접하기 쉬운 장소에 진열한 자는 처벌되는 규정이 있고, 기타 문명국들에서도 이들에 대한 단속이 대단히 엄중한 것은 이 때문이다. 반면 우리나라 사정을 살펴볼 때 이들에 대해 전혀 돌아보지 않으니 너무 이상하기도 하고 한심하기 짝이 없다. 비상시인 이참에 학술적 근거가 박약하거나 결여된 방법, 혹은 유사 의료행위 또는 약장사에게만 의지하는 치료 등을 단호히 단속함으로써 진정으로 합리적인 치료와 예방을 철저히 해야 하리라고 생각한다.

(六) 화류병예방법의 개정

현행 화류병예방법이 미온적이어서 실적을 거둘 수 없으리라는 우려는 해당 법이 실시된 당초부터 이미 우리가 지적한 바이고, 그나마 약간의 효과를 운용 여하에 기대하고 있었다. 그러나 이제 시대 추세는 그 개정을 참으로 간절히 요청하는 바가 있어, 우리 일본성병예방협회도 이에 관해 건의한 바 있음은 이미 서술했다. 특히 개정을 희망하는 두세 가지 요점을 열거하자면, 성병 예방 대상을 업태자(業態者)에 국한하지 않고 국민 전체 남녀에 미치게 할 것, 성병 환자에게는 치료 의무를, 의사에게는 신고 의무를 부과시킬 것 그리고 그에 대한 제재 규정, 전염 위험이 있는 자의 성교와 결혼에 대한 규정, 감염 임산부와 유아의 보호 규정 등이다. 개중에서도 성병에 감염된 부인이 태아에게 수유하거나, 또는 매독아를 모친 이외의 자에게 수유하게 하거나, 또는 수양아로 보내는 것을 금지하는 등 딱히 큰 어려움 없이 할 수 있을 것으로 생각된다. 그것은 또한 한발 더 나아가면 유모가 되려면 성병이 없다는 건강 증명서가 필요하고, 이를 지니지 않은 자는 유모가 될 수 없음은 물론, 이를 소지했음을 확인하지 않고 유아에게 수유시킨 자도 처벌하는 일로 이어질 것이다. 기타 현행법 중에서 개정해야 할 점들에 대해서는 조만간 잡지 『체성(體性)』에 등재할 우리 협회 제출 청원서를 참조하기 바란다.

12) 세류도 편, 위생하사관 후보자 교정 초안(1940.)

세류도 편, 위생하사관 후보자 교정 초안
川流堂 編, 衛生下士官候補者教程草案, 川流堂, 1940.

(……)

제五편 군대병

제二장 군대에 많은 주요 질병

제十六 화류병

화류병은 임병, 연하감, 매독과 서혜림프육아종증(제4성병)을 말하고 주로 성교에 의해 전염되지만, 매독, 연하감, 제4성병은 드물게 병원균(病原菌) 등의 작은 궤양에서 침입하여 감염되기도 한다.

(一) 마병(痲病, 마독성 요도염)은 임균에 의해 일어나며 균은 고름에 있다. 통상 성교 후 3, 5일 지난 뒤 발병하는 경우가 많다. 급성기에는 요도에서 고름이 나와 배뇨 때 요도가 화끈거리고 아플 때는 혈액을 혼탁하게 하는 경우도 있다. 만성이 되면 자각 증상은 적고 요도의 가려운 느낌을 호소하는 정도이다. 배농(排膿)은 거의 인식하지 않아도, 소변 중에 임균을 가진 것이다.

이 증상이 경과하는 중에 부고환, 전립선 등의 염증을 함께 일으켜서 장래 불임증의 원인이 된다. 관절염을 일으키면 그 관절 강직이 남아 불구자가 되기도 한다. 오랜 병에 이를 때는 요도가 협착하여 소변 장애를 불러오기도 한다. 또한 농안이 될 때는 마독성 결막염을 일으켜서 실명하는 경우가 많다.

(二) 연하감은 연하감균에 의해 일어나며 병원균은 궤양의 분비물에 있다. 감염 후 대개 1~3일 안에 발병하다. 주로 관상구(冠狀溝),[35] 포피 안쪽, 귀두 또는 음경 외피에 궤양을 일으키고

35 음경의 귀두와 몸통 사이에 있는 고랑을 지칭하는 의학 용어.

통상 그뒤에는 많은 고름성 분비물을 만들어내며 몸이 쑤시고 아프다(疼痛).

(三) 매독은 스피로헤타에 의해 일어나며, 병원체는 연하감, 발진 등에 있다.

감염 후 대개 3주 사이에 병독 침입부가 딱딱해져 통증 없는 하감[초기에 단단하게 굳거나(硬結) 제1기 매독]이 생긴다. 다음 여러 주가 지난 후에는 머리가 무겁고, 두통, 발열 등의 선구 증상이 있으며 피부에 발진(손톱 크기의 홍반)이 나타나고 그외 피부 발진이 일어나며 매독성 발진, 매독성 농포진 등이 있다. 머리카락이 벗겨지고, 목소리가 잠기며, 점막 발진, 전신 림프선의 무통성 종창 등 복잡한 증상을 보인다(제2기 매독). 다시 수년 뒤에는 뼈, 연부조직, 중요 내장기관에 고무종(護謨腫)[36]을 일으킨다. 또한 뇌, 척수에 침범하여 정신병을 일으키고 또한 운동실조를 초래하기도 한다(제4기 매독 또는 변성매독). 매독은 자손에게 병독을 전하여 조산, 유산의 원인이 되며, 또한 선천 매독아를 출산하는 원인이 된다. 매독 진단을 위해 혈액, 뇌척수액의 반응을 검사하기도 한다. 바세르만 반응, 작스 게오르그 반응, 무라다(村田) 반응 등이 사용되며, 경하감은 반복해서, 연하감과 섞여서 생기기도 한다(혼합하감).

(四) 서혜림프육아종증(제4성병) 병원체는 여과성 병원체다. 초기에 음부에 하감이라고 생각하게 하는 것이 있는데, 서혜선종창을 초래하기에 이르는 발진이 있는 경우가 많다. 횡현 초기는 매독성과 유사하고 동통이 없어도 염증이 동반하여 점차 감염 림프선의 수가 늘어난다. 피부면에서 각 선의 종창이 보이는 것과 같은 겹겹의 덩어리 형태를 이루어, 각 선마다 화농, 자궤(自潰)[37]가 있어 많은 누공(瘻孔)[38]을 만든다. 림프선종창의 초기에는 발열, 두통, 식은 땀, 식욕부진 등의 전시 증상을 일으키는데, 증상의 진행이 모두 경쾌하며, 동통은 줄곧 경도다. 치료에는 통상 오랜 시간이 필요하다.

제4성병은 연하감성 횡현과 흡사하지만, 이 증상의 고름에서 만든 프라이 항원을 피부 내에 주사하여 그 성적에 따라 구별된다(프라이 반응).

연하감성 횡현의 경우에는 연하감 백신을 사용하여 피부내 반응을 검사한다[이토(伊東)반응].

(五) 화류병 예방. 화류병은 전시에 군대에 많이 발생하는 것이 예사이며, 특히 후방 부대에 많다. 전쟁터에 화류병 병원을 특설하고 완전하게 치료하여 방역에 대비하고 국토의 청정에

---

36 고무종(Gumma)은 매독의 후기 단계에서 나타나는 결절성 병변을 의미하는 의학 용어. 이 병변은 피부, 뼈, 간 등 다양한 조직에 발생하며, 염증과 조직 손상을 일으킴.

37 스스로 뭉그러지거나 찌부러짐.

38 샛길의 의미임. 조직 내에 생긴 대롱 모양의 구명. 일반적으로 염증성 변화 때문에 조직이 붕괴되어 생기는 것이 많음.

준비해야만 한다. 예방법은 정신 훈련에 의해 사기를 진작하고 위생 강화에 의해 그 해독을 확인하도록 하여, 음주를 자제하여 그 감염 기회를 없애는 것을 본칙으로 한다. 그러나 때로 군에서 매독검사를 실시하고, 고무 콘돔, 성비고 등에 의한 개인 예방법을 강구하기도 한다.

1. 고무 콘돔 사용 전후에 파손 유무를 점검해야 하며, 사용 후 파손이 있을 때는 감염될 우려가 있으므로 성비고를 사용하고 진료를 받아야 한다.
2. 성비고는 자극이 비교적 적은 살균약을 혼입한 크림 형태로 하여 금속성 용기 안에 넣어 봉한다. 성교 후 외음부를 비누로 세정하고 방뇨 후 접촉부에 충분히 문질러 바르며, 요도에는 일부를 삽입하고 외부에서 요도를 마찰해 두도록 한다.

2. 일본군의 지배 지역에 대한 성병 관리

1) 야마다 히로토모·히라마 사키쓰, 조선에서 화류병의 통계적 관찰(1921. 6.)

야마다 히로토모 · 히라마 사키쓰, 조선에서 화류병의 통계적 관찰
山田弘倫 · 平馬左橘,『朝鮮ニ於ケル花柳病ノ統計的觀察』1921. 6.

육군 군의감 의학박사 야마다 히로토모
육군 3등 군의 정(正) 히라마 사키쓰

목차

서언

우리는 조선에서 화류병 형세를 통계에 의해 관찰하고자 자료를 모집했다.

조선 일반에 관한 것은 총독부 경무부 위생과의 조사에 수고를 끼친 것으로 1917년에서 1919년에 이르는 3개년 동안 전 도에 걸친 공사립 병원의 공의(公医)가 제공한 조선인 화류병 환자 96,755명, 재조선 내지인 환자 52,912명에 대한 사실이다.

내지 일반의 통계는 내무성 보건위생조사회 제3부에서 위원 야마다 히로토모(山田弘倫)와 구리모토 요쇼(栗本庸勝) 두 사람의 조사와 관련해, 1912년부터 1915년에 이르는 4개년 동안 각 부현(府県)의 공사립 병원 538곳(전국 공사립 병원 수의 약 485에 해당함)에서 제공받은 환자 총수 336,059명에 대한 사실이다.

장정의 화류병과 군대에 관한 것은 육군 통계연보에서 채록하였고, 매음부에 관한 통계는 조선총독부 경무부 위생과에서 조사한 것에 관한 사실이다.

이들 재료를 기간으로 삼고 기타의 재료를 참조하여 각종 통계를 제작함으로써 조선에서 보이는 화류병 형세의 개요를 기술한다.

一. 일반 환자에 대한 화류병의 비율

화류병에 대하여 급성 전염병과 마찬가지로 의사 또는 개인으로 하여금 신고 의무를 규정해 둔 국가가 있다. 즉 덴마크(丁抹), 스웨덴(瑞典)과 최근 합중국 및 독일에서 실시되고 있는 것이 그것이다. 이들 국가에서도 화류병은 은폐되는 일이 다른 병에 비해 매우 많기 때문에 정확한 실수는 도저히 조사할 수 없는 듯하고, 하물며 우리나라처럼 이 병의 신고에 관해 아무런 규정이 없는 국가에서 국민 전반에 걸쳐 만연하는 실수를 조사한다는 것은 도저히 불가능하다. 이에 가능한 한 다방면에 걸쳐 환자의 실수를 조사하여 일반 환자에 대한 비율을 얻고, 나아가 장정, 군대, 화류병의 원천인 매음부의 경황을 종합함으로써 주민 일반에 대한 이 병의 많고 적음을 추정하는 것 외에 수단이 없다. 이 목적과 관련해, 내무성 보건위생조사회에서 실시한 내지의 화류병 환자의 조사와 조선총독부 경무부 위생과의 해당 조사는 우리나라에서는 실로 둘도 없는 좋은 자료라 할 수 있다.

이번에 조선인과 재조선 내지인의 일반 환자에 대한 화류병 비율을 조사하여, 이것과 내지 및 제국 육군의 비율을 대조 관찰해 보니[부도(付図) 제1], 일반 환자에 대한 화류병 비율은 (군대를 제외) 재조선 내지인이 가장 높아서 69.70‰에 달하고, 조선인이 그다음으로 61.5‰이며, 내지는 52.07‰에 해당한다. 즉 이 3자의 많고 적음은 대략 8‰ 정도가 점점 내려가고 있다. 군대의 화류병은 민중의 경우에 비해 반수 이하이지만 유독 조선인으로 편제된 조선 보병대는 파격적으로 높은 비율을 보여 81.33‰에 달하고, 재관동주 군대(25.23), 대만 군대(22.59), 내지 군대(21.78‰), 그다음으로 재조선 군대는 가장 소수로 18.64‰이다.

일반 환자에 대한 화류병 비율은 이것이 곧바로 주민의 화류병 만연의 많고 적음을 판정할 만한 지침이 되는 것은 물론 아니지만, 예를 들어 후술(제국 국군과 화류병을 참조)하는 것처럼 대만 군대의 화류병 환자의 병사(兵員) 1,000에 대한 비례는 제국 육군 중 가장 높은 비율이지만, 일반 환자에 대한 화류병 비율은 전술처럼 조선 군대 다음으로 소수다. 이는 대만에서 일반 환자 수가 비교적 많은 것에 대비한 결과이다. 이 관계는 조선 군대도 대략 마찬가지며, 반대로 관동주 군대의 경우 병사(兵員) 1,000에 화류병 환자는 비교적 소수지만, 일반 환자에 대한 비율은 전술처럼 조선 보병대를 제외하면 제국 육군 중 가장 높은 비율을 보인다. 뿐만 아니라 또한 1918년 이후는 몇 차례 유행성 독감이 대유행하여 주민의 3분의 1 내외가 감염(罹患)의 재앙을 당했기 때문에, 1918년을 포함한 제국 육군의 통계와 1918, 1919년을 포함한 조선의 통계와, 이를 포함하지 않은 내지의 통계는 자연히 차이를 면하지 못한다.

요컨대 이와 같은 대조는 토지의 위생 상태와 그중에서도 유행병의 많고 적음에 좌우되는 것이 많으므로 이 밖의 관계를 종합하여 추정의 한 자료로 삼아야 한다는 점이 인정된다.

二. 조선(鮮) 내 각 도에서 화류병의 비율

조선 각 도에서 화류병의 일반 환자에 대한 수진율(受診率)을 통람하니[부도(付図) 제2], 조선인이 내지인에 비해 가장 비율이 높은 곳은 경상남도로 내지인의 2배 반 이상에 달하며, 전라북도, 전라남도, 경기도, 함경남도 등 점차 감소를 보인다. 또한 내지인에 비해 가장 낮은 비율은 평안북도(2분의 1 이하), 평안남도(2분의 1 이상)이고, 충청북-남도, 강원도, 경상북도, 황해도와 함경북도가 다음이며, 내지인 조선인 모두 화류병 수진율이 가장 높은 도는 전라북도(조선인 125‰, 내지인 95‰), 황해도가 그다음, 조선인은 경기, 전남, 함북, 경남, 함남 순위이고, 가장 낮은 비율은 강원(27‰) 및 평남(19‰)이다. 또한 내지인은 평북, 충남, 경기, 함북, 경북 및 전남은 다소 높은 비율을 보이고, 경남(19‰)이 가장 낮은 비율이다.

三. 주민 수와 화류병의 비율

1919년의 주민 수와 화류병 수를 조선 내 각 도로 나눠 이를 대조하면, 주민 1,000명에 대한 수진 화류병 비율은 조선인 평균 2.10‰, 내지인 평균 57.82‰이다. 아울러 이를 도별로 그림으로 표시(부도 제3)하면 일반 환자에 대한 수진율에 비해 현저히 경향을 달리 한다.

내지인은 황해도가 가장 많아 138.76‰에 달하고, 함북(118.06‰), 전북(104.72‰)이 그다음, 평남(25.91‰)이 가장 소수다. 그리고 일반 환자에 대한 화류병 수진율이 가장 적은 경상남도(부도 제2 참조)는 인구 천분 비례에서는 결코 소수가 아니고, 전 조선 중 제4위, 즉 72.42‰에 달하고, 강원도도 이와 대략 마찬가지여서 67.18‰을 점한다.

조선인은 일반 환자에 대한 수진율이 가장 높은 전북은 인구 천분율에서도 역시 가장 높아 4.57‰에 달하고, 함북(3.89‰), 평북(3.29‰), 경기(3.13‰), 경남(2.41‰), 황해(2.32‰) 등이 그뒤를 잇고, 충북, 경북이 가장 소수(공히 0.94‰)다. 그리고 일반 환자에 대한 수진율이 가장 적은 평남은 인구 1,000명에 환자 1.19‰, 강원은 1.11‰로 나타나 결코 가장 근소하다고 말할 수 없다. 전술처럼 인구 천분 비례에서 조선인은 내지인에 비해 현저히 낮은 비율이다. 하지만 이를 가지고 곧바로 조선인의 화류병이 매우 적다고 단정하는 것은 섣부른 판단이다. 왜냐하면 이 통계 자료를 제공한 내지인 공의는 대개 한 군(郡)에 1명 배치되어 대부분은 군위(郡衛) 소재지에 위치하고 있고 공사립 병원 역시 도회지에 설립되어 있기 때문에 대개 시가지에 이주해 있는 내지인과 같은 정도로 모든 조선인에게 의료가 보급되어 있지 않은 것은 사실이다. 덧붙여 설령 공의 또는 병원 소재지에 거주하는 조선인이라 할지라도 역시 내지인처럼 모두 우리 의술을 신뢰하지 않으니 따라서 진찰받지 않는 자의 존재도 부정할 수 없는 사실이다. 따라서 조선인 화류병의 빈도는 별개의 조사를 기다리지 않으면 그 정곡을 얻기 어렵다.

반대로 내지인은 이 재료를 제공한 공의 또는 공사립 병원 이외의 의사에게서 치료를 받거나 민간 치료를 하는 자도 약간 존재할 것이니, 실수는 전술한 천분율보다 많으면 많았지 결코 적지 않을 것이다. 예를 들어 평안남도는 주민 천분율에서 조선 전체 중 가장 소수이지만, 후술하는 바처럼(부도 제11을 참조) 평양 징병검사의 성적은 전 조선 장정 중 제3위로 많다는 점과, 평양의 매음부 수(매음부와 화류병을 참조)가 매우 많다는 점으로 추정할 때 적어도 평양의 화류병은 결코 적은 수가 아닐 것으로 미루어 짐작할 수 있다. 과연 그렇다면 재조선 내지인의 화류병은 육군의 화류병(부도 제12 참조)에 비해 배수보다 훨씬 그 이상에 달하고 있으리라 인정해야 할 것이다.

아울러 또한 1918년 발표된 블라쉬코의 독일 여러 도시 주민 1,000에 대한 화류병 통계에 따르면, 다음 기술처럼 가장 다수인 도시에서 15.6‰, 가장 적은 경우 6.0‰, 평균 10.65‰에 불과한 것과 대조하면 천양지차임을 알 수 있다.

독일의 주민과 화류병 천분율 표

도시명	주민에 대한 남자 화류병	주민에 대한 여자 화류병	계
아우크스부르크	3.9	2.1	6.0
브로츠와프	11.4	4.2	15.6
단치히	9.6	2.6	12.2
뒤셀도르프	5.8	2.2	8.0
할레	9.5	3.6	13.1
리벡	7.9	2.6	10.5
마그데부르크	6.7	2.2	8.9
비스바덴	8.2	2.7	10.9
평균	7.88	2.78	10.65

주. 통계 합산이 맞지 않는 경우도 있으나 원문에 따른다.

四. 진찰받은 남녀의 비율

진찰받은 남녀 비율(부도 제4)은 일반 환자와 화류병 환자 모두 남자에 비해 여자의 감염 수가 항상 낮은 비율을 보인다. 즉 조선인의 경우, 일반 환자는 남자 65.74%에 대해 여자는 34.26%이고, 화류병은 남자 66.43%에 대하여 여자는 33.58%다. 즉 일반 환자와 화류병 환자는 모두 대개 남 2 대 여 1의 비율이며, 재조선 내지인의 경우 일반 환자는 여자의 감염 수가 조금 많아 남자 54.48%에 대해 여자 45.52%, 즉 6 대 5의 비율이니, 화류병은 남 63.32%에 대해 여 36.68%, 즉 7 대 4의 비율이고, 또한 내지에서는 일반 환자의 남녀 감염률은 4 대 3(즉 57.35%에 대해 42.65%)의 비율이니, 화류병은 여자가 훨씬 낮은 비율로 7 대 3(70.59 대 29.41%)의 비율이다.

도호쿠(東北)와 오사카(大阪) 의과대학, 가나자와(金沢)와 니가타(新潟) 의학전문학교 및 육군군의학교 진료부의 각 피부과의 통계를 종합하니, 대략 남 9 대 여 1의 비율이며, 전술한 블라쉬코의 독일 주민 화류병 비율에 따른 남 3 대 여 1의 비율이다. 이 둘과 비교할 때는 조선의 여자 감염률이 비교적 높다는 것을 알 수 있다. 게다가 내지에서는 창기 유병자가 공제되어 있고, 조선에서도 도시의 창기 병원이 존재하는 부분에서는 이를 공제하고 있으므로 실제는 여자의 병률이 한층 높다고 인정해야 할 것이다.

五. 남녀 화류병 각 병의 감염률

남녀 각각 따로 화류병 각 병에 대한 감염 비율을 산출한 것은 부도 제5와 같다. 남녀 모두 이를 보면, 조선인의 경우는 매독이 가장 많고 임질이 조금 적고 하감이 가장 적다. 재조선 내지인의 경우는 연성하감이 가장 적다는 것은 조선인과 같지만, 임질의 감염은 매독에 비해 좀 현저하게 높고, 내지에서는 이 양자의 중간 정도다.

매독을 다시 남녀별(부도 제5)로 관찰하니, 여자는 항상 남자보다 감염률이 높고 그 차이가 가장 심한 것은 내지이고, 조선인이 그다음이고, 재조선 내지인은 그 차가 가장 적다.

연하감의 경우, 조선인은 남자에 비해 여자가 비율이 높고, 재조선 내지인은 남녀 백중지간이며, 내지인은 오히려 여자가 비율이 낮다.

임질은 조선인의 경우는 남자가 다소 현저히 비율이 높고, 내지는 남자가 좀 낮고, 재조선 내지인은 남녀가 거의 같은 비율이다.

六. 각 연령과 화류병

각 연령별로 화류병의 많고 적음을 도표상으로 비교해 살펴보니(부도 제6) 조선인과 재조선 내지인의 경우 약간 유사한 형태를 보여, 그 연차 간 경사가 완만한 데 반해 내지는 매우 가파르다. 즉 이를 각 연령 구분에 따라 관찰하니, 15세 이하는 조선인이 가장 높은 비율(6.17%)로 나타나고 내지가 가장 낮아(3.03%) 조선인의 약 반수 이하로 나타나고, 재조선 내지인은 그 중간(4.37%)에 위치한다. 15세 내지 20세 경우도 역시 조선인의 감염률이 가장 높고(22.25%), 재조선 내지인은 약간 소수(21.97%)이며, 내지는 그 둘의 반수 또는 반수 이하(10.75%)다. 이상의 사실에서 조선인과 재조선 내지인이 선천매독이 많다는 것과 유년 및 소년기에 화류병에 감염되는 자가 많아서 내지의 약 2배에 달하고 있음을 추정하기에 족하다. 20세 내지 30세는 이에 반해 내지가 가장 높은 비율(53.61%)을 보이고, 재조선 내지인(46.96%), 조선인(43.80%)의 순위이고, 이후 50세까지는 3자에 다소의 차이가 있지만 눈에 띄는 차이는 없고, 50세 이상에서는 조선인(3.14%)과 내지(3.53%)는 재조선 내지인(1.41%)에 비해 배수 이상의 높은 비율을 나타내고 있음을 볼 수 있다.

각 연령에서 남녀 감염률을 조사하니(부도 제7), 15세 이하는 조선인, 재조선 내지인, 내지 모두 여자의 유독률이 남자에 비해 항상 많고, 그 차가 가장 현저한 것은 내지(남 2.64%에 여 4.96%)이고,

남자는 여자의 약 2분의 1 이하로 재조선 내지인(남 3.45%에 대해 여 5.28%)이 그다음이며, 조선인(남 5.76%에 여 5.68%)은 그 차가 가장 적다. 그리고 15 내지 20세 사이에서도 역시 여자가 모두 높은 비율을 보이고 그중에서도 재조선 내지인(남 13.83% 여 30.11%)에서는 여자가 여자의 배수 이상에 달하고 조선인(남 15.84% 여 28.66%)은 배 이하, 내지(남10% 여 15.91%)는 약 여 3 남 2의 비율이고, 20세 내지 30세에서는 재조선 내지인(남46.44% 여 46.47%)은 백중지간이며, 조선인(남 45.22% 여 42.37%)은 남자가 다소 높고, 내지(남 45.52% 여 53.04%)는 여자가 좀 현저히 높고, 30세 이상에서는 남녀 감염률은 20세 이하의 정반대를 보이며, 게다가 대부분 같은 형태를 보이며 여자 비율이 낮다.

보건위생조사회가 내지에서 실시한 조사는 15세 이하의 연령을 세밀한 구별은 없지만 조선 것은 5세 이하, 10세 이하, 15세 이하의 셋으로 구분해 조사되어 있다. 지금 이를 각 병별, 각 연령별로 표로 만든 것이 부도 제8이다.

5세 이하의 화류병은 전 연령에 대해 조선인이 6.17%, 재조선 내지인이 4.37%를 점한다는 것은 전게(부도 제6 참조)와 같다. 그리고 또한 화류병 3병의 비율은 조선인에게서 매독이 비교적 많고, 내지인은 임질이 비교적 많다는 것도 전술(부도 제5 참조)한 바와 같다. 그러나 15세 이하의 화류병 비율에서는 조선인은 이들 3병의 차가 그다지 현저하지 않고, 내지인은 특히 매독이 다수이고 임질, 연하감은 현저히 소수라는 점은 눈에 띄는 현상이다.

매독에 대해 지금 이를 비교하니, 재조선 내지인의 경우는 5세 이하(5.73%)에서 조선인(3.62%)에 비해 현저히 높은 비율이고, 10세, 15세에 이르면서 점차 현저하게 체감하는 데 반해 조선인은 18세까지에서 약간 점진적 감소를 보이지만 15세에 이르러 다시 증가를 보인다. 즉 이 양자의 도형상 분명한 차이는 내지인이 계단형을 보이는 것에 반에 조선인은 오목(凹)형을 이루고 있다. 그리고 5세 이하에서 매독이 많은 것은 선천매독이 많은 것을 의미하며, 그중에서도 내지인이 높은 비율인 것은 한심하기 짝이 없는 바다. 또 조선인의 경우 이 병이 10세 내지 15세에 증가함은 내지인에 비해 현저히 조숙함을 의미한다고 인정해야 할 것이다. 이 관계는 연하감과 임질에서도 현저하게 이를 인정할 수 있다.

연하감이 10세 이하인 자에게 존재함은 정말 기괴한 현상이 아닌가. 1917년부터 1919년에 이르는 사이 조선인 총계 95명, 내지인 10명에게서 이 병의 환자가 있었다. 1918년에 발표된 블라쉬코의 함부르크시 통계에 비춰 보면 10세 이하의 연하감은 1명도 존재하지 않는다. 우리 육군 군의학교 진료부, 도호쿠 및 오사카 의과대학, 가나자와 및 니가타 의학전문학교의 최근 4개년간 통계를 보아도 역시 1명을 발견하지 못했다. 그러나 조선에서 이렇게 다수의 환자가 있다는 것은 무엇으로 설명할 수 있는가. 도저히 그 방법을 찾지 못하고 있다.

임질이 5세 이하의 조선인과 재조선 내지인에게 비교적 많은 것은 모체 중에서도 산도(産道)의 처치가 불충분하면 신생아 농루안의 예방에 대비 못하는 것에 기인하는 경우가 많다는 점을 실증한다고 말할 수 있고, 또한 내지인도 매우 소수라고는 말하기 어렵다. 3개년 간의 실수에서 조선인 312명, 내지인 158명이라는 많은 수에 달하고 있고, 15세 이하인 자에 대해 이를 남녀로 구분해 각 병마다 관찰한 바는 부도 제9와 같다.

매독의 경우, 조선인 남녀는 거의 차이가 없지만, 내지인은 5세 이하에서 남자에 비해 여자가 다소 높고, 10세 내지 15세에서 여자가 현저히 높다.

연하감도 역시 조선인은 남녀 차이가 없고, 내지인은 5세 내지 10세에서만 남자가 좀 현저히 높고 10세 내지 15세에서는 여자가 남자의 배수에 해당한다.

임질은 각 연령에서 모두 조선인은 여자가 남자의 배수 이상이고, 내지인은 그 차가 더욱 현저해 3배에서 4배에 달한다.

ㄷ. 조선 장정과 화류병

징병검사에서 만 20세(소수는 만 20세 전후의 지원자와 연기자를 포함)의 제국 남자 전원에게 빠짐없이 신체검사를 실시함에 따라 여기서 화류병의 많고 적음이 국민들의 화류병의 성쇠를 판정하는 가장 유력한 자료가 되었다. 지금 1917년부터 1919년에 이르는 3개년 평균 조선 거주 내지인의 징병검사 성적과, 그 대조로서 내지, 대만, 사할린, 관동주, 지나(支那)의 동 검사 성적을 추가하여 게재한 것이 부도 제10이다.

이 도표에 따르면, 재조선 장정은 1,000명 중 31.28의 화류병을 지니며 이를 다른 곳에 비해 매우 많다고 할 수 없다. 전반을 통해 가장 많은 것은 지나 거주 장정으로, 실로 59.56%에 달하고, 대만(47.03%)이 그다음이고 관동주(40.13%), 조선, 내지(22.92), 사할린(22.78)의 순이다. 또한 조선 내 각 검사장에서 1917년부터 1919년까지 3개년 동안 징병검사의 평균 성적을 나타내면 부도 제11과 같다.

즉, 의주 검사장의 성적에 비춰 보면 장정의 화류병은 비정상적으로 많아 98.5‰로 나타났고, 원산(66.7), 평양의 장정(49.4)이 그다음이며, 광주, 대전, 부산, 대구, 나남, 함흥과 용산의 장정 순위다. 징병검사장은 대개 해당지 부근에 거주하는 장정을 집합시키니, 이 성적은 그 지방 화류병의 양을 유추할 수 있는 좋은 자료가 된다. 지금 이것과 전술한 각 도별 거주민에 대한 화류병(부도 제3)을 대조하면 조선 각 지방의 화류병 만연의 진상을 엿보기에 족하다. 즉 평안북도는 주민 수에 대한 화류병 비율은 조선 전체에서 제2위(118.06%)로 많은 데 대해 의주 징병검사장의 장정 화류병률도 역시 조선 전체의 제1위를 점하고 있다. 또 전라남도의 장정을 집합시킨 광주 징병검사장의 성적은 제4위(41.0)로 많은 데 대해 주민 화류병도 역시 제3위의 높은 비율(104.72)을 보이고, 반면 이 주민 화류병율이 조선 전체에서 가장 낮은 평안남도(25.91)와 비교적 낮은 함경남도(45.52)는 장정의 화류병률이 현저히 높은데, 이는 유독 장정에게만 화류병이 많기 때문이 아니라 아마도 주민 일반의 통계 재료를 제공한 공의 또는 사립병원에서 진찰받은 주민의 화류병 환자가 비교적 적은 것에 기인하는 것일 터이고, 이들 두 도는 장정의 상황에서 유추하면 다른 도에 비해 결코 적은 수가 아닐 것으로 생각된다.

八. 조선의 제국 육군과 화류병

재조선 제국 육군의 과거 9개년 간 평균 병원(兵員) 1,000에 대한 화류병은 부도 제11이 보여주는 바와 같고, 내지인으로 구성된 여러 부대는 17.00‰이다. 또한 조선인으로 구성된 조선보병대는 그 약 3배 반, 즉 61.11‰에 달하고, 이를 내지(23.35), 대만(32.41), 관동주(17.98) 및 지나에 위수 또는 주둔하는 제국 육군에 비하면 현저히 많은 수임을 알 수 있다. 그리고 내지인으로 구성된 군대 중 가장 적은 수는 지나에 주둔하는 전초 부대(緒隊)로 불과 10.83‰에 불과하다. 지나에 거주하는 제국 장정의 화류병은 현저히 다수[부도 제13 (참)조]이며 군대에서 이런 성적이 있음은 참으로 특필할 만한 사건이라 할 수 있다. 관동주 군대는 조선 군대보다 조금 낮고 내지와 대만은 점차 그 비율이 올라간다.

조선보병대의 각 해 화류병의 성쇠는 1911년에서 1914년까지 4개년 동안 평균 약 39‰ 이하인데, 이후 4개년 동안은 증가하여 평균 약 95‰ 이상이 되었다가 1919년에 급강하여 15‰이 된다.

재조선 제국 육군은 1912년 이후 5개년 동안은 대단히 좋은 성적을 보여 평균 14‰인데, 1917년에 이르러 갑자기 증가해 이후 4개년은 평균 22‰ 이상을 보이게 되었다.

九. 조선 매음부와 화류병

조선의 공창 단속 상황은 이를 크게 둘로 나눌 수 있다. 하나는 도시에서 실시되고 있는 방법으로, 내지와 같이 예기 및 작부에 대해서는 아무런 위생적 감시를 행하지 않고 창기에 대해서는 유곽제도 이른바 집창제를 취하고 있다. 다른 하나는 중 이하의 시정에서 실시되고 있는 방법으로 유곽 없이, 창기 없이, 매음부는 소위 산창제(散娼制)를 취해 예기 및 작부에 대하여 위생적 감시를 행하고 있다. 그리고 1920년도에 건강진단을 받은 조선 내 공창의 수는 내지인 3,646명, 조선인 2,655명, 계 6301명이다. 지금 이를 거주민 수와 대조하면 다음 표와 같다.

연도	주민 수		매음부 수	매음부 1인에 대한 주민 수
1919년	내지인	346,619	3,409	102
	조선인	16,783,510	2,486	6,851[39]
	계	17,130,129	5,895	2,906
1920년	내지인	346,496	3,646	95
	조선인	16,891,289	2,655	6,361[40]
	계	17,237,785	6,301	2,736

즉 내지인 매음부는 현저히 다수이고 조선인 매음부는 비교적 소수임을 알 수 있다. 그러나 매음부는 대부분 도회지에 집합하고 있으므로 도회에서 대조를 들지 않으면 진상을 잘못 이해할 우려가 있다. 그리고 또한 1920년도 조선 내의 주요 도시 주민과 매음부의 비례를 산출하면 다음 표와 같다.

지역	주민 수		매음부 수	매음부 1인에 대한 주민 수
경성부	조선인	180,107	547	329
	내지인	64,630	518	125
	외국인	2,730	2	1,365
	계	247,467	1,067	232
부산	조선인	40,549	59	687
	내지인	32,786	510	64
	외국인	248	-	-
	계	73,583	569	129

39 원문대로임.

40 원문대로임.

평양부	조선인	45,618	115	397
	내지인	12,417	202	61
	외국인	595	-	-
	계	58,630	317	185
대구부	조선인	32,137	44	730
	내지인	11,756	101	116
	외국인	321	-	-
	계	44,205[41]	196	305
인천부	조선인	23,484	92	255
	내지인	11,078	104	107
	외국인	1,346	-	-
	계	35,908	196	183
원산부	조선인	19,583	21	933
	내지인	7,064	80	88
	외국인	612	-	-
	계	27,259	101	270

주. 통계 합산이 맞지 않는 경우도 있으나 원문에 따른다.

우리 도쿄시에서 공창 1은 주민 340명에 대해서이며, 오사카는 234명에 대해서가 된다. 야마다(山田)가 만나 조사한 바에 따르면 1905년 내지 1906년의 베를린은 공창 1에 대해 주민 수 608명, 드레스덴은 1,713명, 라이프치히 588명, 단치히 487명의 비율을 보이고, 이를 대조하여 조선의 주요도시의 매음부는 현저히 다수에 달하고 있음이 인정된다. 그중에서도 부산, 인천, 평양은 높은 비율임을 인정한다.

또한 1917년 이후 4개년 동안의 매음부 성쇠를 조사한 것은 부도 제13에 제시한 바와 같다.

조선인 매음부는 예기, 창기 및 작부 모두 과거 4개년 동안에 점차 현저한 증가 경향을 보였다. 즉 예기는 1916년의 146명에서 1920년 300명으로, 창기는 862명에서 1,337명으로, 작부는 524명에서 849명으로 증가했다. 이중 예기의 증가율이 가장 높은데, 내지인 매음부로 홀로 창기가 증가하고(1917년 1,913명이 1920년 2,382명이 됨) 그외 예기 및 작부는 다소 감소 경향에 있다.

41 원문대로임.

매음부의 유독률을 조사한 바는 부도 제14와 같고, 밀매음부는 공창에 비해 유독률이 현저히 높아 조선인 61.4‰, 내지인 193.4‰에 달하고 있고, 모두 매음부 중에서도 작부, 창기, 예기와 같이 유독률이 점차 떨어지고 있다. 또한 조선인은 내지인에 비해 유독자가 많아, 냐자안, 재조선 내지인, 조선인 순위로 증가하고, 조선 공창 창기는 내지인에 비해 그 유독률이 2배 이상을 나타내고, 작부, 예기 순으로 점차 감소된다.

전술한 것은 건강진단 검사를 받은 연인원에 대한 유독률을 게재한 것이지만, 이를 군대에서처럼 1,000명의 인원이 1년간에 치료를 받는 비율(매독, 임질 같은 만성병의 잠복 상태에서 발현하고 검사받는 관계를 군대와 대략 같은 것이라 간주하여)로 환산하면 다음 표와 같다.

5개년 동안 매음부 천 명당 화류병 표(1916~1920년)

연도	내선별	매음부 계	매음부 화류병 계	매음부 계에 대한 화류병 계
1916년	내	3,586	2,441	680.70‰
	선	1,401	1,329	948.61‰
1917년	내	3,193	4,512	1,413.09‰
	선	1,758	3,126	1,778.15‰
1918년	내	3,477	4,137	1,189.83‰
	선	2,866	4,343	1,515.25‰
1919년	내	3,409	4,796	1,406.85‰
	선	2,486	4,687	1,885.36‰
1920년	내	3,646	4,750	1,275[42].37‰
	선	2,655	4,326	1,629.38‰
평균[44]	내	17,311	20,536	1,186.30
	선	11,166	17,811	1,597.47[43]

위 표가 보여 주듯이 내지인 매음부는 적게는 680‰, 많게는 1,413‰, 평균 1,186‰을 나타내고, 조선인은 적게는 948‰, 많게는 1,885‰, 평균 1,597‰을 보이고 있다. 이를 재조선 제국 군대

42 원문대로.

43 원문대로.

44 원문에는 평균으로 표기되어 있으나, 숫자는 합계 수를 나타냄. 합계가 평균으로 잘못 쓰인 것으로 보임.

의 18‰ 및 조선보병대의 61‰과 대조하면 매음부의 화류병 감염률이 현저하게 높은 비율임을 인정할 수 있을 것이다.

十. 각 방면의 화류병 각 병의 비율

각 방면의 화류병 3병의 비율은 부도 제15가 보여 주듯이 대단히 제각각이지만 역시 자연히 일정한 법칙이 없지는 않음을 볼 수 있다. 일반에서는 내지인 조선인을 불문하고 매독, 임질이 가장 많고 연하감이 가장 적으며, 군대에서는 임질이 가장 많고 매독, 연하감의 관계는 매독이 다소 현저히 많은 것(재조선 군대)과 약간 많은 것(조선보병대, 내지 군대)이 있고, 장정의 경우는 임질이 가장 많고 연하감이 그다음이고 매독이 가장 적다. 매음부는 연하감의 비율이 비교적 높고, 내지에서는 임질을 능가하고 매독은 항상 현저히 낮은 비율이다. 이 매독은 매음부 가운데 정말 수가 적기 때문이 아니라 오사카의 나카노(中野) 씨가 증명한 것처럼 바세르만 반응에서는 족히 70‰을 증명할 수 있음에 비춰도 잠복매독 상태에 숨어 있기 때문인 것으로 인정된다.

총괄

이상 기술한 바를 총괄하면 다음과 같다.

一. 조선에서는 일반 환자에 대한 화류병 비율은 재조선 내지인 70‰, 조선인 62‰로, 내지의 52‰에 비해 18 내지 10‰ 높다.
군대에서는 조선보병대 81‰, 재조선 제국군대 19‰로, 내지 군대의 22‰에 비해 전자는 3‰ 적다.

二. 조선 내 각 도 주민의 일반 환자에 대한 화류병 비율은 조선인은 전북이 가장 많고(125‰), 황해, 경기, 평안(19‰)의 순위이고, 내지인도 역시 전북이 가장 많고(125‰), 황해, 경기, 전남, 함북, 경남, 함남, 평북, 경북, 충북, 강원, 평안(19‰) 순이며, 내지인도 역시 전북이 가장 많고(94‰), 평북, 황해, 충남, 경기, 함북, 경북, 전남, 충북, 강원, 함남, 평남, 경남(19‰) 순이다.

三. 1919년도 주민 수와 진찰받은 화류병을 대비하면 조선인 평균 2.1‰, 내지인 평균 57.82‰이다.
그리고 조선 내 각 도로 구분해 이를 대비하니, 조선인은 전북(5‰), 함북, 평북, 경기, 경남, 황해, 함남, 전남, 중남, 평남, 강원, 충북, 경북(9‰), 내지인은 황해(139‰), 함북, 전북, 평북,

경남, 강원, 충남, 함남, 전남, 경북, 충북, 경기, 평남(26‰)의 순이다.

四. 남녀 화류병 비율은 조선인 남 2 대 여 1, 재조선 내지인 남 7 대 여 4, 내지는 남 7 대 여 3이므로, 조선 거주 여자 감염률은 내지 여자보다 비교적 높다.

五. 화류병 각 병의 비율은 조선인은 매독이 가장 많고 임질이 조금 소수이며 연하감이 가장 적다. 재조선 내지인은 임질이 가장 많고 매독이 그다음이고 연하감이 가장 적다. 이는 내지에서 매독, 임질이 거의 동수이고 하감은 가장 적은 상황과 비하면 경향을 달리한다.

六. 남녀별로 관찰하면 매독은 내선인 모두 남자에 비해 여자의 감염률이 조금 많고, 임질은 이에 반해 여자보다 남자가 많고, 하감은 조선인의 경우 여자가 많고 내지에서는 남녀 백중지간이다.

七. 연령에 따른 화류병 감염 비율은 내선인 모두 20세 이하에서 감염률이 매우 높아 내지의 배수 이상이고 그중에서도 조선인이 높다.

八. 15세 이하인 자에 대해서 보면, 매독은 5세 이하에서 내선인 모두 매우 많고 그중에서도 내지인에게서 많다. 10세 내지 15세에서는 내지인이 감소하는 데 반해 조선인은 현저히 증가하고 있다. 15세 이하의 연하감은 조선인이 매우 많고, 내지인도 역시 결코 적지 않다. 특히 내선인 모두 10세 이하에 연하감이 많은 점은 기괴한 현상이다. 임독(淋毒)성 여러 병도 역시 내선인 모두 많다.

九. 남녀 각 연령에 의한 감염 비율은 내지인 조선인을 불문하고 15세 이하에서는 여자가 남자의 배에 해당한다. 20세 내지 30세에서는 남녀 백중지간이고 40세 이상에서는 여자가 남자의 약 반수이다.

十. 1917년부터 1919년까지 조선의 제국 장정 화류병 비율은 평균 31‰이며, 지나, 대만 및 관동주 거주 장정에 비하면 27 내지 19‰ 적고, 내지 장정에 비해 8‰ 많다.

十一. 조선 내 각 징병 검사장에서 화류병 환자의 성적은 의주가 가장 많고, 원산, 평양, 광주, 대전, 부산, 대구, 나남, 함흥, 용산 순이다.

十二. 과거 9개년 동안 평균 조선에서 군대의 화류병은 제국 군대 18‰, 조선보병대 61‰이고, 후자는 군대 중 파격적으로 많다. 전자는 대만 군대보다 15‰, 내지 군대보다 6‰ 낮고 관동주 군대와 거의 동수, 지나 주둔 군대보다 7‰ 많다.

十三. 조선의 매음부 수는 1920년에 내지인 3,646명, 조선인 2,655명, 계 6,301명이며, 내지인 매음부가 비교적 많다.

조선 내 주요 도시의 공창 1에 대한 주민 수는 129 내지 232명으로 내지 및 독일 도시에 비해 매우 많다.

十四. 매음부의 과거 4개년 동안의 성쇠를 보면, 조선인 매음부가 해마다 현저히 증가하고 내지인 매음부는 거의 증감이 없다.

十五. 조선의 매음부 중 밀매음부는 공창에 비해 유독률이 대단히 높고 또한 공창 중에서는 유독률이 예기, 창기, 작부로 점차 증가한다. 또한 일반적으로 조선인은 내지인에 비해 유독률이 높고 그중에서도 조선인 창기는 내지인의 두 배 이상이다.

十六. 각 방면의 화류병 각 병 비율은 일반 주민에서는 내선인을 불문하고 매독, 임질이 가장 많고 연하감이 가장 적다. 군대에서는 임질이 가장 많고 매독과 연하감의 관계는 매독이 좀 현저하게 많은 것(재조선 군대)과 다소 많은 것(조선보병대)이 있으며, 장정의 경우는 임질이 가장 많고 연하감, 매독 순위다. 매음부도 역시 장정과 궤를 같이한다.

부도 제一 일반 환자에 대한 화류병 환자 천분비 표

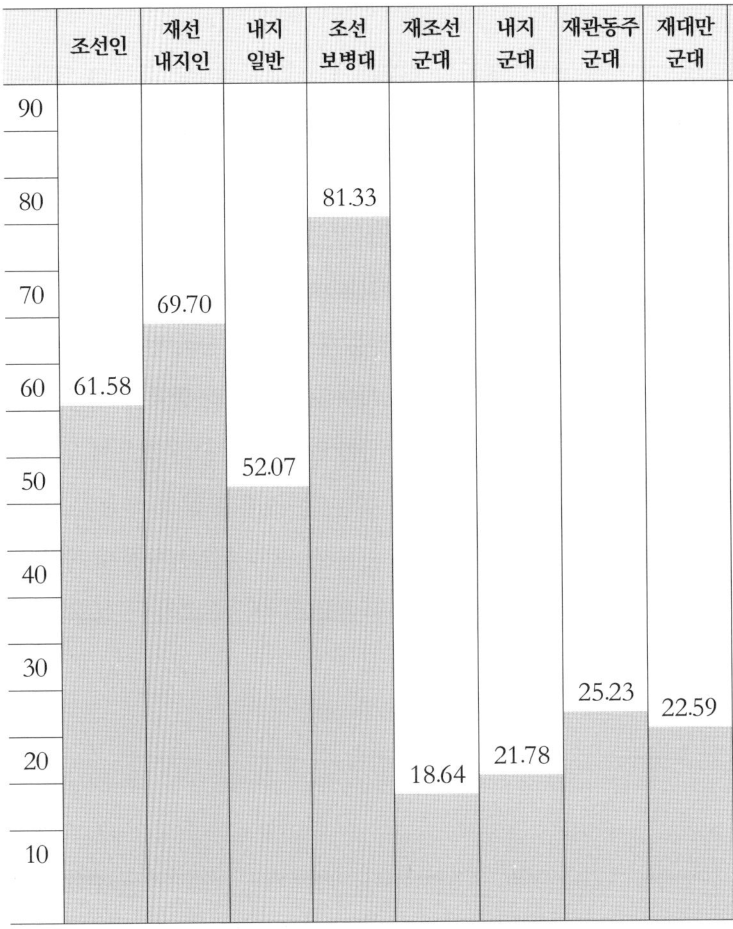

비고

一. 조선보병대, 조선인으로 편재된 현재 2개 중대가 있음.

二. 내지 조선, 관동주와 대만군대는 해당 지역에 위수 또는 주둔하는 제국 육군으로 하여 그 천분율이 조선 보병대와 같은 1914년부터 1918년에 이르는 5개년간의 평균을 계산함

三. 군대 이외 조선의 사실은 1917년부터 1919년에 걸쳐 3개년간 내지의 것은 1912년부터 1915년에 걸친 4개년간 평균으로 함

부도 제二 도별 화류병 환자 표. 일반 환자에 대한 천분율

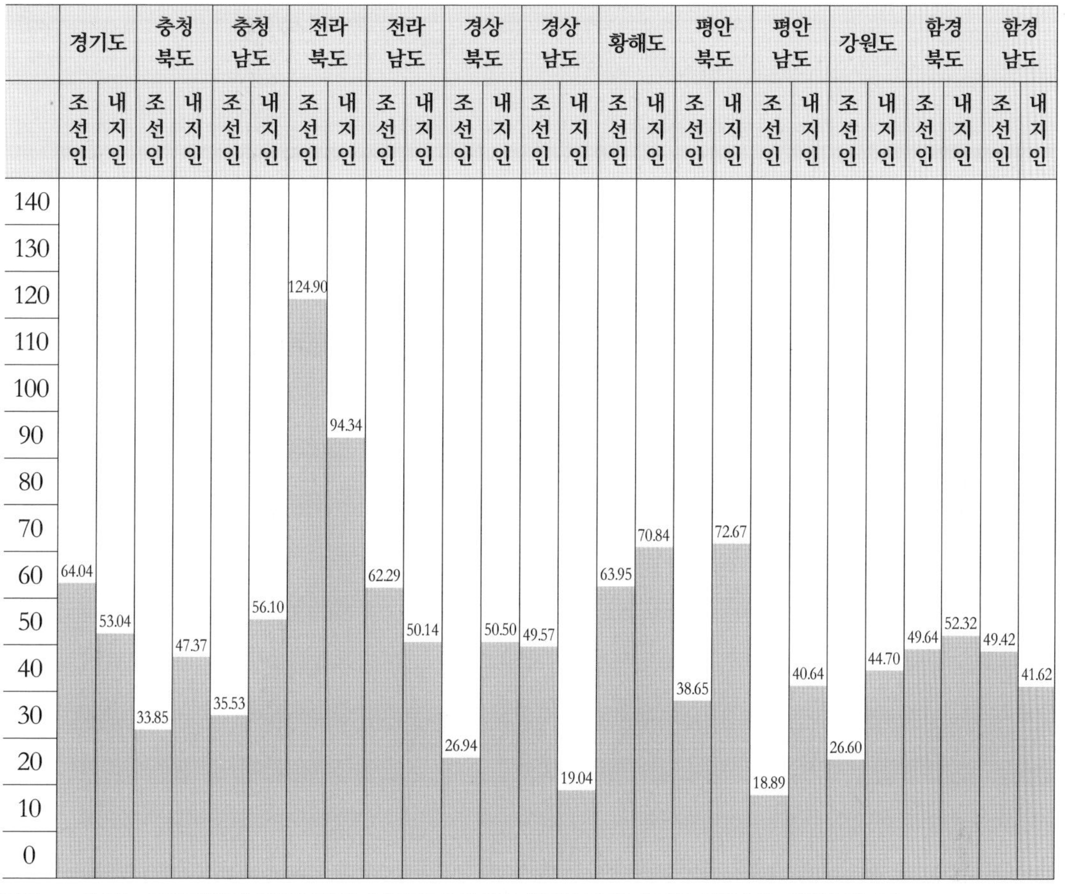

비고 一. 이 표는 1917년부터 1919년까지 4개년간 조선인과 내지인 각 별에 평균 천분율을 계산한 것이다.

부도 제三 도 거주민 수에 대한 화류병 환자표(‰)

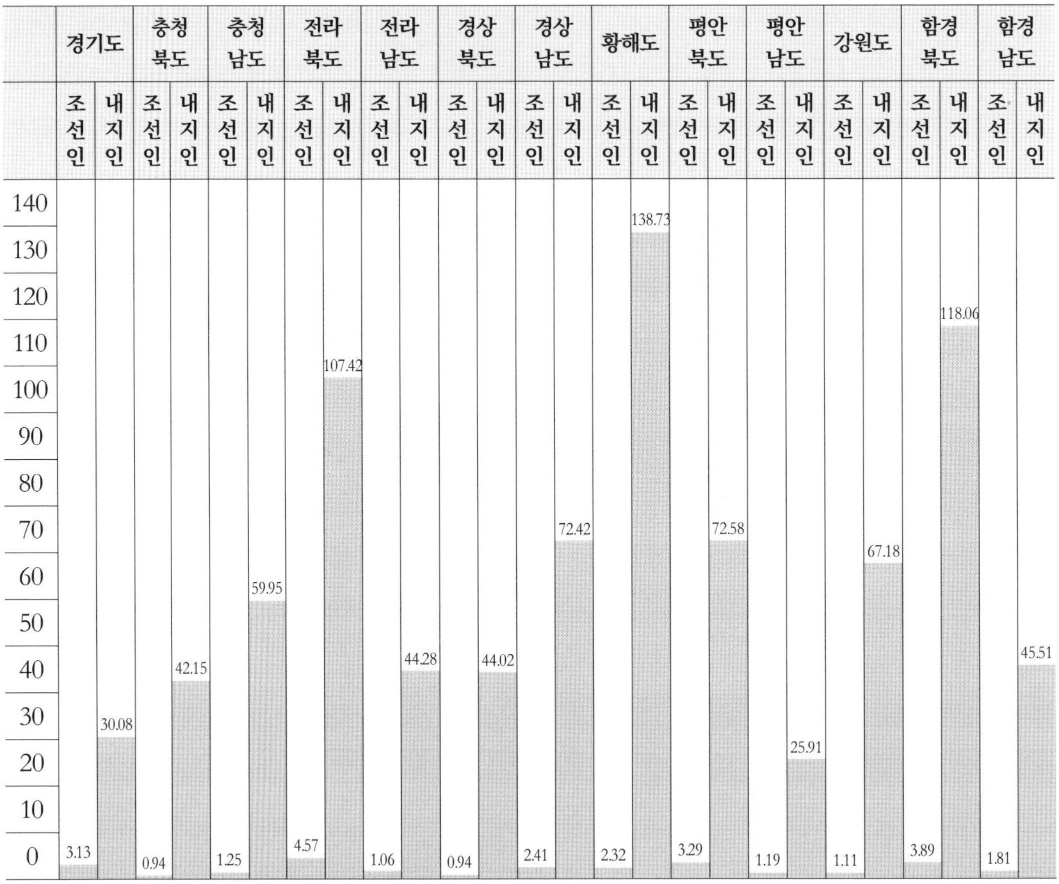

비고 一. 이 표는 1918년의 실제 수부터 계산한 것이다.
二. 조선인 평균 2.10‰. 내지인 평균 58.82%[45]다.

45 원문대로. ‰의 오기임.

부도 제四 일반과 화류병 환자 남녀 백분율 표

	조선인		재선 내지인		내지		비고
	남	여	남	여	남	여	
일반 환자 남녀 백분율	65.74	34.26	54.48	45.52	57.35	42.65	一. 이 표는 남녀 총계에 대한 백분율을 계산한 것임
화류병 환자 남녀 백분율	66.43	33.58	63.32	36.68	70.59	29.41	

(눈금: 0, 10, 20, 30, 40, 50, 60, 70)

부도 제五 남녀별 화류병 각 병별 백분율 표

		매독(微毒)		연하감		임병		비고
		남	여	남	여	남	여	
조선인	50 / 40 / 30 / 20 / 10 / 0	45.93	46.15	11.17	15.45	42.90	38.39	一. 이 표는 남녀 총계에 화류병 각 병에 대한 백분율을 계산한 것임
재선 내지인	50 / 40 / 30 / 20 / 10 / 0	35.63	36.74	16.96	16.93	47.41	46.51	
내지인	50 / 40 / 30 / 20 / 10 / 0	40.36	43.81	17.13	13.61	42.39	42.58	

부도 제六 연령별 화류병 각 환자 백분율 표

		15세 까지	20세 까지	30세 까지	40세 까지	50세 까지	50세 이상	비고
조선인	50 40 30 20 10 0	6.17	22.25	43.80	18.14	6.98	3.14	一. 이 표는 인종별에 각 백분율을 계산한 것임
재선 내지인	50 40 30 20 10 0	4.37	21.97	46.96	20.24	5.51	1.41	
내지인	50 40 30 20 10 0	3.03	10.75	53.83	20.65	8.43	3.53	

부도 제七 연령별, 남녀별 화류병 백분율 표

	남						여						비고
	15세 까지	20세 까지	30세 까지	40세 까지	50세 까지	50세 이상	15세 까지	20세 까지	30세 까지	40세 까지	50세 까지	50세 이상	
조선인 (0–50)	5.76	15.84	45.22	22.50	8.31	3.36	6.58	28.66	42.37	18.83	5.65	2.92	一. 이 표는 각 남녀별 백분율을 계산한 것임
재선 내지인 (0–50)	3.45	13.83	46.44	26.26	8.06	1.95	5.28	30.11	46.47	14.21	2.95	0.90	
내지인 (0–50)	2.64	10.00	45.52	26.37	10.93	4.60	4.96	15.91	53.04	16.82	6.49	2.79	

부도 제八 15세 이하 조선인과 재선 내지인 화류병 각 병 발생률 표

	매독			연하감			임병		
	5세 까지	10세 까지	15세 까지	5세 까지	10세 까지	15세 까지	5세 까지	10세 까지	15세 까지
조선인	3.62	2.13	3.52	0.52	0.76	2.62	0.94	0.63	1.96
재선 내지인	5.73	1.64	1.18	0.05	0.12	0.64	0.78	0.52	1.19

부도 제九 15세 이하 남녀별, 조선인과 재선 내지인 화류병 각 병 표

		매독			연하감			임병			비고
		5세 까지	10세 까지	15세 까지	5세 까지	10세 까지	15세 까지	5세 까지	10세 까지	15세 까지	
조선인	남	3.73	2.18	3.55	0.53	0.79	2.66	0.53	0.47	1.29	一. 이 표는 조선인과 재선 내지인 모두 화류병 각 병에 대한 남녀별 일반 환자에 대해 백분율을 계산한 것임
조선인	여	3.50	2.07	3.48	0.50	0.72	2.57	1.35	0.78	2.63	
재선 내지인	남	5.57	1.56	0.92	0.04	0.14	0.42	0.26	0.17	0.59	
재선 내지인	여	5.84	1.72	1.44	0.06	0.09	0.85	1.29	0.86	1.78	

부도 제十 1917년부터 1919년까지 평균 장정 화류병 천분 비례 표

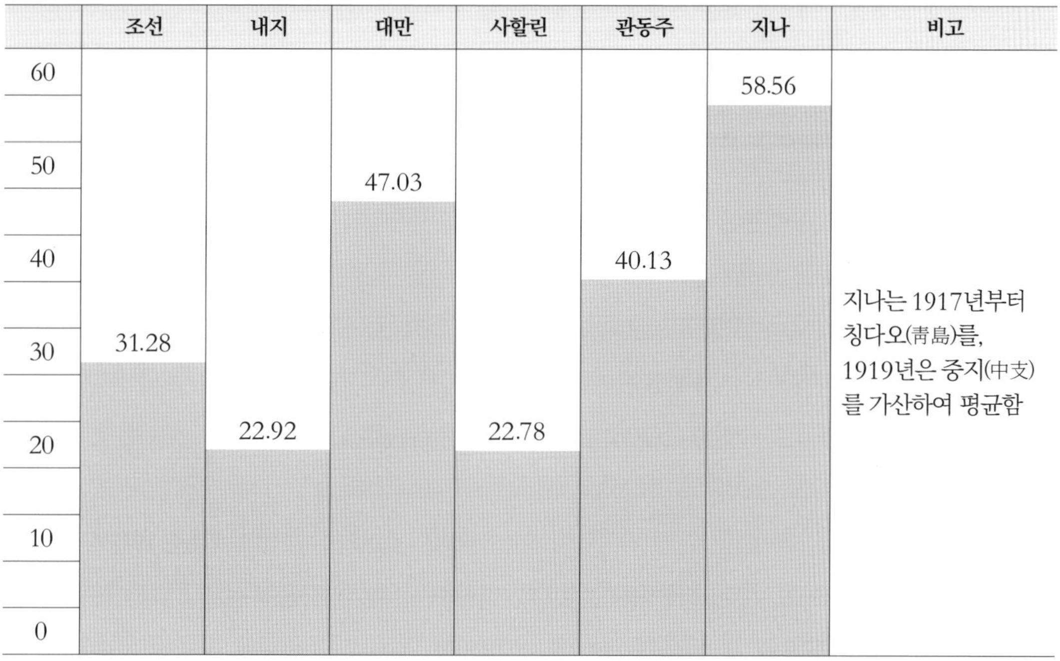

부도 제十一 1917~1919년 3개년 평균 조선 내 징병 검사장의 장정 화류병 천분율 표

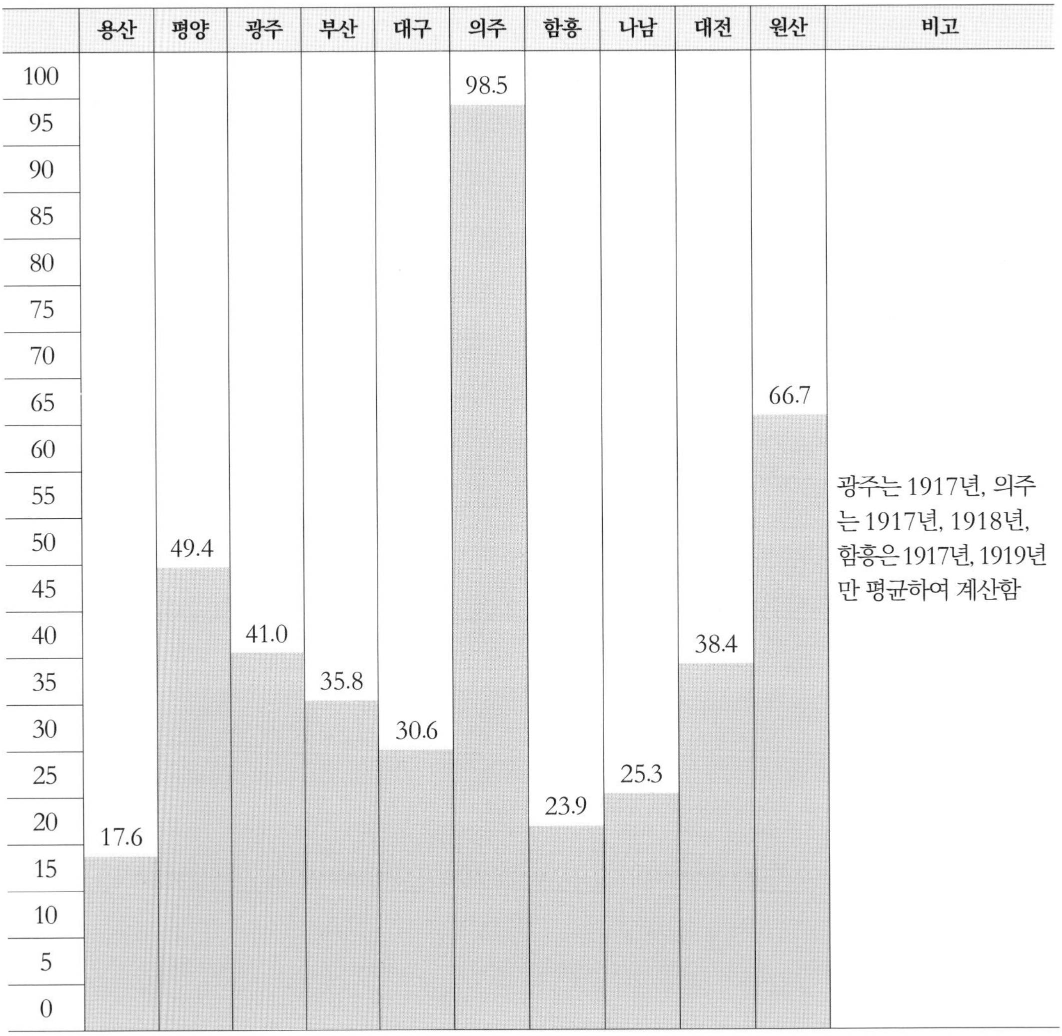

부도 제十二 1912~1920년 9개년 평균 제국 육군 화류병마다 천분비 표

	조선 보병대	제국 육군					비고
		조선	내지	대만	관동주	지나	
65 60 55 50 45 40 35 30 25 20 15 10 5 0	61.11	17.77	23.55	32.41	17.98	10.83	一. 조선보병대에 한해 1911년부터 1919년까지의 9개년 평균을 계산함 二. 조선, 내지, 관동주와 지나는 해당 지역에 위수 또는 주둔하는 제국 육군으로 함 三. 지나는 지나 주둔군 이외 1913년부터 중지파견대 1915년부터 칭다오수비군을 평균함

부도 제十三 1917~1920년 조선 매음부 증감표(消長表)[실수(實數)]

		1917년	1918년	1919년	1920년
예기	조선인	146	280	349	300
	내지인	579	499	462	451
창기	조선인	862	1391	1253	1337
	내지인	1913	2058	2215	2386
작부	조선인	524	825	884	849
	내지인	850	871	732	790

부도 제十四 매음부 유독률 표

	예기		창기			작부		밀매음			비고
	조선인	내지인	조선인	내지인	내지	조선인	내지인	조선인	내지인	내지	
	26.7	16.6	54.9	24.2	20.5	49.2	32.2	261.4	193.4	201.7	一. 조선의 매음부 통계는 1916년부터 1920년까지 5개년 동안의 평균임. 단 밀매음은 1919년에 불분명한 점부터 제외하고 계산했음 二. 내지 창기의 통계는 1918년의 사실임 三. 앞의 둘은 모두 박탈을 제외하고 계산한 것임 四. 내지 밀매음에 관한 통계는 1920년의 사실임

부도 제十五 각 방면의 화류병 각 병 백분율 표

	조선인			재선 내지인				내지				비고
	일반	군대	매음부	일반	장정	군대	매음부	일반	장정	군대	창기	
매독	39.66	9.30	16.49	35.99	6.51	33.88	8.68	41.37	17.80	29.61	6.91	一. 조선인과 재선 내지인에 관한 사실은 1917년부터 1919년까지 3개년 동안의 평균임. 내지 일반과 장정은 1912년부터 1915년의 4개년의 평균, 내지 군대는 1914년부터 1916년까지 4개년, 내지 창기는 1907년부터 1910년까지 4개년 동안의 평균을 나타낸 것임
연하감	25.28	4.90	37.92	16.84	16.57	15.39	33.94	16.22	19.05	24.04	57.34	
임병	35.06	85.29	45.68	47.19	76.92	50.74	57.37	42.41	63.15	46.00	35.78	

2) 혼성 제14여단 사령부, 위생업무순보(1933. 4.~8.)

혼성 제14여단 사령부, 1933년 3월 21일부터 31일까지 위생업무순보
混成第十四旅團司令部, 「昭和八年三月自二十一日到三十一日衛生業務旬報」

작성관(調製官) : 혼성 제14여단 사령부의 육군 2등군의정 나카노 오리지(中野織治)

1933년 3월 21일부터 31일까지 위생업무순보

핑취안(平泉)에서 혼성 제14여단 사령부

(……)

5. 핑취안에 주류하는 부대에 대하여 화류병 예방상 27일 다음과 같이 전달함.

핑취안에는 지나 유곽 3, 4채에 창기 20명 내외가 있으나 불결하여 유독자가 많다고 하므로 동 유곽을 출입금지 가옥으로 함.

(……)

혼성 제14여단 사령부, 1933년 4월 11일부터 20일까지 위생업무순보
混成第十四旅團司令部, 「昭和八年四月自十一日到二十日衛生業務旬報」

1933년 4월 11일부터 20일까지 위생업무순보

혼성 제14여단 사령부

(……)

6. 방역 및 위생 시설

핑취안에 내선인(内鮮人) 창기 38명이 들어와서 개업함에 따라 16일 이들에 대한 매독검사를 실시하고 장차 매주 1회 실시하기로 함.

제1회 검사 성적은 다음과 같다.

화류병 예방법에 대해서는 예창기에게는 건강진단표를 소지시켜 손님이 요구하면 제시하도록 지시하고, 이를 병원(兵員)들에게 주지시킨다. 기타 성비고(星秘膏),[46] '콘돔'의 사용을 엄중히 시달하는 외에 외출하는 자는 귀탁 후 반드시 음부를 승홍수(昇汞水)[47]로 세정하도록 지시함.

매독검사 성적

	검사 인원	유독자 인원	병명별 검사 인원에 대한 %		
			임질	매독	기타
일본인 예기	1				
일본인 작부	2				1
조선인 예기	2				1
조선인 작부	32	2.1% 4	2	2	15
계	38	10.5% 4	526	526	17

비고- 검진자

관동군 임시 제1야전병원의 육군 3등 군의정 시마즈 기요시(島津清志)

보병 제25연대 제2대대의 육군 2등 군의(軍医) 하리가이 준(針谷順)

(…)

46 성교할 때 국부에 바르도록 군이 병사에게 지급한 성병 예방약 연고. 포장 상자에 별이 그려져 있었음.

47 염화제이수은을 일정한 농도의 물에 푼 수용액.

혼성 제14여단 사령부, 1933년 4월 21일부터 30일까지 위생업무순보
混成第十四旅團司令部,「昭和八年四月自二十一日到三十日衛生業務旬報」

1933년 4월 21일부터 30일까지 위생업무순보
혼성 제14여단 사령부

(……)

四. 위생 재료의 보급 상황

1) 4월 9일 혼14여의(混14旅医) 제262호에서 청구한 보충 요원에 대한 두묘(痘苗, 종두 접종 백신) 600명분이 4월 26일 도착함에 따라 즉각 핑취안에 있는 부대의 몫을 분배하고 나머지는 4월 30일 위생반에 송부하여 각 대에 분배시킴. 그 분배 구분은 방역 항목에 기재함.

2) 각종 위생 재료는 차오양(朝陽) 지고(支庫)에 청구하여 수령 품목을 보고해야 한다고 4월 24일 군 군의부로부터 전보가 있었으므로, 펑톈(奉天) 육군 관동 창고에 5월분의 위생 재료와 기타의 수령을 위해 출장 중인(다른 용무를 겸해 출장함) 간호장에게 위 내용을 전보하고, 동시에 차오양 지고에 미리 준비해둘 필요가 인정되는 재료를 준비하도록 전보로 의뢰함.

3) 여단 사령부의 휴대 위생 재료는 대의급(隊医扱)[48] 1호, 3호, 들것대(担架隊) 가스 의급 등의 정수 재료 외에 7짝(梱)이 있음. 이중 3짝은 대의급(隊医扱) 내용의 약물 소모품이 증가한 휴대품이며, 그외의 4짝은 주로 보건, 방역용으로 소독 펌프에 은고(銀膏), 크레졸 비누액, 마스크, 콘돔 등임.

五. 일반 위생 상황

1) 환자의 상황

이번 열흘은 각 부대가 휴업으로 이상의 새 환자 총수는 35명이며 지난 열흘에 비해 78명이 줄었다. 그 주된 내역은 지난 열흘의 경우 전상(戰傷)이 82명이었던 데 비해 그저 1명에 불과했기 때

48 의급(医扱 : いきゅう)은 전시에 육군 위생 근무에 사용하는 기기나 약물, 소모품을 수납한 것. 隊医扱, 衛生隊医扱, 病院医扱, 防疫医扱, 그외 다른 종류도 있음.

문이지, 평병(平病)[49] 사항은 지난 열흘의 31명에 비하면 오히려 4명이 증가한 셈이다. 그러나 그 환자의 종류는 다종다양해서 흉막염 1, 화류병 1, 충양돌기염 1 등은 주의해야 할 것들이지만, 그 외는 특기할 만한 것이 없다.

부대별	새 환자(新患)	전송별(轉送別)				적요
		사망	전송	치유	후유(後遺)	
제25-II	8		4		5	
제26-II	3		2	1		
제27-I	11		5	2	4	
제28-II	5		5			
야포(野砲)7-I	4		3		1	전상(戰傷) 1 (재발)
자동차반	4		1	3		
계	35		20	6	10	

부대별 환자의 상황은 다음 표와 같다.

기타 부대에는 환자 없음.

(…)

3) 30일 핑취안(平泉)의 내선인 예창기 전원을 경찰서에 모아 서장이 입회하여 화류병 예방 및 기타의 방역에 관해 위생 강연을 하였고, 이어서 각 기루를 서장과 헌병이 함께 순시하여 위생과 화류병 예방 시설에 관해 지시했음.

4) 핑취안에서 23일에 실시한 제2회 예창기 매독검사의 성적은 다음과 같다. 검사 의관은 관동군 임시 제1 야전병원의 육군 2등 군의(軍医)인 가사모리 요시로(笠森義郎)임.

49 군인 연금 관련 원호법 등에서 平病死는 전상병자 등이 공무 또는 근무에 관련된 상병 이외의 사유로 사망한 경우를 가리키고 있어, 平病과 戰傷을 구별하고 있음을 확인할 수 있음.

		검사 인원	유독자 인원 임질	병명별 검사 인원에 대한 %		
				매독	기타	
내지인	예기	2				
	작부	5				1
조선인	예기	3				1
	작부	34	8	11.4　4	11.4　4[50]	5
계		44	8	11.4　4	11.4　4	7

(…)

혼성 제14여단 사령부, 1933년 5월 1일부터 10일까지 위생업무순보
混成第十四旅團司令部, 「昭和八年五月自一日到十日衛生業務旬報」

1933년 5월 1일부터 10일까지 위생업무순보

혼성 제14여단 사령부

혼성 제14여단 예창기 작부 건강진단 실시 요령(1933년 4월 28일)

一. 여단의 경비 구역 내(만철 부속지를 제외함)에서 영업하는 예창기, 작부에 대한 건강(진단)은 이 요령에 의거해 실시하기로 함.

二. 이 건강진단은 군대 방역상의 필요에서 실시하지만 사안이 적어도 인권에 관련되는 것인 만큼 신중하게 실시함은 물론이고 헌병 또는 경찰관과 잘 협의해서 빠짐이 없도록 기하기로 함.

三. 건강진단은 여단 사령부의 군의정(여단 사령부 소재지 외에서는 그곳의 고급 의관)이 지시하는 의관으로 하여금 실시시키도록 함.

四. 건강진단 실시 횟수는 헌병 또는 경찰관과 협의하여 정해야 하지만 일반검사는 매달 1회, 국

50　원문대로 표기함. 감염자 수 4명에 11.4%라는 의미임.

부검사(매독검사)는 매주 1회 이상 검사를 요하기로 함.

검사 일시, 장소 등은 검사 의관, 헌병 또는 경찰관과 협의하여 정하기로 함.

五. 검사 의관은 건강진단의 결과 질병에 걸려 가업(稼業)하기 어려운 자 또는 전염성 질병을 보유한 자를 발견한 때에는 그 내용을 헌병 또는 경찰관에게 통보하기로 함.

六. 검사 의관은 예창기, 작부 건강진단부(별지 양식 제1)를 갖춰서 검사할 때마다 소견을 기입하고 날인하여 후증(後症)에 도움이 되도록 함.

七. 방역의 필요상 예창기 작부에게는 건강진단 수검표(별시 양식 제2)를 각 사람마다 항상 휴대시키고 손님이 요구하면 제시시키도록 함.

검사 의관은 건강진단을 실시할 때마다 건강진단 수검표에 질병의 유무(유병자는 병명을 기입함)를 기입하고 날인하여 이를 본인에게 교부하기로 함.

八. 검사 의관은 검사 종료 후 가능한 한 신속하게 검사 개황에 검사성적표(별지 양식 제3) 4통을 첨부해 여단 사령부의 군의정에게 제출하기로 함.

九. 건강하지 않은 자에 대해서는 기루주인(楼主)으로 하여금 신속하게 치료를 받게 하도록 지도하기로 함. 단, 지방에 적당한 진료 기관이 없는 경우에는 관동군 지방민 시료(施療) 실시 요령에 따라 시료를 실시하여 방역에 도움이 되도록 함.

十. 기루에서의 화류병 예방 시설에 대해서는 될 수 있는 한 완비시키도록 지도하기로 함.

이상

별지 양식 제1

<table>
<tr><td rowspan="2" colspan="2"></td><td>업체</td><td></td><td rowspan="2" colspan="2">옥호(屋號)</td><td></td><td rowspan="2">씨명</td><td rowspan="2">년 월 일생</td></tr>
<tr><td>예명</td><td></td><td></td></tr>
<tr><td>월 일</td><td colspan="3"></td><td>월 일</td><td colspan="4"></td></tr>
<tr><td>월 일</td><td colspan="3"></td><td>월 일</td><td colspan="4"></td></tr>
<tr><td>월 일</td><td colspan="3"></td><td>월 일</td><td colspan="4"></td></tr>
<tr><td>월 일</td><td colspan="3"></td><td>월 일</td><td colspan="4"></td></tr>
<tr><td>월 일</td><td colspan="3"></td><td>월 일</td><td colspan="4"></td></tr>
</table>

별지 양식 제2

표면

주의 사항

一. 이 표는 분실하지 않도록 주의하고 수검할 때는 물론 항상 이를 휴대해야 한다.

二. 검사는 매주 1회 실시

三. 검사 월일란에 검사 의관의 날인이 없는 것은 그 주간에 수검사를 하지 않았음을 나타낸다.

四. 이 표는 타인에게 대여할 수 없다.

五. 헌병, 경찰관 또는 손님의 요구가 있을 때는 이 표의 제출을 거부할 수 없다.

六. 이 표를 분실한 때에는 즉각 검사 의관에게 재교부를 신청하여야 한다.

혼성 제14여단 사령부

비고	업체		옥호
	예명		씨명

건강진단 수검표

쇼와(昭和)　　　년　　　월　　　일

별지 양식 제3

<table>
<tr><td rowspan="13">년
월
일
검
미
성
적
표</td><td colspan="2" rowspan="3">옥호별
인종별
종류별</td><td colspan="4">일본정(日本亭)</td><td colspan="2"></td><td rowspan="2">계</td><td rowspan="2">총계</td></tr>
<tr><td colspan="2">내지인</td><td colspan="2">조선인</td><td colspan="2"></td></tr>
<tr><td>예기</td><td>작부</td><td>예기</td><td>작부</td><td></td><td></td><td></td><td></td></tr>
<tr><td colspan="2">검사 인원</td><td></td><td></td><td></td><td></td><td></td><td></td><td></td><td></td></tr>
<tr><td colspan="2">유독자 인원</td><td></td><td></td><td></td><td></td><td></td><td></td><td></td><td></td></tr>
<tr><td colspan="2">검사 인원에
대한 유독자 %</td><td></td><td></td><td></td><td></td><td></td><td></td><td></td><td></td></tr>
<tr><td rowspan="7">유독자
병명별
인원 수와
검사 인원에
대한 %</td><td>매독</td><td></td><td></td><td></td><td></td><td></td><td></td><td></td><td></td></tr>
<tr><td>임병</td><td></td><td></td><td></td><td></td><td></td><td></td><td></td><td></td></tr>
<tr><td>연하감</td><td></td><td></td><td></td><td></td><td></td><td></td><td></td><td></td></tr>
<tr><td>자궁
내막염</td><td></td><td></td><td></td><td></td><td></td><td></td><td></td><td></td></tr>
<tr><td>…</td><td></td><td></td><td></td><td></td><td></td><td></td><td></td><td></td></tr>
<tr><td>…</td><td></td><td></td><td></td><td></td><td></td><td></td><td></td><td></td></tr>
<tr><td>적요</td><td></td><td></td><td></td><td></td><td></td><td></td><td></td><td></td></tr>
</table>

(참고 법규)

창기단속규칙

제2조 창기 명부에 적히지 않은 자는 창기 일(稼)을 할 수 없다.

창기 명부는 창기의 소재지를 관할 경찰관서에 비치하기로 한다.

창기 명부에 등록되지 않은 자는 단속상 경찰관서의 감독을 받기로 한다.

제3조 제3항

창기 명부 등록 신청자는 등록 전에 청령, 부령, 현령의 규정에 따라 건강진단을 받을 자로 한다.

제9조 창기는 청령, 부령, 현령의 규정에 따라 건강진단을 받아야 한다.

제10조 경찰관서가 지정한 의사 또는 병원에서 질병에 걸려 생업(稼業)이 어려운 자 또는 전염성 질환이 있는 자로 진단 받은 창기는 치유한 후 건강진단을 받지 않으면 가업에 착수할 수 없다.

제13조의 1 다음 사항에 해당하는 자는 3개월 이하의 징역 또는 100엔 이하의 벌금에 처한다.

3) 제10조에 의해 가업에 착수하지 못하는 자 또는 가업 정지 중인 창기로 하여금 억지로 가업에 착수시킨 자

제13조의 2 다음 사항에 해당하는 자는 구류 또는 과료에 처한다.

2) 제7조, 제9조, 제10조에 위배된 자

혼성 제14여단 사령부, 1933년 7월 1일부터 10일까지 위생업무순보
混成第十四旅團司令部, 「昭和八年七月自一日到十日衛生業務旬報」

작성관(調製官) : 혼성 제14여단 사령부의 육군 2등군의정 나카노 오리지(中野織治)

1933년 7월 1일부터 10일까지 위생업무순보

산하이관에서 혼성 제14여단 사령부

(……)

5. 산하이관의 지나인 유곽은 주류(駐留)한 이래로 주류규정을 통해 출입금지 구역으로 정해져 있으나, 여러 종류의 관계에서 각 부대로부터 금지를 해제하고 싶다는 의견이 나옴으로써 지나 창기에 대해 매독검사를 실시할 수 있다면 해제도 가능하다고 의견이 모아졌다. 군부(軍部)가 매독검사를 하는 것에 대하여 치안유지회와 교섭하여 쾌히 승낙을 얻음에 따라 오는 14일에 엄격한 매독검사를 실시한 후 16일부터 주류 규정을 고쳐 출입을 허가하기로 하였다.

(……)

혼성 제14여단 사령부, 1933년 7월 11일부터 20일까지 위생업무순보
混成第十四旅團司令部, 「昭和八年七月自十一日到二十日衛生業務旬報」

작성관(調製官) : 혼성 제14여단 사령부의 육군 2등군의정 나카노 오리지(中野織治)
1933년 7월 11일부터 20일까지 위생업무순보

산하이관에서 혼성 제14여단 사령부

(……)

六. 방역 및 위생 시설

1. 지나 창기의 매독검사는 14일에 실시한 이후 매주 1회 실시하기로 정했다. 성적은 지극히 불량하여 대략 30% 이상 이병자(罹病者, 병에 걸린 자)가 있는 상황이지만 여러 종류의 관계를 감안해 주류규정에서 출입을 해금하기로 결정했다.
2. 지나 창기의 이병자의 치료는 만주국 국경 검역소 의원(医員)이 시료(施療)를 실시하기로 협정해 실시한다.

(……)

혼성 제14여단 사령부, 1933년 8월 11일부터 20일까지 위생업무순보
混成第十四旅團司令部, 「昭和八年八月自十一日到二十日衛生業務旬報」

작성관(調製官): 혼성 제14여단 사령부의 육군 2등군의정 다카사키 히데히코(高崎英彦)
1933년 8월 11일부터 20일까지 위생업무순보

산하이관에서 혼성 제14여단 사령부

(……)

五. 일반 위생 상태

1. 열흘 동안 각 부대가 휴업한 이상 신환자 총수는 56명이며 지난 열흘(48명)과 큰 차이가 없다. 종래에 다소 많이 발생한 경향이 있던 위장염(9명)과 감기(感冒)성 질환(2명)은 더욱 감소했으나, 흉막염(2명)과 화류병(3명)은 지금도 감소하지 않았음이 유감이다.
병명 미정이 89명 헤아려진다.
부대별 환자의 상황은 다음 표와 같다.

부대별 \ 구별	새 환자(新患)	치유	전송	후유(後遺)	적요
사단사령부	0				
제25-II	11	1	2	8	화류병 2
제26-II	6	3	2	1	
제27-I	9		8	1	흉막염 의심 2 폐결핵 의심 2
제28-II	6	3	3		
기(騎)7-II	12	6	1	5	흉막염 1 위장염 1
야포(野砲)7-I	9	6		3	
통신대	3		2	1	
자동차반	0				
위생반	0				
계	56	19	18	19	

(……)

六. 방역 및 위생 시설

(……)

5. 사령부의 군의정은 이번 열흘 사이 산하이관의 일선지인(日鮮支人) 예작부의 매독검사 상황과 기루의 화류병 예방 시설 등에 관하여 시찰한 결과, 지나인 창기는 유독자(有毒者)가 항상 타에 비해 다수를 점하는데도 불구하고 치료 요구에 응하지 않으며 또한 예방적 시설도 실시하지 않음으로써 유독자가 나날이 증가를 보이고 있다.
   한편 다수의 이주 일선인(日鮮人) 창부에 의해 수요는 충분한 현황으로 보이나 위생 부원이 너무 적어 여력이 부족한 현재 지나인 창기의 매독검사는 헛수고이므로 지금 이를 폐지하는 것이 옳다고 결의하여 이에 대한 의견을 낱낱이 보고하였고, 관계 부대에는 실제 상황을 통보해 병원(兵員)에게 이들을 접촉하지 않도록 특히 주의를 촉구했다.
   그리고 앞의 장소 부대에서도 이곳 일선인(日鮮人) 예작부는 유독자가 다수여서 6채 중 4채에 접근 금지를 명령했다.

(……)

3) 육군성, 만주사변 육군위생사 제4권(1935. 8. 1.)

육군성, 『만주사변 육군위생사』
陸軍省, 『滿洲事變陸軍衛生史』 4, 1935. 8. 1.[51]

위안부에 대해서는 혼성 제38여단 사령부의 군의정(軍医正)이 제창하여 1932년 6월 2일 위생위원회가 성립하였고 그 결의에 따라 다음 사항을 개선하고 실시함.

(위원장 야마다 군의정)

一. 검병(検病)적 호구조사

二. 전염병, 전염병이 의심되는 자(疑似者)의 신고 및 군부와 지방 측의 상호 통첩

三. 공동변소 설치(각 도선장[渡場], 시장 등), 분뇨 퍼내기에 힘쓰기, 노상 방진 방뇨 및 탈분(대변보기)의 금지

四. 쓰레기통의 증설 및 수리, 쓰레기 운반차의 활동

五. 살수차의 신설

六. 하계 대청결법 실시

七. 음식물 판매점에 방승(蠅, 파리) 설비 개선

八. 청량 음료의 검사 단속

九. 이발소(理髪店)의 보위(保衛) 소독과 단속

十. 화류병 예방

十一. 시민에 대한 위생 지도[선전, 위생 강화(講話) 등]

十二. 도살(屠獣) 시설의 개선

(……)

---

51 발췌하여 번역함.

八. 혼성 제14여단 사령부의 군의정[2등 군의정 나카노 오리지(中野織治)]은 산하이관(三海関)에서의 지방 위생업무 지도를 위해 1933년 7월 위생위원회를 조직 지도함. 위원회 규정은 다음과 같다.

〈위생위원회 규정〉

一. 산하이관에서 위생 방역을 실시하기 위해 위생위원회를 설치하고 치안유지회 안에 두기로 함.

二. 이 회는 다음 위원을 선임하여 위생 방역에 관한 실시 사항을 합의(合議)하기로 함.

치안유지회 4, 상무회 2, 여단 사령부 2, 수비대 1, 헌병대 2, 거류민회 2, 경찰서 3.

三. 위생위원회 회장은 치안유지회 회장으로 함.

四. 위원장은 업무의 통일을 꾀하고 때로 위생회의를 열어 실시 사항을 협정(協定)하고 업무의 수행을 기하기로 함.

五. 위원은 위원장을 보좌하여 위생 방역에 관한 실시 사항을 입안 협정하는 동시에 각기 기관 내의 실행위원을 독려하여 업무 수행을 꾀하기로 함.

六. 실행위원은 위원 및 조수 약간 명이며 위생위원을 선출한 각 기관에서 업무의 실시에 필요한 인원을 적절하게 임명하기로 함.

각 기관은 실행위원 및 조수 편성의 상황과 인원 수를 위생위원회 회장에게 통보하기로 함.

七. 실행위원은 각 기관에서 선출한 위생위원의 구분 처리(区処)에 의해 위생위원회에서 협정한 실시 사항의 실시에 힘쓰기로 함.

八. 위생위원회에서 협정한 사항의 실시에 요하는 경비는 각 기관이 부담함.

九. 이 회에서 협정해야 하는 사항은 다음과 같다.

1) 평시의 위생 시설에 관한 사항.

2) 콜레라, 페스트 등 격렬한 전염병이 유행하는 때의 방역에 관한 사항.

十. 평시의 위생 시설에 관한 사항은 대략 다음과 같다.

1) 주택 내외의 청결법을 힘써 실행할 것.

2) 시내 및 부근의 도랑(溝渠), 웅덩이를 준설하여 배수를 양호하게 하여 고인 물이 없도록 만들고, 부득이한 도랑 등의 웅덩이에는 석유 유제(乳剤)를 투입할 것.

3) 각 호에 쓰레기함(塵芥箱)을 비치시켜, 쓰레기, 오물, 취사하고 난 찌꺼기, 말똥 등과 함께

반출하는 방법을 강구할 것.

4) 대소변소를 각 호에 설비하고 변소 이외에서 배변시키지 않을 것.

5) 대변소에는 석탄 재(石炭末)를 비치해 용변 후 살포하게 하여 변을 덮도록 할 것.

6) 대소변소의 반출 방법을 강구할 것.

7) 우물 테두리를 만들어 오수 유입을 막고 두레박 받침대를 설치해 불결한 곳에 두레박을 두지 못하게 할 것.

8) 우물물을 검사해 음용에 적절한지 여부를 표시할 것.

9) 생수를 음용시키지 않도록 지도할 것.

10) 음용수와 냉각용 물의 구분을 분명히 하고 이들의 판매를 감독할 것.

11) 파리 구제법을 힘써 실행할 것.

12) 음식품 제조 판매점에서 음식용 용기의 청결 및 방승 처치를 힘써 실행할 것.

13) 도살소(屠獸所)의 감시와 도살(屠獸) 검사를 힘써 실행할 것.

14) 예창기의 매독검사(検黴)에 힘쓰는 동시에 사창의 단속을 엄하게 할 것.

15) 호구(戶口) 검사를 힘써 실행할 것.

16) 사망자의 신고를 힘써 실행할 것.

17) 위생 강연을 힘써 실행하여 일반 시민의 위생사상 향상을 도모할 것.

十一. 콜레라, 페스트 등 격렬한 전염병이 유행하는 때의 방역에 관한 사항은 대략 다음과 같다.

1) 평시의 위생 시설 실시를 한층 확실히 힘써 실행할 것.

2) 야채, 과일의 클로르(염소) 소독을 실시할 것.

3) 날생선(生魚)의 판매를 금지할 것.

4) 여행자의 검역을 힘써 실행할 것.

5) 여행지에서 오는 자의 검역을 힘써 실행하고 필요하다면 격리할 것.

6) 유행지로의 여행을 금지할 것.

7) 환자의 조기 발견에 힘쓸 것.

8) 환자의 수용 및 격리소를 설비할 것.

9) 예방접종을 힘써 실행할 것.

10) 환자가 발생한 경우의 소독 실시 방법을 규정해 둘 것.

11) 환자 발생 가옥의 부근에는 출입을 금지할 것.

12) 검병(検病)적 호구조사를 힘써 실행하여 환자의 발견에 힘쓸 것.

13) 전염병 환자가 발생하는 때, 사망자가 있는 때, 사체 검안을 하는 때에는 그때그때 발생 장소, 일시, 이름, 병명, 징후의 개요를 신속하게 각 기관에 통보할 것.

4) 긴바라 세츠조, 업무일지 주요 기록 전편 1-가(1939. 3.~6.)

긴바라 세츠조, 업무일지 주요 기록, 전편 1-가
金原節三, 業務日誌摘録 前編その1のイ, 昭和 14. 3. 12~昭和 14. 6. 30

1939년 3~6월
육군성 업무일지 주요 기록(摘錄)

육군성 의사과 고급과원 긴바라 세츠조

1939년 4월 15일 의무국장 과장회보

(……)

二. 마츠무라 나미(松村波) 집단군의부장 보고

(……)

성병 예방 등을 위해 병사 100명당 1명의 비율로 위안대를 들여온다. 1400~1600명. 치료는 박애병원에서 담당하며, 그 비용은 기루주인(楼主)이 부담한다. 매독검사는 주 2회 실시한다.

6월 25일
전비과장 지나 시찰 보고

(……)

(十七) 콘돔의 배급이 원활하지 못하다. 위생병 등이 요리실에서 이를 고가로 판매하는 사례가 있었다.

5) 아소 테츠오, 화류병의 적극적인 예방법(昭和 14. 6. 26.)

제11군 제14병참병원 육군군 소위 아소 테츠오, 화류병의 적극적인 예방법
麻生徹男, 「花柳病の積極的豫防法」, 昭和 14. 6. 26.

목차

一. 서언

어떤 질병이 환자와 그 주위의 사람들에 걸려 있는 이해관계가 크다면, 그 질병의 사회적 의의가 크다고 할 수 있다. 그 의미에서 화류병은 평시·전시를 막론하고 급성 전염병은 별개로, 결핵 못지않은 중요성을 가지고 있다. 그렇다면 그 화류병 박멸이라는 목적을 관철하기 위해서는, 오늘날까지 고찰된 여러 가지 대책 중에서 한 가지 작은 부분에 대해서만 고집하거나, 한 가지 작은 부분만 제거해서는 안 되며 적절히 전면적 충실을 기해야만 한다.

곧 목적으로 삼는 바는 기존 환자를 치료하고, 건강한 자에게 전염이 되지 않도록 하여 기존 환자, 건강한 자 각각에게 치료 예방의 여러 문제와 함께, 그 대(對) 사회적 요인의 조사연구를 필요로 한다. 전염원, 병의 종류별, 병세별 등의 빈도, 수량에 대한 통계적 관찰을 하고, 장래를 위한 대책에 이바지하는 바가 있어야만 한다. 그리하여 이러한 것 중에는 사람이라든지, 어떤 것을 적극적으로, 혹은 소극적으로 구별하는 의도가 있는데, 이 증세와 같이 중대한 사회성을 가지고 있는 질병에 대해서는 전부 대책이 평등한 발언권을 갖는다.

二. 창부(娼婦)

작년 1월 본관이 상하이 교외 근무 중 1일 명령에 따라 새롭게 오지에 진출한 창부의 매독검사를 행하였다. 이때 피검자는 조선인 여성(半島婦人) 80명, 일본인 여성(內地婦人) 20여 명으로 반도인 가운데 화류병이 의심되는 자는 극히 소수였으나, 내지인의 대부분은 현재 급성 증상은 보이지 않았으나, 매우 의심스러운 상태인 자뿐으로 연령도 대부분 20세가 넘었으며, 그중에는 곧 40세가 되는 자도 있어 기존에 매음업을 수년 동안 했던 자뿐이었다. 반도인은 어린 연령인 동시에 초심자가 많아서 흥미로운 대상이 되었다. 이는 후자 가운데에는 이번 사변 때에 응모하여 교육도 받지 않은 채 보충되었다고 할 만한 자들이 섞여 있었기 때문일 것이다.

일반적으로 창부의 질은 연령이 어릴수록 양호하다. 즉 "뮌헨시에서 검사한 것에 따르면 2,686명의 창부 가운데 화류병에 걸린 자는, 26.5%에 달하며, 연령별로 본다면,

16세 이하인 자	19
16~18세	104
18~21세	239
21~30세	281

또한 해당 시의 미성년자로서, 3개년간 판결을 받은 어린 나이의 창부 가운데에서 화류병 진단을 받은 자는

15세	55.0%
16세	61,5%
17세	68.6%

으로 어릴수록 병에 걸릴 확률이 적었다. 또한 '슈투트가르트'의 창부 565명에서는

14~21세	55.0%

뮌헨시에서는 1908년 23.5%, 파리시에서는 58.0%가 되었다. 또한 1932년, 후쿠오카(福岡)현에서 연령 40세까지 조사하여, 20세 이하인 자의 수는

예기(藝妓)	56.3%
창기(娼妓)	29.1%
작부(酌婦)	44.6%
여급(女給)	46.5%

를 보였다. 즉 창부의 약 절반은 연령 30세 이하인 자라고 할 수 있을 것이다. 따라서 나이가 어린 창부에게 보호를 더하는 것이 중요하며, 의의가 있는 것이다. 그렇다면 전장으로 보내는 창부는 연령이 어린 자를 필요로 한다. 그래서 본관은 모처에서 매독검사 중에 누차 본 바와 같이 양쪽 서혜부에 림프선 수술 흉터를 가진, 명백하게 이전에 화류병의 낙인이 찍힌, 닳고 닳은 여자의 부류는 군이 일고하고자 한다. 이것은 황군 장교에게 증여하는 것으로서 실로 의심스러운 않은 것이기 때문이다. 어떠한 매독검사를 실시한다고는 하더라도.

우선 전장에 보내는 창부는 내지 마지막 항만에서 충분히 걸러야 한다. 무엇보다 더욱, 내지에서 생계가 막힌 부류의 여자를 전장으로 보내이 근무처를 비꾸는 것 같은 경우는 언어도단의 사태라고도 할 수 있다.

이와 유사한 문제로 현지 중국의 창부와 난민 가운데 병을 가지고 있는 매음자에게 매독성 질환의 침윤이 놀랄 만하다. 이러한 것에 대하여 군에서 만약 필요하다면 군용 위안소로 우리의 감독 아래에 들어오게 하거나, 그렇지 않은 자는 단호하게 처치해야만 한다. 독일 쾰른시의 수비병 사이에서 일시적으로 화류병이 만연하였는데, 특히 엄중한 매독검사도 효과가 없어 매독에 걸린 환자가 22%에 달하는 높은 비율을 보여 주었다. 이것은 사창(私娼) 발호에 의한 것이었다. 이 때문에 해당 시에서는 영국·미국의 선례에 비추어 여자 경관을 두고, 이를 엄히 단속하여 현저한 효과가 있었다고 한다. 여기에서 주의해야 하는 것은 중국 창부 가운데, 어떤 자는 예방법 중 특히 '콘돔' 사용을 기피하며, 더 심각한 경우에는 이것을 파기한다고 한다. 이는 적의 모략에 의해 전력이 소비되는 것과 동일한 결과를 초래한다.

三. 매독검사

화류병이 만연하고, 전염이 쉬우며 또한 이것을 박멸하기 어려운 중대한 원인은 임질의 근본적인 치료가 어렵기 때문이다. 게다가 이것이 한 번 부인의 하복부의 여러 장기 내에 침식하는 경우를 생각한다면, 충분히 짐작할 수 있는 부분이다. 그렇다면 매독검사는 효과가 없는 것일까. 오늘날까지의 문헌에 비추어 보면, 이른바 매독검사제도가 있는 공창과 밀음(密淫) 매매로 인한 감염률은 둘 다 우열을 가리기 어려우며(伯仲), 흡사 매독검사 무용론을 증명하는 것 같이 느껴진다. 그렇다면 본관은 지금 여기에서 매독검사에 대하여 한번 고찰하고자 한다. 그 역사적인 기원은 오래되었으며, 이미 1162년 런던 시외 사우스워크의 유곽에 대한 '윈체스터 승정(僧正)의 명령서'라는 것이 있고, 1413년 및 1469년에 취리히 및 루체른 시회의 규정이 있다. 이후 1828년에 파리시에서 창부등록제도를 시행하고, 의사의 감독을 받도록 통제하였다. 그리하여 오늘날의 매독검사제도의 기초가 확립되었다.

그럼에도 불구하고 1908년 헤이트(ヘヒト)는 그 매음자의 일부분, 즉 약 5%, 또는 10% 정도밖에 되지 않는 매독검사는 전혀 쓸모가 없다고 주장하였다. 그뿐만 아니라 오늘날에도 무용론을 주장하는 자가 적지 않다. 그들은 등록 장부 수는 매음부 전체 수에 비하여 완전히 적다고 한다. 수가 판명된 베를린, 쾰른, 파리 등에서는 이러한 밀음자(密淫者)는 공창의 7 내지 10배에 달한다고 한다. 아마 오늘의 일본 내지에서도 같은 상황일 것이다. 그럼에도 불구하고 현재 전장에서도 이와 유사한 현지 밀음자의 출몰을 인정했지만, 대국적으로 보면 견군(見軍)은 그 통제 아래에 두는 특수 위안소를 설치한 고로, 이 매독검사 '무'용론은 전혀 적용되지 않으며, 동시에 최근의 보고에 따르면, '뉘른베르크' 및 '보헤미아'에서 여러 차례 진행한 매독검사가 효과를 보였다고 한다. 그러므로 매독검사가 유효하다 해도, 그 당위성을 얻지 못한다면 더욱 일보 나아간 폐해를 낳는다.

곧 매독검사의 효과가 위생적, 전폭적으로 나오기 바란다면, 이후 발생할 병에 걸린 자의 격리, 치료야말로 필수다. 이를 동반하지 않은 매독검사는 완전히 유명무실한 것이다. 본관은 모처에서 머물며 근무하던 중, 이러한 점을 통절하게 느꼈다. 이 무렵까지는 군에서는 이에 대한 일정한 방침이 없었고, 오직 가능한 장소라고는 대도시에 있는 지방인 의원에서 치료를 의뢰하는 정도에 그쳤다. 그후 1년하고도 반이 지나, 본관도 해당 검사에서 멀어지게 되어 현재 상황에 대해서는 잘 알지 못하나, 이 매독검사 이후 철저한 치료가 없다면, 애초에 매독검사는 무엇을 위한 것인가. 적절하게 군은 이를 위해서도 한 가지 확실한 통제가 필요하다. 다음에 있을 수 없는 일인데, 매독검사의 폐해를 넘길 수 없는 한 가지가 있다. 그 검사자와 영업자 내지 피검사자 사이 정사 사실의(情實) 문제가 있다. 그 유명한 예로 서양에서는 '릴 사건'이 있다. 대저 뒷세계의 배후에 있는 자는 때로 얕잡아 볼 수 없는 힘을 가진 자도 있다. 적어도 군용 특수 위안소 내에서는, 이와 같은 사실이 없다고 생각되지만, 우리에게는 여기에서 배울 수 있는 것이 많다. 검사, 감독의 위치에 있는 자가 개인적으로 창가를 출입하거나 또는 창부와 만나는 등의 일은 한 번 생각해 볼 필요가 있는 문제이다. 하물며, 그 직권을 남용하여 그 사이에서 무언가 획책하는 바가 있다는 것은 유감 천만한 일이다. 또한 단순히 호기심을 자극해서, 그 분야의 완전한 비전문가(無定見)가 검사 시행 같은 것을 한다는 것은 언어도단이라고 할 수 있다.

또한 창부와 함께 기녀의 검사도 필요하다. 본관이 모처에서 근무하던 중에 2개소의 기녀에 대해 검사를 실시했다. 그중 하나는 새롭게 군용 특수위안소로 만들어졌는데, 막사가옥으로 각 방에 세정소가 있고, 표 발매소, 출입구와 기타 여러 설비가 거의 이상에 가까웠다. 다른 하나는 중국 가옥을 이용한 것으로 그 밤의 구분, 세정소 등의 여러 설비가 뜻대로 되지 않았다. 아니나 다를까 그 개설 후 양 지역에서 병에 걸렸다는 환자가 극히 소수였다고는 하나, 후자에서 환자 대부분이 나왔다는 것은 주목할 만한 가치가 있다. 이렇게 하여 매독검사의 성적은 통제 아래 있는 군용 기루에서는 올릴 수 있는 것이다. 그러나 그 성적을 과신하여 일반 병사 사이에서 매음의 위험성을 경시하게 해서는 안 된다.

四. 알코올 음료

예로부터 술과 여자는 떼려야 뗄 수 없는 관계라고 했다. 술은 온갖 약 가운데 최고이기는 하지만, 대개 '알코올'의 약리적 작용이 인체에 영향을 미치는데, 첫 번째 단계로는 억제 작용이 없어지며, 따라서 도덕적 비판 능력이 떨어지게 된다. 그리하여 평소에는 맨정신으로는 못하는 자라고 해도, 아무렇지 않게 화류 거리로 걸어 들어가는 것이 가능하게 되는 결과를 낳게 된다. 또한 '정력'이 떨어지기 때문에 행위 시간도 길어지고, 따라서 스스로 화류병에 걸리는 위험에 몸을 내던지는 사태를 초래한다. 더욱이 이른바 술기운이라고 하는 것으로 만사에 기운이 넘쳐나, 예방적 조작, 예방제의 사용을 포기한다. 롬 홀트가 "'알코올'은 보호제의 사용을 원하지 않는다"라고 보고한 바도 있는데, 실로 그러하다. '알코올'과 화류병의 관계는 근래 여러 방면에서 조사되었다. 파렐은 남자 182명 가운데 취한 상태에서 화류병을 얻는 자는 76.6%, 랑그슈타인은 여자 179명 가운데 43.8%, 또한 멜라는 1,225명 중 17.7%, 헤이트는 약 1,000명 가운데 43.0%라고 보고했다.

더욱 흥미로운 것은 바인이 남자 700명을 조사한 바, 독신자 가운데 30.0%, 아내가 있는 자 가운데 51.0%가 된다는 것이다. 이는 처자가 있고, 분별력이 있는 남자가 대체로 술을 마시지 않고 이러한 모험을 구태여 하지 않으려고 할 것이다.

군대의 오락소에서 알코올을 멀리한다면, 현저하게 화류병이 감소한다는 것은 영국 군대의 통계가 보여 준다. 즉 수용 환자 1000명에 대한 비율은 다음과 같다.

연차	1886~1980	1891~1900	1901	1902	1903	1904	1905	1906	1907	1909	1901~1909	1906~1909[52]
알코올 질환	3.1	2.1	2.6	2.6	1.5	1.3	1.2	1.7	1.4	0.7	1.8	1.15
화류병	207.6	143.7	95.6	110.1	109.1	107.6	90.5	99.4	84.4	68.4	102.6	79.4

이로써, 알코올에 의한 질병이 감소한다면 화류병 또한 감소하는 것이 명백하다. 또한 스토더트의 보고에 따르면, 매사추세츠주에서는 금주령 발포 이래로 화류병 발병 수가 저하되었다고 한다. 이쿠테만의 보고에 따르면 레닌그라드에서 화류병 전염의 25.0%는 음주의 결과였다. 한편, 미국 군대에서는 1900년 이래로 주보(酒保)에서 알코올 음료를 파는 것을 완전히 금지한 결과 사병들이 어쩔 수 없이 술집이나 카페에 가는 상황이 되어 역으로 화류병이 증가한 것을 볼 수 있다고 한다. 이런 점은 세심한 숙려가 없다면 용두사미와 같은 것이 된다. 어쨌든 화류병의 전파에 알코올이 중대한 역할을 한다는 사실은 누구도 부정할 수 없다. 더욱이 한 번 걸린 화류병의 경과에 미치는 알코올의 영향을 생각한다면 충분히 짐작이 갈 것이다.

본관은 이러한 견지에서 군대 내에서 술의 소비를 최소한도로 할 것을 간절히 바란다. 하물며 오늘날까지 군대 내의 여러 사고의 대부분이 이른바 '술' 때문에 발생했다는 사실은 이 확신을 더욱 강고하게 만든다.

군용 특수 위안소는 향락의 장소가 아니며, 위생적인 공동변소이기 때문에 군에서도 위안소 내에서 주류를 금지하는 것은 오히려 당연한 일이다. 하지만 본관이 위안소를 감시하던 중에 주류를 마신 흔적을 자주 본 것은 매우 유감스러운 일이다. 이 때문에라도 영업자 감시, 창부 감독, 나아가서는 이들을 교육, 지도해야 한다.

52 마지막 두 칸의 마감 연도가 1909년으로 중복되나 원문에 따른다.

五. 금욕

금욕이 유해하다고 하는 자가 있다. 그들은 성욕 금기 현상까지 나열하며 그 유해함을 설명한다. 본관이 생각하기로는, 성욕과 정력이라는 것은 개개인에 따라 상당히 차이가 있으며, 어떤 자는 그 강함도 없어서, 색욕을 억제하기 위해 그다지 의지력을 발휘하지 않아도 되지만, 어떤 자는 성욕이 강렬하여 어떻게 하여도 이것을 억압할 수 없다고 말할 수 있다. 금욕이 유해하여 그 결과 생식기 신경 쇠약증을 일으키고, 전립선 비대증이나 이른바 색정성 부고환염 등을 야기한다는 실례가 과연 어느 정도나 될까.

요컨대, 금욕의 목적 관철의 여하는 위생적 생활법을 전제로 한다. 근면히 땀을 흘려 일하고, 한편으로는 적당한 위안의 길을 강구하여, 색욕이 발휘될 틈을 만들지 않는 것이 첫 번째 조건이다. 이것은 각 개인의 품성, 성격, 신념 등에서 좌우되며, 조금은 추상론이라는 문제가 있기 때문에 더 서술할 수는 없다. 본관 한 사람의 생각으로는, 생각을 일단 동아 100년의 대계 위에서 달리게 해야 한다면, 앞으로 1, 2년을 금욕해도 부족하다고 할 수 있다.

六. 화류병 인식

무릇 적을 섬멸하고자 한다면, 적을 잘 알아야만 한다. 대(對) 화류병전에서도 또한 마찬가지다. 적의 병력, 독력(毒力)에 무지해서는 안 된다. 다만 군대 내부뿐만 아니라, 창부에 대해서도 충분히 인식하는 것이 필요하다. 레셀은 창부를 감독하는 것을 개선하는 데 힘써, 하나의 방법을 제안하고 이것을 매음 규율로 명명한다. 이 규율에 따른다면 창부의 화류병을 감소시키는 것이 가능할 것이라고 했다. 생각하면 이것은 창부만을 위한 것이 아니며, 그녀들의 사용자들에게도 이익인 바가 클 것이다. 곧 항상 성교에 냉정한 목격자는 그녀들을 다른 방법으로는 결코 구하지 않을 것이다.

이러한 의미에서도 군용 위안소의 창부는 항상 감독, 지도하는 것을 필요로 한다.

더불어 그녀들의 사용자인 남자 측에서도 한층 더 인식해야 한다. 속된 표현으로 "매독기와 색기가 없는 남자는 없다"라고 하며, 서구의 여러 나라에서도 16, 17세기경에는 매독을 수치스럽게 여기지 않아 스스로 병 기운과 정사에 관하여 말하는 것을 명예롭게 여기는 태도가 있었다. 만성 임질을 얼마나 치료하기 어려운가, 일단 뇌신경세포 중에 잠식한 스피로헤타가 얼마나 그 생명력에 영향을 미치는가, 다만 개인의 문제에 그치지 않고, 가정, 자손, 한층 더 나아가서는 민족의 소질 저하까지 반드시 곤란한 결과를 갖는 것이다. 생각이 여기에까지 미치다 보면 우리처럼 의학을 수학한 사람이 아니어도 섬뜩해질 것이다.

이 때문에 군대 내에서 성교육의 철저함이 중차대한 문제라고 할 수 있다. 최근 미국의 군대에서는 이를 위해 선전 삐라, 소책자 등의 배포 및 사진, 특히 활동사진을 통해 현저한 효과를 얻었다고 한다. 이러한 화류병에 대한 계몽 운동이야말로 한 부대마다 배속된 위생 부원에게 부과되는 중대 임무라고도 할 수 있다.

ㄷ. 협의의 예방법

협의의 예방법에 대해 한마디 하기 전에, 군대 내에서 누누이 보이는 포경 문제를 언급하고자 한다. 즉 오늘날까지 화류병 예방을 위해서 다수의 포경을 가진 자들에게 수술을 행한 사례는 없었기 때문에, 예전부터 보이는 종교적 절제자와 비절제자를 대상으로 병에 걸린 확률을 비교하겠다.

브라이튼 스타인이 네덜란드령 인도의 군대에서 조사한 바에 따르면, 15,000명의 토인, 즉 포피를 절제한 병졸에게서는 화류병이 16.0%로, 그 가운데 매독은 80.8%였으나, 18,000명의 서구인, 즉 절제하지 않은 병사에게서는 화류병이 41.0%로 그 가운데 매독은 84.1%에 달하고 있다.

또한 로엡에 따르면 환자 2,468명에게서 비절제자의 39.1%는 하감(下疳)과 매독이 나타났으나, 절제자 중에는 15.0%에 그쳤다. 확실히 포경을 한 자의 음경이 불결하여 항상 쉽게 습기가 차 있어 병균이 잘 배양되는 방이 되는 것은 긍정할 수 있다. 이와 같은 자는 가능하다면 장정 검사에 이어서라든지, 입영 직후라든지 치료하여 화류병 예방의 원대한 계획에 일조하도록 했으면 좋겠다.

이어서 군대 내에서의 협의의 예방법에 대하여 언급하려 한다. 애초에 화류병의 발생률은 평시의 군대와 전시의 군대 사이에 질적으로도, 양적으로도 크게 차이가 있다. 예를 들어 미국 군대에서 대전 전까지는 16.0%였으나, 동원 직후에는 바로 40.0%가 되었다. 하물며 바쁘기 짝이 없는 전장에서는 말할 것도 없으리라. 그 예방법은 오늘날까지 동서양을 막론하고 대부분 일하게 약물 보호제에 의한 것, 콘돔에 의한 것. 혹은 이것들을 병용하는 것 및 교접(交接) 후의 세정, 소독에 의한 것 등이 있다. 본관은 이것 전부를 장려하는 것으로 원칙을 삼고자 한다.

이를 위해 사용하는 구체적인 약품의 조성 및 그 외는 실로 다종 다양하기 때문에 지금 여기에서 서술하기는 어렵다. 요점은 신용할 수 있는 물건을 선정해야 하는 것이다. 위생 재료창에서 수령하는 경우에는 별도의 때에 민간의 제품을 보급받기 때문에 특히 주의를 필요로 한다. 최근 어떤 종류의 물건에서 국소 부위를 찔러 자극하는 것이 과대하여 사용하기 곤란하다고 호소하는 경우를 여기저기에서 볼 수 있기 때문이다. 또한 콘돔도 최근에는 대부분 황화 고무 제품이며, 품질도 향상되었기 때문에 양호해졌으나, 그중에는 오랜 기간 보존하면 취약해진다는 것도 있다. 주의를 요한다. 내지에서는 고무 제품을 통제한다고는 하나, 다만 자동차 타이어용에 그치지 말고, 이를 위해서도 양질의 원료를 얻어 제품이 조악해지지 않도록 노력해야 한다.

교접 후의 세정, 소독에는 보호제의 잔여물 또는 소독 비누, 그외의 액을 사용한다. 그렇기는 하나, 이 중요한 처치를 할 수 있는 적당한 장소를 어딘가에 구해야 한다. 이 장소는 창가(娼家)의 안으로 할 것인가 혹은 밖으로 할 것인가.

무릇 성교 후 소독의 시간이 빠르면 빠를수록 병에 걸릴 확률은 적어진다. 이는 당연한 이치일 것이다. 즉 네덜란드 해군 내에서 얻은 결과를 참조한다면,

경과된 시간	1시간	2시간	3시간	5시간	7시간	9시간	10시간
병에 걸린 자의 비율	0.08%	0.55%	0.77%	1.57%	2.17%	3.62%	7.40%

이 되며, 얼마나 교접 후의 예방적 소독이 필요한지 알 수 있다. 서구의 군대 내에는 이 소독소를 병참지 등에서는 길 가운데에 공동변소 방식으로 설치하며, 혹은 병영 내에 설치하는 예도 있으나, 본관은 전술한 이유에 따라 창가 내에 그리고 교접하는 각방마다 설치해야 한다고 생각한다. 이 점에서 1938년 봄에 개업할 당시의 상하이 옛 군공로(軍工路) 부근 양가(楊家) 육군 위안소의 설비는 이상적으로 완성되었다. 당시 소독약은 카멜레온액을 사용하였다. 창가 안의 오직 1개소에 이것을 두는 방식은, 본관이 취급하는 범위에서는 부적당한 것이었다. 이와 같이 하는 예방법의 결과는 과연 유효한 것일까. 미국 해군의 성적은 주목할 만한 가치가 있다. 1907년경 미국에서는 각각의 부대에서 임의로 하고는 있으나, 1909년에는 몇 개소에서 강제적으로 실행하였다. 1916년 미국 해군에 적을 둔 자가 화류병에 걸린 경우와 자신의 경솔함으로 질병을 얻은 경우는 그 치료 기간 중에 급료를 받을 수 없었다. 또한 예방법은 다음과 같이 규정되어, 즉 예방 도구를 휴대하는 경우는 별도로 휴대하지 않은 자는 배로 돌아간 후 혹은 도순(道順)이 편리한 땅에 설치한 장소에서 위생 부원의 감독 아래 소독을 받아야 했다. 이 방법을 장려하여 실행했기 때문에 1910년 이래로 화류병 환자 수가 감소하였다. 더욱이 1917년, 1918년에는 대전 중이었음에도 구애받지 않고 급격하게 그 수를 감소시킬 수 있었다. 이 전시(戰時) 상황에서 당국이 적절하게 처리

한 결과라고 할 수 있다.

또한 라이드의 보고에 따르면 1917년 포츠머스 수비병 내 화류병 수는 92%이며, 보이든도 그 방법으로 좋은 성적을 거두어 923명 가운데 임질은 1명도 없었으며, 매독이 유일한 예가 되었다고 보고한다. 런던의 한 군대에서도 동일한 방법을 통해 1913년에는 화류병 환자가 95.6%였던 것을 1917년 말에는 35.0%로 감소시킬 수 있었다. 마찬가지로 싱가포르 주둔군 내에서는 예방법 채용 이래로 15.8%에서 3.4%로 감소시킬 수 있었고, 또한 산지오르기에 따르면 이탈리아에서는 예방용 연고의 사용을 장려하여 실시함에 따라 1906년에는 56%였던 것을 1923년에는 28.32%로 감소시킬 수 있었다고 말한다.

어쨌든 이러한 예방적 처치는 확실히 효과가 있는 것이다. 그러나 이 때문에 그 효과를 과신하여 잘못된 안전감을 가질 필요는 결단코 없다.

八. 환자 취급

일단 화류병에 걸린다면 가능한 한 빠르게 조기 치료를 철저하게 수행해야만 한다. 본관이 난징에 있던 중 병참병원에서 외래 환자를 치료할 때 누누이 보아 왔던 사실은 환자 혹은 부대에 부속된 위생 하사관병이 우리 쪽에서 치료에 사용하는 양 이외의 화류병 약을 여분으로 청구하는 경향이 있었다는 것이다. 이 원인을 탐색하였는데, 하나는 그들이 자기의 질병이 부대 부속 군의에게 알려지는 것을 두려워하고, 하나는 군의 가운에서도 자기가 감독하는 부대 내에서 이와 같은 약물이 소비되는 것을 좋아하지 않아 나아가서는 환자 자신이 자비로 약물을 구입한다거나, 혹은 전술한 것 같은 경향이 현저하게 나타나게 되었다.

화류병의 치유 결정은 항상 곤란한 문제다. 그렇지만 현재 이 지역 내에서는 종래와 같이 중지의시(中支醫示) 제5호, 중지병감의(中支兵監醫) 제85호에 따라 화류병 환자 조사표와 같으나, 이후 한층 강화하여 각 작전 시기마다 조직적, 통계적 관찰도 필요하다. 이때 문제가 되는 것은 이른바 '화류병 병졸의 특전'이라는 것이다. 즉 그들은 화류병 환자로 수용되어 한 전투 기간 생명의 안전을 보증받는다.

실로 못마땅할 따름이다. 평소 성실하여 화류병의 더러움으로 물들지 않은 그들의 전우는 몸을 탄환이 비처럼 퍼붓는 가운데 드러내는 사이, 그들은 살바르산이나 프로타르골을 벗삼아 안일하게 병원 생활을 한다. 게다가 그들의 병원 내에서 행동거지는 결코 양호하지 않다. 그렇다면 헤이트는 매독이든 임질이든 증상이 소실된다면 곧바로 전선으로 보내는 것이 가능하다고 하며, 더욱

이 전선에 있는 동안 주사를 통한 치료를 완료하는 일도 곤란하지 않다고 추가한다. 나이셀은 참호에서 살바르산과 수은 요법을 제창하였는데, 이것은 실현되는 데 이르지는 못한다.

평시라면 수천 발 가운데 한 발 정도 포신 내 파열의 위험을 방지하고자 방아쇠에도 끈을 붙여 연습하는 중포(重砲)도, 실제 전쟁터에서는 끈 같은 개재물(介在物)은 문제가 되지 않는다. 살바르산에도 천의 하나 정도의 위험은 있다. 그렇지만 전쟁터에서는 사태의 여하에 따라 문제가 되지 않는 때도 있어야 한다. 군의 전투력 저하 방지에는 어쩔 수 없는 것이다.

九. 결언

오늘날까지 여러 대책이 세계 각국의 군대에서 시도되고 있다. 육군 군의단에서 발행한 피부 및 화류병 강의록에서도 상세하게 논의되어 핀겔 이하 사람들 14명의 의견이 기재되어 있다. 그러나 이들은 대략 동일한 것을 논하며, 본관 또한 이것과 대략 동일한 결론을 얻었다. 그렇다면 이 정당하다고 여겨지는 각 대책의 확실한 수행을 어떠한 시기, 어떠한 경우에도 달성하고자 하는 간절한 바람은 결코 타인에게 뒤지지 않는 것이다. 이상 각 항에 걸쳐 있는 조치에 관한 견해로부터, 본관은 다음의 각 조목으로써 결어를 삼고자 한다.

1. 군대 내에서 화류병에 관한 교육
   화류병의 무엇이든지 인식하는 것을 필수로 함.
2. 개인적 예방법의 장려 실행
3. 국소적인 정밀한 신체검사
   월례 신체검사 시 특히 주의함을 요함.
4. 알코올 음료의 제한
   즉 이를 대체하는 것으로 더욱 고상한 오락 시설을 필요로 함. 음악, 활동사진, 도서 혹은 운동이 좋음. 생각건대 16밀리 필름의 유성 영화 정도, 약간 연구를 한다면 전선 가까운 각지에서 시행하는 것이 그다지 곤란하지 않음. 창루(娼樓)가 아닌 군용 오락소의 설립도 희망함. 이렇게 하여 병사들 스스로 금욕을 걱정하지 않게 하는 좋은 풍습을 양성해야 함.
5. 매독검사는 적확하고 엄정해야 함.
   더불어 창가(娼家), 기루주인(樓主)의 감독을 필요로 함. 병에 걸린 창부의 치료, 격리는 반드시 실행해야 함. 이를 위해 병참 지구 내에는 특수병원을 필요로 하며, 그 여성들에게도 후송

치료를 받을 수 있도록 전체 기관을 통일했으면 함.

6. 창부의 질적 향상 및 선택

동시에 사창에 대한 경계, 전염원에 대한 철저한 추구(追求)도 필요할 것임.

7. 방역 군기 엄수

앞서 기술한 각 항의 목적 달성은 실로 군기의 진작, 방역 군기의 고양에 달려 있음. 화류병 대책도 광의의 방역 작업을 해야 하는 장래 병참사령부는 이를 위해 더욱 자기의 의료 능력을 증진하고 충실을 기울이든지, 또는 다른 유력한 위생, 방역 기관에서 작업 일부를 양도해야만 함.

8. 앞에 기술한 각 방면의 여러 인자(因子)의 전체적, 통계적 연구는 미래에 대한, 사회에 대한 문제로서 중요한 역할을 행하는 것임.

1939년 6월 26일 이상

6) 위생하사관 후보자 교정 초안(1940.)

(육군성 검열 완료) 위생하사관 후보자 교정 초안
(陸軍省檢閱濟) 衛生下士官候補者教程草案, 1940. 6. 1.

제十六 화류병

화류병이란 임질, 연하감, 매독 및 서혜림프육아종증(제4성병)을 말하며, 주로 성교에 의해 전염되지만 매독, 연하감, 제4성병은 드물게는 병원균이 손가락 등의 작은 상처로부터 침입해 감염되는 일이 있다.

(1) 임질(임독성 요도염)은 임균에 의해 일어나며 균은 고름 안에 존재한다. 통상 성교 후 3~5일이 지나 발병하는 경우가 많다. 급성기에는 요도로부터 고름이 배출되며 배뇨 시에 요도가 뜨겁고 아프며 때로는 혈액이 섞여 나오는 경우가 있다. 만성이 되면 자각증은 적어 요도의 소양(瘙痒感, 가려움)을 호소하는 정도이고 고름이 나오는 증상도 거의 인정되지는 않지만 소변 중에 임균이 있을 수 있다.

이 증상이 경과하는 중에는 부고환, 전립선(섭호선) 등의 염증을 함께 유발하고, 장래에 불임증의 원인이 되며, 관절염이 생기면 그 관절의 강직을 남겨 불구자가 되는 경우가 있다. 병이 오래 갈 때는 요도가 협착해 배뇨 장애를 초래하기도 한다. 또한 고름이 눈에 들어간 때에는 임독성 결막염을 일으켜 실명하는 경우가 많다.

(2) 연하감은 연하감균에 의해 일어나며, 병원균은 궤양의 분비물 안에 있다. 감염 후 대략 1~3일이면 발병한다. 주로 관상구(冠状溝),[53] 포피의 내면, 귀두 또는 음경 외피에 궤양이 생기는데 통상 그 수가 많고, 고름성 분비물이 나오며 동통이 있다.

이 증상이 경과하는 중에는 동통성 가래톳을 함께 유발하는 경우가 많다.

(3) 매독은 스피로헤타에 의해 일어나며 병원체는 경하감, 발진 등의 안에 있다.

감염 후 대략 3주간이면 병독 침입부에 딱딱하고 통증이 없는 하감(초기 경결 또는 제1기 매독)

---

53 남성기의 귀두와 음경체의 경계.

이 생긴다. 다음 수 주간 후에는 머리가 무거운 증상(頭重), 두통, 발열 등의 증상을 앞서 보이다가 피부에 발진(손톱 크기의 홍반)이 나타난다. 그외의 피부 발진(皮疹)으로는 매독성 구진(丘疹), 매독성 농포진(膿疱疹) 등이 있다. 또한 두발 탈락, 음성이 쉬는 증상(声音嘶嗄), 점막진, 전신 림프선의 무통성 종창 등 복잡한 증상을 보인다(제2기 매독). 나아가 수년 후에는 뼈, 연부 조직, 중요 내장기관에 고무종(護謨腫)이 생긴다(제3기 매독). 또한 뇌, 척수에 침범해 정신병을 일으키거나 또는 운동 실조를 초래하기도 한다(제4기 매독 또는 변성 매독). 매독은 자손에게 병독을 전하여 조산, 유산의 원인이 되거나 또는 선천 매독아 출산의 원인이 된다. 매독 진단을 위해 혈액, 뇌척수 액의 반응을 검사하기도 한다.

바세르만 반응, 작스 게오르기(Sachs-Georgi) 반응, 무라타(村田) 반응 등이 사용된다.

경하감은 종종 연하감과 섞여 생기기도 한다(혼합 하감).

(4) 서혜림프육종증(제4성병). 병원균은 여과성 병원체다. 처음에 음부에 하감이 인정되는 경우가 있지만, 서혜선 종창을 초래하기에 이르러서야 진료를 받는 일이 많다. 가래톳의 초기는 매독성인 것과 비슷해 동통이 없지만 염증이 더해짐에 따라 점차 감염(罹患)하여 림프선의 수가 늘고 피부 표면에서 각 선의 종창을 볼 수 있을 만큼 여러 겹의 덩어리 상태(塊状)를 이루고, 각 선마다 화농했다가 저절로 뭉그러져 수많은 누공(瘻孔)이 생긴다. 림프선 종창의 초기에는 발열, 두통, 식은땀, 식욕부진 등 전신의 증상이 일어나지만 병상의 진행과 더불어 가벼워진다. 동통은 시종 그 정도가 가볍다. 치료에는 통상 긴 시일을 필요로 한다.

제4성병은 연하감성 가래톳과 대단히 유사하지만, 이 증세의 농즙으로 제조한 프라이(Frei) 항원을 피부 내에 주사해 그 성적에 의해 구별할 수 있다(프라이 반응).

연하감성 가래톳의 경우 연하감 백신을 사용해 피부 내 반응을 검사한다[이토(伊東)반응].

(5) 화류병 예방. 화류병은 전시에 군대에서 많이 발생하는 것이 예이며, 특히 후방 부대에 많다. 전지에 화류병 병원을 특설하여 완전한 치료를 제공하여 방역에 준하도록 하고 국토 청정에 대비하지 않으면 안 된다.

이의 예방법은 정신 훈화에 의해 사기를 진작하고 위생 강연(講話)에 의해 그 해독을 확인시키고, 음주를 억제하여 감염 기회가 없도록 만드는 것을 원칙(本則)으로 해야 하지만, 때때로 군에서 매독검사를 실시하여 고무 콘돔, 성비고(星秘膏) 등으로 개인 예방법을 강구하도록 할 수 있다.

1. 고무 콘돔 : 사용 전후에 파손의 유무를 검사해야 한다. 사용 후 파손이 있는 때에는 감염

우려가 있으므로 성비고를 사용하고 진료를 받아야 한다.

2. 성비고 : 자극이 비교적 적은 살균약을 혼입한 크림이며, 금속성 용기 내에 봉인되어 있다. 성교 후 외음부를 비누로 세정하고 방뇨 후에 접촉부에 충분히 바르고 요도에는 일부를 삽입해 외부로부터 요도를 마찰해 둔다.

7) 야스무라 미쓰유키, 우창의 화류계 : 사창의 유래와 현황(1941. 2.)

오하라 병참사령부 육군 군의 소좌 야스무라 미쓰유키,
우창의 화류계 : 사창의 유래와 현황
小原兵站司令部 陸軍 軍醫 少佐 安村光亨,
「武昌の花柳界 : 私娼の流來と現況」, 1941. 2.

지나(支那) 측의 사창이 발호하는 정도가 심각하지만, 최근 우창 지구에서 지나 측 정부의 이에 대한 시책은 여전히 토구(討究)하지 못하여 군인·군속의 경우에도 이들 사창으로부터 감염되고 입원한 자가 적지 않아서 그 현황은 한심하기 짝이 없다. 그 시책은 현재 성(省) 정부에서 생각하는 중이나, 실시하기까지는 상당한 기간을 요하므로 군으로서는 이러한 사창에 접촉하지 않도록 하는 수단을 취할 필요가 있을 것이다. 별책은 야스무라 소령이 조사한 내용을 요약한 줄거리이지만 지나 측의 사창에 대한 약간의 참고가 될 것으로 생각하여 배포한다.

우창(武昌)지구방역위생위원회

이 책자는 우창의 화류병 예방 대책에 일조하는 노파심에서 시작하고 후베이성(湖北省) 정부 경무청 촉탁 다우에 아키라(田上明) 씨의 협력으로 우창시에서 전개된 지나 측 사창의 분포 및 영업 상태의 내용을 요약한 줄거리를 서술한 것이다. 사창의 출몰이 매우 교묘하여 그 실제 수효는 확실하지 않더라도 현재 민국인이 처한 주위 상황에서 두루 살펴보면 아마도 상상하기 어렵지 않을 것이다. 그리고 이로 인한 피해자도 상당한 다수가 있다고 본다면 사창의 단속과 처치를 도모하는 일은 목하의 급무라고 믿는다.

그 상황을 어떻게 단속할 것인가는 물론 성 정부에 달려 있지만 공중 위생이 무지한 민국 측이 사창의 존재를 미리 알고 각 소속장이 이러한 종류의 피해를 예방하는 일도 또한 각하의 급무일 것이다.

지나는 예로부터 버드나무(柳)가 많은 나라로 유명하다. 옛 시가에 쓰여 있는 바와 같이 버드나무를 읊고 있는 것을 봐도 분명하다.

봄바람과 날씨가 화창한 무렵 바람에 초목이 너울거리고 호숫가에 서 있는 버드나무를 볼 때, 옛 지나의 귀인들이나 고관들이 현란한 주홍색이나 황금색으로 아름답게 차린 요조숙녀인 미인을 배에 태워서 유흥한 일 따위를 연상한다.

그렇다. 지나는 버드나무가 많은 나라이며 이 버드나무로 말미암은 질병이 국민 전체에 퍼져 있고, 게다가 이번 사변(중일전쟁)에서 거의 모두 처녀란 자가 적어졌다고 일컬을 정도의 상태에 빠져들어 그 질병이 악성이 된 것은 상상 밖이다.

지나에서 화류병(花柳病)이라는 질병이 많은 것은 개인 위생이나 의학이 진보되어 있지 않은 점과 공창제도가 확립되어 있지 않은 점이 최대 원인이라고 말할 수 있다.

그러나 자고로 우한은 후베이성 정부의 소재지로서 각종 관아, 학교 등이 다수 존재하여 흔히 문교의 도읍지라고도 일컬어졌던 관계상 풍교에 나쁜 영향을 미친다고 하여 다른 지역에서와 같이 사창 행위는 공공연히 허가되지 않고 상당한 정도로 단속했던 것 같지만, 아직도 관헌의 눈을 속이고 여관, 반점, 보통 민가를 이용하여 사창 행위를 한 자가 3백 명 정도 있었다고 한다.

지나사변 전은 여관도 수십 호 중에 큰 것이 56호 있고 그 밖에 음식점 다수가 있었는데, 그 주된 소재지는 더우지잉졔(斗級營街) 및 다차오졔(大朝街)에 집중해 있고 고객의 왕래가 빈번하면서 매우 번화하고 풍성하여 일대 번화가를 이루었으나 그 단속이 그다지 엄중하지 않았기 때문에 사창의 출몰도 상당했던 것 같다.

우한은 민국 15(1926)년 9월에 장제스(蔣介石)에 의해 공략된 이래로 중앙정치위원회 계통 사람이 성장이 되어서 통치하고 신생운동(新生運動)을 강화함에 따라 한층 더 사창 단속이 엄중히 시행되고 민국 27(1935)년 8월 12일에 위경벌법(違警罰法) 제43조로 다음과 같은 법령이 제정되었다. 즉 밀매음(密賣淫)한 자 및 그의 상대가 되어 매합·용지한 자, 이를 지숙(止宿)한 자는 15엔 이하의 벌금에 처하기로 했다. 당시의 성장은 천청(陳誠)이었기 때문에 사창이 여관에 출입하는 것은 거의 그 자취를 감춘 상태가 되었지만, 그들은 관헌의 눈을 피해 가두로 진출하여 고객을 끌어들이는 데 부심하여 각자 자택에서 과감하게 영업했다고 한다.

이들 사창의 매합·용지하는 자를 흔히 타이지(台基) 또는 디댜오싱(堤調行)이라고 칭했는데 비밀리에 고객의 요청에 응하여 사창을 매합했다.

지나사변 전에 우한과 한커우(漢口) 간에 5개소의 연락선 나루터가 있었는데 1시간마다 발착하고 있어서 교통이 아주 편리했으므로 이런 종류의 행위를 하려고 한 자는 당시 한커우로 건너간

이래로 우한 시내에서는 공공연히 사창이 발호한 것을 보지 못했다고 한다.

우한은 1938년 10월 일본 육군에 공략당하고 같은 해 11월 치안유지회(治安維持會)가 설립되고 이듬해 1939년 4월 특별시 정부의 통치를 받고 다시 한번 같은 해 후베이성 정부가 수립된 이래로 주민의 복귀도 현저하게 증가하여 현재에 이르게 된 것이다.

이러한 화류계의 영업을 하는 장소는 작년 봄 무렵부터 여기저기에서 드러나기 시작하여 현재 다수가 모인 장소는 량다오졔(糧道街)이며, 그 밖에 한두 곳의 여관에서 대기하다가 블랙리스트에 올려진 32명의 유동 및 타이지(台基)에 의해 영업하는 사창을 더한다면 아마 그것의 수십 배를 헤아린다고 하는 성황이다.

이들 사창의 연령은 14, 15세에서 20세 내외의 자가 대다수이고, 그 신분은 동과 서 모두 궤를 같이 하고, 대부분은 미혼자이지만 그중에는 이별 당한 자, 사별한 자, 남편이 돈벌이 나간 자, 남편이 생계가 여의치 않은 자도 상당히 있다. 드물게도 향락에 바친 자도 확실히 적지 않다.

현재 성 정부에서는 이런 화류계의 단속에 아무런 관심이 없기 때문인지 또는 제도의 불비 때문인지 거의 공개적으로 확산되고 있는 모양이다. 지금 우창에서는 다음 3가지 방법으로 하류계의 영업이 이루어지고 있다고 한다.

1. 창부를 소개하는 타이지(台基) 또는 디댜오싱(提調行)에 의해 중매되어 보통 민가에서 영업하는 자로서 이런 종류에 의해 중매되는 자는 남편이 있거나 가정을 가지고 있는 자가 많고, 남편에게 극비리에 영업하기 때문에 시간도 단시간으로 1시간 내지 2시간인 경우가 많고, 만일 그 장소에서 상대와 서로 아는 사이일 때는 영업을 할 수 없어서 바로 돌아가는 것을 관례로 삼고 그 요금은 6엔 내지 10엔 남짓이라고 한다.
2. 반점 또는 여관에서 대기한 창부에 있어서 타이지 역할을 하는 '보이'의 중개로 고객과 영업을 직접 하는 자의 그 요금은 1시간에 2엔, 1박에 20엔 내외로 이런 종류의 창부는 배우자 없는 부인, 이른바 화류 업계의 전문 부인으로 위생 시설 및 성병 미검사로 인하여 농후한 매독 전파 중개자이라고 해도 불가하지 않다(순사 및 차부의 처도 이 중에 혼재했다는 설이 있음).
3. 생계 유지를 위해 부인의 자택에서 공공연히 영업하고 있는 자로서 표면적으로는 보통 가정인의 자태를 하고 있으므로 모든 형편이나 사정을 상세하게 알기 어렵지만, 이에 속하는 자는 음식점의 여급, 사무원 등이 많아서 그 요금도 제각기 다르다.

고래로 지나 여성은 처녀 시대는 정조관념이 강고하지만 일단 처녀의 경지를 벗어나거나 하면 변해서 처세상이든 생활상이든 향락화하는 경향이 있다. 들어서 알고 있는 바에 따르면, 후난(湖

南)과 후베이 두 성, 특히 둥팅후(洞庭湖) 호숫가는 예로부터 여러 차례의 혁명, 전란이 계속되고 인심이 극도로 퇴폐해져서 지나 18개 성 중에서도 정조관념이 박한 곳이라고 한다. 차의 산지 장시(江西)의 슈스이(修水)와 같은 곳은 특히 심하다고 한다. 어렵도다. 지나의 여성 감정에 더하여 사변은 장기간에 걸쳤기 때문에 질서 및 제도의 이완과 생활난은 어두운 밤거리 여자의 뭉쳐나기(簇生), 아마도 역시 당연한 것이리라.

현재 우한의 여관에 더부살이하는 부녀는 여관 주인에게 전차금과 기타 금전상의 대차 관계없이 신병은 자유롭게 되어서도 생활 분야로 인해 인육 시장에 나타나게 됨에 따라 끊임없이 변하는 것도 또한 쉬운 것으로 생각한다. 그녀들이 여관에서 받는 대우 및 이익의 분배는 대략 다음과 같다.

1. 유흥비는 여관 주인과 창부가 반으로 자른다.
2. 창부의 식비는 자변하면서도 1일 평균 70센 정도를 요한다고 한다.
3. 침구와 기타 실비 부품은 여관에서 무료 대여하고 있다.
4. 창부는 타이지 또는 사환에게 사의 구전 등을 주지 않고 여관 주인이 직접 타이지나 사환에게 적당한 급여를 준다고 한다.
5. 창부는 여관 주인과의 사이에는 기타 금전상의 관계가 없다.
6. 찾아오는 고객 없는 경우는 식량을 자변하는 것 이외의 기타 비용을 요하지 않는다.

그녀들이 대기하는 여관은 번화가에 가장 많고 그 주된 고객은 자국인 특히 군인·군속을 목표로 삼고 있는 자와 같이 지나인의 유흥은 비용 및 그 밖의 관계에서 이차적이 되고 딴 방법으로 행해지는 것은 논할 여지도 없다.

터미널의 여관 또는 반점에 있어서는 번화가의 그것과 약간 분위기를 달리하고 위의 행위 이외에 마작, 기타 도박 상담(商談) 등의 회합에 이용되고 있다. 이것들이 발호하는 사창의 현황에 대해 민국인 일반의 감상은 낙관적이면서도 생활로 인해 오히려 득이 없다고 말하는 데 일치한 것 같다.

화류계의 영업 행위에 관해 듣건대, 다음과 같은 미신이 있으므로 주의가 필요하다.

예로부터 지나의 기녀는 한 번 성병에 걸렸을 때 반드시 상대에게 감염시키지 않으면 치유되지 않는 것이라고 믿고 가령 콘돔을 끼는 전법을 쓰더라도 영업 행위 중에 기녀 '콘돔'에 손톱이나 그 밖의 방법으로 찢어 틈을 만들어서 상대에게 감염시키는 것이 있다고 듣다. 어찌 자연 돌격으로 부모의 '콘돔'에서 아들이 나오랴. 역시 어렵도다. 이것이 예방 대책을 요약한 줄거리로서 개인적으로는 여러 가지 시책이 있겠지만 여기서 요구하고자 하는 것은 사회적인 예방 대책으로서, 즉 예방상 필수인 시설, 법령 제정 및 그 단속은 현재의 급무라고 생각한다. 우한에서 보면 지나 측의 사창 현황은 이상과 같이 자유 산창(散娼)이 되어서 모두가 성병 검사를 받지 않은 자들이다. 따라서 농후한 매독 보유자가 되어서 감염률이 100%라 해도 과언이 아닐 것이다. 그런데도 성병 예방 대책에 관한 다음과 같은 항목을 내세워서 후일의 연구 과제로 삼고 식자의 가르침을 청하고자 하는 바다.

제1조 창부의 연령 제한과 보호자

제2조 공창의 확립과 사창의 구축

제3조 유곽에서의 위생 시설 및 창부의 위생 교육

생(生)교육

제4조 매독검사와 치료

제5조 매춘 행위 및 영업에 관한 법령의 제정 및 감독

제6조 없음

제7조 실업 구제와 사회 정책

제8조 매춘 행위에 관한 공중 위생 및 경찰 행정

이상은 중요한 항목들이지만 목하 성 정부의 현황에 대해서는 그 모두를 신속하게 실시하는 것은 곤란할 것이다. 그렇지만 우리가 지금 소리 높이 주장하고자 하는 것은 특히 제2조, 제3조 및 제4조를 신속하게 실시할 것을 요망하는 바이다.

생각건대 이상은 민족의 보호와 동시에 국제 전염병 예방 차원에서 빠뜨릴 수 없다고 생각한다. 감히 당국의 깊은 반성을 촉구하는 까닭이다.

8) 긴바라 세츠조, 업무일지 주요 기록 전편 3-다(1941. 7.)

긴바라 세츠조, 업무일지 주요 기록 전편 3-다
金原節三, 業務日誌摘録 前編その3のハ, 昭和 16. 7. 10.~昭和 16. 7. 28.

1941년 7월 26일
육군성 업무일지 주요 기록

육군성 의무국 의사과 긴바라 세츠조

1941년 7월 26일

一. 후카다(深田) 군의 소좌(少佐) 네덜란드령 동인도 위생 상황 시찰 보고

(1) 난인작전(蘭印作戰)에 따른 위생상 착안점

(…)

6. 현재 거주하는 토인(土人)을 위무하고, 성의를 가지고 우리 편에 대한 신뢰감을 안겨 주기 위해 언동에 주의할 필요가 있다. 회교도가 다수로서 일부다처이기는 하지만 정조관념도 강하다. 조금이라도 강간 등을 행하여 일본군의 기강에 불신을 갖게 하는 일이 없도록 엄중하게 주의해야 한다. 한편 현 주민은 생활난으로 인해 매춘하는 경우가 많다. 그런데 반둥(Bandung)과 그 외의 지역에서 성병이 많이 발생하기 때문에, 촌장에게 할당하여 엄중한 매독검사의 실시하에 위안소를 설치해야 한다.

9) 마스바테섬경비대, 군인클럽규정(1942. 8. 16.)

마스바테섬경비대, 군인클럽규정

マスバテ島警備隊,「軍人倶樂部規定」, 1942. 8. 16.

(…)

五. 클럽에서 지켜야 하는 사항은 다음과 같음

1) 위안을 구하는 자는 반드시 접수처에서 번호표(番號札)를 받아 순서를 지키고, 요금은 위안부에게 건네줄 것
2) 규정을 엄수하고 공중 도덕을 중시 여겨 타인에게 폐를 끼치지 말 것
3) 콘돔과 예방약(1묶음에 5센)은 위안부로부터 수령하여 예방법을 반드시 실행하고, 화류병에 걸리지 않을 것
4) 경솔한 언동을 삼가고 방첩에 주의할 것
5) 위안소에서는 음주를 금함
6) 심히 취하여 폭행 등의 행위가 없도록 할 것
7) 매주 토요일 낮 시간은 건강진단 휴업으로 함

10) 필리핀 군정감부 비사야지부 일로일로 출장소, 위안소(아세아회관 제1위안소) 규정 송부의 건(1942. 11. 22.)

필리핀 군정감부 비사야지부 일로일로 출장소,
위안소(아세아회관, 제1위안소)규정 송부의 건
北島軍政監部ビキセ支部イロイロ出張所, 「慰安所(亞細亞會館, 第一慰安所)規定送付ノ件」,
1942. 11. 22.

위안소(아세아회관 제1위안소)규정 송부의 건

1942년 11월 22일

군정감부(軍政監部) 비사야지부 일로일로 출장소

일로일로헌병분대 어중

앞 제목의 건 별지와 같이 송부함

이상

위안소규정(제1위안소 아시아회관)

一. 이 규정은 필리핀 군정감부(軍政監部) 비사야지부 일로일로 출장소 관리지구 내의 위안소 실시에 관한 사항을 규정한다.

二. 위안소의 감독 지도는 군정감부가 이를 관장한다.

三. 경비대 의무관은 위생에 관한 감독 지도를 담임하는 것으로 한다.
접객부의 검진은 매주 화요일 15시부터 행한다.

四. 이 위안소를 이용할 수 있는 자는 제복을 착용한 군인 군속에 한한다.

五. 위안소 경영자는 아래 사항을 엄수해야 한다.
1) 가옥 침구의 청결 및 햇빛 소독
2) 세탁 소독 시설의 완비

3) 콘돔을 사용하지 않는 자의 유흥 거부 및 금지

4) 병이 있는 위안부의 접객 금지

5) 위안부 외출을 엄중 단속

6) 매일 목욕 실시

7) 규정 이외의 유흥 금지

8) 영업자는 매일 영업 상태를 군정감부에 보고할 것

六. 위안소를 이용하려는 자는 아래의 사항을 엄수해야 한다.

1) 방첩의 절대 엄수

2) 위안부 및 업주에 대해 폭행 협박 행위를 하지 않을 것

3) 요금은 군표로 선불할 것

4) 콘돔을 사용하고 또 세정을 확실하게 실행하여 성병 예방에 만전을 기할 것

5) 필리핀 군정감부 비사야지부 일로일로 출장소장의 허가 없이 위안부와 동반 외출을 엄금함

(……)

11) 만달레이 주둔지 사령부, 주둔지위안소규정(1943. 5. 26.)

만달레이 주둔지 사령부, 주둔지위안소규정
「マソダレ-」駐屯地司令部, 「駐屯地慰安所規定」, 1943. 5. 26.

제一장 총칙

제1조 이 규정은 주둔지 위안소에 관하여 필요한 사항을 규정함.

제2조 위안소는 일본군인 군속이 사용함을 원칙으로 하나, 군인, 군속의 사용에 지장을 주지 않는 한도에서 다음의 각 사항을 엄수한다는 전제로 당분간 만달레이 주재 일본인 가운데 24시 30분 이후에 한하여 특별히 등루(登樓)를 허가함. 따라서 24시 30분 이전에 입실하는 것을 엄금함.

다음

1. 군인, 군속의 유흥을 방해하지 않을 것
2. 규칙에 위반하는 또는 풍기를 문란케 하는 행위를 하지 않을 것
3. 등루 시각 이전에 예약을 엄금함.
4. 요금은 전부 장교의 금액으로 함.
5. 앞의 각 조항에 위배되는 자에 대하여는 허가증을 뺏은 이후 출입을 금지하는 것 외에 그 행위의 여하에 따라서 그 상사(商社)는 말할 것도 없이 일본인 전부를 금지하는 것으로 함.

단, 오지 등에서 늦게 온 사람으로 앞의 시간 이후에 등루할 수 없는 특별한 사정에 한하여 일본인 회장이 자기의 책임으로 그때마다 예정 시간, 자격, 씨명 등을 기입한 증명서를 본인에게 교부하고, 그것을 기루주인(樓主)에게 명시하여 개업 시간 내 적당히 등루하는 것이 가능함.

제3조 이 규정에서 장교라는 것은, 준사관, 견습사관 및 고등문관과 그와 같은 대우를 받는 촉탁에게, 또한 하사관이라는 것은 판임문관, 그와 같은 대우를 받는 촉탁, 같은 고원(雇員)에게, 병사라는 것은 대우를 정하지 않은 촉탁, 같은 고원 및 고용인에게 적용함.

제4조 위안소에서 군기, 풍기 및 어긋난 행위에 대한 단속은 순찰장교 또는 주둔지 사령부 오락계 장교 하사관이 시행함을 원칙으로 함.

제5조 위안소 사용일은 하사관, 병사는 각 부대 외출일로 함.

제6조 위안소에 출입할 수 있는 하사관, 병사는 외출증을 가지고 있는 자에 한함. 더불어 부대의 규정인 부대표식 및 계급장을 붙여야 하며, 위안소 내에 게시된 주의사항을 엄수하는 것으로 함.

제7조 위안소에서 영업자 또는 위안부에게 부당한 취급을 받는다거나 또는 금전 등의 강요를 받는 경우에는 즉시 그 요지를 소속 대장(隊長)을 통하여 주둔지 사령부에 보고하는 것으로 하여 어떠한 경우에도 구타 폭행 등의 소위는 없어야 함.

제8조 위안소 내에서 규정을 이행하지 않는 자는 즉시 그 사용을 금지할 뿐만 아니라 주둔지 회보로 일반 고지하고, 필요하다면 해당 부대의 사용을 일시적으로 정지하는 것으로 함.

(……)

제三장 위생

제15조 위안소에는 반드시 경영자가 소독소를 설치함.

제16조 소독소의 소독 설비는 용액 공급기(灌水器)에 1만 배의 과박액(過剝液)을 채워 둠.

제17조 콘돔(성비고)을 사용하지 않는 자는 유흥을 할 수 없음.

제18조 유흥자 및 그 상대자는 매회 소독소에서 확실하게 소독을 시행함.

제19조 경영자는 위안부의 건강에 대하여 특별히 주의하여 영업 개시 전 위안부로 하여금 군이 실시하는 일반 신체검사 및 국부 검사를 받게 함.

제20조 매주 1회 위안부의 신체검사를 실시하여 그 정도에 따라 다음과 같이 구분하여 그 증표를 위안부에게 소지하게 하도록 함.

합격	영업을 허가 받은 자
불합격	휴업해야 하는 자

제21조 경영자(위안부)는 군인, 군속에게 매주 검사 성적 제출을 요구받을 때는 거부할 수 없음.

(……)

별지 제3

위안소에서 군인, 군속, 기타 사용자가 지켜야 할 주의사항

1. 대일본제국 군인, 군속 및 일본인인 것을 자각하여 그 위신을 실추하는 듯한 행위를 하지 않을 것
2. 특히 방첩에 주의할 것
3. 위안소에서 사용하는 통화는 '루피' 또는 '달러' 군표로 할 것
4. 요금은 규정 요금표에 따라 현금으로 사전에 지불한 후 유흥할 것
5. 과도하게 음주한 자는 유흥하지 말 것
6. 종업원(위안부를 포함)에 대하여 거칠고 난폭한 행동을 하지 말 것
7. 콘돔(성비고)을 반드시 사용하여 확실하게 세척하여 성병 예방을 완전하게 할 것
8. 규정시간을 엄수할 것

쇼와 년 월 일 만달레이 주둔지 사령부 인(印)

12) 말레이 군정감부, 위안 시설과 여관 영업관리규정 제정의 건 시달(1943. 11. 11.)

말레이 군정감부, 위안 시설과 여관 영업관리규정 제정의 건 시달
馬来軍政監,「慰安施設及旅館營業遵守規則制定ノ件達」1943. 11. 11.

군정규정집 제3호

1943년 11월 11일 말레이 군정감부

말레이감달(監達) 제28호

위안 시설과 여관 영업관리규정 제정의 건 시달

부내 일반

위안 시설 및 여관 영업관리규정을 아래와 같이 정함

1943년 11월 11일

말레이 군정감

위안 시설 및 여관 영업관리규정

제1장 총칙

제1조 이 규정은 군인 군속과 일반 일본인을 대상으로 한 위안 시설과 여관의 정비와 영업 관리에 관한 사항을 규정함

제2조 이 규정의 운영에 대하여는 항상 군과 긴밀한 연락을 유지하고 군과의 협조에 노력할 것

제3조 위안 시설과 여관은 군인, 군속과 일반 일본인의 사기를 앙양하고 일본인으로서의 품격을 유지하는 것을 주안으로 함

제4조 위안 시설은 처리상 다음과 같이 구분함

1. 오락 시설(영화, 연극, 연기, 독서, 음악, 운동)

2. 음식 시설(다방, 식당, 요리점)

3. 특수 위안 시설(위안소)

제5조 위안 시설은 특히 하사관 이하의 정조 교육을 조성하는 견실한 오락 시설의 정비를 우선적인 임무로 하며, 음식 시설 및 특수 위안 시설은 필요한 최소한도에 그치며 또한 술주정에 빠지기 쉬운(예를 들면 일본식 카페와 같은) 시설은 피할 것

제6조 음식 시설 및 특수 위안 시설(위안소)은 그 영업 장소 등을 고려하여 현지인에 대한 문화 시책에 악영향을 미치지 않도록 노력할 것

제7조 위안 시설의 경영자는 일본인으로 한정하는 것을 원칙으로 하지만 종업원은 가능한 한 현지인을 활용하고 일본인의 사용은 필요한 최소한도에 그치게 할 것임

제8조 위안 시설 영업을 다음과 같이 구분함

1. 군 전용

일반인의 출입 이용을 허가하지 않는 것

2. 군 이용

일반인의 출입 이용을 허가하나 특히 군인 군속에 대해 이용의 편리를 주는 것

3. 기타의 영업

위에서 언급한 것 이외

제9조 군 전용과 군 이용의 인정은 군에서 행함

세10조 이 규정에서 군이라는 것은 제2사단장 또는 제2사단장이 지시하는 독립수비대정을 말함

제11조 해군의 소관에 속하는 위안 시설 및 여관은 군정 기관에서 관여하지 않는 것으로 함

제2장 영업 처리

제12조 아래의 사항은 지방장관이 처리해야 함

1. 영업의 허가, 금지, 정지

2. 영업의 양도 및 영업소 이전의 허가

3. 생업 부녀(稼業婦)의 취업 및 취업소 변경의 허가

4. 영업자 및 생업 부녀의 폐업 허가

제13조 지방장관이 군 전용 및 군 이용의 인정과 취소의 필요가 있다고 인정할 때에는 그 사유

를 갖추어 군정감에게 보고해야 함

제14조 군정감은 앞 조항의 보고를 받았을 때에는 의견을 첨부하여 군에 요청할 것

제15조 지방장관이 영업자 및 종업원의 전업 전적(転籍)에 관한 허가 신청을 받았을 때에는 실정을 조사한 뒤 의견을 첨부하여 군정감에게 전달할 것

제16조 지방장관이 일본인 영업 경영자 및 종업원을 모집할 필요가 있다고 인정되는 때에는 관계자의 모집 증명원에 그 사유를 적어 군정감에게 보고하고 그 결정을 받아서 처리할 것

제17조 군정감은 앞 조항의 보고를 받았을 때에는 의견을 첨부하여 군에 신청할 것

제18조 지방장관은 영업 처리에 관하여 아래의 각 호에 준거할 것

1. 개설에 관해 군의 요청 또는 군정감의 지시가 있을 때에는 가옥 설비의 대여 등을 알선하고 또한 적산에 관계된 것일 때에는 적산관리의 모든 규정에 의거하여 처리할 것
2. 영업의 정비와 영업자 및 종업원의 처분에 관하여 군의 요청이 있을 때에는 그 요청에 따라 처리할 것

제19조 이 규정에 의하여 허가하는 일반 일본인 전용으로 제공하는 여관의 경영자는 일본인에 한정함

제20조 군 전용 및 군 이용점의 판매 가격, 대금, 서비스료 등은 별도로 정한 바에 의거함

제21조 지방장관은 위안 시설 및 여관의 영업자와 종업원에 대하여 매월 1회 건강진단을 시행할 것

앞의 조항 외에 생업 부녀에 대해서 매주 1회 성병검사를 시행할 것

제22조 지방장관은 일반 위생 관리에 관하여 필요할 때는 관계 군대에 원조를 구할 수 있음

(……)

Ⅲ. 신문에 비친 성병 현황과 대책

『매일신보』 1910년 9월 3일

매음녀(賣淫女) 검사

북부 경찰서에서는 재작일에 관할 내에 거주하는 매음녀의 매독 유무를 검사하였다더라.

『매일신보』 1911년 4월 6일

창병 신약 606호에 대하여, 화류병 의사 장기무(張基茂) 원고

근자 창병의 최신 요법으로 유명한 독일 의학자에 에를리히 박사의 주사약의 발견 및 그 사용법의 개략은 일찍이 내가 주간하는 중외의약신보 지상에 여러 번 기술한 바 있었거니와 그후 이 신약의 탁효가 월등(偉越)하여 전 세계 의학자의 이목을 움직이게 하였다. 주목점이 실로 이 약에 집족(集簇) 관이 있어, 그 평판(聲價)을 현양하는 동시에 근대 매독학에 하나의 광경을 부여한지라. 나는 이에 충심으로 동 박사의 위대한 공로를 감사하며 함께 이 신약의 가치를 병자 각위에게 소개코자 함을 영광으로 생각하여 나의 전문 영역 내에서 간단히 이 약의 유래 및 효과를 설명하노라.

606호의 발견 유래

606호라 함은 무엇을 말함인고 회고하면 지금으로부터 20여 년 전에 우리 일본 기타사토(北里) 및 베링 양 박사가 인후증 혈청법을 발견함으로써 각종 전염병은 점차 연구 발명되어 성공의 영역에 도달하나 홀로 시독원충(柿毒原蟲)으로 야기되는 것은 어떻게 토론 연구해도 한갓 학자의 연구의 어려움을 외칠 뿐이더니 독일 의학계의 희대(曠世)의 위인된 에를리히 박사는 이에 본 바 있어 씨(氏)가 많은 세월 이상(理想)하던 세포의 특이 물질에 대한 친화력을 구하여 인체에 사소한 감작(感作)이 없이 신체 중에 만연(瀰蔓)한 병원충족(病原虫族)을 즉각 멸살할 만한 능력이 있는 약제를 발견코자 노력하고, 앞서 동종의 균으로 유발된 완고한 수면병에 대하여 화학적으로 연구를 창시하여 (도리반로도) 등 6백여 종의 (아니린) 색소의 유도체를 발견한지라. 그중에 일종을 다수 동물에게 시험하여 그 효과(效價)를 검정함이 제606회에 비로소 발명되자, 즉 (606호)니 발견자 에를리히 및 벨트하임 씨가 창제하고 일본 전염병연구소 부장 하타 사바로(秦佐八郞) 학사의 동물시험에 기초하여 임상적 매독에 응용하는 자니 (살바르산) (아산구세약)이라 명명하여 발매하는 것이 이것이라.

606호의 매창에 대한 가치

무릇 매창은 유독 인류에만 침습할 뿐 아니라 원숭이, 토끼류 동물도 모두 감염되는 것이라. 수백 연래로 우리 매독학계의 의문되는 매독의 병원체는 샤우딘과 호프만 씨가 발견하고 의학계의 천리안이 된 바세르만 씨는 혈청반응으로 매독 유무를 감정하는 신법을 생각하여 내어(案出) 보고한 이래로 매독학의 일대 진보를 가하여 학술계의 일대 특색을 드러냈도다.

606호가 매독에 대하여 탁월한 가치가 있음은 수천의 동물시험과 3만여의 치료 실험에 의하여 효력을 확인한 바라. 이 제(制)는 병독에 대하여 적당량을 1회 주사하면 24시간 내지 48시간에 매독 병원균을 박멸하여 인체의 매독을 없애는 것(驅除)을 얻는 것이라. 그러나 이 신약을 그 발견 당초에는 해당 약품의 주사로 인한 극심한 고통(劇痛)과 부작용은 이래 연구 개량한 결과로 전연 무통 주사로 목적을 도달하여 도처에 비상한 상찬을 넓게 받아 필경 연구기를 벗어나고 치료계에 향하여 전 세계에 산재한 매독을 박멸할 시기에 도달하였도다.

이제 이 화학법으로 작성된 606호는 결코 저 경험상 자연계의 물질 중에서 우연 수득(搜得)한 것이 아니오, 오랜 기간의 실험과 어려운(艱辛) 연구로 과학의 힘을 바탕으로 창제한 것이라. 우리 조선에서 고래로 구습상 수은훈연법, 내복법, 기타 여러 법에 비하면 근본적 치료를 신속케 하여 영원히 신체 병마를 구축하여 다시 청정한 신체를 만들어 천부한 수명을 향수(享受)하면 어떤 약이 이것에서 과할 것 있으리오. 여는 이에 필(筆)을 멈추고 후일 다시 신보의 여백을 빌려 화류병의 위해를 서술할 기회를 기(俟)하노라.

『매일신보』 1911년 8월 2일

예기건강진단규칙

예기와 창기 등에게 대하야 횡현(橫眩), 매독, 기타 제반 질병의 유무를 방어하기 위하여 건강진단을 실행하기로 규칙을 작일 관보로 발표하였더라.

『매일신보』 1911년 12월 20일

화류병의 위해와 급구치책(及救治策), 화류병·피부병 전문 장기무 기고

서언

나의 가장 경애하는 매일신보 애독자 신사숙녀 각위여. 전회에 창병 신약 '606호'에 대하여 이미 논술한 바도 있거니와 이제 또한 귀중한 신보 지상에 여백을 빌려 나의 전문으로 연구(攻究)하고자 하는 화류병에 대하여 의학적 위생상 방면으로 성병의 대강(梗概)과 구제 치료에 대한 희망을 약술코자 하노라.

나는 이 문제 된 화류병의 기원을 먼저 개괄적 역사상 연혁으로 필(筆)을 들어 차례로 경과, 증상, 위해, 후태증(後胎症) 및 한방의치의 이해(利害)까지 술하고, 마지막으로 실험적 치료와 예방구료법(救療法)으로 결론하고자 한다.

(一) 화류병의 연혁

무릇 이 화류병의 기원은 상고 역사상에 비추어도 연대가 멀어서 상세히 알 수 없으나 옛날과 지금 기재된 문헌을 생각하면, 우리 동양에는 중국 당시(唐詩)에 창병 운운의 설이 있었으나 명 시기 노의(老醫) 천스청(陳司成) 씨가 미창(黴瘡) 비록을 저술 공포한 후로 서양에서는 이 병이 처음으로 세인의 주목을 야기함은 15세기 말엽에 샤를 8세가 나폴리를 포위공격할 때에 야전대에서 돌연히 이 병의 대유행을 만난 이후로 화류병 전파의 효시가 되었고, 그 후 해당 원정군에서 발견한 화류병은 전 구주 여러 국가에 만연하는 인화선이 되어 세계 각처에서 유행하지 아니한 역사가 없으며, 특히 임질은 세계 각국의 전 계급을 통하여 소아 및 노약을 제한 외에는 인민의 태반수는 대부분 이 병에 걸리지 않은 자 없어 금세기에 소위 문명국 도시 주민의 백분의 80은 일차 이 병을 경과치 아니한 자 없으니 그 전염력이 광범 맹렬함을 이로써 추측할 수 있을지오. 우리 조선은 지나와 교통무역의 관계로 수입됨과 같도다.

『매일신보』 1911년 12월 21일

화류병의 위해와 급구치책(及救治策)(속), 화류병·피부병 전문 장기무 기고

(二) 화류병의 의의와 여의 소극적 예방관

화류병이라 칭함은 어떠한 병을 말함이뇨. 사람이 만약 음란한 생각(淫思)을 참지 못하여 그 본심을 잃어 잘못 화류매소가로 달려 일시 쾌락을 도모하다가 외설 위험한 고질(痼疾)을 □하나니 이러한, 즉 화류병이 이것이라. 화류병은 앙매창과 하감창과 임질의 3종을 총칭함이니, 애린병(愛憐病) 혹 애모병(愛慕病)이라고 하나니 대저 그 발병됨이 화류계에서 많이 생겨나고 또 정결치 못한 교섭과 키스(接吻)로 발생하는 고로, 옛사람이 화류병이라 칭하였나니 어떻든지 정결치 못한 교접 후에 전염된 화류병은 항상 사랑할 만한 묘령의 청년 남녀에 많을 뿐 아니라 일반 매음자(기생, 3패, 색주가, 갈보, 은군) 전반에 제일 유력하니 이 병의 근원된 추업부(醜業婦)의 단속 여부는 국민

보건상에 지대한 관계가 있으므로 어떠한 나라를 물론하고 각종 방법을 연구하여 근본으로 소탕책을 강구하여 심지어 매창병자를 무료 시료하기 위하여 전 국민의 인두세를 과하여 공동 병원을 설립하자는 발론(發論)까지 있었고 또 이 병에 걸린 자는 자택 치료를 엄금하는 나라까지 있었으나 부질없을(徒費心力) 따름이요. 그 근본적으로 소멸치 못하는 것은 사실상 하나의 어려운 일에 속한 것인데 하물며 우리 조선과 같이 이 병에 대하여 처치가 느슨한(汗漫) 지방이야 물론 화류병이 비상 과다함은 괴이하지 않도다.

이런 까닭으로 이 주제에 대하여 그 근본적 소탕책을 강구 설명치 아니할 뿐더러 현금 이 세간에 다수 인류가 집합하여 사회를 조직하고 집단(團聚) 생활하는 이상에는 매음이라는 것이 없을 수 없는 때문에 비록 일시적 제재를 하여도 그 성과와 효력을 바라기 어려운, 즉 필경 동포는 이 화류병이라는 것이 어떻게 우리들에게 원수(仇敵)가 되는지 깊이 주의하여 각자 위생 전염됨을 예방함이 필요하고 또한 불행히 이 병에 감염되었거든 속히 의사의 진찰을 청하여 치료함을 바라노라.

『매일신보』 1911년 12월 24일

화류병의 위해와 급구치책(及救治策)(속), 화류병·피부병 전문 장기무 기고

(三) 화류병의 증상 경과

이제 화류병을 3종으로 구별하여 각기 증상 경과를 대강 나누어 서술함

一. 매창은 증상 경과를 경유하여 3기로 구분하나니 최초 감염 후 7일 이내에 국부가 단단하게 굳고(硬結) 부어오르니(腫脹) 그다음에 궤양(현 부스럼)으로 변하여 벗겨짐 상태(剝脫狀)를 보이나니 이러한, 즉 하감창(下疳瘡)이오. 매창 감염의 제1기 선구증이라 이후는 부스럼 난 곳이 통증이 심하지 않고 5, 6주간을 경과하면 외부 표면 전신에 발진하고 혹은 인후가 부어올라 아프며 두통, 이명, 신체 위화 등 제반 증상이 보이면서 중첩하여 나타나나 2, 3개월을 경과하면 혹 자연 치료, 약물 치료로 간간 주효되나, 이러한, 즉 매창 전염 후 제2기 증상이라. 이후로는 여러 병이 이 병독으로 유발될 뿐 아니라 골(骨), 내장, 뇌척수신경 계통에 병변이 천종만양(天種萬樣)으로 발생하여 마지막에는 드디어 영양을 해치고 전신을 쇠약케 하고 불치의 질병을 만드나니 이러한, 즉 매창 감염 후 제3기 증상이라. 설혹 매창이 1, 2기에는 약물로 치료하면 원형을 회복할 수 있으나, 제3기는 전염력은 미약하나 병독은 더욱 맹렬하여 그 치료가 핵심(正鵠)을 짚지 못하면 눈이 안 보이고 코를 못 쓰게(閉眼滅鼻) 하여 결함이

있게 하며, 들리지 않고 말하지 못하는(聾聵啞聆) 등의 제반 참상을 연출하여 그 전 생애에서 무한한 고통을 주며 또 매창은 유전력이 있어 복중에 있는 무구순미한 태아가 부모의 여러 독을 받고 감염되어 출생 직후부터 이와 같이 악마의 병독으로 영원 고뇌하며 역시 수명도 길지 않아 어릴 때 사망(夭死)함이 일반적 예이라. 사람의 부모 되시는 제군이여, 심신(深愼) 주의하여 이와 같은 쌓인 악(積惡)을 고의로 자손에게 물려주지 말지어다.

二. 하감창(연하감)은 감연 후 1일 내지 3일 사이에 국부가 빨갛게 부어오르고(發赤) 화끈거리는 통증(焮痛)이 있으며, 3, 4일 후에는 화상 입은 것과 같이 작은 수포를 일으켜 2, 3일에 터져서 문드러져서(破潰) 역시 궤양으로 변해도 매독성 경성하감과 같이 주위가 단단하지 않고 또한 횡현(가래톳)이 함께 일어나 염증이 생겨 부풀어오르고 심하면 화농도 있느니라.

三. 임질[속(俗) 음질]도 교접 후 2, 3일 후에 생기나니 (재감염될 때는 혹 5, 6일 내지 1주일 후 되는 수도 있어도 대부분 교접 후 다음 날 아침에 임질에 경도됨을 자각함) 요도가 부어오르고 재앙이 일어나 소변이 불순하며 소변을 볼 시에 뚝뚝 떨어지는 모양이 찔리듯이 아프고(淋瀝刺痛) 혈뇨와 농액을 유출하며 부인은 질(陰戶)과 자궁(아기집)에 농액이 유출하고 심하면 출혈 혹 발열하나니 이러한, 즉 급성 임질이 이것이라. 임질 환자의 분비하는 농즙 중에는 무수한 병균을 (균이라 하는 것은 오인의 육안으로 발견치 못하는 자오. 정밀한 현미경으로 영사하면 그 형태를 묘사할 수 있는 것이니 무릇 이제 임병이 백분의 80은 모두 이러한 임균으로 전파 감염케 한다 운운함) 함유하여 전염력이 매우 강한 때문에 만약 이 병균을 함유한 농액이 눈 안에 잘못 들어오면 눈의 세포가 빨갛게 부어오르고 심하면 갑자기 세상을 다시 볼 수 없는 비운을 만나는지라. 세상 사람이 왕왕 임질은 두려워할 만한 임병이 아니라 오해하여 그 치료를 등한시 하는 고로 점차 심한 만성증으로 변하여 점점(荏苒) 난치의 고질에 빠져 유쾌한 약을 누리지 못할 뿐 아니라 종말에는 남자는 정액이 변질되고 고환(음낭)병과 요도협착과 관절 여러 병을 일으켜 여자는 자궁병, 난소, 여러 병 및 붉고 흰 대하증을 일으켜 마침내 불임(石婦)의 원인을 만드는 일이 많으니 과연 두렵고 무서운 일이다.

『매일신보』 1911년 12월 26일

화류병의 위해와 급구치책(及救治策)(속), 화류병·피부병 전문 장기무 기고

(四) 화류병의 해로움(危害) 및 후태증(後胎症)

화류병 중 매창의 해로움은 신체를 상하게 하며 건강과 영양을 해롭게 하여 속히 사망하게 할 뿐 아니라 종종 발병의 매개가 되며 혹 이 병으로 인하여 산업이 감퇴하고 가정이 쾌락을 파괴하여 자손에게까지 무한한 원망(業寃)을 잔인하게 전하며 상속케 하고 자신을 파멸케 하여 일생 동안 불평으로 신음하다가 결국에는 국가와 사회의 원기(元氣)를 막고 상하게 하나니 경(經)에 말하기를, "신체발부는 부모에게 받은 것이라 감히 훼손하지 않는다"라 하였으니 신체를 이와 같은 악병 중에 빠져들게 하니 불효가 막심이오, 사회와 국가에 죄인일 뿐더러 또한 책에 말하기를, "하늘이 만든 재앙(天作孽)은 오히려 피할 수 있거니와(唯可違) 스스로 만든 재앙(自作孽)은 살아날 길이 없다(不可活)"라 하니 이는 그런 이치를 말하는 것이라. 칼로 사람을 죽이는 것과 병으로 사람을 해치는 것이 똑같이 살인이다. 병으로 사람을 해치는 것은 칼로 사람을 죽이는 것보다 심하니 그 고통과 슬픔, 참담함이 오히려 인(仁)의 마음이 있는 자면 어찌 참고 볼 수 있겠는가.

임질도 각종 해독이 많이 있으나 제일 불임증에 관계가 막대하니 옛적 추성(鄒聖)이 훈(訓)을 내려 말하기를 "불효에는 세 가지가 있으니 그중 후손이 없는 것이 가장 크다(不孝有三無後爲大)"라 하셨으나, 불임증의 원인을 대다수로 여자에게만 허물을 씌울 것이 아니오, 앞에서 쓴 이유를 이해하면 오히려 남자에게 원인됨이 많다 하여도 과언이 아닐 듯하도다. 여는 이 세간에 자식 없음을 빙자하고 이혼축첩의 비운을 만난 많은 부인을 위하여 한 움큼 동정의 뜨거운 눈물을 흘리고자 하노라.

여가 이미 서술한 바와 같이 어떠한 이유로 불임의 죄가 여자보다 남자가 오히려 많다 함은 사실에 비추어 위반되는 과언이라고 조소하며 평하는 자도 없지 않겠지만 여의 주관적 이론에 대하여는 의학상 불임의 십중팔구는 임질의 뒤늦은 해로움으로 원인되는 까닭이라 증명한 사실에 비추어 분명하고 명백하게 판단할 수 있겠도다. 이와 같이 남자가 스스로 죄와 허물(罪愆)을 만들고 어찌 여자에게만 허물을 돌리며 또 여자는 어찌 잘못을 자기에게서 찾고(何不反求諸己) 무익유해한 음사(淫祀) 귀신과 부도불상(浮屠佛像)에게 지성으로 받들어 모래를 태워 밥을 짓는(燒沙成飯)[1] 헛된 미신으로 재물만 낭비할 뿐 아니라 이 어찌 뜻있는 부녀자가 행할 바리오. 여는 일언으로써 여러 동포 자매에게 충고하노니 남녀간 잉태와 출산 여부는 하늘에 달렸다고 말하신 상제의 권능이시나 인공(人工)을 구비하면 역시 불가능할지라. 따라서 인류 진화상 생생한 순리는 간단(間斷) 없이 멈추지 않으나 제반 장애를 오인(吾人)이 스스로 만듦으로 대공(大工)의 좋은 삶을 이루는 미덕을 결손케 함이라. 남녀간 생식 기관이 완전한데 생육치 못할 이유가 어찌 있으리오. 원컨대 제

1 무익하고 낭비되는 노력에 대한 은유 표현임.

군의 품행을 근신할지어다. 품행이 바르고 아름다우면 인격 수양과 신체 건강을 얻을 수 있을 뿐 아니라 한편으로 자기가 병독의 언염됨을 면할 것이오. 또 한편으로는 타인에게 전염한 우려가 없을지니 만약 이러한 질환에 걸리고도 타인을 감히 탓하여 병을 숨기거나 치료를 꺼려 억지로 약을 먹으며 평온평신하여 수치를 모르는 죄과를 스스로 만들어 가련한 처자에게 전염시키고 심하면 자식이 없는 귀신을 면치 못하나니 아아 제군이여 어찌 그 근본으로 돌아갈 것인가.

『매일신보』 1911년 12월 26일

화류병의 위해와 급구치책(及救治策)(속), 화류병·피부병 전문 장기무 기고

(五) 종전의 한방 치료의 해로움

우리 조선에서 다수 화류병 치료에 응용함은 수은 훈인법(薰烟法, 피우는 법)이 첫째요, 그다음은 다른 독제(毒劑)와 혼용하나니 수은은 고래로 이 병에 대하여 유일무이한 특효약으로 세상 사람이 인지하여 천하 각국에서 응용하지 않는 곳이 없는 기이한 광경이 있으니 여(余)가 의학을 업으로 한 이래로 조선 구래의 의적(醫籍)을 열람컨대 그 병리의 불분명한 곳이 많고, 그 적확한 실제 근거와 이론이 없어 암중모색이오. 억측이 없지 않은 편견이 많이 있었고 또 그 진료 방법의 불완전함은 심히 유감스럽게 여기는 바라. 그러나 모두 피상적인 관찰로 급히 매독병으로 진단하여 미로에서 방황하는 병인(病人)으로 시험물을 만들어 독한(峻劇) 약제로 한번에 신기를 쇠퇴시켜 줄어들되(衰耗) 만약 적확한 창병이면 꽤 많은 병독을 억눌러 유효함과 같으나 불행히 연성하감증이면 모두 약으로 인한 해(藥害, 중독)를 받아 난치에 빠져 의술에 허물을 묻는 자가 많이 있는지라(어의 누누한 실견). 이러한 폐해는 오히려 의(醫)를 택함이 면밀하지 못한 책임이오, 또는 병자가 의사의 진료를 받지 아니하고 자의로 독제를 시험하여 결국 병세의 자장을 조력할 뿐 아니라, 이로 인하여 자체까지 해롭게 하나니 오호 슬프다. 작은 앎의 해로움과 의사 택함의 신중치 못함으로 교활한 무리에게 해를 당하되 미혹되고 깨닫지 못하니 어찌 애석하지 않을까. 또는 화류 풍도(風徒)로 직업을 삼는 자, 의술이 어떠한지 창병이 어떠한지 피모(皮毛)도 알지 못하고 조금 이상한 부어오른 곳을 보면 함부로 매창으로 망단(妄斷)하여 스스로 간사함으로 능력을 사서, 이 약의 일제(一劑)를 피우든지 복용하면 조금이라도 고치지 못할 증상이 없을 것이오, 약을 먹기도 전에 낫는(藥到病除) 황당한 소리를 거짓 지껄여서 의술을 무시하고 의권(醫權)을 침해하는 풍습이 있음이오. 또 만약 지식이 적은 자이면 가까이 있는 무당이 영험하지 않다 하여 신의(神醫)의 신방(神方)을 여기저기서 찾는 고로 무사히 서울에 머무는 시골 손님과 같이 의서의 옳고 그름(皂白) 분변하는 자이면 스스로 입산수도하였나니 꿈에서 비결을 얻어 스스로 자랑하다가 우연히 병이 있으면 거만하게 스스로 높이 여기고 이를 기회로 머물 만하다라 하여 인술을 표방하고 몰염치의 야심을 품은 자도 많이 있는지라. 국가에서는 공창을 면허하여 매월 1, 2차식 검미(檢黴)의 제재를 받는 많은 사창(즉 밀매음)이 도처에 퍼져 있어(星羅碁布) 매일 무수한 유병자를 만들어 내는, 즉 일부분 제재의 효력이 충분히 화류병의 만연함을 막을 수 없고 또 사람들이 스스로 행하는 의술의 관례가 있어 신뢰할만한 의사를 택하기 어렵고 또 택할 만한 의자의 판단력이 결핍함을 비록 교육 정도의 유치함에 관련됨이나 실로 이 병의 위험함을 알지 못함에 일이 일어나는 까닭이라. 이로부터 보면 이 병의 치료에 대하여 말은 길고 논리는 짧지 아니하여도 그 해를 독자가 스스로 판단할지라.

『매일신보』 1912년 4월 2일

매독 검사 수정 보도(修報) : 매독 유무만 조사 수보

경무총감부의 위생과에서 이왕에는 한성 내 창기의 검사하는 사무를 관할하더니 재작일에 각 경찰서로 통첩하기를 종금 이후로부터는 각기 소관 경찰서에서 직접 관리하여 검사를 행하고 창기 중에 매독병의 유무만 조사 수보하라 하였다더라.

『매일신보』 1913년 10월 10일

매독검사 방법 확장

당국에서 화류병에 매독병을 소멸하기 위하여 매월 3차식 창기 및 색주가를 검사함은 일반 모두 아는 바어니와 매독병은 인류 사회에 대하여 다대한 악 영향을 파급함으로 이를 박멸코자 매월 4차식 검사를 하기로 결정하여 목하 실시하는 중이라더라.

『매일신보』 1913년 10월 16일

창기들의 매독검사

지나간 13일 경성 시곡검사소에서 각 오부 관내 주상 창기들을 일제히 모아놓고 건강 상태와 매독 유무를 실지 검사한 결과로 그중 매독병으로 인정하여 그 검사소에 집류하여 둔 자가 총합 23명에 달한다더라.

『매일신보』 1913년 10월 23일

매독검사의 여행(勵行)

당국에서 매독병을 전부 박멸할 계획으로 밀매음녀, 기타 색주가를 정밀히 조사한 결과로 그 나타남이 날이 갈수록 늘어나므로(去益增多한 고로) 매독병 검사실이 매우 좁아서(狹窄하여) 이전의 교방사(敎坊司)를 임시로 빌려 검사에 착수하는 중이라더라.

『매일신보』 1914년 3월 18일

지방매일, 함경남도 홍원(洪原)

해당 군 경찰서에서는 밀매음 혐의가 있는 주상녀(酒商女) 20여 명을 소환하여 건강검진을 한 결과 화류병자 6명을 발견하여 상당한 치료를 받게 하고 일반 풍기 단속(取締)에 크게 분력(奮力)한다더라.

『매일신보』 1914년 11월 12일

창가(娼家)에 건강패(牌), 창기집에 매독 문패, 인천경찰서 신계획

창병이라는 것은 흔히 화류계에서 유행하는 위험한 병이라. 따라서 화류계에 주야로 침혹하여 도무지 몸 벗어나올 줄 모르는 부랑한 자제들이 간간 불행히 이런 병에 한번 걸리기만 하면 졸연히 고치기도 어려울 뿐 아니라 혹은 코가 떨어진다든지 또한 온몸에 부스럼이 나서 큰 고생을 한다든지, 기타 여러 가지 병신되는 일이 적지 아니함은 이미 일반이 두렵게 여기는 바어니와 인천경찰서에서는 이제부터 위시하여 전보다 일층 인천 용동 화류계를 엄중히 단속하기로 결정하고 매독검사를 엄중히 하며 일변으로는 매독 있는 계집의 집에다가 불건강(不健康)이라고 쓴 패를 붙인 후 치료케 한다더라.

『매일신보』 1914년 12월 8일

밀매음녀 매독 치료

남부경찰서에서는 일반 풍기를 숙청하고 질서를 정돈케 하는 때를 당하여 관내 부랑자들에게도 극히 경계를 더하는 중이오, 우선 밀매음녀들을 조사하여 일전에 24명을 잡아다가 적절히 검사하여 본 결과 그중 18명이 매우 독한 매독병에 걸린 것이 드러났으므로 치료를 시키는 중이라더라.

『매일신보』 1914년 12월 18일

검사를 받지 않은 창기

근래에 소위 색주가 영업하는 창기들은 그 포주나 계집이나 피차 일반으로 한 달에 두 번씩 검사 받는 것을 싫어하여 혹은 그 영업을 폐지하고 소위 내외 술집이라는 명목을 가지고 은근히 밀매음하는 폐단이 적지 않으며 또한 그렇지 않으면 영업은 그대로 하고 검사 맞을 때는 별안간 몸이 아프다, 배가 아프다 하는 소리와 기타 별별 허다한 계교를 내어 교묘히 검사를 피하는 일이 많으므로 매양 그것을 통증이라 생각하던바, 이즈음 서울 죽첨정 1정목 97번지에서 주상 창기 노릇하는 이연홍 22살 된 계집과 또 의주통 2정목 169번지에 사는 이취련 16세 된 계집 2명은 지나간 보름날 검사를 받지 않은 까닭으로 서대문경찰서에 고발되어 조사 중이라더라.

『매일신보』 1915년 3월 11일

성인당(誠仁堂) 치료부장 장기무(張基茂), 화류병은 어떠한 해독이 있는가(花柳病은 如何한 害毒이 有乎아)

나의 가장 공경하고 가장 사랑하는 매일신보를 애독하시는 여러분 신사, 숙녀에게 변변치 못하지만 내 딴에는 일종의 감상이라고도 할 만한 것이 이러한 병의 이야기뿐이오 혹시 어떠하신 양반은 신년에 첫인사로 이따위 못된 병 이야기는 왜 이렇게 문제 삼아 장황설 거하는고. 상서롭지 못한 것이 아닌가 하실 어른도 계실는지 알 수 없겠지만은 귀중한 신문지의 여백을 빈 이상에는 공연한 한담설화로 재미있고 욕심나게 하는 것보다 참 우리에게 유익하고 우리에게 경계될 만한 것을 말하는 것이 제일 필요한 줄로 알고 이 문제로 붓을 잡았으나 여러분 독자로 그다지 재미롭고 웃음나게 할 수는 도저히 없사옴이 한 유감이나 이것은 적는 사람의 문학이 넉넉지 못함이니 십분 용서하여 주시오.

나는 5, 6년 전부터 이 화류병이란 것에 대하여 얼마 동안 연구도 하는 중이오. 또 우리나라에 이 병이 분포되는 상황을 조사할 계획이 있었사온고로 이번에 이러한 문제를 가지고 내가 아는 것대로 극히 알아보기 쉽게 잠깐 붓을 들어 간절히 이 병의 병성의 대강과 우리 사람과 어떤 관계가 있으며 또 이 병이 사람에게 대하여 얼마큼 해독이 있는 거소가 아울러 치료는 어찌하며 예방은 어찌하며 최후에 내가 바라는 바로 결론코자 하오.

지금 먼저 이 병을 말하기 전에 이 병의 기원을 설명할 필요도 있고 또 이로부터 이 병의 앓는 증세와 경과와 뒤에 발하는 증과(후태증) 아울러 우리 조선에서 유래로 치료하던 방법의 이해를 말하고 최후에 서양 의술로 치료하는 이유와 및 이 병을 사회 정책상으로 예방하는 방법까지 말하고자 하오. 대저 화류병이란 것이 어느 때부터 시작이 되었는지 이전 사기를 상고하여 보아도 자세히 알 수는 없으나 각처에서 기록한 것을 보면 우리 동양에는 지나 사람 진사성 씨가 매창병비록(黴瘡病秘錄)이란 책을 저술한 후로 사람들이 그때 이 병이 있단 말을 들었고 서양에서는 이 병이 세상사람에게 알려진 것은 15세기 말년에 샤를 8세가 나폴리를 싸고 공격할 때에 야전대에서 별안간 이 병이 일어난 후로부터 소위 화류병이라는 말이 비로소 전파되었고 그 후 싸움하던 병정들에게 유행하던 화류병은 온 서양 세계에 만연하는 화선이 되어 지금 세계 각처에서 유행치 아니하는 곳이 없으며, 특히 임질은 각국에 전 계급을 통하여 어린 아해와 늙은이를 제하면 인민의 반수 이상은 모두 이 병을 앓지 아니하는 사람이 없게 되어 지금 훌륭한 문명국이라 하는 나라의 도성에 사는 백성의 십분지 팔구는 한 번이라도 이 병을 앓아 보지 아니할 사람이 없다는 통계 전문가의 증명이 있은 즉 이 병이 얼마큼 해독이 있는 것을 알 것이오, 우리 조선에는 지나와 교통함으로써 이 병이 생긴 것 같으니 속담에 唐瘡이라 함은 당나라 때에 비로소 조선에서도 이 병이 생긴 고로 이같이 이름한 듯하도다.

그러한데 여러분이여 어디서 전쟁이 생기든지 홍수, 지진이 생겼다 하면 필경 듣는 사람마다 놀라며 걱정하며 힘대로 선후책을 강구할 것이오, 또 어디서 불이 났다든지 괴질과 흑사병이 생겼다 하면 사람마다 들을 때에 벌써 마음이 서늘하고 조심과 염려를 마지않는 것은 다른 까닭이 아니라 사람이란 것은 사는 것을 좋아하고 죽는 것을 싫어하는 항정이 있음이라. 그러하면 전쟁과 홍수, 지진과 화새, 역질은 모두 사람마도 보고 들을 뿐 아니라 그 일어나는 것이 심히 급하고 또 사람마다 자기 목숨을 귀중히 여기는 까닭으로 일층 평상시보다 조심을 더하여 아무쪼록 이러한 재앙과 불행을 여러 사람이 서로 힘써 없애기에 전력을 하거니와 보지도 못하고 듣지도 못하고 그 오는 것이 조심도 없고 그 가는 것은 흔적도 없어 날마다 달마다 사람을 상하고 집 안을 파하고 사회를 결단하고 나라를 망하게 하고 더 한층 인종을 퇴화케 하여 전쟁보다도 무섭고 홍수, 지진보다도 무섭고 화재, 역질보다도 무서워서 이 세상에서는 무엇으로 비교할 수도 없고 사람마다 도리어 미워하지 아니하고 점점 더 친절하게 되어 없애기는 고사하고 날마다 수효가 더 늘어 어찌할 수 없는 것이 있으나 그 무엇이오 그곳 제계에서 이르는바 삼대망국 망종병이라는 것인데 그중에 이 화류병이란 것이 예두에 적힌 것이라. 이리 말하는 것만 보아도 응당 여러분 독자는 적는 사람의 주지가 어디 있는 것을 아실지로다.

그러한데 화류병이라 하는 것은 무슨 병이간데 이같이 해독이 맹렬하고 사람이 자세히 알지도 못하면서 무슨 까닭으로 이 병과 그다지 정분이 깊으며 또는 어찌하여 사람이 모르게 이같이 해독을 끼치는데 사람마다 그다지 조심이 없다 하니 참 알 수 없는 일이라. 그런고로 이 의사는 이러한 문제를 답변하기 위하여 두어 마디로 설명코자 하오.

대저 화류병이라 하는 것은 흔히 화류장에서 많이 생기는 고로 그 이름과 같이 병짜 하나만 더 붙여서 누구든지 알기 쉽게 화류병이라 한 것이나 이 화류병이란 것은 한 가지 병만 이름하는 것이 아니오. 매창 혹 매독병과 하감창과 임질 세 가지의 병을 통칭함이니 이 애린병(愛憐病)과 혹 애모병이라 하는 별명도 있소. 그러나 다만 이 세 가지 병만 화류병이라 이름하는 것이오. 이외 다른 병은 아무리 화류장에서 생겼을지라도 화류병이라 이르지 못하오. 화류장이라 하면 현명하신 여러분은 묻지 아니하셔도 짐작하시려니와 어찌하였든지 화류장이라 하면 예사바른 사회와는 다르지 않습니까. 슬픈 것도 없고 근심하는 것도 없고 다만 희희낙락으로 좋은 것뿐이지오. 이 좋은 것은 늘 한없이 있는 것이 아니오. 때때로 변하여 어느 때는 슬픔도 되고 어느 때는 근심도 되었다가 종말에는 이 화류병이란 친구와 상종을 아니할 수 없게 되어 그리 다정하고 그리 호화롭던 마음은 삽시간에 서로 악마로 변하여 원망하여도 소용이 없고 미워하고 원통하여도 쓸데없어 공연히 이전 번화를 꿈꾸며 후반생의 불행함을 뉘우치고 한탄할 뿐이오 심하면 속히 이 세상을 떠나기 전에 무수한 고초를 받고 한을 머금고 영원히 돌아오지 못하는 귀신이 되나니 아, 참 무섭고 끔찍하도다. 이러한 일이 1년에 한두 번만 있는 것이 아니오. 시시때때로 어느 날 어느 때든지 끊이지 아니하고 날마다 제조하기에 분주불가한 것은 화류장! 남모르는 권위와 부정 행위의 마굴되는 화류장! 유지하고 전도에 희망이 있는 청년으로 뜻이 쓰러지고 몸을 약하게 하여 사회에 타락케 하는 화류장! 이와 같은 화류장에서 저와 같이 무서운 병독을 만연하고 전염케 하나니 어찌 두렵지 아니하오.

화류장에서 이 병이 생기는 까닭은 정하지 못한 교접과 혹 입만 맞추고 병독이 있는 사람이 쓰던 기구로도 전염이 되는 고로 거지반 병독에 잘 전염되는 것은 청년 남녀가 제일 많으니 이 병독 전염에 유력한 소임 있는 것은 화류장에 있는 모든 추한 매음을 업하는 여러 가지 명색의 통락으로 생기 나니 이 병의 근원지 된 추업부를 잘 단속하고 잘못 하는 것은 국민 위생상으로든지, 풍화 유지상으로든지 큰 관계가 있는 고로 어떠한 나라에서든지 각종의 방법을 연구하여 이 병은 없애기에 고심 계획을 하는 고로 심지어 화류병 들린 사람을 돈 받지 아니하고 치료하기 위하여 온 그 나라 백성에게 인두세를 받아 공동 치료케 하여 이 병을 예방하는 자는 규칙까지 마련하였고 또 어떠한 나라에서는 이 병자로 자기 집에서 치료도 못하게 엄금하는 곳까지 있었으나 한갓 심력만 허비할 뿐이오. 근본적으로 이 병근을 영영 없이 하지 못하는 것은 사실상 과시 어려운 일인데 하물며 우리 조선과 같이 소위 공창 중에 예기라는 것도 밀매음에 지나지 못하여 백주에 공연히 매음치는 못하나 검사받는 공창에 비하여 심히 위험하며 또 사면 팔방에 헤어져 있는 밀매음녀는 비록 당국 관헌의 절엄한 처분을 받으나 일시 이목을 속이고 비루한 매음을 하여 이 병독을 비밀 제조하는 자 얼마나 될는지 헤아릴 수 없은즉 물론 이 병 가진 사람이 남녀를 물론하고 비상히 많은 것은 조금도 괴이히 여길 것이 없도다.

그러한 고로 서양에 문명한 제국과 내지에서도 이 병을 근본적으로 박멸하여 사회로 그 자취를 머무르지 못하게 하는 방법은 아직까지도 실시되었다 함을 듣지 못하였고 다만 소극적으로 이 병의 자만되지 아니하기를 도모하며 한편으로 종교와 교육의 힘을 빌려 사람의 마음을 감화케 하며 행위를 교정케 하는 고로 나도 이 뜻을 차동하여 구태어 이 병의 근본 없애는 방침은 말하지 아니하고 간략히 이 병의 병성 설명과 주의점에만 적고자 하오. 여러분이여 이제부터 우리에게 원수되고 끔찍끔찍한 이 병독의 병성을 잠깐 말하고자 하오.

매창이란 것은 우리나라에서 흔히 퉁병, 담, 담창 등 여러 가지로 이름을 지었으나 본래 동의서에 학문상 문자는 그렇지 않고 양매결독 혹 면화결독이라 이름하는 병명이니 그 경과와 앓는 증세를 세 가지로 구별하여 말할 수 있으니 최초 옮은 후 한 이레 동안에 그곳이 점점 단단해지고 그 다음에 헌 부스럼 모양으로 마치 벗겨진 것과 같이 되니, 이것이 곧 하감창으로 창병 감염의 시초 증세라. 이렇게 된 후에는 부스럼 자리가 별로 아프지도 않고 5, 6주일을 지나면 외피 전시에 뾰루지처럼 돋고 혹 인후가 붓고 아프기도 하며 두통과 귀가 먹먹하며 놈이 불편하고 괴로워하는 여러 가지 증세가 있어도 약 3개월이 지나면 혹 자연히 낫거나 혹 약을 먹고 바르면 즉효가 있어도 이것이 아니오, 창병 감염의 제2기에 발생하는 증세라. 이렇게 된 후에는 모든 병이 창병으로 생길 뿐만 아니라, 골수와 내장과 뇌수와 척수에까지 각종 병이 천태만상으로 생겨 나중에는 필경 영양이 장애되어 전신을 쇠약케 하고 불치의 모진 병을 장만하니, 이것이 곧 창병 감연 후 제3기에 발생하는 증세라. 대저 앞에서 말한 바와 같이 이 병의 시초로부터 종국까지 저와 같은 모든 증세가 마치 무슨 일로 작정한 것과 같이 부절이 맞아들어가듯이(如合符節) 생기는 것은 대단히 이상치 아니하오. 그런데 이 창병으로만 말하면 설혹 시초할 때에는 잘만 치료하면 원형(原型)을 다시 회복할 수도 있고 병독을 거의 치료할 수도 있으나 종말, 즉 제3기 증세가 생긴, 즉 비록 남에게 전염하여 주는 힘은 적으나 병독은 더욱 맹렬하여 조금 잘못 치료하면 음구(陰具)도 없어지고 코도 떨어지고 몸도 성한 사람과 대단히 다르며, 정신이 활발치 못하며 또는 이때부터는 유전케 하는 성질이 있어 아해가 뱃속에서 부모의 여러 독을 받고 감염되어 태어나면서 즉시 이런 몹쓸 병으로 고생을 하다가 필경 죽는 아해가 열에 아홉이오, 또 살더라도 수명이 길지 못한지라. 남의 부모되는 여러분이여. 극히 주의하여 아무쪼록 이런 독한 적악(積惡)을 자손에게 끼치지 마시오.

하감창(下疳瘡)이란 것은 감염된 후 하루 동안에 그곳이 붓고 붉어서 2, 3일이 되면 마치 불에 데인 것과 같이 조그마한 수포처럼 부풀어 오르고, 3, 4일이 지나면 부르튼 것은 자연히 터져서 부스럼같이 되어 언뜻 보면 곧 창병으로 발생하는 부스럼 같으나 이것은 창병 부스럼처럼 단단하지 않고 피가 조금씩 나고 여러 개로 변하여 다소 아프기도 하며 또 가래톳이 서서 붓고 쑤시며 성종되는 경위가 흔히 많소. 임질은 용색이 있은 지 그 이튿날 혹 3, 4일 동안에 비로소 오줌 누기가 불편하고 고름이 조금씩 비추는 것으로 이 병 발생의 증세가 되나니, 두 번째나 세 번째 낫다가 다시 걸려 앓는 것은 흔히 5, 6일 혹 1주일가량인데 어찌 하든지 임질 시초가 될 양이면 벌써 신속히 부어서 오줌 눌 때마다 찌르르 하고 두근두근하며 오줌이 자주 마렵고 대단히 아프다가 그후부터는 고름이 나오며 여이은 하문과 아기집에서 고름도 나오고 심하면 피도 나오며 발열도 하나니, 이것이 이른바 급하게 앓는 임질 증세라. 임질로 생겨서 고름 가운데는 수없는 임질균이 있어 전염하는 힘이 매우 강하니 이 균이라는 것은 우리 사람의 눈으로는 볼 수 없는 것이오. 정미한 현미경으로 비추어 보면, 자세히 그 활동하는 모양과 생긴 형체를 볼 수 있으니, 사람이 앓는 병 중에 여러 가지 균으로 전염병을 발생케 하는 것이오. 만일 병균이 있는 고름이 모르는 겨를에 사람의 눈속에 들어가면 순식간에 안포(眼胞)가 붓고 노혈이 서고, 또한 임질 고름과 같은 것이 나오며 심하면 치료할 겨를도 없이 눈이 멀어 천일을 다시 볼 수 없는 비운을 만나는 지라. 이같이 독이 맹렬한 임질을 이 세상들은 생각하기를 임질은 도무지 무서운 병이 아니라 오해하여 왕왕 이러한 불행을 당하는 사람도 많고 또 이와 같이 우습게 여기는 고로 치료하는 것도 등한히 함으로써 만성증으로 변하게 하여 4, 5년 혹 수십 년 동안을 괴롭게 생활하고 마침내 인간 남녀의 애정을 충분히 발양할 수 없게 되며 그뿐만 아니라 남자는 정액이 변하며 부랄의 병과 오줌 누는 데가 좁아지고 여인은 자궁병과 난소병을 일으키고, 하문에서 적백 대하증이 생겨 아해까지 낳지 못하는 원인이 되오. 이러한 화류병의 해독은 개인 일신상에만 그칠 뿐 아니라 결국은 이 병으로 인하여 산업이 감소하고 가정에 쾌락이 파괴되어 자손에게까지 이 앙화를 입게 하고 병든 자기는 한 평생 동안 다만 불행하고 불유쾌한 것으로 신음하다가 종말에는 나라와 사회까지 원기(元氣)를 떨어(沮喪)뜨리니 그런고로 망국까지 하는 병이라고 말하오. 비유컨대 칼로 사람을 죽이나 병으로 사람을 죽이나 무엇이 다르리오마는 칼로써 사람은 죽이는 것은 얼른 보기 쉽고 방비도 할 수 있으나, 병으로써 사람을 죽이는 것은 보기도 어렵고 방비도 용이치 아니하고 더군다나 당하는 사람의 비참함과 고통이 어떻다 하겠소. (미완)

『매일신보』 1916년 6월 3일

검병자(檢病者) 5천 인, 오키야(置屋) 요리점의 질병

경성 종로경찰서에서 5월 10일부터 30일에 이르기까지 관내 기생오키야 요리점과 기타 여관, 음식점 등에 종사하는 자에 대하여 검병을 하였는데, 총인원은 5,010인으로 만성 전염병 환자가 30명이오, 전염병이 있지 않은 자가 54인인데, 전염병 중 안질이 더욱 많고 그중에도 격렬한 매독 환자가 있다더라.

『부산일보(釜山日報)』 1917년 7월 26일

화류병과 술

◇ 국민 체력의 강약은 그 나라의 강약을 보여 준다. 여러 질병으로 목숨을 잃는 사망률이 유럽에서는 해마다 감소하고 있는데도 홀로 일본만이 증가하고 있다.

◇ 질병 중에서 가장 무서운 것은 첫째가 폐병, 둘째는 화류병, 셋째는 술의 해독(酒害)의 순서다. 그러나 사망률이 가장 높은 폐병은 유럽에서 해마다 그 사망자가 감소하고 있다. 이는 위생사상이 잘 발달해서 폐결핵예방법 같은 것이 비교적 완전해진 결과다.

◇ 매독에 걸리지 않는 인간이나 임질이 없는 인간은 이엿한 어른이 아니라는 따위의 말을 하던 시대도 있었다. 당치도 않게 어리석은 이야기이지만, 일본에서는 무시무시한 이 화류병이 일반적으로 국민의 신체에 둥지를 트고 있다. 소경(盲目)은 대부분 부모의 매독에 기인한다. 또한 유산이나 허약한 아이 등의 부모 중에는 종종 화류병을 치른 자가 있다. 불임증의 원인이 되는 일도 많다. 청년 남녀는 꿈에라도 유곽 따위에는 가지 말라. 위험한 명주집(銘酒屋)[2] 여자 등과 관계하지 말라. 또한 처녀(娘)들은 상대 청년에 충분히 주의하여 자위 방침을 취하지 않으면 안 된다.

◇ 다음으로, 술의 해독(酒害)이 무섭다는 것을 세인들이 인정하고는 있어도 아직 이를 철저히 이해하고 있지는 않다. 술은 일시적 흥분제는 될지언정 결코 비전문인이 약이 된다는 식으로

---

2 명주를 파는 집이라고 간판을 걸고 은밀히 사창 영업을 하는 점포를 관용적으로 일컬음. 메이지에서 다이쇼 시대에 볼 수 있었다 함.

생각할 만한 것이 아니다. 평소에는 아무리 건장한 자일지라도 술 중독에 걸려 있는 자는 질병에 대한 저항력이 지극히 미약하므로 한 번 병에 걸리면 어이없이 목숨을 잃는다.

◇ 술은 사람의 의식을 몽롱하게 할 뿐만 아니라 때로는 어리석은 행동(痴態)을 연출해 난폭한 짓을 하게 만든다. 자손에게 미치는 영향의 경우, 대주가(大酒家) 10가족과 절주가(節酒家) 10가족의 생후 한 달 된 아이를 대조하면, 건강체인 아이는 절주가 측에 82명 있는 데 비해 대주가 측에는 불과 17명(100명 중의 비율)밖에 없다. 불 건강한 쪽을 보자면, 대주가 측 25명에 절주가 측 6명, 사망률은 대주가 측이 25명에 절주가 측이 5명의 비율이다.

◇ 폐병, 화류병, 술의 해독, 이들 3대 병을 구제하지 않으면 국민의 체질이 강건해질 수 없다. 그렇다면 그 나라의 앞날은 참으로 우려할 만하다.

『부산일보(釜山日報)』 1917년 11월 18일

사생아가 우대되는 유럽 각국, 각국 모두 화류병 예방을 크게 고심

전쟁은 아직 더 오래간다. 9월 7일 스위스의 수도 베른에서 발신해 10월 12일에 도착한 소식으로, 전주 자혜의원(慈惠医院) 의관 고조 다다시(古城貞) 씨가 전북지사 주간(主幹)에게 보낸 최근 편지에 따르면, 영국을 제외한 러시아, 노르웨이, 스웨덴, 덴마크, 프랑스, 스위스 등 각국에서 식량과 석탄의 결핍이 날이 갈수록 심해지고 있을 뿐 아니라, 대전란의 영향으로 인한 행정경찰의 결함이 풍교상 허용할 수 없는 화류병의 발호로 이어져 거의 손을 쓸 도리가 없고, 특히 물가의 등귀는 가공할 만한 현상을 초래해 독일의 현재 상황은 상상 이상으로 더욱 지칠 대로 지친 수준에 달하고 있는 모양인데, 지금으로서는 전쟁은 꽤나 오래갈 것으로 예상된다고 한다. 특히 열국이 가장 고심하고 있는 것은 평화 후의 위생 상태를 어떻게 복구할 것인가 하는 고심이다. 화류병 방지책 같은 것에 가장 주의를 기울이고 있다. 마지막으로 인구 증식 문제의 경우, 사생아가 대단히 우대되고 있는 듯하고 일반을 통해 충분히 엿볼 수 있는 여러 어려운 문제를 민법상 야기하는 상황이다. 가장 우스꽝스럽게는 유럽의 신문지가 일본군이 유럽 대륙에 상륙했다거나 일본 해군 수십 척이 지중해에 나타났다는 둥 무계한 망설을 게재하고 있어, 유럽 천지가 일본군을 얼마나 신뢰하고 있는지는 모국인의 상상도 미치지 않을 정도니 어쩐지 어깨가 펴지는 기분으로 유쾌하게 느껴지는바, 일본 군대가 교전 각국으로부터 얼마나 외경시 되고 있는가를 예증하기에 족하다. 운운.

『매일신보』 1918년 1월 3일

기생의 등장(等狀), 검사를 폐지하여 주오

경상남도 김해 기생 일동은 김해헌병출장소에 일제히 출두하여 청원하기를, 유래 조선은 옛적부터 전래하는 습관으로 남에게 살을 내어 보이는 것은 비상한 치욕이라고 하는데, 근래 기생 일동이 검사를 받는 것은 심히 치욕이고 본즉, 원컨대 소장의 관대한 처치로 검사를 폐지하여 달라 함으로, 소장은 간절히 기생에게 알아듣도록 일러주고 검사가 어찌하여 필요한 것인지 깨우치고 설득한, 즉 반신반의의 기생 일동은 그 청원을 각하하여 주면 집에 돌아가서 친형제와 의론하겠다 함으로 소장은 검사의 말을 형제와 의논한다는 말에 괘씸히 여겨 크게 소리를 질러(大喝一聲) 기생 일동은 아무 말도 못하고 모두 갔다더라(김해)

『매일신보』 1918년 3월 10일

위생 강화, 재교토(京都) 대학 유홍종(劉洪鍾)

(六) 성욕과 위생 (2) 화류병 문제

이는 근래 어느 나라를 물론하고 그 폐해가 극심함으로 중대히 보는 문제나 조선에서는 더욱 중대히 보지 아니할 수 없으므로 이하에 약술코자 하오니 특히 우리 청년들은 이에 단호한 각오를 가질 문제가 하노라.

화류병이라 하면 매독, 임병, 연성하감을 이름이니 이것이 사회에 만연되는 원인은 부정한 성욕 만족 방법의 폐해요, 그 원천은 공창에 있음을 좌우할 수 없는 사실이라.

성욕을 누르고 만족상으로 나오는 폐해는 화류병의 만연함에만 있는 것이 아니라. 부자연적 불윤리적·비위생적이 되는 악습관이 이외에도 있으나, 다만 화류병 문제에 대하여 말하고자 하노라.

대개 공창을 허(許)함은 현금 사회의 조직은 남자의 성욕은 절금(絶禁)할 수 없다는 전제하에 공창을 허한즉, 그들은 능라장식(綾羅裝飾)과 가무미태(歌舞美態)를 꾸미고 만들어 내고 청년의 감정을 유인하니 이에 배우 없고 청년과 부랑한 청년들은 그들에게 유혹되나니 이로 인하여 국민의 화류병 만연에 유력한 원인을 주는 것은 놀랄 만한 것이라. 국가에서 화류병 예방책을 쓴다 하나 그 목적을 도달하는지 국민위생상 관찰할 때 실로 중대한 문제라.

이에 신용할 만한 통계표를 가지고 보면 화류병이 오인의 건강을 해치고 그 해독을 자손에게까지 전하는 것은 놀랄 만할 사실이라. 근래 조선 화류병에 대한 통계표가 없으므로 명시하지 못하고 이전 통계상 관찰한 바를 약술하여 비교와 참고에 제공하고자 하노라. 1879년 재조 총 매소부 수는 5,308인이니(그중에는 내지인도 포함) 그중 건강진단을 받은 자의 성적을 보면 백 명 중 5인은 유독자로 인정되었으니 놀랍지 않으리오. 근래에는 더욱 다수가 되고 유독한 줄로 아느니 유수(有數)한 매음부의 소굴지라 아니할 수 없도다. 또 어떠한 곳의 통계표를 보면 공창의 매독이 70% 되고, 임질은 42%, 연성하감은 4.9%라. 이것으로 보더라도 화류병의 대원천은 공창에 있음은 증명하기 충분하고 또한 놀랄 일 아닌가.

화류병은 근치되기 어려운 병이라 함은 화류병 전문하는 임상가의 공언하는 바라. 우리 인류에 위대한 복음을 주신 에를리히, 하타(秦) 양 선생이 1912년에 606호를 발견하여 세상에 발표하였나니 이 영약(靈藥)이 일거에 세간의 매독은 전멸될 줄 기대하였더니 매독 전멸의 형적은 볼 수 없고 이를 의탁하고 부랑자 수가 증가되고 매독의 만연은 그 □를 두드리지 아니하였는가 의심하노라. 매독에 1차 홍안 청년에게 침입하면 혈액에 의하여 전신을 범하는 날에는 양춘 2월에 희망 많고 책임 중한 미소년은 추루(醜陋)한 패배군이 아니되면 불귀의 객으로 화하게 하니 이 어찌 놀라지 않을 것이며 어찌 무섭지 않을 것인가. 그러나 이를 진실한 의미로 이해하고 피하고 대항하여 승리자 되는 자는 적도다.

또한 화류병을 사회에 만연하는 본원은 공창에만 있는 것이 아니요. 기타에도 많이 있으니 사창 같은 것이 그것이라. 이는 위험한 정도로 말하면 공창의 몇 배가 된다 하노라.

이상과 같은 해독의 예방책으로 국가에서 공중예방법으로 공창에 대하여 검미법을 실시하며 사창을 검거하나 완전한 효과를 얻기 어렵고, 혹은 풍속 감화원을 두어 □□상에 감화를 주고자 하며 독일에서는 독일의가(獨逸醫家) 성욕윤리단을 조직하여 화류병 박멸책을 강구하니 그 방법은 화류병을 박멸코자 함에 유일하고 확실한 방법은 결혼하기까지 성교를 방지하여 결혼 이외에는 성교를 금단함에 있다 창도(唱道)하는도다.

그러하나 이들은 국가의 방책이오, 사회의 시설이니 동시에 개인도 이에 대하여 단호한 각오를 가지지 아니하지 못할 것이라 하노라.

『부산일보(釜山日報)』 1918년 4월 9일

성적이 좋은 징병검사. 갑종 합격이 3할 8푼 남짓. 꺼려야 할 화류병이 적다

서정(西町) 히가시혼간지(東本願寺) 별원에서 시행된 징병검사는 그저께 7일자로 종료했다. 뭐니 뭐니 해도 조선에서 징병검사는 올해 처음 일인 데다, 또한 식민지의 장정은 어떤 체격을 지니고 있는지 어느 정도 학력이 있는지 싶어서 어제 8일 사사쿠라(笹倉) 검사관이 있는 아라이(荒井)여관을 방문했다. 검사관은 천천히 입을 열고 "검사를 받은 장정은 427명인데, 그중 ◇ 갑종 합격은 166명, 제1을종 합격 34명, 제2을종 합격 56명, 병종 157명, 정종 14명, 무종 1명이라는 결과가 나왔다. 갑종 합격이 총수의 3할 8푼 남짓에 해당하는 것은 내지에서조차 그다지 볼 수 없는 좋은 성적이다. 이 원인은 조선으로 건너와 일할 정도인 자는 비교적 건장한 체격을 지닌 데다 조선으로 건너간(渡鮮) 후에는 주위의 영향을 받아 ◇ 생활 상태가 향상하고 있기 때문일 것이다. 그러나 일본인 체격의 최근 경향으로, 신장이 점차 커져가는 데 비해 체중이 감소하고 가슴둘레가 협소해지고 있다는 점은 이번 검사에서도 증명되었다. 4일간의 검사 성적을 보고 우리가 가장 기쁘게 느낀 바는 화류병 환자가 비교적 적다는 점이다. 즉 427명 중 화류병에 걸려 있던 자는 ◇ 불과 10명으로, 이를 내지와 비교하면 비율이 매우 낮다. 그러나 이들 10명 중 8명은 방어진(方魚津)에서 온 장정이므로, 방어진에는 화류병의 씨를 뿌리는 음매부(淫売婦)가 많다는 것은 틀림없다. 트라코마 환자도 불과 76명이어서, 내지에서는 80%로 나타난 것과 비교하면 역시 좋은 성적으로 봐야 한다. 기타 병종 중에서 신체가 박약한 자 56명, ◇ 근시안 24명, 헤르니아 7명, 치질 병 7명 등이 있다. 검사하러 나올 때 몸이 불결하거나 또는 전날 밤 음주한 자도 두세 명[3] 있었는데, 내년부터는 이런 일이 없도록 주의했으면 한다. 그리고 학력은 중학교 졸업인 자인데 3년 정도의 학력조차 없는 자가 많았고, 특히 수학(数学) 능력은 형편없었다. 농(農)학교 출신자는 중학교를 나온 자보다도 한층 성적이 나빠 고등소학 졸업생에도 미치지 않는 자가 있었다. 그런 것 치고는 ◇ 소학교 졸입자는 성적이 다소 양호했는데, 산술이 불량하다는 점은 중등학교를 나온 자와 별 차이가 없었다. 또한 이번 4일의 합격자의 입영 결정은 우리가 내지의 소속 사관구(師管区)에 합격자의 이름을 통지하고, 거기서 추첨을 하여 제비를 뽑힌 자가 각기 통지를 받기로 되어 있다." 운운.

『부산일보(釜山日報)』 1918년 5월 30일

전체 조선 징병 성적, 수험자 1,773명, 화류병 환자의 감소

본년도 조선 재주 징병 적령자 신체검사는 4월 1일부터 용산, 평양, 의주, 원산, 함흥, 나남, 대전, 대구 및 부산에서 시행했지만, 출원자 총수 1,862명(1년 지원 19명, 현역 지원 49명, 6주간 현역 50명, 계 118명을 제외함) 내 질병, 재주 취소, 도망인, 입감(入監) 등 기타 무신고로 불참자 89명이 있어

3 원문 표기는 二三名임. 본문 내 다른 숫자 표기에서 10단위는 十을 썼으므로, 23명이 아닌 두세 명으로 판단함.

이를 차감하면 실제 수험자는 1,773명으로 전년도 수험자 1,916명에 비해 143명이 감소했다. 지금 그 성적 및 전년도와 비교 증감(△)을 제시하면 다음과 같다.

종류	본년도	전년도	증감
갑종 합격	751	786	△35
을종 제1	209	230	△21
제2	254	276	△22
병종	466	521	△55
정종	91	95	△4
무종(다음 해 재검사)	2	8	△6
합계	1,773	1,916	△143

군 당국자 담화

본년도 적령자는 전년도에 비해 감소했지만, 성적이 양호하여 일반적으로 학력도 향상되고 화류병 같은 것도 전년도 71명에 대해 본년은 50명으로 기뻐해야 할 현상이다. 그러나 트라코마 환자는 작년 257명에 비해 본년은 303명으로 약 50명 증가한 것은 한심한 일이다. 그리고 풍기에 관해 보건대 위 8곳의 검사장에서 용산이 가장 화려한 점이 있었지만, 반대로 작업복이나 시루시반텐(印半纏) 같은 옷을 입은 대로 참가한 자가 있었는데, 이는 다른 검사장에서는 볼 수 없는 것이다. 이 현상 하나로 경성은 빈부격차가 심한 것을 알 수 있다. 게다가 본년은 징병 기피자로서 고발된 자는 없었지만, 시력, 청력을 과장되게 신청한 자가 7명 있어서 이들을 설유(說諭)해서 마음가짐이 나쁜 것을 훈계했다. 운운

『매일신보』 1918년 11월 14일

예창기 중에는 폐병이 없는가, 이번에 진단하기로 결정되었다

무시로 접객을 제일 많이 하는 예기·창기 중에 전염성의 병을 가지고 있는 일은 매우 위험한 일인 고로 이를 예방하기 위하여 지금까지도 그자들의 건강진단을 행하여 발견하는 대로 자꾸 규정의 치료를 실행하는 바인데 ▲ 폐병 환자의 초기에 이르러는 의사 편에서도 좀 자세히 알아낼 수 없이 그대로 지내 오는 중에 그 병은 점점 뻗쳐서 마침내 큰일에 이르러 죽기도 하고 전염도 시키

는 일이 예기·창기 중에는 없는지도 몰라서 경기도 경무부에서는 관내 일선인 예창기 일천 수백 명에 대하여 이로부터 엄중히 건강진단을 실행할 계획을 하고 12일 관내 각 ▲ 서장 회의에서 결정되었다는데 그 실행 방법에 대해서는 물론 회의가 마친 뒤가 아니면 알 수 없거니와 곤도(近藤) 경시의 말을 들으면 가장 무서운 폐병 환자가 접객하는 예창기 중에 만약 있으면 아주 큰일이다. 종래의 건강진단은 이 폐병 유무를 검사함에 냉담한 줄로 생각하므로 이로부터 엄중히 검진하기까지에 이르렀다. 이에 대하여 검진 안 한 의사도 본부로부터 선별할 생각인데 그래서 환자가 있는 경우는 ▲ 즉시 휴업을 명할 것은 물론이라. 이 폐병은 거의 좋지 못한 병쯤 되었으므로 포주와 본인이 합의한 후 폐업하든지 혹은 관청에서 폐업시키든지 어떻게 하더라도 폐업을 한 후 치료하는 것이 목적이라 하겠다. 이 병은 내지인보다도 공기의 건조로부터 차라리 조선인의 편이 많은 줄로 생각하는 바이라. 검진 실행이 되는 경우는 자진하여 검진받는 것이 본인을 위하여 또는 사회를 위하는 일이라.

『매일신보』 1918년 11월 19일

예기의 건강진단 개시, 이번은 윗통만 본다

무시로 접객하는 예기, 창기에 대하여 폐병 부족증의 유무를 검사하여서 만일 발견되는 때는 휴업이라도 시키고 치료케 하기로 되었다는 일은 이미 보도한 바어니와 경성 본정경찰서에서는 18일부터 관내에 있는 내지 기생들을 먼저 ▲ 건강진단을 하기 위하여 오전 중부터 가가미(加加見) 촉의탁 가동서 뒤 격검실[4]에서 검사를 개시하였는데 이 기생을 검사한 뒤는 조선 기생 전부를 모아 며칠에 나누어 가지고 검사를 할 터이오, 기타 여관업을 하는 사람과 요리옥, 이발업자까지 차차로 불러 시행할 예정인바 그 관내에 검사받을 수효만 치더라도 실로 3천 명에 달한다는데, 기생 중에도 폐병이 발견되는 때는 고치기 어려운 병일 뿐 아니라 고치더라도 용이 낫지 않으므로 부득이 폐업케 하고 치료케 하리라는데 이에 대하여 일반 기생들은 오해하고 이번의 검사는 종래 창기들의 검사법과 같은 줄로 알고 공연히 심려하는 중이라는 말이 있으나 창기의 건강진단과는 아주 다를 터인즉 공연히 심려할 필요는 없는 일이라고 경찰 당국자는 말하더라.

---

4 원문대로 표기하면 "촉의탁가등셔뒤격검실에서"인데, 그 의미를 알기 어려움.

『동아일보』 1920년 4월 21일

김기영(金基英), 의학과 조선 및 조선인 위생사상 보급의 급무

(1) 의학과 조선

대개 사회는 하나의 유기체로 봄이 마땅하니 사회는 개인으로 성립되었으며 개인을 사회의 하나의 분자라 따라 개인의 불행은 사회의 불행이 될 것은 다시 말할 필요가 없도다. 따라서 허약한 개인으로 성립된 사회는 역시 허약한 사회가 될지라. 사회의 발랄한 원기와 풍성(隆隆)한 발전을 어찌 얻을 수 있겠는가. 세상에 이치가 말하되 "건전한 정신은 건전한 신체에서 머문다" 하니 천고의 금언(金言)으로 믿노라. 의학의 발달은 오늘날 조선 초미의 급무라 하노니

(一) 의학은 10의 7, 8은 아직도 암흑면이라. 따라서 이를 연구하여 암흑면을 개척할 여지가 많으니, 아무것도 스스로 긍지(自矜)할 것이 없는 오늘의 우리는 조선인의 특수한 재질을 발휘하여 적게는 다만 사람과 사회에, 크게는 세계 인류의 행복을 증진할 수 있으며 또한 현대 문화에 공헌함이 다대할지며

(二) 조선인으로 건전 우수한 신체의 소유자가 되게 할지며

(三) 전염병으로 인하여 다수한 사망, 위생 기관의 불비, 위생사상 결핍으로 인하여 천수가 아닌 사망을 방지 또는 감소케 하여 민족의 감소를 방지하고 발전 증식을 도모할지며

(四) 위생사상 보급으로 생활의 향상, 생활비의 절약을 얻을지라. 의학이 조선에 대한 사명은 앞에서 서술한 바와 같거니와 이 직무를 가진 의사의 책임을 약술하노라.

의(醫)의 직무를 2종으로 나눌 수 있으니,

一. 교실 기타 위생 기관에 있어 매우 깊은(深遠) 학리의 심오(緼奧)를 연구하며 또한 사회 위생의 발달 보급을 도모하는 자

一. 직접 사명의 직(職)에 있어 개인의 진료 및 개인의 위생을 보급 발달케 하는 자라.

후자는 점차 오늘날 조선에 보급되며 위생 기관도 상당히 있다 할지나 조선인의 연구 기관으로 자못 볼 만한 자 없으니 어찌 통한을 금하리오. 독일의 전전(戰前)까지의 융성과 일본의 문화적 발전 및 강성이 의학의 발달이 그 하나의 원인 됨은 사실이라. 의학의 사명이 또한 중대하도다. 희(噫)라. 저 급성 전염병과 같은 것은 "천연두 유행성 감기, 성홍열, 장질부사와 같은 것" 어느덧 많은(於焉間幾萬萬) 생명을 빼앗으며 만성 전염병과 같은 것은(예, 결핵, 화류병 나병) 의식하지 않는 중에 많은 생명을 소모하니 어찌 두려울 만하지 않으리오. 요컨대 이를 미연에 방지하고 현재에 박멸하여 민족 백년의 계획을 확립함은 전혀 의학의 발달 위생 기관의 보급에 기대할 수밖에 없으

니, 오늘날 조선인 된 자는 소홀히 하지 못할 중대한 문제로다.

원컨대 지사(志士), 인인(仁人)은 분기하여 의학의 연구 및 위생 기관의 설치 및 발전에 노력하여 조선인의 특수한 재질을 발휘하며 민족의 발전에 노력하여 최후의 영광이 우리(吾人)의 머리 위에 이르게 하기를 바라며 또한 오늘날 조선인 의사 된 자는 다만 영업적으로 금전 모으기에만 몰두하지 말고 착착 연구의 발걸음을 나아가 우수한 업적 Albiet[5]를 발전함으로 신조선의 신의학을 건설하기에 노력할진저. (미완)

『동아일보』 1920년 5월 10일

여의(女醫) 허영숙, 화류병자의 혼인을 금할 일

오늘날까지 우리 사회에서 행하여 온 결혼 방법에 대하여, 여러 가지 폐해가 있는 것은 우리가 다 아는 바와 같이, 이것을 그대로 방임하여 두는 것이 시대의 허락지 아니하는 것인 줄은 누구나 다 압니다.

그것을 개량하여 우리의 이상에 가깝게 하는 것이 오늘날 우리의 급무의 하나라고 생각하며 여러 방면으로 우리는 그 필요를 통절히 깨달으면서도 그 실현을 아직까지 못한 것이올시다. 결혼은 물론 자유의지의 선택에 부치지 아니하면 아니될 것이나, 그것은 가장 엄밀한 교육의 힘을 가지고 개인을 양성한 후의 일이올시다. 개인이 스스로 자각하여, 자기를 위하여, 자손을 위하여, 사회를 위하여, 국가를 위하여 가장 좋은 배우자를 선택하지 아니하면 아니될 것이오. 이에 비로소 이상적 결혼이 성립된 것이올시다. 그리니 그리한 국민의 자각을 얻기에 달하기까지는 장구한 시일이 걸릴 것이오. 그 사이에 많은 희생이 있어야만 될 것이니 우리 사회의 오늘날까지 행하여 온 여러 가지 폐해도 일조일석(一朝一夕)에 제거될 일이 아니올시다. 그러나 그중에도 지금 당장 개량하기에 일시가 급하게 생각되고 가장 두렵게 아는 바는 화류병자의 결혼이올시다. 한 사람의 죄로 인하여 청백무구(淸白無垢)한 남의 자녀를 버리게 하며 그 해독이 자손에게까지 미치니 실로 전율치 아니치 못할 사실이올시다. 결혼은 개인과 개인, 일가와 일가의 문제라 하나 동시에 국가의 성쇠를 의미하는 큰일이올시다. 그러한 고로 화류병자 혼인에 대하여는 법률의 힘으로 일정한 제재를 주기를 요구합니다. 의사가 만일 급성 전염병을 경찰서에 보고하지 아니하면 처벌하는 법칙이 있습니다. 이와 같이 화류병에 대하여도 반드시 보고할 법칙을 의사에게 내려 이것을 보고하지 아니

---

5 원문대로.

하는 때에는 엄혹한 처벌을 할 것이올시다. 그래서 한 번 화류병의 보고를 받은 자에게는 상당한 연한 내에는 결혼치 못할 제재를 줄 것이올시다. 생각건대 화류병에 대하여 법률이 제재를 한다는 그 사실만 하여도 큰 효과가 있을 것이올시다. 아는 순결한 처녀가 혼인한 지 미구에 매독에 걸리어 괴로원(辛苦)하는 것을 여러 번 보았습니다. 천진스러운 2, 3세의 어린아이가 선천 매독, 농루안(膿漏眼)(부모의 임질이 원인)으로부터 맹목(盲目)이 된 예를 많이 알음이라. 그럼으로 나는 화류병자의 결혼을 법률의 힘을 빌려 제재하기를 요구하는 것이올시다.

『동아일보』 1920년 5월 12일

매춘부 대훈련, 화류병 예방차로 폴란드의 새 시험

화류병의 해독이 무서운 것은 지금 다시 말할 것도 없는 일이라. 이 병에 걸린 자가 제 몸을 망하는 것은 다시 말도 말고 다른 사람에게 무섭게 전염될 뿐 아니라 그 화가 자손까지 미치는 고로 화류병은 그 나라의 망하고 흥하는 데 실로 중대한 관계가 있는 문제라. 그러함으로 문명 각국에서는 정부나 민간을 물론하고 화류병의 예방을 연구하기에 분주한 중인바 이번에 새로 독립국이 된 '파란'[6]에서는 새로 일어나는 판에 아무쪼록 화류병을 예방하고자 새로 예방법을 연구하여 그 서울 '왈소!'[7]와 '딴치쓰히'[8]라는 큰 도회에서 실행하는 중인데 그 효험이 매우 현저한 고로 독일과 기타 각국의 학계에서 열심히 연구하는 중이라.

이 방법은 종래 화류병에 걸린 사람에게만 그 치료 방법으로 주사하던 '살바르산'[9]을 화류병에 걸리기 전에 주사하여 백발백중의 효험을 보는데 실상 화류병에 걸린 뒤에 주사하는 이보다 매우 효험이 많다 하며 또 한 가지 방법은 창기를 가르쳐서 화류병을 예방하는 일인데 원래 화류병의 중매는 창기인 고로 창기에게 예방법을 가르쳐서 그들을 이용하여 화류병을 예방하는 법인데 창기는 반드시 소독약과 소독 제구를 각기 가지게 하여 자기의 몸을 예방하는 동시에 찾아오는 남자에게도 반드시 예방하게 하는 것인데 이와 같이 강제로 화류병을 예방하는 것은 어디서든지 매우 긴급한 일이라 하겠더라.

---

6 파란(波蘭). 폴란드를 말함.

7 원문대로. 폴란드의 수도는 바르샤바임.

8 원문대로. '단치히'를 의미하며, 현재는 '그단스크'라고 말함.

9 원문은 '사루바루산'으로 표기됨.

『조선일보』 1920년 5월 20일

영혜의원 주(主) 여의(女醫) 허영숙, 가정과 실제 생활, 성적 도덕의 박약과 화류병에 대하여

화류병은 근일에 매우 심하도록 우리 사회에 침입하였습니다. 우리 사회에서는 일찍이 성적 도덕이 없다고 하여도 가하도록 성에 대한 똑똑한 관점이 없었습니다. 그것은 우리 사회에 축첩제도가 아직까지 남아 있는 것을 보더라도 능히 추찰(推察)하고 남을 것이외다. 우리 의사회에 유식계급과 무식계급은 물론하고 화류병 환자를 많이 보게 되는 것도 또한 그러한 까닭이외다.

근일에 부인들에게 화류병 환자가 많이 있게 된 것도 또한 그곳에 의미가 있는 것이 있다. 남자의 만성 화류병은 대개는 부인의 불임증으로 되는 이외다. 불임증이라는 것은 여자의 생명을 좌우하는 무서운 병은 실로 그동안 몇천 몇만에 가까운 신성한 생명을 희생시켰는지? 알지 못하겠소이다. 더욱이 여자의 화류병으로 인연한 신병이 있는 부인을 이혼하는 현상을 목격하게 된 것은 더욱 우리들의-적어도 사회를 위하여 걱정하는 사람이 심히 근심하는 바이외다. 부인병의 □한 몇 가지는 선천적으로 되는 것이지만은 부인의 대수개 화류병의 병원(病原)은 대부분 남자의 편에 말미암은 것이외다. 그것을 부인의 단독의 허물로 하는 것은 남자편의 오해이외다.

흔히 보는 바 정성스러운 축복을 받아 아름다운 생명을 가지고는 천진난만한 것□는 어린아이들이 시각을 잃어 눈이 멀게 되는 것은 그 부인의 임질이 원인한 선천적 매독, 농루안으로 인연한 것이외다. 화류병이라 하는 것은 누구든지 다 아시는 바와 같이 자기 일 개인의 생명을 위독케 할 뿐만 아니라 그 부인 그 자제들의 비참한 한 운명을 맺어 주는 것이며, 따라서 일 사회-일 국가의 성쇠 영고에 크게 관계하는 것이외다.

어찌하였든지 우리 나라의 국민성에 큰 결함이라 할 만한 성에 대한 도덕이 없는 까닭이외다. 우리 사회에 어느 것이 필요하지 아니함이 없고 급하지 아니함이 없으니 성정 도덕을 건설하여 성에 대한 관념을 함양하는 것도 우리의 급한 의무 중에 하나일까, 하나다. 참으로 우리의 정신상, 사상상 큰 결점은 성적 도덕의 박약함에 있다 하나 이 다 정신적으로 정신 속에 자아를 세우고 자아의 원천을 도모하여 참으로 살려는 진정한 생(生)의 영광을 열망하는 인사가 깊이 생각할 바이외다. 눈을 감고 머리를 고은히[10] 하여 생각하는 바가 있어야 할 것이다.

10 원문대로 표기함.

『동아일보』 1920년 6월 7일

화류병의 증가, 화류병이 늘어감은 풍기가 문란한 증거

사회의 문병이 발달되어 가는 데에 따라서 일면으로는 여러 가지의 풍기가 변하여 가는 것은 자연한 이치거니와 또 한편으로 의학의 진보가 되어 감에 따라서 이상스러운 질병도 새로 발견되는 것도 많이 있으나 더욱이 사회와 풍기와 직접으로 관계가 많이 있는 화류병도 오히려 이전보다는 해마다 더하여 가는 것을 볼진대 한편으로 풍기에 대한 기강은 점점 쇠퇴하여 가는 영향이 적지 아니하다. 이에 대하여 남대문 밖 세브란스병원 피부과 의사 오긍선 씨의 이야기를 들은즉 특별히 화류병에 대하여는 한면으로 사회 풍기와 직접 관계를 가진 것인 까닭에 환자가 증가하는 이면에는 사회의 풍기가 그 비례로 문란하여 갈 것이다. 요사이는 이런 것도 사회의 진보한 덕이라 할는지 전에 없던 유곽이라는 것과 공연히 펼쳐 놓고 화류병을 소개하는 매음부들도 많이 생겼으므로 해마다 이러한 도덕상 용납지 못할 악독한 병이 많이 생겨오는데, 세브란스병원에서만 치료한 환자의 통계를 보면 1917(대정 6)년도에 치료한 환자의 수효는 2,680명인데 그중에 매독 환자가 328명, 즉 총 환자에 대한 백분의 13이나 되며, 임질 환자가 319명, 즉 백분의 3, 횡현 환자가 63명, 즉 백분의 2, 연성하감 환자가 99명, 즉 3퍼센트인데 화류 환자의 통계가 829명 중에 피부병 환자가 3분의 1이오. 1918(대정7)년도의 신환자 총수가 3,256명인데 매독 환자가 404명, 즉 백분의 12, 임질 환자가 420명, 즉 백분의 18분, 횡현 환자가 116명, 즉 백분의 4, 연성하감 환자가 138명, 즉 백분의 4인데, 총계 1,078명이오. 1919(대정8)년도의 신환자 총수는 4,334명인데 그중에 매독 환자가 623명, 임질 환자 576명, 즉 백분의 13, 횡현 152명, 즉 백분의 3, 연성하감 환자 149명, 즉 백분의 3, 총수가 1,500명인데 이상과 같이 화류병 환자가 해마다 증가해 가는 것은 참 유감되는 일이라고 말하더라.

『매일신보』 1920년 7월 6일

화류병 남자결혼법 금지안과 치안경찰법 제5조 개정이 이번 의회에 제출. 도쿄 신부인회의 활동

도쿄 신부인협의회에서 솔선하여 의회에 제출한 화류병 남자 결혼 금지에 관한 법안과 및 치안경찰법 제5조의 개정은 의회해산으로 인하여 전자의 참고 송부로써 종결되었던바 전 의회에 제출할 즈음에 당파적 정실(情實)에 지배되어 괴로운 경험을 맛보았다 하며 또 금번 특별 의회는 단기인 고로 제출하여도 전회가 같은 결과를 볼는지도 모르겠다는 의견으로부터 동 협회에서는 일시 제출을 그만두기로 하였더니 의외로 지식 계급에 있는 인사의 동정이 비상하고 또 모 대의사와 같은 이는 당파 관계를 전연히 떼어 버리고 간접, 직접으로 응원 지도에 노력함으로써 이에 용기를 낸 동 협회에서는 히라츠카 라이초(平塚明子)[11] 부인을 비롯하여 각 이사가 일어나서 운동을 개시하고 수일 내는 전혀 불면불휴의 상태로 활동하는바 동 협회의 히라츠카 라이초를 방문한, 즉 "이제는 아주 제출하게 되었소. 이 제출안의 찬조자는 협회 찬성원의 거의 전부가 힘써 주시기로 작정되었으나 법률안의 제출자에 대하여는 지금 활동 중이요 나는 금번 운동 중에 그중 느낌은 먼저 번에는 대의사 여러분이 극히 냉담하게 하더니 금번에는 열심히 찬성하여 주심으로 그 사이에 이렇게도 변할까 하였습니다. 어찌하였든지 금번의회 예산에 대한 것이 주장이므로 우리들의 하는 일은 어찌될는지 몰라 그만두기로 하였다가 새로이 운동을 시작함은 일주일 전에 한바 올시다."

『매일신보』 1921년 1월 16일

화류병 박멸 법안을 제정하고자 하는 바 영미국과 같이 해야만 되겠다고. 국비 시료(國費施料)가 필요

세계적 망국병, 즉 나라가 망하는 병은 화류병이다. 그 병에 대하여 우리나라에서는 아무것도 그것을 예방함에 관한 법제가 없는 까닭에 화류병은 해마다 맹렬히 처져서 그 병에 걸리는 자가 자꾸 증가하는 경향이 있는 고로 내무성에서는 머지않은 시기에 화류병예방법안을 제정할 차로 위생조사부에서 신중 조사하며 연구하는 중인데 그의 참고 자료를 얻고자 향지에[12] 영국 및 미국에 가토 방역관(加藤防疫官)을 파견하여 그곳에 실정을 조사케 하는 중이더니 이번에 겨우 조사를 해가지고 돌아온 바 비로소 구체적인 걸음을 옮기게 되었다.

가토 방역관 담 / "미국과 및 영국에서는 의술이 이상적이요. 의업은 관영인고로 화류병 예방에 대하여는 무료로 치료하고 기타 씨명 같은 것은 의사만 알고 관청에서는 단지 치료 구제했다는 것만 발표하는 고로 그 결과로 자못 환자가 감소하여지오.[13] 우리나라에서도 이 방침 위에서 화류병을 박멸하지 아니될 줄로 생각하고 이것이 가장 긴요하다고 생각하고 그러나 세계 각국을 모두 보아 화류병 환자에 대하여 결혼 금지를 하는 것과 같은 법을 둔 나라는 하나도 없소." (도쿄)

---

11 원문은 평총명자(平塚明子)임.

12 원문대로임.

13 원문대로임.

『조선일보』 1921년 5월 6일

노골적 개방된 위생박람회, 남녀의 음부를 만들어 화류병 예방

목하 도쿄 양국 국기관(兩國國技舘)에서 개최 중인 위생박람회는 온갖 설비가 철저적으로 완비된 바, 그중 화류병 예방 등에 대하여 그 병독이 격렬한 것을 아주 완전하게 표시하기 위하여 사람의 정충, 난자 등을 현미경을 사용하여 실물을 보이고, 그외에는 임병균과 같은 것을 실물과 같이 만들고 그 옆에 남녀의 음부를 완전한 실물과 같이 만들어 놓고 임질과 매독 같은 것의 병독에 의지하여 변형이 되는 것 등의 가장 두려운 상태를 표시하고 그외에는 매춘을 하는 추업부와 기타 기생 같은 것을 밀렵 모형으로 만들고 거기다가 화려한 의복을 입혀 놓고 음부와 기타에 매독병균이 움질움질하는 것을 보여 기생이나 추업부 같은 것은 표면으로 그렇게 예쁘고 정결하여 보이지 않은 실상 속에는 그러한 구더기가 들썩거린다는 것과 병리적 변화를 모두 노골적으로 보이고 설명지까지 첨부하여 일반 남녀 관람객에게 상세하게 설명까지 하여 준다는데 일신을 돌아보지 않고 화류계에 빠지는(沈惑) 경박 소년들과 기타 위생에 대하여 홍등박람회로 인하여 매우 유익한 교훈이 되겠다더라.

『조선일보』 1921년 5월 16일

식민지회의에 진정, 전일에 마적 두목으로 지금은 제일의 실업가

(…) 조선 재등 총독, 관동군 사령관, 산현 관동청 장관, 유비 청도군 사령과, 슈야 조선 정무총감, 추산 청도 민정서장, 적총 봉천 총영사 등 각 식민지 재관이 모여 만몽(滿蒙)의 근본 방책을 확실히 세우고자 함으로써 이때 만몽 실업계의 제일 위에 있는 영목 씨는 이 기회를 얻어 민간 연구하여 두었던 몽골 사정을 자세히 진술하기 위하여 9일 아침에 하관을 거쳐 도쿄에 이르렀는데 그는 말하되 (……) 나는 작년 8월에 임서현(林西縣)에 시료원을 설시하였는데 개원한 이후로 지나간 2월까지 1만 7,275인을 치료하여 주었는데 그 병은 모두 화류병이라. 병만 들면 병자들은 다만 앉아서 죽기만 기다리는 모양이더니 내가 606주사를 이곳 □□ 치료에 착수하면 아무리 그중 걸린 자라도 3주일 동안이며 전치가 되는 고로 몽골 사람들은 다들 신인(神人)이라고 부르기까지 한다. (……)

『조선일보』 1921년 5월 17일

구매원(驅梅院)의 보조, 보조액은 천오백 원

경성에는 신정유곽조합, 용산 미생정조합 병목정 조선인 유곽에 각각 구매원이 있는데 조선인이 경영하는 한성병원에는 수년 전부터 경기도 경찰부에서 경비 보조가 있으므로 천업(賤業) 부인에게 약값, 치료비 등을 부담치 않게 되었으나 그외 일본인이 경영하는 구매원에는 보조가 없었으므로 유감이라 하는 바 이에 대하여도 보조하려 달라고 건의 중이더니 요사이도 당국에서 차차 실현될 모양이요, 그 보조액은 총계 2,500원인데 신정 측에 1,400원, 용산 측에 600원, 한성병원 측에 500원인즉 이것은 작년 쓴 경비에 의지하여 비례한 것이라더라.

『동아일보』 1921년 5월 18일

사회의 도덕적 기초. 우리 청년계의 부패를 개탄, 화류병독의 전율할 영향

건전한 사회를 기망(企望)하며 행복의 생활을 기도하는 자의 가히 우려할 바 한둘이 아니나 그러나 사회의 중심이 될 만하고 인생의 원기가 될 만한 청년이 타락하여 기상이 쇠잔(衰殘)하고 신체가 섬약하여지는 것과 같이 개탄할 것이 없으니 빈핍(貧乏)이 비록 어려우나 노력으로써 가히 구할 수 있는지라. 크게 우려할 바 아니며 무지가 비록 한탄할 바나 그러나 태초부터 총명한 자 없는지라. 이 역시 노력하면 가히 면할지니 그 크게 걱정할 바 아니로되 오직(獨히) 청년의 잔약(殘弱)한 신체와 희미한(昏昏) 기상에 이르러서는 다시 구원할 도리가 없을 뿐 아니라 모든 진보와 노력의 원천이 고갈하고마는 것이 되나니 그 어찌 천하를 우려하는 자의 가장 우려할 비 아니리오.

이제 모 병원에서 매독 환자에 관하여 행한 조사표에 의하건대 환자 전체에 대한 비례가 다음과 같도다.

1917년	1918년	1919년	1920년
백의 10반(半)	백의 11	백의 11반(半)	백의 12

세계에 매독 유행으로 가장 유명한 프랑스도 그 퍼센트지가 가장 높아 12를 초월하지 못하였으니 그런즉 조선은 매독 환자 수에 한하여 세계의 일등국과 나란히 할 만한 반열에 들어왔다 하리로다. 그 어찌 우리의 전율할 바 아니리오. 매독의 큰 해독은 개인과 사회의 양 방면으로 관찰할 수 있으니, 우선 개인적 방면으로 논지하면 전염된 지 6개월 이내로 종창(腫瘡)이 일어나며 음성이

변하고 다시 일보를 나아가 제3기에 들어오면 코와 입이 붕괴할 뿐 아니라 전 신체가 부패하여 악취를 내는 도다. 그 사회적 방면, 곧 매독 환자의 자녀에게 반하는 영향을 논하건대, 유산과 사생이 많을 뿐 아니라 설혹 생산한다 할지라도 병독이 유전되는 결과 종창이 나서 사망하기 쉬우며 사망하지 아니하는 경우에는 정신상 저능아 혹은 광병자(狂病者)가 되기 쉬운 것이니 그 개인의 불행은 고사(姑舍) 물론이어니와 이와 같은 자의 다수로써 점령되는 바 사회의 운명은 장차 어찌되리오. 우리는 매독이 초치(招致)하는 민족의 멸망을 상상하는 때에 과연 자리에 태연(晏如)치 못하겠도다. 매독 이외에 또한 전율할 병독은 매독과 같이 유전은 아니하나 그러나 나치의 점에 있어서 매독보다 더욱 심하고 더욱 나쁜 성질을 가졌으며, 폐안(廢眼)되며 관절병을 야기하여 신체를 추악하게 하는 점은 동일할 뿐 아니라 여자로 하여금 생산을 불능케 하며 설혹 생산한다 할지라도 생아(生兒)의 십중팔구는 맹목이 되는도다. 슬프다. 개인으로서는 신체의 부패와 그로 인한 비할 바 없는(無雙) 고통에 신음하다가 마침내 생명을 단절하며 사회로서는 이와 같은 추악한 분자의 군집으로 인하여 생존 경쟁의 자연한 도태를 받아 파멸을 면치 못하게 되는 원인의 이 두 종류의 병독은 무엇으로 따라 나오면 무엇에 말미암아 일반 사회에 전파되는고. 숙고하건대 도덕이 건강과 긴밀한 관계가 있으며 따라 인생 행복의 원천이 되는 것이 분명하도다.

조선 사회의 특히 청년계의 기상이 활발하고 의젓(豁達)하며 의지가 단단하고 강하여(鞏强) 원대한 이상과 고상한 사업에 전력을 경주하면 어느 겨를(奚暇)에 음란한 기풍이 침입하며 음란한 기풍이 없으면 어찌 화류병이 유행함을 얻으리오. 매독과 임질 등을 총칭하여 화류병이라고 하나니 대개 화류병에서 전염되며 화류계에 유행되는 까닭이다. 화류계는 인생의 엄숙한 의무를 망각하고 창조의 본분을 몰각한 방탕 부랑자의 소굴이니 곧 사회를 파멸하고 개인의 잔인해물(殘害)하는 마굴이라. 청년의 의기가 늠름할진대 어찌 그 사회에 화류계의 존재를 허하리오. 그러나 조선 사회에 매독 환자의 비례가 전 환자의 1할 이상을 점령하는 참담한 정황에 있으니, 이는 조선 청년의 타락을 표시하는 것이며 그 기개와 시체가 함께 심약하여짐을 의미하는 것이라. 어찌 우리의 가장 크게 우려할 바 아니리오. 청년의 의기와 도덕이 멸하는 곳에 사회의 파멸이 이르는 것이로다.

화류계에 출입하는 청년은 병독을 화류계에 한하여 유행시키며 전파시킬 뿐 아니라 또는 그 가족에게 한하여 유전시키며 전파할 뿐 아니라. 기타의 양가 자녀를 유인하여 한 가지로 멸망의 길에 타락하기를 힘쓰나니 이와 같은 흉악한 청년은 가위 팟지루스[14] 이상의 사회적 팟지루스라 하

14 의미는 불분명하나 원문대로 표기함.

리로다. 현대 조선 사회에 이와 같은 팟지루스의 횡행이 과연 어떠한고. 우리는 이와 같은 형세에 비추어 일찍이 청년 학생의 감독 보고 기관의 설치를 역설하였거니와 경성 시내의 각 기독교회가 지난날 □를 기해야 □□□기(起)하여 청년과 도덕이란 제목하에 이에 대한 일대 운동을 행함은 우리의 의(意)를 얻은 바라. 각 수양단체가 협력하여 더욱 철저하기를 희망하는 동시에 특별한 소감을 금치 못하여 이에 일언을 발하노니 조선인은 이제 의지할 곳이 없는데 병독의 침입과 악(惡) 청년의 횡행은 날로 격심하도다.

『매일신보』 1921년 9월 29일

평남지국 일기자, 가공할 화류병

화류병이라 하면 삼척동자라도 다 아는 바와 같이 흔히 화류병 남녀들의 신음하고 있는 두려워할 만한 병종이다. 그 종류는 허다하나 개중에 가장 유행적이고도 무서운 것은 매독, 창독, 임질의 세 가지라 한다. 모 의사에게 들으니 매독, 창병 같은 것은 오인의 생명까지 큰 관계가 있어 까딱하면 그의 생명을 빼앗기 쉬운 중 또 유전성이 자손에게까지 미쳐 일가의 참담한 비극을 빚는다 하며 임병은 생명에는 그리 관계는 없다 할지나 이후로는 좀처럼 치료하기에 극난하나 불행이 극도의 만성에 이르면 생식을 할 수 없다 하니 우리나라에서 제일 기탄하는, 대가 끊어지는 일이 되고 말 것이다. 생각하면 어느 것이나 무섭지 아니하며 우리의 주의할 바 아니지만은 요사히 평양 청년들 중에서는 그 가공할 병을 그리 기탄하지 아니하는 듯한 경향이 없지 아니하다. 당지에는 예로부터 전하여 오는 남아(男兒)치고 임병 한 번 못 걸려 보면 황토를 못 면한다는 악설이 있어 혹 그 전설을 잠언(箴言)같이 생각하는지도 모르거니와 유산계급의 청년치고는 임병 없는 청년이 없는 듯하며 비밀히 모의(某醫)에게 606호 주사 한 번씩을 맞지 않아 본 청년이 드문 듯하다. 이 같은 청년들을 어떤 방향으로 보면 막힘 없는 기운(暢氣)인 듯도 하여 세상에 무서운 것을 모르는 듯하나 그래도 위험하고 더러운 병을 삼가지 않음은 아무래도 무슨 심성들인지 모르겠다.

화류병의 소개자는 물론 기생, 갈보, 매음녀들일 것이다. 갈보는 당국으로부터 매음 허가를 받아 영업하는 바이니, 1주 1차 혹은 2차의 국부 검사를 당하는 때에 혹 병균을 보균하였으면 그에 대한 상당한 조치가 물론 있으려니와 기생과 밀매음녀에 대하여는 그것이 없다. 밀매음녀는 문자상의 의미와 같이 당국과 일반 사회의 안목을 기피하여 가며 극비밀리에서 더럽기 한량없는 행동을 하고 있으니 묻지 않고도 그 흑막 안에는 매독, 임병, 창독 외에 더 무서운 이름모를 무슨 독병이 가득하였을 것은 관약명화(觀若明火)하며 본시 몰상식한 그네들이라. 황금에 인성을 모두 빼앗기고 말았더니 자병(自病)을 완치함은 고사하고 남에게 점염을 시켜 주는 것도 일호(一毫) 양심의 가책이 없어야 많은 성욕에 주린 청년들이 그들을 대할 때마다 가공할 호류병이 전염될 것은 이미 진리(定理)이며 기생 역시 당국의 안목을 피하여 육(肉)을 팔며 그저 돈만 가진 남자라면 옷 벗고 천식하며 달려드니 아무리 주의를 가한다여 화조월석(花朝月夕)으로 장삼이사를 보내고 맞이함에 전염을 받음도 혹 있겠고 사람에게 전염을 주는 것도 반드시 있을지라. 그러나 이 극단의 폐해를 명확히 알면서도 방지할 리 없으니 몰각한 청년들이 자각하면 모르거니와 그렇지 못하면 장차 우리 평양 사회는 썩어 가서 구린 냄새가 무럭무럭 떠오를지며 청년 태반이 화류병자로 참혹하게 신음하리라. 마지막에 임하여 한 마디 덧붙이노니 그 같은 사회에 중대한 문제를 심상시하지 말고 당지 유지자들은 하루바삐 선후책을 강구하기 바라며 경찰 당국자들도 그 같은 방면으로는 너무 태만하지 말고 밀매음 단속을 엄혹히 하여 주기를 심히 바라는 바다.

『동아일보』 1922년 5월 1일

가공할 화류병, 경성 신정에서만 환자가 1천여 명

신정유곽에는 해마다 창기가 늘고 이에 따라서 해마다 화류병도 늘어가는데 신정 창기 병원에서 조사한 화류병 통계를 보면 1916(대정 5)년에 705명이던 것이 1921(대정 10)년에는 1,024명이나 되는데 이것을 사시로 나누어 보면 봄철로 여름철이 가장 많고 겨울이 가장 적으며 병의 종류로는 임질이 제일 많고 매독이 제일 적으나 검사를 할 때에 매독이 잠복한 것까지는 검사하지 아니함으로 발견되지 않는 듯하다. 이것으로 보면 소위 공창이라는 것이 얼마나 위험한 것이오. 검사라는 것도 그리 믿을 것이 아닌즉 깊이 주의할 만한 무서운 일이라 하겠더라.

『조선일보』 1923년 1월 30일

주의할 신정의 화류병, 매독에 걸린 자가 12명이오, 임질 환자는 100여 명이나 된다

이 세상 사람의 생활하는 상태를 한번 살펴볼 때 거미줄같이 복잡한 그 내막에는 이루 말할 수 없는 비참한 사실도 많이 있으려니와 그 가운데에는 무엇보다도 가장 귀중한 정조를 팔아서 생활하는 사람처럼 비참한 일은 없을 것이다. 경성 신정유곽 같은 곳에 몸이 팔리어 사람으로는 차마 할 수 없는 자기의 고기를 팔아서 그날그날의 모진 목숨을 이어가는 창기의 생활하는 모양을 들어보면 꿈결같이 지옥보다도 무서운 창살 안에 갇히게 된 후 이름도 성도 알 수 없는 손님을 저녁에 맞고 아침에 보내기로 일을 삼가는 가운데는 자연 매독 같은 악질에도 걸리기 쉬운 일이라. 그럼으로 만약 이 악질에 한 번 걸리면 일생을 전혀 고통으로 보내게 되어 차라리 죽는 것만 같지 못한 극히 비참한 생활을 하는 사람도 적지 아니하므로 창기 영업자로 조직된 각 조합에서는 이것을 예방하기 위하여 각 창기에게 닷새 동안 한 번씩 의사의 신체검사를 받게 하는 동시에 만약 병에 걸린 자가 있을 때는 그 병을 치료하기에 진력하나 원래 허다한 창기 중에는 이로 근치할 수가 없어서 이제 경기도 경찰부에서 조사한 바에 따르면 신정조합에 부속된 창기가 도합 3,156명 중에 매독병에 걸린 자가 한 명이오, 임질에 걸린 자가 43명이오 하감에 걸린 자가 5명이라 하며 순전히 조선인 창기로 조직된 한성조합에는 총수가 1,879명으로 그중에는 매독병에 걸린 자가 11명이오, 임질에 걸린 자가 69명이오, 하감에 걸린 자가 20명이나 된다는 바 그곳에 출입하는 사람들은 매우 주의할 필요가 있다더라.

『조선일보』 1923년 4월 10일

검미비(檢黴費) 부담에 대하여 / 세키미즈(關水) 위생과장 담(談)

이번 행정정리에 따라서 종래 국비 지불(支辨)이던 검미 소비의 전부를 삭제하게 된 결과 장래 가시자시키창기단속규칙 제23조 또는 예기작부오키야(置屋)단속규칙 제8조에 의하여 행하는 건강진단 또는 검진을 요하는 비용은 부와 면(도지사의 지정한 면)이 부담하기로 된지라. 즉 부면비에서 지출하기로 되었는데 검미를 힘껏 행하여 화류병의 박멸을 기함은 단지 국민보건상 소홀치(忽諸) 못할 것일 뿐 아니라 인도상으로 보더라도 필요 결(欲)치 못할 것이라. 따라서 이 사무는 국가가 강제력으로써 집행하지 아니하면 아니될 사무인 관계상 이에 따르는 비용은 본래에 성질로 보면 국비에서 지불하는 것이 지당하나 이번 행정정리의 결과 부면에 옮기기로 된 것이라. 그러나 이 경비는 부면으로 하여금 임의적으로 지출케 함보다는 법령에 의한 부담으로 하여 부면에 그 지출을 명하는 것이 적당하다는 견지로부터 앞에 쓴 부령의 발포를 봄에 이른 터다. 그러나 부면에 대하여 마찬가지로 검미에 요하는 총비용을 부담케 한다 함에 이르면 빈약한 면(面)에서는 부담을 감당하지 못하게 될 우려가 있는 고로 그 비용의 범위를 결정할 필요가 있는 것과, 요검진자가 극소수한 면에서는 특히 검미소를 둘 필요가 없음에도 불구하고 이들 면에 대하여 그 비용의 지출을 명하기로 되면 경비를 부당하게 팽창케 할 폐(弊)를 만들 우려가 있는 고로 도지사가 본부의 인가를 받아 그 비용의 범위와 본령을 적용하는 면을 지정하기로 하는 것이 적당한 줄로 인(認)하였음으로 제2항의 규정을 두게 된 터이라.

그러나 위는 단지 그 비용의 부담에 대하여 규정할 뿐이오. 검미 실시에 대하여는 지금까지 도

(道)와 같이 경찰서에서 이를 시행하고 종전과 하등의 다른 바가 없을 것이라. 운운

『조선일보』 1923년 7월 15일

창기의 건강 상황, 작년 중 전 조선 안에서

작년 1년 동안 전 조선 안에 있던 창기의 건강진단한 상황이 아래와 같으니 조선인 1,240인, 일본인 1,549인, 외국인이 2인인데 그중 예기가 조선인 473인, 일본인 837인이오, 작부가 조선인 945인, 일본인 902인, 외국인 3인 합계가 5,641인인 바, 이에 대한 건강진단의 회수는 2만 6,187회인데 진단받은 사람을 늘어놓을 것 같으면 총계가 32만 7,530인이라. 그중 병이 있다고 인정하는 자를 횟수로 늘어놓고 보면 1만 4,858인인 바 그중 중증으로 말하면 아래와 같다더라. 매독 1,377인, 임질 5,873인, 하감창 1,946인.

『동아일보』 1923년 8월 13일

화류병의 대검사, 함흥서의 활동

함흥경찰서에서는 서원 일동을 6반으로 나누어 2시간 동안 관내 각 음식점에 잇는 매음부 60여 명을 검거하여 진단한 결과 화류병을 가진 사람이 많은 것을 발견하였다는데 그들 중에는 몸이 음식점에 팔려 수백 원의 빚을 지고 노예 생활을 계속하여 제몸을 가지고도 제 마음대로 할 수가 없는 가련한 여자도 많다 하며 나이는 15세로 33세까지요. 20세로부터 25세까지가 가장 많다 하며 그중에 보통학교를 중도 퇴학한 자 외에는 교육을 받은 자가 한 명도 없다 하며 이번 음매부 검사로 인하여 놀라울 만한 병독을 발견한 경찰서에서는 기생들에게도 건강진단을 하게 하여 병독을 일소케 하기를 일반 시민은 열망한다더라. (함흥)

『동아일보』 1923년 9월 10일

기생 건강진단, 십삼일부터 종로경찰서 관내 기생 300여 명에게

오는 13일로부터 14, 15일 3일간 종로경찰서에서는 관내의 기생 300여 명의 건강진단을 하여 만일 전염병이 있는 기생에게는 전쾌되기까지 영업을 금지시킬 예정이라 하며 이번 진단은 단순한 건강진단이므로 매우 간단한 방법으로 시행하리라더라.

『동아일보』 1923년 9월 14일

건강진단으로 경찰서가 꽃밭, 사흘 동안에 약 2천5백의 이발업, 음식업, 기생 등을 진단한다

부업공진회가 임박하여 옴에 따라 모든 준비가 착착 진행 중이라는데 시내 종로경찰서에서는 특히 다수 지방에서 온 손들을 대하는 기회가 많은 음식점업, 이발업자와 기생들의 건강진단을 시행한다 함은 이미 보도한 바인데 예정과 같이 작 13일에 첫 진단을 아침 9시부터 하오 4시까지 1,200명가량의 남녀에게 시행하였는데 금 14일과 명 15일까지 3일 동안에 약 2,500명의 영업자에게 진단을 시행하여 조금이라도 위험한 점이 있으면 즉시 치료 처분을 내려서 만일을 예비할 터라는데 음울한 공기에 싸였던 종로서도 녹의홍상의 미인들이 아래 위층에 답지하여 꽃밭을 이루었더라.

『동아일보』 1924년 1월 13일

인천 창기 건강 상태 검사

인천부 부도정에 있는 창기의 건강 상태에 대한 인천서 위생계의 진단검사의 결과를 보건대 일본인 창기 531인 중 임병 3인, 기타 합 7인이오, 조선인 380인인 바 이것을 총수에 비하면 일본인은 76명에 병자 1인이오, 조선인은 25인에 한 사람 평균이라더라. (인천)

『경성일보』(京城日報) 1924년 2월 5일

뒷문을 만들어, 화류병 구제(驅除)와 결핵 예방 위해 무료로 검사를 실시하다. 경성부의 위생시험실

이미 보도했듯 경성부 위생시험실은 예산이 통과하기를 기다렸다가 4월쯤 부 청사 구내의 민적계(民籍係) 옆으로 이전하기로 돼 있는데, 마침내 이전이 이뤄진 때에는 가토 위생계장이 몸소 진두에 서서 무료로 각종 검사를 실시할 예정이다. 우선 조선에는 십이지장충, 아메바, 회충 등 기생충이 많으므로 시민의 분변검사를 비롯해, 결핵 예방으로서 객담검사, 화류병 구제를 위해 혈액검사 등을 실시한다 하는데, 수검자의 편의를 꾀하기 위해 뒷문을 만들 것이라 한다. 또한 수질 시험소는 여전히 에이라쿠(永楽)정의 수도과 구내에 둔다고 한다.

『조선신문(朝鮮新聞)』 1924년 2월 27일

화류병 예방약이 왕창 왔다, 재해 후의 도쿄는 성병의 무도장(舞踏場)으로

재해에 수반해 무시무시한 생활고가 발호하기 시작했다. 그 때문에 듣기조차 애처롭게도 마지막 남은 것을 팔아야 하는 부인이 많아졌다고 한다. 그러한 결과로서 대단히 위험한 화류병의 만연이 정말이지 이제 시작이라고 관측되고 있다. 특히 최근 가장 주머니 사정이 따뜻한 이들은 화류병 따위 아무렇지도 않게 여기는 육체 노동자의 대군이다 보니, 한층 저주스러운 경과가 예상되고 있다. 고등 사창의 발호와 화류병자의 격증은 재해 후 인심이 가라앉음에 따라 당연히 식자들이 우려할 만한 위대한 산물이 되었다고 하지 않을 수 없으리라. 하물며 자포자기에 빠지기 쉬운 시기에 직면한 젊은 남녀가 채워지지 않는 마음을 안고 화류병자를 중심으로 미쳐 버린다면 그때의 결과는 어떻겠는가? 식자의 시선은 그 지점으로 움직이는 것이다. 화류병 환자가 늘어나 의사, 약사가 기뻐할 날이 가까운 장래에 가로놓일 것도 틀림없다. 내복약 프레놀린이라든가 외용약 아르하르골[15] 그리고 살바르산 또는 마찬가지 매독에 쓰는 네오아르키미놀[16]이나 임미콜[17] 등의 주사약 그리고 화류병 예방약이 주석(錫)제 관으로 짜내듯이 나온다. 반미치광을 예기해야 하리라고 여겨지고 있고 공상이 아닌 현실의 어두운 그림자다. 미국 등지로부터 듀레 씨의 화류병 예방 연고가 왕창 들어오고 있는 현상을 보더라도 누가 그것을 부정할 수 있겠는가. 아내는 가질 수 없고 사창은 선다.[18] 고노콕켄이나 스피로헤타 팔리다 등의 보균자가 되는 명예 앞에서 우선 근래의 뜻있는 인사들은 그러한 예방약에 주의할 필요가 있지 않겠는가. 천연두는 오히려 부분적이지만 화류병은 광범위하다. 광범위한 질병이 왕성해지면 국가는 망한다. 경애하는 우리 국민을 꾸짖고 가르쳐야 하는 때는 위기에 처한 지금이다.

『경성일보(京城日報)』 1924년 4월 13일

1923년도 징병 성적, 화류병 환자 감소

[도쿄 전보] 12년도 징병 인원은 561,186명인데 그중 화류병 환자가 가장 많은 지방은 대만, 오키나와 지방이고, 그뒤를 잇는 곳은 이시카와, 교토, 가가와, 도쿠시마, 히로시마, 야마구치, 후쿠

15 원문을 음독 표기(アルハルゴール)함.

16 원문을 음독 표기(ネオアルキミノール)함.

17 원문을 음독 표기(イムミコール)함.

18 문장의 의미 연결이 모호해 잠정적인 직역으로 남김.

오카, 나가사키, 가고시마 등이며, 가장 적은 지방은 야마가타현이다. 그 비율은 평균 징병 인원 1,000명에 대해 15명인데, 육군 당국이 각 부현 당국과 연락을 취하며 방지(防遏)에 힘쓴 결과 점차 감소해 왔다. 즉 1920년에는 1,000명에 대해 22명, 1921년은 19명, 1921년은 17명의 비율이었는데, 1923년도에는 징병 인원이 561,186명이고 환자 수는 8,500명으로 비율은 다음과 같다. 가장 많은 곳은 1,000분의 30 내지 40인 오키나와 지방, 다음은 20 내지 30으로 이시카와, 교토, 가가와, 도쿠시마, 가고시마, 야마구치, 후쿠오카, 나가사키, 가고시마이며, 가장 적은 지방은 1,000분의 5인 야마가타다.

『조선신문(朝鮮新聞)』 1924년 4월 14일

본년도 장정의 사상은 건전하다, 트라코마 화류병도 반감했다

9일과 10일 양일에 창춘(長春)소학교 강당에서 1924년도 장정 신체검사를 시행했다. 4번가 이북의 남만(南滿) 연선 각지의 정자툰(鄭家屯) 지린(吉林)의 장정 수는 총수 107명이고, 그중 한 명은 병으로 입원 중이어서 수검자는 106명이었는데, 이지마(飯島) 관동군 군의(軍医)부장은 다음과 같이 말한다.

"다롄(大連)과 펑톈(奉天)의 검사 상황을 시찰하고 왔는데, 창춘에서의 첫째 날의 느낌은 전자에 비해 다소 뒤떨어진 것처럼 생각됐다. 그러나 둘째 날까지 보고 난 후가 아니면 단정적으로 말할 수는 없다. 올해 장정은 마침 러일전쟁 당시의 출생아여서 이치상 말하자면 그 수와 체격이 예년에 비해 별어질 터이지만, 이것도 9월경이 되어 전국 통계가 완성된 후가 아니면 뭐라 말할 수 없다. 하지만 일반적으로 신장이 부족한 점은 사실이다. 운운."

또한 다와라(田原) 궁주링(公主嶺) 수비대 대장은 말하기를,

"첫날은 작년에 비해 장정의 체격이 대단히 나쁘고 특히 신체가 뒤떨어졌기 때문에 은근히 걱정하고 있었지만, 둘째 날의 성적을 보니 작년에 비해 뛰어날지언정 뒤지지 않는다. 올해는 군축의 관계상 다소 합격률을 낮췄기 때문에 어지간히 체격이 좋은 자가 아니면 합격할 수 없다. 일반 장정의 사상도 건건해서 내지 부근에서 보일 법한 꺼림칙한 언동은 조금도 없었다. 이는 서로가 만몽(滿蒙) 개발의 급선봉이 되어 만주에 나간 사람들이기도 하고, 또한 특히 창춘 지방의 사람들은 국제적 관계가 깊은 지역에 있는 만큼 비참한 러시아의 현재 상황을 속속들이 알 수 있으니, 자연히 국가라는 관념이 각자의 가슴에 새겨져 있는 것이리라. 특히 내가 가장 느낀 점은 검사 전에 사람들을 모아놓은 곳에서 기다리는 동안 마루방이니 발이 아프지 않도록 편한 자세로 앉아 있으라

고 주의했음에도 불구하고 개중에는 반듯하게 정좌하고 있는 청년도 있었다. 진지한 마음가짐이 외형에 나타났던 것이다. 또한 내가 갑종 합격이라고 전하자 마음에서 우러난 기쁨을 만면에 띈 자도 있었고, 제2을종이라고 선고 받고 불복한 얼굴을 하는 자도 있을 정도여서, 기피하는 듯하는 태도를 드러낸 자가 한 명도 없었던 점은 검사원인 나로서는 물론 일본 국민으로서 뜻을 강화하기에 충분하다고 보았다. 화류병 트라코마도 작년에 비해 반감하고 있어 기뻐할 만한 현상이다." (창춘)

『경성일보(京城日報)』 1924년 4월 19일

두 순사가 11살 소녀를 농락해 화류병을 감염시키다, 요코스카경찰서의 풍기 문란

현재 요코스카(横須賀) 다도(田戸) 매립지에 거주하는 보자브로(房三朗)의 4녀 다도(田戸)소학교 3년생 이토 미요(11)(가명)는 며칠 전 놀러갔던 곳에서 귀가한 채 발병하여 지금 동 지역 구고(公郷) 화류병 전문 구보타(窪田) 의사의 치료를 받고 있는데, 발병 원인은 요코스카의 이시이(石井) 순사와 호리타(堀田) 모(某)에게 유괴당해 성병에 감염되어 여병이 병발(併発)한 것이어서, 동 경찰서는 16일 조사를 개시했다. 미요코[19]는 16일 중태에 빠졌기 때문에 경찰계에서 커다란 문제가 되려 하고 있다. (요코스카 전보)

『경성일보(京城日報)』 1924년 4월 27일

평양 병사 중에는 화류병 환자가 많다, 위안 기관이 없기 때문이다. 위수병원 이시이(石井) 군의정이 말하다

최근 평양 여단장으로 부임한 다케우치 에이키(竹内榮喜)로 하여금 조선 제일의 병원이라고 감탄하게 할 만큼 내용이 정돈돼 있고 풍아(風雅)한 경치가 빼어난 평양 위수(衛戍)병원을 오랜만에 방문했다. 원장인 이시이(石井) 2등 군의정은 말한다.

"이 위수병원은 여단에 있는 여러 부대 외에 신의주, 강계(江界) 등 각 국경수비대도 관할하고 있는데 작금에는 덕분에 화자가 대단히 감소해, 지금은 61명밖에 수용하고 있지 않다. 작년에는 하루 평균 50명 이상, 재작년은 67명 이상[20]이라는 나쁜 성적이었지만, 금년도는 현재 상황대로 간

---

19 위에서 전술한 이름은 '미요'임.

20 '50명 이상'과 '67명 이상'은 원문에서 각각 '五十人八', '六十七人八'임. 수 대명사인 人의 뒤에 쓴 '八'의 쓰임새를 정확히 확인할 수 없었는데, 八은 구체적 수가 아닌 '많은'을 의미하기도 하고, 한자로 '八'을 쓰면 아래로 퍼지는 글씨 모양 때문

다면 하루 평균 50명 이하라는 좋은 성적을 거둘 수 있으리라 생각한다. 이는 첫째로 장정을 정밀하게 선발(精選)함으로써 기대되는 바이기도 하고, 또 하나는 의료기관의 완비와 의술의 진보에 기초해 가능해지는 것이리라. 현재의 수용 환자는 주로 흉막염과 화류병 환자다. 흉막염은 병원(病原)이 무엇인지에 대해 육군성에서도 흉막염조사회를 설치해 엄밀하게 연구 중이지만 아직 발견하지 못한 모양이다. 특히 조선 군대에 많으면서 더욱 증가하고 있는 상황에 비춰 볼 때 어쩌면 공기의 건조 등도 큰 영향을 주고 있으리라 생각된다. 비교적 화류병이 많은 점은 실로 유감스럽다. 이는 멀리 고국을 떠난 곳에서 위안 기관이 적기 때문에, 바꿔 말하면 친척, 친구 등도 조금도 없고 지역 민간 사정도 상이하기 때문에 자기 위안을 화류계에서 찾기 때문이리라고 생각된다. 이 병원에서도 항상 이 점에 마음을 써 오락실을 마련하고 각종 오락품과 도서 등을 비치하고 사철에 따라 생화 등도 비치해 환자의 위안에 도움이 되게 하면서, 또한 간호졸로 하여금 항상 환자에게 다가가 위안하도록 독려하고 있다. 올해 2월부터 간호부도 2명 고용해 주로 중병 환자의 간호를 맡게 하고 있는데 대단히 성적이 좋다. 그러나 현저히 좋은 성적을 거두기 위해서는 4~5명이 더 있으면 좋겠다. 하지만 환자의 사망률은 최근 눈에 띄게 줄어들었다. 자칫하면 군대의 의료 기관이 사회로부터 오해받기 쉬우니, 될수록 많은 사람에게 위수병원의 내외 기관을 소개하고 싶다는 생각이다. 그래서 내년 봄부터 이를 위한 최선의 방법으로서, 앞으로 사회에 나가는 고등여학교 졸업생 중 학교 졸업생 혹은 각 견학 단체에 대해 위수병원을 개방하여 모든 기관을 참관에 이용토록 하고 싶다는 생각이다. 현재 이 병원에는 군의(軍医) 5명과 조수로서 간호졸을 합해 약 70명 있는데, 국가의 방패와 성(干城)이기도 한 군인이 환자이니 연구에 또 연구, 신중에 또 신중을 거듭해 취급하고 있으므로, 결코 기술이 열등한 자에게 일임하는 따위는 없다는 말이다. 최근에는 사회에서도 상당히 탄복하기 시작한 것 같긴 하지만, 개중에는 이따금 이전의 위수병원처럼 생각하고 바라보는 자가 있음을 유감으로 생각한다. 운운." (평양)

『동아일보』 1924년 5월 1일

창기 건강진단, 2일과 3일에

지나간 10일경에 용산경찰서에서 도산유곽의 창기 201명의 건강진단을 행한 결과 '도라홈'에 걸린 이가 70여 명이나 있었는데, 그것은 중대 문제라 하여 그들에게 응급 치료를 행하는 동시에

에 더 많아진다는 의미로 쓰이는 경우가 있다는 사전 해설을 참고해, '남짓', '이상' 등의 의미로 번역함.

손님을 보지 못하게 하였는데 본정경찰서에서도 신정, 병목정 등지에 있는 창기들에게 그러한 병이 없을까 하여 오는 5월 2일과 3일과 5일의 사흘 동안 창기들의 건강진단을 행할 터이라더라.

『동아일보』 1924년 5월 4일

기생의 건강진단, 종로서에서

작 3일은 시내 종로서 관내에 거주하는 280여 명의 기생의 건강진단이 있었으므로 종일토록 종로서는 계집의 나라가 되었다더라.

『조선일보』 1924년 5월 26일

일본 선원의 국부를 검사, 배일법안 통과 후 미국 인심, 당한 일본인은 분하다고 야단

지나간 19일에 일본 오사카 축항에 도착된 동양기선(東洋汽船) 후쿠요마루(福陽丸)는 이번에 미국에 갔다가 괴상한 일을 당하였다는데 이제 그 자세한 내용을 들은즉, 지난 날 1일에 전기 후쿠요마루가 북미 구쓰페니[21]에 도착하였을 때는 배일법안(排日法案)이 새로 통과되었는 때이라 관리의 마음들까지 극히 격분하여 검역을 하는데도 극히 엄중하게 하여 축항에 도착하자마자 주재 경관은 곧 하급 선원 전부를 갑판에 불러세우고 두 손을 높이 들라 한 후에 화류병과 기타 병을 검사할 때에 국부까지 벗기고 강제로 검사를 하여 부두에 있던 많은 사람으로 하여금 구경거리가 되었으므로 선장은 곧 영사관을 거쳐 항의까지 제출하였다는데 당시에 도착한 일본 기선은 거의 다 이러한 모욕을 받았다고 선원들의 불평이 비등하다더라. (오사카 전보)

『조선시보(朝鮮時報)』 1924년 6월 19일

도덕 퇴폐와 반비례해 화류병은 줄었다, 조선은 고압적이니만큼 오히려 예방 성적은 양호

경상남도 위생과장 나가토미 요시스케(長富芳介[22]) 씨는 말한다.

일반 도덕적 관념의 퇴폐와 반대로 화류병만은 내지와 조선에서 모두 통계상으로 이 성적이 점차 양호해지고 있다. 화류병의 검진, 음식물 단속, 전염병 예방, 수의(獣医) 예방 등에 대해서는 내지보다도 오히려 조선 쪽이 더 철저히 이루어지고 있다. 그것들에 관련한 법규 같은 것도 데라우

21 어느 곳을 가리키는 지역명인지 확인할 수 없음.

22 芳介는 호스케(ほうすけ)로 읽을 가능성도 있음.

치(寺內) 총독 시대 정치의 사벨정치[23]의 모습을 그대로 유지해 사람의 자유에 상당히 대담한 속박을 가하는 식인데, 그러나 이는 일면 백성의 지적 수준(民智)이 낮은 조선에서는 어쩔 수 없는 일이리라. 아무튼 내지와 비교해 예방상의 시행이 상당히 고압적이니만큼 위생 시설은 경비가 부족한 것치고는 효과를 거두고 있다.

『조선시보(朝鮮時報)』 1924년 6월 19일

아이마이야(曖昧屋)를 전율시키는 화류병예방법안 제출되다

망국병이라 불리는 화류병으로 인해 일본은 해마다 1만 명씩 사망자를 내고 있고 군대의 화류병 환자도 증가할 뿐이어서, 정부는 이번에 준엄한 화류병예방법안을 의회에 제출했다. 이에 따르면,

하나, 자기가 화류병 환자임을 알면서도 매춘 행위를 한 자는 징역 3개월에 처한다.

하나, 화류병 환자에게 매춘의 매합(媒合) 행위를 한 자는 징역 6개월 이하 또는 500엔 이하의 벌금에 처한다.

라고 하니, 이 법안이 실행된다면 당장 매춘부와 수상한 요릿집업자(料理屋業)는 부들부들 떨게 되는 셈이다.

『조선일보』 1924년 8월 13일

부민(府民)의 화류병을 검사, 머지않아 경성부에서 실시, 무료 유료 여부는 아직 미정이다

조선 사람 가운데에도 화류병 환자가 다수한 것은 누구나 짐작하는 바어니와 경성부 위생과장 가토(加藤) 박사는 이번 일본 도쿄에 출장하였다가 방금 도쿄에서 일반시민에게 시행하는 매독 혈액검사의 방법을 시찰하고 돌아왔는데 머지않아 경성 시민에게도 실시할 방침인 바 유료로 할까 무료로 할까 함에 대하여는 아직 미정이라 하며 검사하는 방법은 정맥으로부터 혈액을 뽑아내서 원심기에 달아가지고 혈청을 내어 검사하는 것으로 전후 30, 40분 동안이면 될 수 있는 매우 간단한 방법이라더라.

---

23 사벨은 군인이나 경찰이 허리에 찬 서양풍 도검. 사벨정치는 무단통치와 유사한 의미로 해석됨.

『조선신문(朝鮮新聞)』 1924년 9월 12일

대부분은 화류병, 부(府)의 가토(加藤) 박사가 맡은 혈액검사

경성부 위생과에서는 누누이 전했듯이 10일 수요일에 일반 시민의 혈액검사 의뢰를 접수하여 가토 박사가 손수 11건만을 검사 종료했는데, 검사를 받은 자는 남자 10명, 여자 1명이었고 대부분 화류병 방면의 혈청검사였다. 몇 퍼센트의 매독 환자가 있었는지 등 상세한 점은 일체 발표하지 않은 채 당사자 가토 박사는 말한다. "의사로서 이 혈청검사의 결과는 비밀에 부쳐야 하므로 아무에게도 말할 수 없고 본인에게만 말해 줄 수 있다. 의뢰자는 꽤 있었던 모양이지만 결국 11명밖에 하지 못했다. 가능한 한 의뢰에 응할 터이니 30만 부민은 꼭 이용해 주면 좋겠다. 절차만은 규칙대로 해 주면 좋겠다"고 했고, 또한 종두가 필요한 자(要種痘者)가 주의해야 하는 사항은 다음과 같다.

〈종두가 필요한 자에 대한 주의〉

1. 출생으로부터 1년 이내(90일 미만)인 자로 아직 정기 종두를 받지 않은 자와 올해 창춘에서 태어난 지 1년 이내인 자로 정기 종두를 받았지만 불선감(不善感)[24]인 자.
2. 세는 나이[25]로 6세인 자, 단 올해 춘기 종두를 받고 선감이 있는 자를 제외함.
3. 세는 나이 12세인 자, 단 올해 봄 정기 종두를 받고 선감이 있는 자를 제외함.
4. 세는 나이 13세 이상인 자로 세는 나이 10세 이후 종두를 받지 않은 자, 단 올 봄 종두를 받고 선감이 있는 자를 제외함.
5. 앞에 실은 각 호의 종두가 필요한 자이면서 올 봄 정기 종두를 받고 불선감이지만 제2회에서 종두 완료한 자 및 두창을 거친 자를 제외함.

『조선일보』 1925년 3월 31일

놀랄 만할 창기의 병독(病毒), 대부분은 병 가진 자로 진단, 사회위생상에 중대한 문제

경성부 안에 있는 창기의 수효는 모두 856명으로 이를 각 조합별로 보면 신정조합에 396명, 한성조합에 112명, 미생정조합에 173명, 대도정조합에 75명이라는 바 그들의 건강진단 결과를 본

24 종두의 효과가 나타나지 않는 상태를 가리키는 의학용어.

25 일본식 만 나이가 아닌 이전의 한국식 나이.

즉 검사 횟수 72회에 검사받은 창기의 연수 6만 5,188명 중 매독, 임질, 하감, 횡현, 결핵 등 병이 있는 것을 발견한 수효가 신정조합에서 338명, 한성조합에서 640명, 미생정조합에서 207명, 대도정조합에서 160명으로 총 수효가 1,345명이므로 유곽에 있는 여자의 대부분은 병독의 소유자라 하여도 과한 말이 아닐 것이오, 사회 위생 상실로 무서운 위험성을 가진 그들 유곽 여자의 병독 문제는 중대한 사회 문제의 하나이라 할 것이다. 그런데 그중에 서양 여자 3명은 병독에 걸린 적이 없다 하니 이로 보면 우리, 기타 여자의 위생관념이 서양인보다 박약함인가 한다.

『조선일보』 1925년 4월 16일

국제위생회의, 이번 가을 10월에 개최

(도쿄전) 국제위생기술회의의 제5회는 이번 가을 10월 18일부터 도쿄 5주일간 조선 5주간, 관동주 1주간의 예정으로 개최되어 구미 각국 및 동양, 남아프리카 각 식민지로부터도 위생 기술관이 참열(參列)할 터인 바 일본에서는 이미 경비예산 4만 원을 계상하여 위생행정, 기관 모성 및 소아의 보건, 농촌 위생, 화류병 예방, 건강보원법(健康保院法), 기타의 참고서를 제출코자 목하 준비 중이더라.

『부산일보(釜山日報)』 1925년 6월 15일

위생기술관회의의 내용. 공창 폐지와 화류병 예방이 문제의 중심. 나가토미(長富) 경남 위생과장이 돌아와서 한 이야기(帰来談)

도쿄에서 개최된 위생기술관회의에 출석한 나가토미(長富) 본 도 위생과장은 14일 아침의 연락선으로 귀임하여 회의 내용에 대해 말했다.

협의 사항은 여러 가지 있었지만, 협의 사항 중 가장 주목을 끈 것은 **공창 폐지**와 화류병 예방의 관계에 대해서였다. 식자들이 주창하고 있듯이 현재의 유곽 조직, 즉 일정한 지역을 한정해 몇 년에 얼마간 사람의 자유를 속박하며 영업을 시킨다는 것은 인도적으로 보아 바람직하지 않다는 것은 일반적으로 인식되고 있는 바지만, 정작 그렇게 된 경우에 화류병의 전파를 어떻게 예방하는가가 우리 기술관 측 협의의 주 제목이 되었다. 지금 좀 더 이해하기 쉽게 말하자면, 공창 폐지라 해도 전적으로 오늘날의 창기 생업(稼業)과 유사한 것을 폐지한다는 것이 아니라, 전에도 말했듯이 일정한 구역을 한정해 사람의 자유를 속박하듯 하는 제도, 즉 현재의 유곽 같은 것을 폐지하는 대신 각 시정촌(市町村) 등의 지역 사정을 참작해서 일정 수의 사창을 허용하고 그들에게는 자유롭게 영업할 수 있게 하되, 그와 동시에 일주일에 1회든 2회든 건강진단을 통해 **화류병 예방**의 실적을 올리게 하자는 것이다. 구미 국가들의 제도가 곧 이것인데, 가깝게는 우리 군마(群馬)현이 그러하다. 군마현은 메이지(明治) 몇 년인가부터 현령에 의해 공창을 폐지하여 이 제도를 채택하고 있다. 화류병 통계에서 보자면, 군마현은 다른 부현(府県)보다 대단히 적은 숫자를 보이는 것으로 입증되었을 뿐만 아니라, 공창 곧 유곽이 있는 곳에는 반드시 그 부근에 검진받지 않는 사창이 증가해 화류병의 전파는 오히려 이 방면으로부터 이뤄지는 경우가 많다는 여러 사실도 증명되었다. 그렇기 때문에 결국 공창을 폐지하더라도 다른 적당한 방법만 강구한다면 화류병 예방에는 아무런 지장이 없으리라는 결론이고, 그렇다면 즉 우리 기술자 측으로서는 사회 풍교 면에서 이 공창 폐지의 가부(可否)론과는 별개로, 기술 방면에서 이(공창 폐지)는 화류병 예방에 아무런 지장을 주지 않는다고 한 번에 결정내린 셈이다. 운운.

『조선일보』 1925년 8월 29일

전 조선 예창기 7천, 해마다 느는 무서운 화류병

교풍회에서 아무리 부르짖고 구세군의 북소리가 비록 높을지라도 또는 부모의 교훈이 아무리 엄할지라도 무서운 힘을 가지고 있는 본능의 상대방은 없이 할 수가 없다는 것이 예창기, 작부가 없을 수 없다는 논거다. 실로 어디를 가든지 예창기의 번창은 상당히 발견된다. 그런데 일면에서는 그의 번창과 정비례로 화류병의 전파가 늘어간다. 정부에서는 경찰 관계로서 한편으로는 이러한 종류의 직업을 허락하는 동시에 한편으로는 화류병을 방지한다는 등 모순된 일을 하고 있는데 총독부 보안과에서 금번에 전 조선적으로 유군(遊群)의 건강진단한 조사표를 보건대 실로 듣기에도 끔찍한 현상을 이루었다.

◇ 전 조선 유군 통계

	조선인녀(朝女)	일본녀(日女)	외국인녀(外女)	계
창기	1,911	2,245	12	3,348
예기	767	1,234	-	2,001
작부	889	727	2	1,618

위에 나타난 숫자와 같이 통계 6,967인으로서 작년 4월에 비하여 창기 221인, 예기가 236인, 작부 116인 합계 573인이 감소된 모양인데 원인은 무엇인지 모르지만은 교풍 회원들이 기뻐할

일이다. 전기 총인원에 대한 건강진단은 각도에서 행하는 바인데 그 횟수는 1년 중에 창기 3,215회, 예기 7,545호, 작부 1만 927회로서 수진자 총수는 아래와 같다.

창기 189,863, 예기 48,185, 작부 76,851, 계 314,899인

이상과 같이 진단의 결과 유병자와 병증의 숫자는 다음과 같다.

◇ 유병자 창기 6,255, 예기 2,911, 작부 3,063, 계 14,229

◇ 병증(주요한 자만) ▲ 임병 4,094 ▲ 연성하감 1,384 ▲ 매독 863 ▲ 박탈(剝脫) 599 ▲ 횡현(橫痃) 85 ▲ 전염성 피부병(皮病) 21 ▲ 결핵 4 ▲ 기타 7,178

이상에 나타난 것에 의하건대 그 수효가 심히 적은 듯한 느낌이 없지 않은데 사실로 임질병 같은 것은 짐작컨대 거의 다 가지고 있다고 해도 틀림이 없을 듯하나 어쨌든 의사의 진단은 그러하였다.

다음으로 경성부 내의 것을 소개하여 보자. 서울에서 예기는 검사를 받지 않고 또는 작부라는 것은 없다. 그럼으로 조사는 다만 창기 만에 한한 것인데 아무래도 그 진상에 대하여는 마음을 놓을 수 없는 것이다.

병증	매독	임병	연성하감	횡현	기타
조선 창기	80	644	74	1	722
일본 창기	11	464	76	1	701

『조선시보(朝鮮時報)』 1925년 8월 30일

싸구려를 사다가 '안장코', 화류병에 걸리지 않도록 조심. 조선 전역에서 예창기의 건강을 조사한 결과 유병자는 대략 14,200여 명

교풍회가 아무리 외치고 구세군이 아무리 북을 세게 두드려도, 그리고 오야지(親爺)의 의견이 아무리 굳건하다 하더라도, 본능의 아주 무서운 힘을 뿌리 깊게 가지고 있는 상대방은 사라지지 않는다는 것이 예창기 제군 옹호파가 갖고 있는 보통의 일반적 논거다. 실제로 둘러보면 어느 지역에서나 예기 걸(girl), 창기 걸의 번창이 상당히 무시무시하다고 말하지 않을 수 없다. 그런데 일면 끔찍하게도 이 번창과 정비례하게 화류병의 전파력이 증대해, 세간의 소문처럼 '싸구려를 사다가 안장코'가 된 자로 피부과의원의 대리진찰(代診)까지도 극히 다망한 결과를 초래하고 있다. 정

부는 게다가 같은 경찰 관계에서 한손으로는 이들 유녀의 가업(稼業)을 허용하고 한손으로는 화류병 방지를 주창하는 등 얄궂은 일을 하고 있는 셈인데, 총독부 보안과도 이번에 전조선적으로 유녀(遊君)의 건강진단을 통한 조사를 완료했다. 즉 이를 통해 주요한 점을 추려서 적자면,

예창기와 작부의 수 6,900여 명

지금 전 조선의 예창기와 작부의 수를 조사해 보면,

창기는 내지인 2,245, 조선인 1,911, 외인 12로 합계 3,348이고,[26]

예기는 내지인 1,234, 조선인 767로 합계 2,001이고,

작부는 내지인 727, 조선인 889, 외인 2로 합계 1,618이다.

즉 총계 6,167[27]이 되어 작년 4월에 이미 알려진 수보다도 창기 221명, 예기 236명, 작부 116명, 합계 573명이 감소한 셈이니, 이는 교풍회 관계자들이 기뻐할 일이다.

가장 많은 것은 임질 환자이고 다음은 연성하감이다.

위의 총인원에 대해 각 도가 건강진단을 실시한 셈인데, 그 횟수는 1개년 중에 창기가 3,215회, 예기가 7,545회, 작부가 10,927회이고, 진단을 받은 자를 연인원으로 환산하면,

창기 189,863명, 예기 48,185, 작부 76,851로 합계 314,899명이다.

이 중 유병으로 인정된 연인원의 병증을 열거해 방탕자에게 정문일침(頂門一針)을 꽂는다면,

유병자는 창기 9,255명, 예기 1,911명, 작부 3,063명으로 합계 14,229명이다.

병증(주된 것)은 임질 4,094, 연성하감 1,384, 매독 863, 박리(剝脫, 벗겨짐) 599, 횡현 85, 전염성 피부병 21, 결핵 4, 기타 7,178이라 한다.

하지만 이것만으로는 매우 적은 느낌도 있고 사실 임질 등의 경우는 아마도 전부(가 걸려 있다)라고 말해도 좋을 정도가 아닐까 하는 생각마저 들지만, 잘나신 의사의 진단이 위와 같으니.

『조선일보』 1925년 8월 30일

시평 : 매음적 사실

독일의 모 학자도 말하기를 의학이 세계에 으뜸가게 발달되었다는 독일에도 화류병으로 거꾸

---

26 각 수의 합계가 맞지 않지만 원문대로 기재함.

27 각 수의 합계가 맞지 않음. 창기, 예기, 작부의 본문 기재 합계 수대로 총합산하면 6,967이지만 원문대로 기재함.

러지는 청년 남녀가 매년 50만을 세는 현상이므로 실로 이전에는 없었던 미증유의 대참극을 연출하였다는 구주 대전보다 더 무서운 위력으로써 인류의 행복과 평화를 위협하는 것은 화류병균이라고 하였다. 화류병의 해독을 말한 자—어찌 독일의 학자 1명뿐이랴. 예로부터 그의 간접, 직접의 영향을 통론 역설하여 일반 사회의 주의를 환기한 것이 무릇 몇 번이었든가? 그러나 사실을 돌아보건대 무서운 화류병의 세력은 세대의 문명함을 따라 더욱더 창궐되어 갈 뿐이다.

화류병을 매개, 전파하는 매음적 사실이 있는 이상 그 해독을 말하는 자—도리어 어리석은 것이다. 이것은 본원을 밝히지 않고 말류(末流)가 맑기를 바라는 부류이니 화류병을 근절하려면 먼저 매음적 사실이 근절치 않으면 안 될 것이다. 그러면 저주의 매음적 사실은 어떻게 하면 근절할 수 있을까?

창기 7천

방종한 성적 생활이 거의 습벽화한 남성 본위의 현 사회가 매음제도를 필요로 하는 이유도 없지 않다. 그러나 그보담도 매음제도를 존속케 하는데 유력한 원인은 경제 생활상 불균형의 사실이라 할 것이다. 방종한 성욕을 만족키 위한 남성이 또한 경제적 압박으로 말미암아 성적 생활에 주린 무산계급의 청년이 매음을 요구하는 것도 사실이지만은 경제 생활에 있어 사회적으로 하등의 보장이 없는 무산 여성들이 매음굴을 향하지 아니치 못하게 되는 냉혹한 운명을 볼 때에 무심치 아니한 자—그 폐절(廢絶)을 주장함이 당연한 바다. 그러나 폐창운동 그것이 부질없는 관념 운동에 불과함에 어찌하랴.

그런데 조선에서도 폐창운동을 시도한 적이 한두 번이 아니었다. 그리고 통계에 따르면 7천의 창부가 있다 한다. 어찌 이뿐이랴. 7천의 몇 배의 무수한 매음 여성이 있을 것을 상상하기 족하다. 또 현상에 그칠 바이랴. 더욱 조장되고야 말 것이 사실이다.

매음적 사실은 단적으로 경제 생활에 반영되는 자이니, 우리의 경제적 생활이 궁핍할수록 그 반면에 매음적 사실이 조장될 것이 의심 없는 사실이다. 그리고 또 그에 관련하여 무서운 화류병이 만연되어 우리를 위협하게 될 것이니 이럴수록 우리는 경제 문제의 근본 해결 운동으로 돌진하여 일절의 사회적 해악을 근멸(根滅)하도록 노력함이 필요할 것을 절절히 느끼게 된다.

『부산일보(釜山日報)』 1925년 11월 29일

불경기와 질병, 특히 화류병이 적다. 나가토미(長富) 경남 위생과장의 이야기

불경기는 여전히 심각한 듯 보이지만, 부산은 아직 경성 등에 비해 불경기의 농도가 희박하다. 흥미롭게도 불경기 때에는 병도 불경기이고, 이는 불경기의 산물로서 크게 환영해야 할 것이다. 특히 화류병의 불경기가 눈에 띄는데 이 또한 크게 기뻐할 일이다. 주머니 사정이 안 좋아진 결과 주색에 탐닉할 수 없기 때문임은 물론이겠거니와, 이 도에서는 특히 화류병 예방을 위해 검진을 엄중히 하고 있기 때문이기도 하리라. 그 점은 헌병경찰 시대가 남긴 선물로, 유곽 지정지 이외에서는 예작부에 대해 창기에 준하는 검진을 할 수 있도록 돼 있기 때문이다. 구포(龜浦), 대저(大渚)면 같은 그 밖의 작은 곳에서도 혹시라도 예작부가 있으면 내지인 조선인을 불문하고 공의(公医)로 하여금 검진시키고 있다. 마산의 경우 유곽 지정지인데 역시 전부 검진하고 있는 상황이다. 화류병을 박멸하는 데에 헌병 시대의 이 법규가 커다란 위력을 발휘할 수 있는 상황이다.

『경성일보(京城日報)』 1926년 1월 14일

성병 환자는 관리(役人) 중에 많다, 조선인 창기는 대부분 임질이나 매독의 보균자

신정(新町)병원과 총독부 의원이 신정유곽의 성병 조사를 한 성적에 따르면, 임질 50%, 매독 25%의 보균자가 있었다고 한다. 조선인(鮮人) 창기 쪽은 임질 50%, 매독 50% 내외여서 매독 쪽에서는 내지인의 두 배가 보균자인 셈이니, 주색에 빠져 품행이 나쁜 남자(遊冶郎)는 특히 주의해야 할 것이다. 이들 보균자를 접하면 모조리 전염된다는 것은 아니지만 주의하지 않으면 언젠가는 전염된다고 의사는 말하고 있다. 또한 매독의 보균자는 혈청시험을 한 결과 발견된 것으로, 이들은 몸에 아무런 이상이 없어도 혈액 중에 매독균을 보유하는 자여서 훗날 다시 외부에 증상이 나타날지도 모른다고 한다. 그리고 총독부 의원의 피부과를 찾아오는 성병 환자 중 제일 많은 이들은 관리(공무원)와 회사원이고, 그다음은 시골에서 전지요양(出養生)을 하러 온 자들이라 한다. 또 연령을 보면 20세에서 30세까지가 가장 많고 30세에서 40세는 다소 감소한다고 한다.

『조선신문(朝鮮新聞)』 1926년 2월 28일

외몽골로부터 민족 흥망의 모습, 인구 증가를 억누른 결과는 전 민족을 화류병으로, 아니, 무시무시한 압박의 손, 좁쌀죽을 먹으며 듣다

만철만몽(滿鐵滿蒙)조사대에 합류하여 외몽골 오지에서 몽골 관헌에게 감금당했다가 구사일생으로 귀국(帰朝)한 조사대(隊中)의 의학사 오카니시 다메토(岡西為人) 씨는 최근 경성에 들어와 2□일[28] 오후 7시 약초정(若草町) □파[29] 혼간지(本願寺)에서 조난 당시의 상황에 대해 강연했는데, 강연회 전에 그를 찾으니 다음과 같이 말했다.

(……) 몽골은 그 옛날 강토(彊土)라 해서 청조시대에는 청이 항상 두렵게 여기며 만리장성까지 쌓아 내습을 막았다고 할 정도였습니다. 또한 그러니만큼 통치도 매우 압박을 가하는 식이어서, 그 당시 청은 몽골인의 인구 증가를 막고자, 몽골인에 대해 장남으로 태어난 자만을 집의 후계자로 삼고 차남 삼남 이하는 전부 라마교의 불문에 넣어 버렸다고 합니다. 이러한 습관이 오늘날까지 전해져 성적으로 억눌린 승려는 그 수를 헤아릴 겨를이 없을 정도이고, 그 결과로서 불문에 몸을 둔 자가 자신의 친형의 아내를 겁탈하거나 타인의 아내를 범하는 일이 거의 당연한 일처럼 이뤄지고 있습니다. 그러한 사정 때문에 몽골의 어느 도시를 봐도 매우 성적으로 개방된 음탕한 거리 같은 감이 있습니다. 또한 위생적 관념이 부족한 그들의 불섭생 때문에 매독 환자가 매우 많고, 예방 방법을 강구하지 않는 탓에 더욱 매독 환자가 늘어 열 명 중 여덟아홉 명까지도 감염돼 있다고 생각합니다. 운운.

『조선신문(朝鮮新聞)』 1926년 3월 4일

제51회 제국의회 일본은 세계에서 제일 화류병 환자가 많다, 국가의 멸망 가까운 곳에 있다 가나스기(金杉) 박사 기염을 토하다 [귀족원 본회의 (3일)]

[3일발 도쿄전(東電)] 3일의 귀족원 예산 질문전(質問戦)은 오전 10시 25분에 개의를 통고.

(……) 가나스기 에이고로(金杉英五郎) 씨가 등단.

국가 세출이 해마다 팽창하고 있음은 놀라울 정도다. 물론 국운의 발전에 수반해 새로운 시설을 시도한다는 것은 말할 것도 없지만 국가 존립의 근본적 요소인 위생 보건에 대해 냉담한 것은 참으로 유감스럽기 짝이 없다. 이제는 국내에 전염병자, 결핵 환자, 화류병 환자가 많다는 점에서 세계 열국 중 제1위다. 이러한 상태로 추이한다면 국가의 멸망은 가까이 있다고 거리낌 없이 말할 수 있다. 라고 기염을 토하였고,

우리나라의 각 계급을 통해 매독이나 임질은 충만해 있다.

---

28 二十을 의미하는 廿의 다음 글씨가 공란인 듯 흐리게 보여서 알 수 없음.

29 원문 표기는 □派이며 □는 원문 글씨가 거의 보이지 않음.

라고 만장을 웃게 하였다. 고 루스벨트 경의 국민위생 보건에 관한 진술을 읽기도 하고, 북미합중국의 위생 설비가 완비돼 있는 상황을 상세히 설명한 후,
최근 국민사상의 악화는 근원을 좀먹는 병에서 오는 것이 많다. 특히 화류병에서 오는 자가 많은 육군 장정을 보더라도, 백 명 중 20명은 반드시 화류병 때문에 병역에 들지 못하는 형국이다. 1874년 에토 신페이(江藤新平) 경이 사가(佐賀)의 난을 일으킨 것도 그 원인의 하나는 나쁜 병을 지니고 있었기 때문이다.라고 웃게 만들고는,
정부는 우리나라의 위생보건에 대해 좀 더 시설을 조치할 수 없는 것인가.
라고 질문하고 단상에서 내려왔다.

와카쓰키(若槻) 수상.

우리나라의 위생 시설이 불완전하다는 것은 말씀하신 대로다. 그러나 작년 만국위생기술관회의에 출석한 자의 보고를 보더라도 우리나라와 비교해 그다지 나쁘다고는 생각하고 있지 않다. 현재의 상태로 만족한다는 말은 아니고, 재정이 허용하는 한 희망하시는 바에 응하고 싶다고 생각한다.
라고 답변하고 11시 50분에 휴게.

『조선시보(朝鮮時報)』 1926년 4월 14일

징병검사, 화류병은 불과 4명

부산의 올 연도 징병검사는 일전에 니시혼간지(西本願寺)에서 시행됐는데, 수검 인원 총계가 274명으로 작년보다 50명 정도 감소했다. 그리고 검사 결과는 갑종 합격 116명, 제1을종 합격자 89명, 제2을종 45명, 병종 54명, 정종 18명, 무종 2명이라 한다. 비교적 양호한 결과를 받은 이들 중에서 화류병은 4명이고 트라코마가 21명 있었다. 참고로 올 연도 적령자가 적은 것은 러일전쟁 후에 많은 장정이 사망했기 때문이라고 일컬어진다.

『조선일보』 1926년 4월 16일

상춘객(賞春客)에게 호소식, 종로서 관내의 여관업자가 숙박료를 내리기로 했다

시내 종로경찰서에서는 봄철 당한 경성의 명소(名所) 고적을 찾아 각 지방으로부터 상경하는 일반 유람객들을 위하여 편의를 꾀하고자 관내 일대의 각 여관업자들에게 숙박료를 감하하도록 권유. (……) 종로서에서는 다시 자기 경찰서 관내에 산재한 요리점, 각 음식점 등을 엄중 단속하여 결

코 폭리를 남기지 못하도록 하는 일변, 제반 설비와 위생 시설 등도 단속할 터라 하며 또는 각 음식점 고용녀, 작부 등의 건강진단을 단행하여 신체가 불건강한 자 혹은 화류병의 소유자 등은 절대 영업을 정지시킬 터라더라.

『조선일보』 1926년 5월 12일

화류병예방법 래(來) 의회에 제안

(도쿄전) 일본의 화류병 환자 수는 근년 조금 감소하는 경향이든 바 최근 장정의 검사에 기초하면 1천 명에 대하여 15명 이상의 고율을 보였으므로 정부는 드디어 화류병 예방을 제정하기로 결정하여 곧 보건위생조사회를 열고 이에 대한 구체안 심의 입안에 착수하여 제52의회에는 제안하게 되리라더라.

『조선신문(朝鮮新聞)』 1926년 5월 30일

화류병에 대해서 (1), 매독에 의한 사망 수, 화류병의 연혁

우리나라의 위생사상의 보급 발달에는 근래 현저하게 인정할 만한 점이 있고, 일면 당국의 시설과 맞물려 화류병 등도 현저하게 감소해 왔다. 지금 해마다 징병검사에서 발표된 장정의 해당 병에 걸린 자의 통계를 보이자면 다음 표와 같다.

연도	1914	1915	1916	1917	1918	1919	1920	1921	1922	1923
매독	2,342	2,341	2,169	2,072	1,922	1,657	2,196	1,746	1,544	1,364
연하감	2,162	2,353	2,161	2,665	2,344	2,091	2,434	2,030	2,044	1,811
임질	8,136	7,593	6,995	7,691	7,207	7,187	6,975	6,818	6,283	5,373
계	12,640	12,287	11,325	12,328	11,484[30]	10,935	11,605	10,594	9,871	8,548

위의 표에서 보는 바처럼 대체로 감소해 오고 있으나 여전히 심하게 많은 수를 보이고 있으며, 위 표 중 가장 다수를 나타내고 있는 1914년의 경우 1,000명 중 26.57명을 보이고, 가장 소수인 1923년조차 1,000명 중 11.23명을 보이고 있다.

다음으로 본방(本邦)에서 매독으로 사망하는 자의 숫자를 들면 다음의 두 표와 같다.

30 1917년과 1918년의 밑줄 친 숫자는 매독, 연하감, 임질의 합계로서 맞지 않으나, 원문대로 기재함.

〈제1표 매년 매독에 의한 사망 수〉

연도	1909	1910	1911	1912	1913	1914	1915	1916	1917	1918	1919	1920	1921
남	5,578	5,569	5,446	5,250	5,182	5,273	5,588	5,574	5,476	5,458	4,707	4,912	5,110
여	4,613	4,591	4,615	4,517	4,360	4,405	4,531	4,710	4,550	4,394	3,435	3,998	3,984
계	10,191	10,160	10,061	9,767	9,542	9,678	10,119	10,284	10,026	9,852	8,542	8,910	9,094

〈제2표 매년 유전매독에 의한 사망 수〉

연도	1909	1910	1911	1912	1913	1914	1915	1916	1917	1918	1919	1920
남	3,058	3,402	3,165	3,081	3,037	2,943	3,197	3,097	3,075	2,973	2,763	2,959
여	2,516	3,028	2,744	2,694	2,667	2,629	2,734	2,771	2,659	2,620	2,329	2,651
계	5,574	6,430	5,990	5,775	5,704	5,572	5,931	5,868	5,734	5,593	5,092	5,610

위의 두 표를 봐도 앞의 징병검사에서 장정의 화류병 환자 수 통계와 마찬가지로 얼마간 감소하고 있음을 인정할 수 있는데 이를 가지고 안심할 수 없음은 물론이다.

위의 두 표에 대해 다시 본방 인구 1만 명에 비할 때, 제1에서 최고 187명(1916)에 해당하고, 최저라 할지라도 152명(1919)에 해당하고, 1921년에는 160명의 비율이다. 제2에 대해 보면 최고는 1920년의 127명, 최저는 1920년의 100명이다. 이를 통해 보더라도 결코 안도할 수 없는 상황이라는 것은 전술한 바와 같다.

『조선신문(朝鮮新聞)』 1926년 6월 1일
화류병에 대해서 (2), 매독에 의한 사망 수, 화류병의 연혁

매독이 본방(本邦)에서 발견된 것은 무로마치(室町) 시대[31]의 말기인 에이쇼(永正) 9년(1512)으로 당시의 문헌에 따르면 지나(支那), 류큐(琉球)에서 전해진 것이 명백하다. 당시 우리나라(邦)에서는 지나를 일반적으로 가라(唐)라고 부르고 있었는데, 가라와 직접 교통이 없던 이전 시기에도 일단 류큐로 들어왔다가 류큐에서 내지로 온갖 문물이 수입되었음은 역사적으로 명백한 일이다. 고구마(薩摩芋 사쓰마이모) 같은 것도 규슈(九州) 지방에서는 아직도 류큐감자(琉球芋 류큐이모) 또는 가라감자(唐芋 '가라이모' 또는 '도이모'라고 읽음)라 부르고 있음을 봐도 헤아려 알 수 있는데, 당시의 문

31 1336~1573년의 기간.

헌에 매독을 가리켜 당창(唐瘡) 또는 류큐창(琉球瘡)이라는 말이 사용되고 있음을 보더라도, 가라에서 수입된 질병이라는 것을 판단할 수 있다. 따라서 우리 문헌에 에이쇼 9(1512)년의 사실이 게재되어 있다 하더라도 류큐 부근에서 이 병이 전파된 것은 더 이전부터일 것으로 짐작된다.

1512년부터 반세기 지나서 겐키(元龜) 2년(1571)경에는 우리나라의 의사 중에서 변독(便毒)[32]과 매독에 대한 진단과 치료를 논하면서, 일본 병(病)으로 도회지에 많고 시골구석(鄙野)에 적음을 논하던 자가 있다. 이를 통해 보면 당시 매독이 급격한 번식력을 보이고 상당히 세인을 두렵게 만들었음을 짐작하기 어렵지 않다. 임질은 우리나라에서도 예로부터 있었고 그 기원은 오늘날 명백하지 않다. 속되게 농림(膿淋)이라 칭하고 의료(医)와 세속(俗)에서 공히 문제시하고 있었다. 그러나 옛날에는 요석(尿石)이나 혈뇨도 농림이라 부르며 혼동하고 있었는데 센레키(宣曆)연간(1751~1763)에 가가와 슈안(香川修庵)이 처음으로 이것의 계통을 올바로 조사해 농림이 오늘날의 임질이자 화류병임을 증명한 바 있다.

단속규칙

매독이든 임질이든 혹은 하감이든, 그 전파력이 왕성하다는 것과 독이 격렬하다는 것은 새삼 말할 것도 없어, 우리 정부에서도 이의 예방에 대해서는 다대한 희생을 치르며 큰 노력을 기울이고 있다. 여러 종의 풍기단속규칙과 유사한 법률 명령은 풍속상의 고려를 해야 함은 물론이거니와 화류병의 방지에 입각해야 한다는 점 역시 아무리 강조해도 지나침이 없다. 1876년 내무성은 각 부현에 명령해 매독검사를 실시하게 했다. 이것이 우리나라에서 최초의 매독검사인데, 매독검사규칙(検黴規則)은 요컨대 소극적 수단에 지나지 않은바 1900년에 이르러 창기단속규칙을 공포하였고, 밀매음과 그 건강진단 치료에 관해서는 같은 해 6월 행정집행법에 규정하여 공포한 바 있다.

이에 의해 예창기의 거소를 제한하며 처음에는 기루에 거주해서는 안 된다고 하고 손님이 불렀을 때 비로소 기루에 가도록 하는 제도로 만들었으나, 그 후 이것이 불합리하다는 것을 발견했기에 창기의 거소를 기루로 한정한 것 그리고 기루 밖으로 제한한 것도 모두 일면에서는 풍기를 단속함과 동시에 화류병의 방지를 고려했기 때문이다.

그리고 화류병의 예방에 관해 고려할 때 오늘날의 이른바 공창은 진단과 치료를 강제하기에 가장 편리하고 절차적으로도 쉽게 성적을 올릴 수 있지만, 가장 두려워할 것은 사창, 즉 밀매음이

---

32 便毒은 인터넷 사전에서 변독과 편독이 나와 있고, 편독으로 읽을 경우 '성병으로 생긴 가래톳'을 의미하는 단어도 확인했으나 이는 국립국어원 표준국어대사전에는 실리지 않았으므로, 동 사전에 실린 '변독'을 채택해서 옮김.

다. 이들 사창이 판치는 도회지에서는 화류병의 예방에 대해 성적을 올리기가 어렵다. 그럼에도 현행 여러 법규에서는 그 실시법의 운용에 대해 딱히 철저하다고는 말하기 어렵다. 전술한 행정집행법의 규정은 전혀 소극적이어서, 밀매음을 엄격히 금하는 것이 아니라 그저 밀매음의 강제 진단과 강제 치료를 규정한 데 지나지 않는다.

계다가 경찰범처벌령에서는 적극적으로 금지 규정을 마련하고 있음에도 불구하고, 행정집행법에서 전술한 바와 같이 강제 규정을 마련한다는 것은 말할 것도 없이 입법상의 사상 당착에 다름없다.

즉 경찰범처벌령에서는 그 제1조에 "다음 각호의 1에 해당하는 자는 30일 미만의 구류에 처한다"고 하고, 제2호에 "밀매음을 하거나, 또는 그 매개 혹은 용지(容止)를 하는 자"라고 규정해 놓았지만, 이 규정도 전술했듯이 완전한 금지법이 아니라 단순히 현행범에 의한 처벌법이므로, 금지법으로서 논의한다는 것은 타당하지 않을지 모른다.

『조선신문(朝鮮新聞)』 1926년 6월 2일

화류병에 대해서 (3), 매독에 의한 사망 수, 화류병의 연혁

◇ 단속규칙

다음으로 행정법에서는 강제 진단을 인정하고 있다. 즉 제2조에서 "해당 행정관청은 일출 전과 일몰 후에는 생명 신체 또는 재산에 대한 위해가 절박하다고 인정할 때 또는 도박 밀매음의 현행이 있다고 인정하는 때가 아니면 □거(□居) 주거의 뜻에 반해 저택에 들어갈 수 없고, 단 여인숙(旅店)이나 음식점(割烹店),[33] 기타 야간일지라도 대중(衆人)이 출입하는 장소는 그 공개 시간 내에는 이에 해당하지 않는다"고 규정하고 있다. 이 조항은 물론 밀매음의 단속과 관련해서도 가장 중요한 조항이어서, 오늘날 경찰 관리의 유일한 무기가 되어 널리 □신랄한 적용이 이뤄지고 있다. 또한 동 3조에서 해당 행정관청은 밀매음의 죄를 범한 자에 대해 그의 건강진단이 필요하다고 인정되는 때에는 본인 또는 매개자의 비용으로 병원에 들어가게 할 수 있다. 단 본인 또는 매합(媒合)자가 비용을 부담할 □력이 없다고 인정하는 때는 도부현 경찰비를 통해 이를 지불하는 것도 무방하고, 풍속상 단속을 요하는 업을 하는 자의 거주 기타의 제한은 명령으로 이를 정한다고 규정했지만, 후에 □조 제1항을 수정하여 "해당 행정관청은 밀매음범자 또는 그 전과자이면서 밀매음

33 割烹(かっぽう)는 일본 요리의 조리하는 것, 혹은 그것을 제공하는 음식점을 말함.

의 □습이 있는 자에 대해 그 건강을 진단하거나 또는 지정한 의사의 검진을 받게 한다. 전염성 질환에 걸려 필요하다고 인정하는 때에는 병원에 들어가게 하고 또한 의사의 치료를 받게 하여 치유에 이를 때까지 지정한 장소에서 거주시키며 그의 외출을 금지할 수 있다"고 규정했다.

이것이 이른바 강제 진료, 강제 치료다. 지금 곧잘 논의되고 있는 공창폐지가 구체화된다면 가장 두려워해야 할 것은 풍속, 괴란(壞亂)과 병독의 전염인데, 그중에서도 화류병의 예방과 관련해서는 이 조항의 철저한 적용을 실행하려면 더욱 범위를 확장한 규정으로서 공창제도에 준하는 것이 제정돼야 할 테고 그러지 않는 한 화류병 전파는 실로 무시무시할 것이다.

그리고 지방에서는 예기 작부 고용녀(雇女)에 대해 공창, 사창에 준하여 정기적으로 진단을 하고 있지만, 영업자 측에서도 보건조합을 설치해 조합비를 통해 진단 치료를 하고 있는 곳도 적지 않다. 1922년 5월 현재 전국에서 1,501군데가 헤아려지고, 거기서 진료받은 자는 92,173명을 헤아리고 있다.

『조선신문(朝鮮新聞)』 1926년 6월 5일

화류병에 대해서 (4), 매독에 의한 사망 수, 화류병의 연혁

◇ 대책

전항의 단속규칙에서 서술했듯이 가시자시키(貸座敷) 영업자와 창기, 밀매음, 기타 음식점(割烹店), 예기옥(芸妓屋) 등의 종업자 고용녀(雇女)에 대해서는 준엄한 단속규칙이 있다. 그중에서도 창기에 대한 행위상의 속박에는 오히려 지나치게 준엄한 감이 있어 공창 폐지론 또는 개선론도 대부분 이 점에 논거를 두고 있을 정도이니, 한편에서 풍속상의 단속과 동시에 화류병의 방지 면에서는 오늘날에도 상당한 성적을 거두고 있음은 물론이다. 그런데 이상과 같이 영업자, 종업자 및 밀매음 상습자에 대해서는 예정대로 준엄하게 단속하고 있는 것과 달리, 일반 공중에 대해서는 풍속상의 단속규칙이 있는데도 화류병에 관한 단속으로는 소극적으로든 적극적으로든 아무런 규정이 마련되어 있지 않다. 예를 들면 밀매춘을 하더라도 매춘 행위를 하는 자에 대해서는 강제법까지 규정되고 있지만, 수요자 측에 대해서는 어떠한 규정도 없으므로 병독 유포의 위험은 오늘날에는 오히려 밀매음, 기타 공창 고용녀보다도 오히려 일반 공중의 수요자 측에 많은 것이다.

일반 공중이 아무리 위생사상을 함양하려고 해도 강제 진단 및 강제 치료와 같이 국가권력에 의해 철저적인 것은 아닌 것은 물론이다. 금후 공창제도가 폐지되거나 만약 공창의 자유를 가급적으로 광범위하게 하는 것과 같이 제도 개선을 시행하든가 하는 것이 단행된다고 하면 일면 매춘부의 단속을 한층 엄격하게 하는 것은 물론 일반 공중에 대해서 어떠한 단속법도 가능하지 않다면 국가사회의 장래는 우려해야 할 것이다.

예를 들면 노르웨이의 결혼제도법과 같이 남녀가 결혼할 때 상방이 결혼 진단서를 필요로 한다든가 또는 이 법의 화류병자를 발견한 의사는 이를 제출하지 않으면 안 된다든가의 규정을 두는 적은 직접 일반 공중을 속박하지 않고 간접으로는 풍속 및 화류병의 단속 예방에 효과 있는 것은 물론이다.

[부附] 1923년 말 현재, 가시자시키 영업 면허지는 548곳, 창기 수는 50,326명, 창기 병원은 163곳, 동 치료소 75곳, 병원에서 병상 수는 5,001이고, 창기 1명이 1년간 입원하는 평균 횟수는 148회로, 환자의 입원 평균 일수는 약 18일이다. (완)

『조선일보』 1926년 6월 20일

화류병 환자 매춘은 징역

내무성 보건조사위원회에서는 지난 18일 화류병 예방에 관한 특별위원회를 열고 이 병에 대하여 예방법안을 만장일치로 가결하였다는 바 동 법안에 따르면 화류병은 매독, 임질, 연성하감 등이라는데 내무대신은 이에 명령으로써 그 병의 진찰소를 일반 공공단체에 설치하여 둔 이상 만약에 이에 환자가 적당한 예방법을 강구치 않고 매음을 하는 자에게는 3개월 이하의 징역에 처하게 하였다더라. (도쿄)

『조선일보』 1926년 6월 23일

시평 : 화류병예방법

정신으로부터 정신에 전하는 사상의 전파를 단속하려는 일본 정부에서는 금번에 또 암흑으로부터 암흑리에 전염되는 화류병예방법을 만들어 낼 터라 한다. 동 법안의 주요 목적은 예기, 작부, 기타 접객업자의 화류의 치료 설비를 완비할 일, 전염될 염려가 있는 화류병 환자의 매음 행위에 대하여는 3월 이하의 징역이라는 중형을 과하여 예방 실시를 하려는 것이라 한다. 국민의 보건을 위하여 법을 세움도 가하다. 치료 설비를 완성함은 더욱 가하여 우리가 이 소식을 접하는 때에 그 근본정신에 대하여는 하등 이상의 감을 느끼지 않는다. 다만 차등 법규가 예상한 바와 같은 효과를 드러낼 수 있으리라고 믿는 그 점에 대하여는 사상 단속이 결국 불가능일 것과 같이 성병의 예방이 또한 불가능에 그치지 아니할까 하는 의심을 가지고 이 신법이 장래를 바라보고 싶다.

『조선일보』 1926년 7월 11일

화류병예방법, 위생회에서 결정

(도쿄전) 화류병예방법안은 9일의 보건위생조사 총회에서 결정하였는데 내무성에서는 위의 제출을 기다려 오는 의회에 제안하기로 결정하였다. 위 법안 제2조 규정에 의해 요리옥, 마치아이(待合), 기타 접객업자로서 화류병에 전염된 자를 진료시키고 기타 공공단체에 설치시킬 진료소는 당분 현재 설치되어 있는 보건 조합 진료소를 충용(充用)케 할 방침이더라.

『조선일보』 1926년 7월 28일

작부 임시검진, 장단경찰서에서

지난 26일 오전 12시경에 장단경찰서에서는 이 지역 작부를 소집하여 이 지역 공의에게 임시 검진을 시행하였다는데 그 경과를 들건대 검진당한 작부 8명 중 7명은 임질 환자라는 바 일반은 화류병에 주의할 것이라더라. (장단)

『동아일보』 1926년 8월 28일

화류병 전염시키면 징역 6달씩

◇ 러시아법률에 새로 작정해. 노농(勞農) 러시아국 정부에서는 최근 화류병 환자로서 다른 사람에게 전염시키는 자에 대하여 6개월 이내 징역 또는 강제적 노동을 시킨다는 조항을 형법에 추가하기로 결정되었다더라. (모스크바 전보)

『조선시보(朝鮮時報)』 1926년 11월 12일

매독 예방에 모르핀 주사 유행, 조선인 창기 사이에서

최근 부(府)내 녹정(綠町)유곽의 조선인 창기 사이에서 매독과 기타 낫기 어려운 병의 예방에는 모르핀 주사를 맞으면 효과가 있다는 미신이 퍼져, 빈번하게 모르핀 주사를 맞는 조선인 창기가 있음을 탐지하고 부산경찰서(署)가 엄중 조사를 개시하게 되었는데, 김해루(金海樓)의 창기 산게쓰(山月)라 부르는 강수만 외 2명의 위반자를 발견했다고 한다.

『조선일보』 1926년 11월 15일

매춘 단속

황해도 안악에는 화류병이 매우 성행하는 터인데 이것을 안악 경찰당국에서는 매우 유감으로 생각하고 금후로는 밀매음 단속을 엄중히 하는 동시에 종래에 실행치 아니하든가 기생들까지 검사하기로 되어 1개월에 1차씩 검사키로 되었다는데 제1차로 지난 12일에 기생의 검사를 실시하였다 하며 각 요리집에는 소독약을 준비하여 두었다가 손 본 뒤는 곧 소독하기로 하였다더라. (안악)

『중외일보』 1926년 12월 13일

화류병 방지에 남자도 처벌, 내무성의 화류병 예방 신법안

화류병이 일반 위생에 극히 위험한 병인 것은 물론이오, 크게 말하면 한민족이나 한국민의 장래에도 중대한 영향이 미치는 것은 일반 공창 폐지라는 매음 방지의 운동도 있는 터인데 일본 정부에서는 화류병을 예방하기 위하여 예방법 안을 만들어 오는 의회에 제출하고자 지난 9일 오후 1시부터 내무성에서 중앙위생회 총회를 열고 위원□, 여러 의학 대가가 모여서 신중히 의논한 결과 "화류병에 전염될 염려가 있는 접객업자로 매음을 하거나, 또는 이를 매개한 자는 3개월 이하의 징역에 처하기로 하고 여자를 이같이 단속하는 한편에 남자는 그대로 두면 법으로나 실제 영향으로나 반신불수의 격이 된다" 하여 일반 남자도 똑같이 처벌하기로 하고 특별위원 10명을 뽑아 신중 심의하기를 위임하였다 한다. (도쿄전)

『동아일보』 1927년 2월 12일

화류병 예방 (一) 화류병이 만연되는 네 가지 큰 원인

문명과 화류병은 병행하는 것이니, 즉 인류가 문명해질수록 화류병이 많아가는 것입니다. 구미 각국에서도 국가의 힘으로 이것을 박멸하려고 여러 가지 방법을 쓰지만 화류병은 여전히 만연하여 나아갑니다. 그러면 그 만연하는 원천은 어디 있느냐 하면 화류계에 있습니다. 남자들이 화류계에 출입하여 병을 옮아가지고 가정으로 실어 드립니다. 품행방정한 남녀의 혼인 생활에 결단코 화류병이 생길 리가 없습니다. 화류계 여자의 99퍼센트, 즉 백 명 가운데 99명은 화류병 소유자라고 하니 그들에게 거의 다 있는 것으로 볼까 합니다.

◇

그러나 근래에 이르러는 가정 부인네들 가운데 화류병은 가진 이가 대단히 많으며 여직공, 농촌 처녀들에게 만연해 나아가는 형세를 봅니다. 이것은 심히 무서운 일이니 이로 말미암아 각 개인이 받는 고통과 능률감퇴는 둘째 문제요. 그 해독이 자손에게 미쳐 선천매독 소유아 혹은 저능하 혹은 불량성을 띠어 범죄하기 쉬운 아이 혹은 눈을 못 보는 아이(부모의 임질로 말미암아)를 만들어 내는 것이니 이것은 사회적으로나 국가적으로 보아 크게 손실이오, 중대 문제입니다.

◇

어째서 세상이 문명화할수록 화류병은 더 많아가며 위생 상태가 진보되어도 박멸할 수가 없냐 하면 그것은 아래와 같은 몇 가지 원인이 있습니다.

첫째, 매독균은 '티푸스', '콜레라'균과 같이 사람의 몸에 들어가는 길로, 곧 병 증세를 일으켜 일어나 다니지 못하도록 알게 하는 것이 아니라, 천천히 증세를 일으키며 처음에는 별로 크게 아픈 곳도 없고 괴로운 곳도 없습니다. 매독이나 임질이나 심한 시기에 이르면 자리에 드러눕도록 고통이 생기지만 이 시기에 이르기까지는 오랜 잠복기를 지나야 하며 그러한 괴로운 증세가 나타나는 시기만 잠시 지나면 몸에 병균이 끓건만도 별로 고통을 느끼지 아니하며 일어나 다니며 평상시에 하던 일을 넉넉히 할 수 있을 정도에 이릅니다. 이 시기와 잠복기에 병은 한없이 전염되고 유전되는 것입니다.

◇

가령 어떤 창기 한 명이 갑이라는 남자에게 매독을 오늘 옮았다고 하면 오늘로부터 적어도 사흘 동안, 많으면 일주일 동안 되는 잠복기에는 창기 자신도 매독이 몸에 옮은 줄을 전혀 알지 못할 뿐 아니라 의사가 진찰을 해보아도 매독이 옮았는지 아니 옮았는지 모를 것이니 그 잠복기 동안에, 즉 사흘 내지 일주일 동안에 그 창기는 끊이지 않고 매음을 할 것이니 그동안에 수없는 남자에게 매독을 전염시켜 줄 것이요. 그 창기에게서 매독을 전염받은 수 없는 남자는 역시 잠복기에 있어서, 수 없는 여자에게 매독을 옮겨줄 것입니다. 다만 잠복기에 있어서 뿐 아니라 급한 증세에 지나서 회복기에 들어가서도 역시 잠복기와 마찬가지로 전염시킬 것이니, 이 모양으로 전염되며 매독은 점점 만연하여 나갈 뿐이오, 끊일 줄을 모릅니다.

『동아일보』 1927년 2월 13일

화류병 예방 (二) 화류병이 만연되는 네 가지 큰 원인

둘째, 화류병이 만연되어 나가는 둘째 원인은 오늘날 남자들의 성에 대한 주견이 잘못된 까닭입니다. 오늘날 젊은 남자들은 이렇게 말합니다. "남자는 능동적이어서 절대적 독신 생활은 할 수 없다. 성의 요구란 전생 활동 중의 방과 같은 것이어서 그 요구를 만족치 못하고 생명을 유지할 수 없다"고.

그리하여 성의 만족을 남자의 일생의 큰 행복이오, 위력으로 알고 많은 금전과 시간을 이 길에 허비하여 아내가 해산하여 드러누워 있는 동안에라도 창기의 집을 찾게 됩니다. 이리하여 화류병은 순결하고 화평한 집안에 실려 들어옵니다.

◇

그러나 성의 요구란 꼭 먹어야 생명을 보전할 빵과 같은 것이 아니라 빵을 먹은 후에 아니 먹어도 관계치 아니할 간식과 같은 것이올시다. 간식이란 오직 습관으로 말미암아 요구가 생기는 것이니 간식하는 습관을 가진 사람은 간식 아니하고는 못 견디지만은 간식하는 습관이 없는 사람은 간식을 자주 하였다가는 뱃병이 나고마는 것입니다. 성의 요구는 얼마든지 습관의 힘으로 막을 수 있는 것이니 결단코 안 먹어서는 생명이 없어지는 빵과 같은 것이 아닙니다. 톨스토이 선생은 생식의 의미를 떠난 성의 만족은 죄라 하였습니다. 이것은 세상 사람의 성의 남용을 경계할 말인 동시에 성의 요구는 습관으로써 좌우할 수 있는 것을 밝히 가르친 말입니다.

◇

셋째, 화류병이 만연되는 셋째 원인은 세상 사람이 여기 대한 근본 지식이 부족한 까닭입니다. 병균의 성질이 전염되는 경로와 기간병의 결과를 알지 못하는 까닭에 이에 대한 주의와 예방과 치료를 게을리하며 불합리하게 하기 때문에 병은 점점 만연될 뿐입니다. 화류병에 대한 근본적 지식을 가지고 있을진대, 첫째 창기의 집에 발을 못 들여놓을 일이오, 둘째 이미 말을 들여 놓았으면 자기 몸에 병이 아니 옮은 것이 증명되기 전에는 안내의 방에 발을 들여 놓지 못할 것입니다. 이미 병에 걸렸으면 근본적 치료를 할 것이오. 근본적 완치가 되기 전에는 다른 여자나 아내를 대하지 말아야 할 것입니다. 그러나 세상 남자는 흔히 이 병에 대한 지식이 부족하기 때문에 되는 대로 치료를 하고 근치가 되기 전에 아내에게 옮겨주어 교묘히 이때 임신이 되면 선천 매독아가 생기고 눈 못보는 아이가 생기는 것입니다. 진실로 무서운 일이 아닙니까.

넷째, 화류병이 만연되는 넷째 원인은 근래에 이르러 남자들의 혼기가 늦어지는 까닭입니다. 전에는 17, 18세에 혼인을 다 해 버리지마는 근래에 이르러는 공부하노라고 25, 26세가 넘도록 혼인하지 않는 이가 늘어갑니다. 대개 남자들이 25, 26세가 넘도록 독신으로 순결을 지키기가 어렵습니다. 그리하여 혼인 전에 창기의 집에 출입하여 화류병에 걸리는 이가 많습니다.

◇

이리하여 화류병은 끊일 새 없이 만연하여 나아갑니다. 우리는 여기에 대한 대책을 강구하지 않으면 안 되겠습니다. (계속)

『동아일보』 1927년 2월 14일

화류병 예방 (三) 화류병이 만연되는 네 가지 큰 원인

이 위에 말한 네 가지 원인으로 말미암아 화류병은 박멸되지 않는 것입니다. 그러면 어떻게 하나 이대로 내버려두는 것은 인류의 큰 불행이니 인류의 큰 불행이니 고식적이나마 이에 대한 방어책을 강구하지 않으면 안 됩니다.

첫째, 남자들은 25세까지는 반드시 혼인할 것이니 25세가 넘도록 남자가 혼인을 안 하면 화류계에 발을 들여놓게 되는 것입니다. 25세 전이라도 그러한 일이 없다고는 할 수 없지만 나이가 많은 사람일수록 그런 일이 많게 되는 것입니다.

둘째, 남자들이 성에 대한 주견을 고쳐 아내가 병이 나든지 해산을 한다든지 하는 경위에 근신하는 태도를 가져야 할 것입니다. 오늘날 남자들과 같이 성은 생명의 요구라 하여 아내와 잠깐 떠나게 되면 곧 창기의 집에 발을 들여놓는 그러한 생각과 행동을 버려야 할 것입니다.

셋째, 창기에게 화류병에 대한 지식을 넣어줄 것입니다. 화류병의 원인, 증세, 예방법, 응급 치료법과 화류병으로 인하여 일어나는 무서운 결과를 충분히 가르쳐서 자기가 전염될 위험과 남에게 전염시키는 위험을 막아야 할 것입니다. 오늘날 창기들이 화류병에 대한 상식이 조금도 없기 때문에, 화류병을 두려워할 줄 모르며 화류병을 예방할 줄도 모릅니다.

넷째, 창기에게 화류병에 대한 교육을 가르친 다음에 손님을 택하는 자유를 주어서 병이 있는 남자는 거절할 수 있도록 하며 모든 자기에게 병이 있는 경위에도 손님을 절대로 거절할 자유를 주어야 할 것입니다. 이 두 가지 자유가 없기 때문에 병이 자기 몸에 있는 줄 분명히 알면서도 손님을 보아 남에게 병을 전염하여 저편에 병이 있는 줄 알면서도 억지로 그 남자를 거절할 수 없게 되는 경위가 많습니다.

다섯째, 일반 젊은 남자에게와 여자에게 화류병에 대한 지식을 충분히 넣어주며 특별히 화류병이 자손에게 주며 특별히 화류병이 자손에게 미치는 영향을 밝히 가르쳐 선량한 가정의 행복을 깨뜨리는 일이 없게 할 것입니다.

◇

끝으로 한마디 부탁할 것은 화류병 가운데 매독에는 606호라는 전치 약이 있습니다. 매독에 이 약을 주사하면 병이 낫는 것은 사실이나, 이것만 주사하면 절대 안심할 것으로 생각하여서는 안 됩니다. 606호를 맞아서 병이 전치되더라도 10년 후나 20년에 병이 퉁기는[34] 일이 많은데, 이때 퉁기는 병은 불치의 병이오. 이로 말미암아 생명을 잃어버리게 됩니다. 그러니 매독에 606호가 있다고 안심해서는 안 됩니다. (끝)

『경성일보(京城日報)』 1927년 2월 23일

화류병예방법안 제출

(도쿄 전보) 22일 각의는 화류병예방법안을 결정하고 재가를 의뢰하여 중의원에 제출하였다.

『조선일보』 1927년 2월 26일

몸에 병이 있으면서 웃음 팔면 징역, 당자는 3개월의 징역을 시키고 뚜장이와 주인은 반영 이하 형벌, 화류병예방법안

망국병이라는 별명을 듣는 화류병으로 말미암아 해마다 일본 전국에서 사망하는 자가 1만 인 이상의 다수에 달하는 터이므로 이를 방지하기 위하여 정부 당국에서는 이번 의회에 화류병예방법안이라는 것을 제출하였는데 그 초안은 아래와 같은 바 만일 이것이 의회에서 무사히 통과되어 이 법안을 실행하게 되는 때에는 일반 매춘부와 뜨내기로 작부를 매음시키는 요리점 같은 것은 기를 펴지 못할 모양이더라. (도쿄 전보)

◇ 화류병예방법안

一. 자기가 화류병 환자인 줄 알면서도 짐짓 매춘 행위를 한 자는 징역 3개월에 처함.

二. 화류병 환자가 매춘을 하는데, 이것을 중매하거나, 또는 주선하여 준 자는 징역 6개월 이하나, 또는 500원 이하의 벌금에 처함.

34 원문에 '병이 퉁기다'는 표현이 사용되고 있음.

『경성일보(京城日報)』 1927년 2월 26일

문명의 명예를 위해 서재를 나와 가두에 서다, 화류병은 사라져 없어지라며. 교토대학교 의학부 교수들의 분발

(교토 전보) 국민위생보건상 화류병의 절멸을 기하는 것은 이미 수십 년 전부터 통계가나 사회사업가 사이에서 이야기돼 왔지만, 전문 학도가 연구실을 나와 사회사업단체 등에 관계한다는 것은 이전에 볼 수 없던 일이다. 그런데 이번에 교토제국대학 의학부 교수들이 함께 모여 일본매독학회라고 해서 전문 연구 외에 사회사업으로 매독 환자의 구치(救治) 예방 지식의 보급 및 강연 등의 활동을 전개하는 새로운 단체를 만들고, 회장으로 교수 마쓰모토 신이치(松本信一) 박사, 명예회장으로 전 교수 마쓰우라 우시타로(松本有志太郎) 박사, 부회장으로 이노우에(井上) 조교수 등을 추대하였다. 일의 시작으로, 교토대학 의학부 각 분과와 제휴해 매년 학회를 개최하여 연구 결과를 가지고 와서 발표하고, 동시에 자선단체를 통해 환자의 구치를 꾀하고 양 파(派) 혼간지(本願寺)의 관장 부인, 교풍회(矯風会) 등과 호응해 예방 선전에 힘쓰며, 우리나라에서 화류병을 구축(驅逐)하게 되었다.

『경성일보(京城日報)』 1927년 3월 5일

화류병예방법안은 조문 수정을 면할 수 없을 것

이번 의회에 제출된 문제 중 가장 인기를 환기하고 있는 것은 화류병예방법안과 공창제도 폐지안 그리고 현행 금주법의 개정안이다. 그런데 삼지 모두 부인이 관계되는 문제인만큼 의회에서도 색다른 질문과 그에 대한 답이 속출해 매우 떠들썩한(賑盛) 모양이다. 이중 화류병예방법안은 정부의 다년간의 현안을 이번에 처음으로 제출한 것인데, 그 내용은 현저히 엄중하고 특히 부인에 대해서만 지나치게 가혹하다는 것이 문제의 중심이 되어 물의를 빚고 있다. 시험 삼아 조문의 하나를 들면 다음과 같다.

화류병의 전염을 알면서도 매음 또는 그 매합을 한 자는 3개월 이하의 징역에 처하는 등의 내용인데, 엄벌인 점은 법안의 성질상 단속의 철저를 기하기 위해서는 부득이하다 하고, 부인에게 지나치게 가혹하다는 점은 남자에 비해 더욱 수동적인 면도 가장 많고 남성의 대상물이 되고 있는 예창기 혹은 매춘부 등 이를 전문적 직업으로 삼고 있는 자이므로 당연히 처벌되어야 할 경우에 (이들에게) 주안을 두게 되는 것 또한 부득이한 일이다. 그리고 부인교풍회나 기타 부인 관계에서는 일찍부터 맹렬하게 즉시 실행 운동을 도모하고 있으니, 조문의 수정은 면할 수 없더라도 어쩌면 무사통과될 것이라고 일반적으로 관측되고 있다.

『조선일보』 1927년 3월 12일

미성년자음주법 외 2건 개회

(도쿄 전보) 중의원 미성년자음주법 중 개정법률안 외 2건의 위원회는 10일 오전 11시 50분에 개회하였는데

1. 화류병예방법안을 의제로써,

▲ 마루야마 고로(丸山五郎) 군은 사창에 대하여 조합조직 등에 의하여 자발적으로 예방 방법을 강구하면 어떠한가.

▲ 스즈키(鈴木) 참여관은 사창은 강제 검미는 될 수 없으므로 이 법안 시행에 따라 자연 반성을 촉진하고 자발적으로 예방 방법을 강구하게 될 터라라고 말하고

또한 미야지마 미키노스케(宮島幹之助) 군은 일반 화류병 요양 기관 설치의 필요를 말하였으나 정부는 예산관계상 곤란하다는 뜻을 답하고 정오에 산회하였더라.

『경성일보(京城日報)』 1927년 3월 17일

매음자도 처별하자. 정본(政本) 양당 이의 없이 화류병예방법안에 찬성

(도쿄 전보) 중의원에서 심의 중인 화류병예방법안에 대해 정본 양당 모두 이의 없이 15일 간담회를 열어 의견을 교환했다. 해당 위원 측은 전부 본안의 취지에는 찬성했지만, 안의 내용이 철저하지 않은 것으로서,

一. 매음자도 처벌할 것

一. 결혼할 때 화류병에 감염된 것을 알고 무단 결혼한 자를 처벌할 것

등 수정희망 조건을 내어 16일 중에 결정한다.

『경성일보(京城日報)』 1927년 3월 19일

화류병예방법안 가결

(도쿄 전보) 18일 중의원 화류병예방법안 위원회는 헌본(憲本) 타협에 따라 본당의 수정 및 부대결의로 원안을 가결했다.

『조선신문(朝鮮新聞)』 1927년 4월 21일

세밀한 화류병 예방, 조선에서는 어떻습니까?

화류병 예방을 위해 경시청에서는 최근 관내 유곽에 대해 상세한 예방법을 엄달했다. 표객(嫖客)이 만일 화류병에 걸린 경우에는 창기에게 그 병세(病状)를 고지한다는 세밀한 규칙이지만, 과연 그러한 규칙이 적확하게 준수될지 여부는 미정이다. 이에 관해 경기도의 보안과 당국은 말한다. "신문지상에서 보기만 했다. 화류병 예방의 필요성은 통감하지만 그런 세세한 규칙이 실행될지 어떨지는 상상도 못하겠다. 개인 위생이 더 향상되고 발달한 후가 아니면 못할 것이다. 물론 창기 측에 대해서는 현행 규칙으로도 충분히 예방에 힘쓰고 있으니 조선에서는 아직 표객에 대한 것은 생각하고 있지도 않다."

『조선신문(朝鮮新聞)』 1927년 5월 17일

트라코마는 아오모리(青森), 화류병은 나가사키(長崎), 기구하다고도 생각되는 작년의 징병 검사 결과

1926년도 일본 전국의 징병 적령자는 534,355명으로 작년 대비 3,293명의 증가인데, 각 도부현(道府縣)에서 장정 검사를 실시한 결과, 트라코마 환자가 가장 많았던 곳은 아오모리 현으로 1,000명에 대해 343.8명에 달하고, 가장 성적이 좋은 곳은 나가노현으로 1,000명에 대해 34.89명, 조선은 80.17명의 비율이어서 그다지 나쁜 편은 아니다. 그러나 화류병 환자는 나가사키현의 1,000명에 대한 31.93명이 가상 불량하고, 조선이 22.11명의 비율로 나쁘다. 필두에서 세 번째에 해당한다. 또한 가장 우량한 자는 7.70명인 이와테현이다. 그 밖에 신장 평균은 전년과 마찬가지로 5척 2촌 6부인데, 5척 4촌 이상의 장정 순으로 증가해 왔음은 특필할 만하다. 체중은 평균 14관으로 전년에 비해 4백 돈의 증가, 또한 장정의 교육 정도는 무학자 수가 지극히 적어졌으니 이는 보통교육이 보급된 실증이라 할 수 있다.

『부산일보(釜山日報)』 1927년 6월 3일

음식점 조추(女中)의 건강진단에서 5명 중 2명의 화류병 발견. 앞으로도 단속을 엄중하게

근래 부산부의 음식점 등에는 고용녀(雇女)가 대단히 증가했는데, 개중에는 풍속을 어지럽히는 자도 있고 또한 앞으로 여름이 다가오면 일반의 눈에 띄는 일도 심해진다. 이에 부산경찰서(署)에서는 고용녀의 단속을 엄중히 실시하기로 하고, 어제 2일부터 향후 2개월 간헐적(断続的)으로 고용녀의 건강진단을 명령하기로 했다. 제1회는 2일 아침 주작(朱雀)의원에서 5명에 대해 실시한 바 1명은 임질, 1명은 연성하감인 것으로 밝혀졌다. 이들은 접객업자로서 위험하므로 해고해서 치료시키기로 되어 있다. 이 건강진단의 실행은 한편에서 밀음매(密淫売) 방지의 하나의 방책으로 삼고, 또한 화류병 예방과 기타에 이바지하게 할 목적으로 지속해서 수시로 이뤄질 것이다.

『부산일보(釜山日報)』 1927년 6월 7일

화류병예방법 실시를 연기하나. 관계자 측의 운동 맹렬. 귀추를 일반도 주목하다

(도쿄 전보) 지난 의회에서 통과한 신법안 중 화류병예방법안은 가장 특색 있는 법안으로서 이제 각 병면에서도 매우 흥미를 갖고 지켜보고 있다. 그 후 정부 당국은 각 부(府)와 현 당국에 령(令)을 보내 실시 준비의 발걸음을 진척시키고 있는 모양이다. 그러나 직접 이 단속을 받게 될 유곽업자 혹은 음식점 등의 접객업자 사이에서는 이 법안의 시행으로 입게 될 영업상의 대타격을 대단히 우려해 지금 전국적으로 자신들의 주장에 동의를 구하며 동업자를 규합해서 대책을 강구하고자 수시로 계획 중이다. 이 법안은 이미 의회의 협찬을 거친 이상 철폐한다는 것은 물론 가능하지 않기 때문에 최선의 궁극 책으로서 "실시 시기는 추후 칙령에 의해 정한다"는 조문을 다행으로 여겨 늦기 전에 꼭 실시 기일의 연기를 정부에 청원하고, 장차는 법안의 폐지 운동으로 형태를 바꿈으로써 초지의 관철을 꾀하겠다는 의향이다. 그리고 그들의 철폐 이유가 무엇인지 보면, 영업상의 타격이 일차적인 것으로, 주로 단속 법안의 내용이 너무 지나치게 가혹하다는 점이지만, 전술했듯이 이제 와서 철폐를 꿈꾼다는 것은 도저히 불가능한 일이니, 하다못해 내용의 완화라도 얻어 포기하고 싶다는 정도의 속내가 들여다보이는 것 같다. 아무튼 실시에 앞서 어느 정도까지 이 운동이 영향을 미칠지는 대단히 흥미로운 문제이지만, 결국은 단말마의 비명으로서 유야무야 묻혀 버릴 것이다.

『동아일보』 1927년 6월 21일

상하이의 영미병(英米兵) 화류병자 40퍼센트

상하이 주둔의 영미병 중 40퍼센트가 화류병에 걸렸더라. (상하이 18일발)

『조선신문(朝鮮新聞)』 1927년 9월 1일

근절되지 않는 화류병의 기세

경성의 신정(新町), 한성(漢城),[35] 미생(彌生), 대도(大島)의 네 유곽에서 매춘하는 창기 무리들…. 연인원으로 내지인 2,561명, 조선인 1,729명, 외국인 5명의 합계 4,395명[36]에 대한 7월 중의 건강진단 성적을 보니, 건강체는 내지인 1,955명, 조선인 1,420명, 외국인 1명으로 3,376명이고 나머지 365명은 통원 또는 휴업 명령을 받은 불건강체다.[37]

이중 임독성 질환이 신정(내지인) 19명, 한성(조선인) 26명, 미생(내지인) 9명, 대도(조선인) 12명으로 합계 66명이고, 다음으로 연하감 8명, 매독 3명이라는 상태며, 격리 치료자가 내지인 64명, 조선인 67명으로 합계 131명에 달한다.

수에서 보면 그다지 많지 않지만 만연성이 빠른 질환이니만큼 뒤숭숭하기 짝이 없어 방탕아(遊野郎) 무리의 간담을 서늘하게 만든다.

『동아일보』 1927년 9월 2일

10명 중의 1명은 화류병 있는 창기, 경성의 창기 3,300명 중 400명이 화류병을 가져

지난 7월 중 시내 각 유곽 창기 건강상 진단 상태를 보면 진단받은 창기 총수 4,295명의 건강상태를 보존한 창기가 3,376인이오. 매독, 임질, 기타 전염 성질의 병을 가진 창기가 422명으로 열 사람에 한 사람씩은 보균 환자라 하며 그로 인하여 방금 병원에 통원하는 사람이 356명에 달한다는데 신정, 병목정(竝木町), 미생성, 대도정 네 군네 중에 미생정 창기의 건강이 제일 좋지 못하여 일곱 사람에 한 사람이 병에 걸려 있는 현상이라 하며 각 정에 대한 명세표를 보면 다음과 같더라.

◇ 신정 ▲ 총인원 1,837(중 조선인 1,723, 일본인 108, 외국인 6) ▲ 건강자 1,373 ▲ 이병자(罹病者) 214(중 조선인 15, 일본인 153)

◇ 병목정 ▲ 병목정(조선인) 1,171 ▲ 건강자 1,002 ▲ 이병자 109

◇ 미생정 ▲ 총인원(순 일본인) 675 ▲ 건강자 403 ▲ 이병자 103

◇ 대도정 ▲ 총인원(순 조선인) 454 ▲ 건강자 403 ▲ 이병자 27

35 원문대로임. 다음 동아일보 기사를 보면 한성이 아니라 병목정인 것으로 보임.

36 본문 인원의 합을 계산하면 4,295명이지만 원문 그대로 기재함.

37 4,395명 중 건강체 3,376명을 빼면 불건강체의 수는 1,019명이지만, 원문에 나온 대로 기재함.

『경성일보(京城日報)』 1927년 10월 8일

어려운 일을 성취한 금주(禁酒)의 제2사단, 범죄 수와 화류병도 줄다

금주를 외치는 소리가 최근 더욱 많이 들려오게 된 감은 있지만 정작 실행하기는 개인적으로나 단체적으로 대단히 쉽지 않기 때문에 주장(主義)이 큰 데 비해 이를 단행하는 자가 많지 않음을 애석해야 할 터다. 그러나 여기 종래에는 관련 방면에 대해 자칫 둔감하다고 여겨져 왔던 군대 부내에서, 그것도 큰 사단에서 금주를 단행한 곳이 있으니 오늘날의 정세에서 볼 때 실로 상찬할 만한 일이리라 생각한다. 즉 도호쿠(東北)의 영웅(雄)인 센다이(仙台) 지역 제2사단에서 올해 초 당시의 사단장 이노우에 가즈쓰구(井上一次) 중장의 명령으로 신 입영병에 대한 금주 금연 단행을 추진해 왔다. 그런데 진작부터 제4연대에서는 군조(軍曹) 히라쓰카(平塚隆七[38]) 씨를 반장으로 한 금주반이 있어 성적을 거두고 있었고, 연대장 다카기 소기치(高城莊吉) 대좌의 금주주의와 맞물려, 동 연대는 솔선해서 올봄 4월부터 영내에서 술을 일소하고 주보(酒保)에서는 완전히 발매를 금한 바 있다. 이것이 모범이 되어 제2사단의 각 대는[39] 잇달아 주보에서 술을 없앰으로써 이제 제2사단은 완전한 배주(排酒) 사단이 되었고, 그 결과는 곧바로 나타나 범죄가 줄고 새로 화류병에 걸리는 자가 전무하게 되어 그 성적이 전 군에서 첫째를 차지하기에 이르렀다. 이노우에 중장이 이 병영에서 술을 없애는(排酒) 영단을 행한 것은 그의 양병양민주의(良兵良民主義) 입장에서 비롯된 것이기는 하지만, 올해는 마침 천황이 상중에 있는(諒闇) 시기에 해당하니 특히 음주를 삼가고 범죄가 전무하기를 기대해야 한다는 염원을 가지고 연초에 훈시를 내려 착실히 초년병에 대한 금주 교육을 진행해 오늘날의 성적을 보게 된 것이라 한다.

『조선일보』 1927년 10월 9일

예기 보건 강연, 경찰부장이

신정 권번과 및 신정 가시자시키조합[40]에서는 8일 정오부터 조합□상에서 스오(周防) 경기도 위생과장을 칭하여 예창기의 보건위생에 관한 강화와 및 구미에 있는 이 방면의 모든 시설과 기타 상황의 시찰 강연회를 개최하여 본정서 보안주임과 누주 예창기 등 약 600명이 청강하였는데 이러한 것은 경성 화류계에서는 처음 되는 일이라더라.

---

38 隆七의 음독은 확인할 수 없었음.

39 복사 글씨가 희미해 정확히 판독하기 어려움.

40 원문은 대좌부로 표기되어 있으나 가시자시키로 표기함.

『조선일보』 1927년 10월 26일

가련한 7백 창부, 화류병자가 그중 1할

갖은 학대를 다 받으며 인간의 최하류에서 고민하고 있는 농 속에 든 새인 시내 공창 712명에 대하여 9월 말일에 경성부에서 건강진단을 하여 본 결과 ▲ 매독 4명 ▲ 임병 74명 ▲ 연성하감 7명이라더라.

『매일신보』 1927년 10월 26일

세월 없는 인육시장 : 히야까시도 줄고 느는 것은 화류병, 시내 총계가 712명, 여기도 불경기의 지난 자취

이 세상에 한 번 태어난 목숨이니 어떠한 고통이 있을지라도 살 수 있을 때까지는 살아가야만 하겠고 남과 같이 복스러운 팔자로 못 태어났기 때문에 몸을 팔았고 그몸값 대신에 정조를 끊어 팔며 원수의 목숨을 이어가는 창기는 지난 9월 말에 경성부의 조사에 따르면

712인

그 수가 712명이라 한다. 사회의 일부에서는 폐창론을 주창하는 사람도 많은 모양이나 그 반면에 또한 창기와 같은 여성에게라도 다만 한때의 성의 만족을 얻고자 하여 어두운 구석으로 찾아가는 남성의 수도 많다 한다. 문명한 도시라는 우리

시내에 4처

경성에도 창기만을 모아놓고서 성에 주린 남성을 낚아서 이를 영업으로 하여 나아가는 곳이 네 군데나 있으니 신정에서는 내지인이 위주로서 창기도 내지 여자가 277명이요, 그외에 조선 여자가 18명에 러시아 여자가 1명이라 하며 조선 남성을 꼬여들이는 병목정 일대는 한성권번과 비슷한 이름으로 한성조합이라 하여 조선 여자만 195명이 있고, 또 용산 방면에 미생정과 대도정의 두 곳이 있어서 내지 여자가 144명에 조선 여자가 77명이라 한다. 이상 통계와 같이 창기 712명은 30만 부민으로서는 아직 필요한 남성이 있기 때문에 그 영업이 되어 가는 형편이다.

불경기 여파

근래는 일반 재계의 세월이 좋지 못한 영향인지 이곳을 찾는 '히야까시꾼'도 적어졌으므로 창기

도 점점 줄어갈 뿐이라 한다. 그러나 기막히는 것은 경성부 위생과에서는 아사야마(朝山)란 의사를 전속으로 하여 매월 5, 6회씩 창기의 건강진단을 하여 오는 바 지난 9월 말의 건강진단의 성적을 보면

대개 불건강

전기 712명의 창기 중에는 매독 환자가 조선 여자로 4명이 있고, 임질 환자가 내지 여자로 39명에, 조선 여자로 35명이나 되고, 기타의 부인병도 많아서 건강한 사람이란 조선 창기 190명 중 82명이요, 내지 창기 421명 중에 겨우 150명가량이 건강한 모양이라 하니

일시의 정욕

한때의 정욕을 억제치 못하여 이런 좋지 못한 곳에 출입하였다가 그 결과로 고약한 병을 가지게 된 남성의 수효는 실로 그 얼마나 될는지 상상만 함으로도 몸서리가 칠 만하다더라.

『경성일보(京城日報)』 1927년 11월 10일

나카이(仲居)나 여급에게 눈을 번뜩거리며 감시하는 당국, 화류병 환자를 적발

경성부 내의 요리옥, 음식점, 카페에 부지런히 일 잘 하는 나카이나 여급 중에는 창기보다도 못한 열등한 패거리가 있어 항상 견실한 동업자에게까지 다대한 폐를 끼치고 있고 날씨가 추워지면서 점점 이 경향이 심해졌다. 그 때문에 경기도 경찰부에서는 그들 추업부가 일반 위생상에 미치는 영향의 심대함을 감안해서 판단하여 9일 오전 10시 부내 각 경찰서의 위생 주임을 소집하고 나카이, 여급, 매소부 및 여주인에게 객석에 나가는 자의 일제 신체검사를 지시했다. 이에 각 서에서는 먼저 그들의 현재 수를 조사한 후에 일제히 신체검사를 시행하여 건강하지 못한 자, 특히 화류병 환자를 철저히 적발하게 되었다.

『조선일보』 1927년 11월 11일

노류화(路柳花)에 건강을 진단, 위생과에서

소위 어둠에 피는 꽃으로 이 손님에게도 웃음을 팔고 저 손님에게도 웃음을 파는 정체 모를 여자들이 혹은 카페를 근거로 하거나 선술집이나 무슨 식당이나 내외 주점 등을 근거로 하여가지고 성히 발호하여 순결한 남성으로 하여금 그 유혹의 마수에 걸려 악성의 화류병에 신음하게 하는 일

이 빈번함으로 경기도 경찰부에서는 지난 9일 아침에 서울 시내 각 서의 위생계 주임을 소집하여 긴급회의를 개최하고 수일 안으로 각서가 연락을 취하여 시내의 다소간이라도 의심스럽던 곳곳을 모조리 들추어 모든 사용인들을 조사하여 엄중한 건강진단을 하리라더라.

『동아일보』 1927년 11월 23일

인육(人肉) 철창 미인, 건강 상태 조사

지난 9월 현재 경성부 내 창기는 조선인이 290명, 일본인 431인, 서양인 1인 합계 712인인데 건강진단의 결과는 전후 여섯 번의 검사에 임질 환자가 일본인 39인, 조선인 35인, 하감이 조선인 6인, 일본인 1명, 매독은 조선인이 4명이오, 이전부터 화류병으로 치료 중에 있는 창기가 일본인 72인, 조선인 58인인데 이로써 보면 비교적 화류병 환자가 적은 듯 하나 검사할 때가 되면 미리 약을 써서 적게 하게 함으로 무사통과된다더라.

『조선일보』 1927년 11월 25일

창기의 화류병, 걸린 자 60명

시내 신정, 서사헌정, 미생정, 대도정 등 각 유곽 창기에 대하여 지난 10월 중에 일본인 12명, 조선인 12명, 외국인 6명 그 연인원 ▲ 조선인 1,786명 ▲ 일본인 2,525명 ▲ 외국인 6명에 대하여 검사를 한 결과 화류병에 걸린 창기가 수가 일본인이 30명, 조선인이 26명에 달한다더라.

『부산일보(釜山日報)』 1927년 12월 4일

가공할 성병과 공창사창 폐지 문제, 통계가 보여 주는 매음과 성병, 우리나라와 독일이 가장 많다

(도쿄 전보) 화류병 재난(禍害)이 얼마나 심각한지는 이미 사회 일반이 주지하는 바이지만, 의(학)계의 권위자인 후펠란트(Hufeland) 박사가 자신의 저서에서 말하기를 "무릇 인생에 참해를 왕성하게 만드는 것으로 화류병만 한 것이 없고 생명의 원천에 독을 뿌리는 것은 오직 이 병뿐이다. 사랑의 달콤한 샘을 해치며 이를 고통스럽게 하는 것은 오직 이 병뿐이다. 그것은 사람의 종자를 만들려 해도 죽이거나, 또는 은밀하게 그 종자 안에 숨어 해독을 후손(後裔)에게 미치게 하여 화목하고 행복하며 즐겁고 복되어야 할 가정 단란[41] 권내에 침입해서 아이를 부모로부터 빼앗아 가장 신

41 원문의 글씨가 흐려 확실하지는 않음. '공란+欒'으로 보임.

성하고 평화로워야 할 인륜의 유대를 토막 낸다"고 했다. 이 문장 안에 화류병의 재난이 구체적으로 충분히 표현되어 있으니, 그 얼마나 전율할 만한 것인지 상세히 표시하고 있지 않은가. 그리고 이 병독을 전파하는 자가 실제로 우리나라에서 공공연히 영업을 허가받고 있지 않은가.

사회 민중을 위해 이러한 존재는 하루도 허용되어서는 안 되리라 생각한다. 이를 통계로 보자면, 우리 □都□大□ 피부과에서 靑□ 씨가 화류병 감염□[42]에 대해 300명의 환자를 정밀하게 조사한 결과, 남자 화류병 환자 100명 중 60명 남짓은 공창으로부터 감염되었고, 나머지 40명 미만은 예기, 작부, 기타의 밀음매부(密淫賣婦)로부터 감염되었음이 밝혀진 바 있다. 또한 전국 각 사단의 위수병원에 입원한 병병(病兵)과 화류병 환자의 감염원의 조사표를 보더라도 공창이 주요한 병원체임을 알기는 결코 어렵지 않다. 그리고 우리나라만이 아니라 독일 베를린에서 전문의 블라쉬코 씨가 487명의 이 병자에 대해 감염원을 조사한 결과에서도 그 81.1%는 영업적 매음부로부터 감염되었음이 밝혀진 바 있다. 결국 이 병의 박멸은 우선 추업부에서부터 시작해야 한다는 것이 불을 보듯 분명하지 않은가.

『경성일보(京城日報)』 1927년 12월 7일

용산서의 건강진단

용산서에서는 5일 관내 여관, 요리옥, 기타 접객업자 160명의 건강진단을 했는 바, 매독 3명, 도라홈 4명, 기타 15명의 환자를 발견하여 병기(病氣)가 완전히 나을 때까지 접객을 금지했다.

『매일신보』 1927년 12월 7일

화류병예방법 일본 내지 각처에서는 원단(元旦)부터 실시, 전국의 예창기 17만 9천 인, 의심스럽게 속이는 매약(賣藥)도 단속

문명병 또는 망국병이라 하여 무서운 해독을 우리 사회에 전파시키는 화류병의 예방 박멸을 단행하려하는 화류병예방법은 드디어 신년 새해부터 실시케 되었는데 화류병이라 함음 물론 매독, 임질과 및 연성하감인 바 이 병은 직업상으로 보아서 그 전파의 위험을 가진 예기, 창기, 작부 등에 대하여 화류병예방법은 당영히 적용될 것이나 그러나 이는 일본 내지의 말이지 아직 우리 조선에는 시행이 될지 말지 결정되지 못하였다. 이제 참고로 일본 내지에만 산재한 화류병의 중개

---

42 앞의 □ 5개는 원문의 글씨가 공란으로 지워져 있거나 인쇄가 흐려서 보이지 않음.

자 수효를 들면 창기가 51,423명, 예기가 79,348명이요, 작부가 48,292명으로 그 합계는 실로 179,062명[43]이라 한다. 그러나 이상 숫자는 참으로 막연하여 소위 '우이마미야'까지 합한다 하면 그 수가 얼마나 될는지 생각만 함으로 끔찍해서 몸서리가 친다. 내무성에서는 장래는 물론 그 법의 적용범죄를 확장하여 이발업자에게까지 적용하리라 한다. 그런데 이 화류병을 예방하는 목적을 달함에는 먼저 예창기 등의 화류병 전파 염려가 있는 자들은 진찰케 하여 우선 그 실지의 사정을 조사한 후 내무대신은 지청이나 또는 필요를 인정하는 공동 단체에 대하여 진찰소를 설치케 하여 이에 요하는 경비의 6분의 1 내지 2분의 1은 국고에서 보조하기로 하는 동시에 다른 한편으로는 예창기 등에 대하여 화류병을 예방하기 위하여 '콘돔' 또는 예방약을 강제적으로 사용케 하리라는데 만일 화류병에 걸려 있는 예창기로서 매음을 한 자에게는 3개월 이하의 징역에 처하며 또 화류병에 걸려 있음을 알거나 혹은 알만 하면서도 매음하기를 중개하거나 또는 손님을 끌어들인 자에게는 6개월 이하의 징역 또는 500엔 이하의 벌금에 처하기로 되었으며, '콘돔'이나 혹은 기타의 예방 방법을 강구하고서 매음한 자에게는 15일 이하의 징역에 감형할 수 있도록 되어 있다. 그리고 화류병예방법에는 세상에 수많은 의심스러운 약장사들이 굉장한 선전 광고를 신문지상에 게재하여 폭리를 탐하는 매약을 방지하기 위하여 용기 또는 피포에 그 약의 성분과 및 분량-성분이 불분명한 것-은 그약의 품지로가 및 제조법의 요지를 기재하지 않으면 발매할 수가 없도록 규정하였고, 만일 이에 위반되는 때에는 지방장관은 그 발매의 면허를 취소할 수가 있도록 결정되었다 한다.

『경성일보(京城日報)』 1927년 12월 28일

화류병법 실시로 매소부들 대공황, 드디어 1월 1일부터. 제반 준비 이뤄지다

(도쿄 전보) 내무성에서는 화류병예방법 실시의 준비 조사를 위해 전국의 각 부현에 대해 접객업자, 즉 예창기 작부 등이 가입 조직하고 있는 조합의 명칭과 소재지, 조합원의 부담 관계, 가입자의 종류, 가입자의 각 종별 인원 수, 화류병 진찰 시설로서 시설의 유무와 진료의 정도, 동 형태 진료비의 부담 등에 대해 조사 중인바 이미 완료해 준비도 갖춰졌으므로, 드디어 내년 1월 1일부터 이를 실시하게 되었다. 그리고 법안의 대요는 다음과 같다.

一. 이 법에서 화류병이라 칭함은 매독, 임질과 연성하감을 말한다.

43 총 합계가 맞지 않으나 원문대로 기재함.

二. 주무 대신은 명령으로 정하는 업무에 종사하는 자에게 화류병에 걸리는 자를 진료시키기 위해 시 또는 특히 필요가 인정되는 기타의 공공단체에 대해 진료소의 설치를 명할 수 있다(진료의 비용 부담과 징수는 칙령으로 이를 정한다).

三. 국고는 칙령이 정하는 바에 따라 진료소를 설치하는 시, 기타의 공공 단체에 대해 경비의 6분의 1 내지 2분의 1을 보조하다.

四. 전염의 우려가 있는 화류병에 걸리는 것을 알거나, 또는 알 수 있는데도 매음을 하거나, 또는 그 매합을 한 자는 3개월 이하의 징역 또는 500엔 이하의 벌금을 과한다. 단, 전염 방지에 대해 상당한 방법을 강구한 때는 형을 감면한다.

五. 의사가 환자를 진료할 때에는 감염의 위험 또는 전염 방지의 방법을 지시해야 한다.

六. 화류병에 관한 매약(売薬)은 그 용기 또는 겉 포장에 그 성분과 분량, 성분이 불분명한 것은 그 본질과 제조법의 요지를 기재하지 않으면 이를 발매할 수 없고, 이 규정을 위반한 자는 50엔 이하의 벌금 또는 발매면허를 취소할 수 있다. (弘通)

『부산일보(釜山日報)』 1928년 1월 11일

화류예방법 실시 연기, 접객업자의 큰 반대와 사회적 영향의 심대함 때문에

(도쿄 전보) 각 방면에서 비상한 기대를 가지고 지켜보고 있는 화류병예방법안은 준비가 완전히 갖춰져 드디어 1월 1일부터 공포 실시될 예정이었으나, 그 후 지난 겨울 이래 동 법안과 직접적인 관계가 있는 소위 접객업자의 맹렬한 반대 운동이 있었기 때문에 내무성 위생국 당국에서도 부득이하게 실시를 보류하기로 하여 지금 원안의 일부에 대해 수정 중이다. 그리고 동 법안은 그 성질상 입안에 지극히 혼잡한 사정이 많아서, 예를 들면 동 법령 중 진단 후의 처치와 기타 의사에 관한 단속 조항에 대해 의사회 측으로부터 맹렬한 반대를 받고 결국 의사에 관한 조문을 삭제하는 등 비상한 문제가 되기도 했다. 또한 이번에 영업자 측이 극도로 반대하는 점이 어디 있는지 상세히 알 수는 없지만 대체로 다음과 같은 점이 그 주된 원인을 이루고 있는 것으로 짐작된다.

하나, 접객업자인 여자에게만 이를 적용하는 것은 불합리하다.

하나, 검□[44] 등 화류병의 예방 진단에 대해서는 영업자로서도 현재 최선의 처치를 강구하고 있으므로, 이중의 단속을 받는 것은 결코 필요하다고 인정할 수 없다.

---

44 원문 글씨가 흐려서 보이지 않음. 検黴 = 매독검사일 수 있음.

하나, 현재 경찰범처벌령에 의해 밀매음과 기타는 단속을 받고 있으므로 이 역시 전혀 불필요하다.

하나, 법령 안의 처벌 규정은 여자에게만 지나치게 가혹한 경향이 있다는 점.

하나, 위생 지식 등이 지극히 저급한 예창기, 작부 등에 대한 단속으로서 합당하다고는 인정할 수 없는 점.

이외에 여러 가지 점에서 반대의 기세를 넌지시 비추고 있는 듯하다. 그리고 이 법의 실시에 대해 접객업자는 물론 사회 각 방면에 걸쳐 중대한 영향 내지 문제를 야기할 만하므로 내무성 당국으로서도 신중한 연구를 거듭한 후에 실시하기로 하고자 당장은 실시를 연기한 상태다.

『동아일보』 1928년 1월 20일

사창 건강진단, 손님 접촉 영업 여자 조사, 4할 7분 이상 환자

최근 경기도 경찰부에서는 손님과 접촉하는 영업에 종사하는 요리점, 여급사, 술장사 등 여자들의 건강진단을 시행한 결과 총 검시 인원 수 898명 중 병을 가지고 있는 사람이 일본인 290명, 조선인 136명으로 일본인은 총 인원의 5할 3부가 병자이며 조선인은 3할 8부가 병자로 조선인과 일본인을 합한 평균율은 4할 7부인데 가장 많은 병명은 경선비대의 132명과 편도선비대의 76명이 가장 많고 전염병으로는 매독과 눈병이 많은데 매독은 국부의 검사를 하지 않고 외양으로 진단한 것만으로도 일본인 15명, 조선인 11명으로 만일 엄밀한 국부검사까지 하였더라면 얼마나 많은 매독 환자가 발견되었을는지 모른다는데 이와 같이 내어놓지 않고 숨어서 매음을 하는 사창 종류의 여자들이 가장 위험하다고 경찰부에서는 장차 신체검사를 더욱 엄밀히 시행하리라더라.

『동아일보』 1928년 1월 26일

순천 요정 작부단 검미 반대 항의, 손님에게 귀염을 받을 수가 없고 영업도 안 된다는 이유를 들어서, 버들 눈썹(柳眉)에 넘쳐흐르는(橫溢) 살기

순천읍 내 7개소의 요릿집 창기 등 10여 명이 지난 20일 오후 2시경에 순천경찰서에 들어와서 자기들은 방금 각 요릿집에서 작부의 허가를 맡아가지고 영업을 하는 바 매 주일 한 번씩 검균은 절대로 행치 않겠다고 항의를 하였다는 바 그 이유를 들은즉 순천에 현재 있는 요릿집 창기 30여 명 중 십수 인은 작부의 허가가 있고 나머지 20여 명은 작부의 허가만 없을 뿐 아니라 예기인 체하고 가무나 파는 듯이 하나 그 내면에 있어서는 작부 이상 매음 등 추행이 더욱 심하다 그럼에도 불구하고 일반 손님들은 작부의 허가가 있는 우리에게는 개와 말 이상의 하시를 하는 반면에 허가 없는 20여 명에게 인기가 집중이 되니 우리는 천대만 죽도록 받고 영업도 남만 못하니 이것은 작부가 허가 있는 동시에 매주에 검균을 하는 까닭이니 이것을 폐지하여 달라하였는데 뜻밖에 이런 말을 들은 경찰은 '진정을 하는 것은 좋으나 20여 명 작부 허가가 없는 요릿집 계집에게 밀매음 단속을 등한히 한다는 항의에 지나지 못한다' 하여 쫓아 버렸다는데 작부 일동은 지금도 버들눈썹을 거스르며 기어이 이 문제를 가지고 어디까지든지 하여 보자는 의론이 분분하다더라.

『경성일보(京城日報)』 1928년 2월 3일

세계에서 보기 드문 조선의 정신병자, 화류병에서 오는 마비성 환자가 많다

정신병자는 크게 구분하면 조발성(早発性) 치매와 마비성 치매 둘로 나뉘는데, 세계 각국의 통계에서는 모두 마비성 치매보다 조발성 치매 쪽이 절대 다수를 점하고 있다. 그런데 조선에 있는 내지인의 정신병 환자만은 신기하게도 마비성 치매가 절대 다수를 점하고 있다. 즉 작년에 총독부병원에서 치료한 수를 살펴보면, 조발성 치매 38명에 대해 마비성 치매는 58명이란 다수에 달하여, 60% 이상에 해당한다. 마비성 치매는 원래 매독이 뇌를 침범해서 나타난 것이므로, 이에 비춰 볼 때 내지인의 품행 문제를 엿볼 수 있는 셈이어서 심히 유감스러운 현상으로 여겨지고 있다.

『동아일보』 1928년 2월 11일

건강진단에 나타난 예창기의 화류병, 매독, 임질, 연감 등의 모든 병. 1월 말 현재의 인원 수

지난 1월 중의 부내 신정, 한성, 미생, 대도의 네 권번의 창기 건강진단의 성적을 보면 진단 횟수로 조선인 18회, 일본인 12회, 외국인 6회로 진단의 연인원은 조선인 1,738인, 일본인 2,390인, 외국인 6명인 바 진단에 발현된 화류병은 매독 조선인 9명, 임질 일본인 40명, 조선인 50명과 연감 조선인 6명과 일본인 2명이라는데 1월말 현재 인원은 다음과 같다더라.

▲ 신정 = 조선인 18명, 일본인 271명, 외국인 6명

▲ 한성 = 조선인 195명

▲ 미생 = 일본인 129명

▲ 대도 = 조선인 79명

『동아일보』 1928년 3월 4일

화류병자의 통계

지난달 10일 안악경찰서 위생계에 이 읍내 각 의사에게로부터 작년도에 새로 발생된 환자로서 읍내에 있는 병원에서만 치료받은 화류병(매독, 임질, 연성하감 등) 환자 수가 189인에 달하였다는 통계가 도착된다는 것을 보았다. 그럼으로 전 군내에서 발생된 화류병 환자는 그 실효가 얼마나 되겠는가를 독자 제씨의 추측에 맡겨 두려 한다. 필자는 전제를 기회삼아 안악에 있는 청년 제군으로서 화류계 방면에 자주 출입하는 제군에게 둔필(鈍筆)이나마 일필을 가하여 경각을 촉하는 바다. 대저 화류병이라는 것은 음주음탕한 중에 전염되기 쉬운 것이므로 탕자음녀들 중에서 흔히 이 병의 환자가 많이 발생된다고 한다. 그러면 일시 오락적 성욕을 참지 못함으로써 인생의 한창 봄(芳春)인 청년의 몸을 망침은 물론 유전성을 가진 독균은 심지어 자손의 대에까지 악영향을 불러오게(招致) 하므로 결국은 사회를 망쳐 놓고마는 무서운 죄악을 범하기까지에 이르게 될 것이다. 제군이여. 우리는 지금 어떠한 경우에 입각하였는가. 우리의 처지와 환경을 생각한다면 외체(外體)의 장식과 화류계 출입을 어찌 감행할 수 있으며 어찌 사회의 타락자라는 지칭을 면할 수 있으랴. 제군아. 우리는 남다른 처지에서 헤매고 있는 줄을 깊이 깨닫고 중첩한 파란을 꾸준히 돌파하자. 기한에 우는 자가 빵을 구하듯이 복잡다단한 우리 사회는 정신 있고 기운찬 청년을 고대하고 있을 것이다. 제군이여. 매독, 임질 등 듣기에도 무시무시하고 더러운 악질의 노예가 되어 침울한 데서 신음하는 자가 되지 말고 광명한 천지에서 철권을 뽐내는 장부가 되어라. 그리고 쓰러져가는 사회의 주인공이 되자. 그리고 지혜와 용기(智勇)를 다하여 정의를 목표 삼고 싸우자. 장회(壯會)[45]와 민중을 배경 삼아 분투함이 인생의 본문일 것이며 청년의 할 바 의무인 것을 제군은 아는가? 모르는가? 암흑의 반면에는 광명이 있음과 같이 분투 노력한 뒤에는 반드시 행운이 올 것을 예기할 수 있는 것이다. 제군이여. 하루바삐 반성하라.

『조선일보』 1928년 4월 6일

500여 음식점에 일제히 밀매음 단속. 시민 보건위생을 위하여. ◇ 시내 경찰 근근 착수

무슨 카페라거나 혹은 무슨 음식점 등의 간판을 내어 걸고서 내용으로는 유두분면인 마성의 여자들이 그 안에서 백주 공공연히 매음하는 일이 많아서 성욕에 주린 청년 남자들이 많이 그 유혹

45 원문대로임. 사회(社會)의 오기로 보임.

의 마수에 걸려 다수한 금전을 낭비하는 한편으로 심하면 임질이나 매독 등의 화류병에 걸려 시민의 보건을 해하는 일이 많았거니와 특히 꽃이 만발하고 풀이 푸르러 사람의 마음이 자연히 뛰기 시작하는 요즈음에 이르러는 더욱 그 폐해가 심함으로 경기도 경찰부에서는 시내 각서와 연락을 취하여 이 종류의 마굴을 크게 단속하기로 되어 근근 착수할 터라는 바 방금 경성 시내에는 일본인과 조선인의 음식점이 520여 집이나 있고 또 어두운 곳에서 웃음을 파는 여자들이 1,200여 명이나 있다더라.

『경성일보(京城日報)』 1928년 6월 24일

화류병자가 매음하면 징역, 화류병예방법안 9월 1일부터 실시

(도쿄 전보) 제55의회에서 큰 파란을 일으키며 겨우 가결된 화류병예방법안이 드디어 9월 1일부터 일부 실시가 이뤄지게 되었다. 실시 규정의 주된 내용은 다음과 같다.

一. 이 법에서 화류병이란 매독, 임질과 연성하감을 말한다.

一. 전염의 우려가 있는 화류병에 걸린 것을 알고도 매음하는 자는 3개월 이하의 징역에 처하고 또한 걸려 있음을 알면서 매합을 한 자는 6개월 이하의 징역 또는 500엔 이하의 벌금에 처한다.

一. 화류병에 관련한 매약은 그 용기 또는 포장지에 성분 분량과 기타의 요지를 기재할 것. 위반한 자는 500엔 이하의 벌금에 처한다.

『매일신보』 1928년 6월 25일

화류병에 걸려서 매음하면 징역, 화류병예방법이 새로 나와, 9월 1일부터 실시

(도쿄전) 제55의회에서 대 파란을 일으켜 겨우 가결된 화류병예방법은 9월 1일부터 일부를 실시하기로 되었는데 실시 규정의 주요한 것은 다음과 같다더라.

一. 이 법에 화류병이라 함은 매독, 임병 및 연성하감을 말함.

一. 전염의 염려가 있는 화류병에 걸린 줄을 알고 매음한 자는 3월 이하의 징역에 처하며, 또 걸린 줄을 알고 매개를 한 자는 6월 이하의 징역 또는 5백 원 이하의 벌금에 처함.

一. 화류병에 관한 매약은 그 용기 또는 포장지에 성분 분량 및 기타 요지를 기재할 것, 위반한 자는 5백 원 이하의 벌금에 처함.

『조선신문(朝鮮新聞)』 1928년 6월 27일

화류병의 박멸법, 조선에서는 어찌 되나? 기술관회의 후 실시하나

내지에서는 드디어 문제의 화류병예방법안이 9월 1일부터 실시되어 화류병 중인 자가 밀매음 등을 하면 징역 3개월이라는 무시무시한 엄벌이 가해진다 해서 매독검사(検黴)와 기타로 화류계는 크게 두려워하며 당황하고 있으며, 조선에서도 이 법안 시행 여하가 주목받고 있다. 이에 관해 총독부의 무라야마(村山) 위생과장은 말한다.

"화류병 예방은 국책으로서 분명 중대하지만 조선에서는 아직 생각하고 있지 않다. 다행히 다음 달 2일부터 내무성에서 위생기술관회의가 있어 조선총독부에서는 아마기시(天岸) 위생기사가 출석할 테니, 아마기시 기사에게 이 방면에 대한 조사를 부탁하고 그 복명 보고에 비추어 조선에서도 어떻게든 화류 예방에 백척간두의 한걸음을 전진시키고 싶다는 생각이다."

『부산일보(釜山日報)』 1928년 8월 5일

의외로 많은 화류병의 보균자, 의무적 매독검사자 중에도 3분의 1, 경계해야 할 밀음매자

(함흥) 함흥경찰서(署)가 관내의 화류병 박멸을 철저히 수행할 계획을 가지고 지난번부터 이의 매개자로 보아야 할 예창기, 나카이(仲居), 고용조추(雇女中), 기타에 대해 단속에 힘써 왔다는 것은 누차 보도한 바와 같으며, 비교적 감도가 둔한 방탕아(遊冶郎)에게까지 울림이 있어 예상외의 좋은 효과를 거뒀지만, 추가로 7월 26일 함흥유곽의 건강진단을 실시할 때 일단 21명에 대해 가검물(可檢物)을 채취해서 현미경으로 검사하자 결과는 양성 6명, 음성 15명으로 나와, 항상 매독검사를 실시하고 있는 그들조차도 약 3분의 1에 달한다고 하니 놀라지 않을 수 없다. 음식점 등에 소굴을 차리고 왕성하게 밀음매를 하고 있는 조선인 주점 고용녀나 내지인 음식점의 조추(女中)들 중에는 당연히 한층 유균자가 많을 테니, 이 방면에서 활발히 발전되고 있는 사람들은 싸구려를 사다가 코가 떨어지지 않도록(=안장코가 되지 않도록) 주의하고 또 주의하시라.

『경성일보(京城日報)』 1928년 9월 2일

화류병예방법 1일부터 실시

(도쿄 전보) 화류병예방법이 드디어 1일부터 실시되었다. 앞으로 만일 화류병독을 전염시킨 자는 500엔 이하의 벌금 또는 체형에 처해지고, 매합, 손님을 머무르게 한 자는 29일 이하의 구류에 처한다.

『매일신보』 1928년 9월 3일

화류병예방법을 실시했다

(도쿄전) 화류병예방법은 금 9월 1일부터 실시하게 되었다. 금후로는 만일 화류병독을 남에게 옮게 한 자에게는 5백 원 이하의 벌금 또는 태평에 처하며 또는 병이 있는 줄을 알며 매춘의 매개를 하거나 객을 재우게 한 자에게는 29일 이하의 구류에 처하게 된 것이다.

『동아일보』 1928년 9월 22일

창기의 1할은 성(性) 전염병의 환자

지난 8월 중 시내 각 유곽 창기의 건강진단을 한 결과 조선 창기 조사 연인원 수 1,957명 중에 매독 환자가 3명이오, 임질 환자가 45명인데 7월분 동원 환자 등을 합하여 13명이 격리 치료를 받는 중이오, 일본인 창기는 49명이 격리 중에 있다 하며 7월 중 총 격리 환자 70명이 든 것이 8월에 이르러서는 83명, 즉 13명이 증가한 상태인데 총수로 보면 1할 5분가량이 전염병균을 가진 셈이라 하여 야유랑의 가슴을 놀라게 한다더라.

『경성일보(京城日報)』 1928년 10월 6일

묘한 질병의 추방은 유곽지(廓町)부터 제일 먼저, 머지않아 화류병 예방령도 조선에 시행 계획

내지에서는 9월 1일부터 화류병예방령을 시행하여, 화류병을 타인에게 전염시키면 벌금, 구류, 징역 등의 형에 처하기로 되어 있다. 조선에서는 내지의 성적을 보고 효과가 있어 성적이 양호하다면 이를 시행하고자 지금 경과를 지켜보고 있다. 한편 경기도에서는 화류병 예방을 위해 예방약을 1,000명 분 제조하여 시험적으로 유곽지(廓町)에서 사용시키기로 하고 있는데, 내지에서도 화류병 예방법 시행 이래 각 부현에서 예방약, 콘돔 등의 사용을 장려하고 있다. 경성부에서는 경기도의 성적을 본 후 다른 각 도에도 이를 장려할 모양인데, 그에 대해 본부 니시가메(西龜) 기사는 다음과 같이 말한다.

외국에서는 개인 위생이 대단히 앞서 있기 때문에 관헌이 요란하게 지도하지 않아도 각 개인이 각자 적당한 예방 방법을 강구하고 있다. 예방약이나 부인의 세척기 같은 것도 큰길가에 있는 당당한 점포에 진열해 팔고 있다. 그런 점들에 대해 딱히 외국 흉내를 낼 생각은 없지만, 화류병 예방의 경우도 개인 위생이 진척되면 어느 정도까지는 달성되므로 개인 위생의 발달이라는 것은 화류병 예방에 중대한 관계가 있다.

『조선신문(朝鮮新聞)』 1928년 10월 12일

화류병의 만연, 철저한 예방. 우선 신정(新町)유곽에

고마쓰(小松) 본정(本町)경찰서장이 발안해 지금 도의 위생과장 스오(周防) 기사가 약 조제를 전담하고 있다. 신정유곽에서의 화류병 예방 실시는 이미 두 은고(銀膏) 피미나르, 세모리라미르[46] 등 여러 조제를 통해 지금 시험적으로 사용 중이고, 한편 기구도 사용토록 해서 그 결과를 시험해 보고 있다. 이는 지금으로서는 여자에게만 시험하고 있지만, 그 결과에 따라 가장 좋은 약을 선택해 일반 등루객에게도 사용하게 할 예정이며, 추가적으로 창기만이 아니라 기생, 예기, 여급, 음식점 조추(女中) 등으로 (확대하고) 밀음매 전과자에게는 매달 건강진단을 실시할 계획도 있어서, 화류병 예방과 관련해 본정경찰서에서는 내지의 예방법안 실시를 감안해 적극 연구하여 철저한 단속 예방에 힘쓰게 될 것이다.

『조선신문(朝鮮新聞)』 1928년 10월 14일

화류병 예방, 첫째 수단은 우선 신정(新町)유곽부터

지난 9월 1일부터 내지에서는 화류병예방법이 실시되었고 조선에서도 딱히 이러한 긴밀한 문제를 내버려둘 수는 없게 되었다. 이에 이전부터 고마쓰 본정서의 발의 아래 도 경찰부 스오 위생과장이 화류병 예방약 두 은고의 조제에 착수한 바 있는데 드디어 그 신제품도 최근 완성되었으므로 12일부터 우선 신정유곽에 전달해 실행시키게 되었다. 스오 위생과장, 고마쓰 본정서장 등이 같은 날 오후 3시부터 신정 가시자시키업 조합사무소 누상(楼上)에 약 300명의 창기와 누주를 모아 위생과장이 상세하게 사용 방법을 설명하였고 조로(女郎)들도 얌전히 귀 기울였으며 그날 밤부터 드디어 실제로 사용시키기로 했다. 또한 신정유곽에서는 본제(本剤)는 일체 누주가 부담하게 하여 시가가 한 개 24전이므로 대단한 희생을 치르고 있는 셈인데, 이 시험적 결과가 나타나기를 기다렸다가 머지않아 용산 미생정에서도 사용하게 할 것으로 보인다.

---

46 원문의 표기는 フィミナール와 セモリラミール이며, 일어 검색에 나오지 않아 원어를 확인하지 못했기 때문에 기사 원문 표기를 음독해서 옮겼음.

『조선일보』 1928년 11월 11일

예창기 9만 명 중 화류병 3천7백, 예기들에게는 임질이 제일 많이 걸리고 창기에는 자궁병이 제일 많이 걸렸다, 매독 보유자도 2백 명

작년 연말에 경무 당국에서 조사한 전 조선의 예창기 수는 예기가 2만 7,920인이요, 창기가 6만 2,084인으로 그들을 검사한 결과 화류병, 기타 전염병을 보유한 자가 예기 580인, 창기 3,156인으로 그들을 총수에 대한 비례로 보면 예기는 100인에 대한 2인이요, 창기는 100인에 대한 5인으로 병명을 구별해 보면 제일 많은 것이 예기의 262명이나 되는 임병이요, 그다음은 자궁병 202명, 매독 44명, 연성하감 36명, 호안 22명, 결핵 8명, 피부병 7명 등으로 창기에는 자궁병 1,486명, 임병 1,089명, 연성하감 336명, 매독 167명, 피부병 58명, 호안(虎眼) 30명이라더라.

『조선일보』 1928년 11월 11일

독신 청년의 전염을 예방, 경제 문제로 장가 못 간 사람, 전염을 예방하고자 약품 사용, 경찰이 청루 주 단속

최근에 조선 사람 사이에 결혼 연령에 이르렀건만 경제상 형편으로 결혼을 하지 못하고 있는 사람과 처음부터 독신자로 지내는 사람들이 증가하여 간다 함은 여러 번 보도한 바인데 여기에 반드시 따라다니는 현상으로 유곽이나 사창굴에 출입하는 남자 수효가 격증하여 가는 때문에 임질이나 매독 등의 화류병에 걸려 고생하는 사람이 많아서 오늘날은 그것이 일대 사회 문제화하고 있으므로 경기도 위생 당국과 보안 당국에서는 약 1개월 전부터 시내 신정과 도산 등 각 유곽의 주인들을 불러다가 창기들이 접객할 때마다 이은고(二銀膏)라고 군대에서 사용하는 '어떤 것을' 쓰도록 엄중히 단속한 바 있었으나 그뒤에 여러 청루에서는 그것을 쓰지는 않는 것이 사실인 모양으로 화류병의 만연은 더욱 자심하므로, 도 위생 당국에서는 일간에 다시 각 공창들을 엄중히 단속하는 한편에 시내의 '카페'나 '음식점'이나 '색주가' 같은 곳을 엄중히 단속할 터라더라.

『조선신문(朝鮮新聞)』 1928년 11월 22일

화류병 예방? 선전인지 알 수 없어. 담당관도 쓴웃음

신정유곽의 화류병 예방약 오스스메는 도통 인기가 없어 등루객 사용자는 대단히 적다고 한다. 내지에서는 화류병예방법 시행으로 인해 콘돔, 예방약 등의 사용을 실행하고 있는 모양인데, 최근 총독부에 온 나고야(名古屋)유곽의 화류병 예방 선전 포스터는 잠옷차림의 미인 그림이 저속하고 남녀의 정담이나 쓴소리(痴話苦說) 같은 문구가 차마 볼 수 없을 지경으로 담겨 있다. 물론 이들은 풍속, 괴란 혐의로 행정처분에 부쳐졌지만, 화류병 예방 선전보다는 공창안전 등을 크게 쓴 공창 선전 포스터처럼 돼 있기 때문에 담당관들도 쓴웃음을 짓고 있었다.

『조선일보』 1928년 11월 28일

화류병 예방약을 경찰이 사용 권고, 각 유곽에 나눠 주고서, 전율할 밀매음 현상

청춘의 성욕을 이기지 못하여 신정이나 병목정에 있는 공창에게 가는 것은 물론 사사로운 밀매음에게 가는 청년이 많고 이에 따라 연년히 화류병 환자가 격증하므로 경기도 주방 위생과장은 이 예방약을 발명하여 각 공창 포주에게 두고 쓰게 하였던 바 성적이 양호하다는데 11월 13일부터 10일간에 사용한 분량을 보면 5,781본으로 작년 동기에 비하면 병에 걸린 자가 24명이 감소되었다 하는 중이 이에 대하여 30 미만의 사람은 그 예방약을 유곽에서 주는 대로 받아쓰고 40이나 50 먹은 늙은이들은 쓰기를 싫어하며 직업별로 보면 관리, 은행원, 군인, 회사원은 약을 잘 쓰고, 직공, 인부, 노동자는 쓰기를 싫어한다 하며 본정서에서 작년 중 관내에서 밀매음녀 15명을 검거하였고 금년에는 10월 말까지 25명을 검거한 바 그중에 23명은 화류병자로 전율할 만한 상태인데 밀매음에게는 경찰에서 전기 예방약 사용을 권고할 수 없는 터이므로 자진하여 쓰기를 바란다 하며 각 유곽에는 전기 예방약을 쓰라는 포스터를 하여 줄 터라더라.

『동아일보』 1928년 12월 2일

화류병 환자 추정 통계, 장정 이상 인구의 반수

◇ 위생사상 저급으로 매우 많을 듯. 머지않은 사이에 실지로 점검

화류병은 문명병이라 하여 조선도 문명의 혜택을 입는 까닭인지 화류병 환자가 점점 만연하여 가는 상태에 있으므로 총독부의 위생과에서도 화류병 방지책을 강구하고자 위생과장 니시카메(西龜) 기사가 전심하여 우선 화류병 환자 통계를 얻고자 하는 중이나 화류병은 비밀히 하는 것이라 좀처럼 환자를 조사할 수 없으므로 일간 어떤 날을 정하여 전 조선 일제히 약방, 관공 사립병원을 물론하고 매약이나 치료를 받은 사람의 수효를 조사 보고케 하여 이것을 근거로 총 인구의 몇 부분이 화류병자라는 통계를 얻고자 하는 중이라 한다. 불완전하나마 지금까지의 여러 가지 조사로 추측되는 환자율은 일본이나 기타 각국에 비하여 큰 차이가 없는 듯하되 위생사상과 치료 기관에 결함이 있어 일본보다 조금 많은 듯하나 대개 청년기 이상 인구의 50퍼센트, 즉 반수가 화류

병 환자로 봄이 적당하리라고 한다. 그중의 임질과 매독의 비율은 매독 환자는 임질 환자의 5분의 1로 봄이 적당하리라는데 일본에서는 화류병방지법안을 만들어 법으로 전염 매개를 금지하고 있으나 이런 법률은 효력을 나타내기 어려워 잘못되면 공문에 빠질 염려가 많으므로 조선에서는 아직 그런 법을 실시하지는 않고 일본의 성적을 보아 적당한 법규를 제정하게 되리라더라.

조선인 창기는 환자가 3할 이상, 접객업자 총계로는 2할 5분 【일본과 비교하면 갑절】

접객업부, 즉 창기, 작부 등의 화류병 통계는 해마다 한 번씩 전 조선적으로 하여 오는데 최근에 조사된 통계를 보면[47]

◇ 미독

	창기	예기	작부	계
조선인	0.350	0.282	0.531	0.405
일본인	0.137	0.114	0.268	0.157
합계	0.205	0.172	0.414	0.251

◇ 임병

	창기	예기	작부	계
조선인	2,555	2,450	1,822	2,282
일본인	1,163	1,641	1,540	1,307
합계	1,605	1,924	1,696	1,679

◇ 연하감

	창기	예기	작부	계
조선인	0.556	0.213	0.404	0.453
일본인	0.431	0.077	0.210	0.336
합계	0.471	0.124	0.317	0.380

47 이 표에 나오는 '계'나 '합계'는 합계가 아니라 평균으로 보이지만, 원문에 따라 표기함.

◇ 박탈

	창기	예기	작부	계
조선인	0.389	0.050	0.107	0.241
일본인	0.331	0.044	0.068	0.238
합계	0.349	0.046	0.090	0.239

◇ 화류병 통계

	창기	예기	작부	계
조선인	3,851	2,994	2,863	3,380
일본인	2,064	1,876	2,086	2,037
합계	2,631	2,267	2,516	2,548

이와 같이 화류병을 앓던 접객업부가 1백 인 치고 2할 5분 5리 약(弱)으로 나타나 있으나 이것은 건강진단 시에 나타난 것이라 실상은 훨씬 이 이상이 숫자를 가지고 있으리라고 한다. 접객업부 중에도 화류병 많기로는 창기가 제일 위요, 창기 중에서도 조선인 창기가 제일 많아 일본에 있는 일인 창기의 화자를 1할 8분이라는 끔찍한 숫자를 보이고 있다. 이와 같이 그 비율이 높은 것은 조선인은 위생관념이 적어 치료상 주의가 일본인보다 손색이 있는 까닭으로 볼 수밖에 없다더라.

매독의 조선 침입은 고려 명종년간 【관기(官妓)에 명국 사신이 전파】

화류병 중의 하나인 매독의 연원은 혹은 '아메리카인데안' 설과 인도설과 '아프리카'설과 남부 구라파설 등 각종 설이 있으나 분명한 연원은 알 수 없되 기록에 보면,

구주 남서부 서력 1450년
중국 서력 1488년[홍화(弘化)]
일본 서력 1512년[에이쇼(永正)]

이와 같이 근원은 어디인지 몰라도 구라파 남서부로부터 중국을 경유하여 일본에 들어갔는데 조선에는 과연 어느 때 들어왔다는 분명한 기록이 없으나 고려 명종(明宗)이 10년, 즉 거금 524년

전에 기생에게서 창병을 옮았다는 기록이 비로소 생겼으므로 명종년간으로 보는 것이 가장 적당하리라는데 외국으로부터 전파된 경로는 그때 명나라와의 교통이 빈번하여 명나라 사신과 수행원이 들어와서 관기에게 전파시킨 듯하다 하나 하여간 동양에서는 조선에 제일 늦게 고맙지 못한 병이 들어온 것만은 사실이라더라.

『조선신문(朝鮮新聞)』 1928년 12월 29일

이 기회에 화류병을 근절하라. 본정경찰서 분발하다

본정경찰서의 발안과 스오 위생과장이 창제(創製)에 관여한 화류병 예방약 '오스스메'가 11월 13일부터 신정유곽에서 실시된 이래 이번 달 22일까지 40일 동안의 성적을 보면, 예방약 사용 수량은 1만 4,705개이고, 신정에서 입원 환자는 작년에 45명이었지만 올해는 33명이니, 즉 12명이 감소하였고, 통원 환자, 즉 유독(有毒)이지만 입원할 정도에 이르지 않는 자는 작년 같은 시기에 261명이던 것이 올해는 179명이니, 즉 82명의 대대적 감소를 보이고 있다. 그리고 예방약 사용 후 10일 동안마다 성적 상황을 조사해 보니 유독자는 점차 줄어들고 있으니, 이 약의 사용에 힘쓰고 났을 때에는 위생 상태를 현저히 개선할 수 있을 것으로 여겨지고 있다. 이 점을 감안해서, 본정경찰서 위생계에서는 28일 사용이 시행될 포스터 600장을 인쇄해 신정유곽 각 기루의 방마다 게시하기로 하고 이미 배포를 마쳤다. 이에 대해 사카모토(坂本) 위생과장은 말한다.

창기 쪽의 성적은 오늘날의 숫자만으로도 비상한 성적을 거두고 있으나, 남자 쪽은 유감스럽게도 조사할 방법이 없기 때문에 지금으로서는 확실히 알 수 없다. 그러나 각 방면에서 상당히 평판이 좋다는 것은 확실하니 앞으로 적극 사용해 주기를 희망한다.

『조선시보(朝鮮時報)』 1929년 1월 10일

화류병 박멸 예방제의 발매, 경북 공중보건협회[48] 이노우에 이사의 고심담(苦心談)

(대구) 화류병의 만연으로 인한 참해는 국가적(으로 미치는 것)이어서 이미 내지에서는 화류병예방법이라는 법률마저 실시되고 있을 정도이니, 국가가 얼마나 이 병의 예방과 박멸을 위해 고심하고 있는지 엿볼 수 있다. 원래 화류병의 예방 방법에는 여러 가지가 있지만 누구든지 실행할 수 있는 것은 예방약 사용이다 보니, 종래부터 여러 종류의 약이 발매돼 왔다. 그러나 어떤 것은 지나치

48 기사 제목에는 公衆保險協会, 본문 중에는 公衆保健協会로 표기됨.

게 고가이거나 어떤 것은 사용할 때 불쾌감을 일으키고 어떤 것은 효과가 의심되는 등의 사정을 감안해, 이번에 경북 공중보건협회가 처음 제조해 경상북도 위생시험소에서 유효하고 무해하다고 증명된 약으로, 세 가지 특장을 지닌 '산토쿠'라는 화류병 예방제를 발매하게 되었다. 3대 특장점이란 1. 화류병 일체를 완전히 예방하고, 2. 일체의 미생물을 사멸시키고, 3. 다른 예방제 같은 불쾌감이 없다는 점이다. 저렴하고 이상적인 이 예방제를 창제하는 데에 꽤나 고심하였다 한다. 그리고 정가는 3회분용 10전, 5회분용 15전, 3회분용 10개는 90전, 5회분용 (10개에) 1엔 35전이고, 200개 이상의 주문에 대해서는 특히 할인한다. 지정 발매처는 대구부 원정(元町) 이토 스에히로(伊藤末廣) 약점으로 정했다. 운운. 참고로 이 예방제는 경북 공중보건협회가 창제하면 편의.[49]

『매일신보』 1929년 1월 23일

부민의 2분의 1은 전부가 불건강! 매독 환자가 제일 많았다

경성부 위생시험소에서 작년 중에 부민 1,424인의 대변과 건강을 검사한 결과 그중에는 매독 202인 ▲ 폐병 3인 ▲ 임병 2인 ▲ 십이지장충 192인 ▲ □충 131인 ▲ 편충 297인 ▲ 간장디스토마 17인으로, 부민의 2분의 1 정도는 불건강한 편이라더라.[50]

『동아일보』 1929년 2월 3일

성병 예방약 시험성적 양호. 사용만 하면 성병에 덜 걸려. 각 유곽에 사용할 방침

경기도 위생과에서는 화류병 전염 예방약으로 '오스스메'라는 예방약을 스오(周防) 위생과장이 발명하여 신정유곽의 창기들에게 사용케 하여 시험한 결과 최근에 그 효험이 현저한 바가 증명되었다는데 그 시험의 결과를 보면 약을 사용하기 전인 1927년에는 10월 13일부터 22일까지 열흘 동안에 등루객(登樓客)이 1,741인, 접객 창기 277인이 화류병에 걸린 창기가 93인으로 3푼 4리가 병에 걸렸는데 약을 사용한 1928년 동 시기에는 3,007명의 객을 286명의 창기가 접촉할 때 '오스스메'를 사용한 횟수가 5,782회에 병에 걸린 창기는 73인에 불과하여 2푼 4리로 감소하였으며, 그후 열흘간인 11월 23일부터 12월 2일까지는 사용하지 않던 1927년에는 2,857인이 277인의 창기와 접촉한 결과 79인(2푼 8리)의 환자가 생겼으나, 사용한 1928년에는 창기 283인

---

49 '편의'로 문장 끊어짐.

50 합계가 맞지 않지만 원문대로 표기함.

이 3,035인을 접촉할 때 '오스스메' 4,230회를 사용한 결과 환자는 겨우 1푼 9리로 감소하였으며 다시 그후 10일간인 12월 3일부터 12월 12일까지에는 사용 전인 1927년에는 276인의 창기가 2,743인을 받은 결과 69인(2푼 5리)이 병에 걸렸으나, 사용 후인 1928년에는 277인이 2,302인과 대할 때 '오스스메'를 5,540회를 사용한 결과 창기 환자가 23인[1분 약(弱)]으로 격감하여 점점 양호한 성적을 보이는 중이라는데 총독부 위생과에서는 장차 전 조선 각 유곽에 '오스스메'를 사용케 하여 화류병의 전염을 예방하리라더라.

『동아일보』 1929년 3월 21일

미성년 금주안 부결, 공창폐지안 상정, 아베(安部) 씨 의회의 제일성, 19일 중의원 본회의

(도쿄 19일발) 19일 중의원 본회의는 각파가 소선거구 제안 대책 등으로 정각보다 늦어 오후 1시 50분 경우 개의(開議) 의장(議場)은 소선거구제도의 책전(策戰)으로 상당히 항분(亢奮)을 보였다. 가와하라(川原) 의장, 오기키 유키오(尾崎行雄) 군 등 제출 부전조약용어에 관한 질문 외 7건의 질문에 대하여 정부에서 답변서를 수령하였다. (…)

一. 공창제도 폐지법안율(律)

아베 이소(安部磯雄)〔**사민**(社民)〕 : 현대 사회 상태로 보아 매음행위 금지의 불가능은 분명하나 현상과 같이 공공연히 공창제도를 인정하는 것은 사회풍교상 생각할 일이 다 우리들이 말하는 사창제도는 현재와 같은 제도가 아니라 사람 눈(人目)에 접하지 않는 데에서 행하게 할 것이라는 데 있다. 사람 눈에 접하는 사창 행위는 공창과 마찬가지이며 금일의 공창은 노예와 같이 자유 폐업을 합법적으로 행하려 하되 생명을 건다. 공창제도 폐지는 화류병을 만연케 한다고 하나 공창의 검미가 불완전한 금일 이 논의는 당치 않다. 검미가 확실하다 하더라도 경찰이 비밀히 행하는 것을 인도상, 풍교상 최상으로 한다. 이미 아키타, 후쿠시마, 사이타마 여러 현이 공창폐지를 결의하고 군마, 기타 여러 현이 이미 공창을 폐지한 금일 어느 때까지나 이 묵은 제도를 남겨둘 터인가.

쇼지 요시로(庄司良朗)[**정**(政)] **씨** : 제안자는 본안 철회의 의사가 없는가. 노동자 계급에 대하여 합법적 경제적인 공창제도를 존치할 것이다.

아베 씨 : 철회의 의사는 없다.

야마다 기이치(山田毅一)[**민**(民)] **씨** : 가족제도 유지상으로 존치의 필요를 말하고 호시시마 니로(星島二郎)(정) 씨 제안자로서 답한 후 다자키 신조(田崎信藏)[일신(一新)] 씨 가시자시키업을 1935년부터 폐지시키는 제안의 취지를 인정하다 하고 매창(賣娼) 방법 어떤가.

호시시마 씨 : 1935년까지 영업을 계속하는 동안에 전업(轉業) 방법을 강구한다.

미야케 이와오(三宅盤)(민) 씨 : 의장의 주의와 소란(喧騷) 속에 찬성론을 말한 후 위원 부탁. (……)

『동아일보』 1929년 4월 30일

화류병 예방약 제조, 매일 20전 수입

본정경찰서의 거지 정리, 거지(丐乞) 소년 수용 성적

본정경찰서에서는 솔선하여 거리를 방황하며 일반 행인에게 불쾌의 감정을 주는 걸인을 정리한다 함은 기보한 바어니와 노동할 능력을 가진 장년의 거지는 노동할 만한 곳으로 주선하여 보내고 부모도 없고 부접할 곳도 11명만은 남산정 아라타(新田) 씨의 2천 원 기부와 서사헌정 고야산(高野山) 택(澤) 주지의 호의로 고야산 소유 건물의 제공을 받아 수용하였는데, 그 11명은 17세 이하 12세까지의 소년들로 교육 정도는 전연 무학이 5명, 서당에 다닌 애가 2명, 보통학교 다닌 애가 2명, 기타 사립학교 다닌 애가 2명인데 그들의 식비는 매일 20번인 바 돈벌이로는 경기도 위생과장이 발명한 화류병 예방약 '오스스메'를 만드는 것으로 현재 매일 평균 500개를 만들어 한 개에 1전 3리씩 남기고 오전에 팖으로써 그 수입으로 지탱한다고 한다. 여기서 제조하는 예방약 500개는 전부 신정유곽에서 사용하는 것이오. 장차 그 약이 천 개는 충분히 팔릴 가능성이 있으므로 하루에 2천 개 팔리게 되면 백 명은 수용하리라 한다.

『조선일보』 1929년 5월 2일

민족도 멸망하는 화류병에 대하여. 그 전염됨은 단순하게, 화류항에만 있지 않다

화류병이 널리 인류에게 전파되어 사회의 행복달달을 방해하는 무서운 병인 것은 지금 새삼스럽게 말할 것도 없거니와 청춘 시대의 화류병같이 사람을 상하며 세상에 해독을 끼치는 것은 없을 것입니다. 이를 방지하기 위하여 작년 9월 1일에 화류병예방법 시행령이 공포되어 전염될 염려가 있는 화류병이 있음을 알고도 매음을 한 여자에게는 3개월 이하의 징역에 처하며 또한 전염의 염려가 있는 화류병에 걸린 줄 알면서도 매음에 중개 혹은 이를 용인한 자는 6개월 이하의 징역 또는 5백 원 이하의 벌금을 내게 되었습니다. 그러나 그때 전염병 방지에 대하여 상당한 방법을 가구한 자에게는 그 형을 감하게 되었습니다. 이와 같이 화류병 방지에 대하여 법률의 단속이 엄중케 되었으나 과연 일반 사회는 이 두려운 화류병의 방지에 노력하고 있는지가 문제입니다. 도리어 화류병 환자가 매년 늘어가는 것을 볼 때에 한심함을 금하기 어렵습니다. 이 병은 대개가 화류계에서 전염되는 병이기 때문에 화류병이라 하는 것입니다. 그러나 현상에 대하여 전염 경로를 보건대 화류계에서만 국한되어 있지 아니합니다. 한 여학생으로부터 수 명의 남학생이 임질에 감염된 한심한 사실이 있습니다. 그러함으로 성욕의 과실로부터 일어나는 병이므로 이들 성병이라고도 합니다. 성병은 매독, 임질, 연성하감의 세 가지 다른 병을 총칭하는 것이나 전에는 이를 모두 같이 봐서(同視) 매독(梅毒)이라 합니다. 오늘날도 매독과 연성하감의 환자가 606호의 주사를 희망하며 병원을 찾는 환자가 많습니다. 이때 아는지 모르는지 무책임하게도 환자의 희망대로 606호를 놓아 주는 의사가 있습니다. 그리고 더 심한 것은 임질, 연성하감의 치료에 포경의 수술을 하는 의사까지도 있습니다. 이와 같이 환자의 약점을 엿보아 성병에 무지함을 기화 삼아 발호하는 의사를 꾸짖을 것이겠습니까. 자기 자신의 그릇된 바를 웃어 버려야 할 것이겠습니까. 도리는 이 하나밖에 없을 것이겠습니다. 요컨대 환자가 좋은 의사를 선택하는 것입니다. 성병의 전염 경로는 대개 불결한 성교에서 생기나 간혹 병균이 묻어 있는 물품을 통하여 간접으로 전염되는 수도 있습니다. 전염된 최초의 증후는 국부에 흠집이 생기거나 또는 고름이 나는 것을 보게 되는데 매독, 임질, 연성하감의 징후는 다 각각 다릅니다. 이제 병의 대약에 대하여 말씀드리고자 합니다.

『조선일보』 1929년 5월 3일

민족도 멸망하는 화류병에 대하여 (二), 그 전염됨은 단순하게 화류항에만 있지 않다

매독의 병원체의 발견은 지금으로부터 26년 전으로 독일의 슈잔 씨가 매독 환자의 피고름(血膿)에서 극히 적은 버러지(虫)를 발견하고 이를 스피로헤타라고 이름 지은 것이 맨 처음입니다. 전염병은 흔히 매독 있는 사람과 불결한 성교를 할 때 음부로부터 전염되는 것이 가장 많으나 스피로헤타는 임균이나 연성하감균에 비하면 전염력이 강하여 반드시 전막이나 음부에만 한정되어 있지 아니합니다. 즉 성교가 없었더라도 병독을 가지고 있는 사람과 간접, 직접의 접촉에 의하여 병독의 체내에 침입되는 수가 많습니다. 가령 매독이 잠복되어 있는 사람과 키스할 때 또는 그들이 입을 댄 술잔, 음식 그릇, 담배물뿌리 등을 그대로 자기의 입에 대는 때에도 전염이 되는 것입니다. 더욱이 부인들이 주의하지 않으면 안 될 것은 건강한 유아가 병이 있는 부인의 젖을 먹을 때에 그것으로부터 전염이 되며 또 건강한 부인이 유전매독이 있는 것을 알지 못하고 젖을 줄 때 젖꼭지에 흠집이 있든지 또는 어린아이가 깨물어 상처가 나면 그곳으로부터 유모가 전염을 받게 되는 수도 있어 이를 낱낱이 들어 말할 수는 없으나, 하여간 이 병독이 신체의 어느 곳으로든 침입하는 것임을 기억하기 바랍니다. 매독은 경과에 의하여 초기 제2기, 제3기 및 변태매독으로 구별됩니다. 초기로부터 제2기, 다시 제3기 매복 시기로부터 점점 옮겨갑니다. 즉 병독에 감염되고 3주일가량의 잠복기에는 팥알만 한 알맹이가 딴딴한 초기 경결(硬結)이 되나 이는 즉시 껍데기가 벗어지고 전염력이 강한 다수한 병균을 포함한 분비물이 나오고 새빨갛게 되는 것이니 이것이, 즉 경성하감이라는 것입니다.

『조선일보』 1929년 5월 4일

민족도 멸망하는 화류병에 대하여 (三), 그 전염됨은 단순하게 화류항에만 있지 않다

경성하감이 되면 즉시 그 부근의 림프선이 딴딴하게 부어오르는데 이를 흔히 '가래톳'이라고 말합니다. 그리 아프지도 아니하며 나중에 곪더라도 붉은색이 없이 마치 계란을 품은 것같이 피부가 떠오를 뿐입니다. 연성하감 임독(淋毒)으로 말미암아 생기는 '가래톳'은 붉은 핏줄이 선 후 나중에는 곪아 몹시 아프나 매독성 '가래톳'은 지금 말씀한 바와 같이 결코 아프지 아니하며 딴딴함이 특색인 까닭에 이를 무통성 '가래톳'이라고 말합니다. 보통 음부에 하감이 있으면 서혜부가 부어서 올라오는 매독과 연성하감이 혼합되어 감염된 때는 이의 병세도 두 가지가 겸하여 있으나 처음 당하는 사람으로서는 분별하기 어렵습니다. 그리하여 '가래톳'이 되면 스피로헤타는 이미 혈액에 들어가 전신을 휘놀고 있으므로 반드시 이때에 철저하게 치료를 하지 않으면 나중에 가서 큰 화를 입게 됩니다. 연성하감이 발생한 지 약 6주간을 지나 전신 매독의 전치증이 나타납니다. 그런데 이는 감기가 들은 것같이 때때로 그다지 심하지 아니한 열이 생기며 기분이 좋지 못하고 음식이 잘 먹히지 아니하는 정도의 증후이므로 채 알지 못하는 중에 지나가고 맙니다. 9주간가량 지나서 처음으로 홍역과 같이 붉은 반점이 나오는데 이를 장미진(薔薇疹)이라 합니다. 날이 감에 따라 피풍(皮疹)은 점점 증가되어 선명케 됩니다. 습진과 다른 점은 몹시 가렵거나 아프지도 않다는 것입니다. 몸이 만성으로 경과하여 아프지도 가렵지도 않다고 그대로 내어버려두기가 쉬우나 결단코 마음을 놓고 있어서는 못씁니다. 그러한 것이 매독이거나 피부결핵이 되기 쉬운 것입니다.

『조선일보』 1929년 5월 5일

동래예기 총파업, 매월 한 번씩 하는 신체검사는 예기의 체면을 손상한다 하여

지난 달 28일 동래권번 예기들은 총폐업을 하였다는데 그 원인을 듣건대 경찰 당국에서 화류병 위험성이 있은즉, 매월 1회씩 신체검사를 받으라고 명령하였으므로 예기 일동은 창기가 아닌 이상 예기의 명목에서 검사를 받을 수 없으며 차라리 매음단속을 엄중히 받을지언정 검사는 받을 수 없다고 당국에 요구하였으나, 절대로 될 수 없다고 하는 고로 예기 전부가 폐업계를 제출하고 29일에 권반을 해산하였다더라. (동래)

『조선일보』 1929년 5월 7일

30, 40에 졸도함은 매독이 그 원인. 화류병에 대한 여러 가지 방면의 연구와 조사

제3기의 매독은 임상상으로는 고무성 매독 또는 매독성 궤창이라고도 해서 살이나 뼈가 썩어들어가고 코가 떨어지는 것인데 이 병이 나중에 낫는다 하더라도 아주 보기에 흉하고 끔찍한 흠집이 납니다. 관절이 극렬히 아픈데 내장으로 들어오면 생명이 위태합니다. 간장과 비장이 부어오르는 심장병과 폐병도 일어납니다.

생명이 위태한 암이 매독 환자에게 많은 것은 고막증이 그 원인이 되는 까닭입니다. 30, 40 때에 한참 일을 할 만한 사람으로서 졸도로 인하여 죽는 것은 가장 매독에 원인하는 것이 많습니다. 그것은 매독이 혈관을 범해서 혈관을 경화(硬化)시킨 까닭입니다. 다시 나아가 제4기, 즉 변태매독이 되면 뇌와 척수를 범하는데 그렇게만 되면 더 고칠 도리는 없으니 이것이 병이 골수에 드는 것입니다. 척수를 범하면 하지가 대단히 아프며 기운이 풀려 걸음이 걸리지 않고 대소변이 줄줄 터져 나옵니다. 뇌를 범하면 마비성 천치가 되어 정신병자가 되고 마는 터이니 정신병원의 환자의 3분의 1은 매독으로 원인하는 것입니다. 또 한 가지 무서운 것은 아무 죄도 없는 자손 중에 유전을 받아 배 안에서 병신이 되는 수가 많고 또는 신체가 허약하여 발육이 좋지 못하고 항상 콧물을 흘려서 지혜구멍이 늦게 터지며 또 유산도 매독의 원임함이 많습니다. 이 까닭에 밝은 세상을 구경하지 못하고 어둠 속에서 어두운 속으로 쓰러지는 불쌍한 어린 생명이 여간 많지 않다고 합니다. 그러한 성병을 나는 중에 매독보다도 더 무서운 것은 없습니다. 그런데 위에 말씀한 증세는 진실로 여러 가지의 형체로 나타나서 의사도 쉽게 알 수 없는 수가 많습니다. '살바르산'을 여러 번 주사하였다고 그 매독이 아주 근치가 되었다고 할 수가 있을 것인가? 겉으로는 그런 것이 확실히 나타나지는 않으나 혹시 속으로 매독이 그저 남아 있지나 않은가 하는 의심이 생길 때에는 그 진단을 어떻게 해야 좋으냐 하면 거기는 바세르만씨가 발명한 혈액검사 하는 법 외에는 다른 방법이 없습니다. 그러나 혈액검사는 항상 정확하게 매독이 있고 없는 것을 보이느냐 하면 그것은 그렇지 않습니다. 매독이 걸려 있지 않을 양성을 보여 주거나 매독이 걸린 자에게 걸리지 아니한 듯한, 즉 음성의 성적을 보이는 수도 있습니다. 수십 회나 606호 주사를 맞아도 오히려 혈액검사를 하면 음성을 보여 주지 않는 수가 있습니다. 이것은 충분히 치료하여 매독은 전치되었어도 반응만은 양성으로 보여지는 것입니다. 혈액검사에 관한 고찰은 전문가라도 여러 가지로 의론이 분분한 터이므로 이만큼 말씀하겠습니다. 절대 신뢰할 수 없다는 것만을 기억해 두었으면 좋겠습니다. 그리고 또 한마디 말씀할 것은 검사하는 자의 기술이 숙련하고 숙련치 못한 점입니다. 즉 여러 해 이 일에 종사한 사람의 성적은 신용할 수 있지만 만일 기술이 시원치 못하면 그 결과는 전연히 맞지 아니합니다.

『경성일보(京城日報)』 1929년 5월 15일

화류병예방법 실시 상황

내무성 위생국에서는 작년에 실시된 화류병예방법의 실제 상황을 조사하기 위해 각 부현 장관에게 다음의 여러 사항에 관해 보고토록 하게 되어 이미 통첩을 발했는데, 실시상의 효과를 각 방면에서 커다란 흥미를 가지고 바라보고 있다.

一. 예방 선전의 강연회 주최별, 회수, 청강자 종별과 수

二. 예방 수칙서(心得書)와 포스터 배포 조사, 배포 부수, 배포처, 비용 부담자

三. 예방 약품, 용구와 세척 설비

四. 보건조합. 창설한 것. 이미 설치되어 있는 것, 업태별, 조합 수, 조합원 수, 진단 횟수, 검진 범위, 진료 기관

五. 이 법 제5조에 의한 처벌자 조사. 종별, 징역별(罰無別)

六. 이 법 공포 발매한 화류병에 관한 매약 조사

七. 기타의 사항

『매일신보』 1929년 6월 12일

창기건강진단, 금후 엄중 시행

(함흥) 화류병 박멸의 목적으로 본도에서는 관하 각지를 통하여 예창기의 건강진단을 엄중히 하

던 바 최근에 이르러 그 악질 환자가 격증되었으므로 5월 중 5회에 걸쳐 건강진단을 시행하였는데 연인원 내지인 363명, 조선인 34명 중 임질 환자 입원을 명(命)한 자 내지인 26명, 조선인 3명, 통원을 명한 자 내지인 2명, 조선인 1명 합계 32명의 다수에 달하였으며 금후는 일층 검사를 엄중히 할 터라더라.

『동아일보』 1929년 6월 22일

화류병 의심 7분, 임신자는 2분, 전염병 혐의자가 약 1할

【종로서(鐘路署) 기생 검사 결과】 종로경찰서에서 지난 19일 관내 기생들의 건강 진찰을 했다는데 화류병의 의심이 있어 채혈한 기생이 22명이며 아이를 밴 기생이 6명이나 되어 진찰하던 계원을 놀라게 하였다는데 전부 진찰한 309명에 대하여 병적 의심이 있는 자의 비례는 아래와 같다더라.

▲ 화류병 의심 7분 ▲ 임신 2분 ▲ 도라홈, 기타 전염병 의심 약 1할.

『조선일보』 1929년 7월 5일

기생, 창기, 여급사 등 일절로 분뇨검사, 일반에게 예방주사도 주어, 조박(朝博) 개회 전에 전염병 예방

박람회를 목전에 두고 서울 시내에 혹시 전염병이 유행하지나 않을까 하여 경기도 경찰부에서는 그에 대한 예방책으로 미리 이달 안으로 서울 시내에 있는 기생과 창기와 음식점 보이와 카페 여급과 여관의 하인 등 모든 접객업자에 대하여 정밀한 분변검사를 단행하는 동시에 시민 중에 다소 의심할 만한 체질을 가진 사람 약 1만 명에게 대하여 무료로 예방주사를 하기로 되어 방금 그 준비에 분망 중인데 앞으로 날이 몹시 더워서 전염병 발생의 위험이 더욱 많을 때는 예방주사 인원을 한층 늘릴 모양이라더라.

『조선일보』 1929년 7월 15일

웅기 작부 진단 화류병자 8명

웅기경찰서에서는 시내에 있는 음식점 영업 중 주점의 고용녀 29명에 대하여 공의(公醫)로 하여금 건강진단을 시행케 한 바 매독 3명, 도라홈 3명, 기타 2명 합 8명의 화류병자를 발견하여 즉시 입원 치료케 하였는데 금후는 매월 1회씩 검사하기로 되었다더라. (웅기)

『부산일보(釜山日報)』 1929년 8월 21일

민중의 위생사상은 유치(상) : 화류병의 예방에 대하여, 통영병원 미조미 마사오(溝見正男)

화류병 곧 매독, 임질, 연성하감은 이름이 보여 주듯이 매소부에 의해 전염되는 경우가 가장 많다. 아니, 그 전염은 거의 매소부와의 접촉에 의한다고 해도 과언이 아니다. 매소부에는 사창과 공창이 있고, 사창 중에 화류병 환자가 많다는 것은 수많은 실례 통계가 보여 주고 있고 또한 일반 세인이 주지하는 바다.

▽

화류병이 우리의 업무 능률을 저하시키고 가정에 얼마나 비극적 파문을 던지고 심신에 악영향을 미치는지, 또한 얼마나 막대한 치료비를 요하는지 등 화류병의 무서운 점에 대해서는 여기서 서술하지 않겠다. 화류병의 가공할 점은 실로 상상 이상이다. 화류병에 걸리고 싶지 않은 사람은 화류계에 발을 들이지 않아야 한다. 그렇지만 실제 사회는 심히 복잡하다. 최근 각 부현(府県)에서 유곽 면허지의 수는 539곳이고, 기루주인(楼主)의 수는 11,532명이고, 창기는 51,423명에 달한다. 그리고 1개년의 유객(遊客) 수는 22,587,000여 명으로, 제2차 국세조사를 통해 남성 인구 30,010,000여 명 중에는 1세의 소아부터 100세의 노옹까지 포함되어 있으니, 가령 성적 능력이 왕성한 연령대인 자가 3분의 1이라 치면 그 수는 1,000만 명이 된다. 그리고 유객 총수는 22,587,000여 명이므로 얼마나 많은 남성이 유곽에 발을 들여놓고 있는지 알 수 있다. 이는 공창에 대해서이지만, 기타의 매소부와 접하는 남성은 짐작하고도 남는 바가 있을 것이다.

▽

지금 사창의 화류병 환자는 100에 대해 31.1푼(分)의 비율로, 공창의 1.2푼에 비해 놀라우리만큼 많다. 만주, 조선 각지에서는 사창 10명에 적어도 5명, 공창 10명에 대해 적어도 1명, 내지에서 직수입한 예기 중에서도 적어도 3명은 화류병에 걸린 자인 듯하다. 작년 9월부터 화류병 예방 법령이 실시되었으므로, 사창 측도 어쩌면 날이 갈수록 유병률이 낮아질지도 모른다. 그러나 그것도 짧은 일월 시기로는 여의치 않을 수 있다. 아무래도 5년 혹은 10년 이상 장래를 기다려야 한다. 당국도 반성하는 바가 있어서인지 도쿄, 요코하마, 기타 각지에서 집단적 사창에 대해 매독검사제도를 채택하고 있다.

『부산일보(釜山日報)』 1929년 8월 22일

민중의 위생사상은 유치(하), 화류병의 예방에 대하여, 통영병원 미조미 마사오(溝見正男)

지금 우리나라 장정의 화류병 환자 평균율은 1,000명에 대해 20.26의 비율이다. 징병검사 때에 내지에서는 군의가 화류병예방법의 개요를 말해 주는 모양이지만, 실제 일반 민중의 위생사상은 □□ 유치해서 예를 들면 화류병 예방 법령이 시행되어도 손님의 콘돔과 사용하는 자는 대단히 적다.[51] 물론 내지의 가시자시키(貸座敷) 등에서는 모두 콘돔과 예방약을 비치하고 있어 손님에게 그 사용을 권하고 있기는 하나, 손님이 자진해서 사용하려는 자는 드물었다. 그저 권유 받고 나서야 비로소 깨닫고 사용하는 자가 있는 정도이지, 자발적으로 예방 방법을 강구하려는 기특한 손님은 참으로 쓸쓸한 밤하늘의 별과도 같다. 또한 개중에는 창부가 콘돔의 사용을 권하면 마치 여자에게 병이라도 있는 것이 아닌지 오해해서 심하게 감정을 해치는 자조차 있다고 듣는다.

▽

이들은 그저 한 예에 불과하지만, 일반 민중의 위생사상이 얼마나 유치한지를 알 수 있다. 이들은 공창이므로 더욱 만전을 기하기 위해 손님에게 예방 방법을 권하기도 하지만, 공창 이외의 매소부(売笑婦)가 손님에게 콘돔의 사용을 권하기라도 하면 곧바로 사창의 불위생 상태를 모르는 손님은 영락없이 병이 있는 여자라고 지레짐작하고 두 번 다시 다니는 자가 없어지게 된다. 그 때문에 사창굴 등에서 손님에게 콘돔 사용을 권하는 일 따위는 도저히 불가능한 논의인 것이다. 외국인은 콘돔을 아무렇지도 않게 사용한다고 하는데 그것은 예로부터 콘돔을 익숙하게 사용해 왔기 때문이니, 일본인이 콘돔을 습관적으로 널리 쓰기까지는 아직 더 상당한 시일이 필요하고, 개중에는 콘돔을 기피하는 나머지 콘돔을 보기만 해도 한 번 일어났던 성욕이 중절되어 버리는 자까지도 있다고 한다. 이처럼 현재는 창부보다도 오히려 손님 쪽에 자위심이 부족한 상태이므로, 이러한 자위심의 향상, 즉 위생사상의 향상을 위해서는 일반 국민에게 위생 교육을 철저히 하지 않는 한 좀처럼 어지간해서는 화류병 예방이라고 말할 수 없는 일이다. 화류병예방법이 시행되기 전인 1926년 1월 중 요시와라(吉原)유곽 내에서 조사한 표객(嫖客)의 예방구 및 예방약 사용 수를 게재함으로써 일반인의 자각의 바로미터로 삼자면, 등루자(登樓者) 141,340명(1926년 1월 중) 중 콘돔 사용자는 4,876명(3.4%)으로 나타났듯이 일반 손님의 자각은 대단히 얄팍했다. 그럼에도 최근에는 점차 콘돔과 예방약을 사용하는 자가 많아졌다고 한다. 그렇지 않으면 안 된다. 아무리 훌륭

---

51 콘돔 사용이 적다는 의미이지만, 콘돔을 사용하는 손님이 적다는 것인지, 손님으로 하여금 콘돔을 사용하게 하는 경우가 적다는 것인지는 원문 문장상 정확히 표현되어 있지 않음.

한 세척실이 있을지라도 그것을 이용하지 않으면 아무 소용이 없다. 그러나 현재 만주와 조선(滿鮮)에서 콘돔 혹은 예방약의 사용자는 놀라우리만큼 적다. 그리고 창부의 화류병 감염률은 대단히 많다.

이는 일반 창업(娼業)에 종사하는 자에 대한 나의 주문인데, 손님이 요구하기 전에 예방약이든 콘돔이든 제시해서 먼저 그 사용을 권해야 한다. 그리고 손님도 예방약 또는 예방구를 자진해서 사용하는 습관에 익숙해질 때까지 자위심을 향상시켜 주었으면 한다. 요컨대 실질적으로 예방 방법을 강구해 주길 바란다는 말이다.

▽

그러나 무엇보다도 극기심을 양성해서 매소부와 접하지 않도록 하는 것이 긴요하리라. 좀 노골적인 점도 있었던 것 같지만, 이는 예방법을 구체적으로 이야기할 때 부득이한 면이 있었으니 독자들이 다행히도 이를 양해해 주기 바란다.

『조선일보』 1929년 10월 15일

박람회 상경객(客) 통하여 전 조선에 퍼지는 화류병, 공사창에서 얻어 가져가는 무서운 선물, 일시 장난이 화류병을 고향으로 가지고 간다, 실로 그 영향 막대

당국의 조사에 따르면 박람회를 기회로 각처에서 서울로 벌써 올라온 사람 수효가 적어도 40만 명은 넘었으리라 하는데 여기에 따르는 문제는 시골서 처음 올라온 사람들로 혹은 호기심에 끌리어 또는 객지 독신의 생리적 관계로 남모르게 매음하는 구역으로 발을 들여 놓는 사람이 많아지는 모양인데 그중에도 병목정이나 신정 같은 공사창의 소굴에 이르러는 그곳 창기들이 비록 경찰에서 지정한 검증을 받는다 하나 여러 가지 점으로 병균이 전파할 기회가 많아서 가장 악독한 화류병인 임질, 매독 등은 전염되기 쉬운 터이므로 경기도 경찰부에서는 시내 각 서의 위생 당국을 독려하여 주방 위생과장이 발명한 '오다노시미'라는 예방약을 꾸준히 사용하고 있으나 워낙 많은 사람이 되어 화류병은 박람회 손님을 통하여 시골로 맹렬하게 퍼져가는 경향이 현저하게 보이는 터이므로 위생 당국에서는 크게 두통 중이라는데 앞으로는 시내에 산재한 은군자 등의 밀매음굴도 철저하게 취체할 방침이라더라.

『동아일보』 1929년 10월 29일

경찰서 후원의 강제 매약(賣藥)에 비난. 사기 싫은 것도 억지로 산다. 상주 음식업자 불평

(상주) 경북 상주에는 경북도 위생과에서 왔다는 성광식이라는 자가 '산토쿠'(화류병예방약)라는 약을 가지고 상주경찰서의 후원을 얻어가지고 시내 각 음식점과 상주 각 면 음식점자에게 한 갑에 1원 50전씩 강제로 판다하여 여론이 자못 비등하다는데, 그 내용을 들건대 '산토쿠'라는 약은 경북 공중보건협회 약품부에서 제조한 약으로 그 성분은 '오기시'가 포함되어 화류병을 예방하는 약임에도 불구하고 피임을 하느니, 머리에 비듬이 없어지느니, 각종 종기에 신효하니 등등으로 음식점 영업자에게 사기를 강요하여 그중에 만일 불응하는 사람이 있으면 영업 허가를 취소하겠다고 얼러대는 판에 사기 싫은 것도 억지로 산 사람이 많다 하여 일반은 비난이 높다는데 각 당국자는 기자의 방문에 대하여 다음과 같이 답하였다더라.

위생계 주임 담 : 도로부터 지시가 있기로 상주 음식점 영업조합에 의뢰하여 잘 안내하여 주라고 한 일은 있습니다. 그러나 그약의 용도가 일정한 이상 필요없는 자에게 사라고 강권할 수는 없을 줄 압니다. 아마 어떠한 부주의로 그런 말이 났는지 모르나 조사하여 본 후 주의시키겠습니다.

음식업자 담 : 주재소 순사가 와서 여러 가지로 좋은 약이니 사두라고 함으로 없는 돈을 억지로 변통하여 사가지고 아직 다른 데는 써보지 않았고 머리의 부스럼도 좋다 하기에 서보았으나 도리어 끈적끈적하며 가렵기만 하고 조금도 효험은 없는 것 같습니다.

모 의사 담 : '산토쿠' 말입니까. 화류병 예방이라 하지만 그것만 가지고 어찌 만전을 기할 수 있겠습니까. 피임 말씀이야요. 성교 전에 남자는 요도구 부근에, 여자는 질내에 발라(塗布) 두면 정충이 죽게 되므로 피임이 된다고 합니다.

『동아일보』 1930년 2월 9일

화류병 근절책으로 살균제를 반강제적으로 사용케 해. 검균보다 선전 노력

화류병은 세계를 통하여 일종 문명병이라 하느니만치 만연하여 조선에도 해마다 그 환자가 증식하여 가는 경향이나 화류병이라는 것은 다른 질병과 달라 표면에 나타나지 않는 것이며 발견하기도 힘이 드는 것이므로 그 예방이 극히 곤란하다. 화류병이 전염되는 계통은 잠행적으로 매개되는 것이나 매개 처소는 대개 창기, 밀매음녀, 기생 같은 데서 많이 전파되는 것으로 이 여러 방면만 엄중히 단속하면 어떤 정도까지 그 전파력을 완화할 수 있다 하나 공창에 대한 정기적 검미가 필요한 것으로 그 매개를 근절시킬 방법으로 공창 혹은 어떤 지방의 기생에 대하여 정기적 검미를 강제하나 이것은 형식뿐이오, 실상은 별로 효과를 내지 못하는 것이다. 이런 문제에 저촉되는 이러한 강제를 가하는 것보다도 각자로 하여금 화류병의 무섭다는 자각을 주어 그 전염을 미연에 방지케 하는 것이 가장 합리적 방지책이라 하여 총독부 경무국에서는 그 전제로 각도 경찰부장에게 통고하여 화류병 예방에 대한 시설이 내용을 조사하고 또는 이에 대한 의견을 보고하도록 하였는데 각도의 보고에 기준하여 지금 가장 보편적으로 사용하는 살균제를 반강제적으로 사용케 하리라 한다.

『동아일보』 1930년 3월 10일

지방 잡신

(태인) 작년 한재(旱災)의 영향으로 죽네 사네 하는 이때 신태인에는 요리점이 6, 7처에 기생이 60여 명이라고. 기생 많은 덕분에 화류병 환자가 늘어 의원에서는 606 주사벌이에 분주하다고.

『조선신문(朝鮮新聞)』 1930년 5월 21일

체격도 좋고 학력도 해마다 향상. 화류병이 많은 것은 유감. 징병검사관 마쓰다 대좌(大佐) 말하다

(부산) 경상남도와 전라남북도에 걸친 세 개 도의 징병검사가 부산부 공회당에서 15일부터 18일까지 4일 동안 마쓰다 대좌의 집행으로 실시되었는데, 394명의 장정 중 갑종 합격은 118명, 제1을종 64명, 제2을종 96명, 병종 87명, 정종 29명이었고, 화류병 환자는 전년에 불과 2명이었던 것이 이번 연도는 10명이나 있어 검사관을 놀라게 했다. 트라코마 환자는 전년과 마찬가지로 25명이었고, 교육 정도는 고등학교와 같은 정도의 학교 졸업자 4명, 중등학교 졸업자 34명, 동등학교 졸업자 50명, 고등소학교 졸업 217명, 심상소학교 졸업 66명, 불취학자는 불과 8명에 지나지 않았다. 원적지는 야마구치(山口)현 61명, 후쿠오카(福岡)현 54명, 나가사키(長崎)현 47명이 많은 편이었다. 검사를 종료하고 마쓰다 대좌는 말한다.

체격은 전년도보다 상당히 좋아졌고 학력도 해마다 현저하게 향상되고 있지만, 화류병이나 트라코마가 상당히 있었음은 유감스럽다. 그러나 장정이 집행관의 명령에 따라 시종 진지하게 긴장하고 수험해 준 점은 고맙기 짝이 없다. 앞으로 21일부터 4일 동안 대전으로 향한다.

이렇게 말하고 19일 오전 10시 40분 부산발 편으로 출발했다.

『부산일보(釜山日報)』 1930년 7월 12일

평양경찰서의 화류병 정벌. 창기와 예기에 대해 채혈검사가 시작됐다

(평양) 평양서에서는 야마시타(山下) 서장 착임 이래 여러 방면에 대영단을 펼치고 현대 세상에 적합한 사회 대정화 운동을 일으켰는데, 이번 화류병의 대토벌을 행하게 되어 먼저 동(同) 병의 근원지인 유곽에서 개시하게 되었다. 즉 이것의 철저한 근절을 기하는 것은 창기를 동 병에서 구하는 것이다. 9일부터 30일까지 내지인 진정(賑町)유곽 15루의 고용 창기 120명의 채혈검사를 하고 매독균의 보균자에 대해서는 이것을 근치하기까지 영업을 정지시키고 완전히 치료하여 전파를 예방시키도록 하는 것으로 평안남도 최초의 시도다. 점차 이것이 범위를 확장하여 예기의 채혈검사를 하게 되었다.

『경성일보(京城日報)』 1930년 9월 2일

여급들 중에 화류병자가 많다, 본정경찰서(本町署)의 건강진단에서 약 1할의 용의자

본정경찰서에서는 일전부터 관내의 예기, 기생, 나카이(仲居), 여급, 고용녀(雇女) 등 접객업자에 대한 건강진단을 실시하고 있는데, 1일 오전 중에 카페 여급과 기타의 건강진단을 실시한 결과 놀라운 사실이 숫자를 통해 드러나게 되었다. 즉 우선 첫날의 이 권번에서는 170명 중 1명도 병에 걸린 자(罹病者)가 없었고, 둘째 날의 신정(新町) 권번에서는 1명, 한성과 조선 양 권번에서는 기생 중에 6명의 매독 용의자가 있어 채혈했다. 이에 반해, 1일 오전 중에는 여급과 기타 수진자(受診者) 160명 중에서 매독 용의가 있어 채혈한 자가 16명, 트라코마 환자가 4명이라는 엄청난 수를 나타내고 있어서, 아직 남아 있는 1일 오후와 2일의 500여 명에 대한 진단 결과는 더욱 놀라운 수를 보일 것으로 관측된다. 이는 최근 이런저런 세평에 오르고 있는 여급 등의 풍기 문제를 뒷받침하는 사실로서 본정경찰서에서도 중시하고 있다.

『조선시보(朝鮮時報)』 1930년 9월 9일

함대 입항에 화류병의 예방! 접객녀의 성병 조사, 준비성이 좋은 진해 요정

(진해) 함대 입항에 대응하고자, 6일 오후 1시부터 진해경찰서 위층에서 요릿집(料理屋), 가시자시키(貸座敷)의 주인(楼主)과 예창기 백 수십 명을 소집해 위생 강연(講話)이 실시되었다. 이 자리에서 해군 전임(専任) 나가오키(長置) 대위는 성병과 관련해 매독 예방의 세척을 한 후 약제를 도포하는 방법을 장려 촉구하며 한 시간 반 강연하였다. 진해병원장 시게마쓰(重松) 씨는 임균

에 대해서라는 제목 아래, 불결함 때문에 발생하고 교접에 수반되는 특이한 분열균인 고노코큰(Gonokokken, 임질균), 자궁내막염, 나팔관염, 바르톨린선염 등의 감염이 얼마나 무서운지 설명하고, 하감과 매독 강연을 한 시간 동안 익살과 해학을 섞어 미세하고 재미있게 설명했다. 사에키(佐伯) 서장은 기루주인들에 대한 주의사항을 간담식으로 훈화하고, 3시 반에 폐회했다.

『조선일보』 1930년 9월 30일

예창기 더욱 증가와 화류병 만연 더욱 심함. ◇ 어떤 방법으로 이것을 퇴치할까. 사회 문제로 중대하다

현재 조선에는 기생이나 창기 같은 노류장화들이 점점 늘어가고 있는 중인데 이 원인은 날로 격심하여 가는 생활난 때문에 딸을 창루에 파는 가정과 또는 기생도 일종 모든 여성의 직업이라 하여 용감하게도 그 방면으로 진출하는 여성이 많아지는 까닭도 있을 것이다. 이제 어두운 밤거리에 이름 없이 피어 있는 은군자와 사창은 차치도외하고 다만 공창을 수용하는 유곽 수를 보면 경성, 평양, 부산 등 전 조선에 28개소가 있고, 그 안에 갇혀 있는 창기 수와 그 밖의 또한 일반 기생(藝妓)과 작부 수효를 보면 아래와 같다.

◇ 창기

▲ 조선인 1,262 ▲ 일본인 1,789 ▲ 계 4,312명

◇ 작부

▲ 조선인 1,219 ▲ 일본인 472 ▲ 계 1,691명으로

통계 9,056명(내역 ▲ 조선인 4,944 ▲ 일본인 4,310 ▲ 외국인 2명)의 다수에 달하고 있는 터다. 이것을 재작년에 비하면 창기 수에 있어서 144명, 작부 수에 있어서 120명 모두 264명의 격증인데 앞으로 생활난이 더욱 심하여 감에 따라 인육 시장에 피는 비참한 여성의 수효는 점점 증가될 것과 같이 관측하는 바, 서양 속담에 문명은 매독이라 하는 말까지 있는 모양으로 이와 같이 조선 각 처에 있는 만 명 가까운 창녀들의 주위로부터 발산되는 매독, 임질 등 화류병균의 전파도 실로 놀라운 바가 있다. 아직 총독부 위생 당국의 최근 누계가 완성되지 못하여 조선청년으로 이 종류의 화류병에 걸려 있는 환자 수가 얼마인지 상세히 알 수 없으나, 화류병 전염의 모체라 할 수 있는 전기 공사창들 자신의 형편을 보면 경찰 측에서 정기적 진단을 하여 본 결과 1년 중에 일본 여자는 1

만 1,384회의 진단 횟수 중에

▲ 매독 292 ▲ 임질 2,439 ▲ 연성하감 519 ▲ 횡현 35 ▲ 박피 14 ▲ 기타 합계 986

으로 실로 연인원 수로 환산하여 볼진대 1만 1천 명 중에 겨우 2천 명이 무병한 창녀일 뿐이고, 그 나머지 9천여 명은 전혀 두려운 병균 투성이인 것이 판명되었고, 또 조선인 여자 측을 보면 진단 횟수가 1만 2,360회 속에

▲ 매독 436명 ▲ 임질 2,934명 ▲ 연성하감 561명 ▲ 횡현 31명 ▲ 박피 140명

으로 이것도 1만 2천 명 중 5천 명이 무병하고 나머지 7천 명은 화류병의 덩어리들인 것이 판명되었으며, 그 밖의 외국 여자도 역시 같은 비례로 화류병 환자가 많았다. 즉 통계하여 보건대 창녀 2만 3,871명(연인원이다)을 검사한 결과 1만 7,217명이 두려운 매독, 임질쟁이고, 겨우 무병한 자가 6,654명이란 현상을 연출하고 있다. 그래서 명든 창기들을 수용하는 창기 병원만 23개소가 있는데 이것을 바라볼 때 일반 창녀라 함이 어떻게나 이 사회에 해독을 끼치는 비위생적 존재들인지 크나큰 문제가 아니라 할 수 없다 한다.

『조선시보(朝鮮時報)』 1930년 11월 27일

게이샤(藝者)의 건강진단 좋은 성적, 화류병 없음

부산경찰서(署)에서는 접객업자의 건강진단을 실시하게 되어, 제일 먼저 남빈(南濱) 일대의 예기 및 고용인(雇人)에 대해 25일 오전 10시부터 부산 권번에서 스자쿠(朱雀) 공의(公医)가 진단을 실시했는데, 그 결과는 양호했다. 진찰받은 자 110명 중 우려됐던 전염성 환자는 한 명도 없었고, 겨우 트라코마 환자 3명과 감기(感冒) 2명이라는 결과였다. 또한 그외의 접객업자에 대한 건강진단은 지금으로서는 시일이 미정이다.

『조선일보』 1930년 12월 3일

사설 : 화류병자 격증

전남도 내에는 화류병자가 격증하였다고 한다. 최근 조사 발표에 따르면 연성하감 415인, 매독

환자 2,199인, 임질 환자 2,765인, 기타 환자 841인이어서 그 합계는 6,180[52]인에 달한다고 한다. 조선에서 자주 엄폐되기 쉬운 것은 장티푸스 등 전염병군이다. 그럼으로 환자의 수가 오히려 정확을 잃는지 모를 것이다. 그러나 매독 환자와 임병 환자를 합하여 5천 인에 가까운 대다수에 달한 것은 주목되는 일이다. 화류병이 퍽 많이 퍼지는 것은 소위 문명병의 이름으로 동서 각국에 거의 동일한 추세이나 대체로 사회가 불안정하고 혹은 인민의 의미가 진작되지 않는 사회에 특히 많은 것이다. 전남은 부유 안락의 시골이라 1개년의 동안 2할의 화류병자가 늘었다는 것은 눈살을 찌푸릴 일이다. 이즈음 조선에는 아편과 '모르핀' 환자가 자못 적지 않아 경성으로부터 이남의 땅에 흔한 터다. 이제 화류병자의 증가율이 마치 검거되는 사건 수와 같이 늘어간다는 것은 매우 주목되는 일이다.

『조선일보』 1931년 2월 17일

화류병 격증, 강원도에서만 6천여 명

(춘천) 최근 강원도 위생 당국에서 조사한 바 화류병 환자 통계에 따르면 작년 중 강원 전도 내에 ▲ 매독 조선인 남 744, 여 470, 일본인 남 59, 여 50 ▲ 연성하감 조선인 남 246, 여 145, 일본인 남 10, 여 13 ▲ 임병 조선인 남 2,724, 여 1,371, 일본인 남 462, 여 50

이상과 같아 조선인은 남자 3,714명과 여자 1,990명, 일본인은 남자 531명과 여자 113명 합계하여 남녀 6,348명의 다소가 이상 매독, 하감, 임질 등 화류병 환자임을 알 수 있는데 그러나 이것은 의사 등에게 치료를 받기 위하여 표면에 나타난 숫자인 터로 실제상으로는 몇십 배의 화류병 환자가 있을 것이라 한다.

『부산일보(釜山日報)』 1931년 4월 13일

부산의 성병 약 2만 명인가. 부산서에서 시행한 조사

화류병 망국론자가 환영할 만한 말인데 부산경찰서가 도 위생과의 통첩에 의해 4월 1일 현재 조사한 부산부의 화류병 환자 수는 매독이 내지인 남자 72명, 여자 24명, 조선인 남자 62명, 여자 35명, 외국인 남자 1명, 합계 남자 135명, 여자 69명, 연성하감으로는 내지인 남자 26명, 여자 23명, 조선인 남자 27명, 여자 7명, 외국인 남자 1명, 합계 남자 54명, 여자 30명, 임병으로는 내지인

---

52 합계가 맞지 않으나 원문대로 기재함.

남자 135명, 여자 37명, 조선인 남자 60명, 여자 24명, 외국인 남자 6명, 합계 남자 201명, 여자 61명으로 가장 많은 수인 것은 임병 환자다. 이외 작년 4월 1일부터 본년 3월 31일까지 1개년간의 통계는 매독 내지인 남자 815명, 여자 481명, 조선인 남자 785명, 여자 532명, 외국인 남자 12명, 연성하감으로는 내지인 남자 584명, 여자 575명, 조선인 남자 524명, 여자 274명, 외국인 남자 3명, 임병으로는 내지인 남자 1,859명, 여자 974명, 조선인 남자 1,714명, 여자 474명, 외국인 남자 24명, 총계 9,740명의 다수에 이르는데, 이들은 모두 부내 각 의사에게 조사한 것으로 의사의 치료를 받지 않은 자를 포함하면 2만 명에 이를 것이라고.

『경성일보(京城日報)』 1931년 5월 20일

공창에 관한 엉터리 화류병 통계, 시마하라 시게유키(島原重行)

엉터리 화류병 통계에 관해 정부 관리가 자기 입장을 중시하여 사회 민중에게 무책임한 증거로서 제시한 것에 대해 나는 항상 분노를 느끼는 자다.

경성일보 5월 15일 석간에 실린 "사회 위생상 공창은 여전히 필요한가"라는 기사는 이 점을 지적하여 민중에게 오류를 널리 알리는 데 있어 대단히 좋은 기사라는 점에 경의를 표하고 또 향후 이러한 기사가 기탄없이 발표되기를 바란다. 이에 관해 올해 의회에서 내무 당국이 공격당하는 모습을 이 기회에 발표하여 그 사실을 뒷받침하겠다.

제59회 의회에서 행해진 공창제도 폐지에 관한 법률안심의위원회에서 의원이 내무 당국에 화류병 관련 통계를 요구한 바, 그다음 위원회에서 등사판 인쇄 통계표가 배포되었다. 찬반 양파의 의원은 이를 재료로 삼아서 여러 가지로 내용의 연구를 시작하고 나도 어딘가에 결함이 없는지 따져 본다. 놀라지 말지어다. 공창의 화류병 환자는 100인에 대해 1인 8푼(?)이고 경성일보 기사는 3 내지 4퍼센트이지만 내무성 발표는 1.8퍼센트, 사창이 50 몇 퍼센트다. 나는 이런 수치들을 진지하게 받아들일 정도로 타락하고 있지 않아서 통계표를 일축해 버렸다.

위원회에서 공창존치 위원은 "이 표에서 보는 바와 같이 공창의 화류병은 1.8퍼센트라며" 무턱 수용하듯이 좋은 재료로서 취급한다. 이에 대해 폐지론 의원 마쓰야마(松山) 씨는 내무성 위원에 대해 이 표에 책임을 지는 자라서 그런지 몰라도 내 생각으로는 최소한으로 보더라도 70 내지 80퍼센트를 밑돌지 않는다고 생각하는데, 50퍼센트로 보더라도 이 표와는 큰 차이가 있다. 가령 내가 말하는 것이 거짓말이라고 생각했다면 내기를 하자고 들이밀었을 것이다. 이렇게 되면 관리는 머리가 무섭기 때문에 한마디 대답도 하지 않았겠지만, 내무성이 1인 8푼으로 발표한 당시 유곽의 병원에 입원하고 있는 창기인 화류병 환자조차 1퍼센트나 2퍼센트 정도의 수는 아니었다.

화류병에 대해 무신경한 일본인은 이 정부 관리의 기만을 비난하려고 하지 않지만, 어염집 부인네의 병을 검사하더라도 18퍼센트에 멈춘다고는 아마도 이를 보증하는 의사는 없을 것이다.

경성일보 기사를 보신다면 의학상의 정론으로서 검사의 어려움이 결정적인 것으로 알려져 있지만, 나는 공창과 사창의 병독 보유율은 아마도 큰 차가 없다고 생각한다. 즉 어느 것이나 80퍼센트 이상이어야 한다고 생각한다. 정부가 말하는 1.8퍼센트는 인간으로서 기능을 상실한 정도의 환자를 말하는 것이다.

이러한 사실에서 보더라도 공창은 폐지하고 모든 창부에 대한 사회정책상의 시설에서 대응하는 것이 최소한의 급선무다. 전국 5만의 공창에 명색뿐인 검사를 실행하고 50만 내지 100만을 넘을 것으로 보이는 사창에 아무런 단속도 없는 현재 상황을 방임해서는 공창제도 반대란 아무리 유곽이 좋은 착취기관이라 하더라도 너무나도 지나치게 노골적인 야욕의 발로가 아니겠는가.

『동아일보』 1931년 6월 22일

마산부 내에서 화류병자 천여, 작년 1년 동안의 통계

(마산) 산자수명(山紫水明)하여 일종의 유흥지대로 된 마산에는 다른 곳에 비하여 화류병이 자못 성행한다는 바 작년 4월 1일부터 금년 3월 말까지에만 1년간 마산부 내에서 생긴 환자의 수효를 보면 다음과 같다.

병명		조선인	일본인	계
미독	남	236	103	339
	녀	132	17	149
연성하감	남	82	22	104
	녀	26	1	27
임병	남	242	150	392
	녀	71	37	108
총계	남	560	275	835
	녀	229	55	284

『조선일보』 1931년 8월 16일

본정 관내 접객부 화류병자가 최다, 접객부에 화류병이 제일 많아, 완치 전 영업을 불허

본정경찰서에서는 관내 접객 직업부인 1,317명에 대하여 건강진단을 하였는데 그 결과는 놀랄 만하다. 즉 도라홈과 결막염 환자가 30명, 편도선, 기타의 환자가 47명이오, 화류병 환자에 이르러서는 시로 117명(전 수효의 1할 3분)을 점령하고 있는데 본정서에는 이들 환자에게 의사를 지정하고서 전쾌될 때까지 치료하게 하고 완치되기 전에는 영업을 하지 못하게 하였다 한다.

『조선일보』 1931년 8월 25일

화류병 박멸비 경성부가 보조

신정에 화가(花街) 조합에서는 벌써부터 화류병 박멸 비용의 보조금을 달라고 경성부에 제출하였던 바 이즈음 부에서 결정되었는데 금액은 2천 2백, 3백 원 정도라 한다.

『조선일보』 1931년 9월 13일

작부 54인 화류병자 반수, 흥남 내호(內湖)에

(흥남) 함남 흥남은 노동자의 집중 지대이므로 소시민들은 여기서 일확천금을 꿈꾸고 음식점업을 시작하였으나 닥쳐오는 불경기는 그들 '에로'에도 한산하기 짝이 없다는데 그러나 아직도 내호 시내에만 음식점업자 총수가 104인이고 작부가 54인이라는데, 이 54인 가운데 건강자가 29인이고 매독에 걸린 자가 29인이나 된다고 한다.

『조선일보』 1932년 4월 24일

특수직업부인 건강진단

(평양) 평양서에서는 평양부 내 접객업자 약 3천 명의 건강진단을 시행하는 기회를 이용하여 기생, 예기, 여급, 음식점 고용녀 등에 대해서도 화류병 환자를 박멸하는 동시에 풍기의 확청을 위하여 엄밀한 검사를 하려고 계획을 세워 오던 터인 바 5월 15일부터 7월 14일까지 2개월 동안에 특수 직업부인 전부의 혈액과 요수(尿水)의 검사를 하여 화류병 환자에게는 단연 휴업을 명하여 철저히 화류병 박멸책을 수립하기로 결정했다더라.

『조선시보(朝鮮時報)』 1932년 9월 5일

화류병의 질병검사(検病) 계획, '안전'을 사용, 그때까지 편리한 약 사용

화류병예방법은 아직 조선에서 시행되고 있지 않지만 경남도 당국에서는 그 실현의 전제로서 이미 보도했듯이 경성의 오스스메, 평남의 세이프, 평북의 산토쿠(三徳)와 마찬가지의 화류병 예방 등 '안전'을 부산 녹정유곽을 비롯해 도내 각처에 사용시키기로 하였고, 그 제조를 개시할 때까지 당분간 경성으로부터 오스스메를 이입하게 되었는데,

그외 소독약으로 국부를 청소토록 하고, 화류병의 전멸을 기하기 위해 견본으로서 오스스메를 녹정유곽을 비롯한 도내 각처에 3일자로 송부했다. 또한 진해에서는 해군 병원(兵員)의 화류병 예방이란 목적을 위해 진해 요항(要港)부가 무상 기부한 예방약 1천 개를 가시자시키(貸座敷)조합과 요리옥(料理屋)조합에 배포했다.

『경성일보(京城日報)』 1932년 10월 30일

예창기의 화류병, 좋지 않은 함남의 성적

(함남) 최근 집계한 한남 위생 통계에서 (……) 1931년 중 함남 도내 예창기 건강진단의 결과는 연인원 내지인 15,508인, 조선인 11,905인 가운데 유병자는 내지인 601인, 조선인 405인, 퍼센티지는 우선 보통인데, 그 내용 내선인 예창기를 보면 ▲ 매독 58 ▲ 임병 487 ▲ 연하감 95 ▲ 횡현 40.

『경성일보(京城日報)』 1932년 12월 14일

배우자의 유무와 성병 감염 상태, 부인의 감염은 주로 결혼 후에

남녀 어느 한쪽의 성병이 부부 생활을 통해 감염되는 것이 결혼 생활에서 문제된다는 것은 필연인데, 그 감염 상태를 보면 다음과 같다. 즉 우리나라의 조사는 아직 실시되지 않았지만, 미국의 통계에 따르면, 남자는 환자 중 미혼 시대에 이미 감염된 자는 70%, 기혼 후의 감염은 나머지 30%, 여자는 미혼 시대의 감염 39.1%, 기혼 후가 60.9%의 비율이다. 여기서 여자의 기혼 후 감염은 남편의 성병으로 인한 것이 주축이다. 감염 시의 연령을 보면 환자 8,000명을 통한 조사에 따르면 남자는 21세가 최다이고, 그 전후의 18세 및 27세에, 21세가 반수이고, 여자는 19세의 감염이 최다이고 17세와 25세 그 반수다. 즉 남녀가 위 연령을 중심으로 감염률이 높은 것으로 나타나고 있다.

『동아일보』 1932년 12월 17일

어두운 밤(暗夜)에 웃는 붉은 입술(紅脣). 전 조선에 만 명. 기생, 작부, 창기 등의 근황. 그들은 왜 느나

인생의 즐거움과 기쁨을 빼앗기고 음울한 생애로 일생에 가장 가치 있는 청춘 시절을 울음 섞인 웃음으로 보내는 화류항의 새악시들이 얼마나 흩어져 있을고. 작년 말 조선 내의 창기가

	조선인	일본인	외국인	총계
기생	2,450	2,058	0	3,508
창기	1,268	1,824	1	3,093
작부	2,355	479	2	2,836
합계	5,073	4,361	3	9,437

주. 통계 합산이 맞지 않는 경우도 있으나 원문에 따른다.

이상과 같이 조선인이 5,071인, 일본인이 4,361인 도합 9,437인의 다수에 달한다. 이것은 경찰의 영업허가를 얻은 공연한 영업자의 수효라고밖에 숨은 뜻이 또 얼마나 되는지는 통계 숫자에는 절대로 나타나지 않는다. 이들의 소장을 보면 기생은 전년에 비하여 조선인은 176인의 증가이오, 일본인은 102인이 줄었다. 적어진 까닭은 만주사변 후 세월 좋은 만주로 진출한 까닭이라고 본다. 창기는 일본 창기와 조선 창기가 한가지로 약간씩의 감소다. 이는 근래 국제연맹 관계로 창기영업 허가를 상당히 엄중히 하고 또 만주로 진출한 수효가 많은 까닭이라고 한다. 작부는 일본인과 조선인이 다 늘었다. 이는 근래 카페와 붉은 등을 단 음식점의 번창과 아울러 자연한 추세다.

성병에 우는 그들(彼等)의 육신, 백 명에 4, 9인이 병이 있다. 불행은 심신에

경찰에서는 이들을 접객업자라 하여 1년에 몇 번씩 건강진단을 하고 화류병, 기타 질환의 격리에 노력한다. 작년 중 기생, 창기, 작부에 대한 건강진단 회수 24,858회 진단받은 연인원 34만 5,531인에 대한 간단한 경과를 보면 병 있는 사람이 1만 7,156인으로 백 명에 대하여 4, 9인 비례다.

이것을 직업별로 보면 기생은 1백 인 중 3.3인, 창기는 5.9인, 작부는 4.4인으로 기생이 제일 적다.

병명의 중요한 것은 임질이 제일 많아 4,679인, 그다음이 연성하감으로 1,225인, 그다음이 매

독의 969인이다.

이런 영업자들의 병은 정기적으로 행하는 건강진단엔 드러나지 않기가 쉬우므로 이것만으로 그들의 건강 상태를 알 수 없으나 10년 전인 1921년의 5.4, 1926년의 5.3, 1929년의 5.7보다 훨씬 적다고 하며, 이는 이만큼 위생에 대한 일반의 자각이 나아진 까닭이라고 한다.

『동아일보』 1933년 1월 3일

병화(病禍)를 자손에게 유전하는 10만여 화류병자. 민족을 망하게 하는 두려운 화류병. 퇴치할 법령은 전무

화류병 환자는 1931년 통계가 매독과 연성하감, 임병을 합하여 11만 5,403인이다. 이 통계는 의사의 진찰보고에 의한 것이므로 이밖의 몇십 배가 있을는지는 모른다.

화류병을 제일 많이 매개하는 데가 소위 화류계인데 작년 경기도에서 그 관내 예기, 창기, 작부 등의 접객업자의 매독 혈액검사를 하였더니 90퍼센트가 이 병균의 소지자였다고 한다.

로마는 화류병으로 멸망하였다는 말이 있는만치 무서운 이 병의 근멸에 대하여 화류병예방법 같은 법령을 제정하여 그 만연을 엄중히 단속하여야 되겠는데 조선에는 이런 방면에 대한 하등 시설이 없다.

『매일신보』 1933년 3월 3일

충남도 관내 화류병 점증

(대전) 그래 청년 간에 성에 대한 병이 많은 것은 전혀 예기, 창기, 작부 등으로부터 전염되는 바가 많은 것이라는데 작년 중 충남도 관내에서 화류계에 있는 여자에 대해서 건강진단이라는 명목 밑에 화류병의 유무를 조사한 바에 따르면 평균 240명 중 매독이 11명이오, 임질이 41명이라는 바 기타 별별 괴이한 병을 가진 자도 있었다 한다. 위생 당국에서는 엄중히 이에 대한 검사를 게을리하지 아니하는 형편이므로 어느 정도까지는 안심할 수 있으나 도리어 비밀리 매음하는 여자도 없지 아니하므로 가장 이것을 주의하는 것이 좋겠다 하며 또는 화류병 있는 자가 병을 완치하기 전에 난행(亂行)을 하게 될 때는 이로부터 전파되는 수도 많은데 시대가 문명됨에 따라 화류병이 더욱 늘어가는 현상임을 실로 연구할 만한 문제라 한다.

『경성일보(京城日報)』 1933년 3월 29일

함남의 화류병

(함흥) 작년 중 함남도 내에서 예창기, 작부에게 시행한 건강진단은 연인원 내지인 1만 784인, 조선인 7,345인인데, 그 결과에 따르면 내지인 예창기, 작부는 ▲ 매독 96명 ▲ 임병 243명 ▲ 연성하감 21명 ▲ 횡현 3명 ▲ 기타 190명으로, 유환자 합계 563명, 조선인은 ▲ 매독 36명 ▲ 임병 280명 ▲ 연성하감 253명 ▲ 횡현 없음 ▲ 기타 51명의 합계 413명으로 내지인은 5.2%, 조선인은 4.4%의 유병 비율이다.

『매일신보』 1933년 7월 27일

성병전람회, 원산에서 개최

(원산) 함경남도 위생과에서는 26일부터 3일간 원산 본정 4정목 공지에서 성병 전람회를 무료 공개할 터라는 바 일반은 성병에 대한 인식이 부족하여 연년히 증가되는 상태이므로 실제의 성병이 어떠한가를 일반에게 전람시킬 필요가 있다 하여 공개하게 된 바 남녀 18세 이상에 한하여 입장할 수 있다 한다.

『동아일보』 1933년 9월 8일

화류병 점증. 강원도 내에서

(춘천) 강원도 위생과의 조사한 바에 따르면 도내 화류병은 축년 증가하여 매년 3백여 명의 증가를 보게 되므로 매우 두통이라 하며 2, 3년 이래의 통계를 보면 아래와 같다 한다.

연도	매독	연성하감	임질
1931년도 초	1,327	414	4,607
1932년도 초	1,386	418	4,681
1933년도 초	1,400	449	4,994

『매일신보』 1933년 11월 10일

매독 환자가 46%, 여급의 건강 상태

(신의주) 신의주서에서는 지난달 30일부터 지난 2일까지 4일간 부내 각 음식점의 여급 조선인 174명, 내지인 3명에 대하여 건강 상태를 조사한 결과 조선인 91명, 내지인 1명이 모두 매독 보균

자로 판명되었다는데 46%강이라 하며 이에 참고된 바 있어 불일내로 해당 서에서는 다시금 예기와 창부 전체에 대하여 철저한 건강조사 하리라 한다.

『조선일보』 1934년 3월 31일

괴! 검사 맞는 창기, 9할이 화류병자, 임질 환자가 절대 다수, 경기도 내 건강진단 통계

경기도 관내에 있는 창기, 예기, 작부 등에 대하여 건강 진찰을 한 결과 그들이 건강 상태가 어떠한가를 알게 되었다. 전기 세 접객업 부녀는 대개 경성, 인천, 개성 등의 도회지에 있는데 그들이 작년 1년 동안에 진찰을 받은 연인원은 다음과 같다.

	검사 연인원	기중 조선인
창기	60,802	30,059
예기	5,075	4,110
작부	3,863	2,625

전기와 같은 접객자의 건강 진찰을 한 결과 그들이 가지고 있는 화류병의 상황은 다음과 같다.

	매독(내 조선인)	임질(내 조선인)	기타(내 조선인)
창	168(140)	743(43)	27(60)
예기	2(2)	339(305)	8(8)
작부	1(-)	207(160)	-(-)

전기 화류병 소유자를 작년 말 현재의 접객자의 수에 대조하여 보면 창기는 1,028명에 대하여 9할여가 화류병 소유자로서 임질은 그들의 거의 7할이나 가지고 있고 예기는 총수 1,054명에 대하여 약 3할이나 소유하고 작부는 350명에 대하여 약 7할이 화류병을 가지고 있는데 전체로 보면 역시 임질이 제일 많고 그다음은 매독 같은 병으로 한 주일에 두 번씩 검사를 받는 창기에게 그 9할 이상이 화류병 소유라는 것이 매우 주목된다.

『매일신보』 1934년 4월 25일

산국(山國) 강원도에도 화류병은 대치(大熾), 원주 위생전의 통계

(원주) 원주경찰서 주최와 강원도 경찰부 후원으로 본 월 21일 원주군 농회 건견장(乾繭場)에서 위생사상을 일반에게 보급시키기 위하여 건강전람회를 개최 중인 바 그중 놀랄 만한 것은 1929년부터 1932년까지의 대립 화류병의 숫자가 아래와 같으니 특히 경계할 일이라 한다.

1929년	매독	1,500인
	임질	4,500인
	연성하감	500인
1930년	매독	1,600인
	임질	4,600인
	연성하감	400인
1931년	매독	2,400인
	임질	4,700인
	연성하감	400인
1932년	매독	1,400인
	임질	5,000인
	연성하감	300인

한편 원주공회당에서는 위생 활동사진을 5전 내지 10전으로 일반에게 관람케 한다.

『조선일보』 1934년 5월 13일

해마다(年復年) 증가하는 화류병 환자, 거주민 3분 1을 점령

(펑톈) 치료 위생기관이 완비되어 있지 못한 만주에서는 상당히 화류병 환자가 많이 생기는 바 펑톈경찰서 관할 내에 있는 병원과 개업 의사가 취급한 환자는 만주사변 이후 재작년 말 통계에 따르면 일본인으로 남자 2,084명, 여자 390명, 만주국인으로 남자 522명, 여자 201명, 외국인으로 남자 72명, 여자 26명 합계 4,224명[53]이라는 수에 오르고 있는데 이들은 모두 중환자들이고 이밖에 자택에서 치료하고 있는 자까지 합하면 전기 수의 2배 이상이 되리라 하며, 따라서 의사한

53 제시된 숫자의 합계와 다르나 원문대로 기재함.

테 치료를 받는 자와 자택에서 치료하고 있는 자를 합하면 1만 명 이상에 달할 것이며 더욱이 이 가운데 3분의 1을 여자들이 점령하고 있다는데 놀라지 않을 수 없는 일이다. 그후 작년부터 지금까지 화류병 환자는 점점 증가하여 작년에 적어도 2만 명의 환자가 생겼으리라고 하는 바 이 환자들 중 전치자는 극히 소수이고 대부분이 중환으로 되는 그 위에 신환자가 연속 발생하는 바이므로 평톈 부속지 거주민 6만 명 중 3분의 1이 화류병 환자라고 한다.

『경성일보(京城日報)』 1934년 6월 23일

화류병 예방 지정약 잘 팔린다

(대구) 경북도 위생과에서는 국민병이라고도 불리는 화류병의 예방을 위해 해당 과 위생시험실에서 '산토쿠'를 정제해 이를 유곽의 예창기에게 사용토록 하고 있는데, 팔리고 팔려서 그 수가 1개월에 1,000개에 달했다. 작년도 중의 제조 수량은 1만 수천 개에 달했고 등루한 손님 수에서 보면 아직 더 팔려야 하는데도 비교적 적은 이유는 공중위생관념이 부족하기 때문이 아닐까 짐작되고 있다.

『조선시보(朝鮮時報)』 1934년 6월 26일

부산의 장정 검사 끝나다. 화류병 환자가 증가. 담당관 눈살 찌푸리다. 불합격도 역시 증가

이번 연도의 제20사단 관하 경남도 내의 징병 신체검사는 지난 20일부터 5일 동안 부산부 공회당에서 시행되었는데, 그 결과에 따르면,

△ 검사받은 장정 총수 460명(작년보다 4명 증가)이고, 이중에서

△ 갑종 합격은 149, 제1을종 99, 제2을종 100, 병종 143, 정종 23, 무종 2다.

이 결과를 전년과 비교하면, 갑종 합격이 다소 증가했으나, 병종 18명의 증가는 장정의 체질이 다소 나빠졌음을 나타내고 있고, 특히 눈에 띄게는 작년의 화류병 6명이 올해는 11명으로 증가하고 병에 걸린 자도 군부(郡部)에 거주하는 장정 중에 많은 것이 놀랍다.

『매일신보』 1934년 7월 19일

간호부 범칙(犯則) 여급에 주사

18일 오전 10시 반경 부내 본정서에서는 신정 모 병원 간호부 기무라 에이코(木村英子)(25)를 소환 취조 중인데 그 여자는 부내 황금정 1정목 바, 재즈, 카페 여급 히로코(廣子)(23)를 비롯하여 부

내 각처 여급 수십 명에게 606호 주사를 주고 세대에 10원씩 받은 것이라는 바 의사의 허가도 없이 비밀리에 화류병을 가진 여급만 진찰한 관계로 의사규칙위반으로 장차 엄벌에 처할 터라 한다.

『동아일보』 1934년 12월 8일

조선 창기, 작부 등 만 2천 명의 다수, 공창 2천5백 중 조선인 1천여.

화류병자 57%

인류사회에 공공연히 시행되어 오던 공창제도는 일본 내지에서 드디어 폐지되었다. 이것은 오로지 일본 내지의 열렬한 공창폐창 운동자들의 피와 땀의 결정으로 볼 수 있다. 그러면 조선의 공창제도는 장차 어찌될까? 일본 내지의 공창제도가 폐지된 오늘날에 있어 그 장래의 귀추는 실로 주시하지 않을 수 없다.

한때의 경제적 곤란을 모면하기 위해 인육상회에 있어 최악의 제도인 공창제도에 사로잡힌 날개 없는 새(鳥)들의 참혹한 내용은 어떠한가?

최근 총독부에서 조사한 바에 따르면 조선 안의 '웃음'과 '피'와 '살'을 상품과 같이 파는 여성의 수효는,

▲ 예기 4,620 ▲ 창기 2,561 ▲ 작부 1,438 ▲ 여급 2,486명

등 합계 1만 2천68인의 다수를 달한다는데 전기 1천561명의 공창 중에 일본 내지인이 1천500명, 조선인이 1천여 명에 달한다고 한다.

그들은 순전히 '피'의 대가로 그날그날의 비인간적 생활을 영위하여 가는 조롱 속에 갇힌 날개 없는 새들로서 지금까지는 한 발걸음의 외출까지도 자유로이 할 수 없던 인간 지옥에 빠져 있으나, 수일 전에야 비로소 하루 내왕길의 외출만은 자유로 할 수 있다는 복음을 듣게 되었다고 한다.

이러한 인류사회의 공공연한 지옥에서 헤매던 그들의 화류병자의 수효는 얼마나 되는가.

공창은 백 명 중에 46인, 예기는 백 명 중에 37인이라는 무서운 수효를 보이고 있다는데 그중에 임질 환자가 4천751인, 연성하감 환자가 957명에 달한다는 참혹한 생활만을 보더라도 그들이 얼마나 기구한 운명에서 울고 있다는 것은 능히 추측할 수 있다.

『동아일보』 1934년 12월 25일

신정유곽을 상대, 거짓(假) 의사가 공공연하게 개업. 면허도 없이 희떱게[54] 간판 걸어. 본정서에서 취조 중

의사 면허장도 없는 사나이가 여기저기서 주워 모은 의술을 되는 대로 응용해가지고 한다 하는 의사로 자처하며 많은 환자를 주물럭거렸던 사실이 발로되었다.

이 사실을 탐지한 본정경찰서에서는 24일 아침 본정 4정목 안 골목에서 의원을 개업하고 있는 가미코(上子)의원의 원장 가미코 마쓰타(上子松太)(43)를 인치 취조하였는데 그는 5년 전 본적지인 구마모토(熊本)에서 의술의 경험이 있는 것을 기화로 경성에 와서 시내 각 병원이 사무원으로 있는 동안 여러 환자들과 친분이 생기자 그같이 화류병 전문의 간판을 걸고 면허장도 없이 개업을 시작했다 한다. 취조의 진전에 따라서는 부정한 사실이 의외로 확대 적발될는지도 모른다 한다.

『조선중앙일보』 1935년 3월 14일

화류병 근원의 음식점 단속(取締), 음식은 간판, 매음이 위주라고, 평북 도회에서 요망

(신의주) 평북 도회의 제7일에 정부 김위제 군이 화류병의 발생 원인이 음식점이라는 간판을 걸고 매음하는 데서 흔히 전염되는 것이니 경찰에서 단속을 철저히 할 필요가 있다고 생각하는데 경찰부장은 이 단속상 직접 단속과 실지 경험이 있느냐고 공격하매 이에 단게(丹下) 경찰부장은 이 후로는 철저히 단속하겠다는 대답이 있었다.

『매일신보』 1935년 3월 29일

화류병은 망국 질병, 돈 주고 사서 몸 망친다

돈을 들여 사는 질병이 있다면 듣기에도 매우 맹랑할 것이다. 이 맹랑한 사실이 적지도 않게 현저히 많다 하는 데에는 더욱 의심나는 점이 많을 것이다. 이것은 민족 위생상에 놀랄만한 화류병이 그것이다. 조선사람에게 가진 화류병이 얼마나 되는지, 그 통계를 구할 수는 없으나 제일 알기 쉬운 예기, 창기, 작부 등 검사를 받는 자들의 통계를 알아보면 1933년 말 현재 전조선의 예기, 창기, 작부의 총수 8,669명을 검사한 결과 그중에서 6,465명, 즉 총수의 약 8할에 가까운 자가 화류병을 가졌다 한다.

---

54 원문대로임.

민중보건 문제는 물론 직접 생산에 영향이 있는 화류병이 점차 증가되어 가는 형편이므로 일반 민중은 이 병에 대한 예방대책이 없나 하고 우려 중인데 총독부 위생과에서는 5월 19일 주요를 통하여 화류병 예방에 대한 선전을 대대적으로 하리라는데 주간에는 경성부 사회관에서 화류병 예방에 대한 강연회를 개최하고 야간에는 활동사진을 이용하여 이 병의 해독을 일반에게 알리는 동시에 예방에 대한 선전을 하리라 한다.

『동아일보』 1935년 4월 10일

화류병에 대한 특별 경계심

一. 세계대전 시에 독일 국내에만 80만이라 하는 엄청나게 많은 사람들이 화류병으로 인하여 병원에서 신음하고 있지 아니하면 아니되게 되었다. 그러므로 독일 국민은 이 사실을 통석(痛惜)하게 여기지 아니할 수 없었다. 그리하여 만일 그 사람들이 병상에 누워 있지 아니하고 전선에 나가서 싸우게 되었더라면 세계대전의 결과가 달리 되고 말았으리라고까지 말들 하게 되었다. 이와 같이 화류병이 막대한 손실을 일국민, 일민족에게 끼치는 것을 생각할 때에 누구나 어깨 전율을 감할 수 있으랴. 그 해독이야말로 참으로 형언하기 어려운 바 있다.

二. 프랑스 화류병 환자는 전 인구 10분지 1에 해당하는 터이고 매독으로 인한 유산자는 축년 4만을 세게 되었다고 한다. 그리고 각처에서 보고되는 사실은 정신병자의 대부분이 매독에 기인한 것이고 초생아 실명 수의 10분의 6이 부모의 임질로 인한 것이라는 것을 말하고 있다. 화류병에는 또 종류가 있는 것이지만은 우선 우리의 눈에 많이 띄는 것은 매독과 임질이니 화류병이 성행하는 민족은 머지않은 장래에 이 세계에서 그 흔적이 절멸되리라는 것을 우려하게 되어 있다. 이 문제는 지금 전 세계적 관심을 끌고 있는 것으로서 어느 병이 사람에게 좋은 것은 아니로되 특히 이 병은 성교에 기인되는 고로 도덕상으로 보아서도 사회에 불미한 결과를 초래하게 되는 점으로 보아서 더 한층 세인의 주의를 환기하게 되는 것이다.

三. 교통이 빈번하게 되고 더군다나 도시 집중의 현상이 극렬하게 되자 화류병은 급속한 보조로 출동하게 되었다. 결핵병, 신경병과 함께 소위 문명의 3대 병이라는 것으로서 이 화류병을 잘 치료(善治)하지 못하면 인류는 문명의 진보로 인해 얻는 이익을 보충하지 못할 대손실을 입어 이 세상에서 전(前) 시대의 공룡 등이 절멸됨과 것과 같이 절멸되지 아니할까 하는 염려까지 일어나게 되는 것이다. 이러한 극히 위험한 병마에 대하여 우리로서는 심절(深切)한 주의로써 임하지 않으면 안 될 것이니 모든 병마에 대하여서는 부지런히 경계(警戒不怠)하여야 하겠지마는 이 화류병에 대하여는 일반적으로 그 위험한 것을 절실히 깨닫고 그에 전염되지 않도록 주의하는 바 있지 아니하면 안 될 것이다. 그병에 한 번 감염되면 그것을 근치(根治)하기는 매우 곤란하다는 것을 말하는 것이니 임질에 대하여는 지금까지 근치약이 아직 발견되지 못하였다 하는 것이고 매독에 대하여도 어느 기간을 지나면 치료하기가 퍽 어렵다고 하는 것을 말하게 된다.

四. 지금까지 우리들이 주의하지 못하여 온 것이 있으니 무자병(無子病)에 대한 원인이다. 자식을 낳지 못하면 쫓겨난다(無子則去)라고 하는 구 도덕의 지배를 면치 못하는 우리 사회에 있어서는 자녀를 생산하지 못하는 것이 부인에게 대하여는 막대한 타격이 되는 것이니, 그 최대 원인이 화류병이다. 한번 감염되면 남자에게는 생산 능력이 회복되어도 여자에게는 어느 정도를 지나면 설혹 근치된다 하더라도 그것이 회복되지 못한다 하니 가정적으로 보아도 극히 중대한 문제라고 하지 않을 수 없는 것이다. 지난번 의회에 단종법안이 제출되어서 매독과 임질에 걸린 사람은 단종수술을 하지 아니하면 결혼을 금지하려고 한다 하니 이러한 운동이 어떻게 심각하게 진행되는 것을 알 수 있는 것이다. 그러므로 화류병의 점차 확대를 보게 된 우리 조선 사회에 있어서도 극단으로 경계해야겠다는 것을 중언부언하지 않을 수 없는 바다.

『조선중앙일보』 1935년 4월 11일

화류병의 보균자, 사리원읍에만 60명, 현대인의 두통거리

(사리원) 사리원경찰서 위생과에서 소화 9년도에 도립병원을 통하여 기생과 작부를 54회나 건강진단을 시행한 결과 화류병에 걸린 자가 60명으로 그중에 음식점에 있는 작부로 임병 환자 25명, 매독 환자 34명 예기 1명으로 판명되었다 한다.

『동아일보』 1935년 7월 4일

각도 위생과장 회의를 개최

경무국에서는 오는 24일부터 3일간 예정으로 각도 위생과장 회의를 열기로 되었다. 이 회의는 제반 보건 문제를 중심으로 다수한 의안을 상정 토의할 터라는 바 그 중요한 의안은 구료사업의 개선, 마약 대용약 단속에 관한 것, 화류병 예방에 관한 것, 구매조합약 매약 취급, 방역에 관한 것, 재귀열 예방, 결핵 예방에 관한 것, 비저 예방상 이입마(馬) 단속에 관한 것 등이다.

이 회의 결과 종래로 문제되는 마약 대용약도 보통 마약과 같은 단속을 할 것과 결핵예방에 관한 제반의 구체안 등이 토의 결정될 것이라 하여 주목을 끌고 있다.

『동아일보』 1935년 7월 19일

예창기 20명 중 1인, 전율할 병균 소지 9천3백여 명을 건강진단한 결과, 화류병예방법령 실시

작년 중 예기, 창기, 작부에 대하여 건강진단을 한 상황을 위생 당국에서 조사한 바에 따르면 진단 횟수가 2만 3,837회로 수진자 연인원이 29만 9,301인이었다.

이것을 전년에 비교하면 진단 횟수 1,298회, 연인원 8,831인의 증가를 보였으며, 수진자 중 병이 있는 것으로 인정된 자가 1만 4,316인으로서 수진자 100인에 대하여 4.8인의 화류병 소유자인 것이 판명되었다. 이것을 최근 5년간으로 놓고 비교하면 다음과 같다.

	수진자	유병자(有病者)	비율
1930년	326,845	16,094	4.9
1931년	345,531	17,156	5.0
1932년	316,949	15,690	4.9
1933년	290,470	14,475	4.9
1934년	299,301	14,316	4.8

주. 비율이 맞지 않는 경우도 있으나 원문에 따른다.

그다음 수진자의 업태로 볼 때에는 예기는 100인 중 3.4인, 창기는 5.6인, 작부는 4.6인이 화류병 소유자이며 병별로 보면 임질 4,697인으로 최고위를 점령하고 그다음은 매독 1,127인, 연성하감 904인 등의 순서다.

그리고 전 조선에 있는 감염자 총수는 예기가 5,066인, 창기 2,759인, 작부 1,528인으로 총계 9만 353인[55]이라 한다.

이 숫자로 본다 하면 이 방면으로부터 전염되어 일반에 미칠 악질로서 미칠 영향은 막대한 것이므로 일반의 보건상 중대 문제라 아니할 수 없는데 조선에는 아직 이 화류병 예방에 관한 아무 법

55 제시된 숫자의 총계는 9,353으로 원문 오기인 것으로 보이지만 원문대로 기재함.

령이나 시설이 없으므로 더욱 위험시되고 있다.

이 병균은 또 놀랄 만한 전파성을 가지고 있는 것인만큼 총독부에서도 이 통계에는 놀라서 이것이 농촌에 침입될까 염려하여 그 방지책을 고구하여 오던 24일부터 소집되는 도 위생과장회의에서 대책을 강구하고 일본 내지와 마찬가지로 화류병예방법령의 공포를 볼 모양이다.

『경성일보(京城日報)』 1935년 7월 19일

반도에서 화류병을 쫓아낼 신규칙, 조만간 열릴 각 도 위생과장회의에서 심의한 후, 본부의 단속규칙을 공포

국치 병이라고까지 일컬어지는 화류병은 조선 전체(全鮮)에서 상당한 수에 달하지만, 일반의 숫자는 불분명하다. 1934년 중 본 부 위생과가 조사한 예기, 창기, 작부의 건강진단에 따르면, 화류병 발견 수는 수진자(受診者) 연인원 299,301명 중 임질 4,697명, 매독 1,127명, 연성하감 904명으로 100명에 대해 4.8할의 비율을 보이고 있다. 일반의 화류병자는 조선 전체에서 50,000명을 돌파하는 것으로 여겨지는데, 이 병자들은 내지에서는 화류병예방법에 의해 단속을 받고 있는 데 반해 조선에서는 아직 이와 유사한 법안이 없다. 이에 본 부에서는 국치적 병독의 박멸을 기하고자 계획을 세워 준비를 진행해 왔으며, 드디어 안을 완성했기에 오는 24일부터 3일 동안 본부에서 개최하는 전 조선 위생과장회의에 제출하여 신중한 심의를 거친 후 화류병 박멸법문을 제정하게 될 모양이다.

『부산일보(釜山日報)』 1935년 7월 19일

세상의 신사분(殿方)에게 경종, '미소가(媚笑街)[56]'에 뿌리박힌 무서운 병마의 세력, 조선에 화류병예방법 필요

[경성 특전(特電)] 환락 지역(境) 제일선의 전사(戰士)인 게이샤(芸者), 창기, 작부 같은 화류계 여성에 대해 건강진단서를 통해 살펴본다. 작년 조선 전역(全鮮)의 예기와 작부 9,353명에 대해 실시한 건강진단 횟수는 23,837회, 진찰받은 연인원은 299,301명으로, 이중 악성 질병을 지닌 여자는 14,311명이라는 실로 놀라운 숫자에 달하여, 100명 중 4.8명은 반드시 병원(病源)의 대조로 봐도 좋다. 중복되는 질병은

---

56 媚笑는 남자의 환심을 사려는 웃음, 요염한 웃음을 의미함.

△ 임질 4,697명 △ 매독 1,121명 △ 연성하감 904명

과 같은 상태다. 지금 더욱 놀랍게도 전파체의 심대함은 경악할 만하다. 총독부도 이 통계에는 적잖이 놀라서, 이 병의 농촌으로의 침입을 방지할 대책을 연구하면서 오는 24일부터 소집하는 도(道) 위생과장 회의에서도 대책을 짤 것이고 내지와 마찬가지로 화류병예방법을 발령해 공포할 모양이다.

『동아일보』 1935년 7월 28일

함남 접객업자, 병을 지닌(抱病) 2백여 명

(함흥) 함남에서는 도의 접객자 1만 324명에 대하여 건강진단을 시행한 결과 결핵성 질병자 4명, 도라홈 환자 96명, 화류병 환자 152명, 기타 전염성 질병 환자 26명으로 총계 278명이라는 다수에 달하는 것으로 그중에 제일 많은 것은 화류병 환자로 그중에도 부인이 9할 이상을 점하고 있는 것으로 지역적으로 국경지방에 만주인과 조선인□□□ □□고 한다.

『부산일보(釜山日報)』 1935년 7월 28일

색가(色街)[57]의 발전에 수반해 늘어나는 화류병(문명병), 더위에도 굴하지 않고 각 도 과장들(課長連), 연일 박멸책을 고심하다

(경성지사발) 문명병이라 부를 만한 화류병이 최근 몇 년 경제계의 호조와 화류계 및 카페가의 발전으로 현저히 증가하고 있음을 감안해, 경무국 위생과에서는 각 도의 위생기관을 독려해 예방과 소탕에 힘쓰고 있지만, 작년 중 화류병 환자는 창기 3,056명, 예기 1,156명, 작부와 기타 2,253명으로 합계 6,465명이라는 다수에 달하고 있어서, 지난 24일 이래로 총독부에서 이케다(池田) 경무국장의 통솔 아래 개최 중인 각도 위생과장회의의 최종일 26일 니시카메(西龜) 위생과장이 제출해 종일 성병 박멸 안에 대해 협의했다. 지금□ 각 도에서 적극적 공작을 펼쳐 성병의 진원지라 할 창기와 작부 등부터 소탕과 예방을 강구하기로 했다.

---

57 色街(いろまち)는 유곽이 있는 거리를 일컬음.

『경성일보(京城日報)』 1935년 7월 31일

박멸의 제3진, 화류병과 결핵, 치료와 예방을 병행해 근절을 기하다.

특수성에 맞춰 실행안을 확립, 경북 당국 준비 공작

(대구) 이케다(池田) 경무국장의 소위 3대 박멸 안의 제2진 마약 중독자 치료에 대해서는 각각 실적을 올리고 있는데, 그 에필로그로서 법제국에 회부하고 나서 3년 신중히 심의 중인 조선 마약단속령을 제령(制令)으로서 오는 9월 1일에 공포 실시할 것이 결정되었다. 종래의 양형을 엄벌주의로 다뤄 최고 징역 5년, 벌금 5,000엔 이하로 정하고, 밀수 밀매자에게 큰 철퇴를 내리고 보배로운 칼(寶刀)과 교도(教導)를 통해 근절이라는 골을 향해 나아가기로 했다. 또한 앞서 개최한 위생과장 회의에서 제3진으로서 결핵과 화류병의 박멸을 기하기로 했다. 즉 경북 마쓰다(松田) 위생과장은 20, 25, 26, 27일의 4일 동안 회의를 마치고 28일 저녁 임지로 돌아와 다음과 같이 밝혔다.

농촌 진흥에 모든 기관을 동원해 참가하게 되었는데, 특히 이 운동의 근간이 되어야 할 것은 신체가 강건(強壯)할 것, 부동의 정신을 파악할 것, 이 두 가지다. 정신 방면은 종교 방면에서 이른바 마음 본바탕(心田)의 개발을 외치고 있고, 신체 강건에 장애를 초래하는 것으로서 마약류에 의한 도취경, 문명병이라 불리는 결핵이나 화류병을 박멸해야 한다. 특히 경북은 결핵병 환자가 대단히 많기 때문에 여러 대책을 연구해 왔는데, 이케다 경무국장이 이전부터 제창하던 3대 박멸책 중 제1진 레프라(한센병) 환자는 대체로 종료했고, 제2진인 마약 중독자의 완치 선도는 경북에서 지금 전무하다고 말할 수 있을 정도다. 그러나 일전에 대구경찰서(署)가 활약을 보였듯이, 밀수 밀매매로 모르핀이나 아편을 입수하는 구제불능자도 있다. 이에 느디어 9월 1일부터 엄벌주의에 기초한 마약단속령을 공포 실시함으로써 근본적으로 박멸할 수 있을 것으로 확신한다. 마지막으로 (제3진인) 결핵과 화류병이 이번 회의의 중심을 이루었는데, 결핵에 대해서는 관공리에서 점차 일반 대중의 강제 건강진단을 따르리라 생각하는데 지금 본 부에서 구체안을 다듬고 있으므로 곧 도에서 통일적인 박멸책이 생기리라 생각한다. 화류병도 심신을 허탈로 이끄는 퇴폐병이므로 특히 농촌으로의 침입을 막고 일반도시에서도 격멸(擊滅)할 필요가 있다. 그러므로 접객업자의 건강진단을 엄중히 행함과 동시에 전문학교, 청년훈련소(青訓), 청년단 등과 연락을 취하고 각 관공서 단체도 합류시켜서 자진해서 치료 예방의 방법을 강구토록 하고 싶다. 머지않아 본 부에서도 뭔가 통첩이 있겠지만, 본 도의 특수성을 감안해 구체적 안을 짤 생각이다.

조만간 결핵 화류병의 박멸의 연동이 개시될 터여서 기대를 모은다.

『조선신문(朝鮮新聞)』 1935년 8월 13일

송두리째 화류병 박멸로, 경기도의 단호한 방침

총독부의 방침을 받들어 경기도에서는 내년도에 폐결핵과 화류병의 예방 근절에 박차를 가하기로 하고 지금 구체안을 심의 중이다. 화류병은 창기 작부의 매독검사(黴檢)제도를 엄중히 한다는 것을 첫째로 두고, 도 위생과에서 12일 신정(新町)유곽의 정례 매독검사일에 즈음해 이나다(稲田) 주임과 경찰부가 신정병원으로 급히 가서 입회한다. 어디까지나 유병 보균자는 완전 치료를 시키고, 나아가 기타에 대해서도 순차적으로 입회해 철저히 화류병 배척에 나선다고 한다.

『조선일보』 1935년 9월 15일

성병의 매개소, 창기거리(娼妓街) 단속, 병을 철저히 치료토록 하여, 도(道)에서 예방책 선전

해마다 임질, 매독 등 각종 화류병 환자 수가 급속도로 증가되고 있는 사실에 비추어 경기도 위생과에서는 화류병 퇴치책과 예방책을 적극적으로 강구코자 우선 화류병의 매개소라고 볼 수 있는 유곽 공창 등의 건강 상태와 및 화류병 예방약 사용 여부를 조사 중인데 7월분 통계 숫자에 의하면 본정경찰서 관내에 있는 창기 조선인 327명과 일본 내지인 326명 합 653명 중에 화류병 환자가 매독, 임질, 연성하감만 하여도 60여 명에 달하며 용산경찰서 관내에 있는 창기 조선인 119명, 일본 내지인 155명 모두 274명 중 화류병 환자가 15, 16명이나 되고 또 일반으로 조선인 창기는 예방약을 사용치 않아서 비교적 전염률이 많은 사실이 판명되었으므로 해당 위생과에서는 화류병에 걸린 창기를 철저히 치료토록 명령하는 동시에 일반으로 예방약을 사용토록 종용키로 되었다. 그리고 동 위생과에서는 일반 민중에게 화류병과 및 폐결핵의 위험을 일깨우기 위하여 포스터를 배포하고 적극적으로 화류병의 퇴치와 예방책을 선전키로 되었다 한다.

『조선일보』 1935년 9월 28일

기생 예기들도 정기로 검진

경무국에서는 화류병의 박멸책을 강화하기 위하여 머지않은 사이에 법령을 통일 개정하여 현재 검진을 하지 않는 지역의 기생, 예기에게도 한 주일에 한 번 또는 한 달에 두 번씩 건강진단을 받게 할 터라 한다. 현재에는 유곽 지정지 이외 도시의 기생이나 예기는 매음을 허하여 창기와 같이 검사를 받게 하나 유곽 지정지인 경성, 평양, 부산, 대국 등지의 기생예기는 매음은 금지하며 따라서 검사를 받지 않는다. 그러나 유곽 지정지의 기생과 예기도 매춘을 하는 것은 공공연한 사실로 되어 있어 이것이 일반에게 화류병을 전염시키는 일이 매우 많아 사실에 있어서는 창기보다도 점염병 보유자가 많은 상태이므로 경무국에서는 일간 현행 법령을 개정 통일하여 창기, 예기, 기생 등에 대한 검진제도를 강화하여 화류병의 박멸책을 강구하게 되었다 한다.

『조선일보』 1935년 11월 9일

무서운 화류병 매소부 1만 4천3백 명, 전조선 예기, 창기, 작부를 조사, 백 명 중에 5명 보균

총독부 위생과 조사에 따르면 1934년 중 전 조선에 예기, 창기, 작부 등의 접객업자의 화류병을 보면 수진자 299,301인, 유병자 14,316인, 수진자 100인에 대한 유병자 4.8로 백 명 중 유병자는 예기 3.4인, 창기 5.6인, 작부 4.6인이고, 병은 대부분 임질 4,697인, 매독 1,127인, 연성하감 904 인이라 한다.

『조선중앙일보』 1935년 11월 9일

연년 격증의 예창기, 전 조선에 근 만 명, 대부분은 화류병에 걸린 자로, 사회에 미치는 영향도 적지 않아(不少)

남존여비의 악습과 생활난이 낳은 인간 생활의 일대 암흑면을 차지하고 있는 화류계는 인플레와 금광 경기로 번영의 외관을 보이고 있는 반면에 악착한 포주의 채찍에 울고 있는 예기와 창기, 작부들은 해마다 늘기만 하는 것이 현하 조선의 한 큰 현상이다. 각 연말 현재 그들의 총수는 9,353명인데 이것은 전년의 8,619명에 비하면 734명의 격증을 보이고 있다. 이 9,353명을 개별적으로 보면 예기는 5,616명, 창기는 2,759명, 작부는 1,528명[58]으로 예기가 단연 수위를 점령하고 있다. 그리고 그들의 다수가 화류병을 가지고 있다는 바 이것은 그들 자신에 대한 보건 문제로 보아 한심한 일일 뿐 아니라. 사회 전체에 미치는 해독도 경시할 수 없는 터인데 이제 조사한 바에 따르면 수진자 연인원 29만 9,301명 중에 유병자는 1만 4,316명으로 약 5퍼센트를 점령하고 있다. 이것을 병별로 보면 임질의 4,697명을 수위로 매독 1,127명, 연성하감 904명이다. 그리고 유곽은 전 조선에 28개소가 있다 한다.

58 제시된 숫자를 계산하면 총 합계가 8,353명을 넘으나 원문대로 기재함.

『조선시보(朝鮮時報)』 1936년 5월 17일

화류병자가 감소한 것은 유쾌. 그러나 트라코마가 많은 것은 유감. 우에노 징병검사 집행관의 이야기

부산 관내의 이번 연도 징병검사는 지난 12일부터 부산공회당에서 검사집행관 제20사단 사령부 소속 우에노 분고(植野文吾) 대좌의 집행으로 16일 종료했다. 검사를 종료하면서 집행관 우에노 분고 대좌는 다음과 같이 이야기했다.

수검자 총수회[59] 138명 중 사정으로 불참한 자도 약간 있었지만, 검사 결과로서는 장정의 일반 체격은 중간 정도로 상당한 성적을 보였으나, 내지의 장정에 비하면 상당히 체격이 떨어져 있는 것 같다. 이번 검사에서 특히 느낀 점은 부산부 내에 거주하는 장정이 지방의 장정보다도 일반적으로 체격이 좋다는 것이고, 이 점은 심히 기이하게 느끼고 있다. 수검 시의 태도나 복장에 대해서는 전원 대단히 진지하고 긴장하고 있어 진지하지 않은 자가 한 사람도 없었으니 이 점은 매우 훌륭하다고 생각한다. 질병자도 매우 적어서 매년 감소 일로를 걷고 있음은 국가를 위해 매우 기뻐할 만한 현상이며, 특히 화류병이 격감한 점은 매우 훌륭하다. 다만 유감스럽게도 트라코마 환자가 의외로 많은 점에는 놀랐는데, 이는 부산의 해안 지역에 원인이 있으리라 생각된다. 이번 검사는 5일간을 통해 성적이 일반적으로 양호했다. 운운.

『동아일보』 1936년 5월 25일

서서(西署) 관내 접객업자 반수 이상이 병 지녀(抱病). 놀라운 것은 초기 폐병자도 많다. 전 시내는 여기에서 알 수 있다(於斯可知)

하숙, 음식점, 이발소 등 일반 접객업자들의 건강 타진!

예기와 여급들이 백이면 백 전부가 화류병과 폐병 환자임에 비추어 서대문서에서는 지난 11일부터 12일까지 9일 동안 소 관내 하숙, 음식점, 이발소 등 예기와 여급들을 제한 일반 접객업자들 천여 명의 건강을 진찰하여 본 결과 반수 이상 6백여 명을 가진 자로 그중에도 놀라운 일은 폐결핵의 초기인 폐선(肺腺)가다르[60] 환자가 다수하여 이들을 철저 치료시키는 동시에 일반 손님에게도 커다란 경종을 울렸다. 만일 이것을 전 경성적으로 혹은 전 조선적으로 통계하여 본다면 전

59 원문은 総數回로 읽었으나 総은 인쇄가 흐려 확실치 않음.

60 의미는 불분명하나 원문대로 표기함.

율할 만한 숫자가 되리라 하여 서서에서는 일반 민중의 건강을 위하여 시내 각서에 권유하리라 한다.

『조선일보』 1936년 6월 27일

위생성의 신설을 육군성에서 제언. 육상(陸相)이 각의에서 발언

(도쿄 전화 동맹) 육군에서는 7월 초순의 국정 일신책을 결정할 각의에 제출할 구체안에 관하여 열심히 연구 중이던 바 마침내 국내 보건의 향상이 각하의 급무라는 결론에 도달하였으므로 데라우치(寺内) 육상은 26일의 각의에 중대 발언을 시(試)하여 위생국책 확립을 위한 위생 행정의 통합 폐지를 행하여 위생성을 신설하는 것이 급무란 내용(旨)을 강조 제언하기로 결정하였다. 즉 육상이 제창하는 위생성 신설의 주지와 그 내용은 다음과 같다.

▲ 위생성 신설을 제창하는 이유 최근 장청소년의 체질 열악이 현저한 것은 육상이 각의에서 설명한 것 같다. 이 체질의 시정, 국민 보건위생의 향상은 초미의 급무로 역대 내각도 이 점을 고려하지 않은 모양이다. 하나의 성(省)의 국과(局課)에서 당면을 호도하고 종합 위생 국책을 등한에 부친 것은 금일의 가경할 사태를 초래한 것으로 국민 생활의 안정 향상을 중요 국책으로 하고 있는 히로다(廣田) 내각은 먼저 이 시폐(市弊)를 바로잡고(匡正) 국민위생 보건 향상에 전력을 기울일(傾注) 것이다. 위생성 신설은 국책 수행의 중요 기관의 하나임을 잃지 않는다(不失).

▲ 위생성의 조직 내용

종래의 위생행정은 음식물, 약, 상하수의 점검 단속, 스포츠의 보급 등의 지엽말절(枝葉末節)에 극한(極限)되어 우려할 화류병 결핵병자의 요양도 단지 이를 수용하고 있는 정도에 불과한 실정이며, 특히 위생행정의 기구는 학생 청년의 스토츠는 문부성에서 보건은 체신, 상공, 내무성 사회국에 농촌의 의료 방면은 농림성에 중소상업자의 보건은 상공성, 산업연맹에서 분담하고 상호간에 하등 유기적 연계가 없고 또 통제가 없으므로 이 할거적 여러 기구를 통제할 위생성을 신설할 것

▲ 위생성의 소관 사무

위생성은 노동보건, 방역의료 등의 사무를 거느려 다스리고(統轄) 다음의 사항을 관장함.

一. 인구와 식량

二. 생활 자원의 분포 조사

三. 의식주 관계 사항

四. 국민의 근로 능률 지구성 등에 관한 사항

五. 국민 생활 필수 조건에 관한 사항

六. 의식주, 기타의 합리화 통제에 관한 사항

七. (미상)

八. 위생 교육

(가) 심신단련(鍛冶) (나) 능률 증진 (다) 방공방독 (라) 방역

九. 사회사업의 지도 감독 병원, 의사 등, 감독, 사무의 통제에 관한 사항

『조선신문(朝鮮新聞)』 1936년 7월 29일

예기의 화류병, 자발적으로 건강조합을 설치해. 본정(本町)경찰서가 치료를 종용

경성 본정경찰서에서는 이미 보도했듯이 접객 종업자의 건강진단을 실시하여, 27일까지 본권 예기(게이샤)[61] 330명, 신권 예기(게이샤) 동신지(東新地) 요릿집(料理屋) 종업자 220명, 경성 요릿집 조합의 500명, 조선 권번의 220명에 대한 진단을 종료했으며, 결핵성 여러 병과 편도선, 트라코마 등 전원 중 약 15%의 질병자를 발견하여 각기 치료를 명했다. 이번 검진의 주요 목적은 결핵성 여러 병의 발견이었지만, 예기(게이샤)들의 화류병에 대해서도 5, 6년 전 동 경찰서에서 매독검사를 실시해 동권에서 30%, 본권에서 20%의 감염자를 발견한 사실을 감안해 지금 각종 연구 중이다. 그런데 예기(게이샤)의 매춘 행위는 금지 사항이기 때문에 매독검사를 실시한다는 것이 반은 그 행위를 묵인한 셈이 되므로, 이번에 새로 각 당사자의 자발적 발의를 촉구해 건강조합을 조직하게 하고 여러 □□□□□[62] 병의 검출에 대해서는 어느 정도까지는 예기(게이샤)의 인격을 인정하고 혈액검사 방법을 취하게 하도록 종용하는 데에 대체적인 안을 수립하였다.

『조선일보』 1936년 10월 15일

성병의 "먹잇감(食餌)"은 여급보다도 기생, 건강진단에 나타난 이 현상!

시내 종로경찰서 위생계에서는 약 반 개월 전부터 일제히 관내 접객업자의 건강진단을 시행한 결과 약 700명의 여급 건강진단표에는 성병 환자가 겨우 3명이 있었는데, 13일부터 시작한 기생의 건강진단에 처음 날에 벌써 약 100명 중에서 10여 명의 성병 환자를 발견하였다고 한다. 만일

61 원문에서 한자로 藝妓라 썼지만, 히라가나 독음은 '게이샤'로 달아놓았음. 이 기사 안에 나오는 나머지 예기도 독음이 다르게 쓰인 경우 번역문에서 동일한 방식으로 표기함.

62 원문 종이가 접혀 한 줄 정도의 글씨가 보이지 않음.

이 상태를 계속한다면 앞으로 더욱 많아질 것이라고 보고 있는데 기생 측이 여급보다 성병 환자가 많다는 현상은 풍기 단속에 유력한 참고라고 하여 동서에서는 기생들의 풍기를 엄중 단속하기로 하였다고 한다.

『조선일보』 1936년 10월 25일

네 유곽 담당의 의사회합 협의

경성부 위생과에서는 24일 오전 9시부터 경기도청에서 인천, 개성, 수원, 경성 네 곳의 유곽 담당 의사가 회합하여 아마기시(天岸) 위생과장의 통제 아래 화류병 박멸 대책과 검사 기준 통일에 대한 사항을 협의하였다는데 창기들에 대한 검사를 더 엄밀히 하고 재료를 서로 교환하여 화류병의 만연을 방지하기로 되었다 한다.

『조선일보』 1936년 10월 28일

종로서 관내 접객업자, 건강 염라대왕(閻魔) 명부(簿) 완성. 기생은 840명 중에 74명이 화류병

지난달 14일부터 시내 종로서 위생계에서 관내에 있는 각종 접객업자들의 건강진단을 시작하여 이제 1개월 반 동안에 거의 그 진단을 다 마쳐가는데 27일까지 그 검열부에 나타난 결과를 보면 3,010명을 일일이 진단한 결과 313명이 불건강자로 진단되었다고 한다. 이와 같이 약 1할이 넘는 수가 병자인 형편으로 폐병 '도리홈' 등의 전염병 환자가 가장 많았는데 경찰에서는 이와 같은 무서운 전염병 환자에게는 그 병이 나을 때까지 영업장에 나가는 것을 금지시켰다고 한다. 그리고 특히 관내에 거주하는 840명의 기생을 진단한 결과 이도 거의 1할 정도의 74명이 병자였으며 그중에는 성병 환자가 대부분이어서 완연히 눈에 보이도록 심한 매독 병자가 18명이나 되는 상태였는 바 그중 자심한 8명 기생에게는 그 영업을 폐업시켰다고 한다. 화류계의 외면이 화려한 반면에 그들 기생의 불건강과 그 무서운 성병 환자의 많음은 상상하는 이상으로 심하여 일반의 이에 대한 주의가 특히 희망된다고 한다.

『조선일보』 1936년 10월 28일

벌고 벌고 또 벌어도 부채는 늘어갈 뿐. 경찰에서 그 원인을 조사한 결과. 포주의 무리한 의료비 착취로 판명

빈혈의 농중조! 현재 조선 제일이고 경성 명물이라는 반갑지 않은 칭호를 받고 있는 신정유곽에는 근 천여 명의 백색노예가 색다른 생활을 하고 있다. 그리고 그들의 생활 체험이 보이고 있는 교훈의 하나. 벌고 또 벌어도 빚은 줄기는커녕 불어날 뿐이라는 비참한 사실이다. 이에 대하여 근일 본정서원의 조사에 의하여 그 원인의 하나가 명료하게 되었다. 즉 현행 법규에 따르면 창기가 화류병에 걸려 병원에 입원하였을 때에는 그 비용은 모두 주인의 부담으로 규정되어 있음에도 불구하고 영업주들은 화류병의 치료 비용도 모두 보통 질병과 같이 창기의 부담으로 하고 있는 사실이 탄로되었다. 이 사실을 탐지한 그 서에서는 이와 같은 악독한 포주는 단연히 처벌하는 동시 계속하여 그들 영업주의 컴컴한 내막을 조사하여 철저히 그들을 단속하기로 하였다고 한다.

『조선일보』 1936년 10월 29일

사설 : 화류병을 퇴치하라, 엄밀한 단속(取締) 법규가 필요

一. 소위 현대문명의 3대 병이라 하는데 결핵병, 신경쇠약, 화류병이 있다. 이것은 근대 산업문명의 발달에 따라 전 세계적으로 만연한 것이나 선진 여러 나라에서는 이미 이의 박멸에 착수하여 점차 감쇠(減衰)해 가는 형세에 있다. 그런데 조선에서는 이와 반대로 연년 증대하여 민족적, 사회적 중대 문제화된 것은 숨길 수 없는 사실이다. 폐결핵, 신경쇠약에 대해서는 잠시 이것을 논외로 삼고라도 화류병에 대한 통계를 보면 지난달 종로서에서 검사한 기생 840명에 대하여 1할이 화류병 환자라 하니 그 전반적 영향이 얼마나 큰지를 알 수 있을 것이다.

二. 화류병에는 통칭 임질, 매독, 횡현의 3종이 있는데 3자 다 치료가 곤란할 뿐 아니라 1차 보균하면 다른 병을 함께 일으켜(併發) 무서운 결과를 가져온다(齎來). 그뿐 아니라 이 병은 성행위를 통하여 전염되므로 곧 부부간에 영향하고 생식 기체(機體)를 침범하므로 감산(減産), 단산 내지 불구자를 만들어 내는(産하는) 민족적, 사회적 중대 문제를 일으킨다. 도시 문명의 발전에 따라 산아율이 감퇴되는 원인의 하나는 확실히 이에 있을 것이다. 그러므로 문명 각국에서는 이에 대한 예방법을 선전 실시하고 학교 및 사회에서 교육할 뿐 아니라 법규를 제정하여 화류병을 타인에게 전염시키는 자는 고발에 의하여 체형(體刑) 또는 벌금형에 처하기로 되어 있다.

三. 돌이켜 조선의 화류병에 대한 대책을 보면 거의 방임 상태다. 당국은 예기에 대하여 매음을 절제(制)하고 창부에 대해서는 검균의 제도를 쓰지만 예기, 기생 들이 매음을 하고 있는 것은 공공연한 비밀이다. 그러므로 기생 등이 창기보다 일층 화류병을 가질 우려가 많으니 이것은 종로서에서 검사한 결과에 비추어도 알 수 있다. 그러므로 화류병을 퇴치하려면 예방에 대한 지식과 방법을 선전, 실시하고 보균자는 접객업을 금지하고 만일 이것을 전염시킬 때에는 피해자의 고발을 기다려 체형 또는 벌금형으로써 대하는 엄밀한 단속을 단행함이 가할 것이다.

四. 성 지식을 보급, 선전함으로써 도리어 청소년의 호기심을 자극하여 도리어 풍기상 문란을 초래할 우려가 없는 바 아니지만 이것을 숨겨가지고 내면으로 공포할 건강 문제를 일으킴보다는 나을 것이다. 도리어 성교육을 보급시키고, 그리고 각자 이에 대한 경계를 게을리 아니하고 또 법규로 엄중히 단속하여 이것을 방지하는 것이 그 효과상으로 보아 일층 나은 바 있을 것이다. 그것은 구주 여러 나라에서 행하고 있는 산아조절법의 국가적 허가로서 양호한 결과를 얻고 있는 것으로 보아 알 수 있다. 당국의 신중한 처치를 촉구(促)하는 바다.

『조선일보』 1936년 11월 2일

좀 먹는 화류병

요즈음 부내 각 경찰서 위생계에서는 기생, 작부, 기타 음식점에 종사하는 여자들의 건강을 가끔 진단하여 그들이 몸을 파먹고 있는 매독, 임질 등 성적 전염병이 있는 것을 적발하여 그 전파를 경계하고 있으나 종로경찰서와 서대문경찰서 관내 수 개 처에 산재한 수백 명의 밀매음녀들은 단속할 줄을 모르고 그냥 방임해 둔다. 그래서 그들이 밤거리의 비밀행동대들로부터 일반에게 전파되는 병균은 기생으로부터 전파되는 것보다 한층 더 위험성이 많다 한다. 이에 대하여 사회위생을 우려하는 식자들로서는 이들에 대한 철저한 단속이 있기를 바란다 한다.

『조선신문(朝鮮新聞)』 1937년 2월 20일

화류병의 박멸에 매독검사(黴検)의 대개선, | 당국 | 열심히 활동 개시

경성부 내의 각 경찰서에서는 화류병의 박멸을 기하며 부내의 모든 의사를 통해 이전부터 엄밀한 환자 수 조사를 실시해 왔는데, 최근 매달 그 수가 증가하고 있는 경향을 감안하고, 나아가 춘기는 1년 중 최대의 위험기인데다 또한 잠복해 있던 것도 대두하는 시기라는 견지에서, 봄에 앞서 철저한 예방을 하게 되었다. 우선 조만간 부내 각 유곽의 모든 창기로부터 강제적으로 혈액을 징수해 도 위생과가 손수 엄밀한 검사를 하고, 수상한 자에게는 즉각 치료를 명하기로 했는데, 이 채혈도 종래의 전속 매독검사 의사에게 시킬 경우 만에 하나라도 사사로운 정이 얽힌 관계(情実関係) 때문에 과실이 있을지도 모른다는 우려가 있기에, 이번 봄 채혈은 직접 도(道) 기사에게 수고를 끼쳐 경찰관 입회 아래 실시하고 곧바로 경성제국대학 의학부로 송치해, 그날 채혈한 것은 그날 검사한다는 절차로 진행하고자 지금 준비하고 있다. 한편 예기(게이샤)에게 매독검사를 실시한다는 것은 법적으로 예기(게이샤)의 매춘 행위를 묵인하는 셈이 되므로, 앞으로는 건강진단을 할 때 화류병도 엄밀하게 진단하기로 했다. 또한 매주 1회 창기에게 실시하는 매독검사 때에는 경성제국대학 의학부의 상급 학생도 입회하게 해 그들 연구와 사감(情実) 배제라는 일석이조에 도움되게 한다는 안을 세우고, 착실히 연구를 진행하고 있다.

『조선신문(朝鮮新聞)』 1937년 3월 2일

화류병 예방에 박차, 강제적으로 혈액을 채취해 검사. | 서민관에서는 | 영화와 강연 모임

보건위생 사상의 보급에 열심을 내고 있는 경성부 내의 각 경찰서에서는 최근 증가 경향에 있는 화류병 환자의 발생을 감안해, 우선 이를 예방할 방법의 일책으로서 최근부터 부내 각 유곽의 모든 창기에게서 강제적으로 혈액을 채취해 엄밀한 검사를 실시하는 한편, 예기(게이샤)와 여급 등 접객 종업부의 건강진단 방법에 대해서도 목하 연구를 진행하고 있다. 일단 오는 4일에는 내지인, 5일에는 조선인을 각각 오후 1시부터 오후 4시까지 부내에 거주하는 예기(게이샤), 창기, 여급, 음식점의 고용녀(雇女) 등 5,000여 명을 빠짐없이 부민관에 모아, 야마기시(山岸) 도(道) 위생과장, 하기노(萩野) 부(府) 위생과장 두 사람의 수고로 보건위생에 관한 강연을 듣게 한 후 영화도 보여 주어 사상 보급에 힘쓰기로 했다.

『조선일보』 1937년 3월 6일

홍군당(紅裙黨) 2천여 명, 부민관에서 자경(自警)의 모임

경기도 위생과에서는 부내 각 청루 창기와 '카페' 여급과 내외주점 작부와 기생영업자들에게 화류병 박멸, 또는 예방의 지식을 넣어주기 위하여 4일, 5일 이틀 동안 부민관에서 강연 및 영화회를 열었는데 5일 오후에는 조선 창기, 여급, 작부 등 2천 명을 모아놓고 아마기시(天岸) 위생과장의 강연이 있은 뒤에 〈피의 적(血の敵)〉이라는 영화를 보여서 많은 깨달음과 주의를 주었다. (사진

은 해당 회장)

『조선신문(朝鮮新聞)』 1937년 3월 12일

강연과 영화 모임, 화류병 영화 〈피의 적〉에 대한 각 방면의 감상 두셋

지난 3일과 4일 이틀간 경기도 위생과가 부민관에서 접객업자 일반에게 강연과 영화 모임을 주최하며 화류병의 대대적 예방에 나섰는데, 최근 용산경찰서 위생계에 모인 〈피의 적〉에 대한 감명은 다음과 같다.

업자 측 : 강연, 영화 모형 등으로부터 받은 감상은 그저 공포라는 두 글자밖에는 없습니다. 우리 업자 가운데서도 무서운 것이라고 알면서도 젊은 시절의 부주의로 진흙탕에 발을 담그고 있었다는 것이 부끄럽기 짝이 없습니다, 지금부터라도 늦지 않으니 606호를 맞아둡시다,라고 말하는 사람이 있었습니다. 쓰고 있는 기녀(妓)들에게도 입이 닳도록 주의를 주고 있어도 언제나 마이동풍으로 흘려듣고는 했는데, 그걸(영화를) 보고 들으며 절실하게 느꼈으리라 생각합니다.

창기 측 : 예방 방법으로 절대적인 것은 없겠지만 수많은 손님을 접하니 부득이한 경우가 없다고도 할 수 없습니다. 적나라한 심정으로 말씀드리자면 전적으로 '남성의 책임'이 아닐까요? 우리에게만 책임을 지게 하는 것은 너무 가혹하지 않은가요?

게이샤 여급 고용녀 측 : 입맞춤이나 술잔을 주고받는 일이 그토록 무서운 것임을 확실하게 인식했습니다. 어떻게든 방법이 없을까요?

『조선일보』 1937년 3월 13일

항도 인천 암흑면, 화류병 예방 대책 강구

(인천) 인천은 항구라 외래의 선박 출입이 빈번하니만큼 화류계의 호화를 자랑할 수 있으나, 그 반면에는 비참하게도 인간을 좀먹는 화류병의 창궐이라는데 그중에도 아직도 이름조차 익숙치 못한 제4성병의 환자가 35명에 달한다는데 이 병은 최근에 발견된 화류병으로 인천이 아니고는 별반 들어보기도 드문 병이라는데, 이제 작년 중 인천부 각 병원에 시료한 화류병자의 통계는 다음과 같다.

남자 : 임병 90명, 연성하감 20명, 경성(硬性)하감 27명, 제4성병 11명, 합 168명[63]

여자 : 임병 70명, 연성하감 11명, 경성하감 9명, 제4성병 24명, 합 114명

인천서 주최 성병영화회 : (인천) 작금 인천의 성병 환자를 보건대 작년 중 282명을 초과하여 매년 증가하고 있는 형편이라 인천서 위생계에서는 이를 철저 박멸하려면 일반적으로 성병에 대한 인식을 깊게 하는 것이 성병 예방의 최선 방침이라 하여 오는 18, 19일 양일간 애관(愛館)에서 성병영화회를 개최하기로 하였다는데 주간에는 특히 접객업자인 예기, 창기, 여급, 요리업자 등에 한하여 15전으로 할인하여 널리 공개키로 하였다는데 일반 부민도 다수 내람(來覽)하기를 바란다 한다.

『조선신문(朝鮮新聞)』 1937년 3월 13일

강연과 영화로 화류병 박멸 공작, 인천경찰서 나서다

(인천) 인천경찰서에서는 망국병으로서 가공할 화류병의 박멸 공작에 나섰는데 작년 중 인천의

△ 임질 : 남 91, 여 84

△ 연성하감 : 남 36, 여 13

---

63 제시된 숫자의 합계와 다르지만 원문대로 기재함.

△ 경성하감 : 남 37, 여 11

△ 제4종성병[64] : 남 11, 여 28

이라는 숫자에 놀란 동 경찰서에서는 3월 18일과 19일 이틀 동안 주야로 인천의 애민관에서 영화 〈피의 적〉을 상영하여 화류계의 일반에게 관람시키고, 홍병식(洪秉寔) 위생 주임이 강연을 했으며, 예비 지식에서 순차적으로 실행에 들어가 근절을 기한다고 한다.

『경성일보(京城日報)』 1937년 3월 13일

화류병 박멸, 접객 여성에게 주의를 환기

(인천) 무서운 화류병! 인천서 위생계에서는 화류병 박멸을 위해 18, 19일 양일 밤낮 2회 표관(瓢館)에서 선전 영화 〈피의 적〉을 상영, 또한 이 기회에 부내의 요리옥, 음식점 고용녀, 식당 카페의 여급, 예창기, 기생에 영화를 보도록 하고 또한 위생 강화를 실시할 예정이다. 이외 구체적 계획을 세워 화류병에 대한 주의를 환기시키고, 3월 1일 위생계, 파출소를 동원하여 화류병 환자를 조사한 결과 입원, 통원, 기타는 남녀 모두 300여 명이었다.

『매일신보』 1937년 3월 14일

전율할 망국 화류병, 2세는 대개 사산, 천치, 정신병, 경기도서 철저 박멸책

망국병이라고 하는 화류병은 최근 어느 사회를 물론하고 문화의 정도가 높으면 높을수록 여기에 정비례하여 그 만연되고 있는 수효가 특히 많아서 이에 방책의 하나로 경기도 위생과에서는 지난번 부내에 있는 여러 방면의 접객업자를 모아놓고 강연과 또는 여기에 대한 영화를 보여 주어 이 화류병의 무서운 것과 그 예방을 스스로 철저할 것을 지시한 바 있거니와 이번에는 다시 인천에도 이 영화를 가지고 내려가서 인천에 있는 화류계의 업자들에게 이것을 보여 주기로 되었다 한다.

그래서 오는 18일 주야 2회에 이것을 보여 주게 되었는데 이러한 화류계에 대하여 경고를 발하고 그 주의를 환기시키는 것은 제1단의 방법으로 하겠거니와 제2단적 방법으로는 이 병에 대한 지식과 그 예방에 대한 것을 일반에게 널리 알려 청년을 괴롭히는 망국병으로서의 문명인을 모욕하는 이 병의 근치법을 널리 선전하고자 도 위생과가 선봉이 되어 구체안을 생각….

---

64 원문에는 제4종건성(件性)이라고 쓰여 있으나, 件性(けんせい)은 검색되는 단어가 아님. 제4종성병의 오기로 보임.

『매일신보』 1937년 3월 17일

3개 도시의 접객부, 화류병의 보유율, 인천 7%, 개성 4%, 경성 3%, 개성에도 선전영화회

사산율을 많게 하여 제2세 출생에 무서운 영향을 끼치는 화류병에 대하여 그 박멸책을 강구하기에 경기도 위생과에서는 최선의 노력을 다하고 있는 중 지난번에는 먼저 일반 화류계의 여성에게 경고를 발하는 강연회와 영화회를 개최하였거니와 또다시 18일에는 인천에서 영화와 강연회를 하기로 되었다 함도 기보한 바와 같다.

어쨌든 도 위생과에서는 이 방면의 연구에 박차를 가하고 있어서 최근만 하더라도 인천, 경성, 개성 세 곳에 흩어져 있는 접객업자들을 검사한 결과 각각 100명에 대하여 인천은 7인, 개성은 4인, 경성은 3인의 비례가 되어 있는 것이 숫자적으로 드러났다고 한다.

그리하여 인천, 경성에만 이 영화회와 강연회를 하려고 하던 계획을 변경하여 20일경에는 개성에 가서도 강연과 영화회를 하여 일반 접객업자들에게 철저한 각성을 시킨 후 제2단계로는 일반 사회에 널리 호소하여 이 망국병 퇴치에 힘써 볼 계획이라 한다.

『부산일보(釜山日報)』 1937년 3월 25일

많은 화류병, 도내의 조사

(춘천) 청춘을 좀먹는 화류병은 최근 몇 년 엄청난 기세로 범람하고 약을 파는 점포 앞은 물론 신문의 광고면도 이들 화류병 약의 선전으로 한탄스러운 세상을 말해 주고 있다. 강원도 내에서는 이 화류병 보균자가 어느 정도 있는가 하면, 위생과의 조사에 따르면 작년 중에 합계 10,791명의 환자가 집계되어 있지만, 이외에도 가정 치료를 함에 따라 발표되지 않는 보균자가 상당히 있는 모양이다.

『매일신보』 1937년 3월 26일

시급한 방역진, 예창기 등 접객부 위시, 너무나 많은 화류병, 망국병의 무서운 숨은 세력에 몹시 놀라(愕然) 대책

젊은 사람들의 골수로 숨어드는 화류병은 봄철 따라 꽃향기로부터 더욱더 만연될 우려가 없지 않아 경기도 위생과에서는 그 방지책을 세우고자 지난 3월 1일 현재까지 취급한 도내의 화류병 환자 수를 조사케 하였든 바, 요즘에 이르러 관내 각 병원과 공의(公醫), 의생으로부터 보고가 들어왔는데, 이 보고에 의한 의외의 숫자에 도 위생과 당국은 몹시 놀라(愕然) 마지않았다고 한다.

즉 화류계의 창기들이나 음식점의 작부 이외에 이 화류병을 가진 환자가 4,455명의 다수로서 이것을 세별하면, ▲ 임질 3,637명(1.33), ▲연성하감 443명(0.19) ▲매독 674명(0.29) ▲제4성병 201명(0.09) ▲합계 4,445(1.89)[65] (괄호 내는 천 명에 대한 비)

이상과 같은데 이것을 다시 구분하여 조선인과 내지인 별로 본다면 조선인은 3,525명(1.61) 내지인은 930인(6.0)으로 천 사람에 대한 비례는 내지인이 그 수효가 많으나, 전체적으로 보아 4,455 명인즉 1천 명에 대한 1.89의 비례라고 하는 것은 전 일본을 통해서도 그러한 고 비율은 없다고 하여, 앞으로는 예창기의 단속을 엄중히 할 것은 물론이요, 망국병에 대한 무료 진찰소 혹은 화류병 예방 상담소 같은 기관을 설치라도 해서, 이 병에 대한 철저한 방역진을 펴볼 계획이며 소극적으로는 일반 젊은 사람들의 자각에 맡겨 이 병에 감염되지 않도록 주의를 환기하여 젊은 몸과 혹은 길이 연한 제너레이션에 그 영향이 미치지 않게 할 방침이라 한다.

『조선일보』 1937년 3월 28일

문화의 암흑면, 성병의 발호, 도내서 4천4백여 명

현대사회 찬란한 그 문화의 일면에는 암담한 일면이 반드시 따르게 된다. 그 암흑면 가운데도 화류병의 창궐이야말로 가장 우리의 상을 찌푸리게 하는 사실로서 그 영향이 한 가정은 물론 일국가 사회에까지 뻗치고야 만다. 최근 경기도 위생과에서는 도내의 화류병에 대하여 병원, 의사, 의생들로 하여금 일제히 보고하게 하여 3월 1일 현재의 화류병자의 조사를 완성하였다. 이를 보면 그들 의사들이 취급한 도내의 화류병자 총수가 실로 4,455명에 달하여 그 인구와의 비례가 천 사람에 대하여 약 2사람의 표준(천분의 1.89)으로 되어 있어 그 종류별로 보면 임질이 3,137명으로 제일 많고 그다음이 매독의 674명, 연성하감이 443명, 제4성병이 201명의 차례다. 병자 총수 중 일본 내지인이 930명으로 천 사람에 6명의 비례가 되어 있고 조선인은 3,525명으로 천 사람에 약 1사람 반(1.61)의 비례로 되어 있다. 그러나 전기 숫자는 모두 비교적 넉넉히 사는 병원과 의사에게 치료를 받는 사람들만이므로 가난해서 치료도 못 받는 노동자들에게 성병이 엄청나게 많은 것을 합계하면 그 수가 여간하지 않은 것이다. 경기도 위생과에서는 일본 내지에는 도무지 볼 수도 없는 높은 숫자라고 하여 일반의 각성을 촉진하는 한편 성병 무료 진료소와 예방협회 등의 생각을 시작하고 있다고 한다.

---

65 앞에서 제시한 합계와 일치하지 않으나 원문에 따라 기재함.

『동아일보』 1937년 6월 13일

민중 보건에 최대 암, 각층에 침투하는 화류병 경기도 관내에만 4천8백 명, 요구되는 시급한 대책

만 가지 병 중에서도 민족을 망하게 하는 병으로는 화류병이 가장 무서운 것인 만큼 화류병의 통계에 대한 우리의 관심은 자못 크다. 어느 학자의 조사연구에 따르면 인구 천 명 중 매독 환자가 17명은 된다고 하니, 경성부 인구를 65만 명이라 하면 1만 5천 명이라는 놀라운 숫자를 추측할 수 있다. 이제 경기도 경찰부 위생과에서 금년 3월 말 현재 도내 각층에 침투한 화류병을 조사한 바에 따르면 다음과 같다.

임질 환자 3,421명 중에 조선인이 2,608명, 매독 환자 733명 중에 조선인이 564명, 연성하감 환자가 489명 중 조선인이 394명, 제4성병 환자 208명 중 조선인이 154명, 총합 4,851명 중 조선인이 372명[66]이고 이것의 백분비로 보면 조선인이 77퍼센트라는 놀라운 정도를 보이고 있다. 이것은 실로 민중 보건상 중대한 사회 문제의 하나로서 화류병의 근절을 도모함에는 무엇보다도 공창, 사창에 대한 엄밀한 건강진단이 요구되는 동시에 일반적으로 위생관념의 보급과 위생 도덕의 향상을 도모하는 데 달린 것이므로 관계 당국의 시급한 대책을 기대하는 바이라 한다.

『동아일보』 1937년 6월 16일

보건 시설 확충의 필요

一. 건전한 정신은 건강한 신체에 깃든다 함은 묵은 말이면서 언제나 새로운 진리다. 무릇 일(事爲)의 근저에는 건전한 정신이 발랄하게 작용하여야 그 일의 성취가 신속과 완미를 기할 수 있는 것이니, 그럼으로써 함이 있으려 할진대 모름직이 신체의 건강에 유의하고 힘을 기울(致力)여야 할 것으로서 사회에서도 그러한 것이다.

여기서 각 개인에 대한 위생사상 고취와 일반 민중을 위한 민건 시설 확충과 필요가 생기는 것이다. 더구나 근래(輓近) 교통 빈발과 도시 집중으로 인하여 여러 가지 병균의 전파와 만연이 매우 급속도요, 또 광범위일 뿐 아니라 그 밖에도 문명화로 생기는 여러 병까지 나날이 늘어가는 형편에 있으니 보건을 고조시킬 필요는 갈수록 긴절(緊切)하여진다.

二. 고노에(近衛) 내각이 위생성의 창설을 기획한다는 것도 이와 같은 점에 착안한 것이려니와

---

66 원문에 372명이라고 기재되어 있으나 3,720명의 오기로 보임.

조선은 더욱이 위생사상이 보급되지 못하고 보건 시설이 완비되지 못한 터이니 당국은 가일층 적극적인 대책의 강구가 있어야 할 것이 아닌가. 다소 기존 시설이 없는 바 아니지만은 그것으로는 십한(十寒)에 일폭(一曝)의 효과밖에 내지 못하고 병마는 도처에 창궐하여 그칠 바를 모르고 있다. 하나 둘 예를 들면 당국이 화류병에 대한 단속을 안 한 것은 아니지만은 수일 전 본지가 보도한 바와 같이 경기도 관내에만도 화류병자가 4,800명의 다수에 달한다 하니 생각을 여타 각도에까지 미치면 전 조선적으로는 실로 놀랄 만한 숫자를 보일 것이 추측키 어렵지 아니하다. 그뿐인가. 당국이 연래로 나병의 예방과 그 병자의 격리를 어느 정도까지 힘써 오기는 하였으나 오히려 각처에서 나병자 독유(獨有)의 미신으로 인명 살해, 인육 일부 취득(割取) 등의 불상사를 내고 있다는 것이 뒤를 이어(接踵) 보도됨을 본다. 이 어찌 일시인들 만연히 방치할 바이랴. (三. 중략)

四. 이와 같이 질병의 예방, 치료, 근절에 새는 것이(遺漏) 없도록 완비한 시설을 가져야겠고 한 걸음 더 나아가서 민중의 체질과 체위의 향상을 위한 적극적 시책의 확충을 도모할 것이니 건전한 신체에는 건전한 정신이 깃들 뿐만 아니라 아무런 병마도 감히 침범치 못하는 것이다. 예방에 힘씀은 치료의 가장 좋은 대책(最良策)이오. 건강에 힘씀은 예방의 가장 좋은 대책이다. 전 민중이 튼튼한 신체의 소유자인 때에 그들의 정신은 찬란한 문화를 지어내고 또 그것을 향상시킬 수 있는 것이다. 이런 점으로 보아 보건 시설의 확충은 교육기관의 완비와 아울러 사회의 백년대계에 속하는 것이라 하겠다. 일반 민중도 이점에 깨달음이 있어야 하겠거니와 위정 당국은 시급히 전폭적이오, 구체적인 입안(立案)□□□ 서둘러야 할 것이다.

『조선일보』 1937년 7월 17일

화류병 등 방위코자 건강진단 강화

(부산) 부산경찰서에서는 화류병, 기타 각종 전염성 질병을 방지하고자 부내의 창기의 건강진단을 종래 1주일에 한 번씩 하던 것은 하루 한 번씩 하되 진단 범위도 넓혀서 종래는 화류병에 관한 진단이었던 것을 내장, 호흡기, 전염성, 질병 등의 유무까지 진단하되 만일 병이 있는 것이 발견되면 곧 치료케 하기를 명령하리라고 한다.

『동아일보』 1937년 10월 7일

예방주사 부산물 화류병자 30명, 용산서 관내에서 발견

호열자 소동으로 용산서에서는 4일 우선 관내 7만 명 주민 중 일반과 가장 접촉이 많은 상인, 접객업자 등 910명에게 예방주사를 행하였는바 의외에도 부산물로 부근 유곽 일대, 음식점, 식당 등 창기, 여급들 중에서 화류병 환자 30여 명을 발견하여 철저히 치료시킬 방침이라 한다.

『조선시보(朝鮮時報)』 1937년 10월 20일

사설 : 마굴 퇴치를 결행하라. 애매옥(曖昧屋)의 발호에 철퇴를 가하라. 화류병의 박멸로도 이어진다

북부산 경찰서(北釜山署)의 엄달

새로 설치된 북부산 경찰서에서는 관내의 요리옥(料理屋), 음식점 영업자에 대한 단속에 엄중을 기한다고 통달한 바 있다. 집무 개시 직후에 한 일이지만, 보안경찰에 대하여 그렇듯 명쾌한 조치를 취한 것은 참으로 썩 잘한 일이라 할 수 있다, 요릿집, 음식점에 대한 당국의 태도는 자칫하면 느슨해지기 쉽고, 특히 오랜 인습에 사로잡혀 충분한 청소를 기할 수 없었는데, 지금 북서(北署)가 단호히 영단에 나섰음은 분명 칭찬할 만한 일이다. 그저 그 통첩이 통첩으로 그치지 않기를 우려할 뿐이다. 과연 북서(北署)가 앞으로 어떠한 태도와 실행(励行)에 나설지 주시해야 한다.

단정치 못한 풍조 : 생각건대 부산의 음식점에서 실로 단정치 못한 풍조를 엿볼 수 있음은 심히 유감스럽다. 음식점, 요릿집 모두 내외 쇄신과 숙정을 필요로 한다. 이 점은 비단 북서에 한정된 것이 아니므로 부산경찰서(釜山署)도 협력해서 나아가야 하는데, 부산경찰서는 일찍이 이를 통감하고 있어서 특히 신임 서장이 부임하자마자 이 방면의 담당관으로 하여금 상세한 조사도 시켰다고 한다. 그렇다면 북서, 부산서 두 경찰서(署)의 협력 아래 여러 해에 걸친 오랜 폐단이 일소되는 것이 아닐까 생각된다. 비상시 긴장(을 하자는) 소리가 점차 거세지려 하는 때에 내외가 서로 호응해 그러한 숙정에 임하는 것은 참으로 절호의 기회라고 해야 할 것이다.

마굴에 손을 쓰라 : 화류계의 숙정에서 가장 서둘러야 하는 것은 마굴의 청소다. 음식점, 요릿집이라 해도 대개 정규 영업을 계속하고 있는 곳도 있다. 공공연히 허용된 형태에 있는 마굴 중에는에 이르러서는 참으로 직시하기 어려운 것도 있다. 어째서 저렇게 수상쩍은 영업을 허가하고 있나 하는 생각이 들기까지 한다. 실은 역대 당국이 이 점에 손을 대려 해도 대지 못했던 사실에 비춰보더라도, 이해할 수 없는 점은 여전히 풀기 어렵다. 완전한 마굴로 보이는 곳이 부 내에 몇 군

데 집단적으로 존재한다는 점은 참으로 문명의 치욕이다. 또한 지금의 비상시에 부적절한 일이기도 하다.

실로 화류병의 전염소 : 아무튼 화류병의 전염소가 되어 있는 이 마굴의 퇴치는 부민(府民)의 건강 증진을 위해서도 결코 간과할 수 없는 일이다. 많은 청년이 그곳을 출입해 화류병을 얻은 경우가 과연 수백일까, 수천일까. 지극히 염가에 육체를 파는 마녀가 함부로 날뛰는 것 또한 허용하기 어려운 일이다. 우리는 당국이 왜 관련자를 허용하고 있는지 아무래도 이해하기 어렵다. 조선인 청년도 내지인 청년처럼 무서운 화류병 전염 때문에 고민하고 있는 것이 아닐까 사료되는 바가 많다.

인도상으로도 중대 : 고로 인도상으로도 관련 음식점을 허용하는 것은 중대하다. 이것이 미치는 영향이 크다는 점을 생각하면, 즉각 적당한 단속을 시행함이 긴요하다. 우리는 북서의 이 엄한 통첩이 막연한 만큼, 과연 이 마굴에 대해 어떠한 태도를 실제로 보일 것인지 의심을 품고 있지만, 그럼에도 관련 엄령이 나온 이상 어느 정도는 효과를 거둬야 한다. 또한 관련한 점에 대해 날카로운 메스를 휘둘렀을 때에야 비로소 그 엄명에 위력과 열의가 있는 것이라 생각한다. 공포(空砲) 같은 엄명은 이 마굴에 대해 그저 장난감 총에 비둘기가 놀랄 뿐인 것처럼 효과가 없는 일임을 분명히 밝혀둔다. 우리는 북서의 큰 영단에 우선 커다란 기대를 품어 본다.

『동아일보』 1937년 10월 20일

전문의 없는 포항에, 화류병사 나수

(포항) 화류병은 문명에 정비례한다는 말이 있거니와 기실 포항에서도 해마다 성병 환자가 증가된다고 한다. 전문의가 없는 포항이라 그들의 신의(新醫)의 혜택을 입지 못하고 그만 구의(舊醫)들에게 구원을 얻고자 찾아오는 자가 여간 많지 않다 한다. 그러나 쉽게 낫지 않는 것이 성병인지라 그들이 병을 지속하기를 오래되면 필연적으로 발길이 또 유곽으로 향한다. 그러면 자연히 딴 사람에게 병을 전염시키게 된다는 바 이 얼마나 사회적 중대 문제랴.

『조선일보』 1937년 12월 14일

2백여 창기의 건강진단 실시

(인천) 일반사회에 각종 화류병을 가장 많이 전염시키고 있는 곳은 어디보다도 유곽이 그 수위를 점하리라 함은 다시 말할 것도 없거니와 인천경찰서에서는 항상 5일을 정하여 화류병에 대한

검사를 하여 오면 만전을 기하고 있으나 이곳에서 전염되는 병은 화류병뿐 아니라 피부병 또는 안질, 폐병 등 가지 각색의 전염병 전염도 적지 않으므로 인천서 김 위생주임은 유곽 창기 240여 명에 대하여 전염병을 검사하리라 한다.

『동아일보』 1937년 12월 25일

인천 공창 진단

(인천) 일반 공창에 대하여는 화류병에 대한 것은 5일을 격하여 검진을 하는 관계로 다소 안심은 되는 편이나 상체의 각 전염병에 대한 것이 또한 우려되어 지난 17일 일반 창기에 대하여 상체의 건강진단을 한 결과 85명 중에서 결막염 1명, 습진 1명을 발견하였다 한다.

『조선일보』 1938년 1월 17일

시든 농중조(籠中鳥), 성병 환자 5할, 조선인 이병률(罹病率)이 우심(尤甚)

신정, 서사헌정 일대에 잇는 창기들의 놀라운 성병의 경향! 작년 6월 본정서에 들어온 신정과 서사헌정 창기들의 성병 중 매독의 통계를 보면 당시 조선인 창기 405명 중에서 213명, 즉 5할 이상이 이 병에 걸린 사람이며, 이것을 계속적으로 치료는 한다고 하여도 신입구출로 이동이 심한 그들이라 현재도 여전히 이만한 숫자는 가질 것으로 보이며 또한 거의 치료가 불가능하다는 임병은 대부분이 가지고 있다고 보아도 과언이 아니라고 한다. 또한 일본 내지인 창기는 309명 중에서 123명의 매독 환자가 발견되었는데 이것은 약 4할의 환자가 있다고 볼 수 있다 한다.

『동아일보』 1938년 1월 21일

수진자 37만 명 중 2만 명이 화류병자, 악병(惡病)의 온상은 창기, 작부, 예기. 국민보건상 중대 문제

국민보건의 적은 여기에 숨었다. 일찍 관계 당국에서는 화류계는 국민건강상 중대 인과관계가 있는 각종 화류병의 온상이라 하고 매월 주기적으로 그들의 건강을 진찰하며 비상한 경계를 하여 왔었는데 작년 중 조선 내 각 관계 당국에서 조사한 바 통계에 따르면 진단을 받은 창기, 예기, 작부 총인원 37만 명 중 화류병에 걸린 사람이 근 2만이라는 끔찍한 숫자를 보이게 되며 다시금 각 방면의 주의를 환기케 하였다. 특히 놀라운 사실은 이들이 가진 병이란 매독, 임질 등 악성 화류병이 절대 다수를 점령하였다는데 이러한 병은 주지하는 바와 같이 비단 건강 문제뿐만 아니라 산아

문제와 지력(智力) 문제 등 각 방면에 직접 간접 지대한 영향이 있는 것이므로 관계 당국에서도 특별 경계하여 금후 무엇보다 이를 하층 계급의 질병 구축과 예방을 위한 시설과 감시를 엄중히 할 터라 한다.

『조선일보』 1938년 2월 2일

2백 예창기 중 화류병 60명, 개성 화류항 집계

(개성) 소위 이름은 예기라 해서 표면으로는 가무를 팔지만 내면으로는 정조도 파는 오늘의 기생들. 때로는 이들이 몸에 지닌 무서운 화류병을 예방 구축하기 위하여 개성에는 일찍이 창기와 함께 검매제(檢黴制)[67]가 엄연히 실시되어 가지고 한 달에 네 번씩 몸 검사를 해왔던바 이들 홍군당 중에는 정말 이 노릇이 진저리난다고 검사제 철폐 문제를 주장하는 기생도 있으나 그래도 개성은 오늘날 엄연한 검사제가 있었기 때문에 타지방보다 화류병이 비교적 적다는 것은 작년 1년간 통계가 다음과 같이 증명한다. 즉 작년 1년간 개성서 위생계에서 조사한 바에 따르면 부내 150명 기생 중 화류병에 걸린 기생이 겨우 34명, 정조를 정가 붙이고 파는 50명의 창기 중엔 31명-합계 64명의 화류병 환자가 있었다 한다. 그런데 이들의 병명을 구별해 보면 다음과 같다. 임질 환자=52명, 매독 환자=11명, 횡현 환자=2명, 계 65명.

『조선일보』 1938년 2월 8일

개성 홍군당의 검미제도 개선

(개성) 소위 이름은 예기라라면서 매주일 몸 검사를 하지 않으면 기생 영업을 못 하게 되는 내성낭자군들—이같이 매춘부나 다름 없는 대우를 받아가며 지내게 된다는 것도 오늘날 그들이 가진 비애라 보겠거니와 이것은 국민보건상 화류병의 예방키 위한 경찰당국의 방침이니 어찌할 수 없는 일이라 하겠다. 그러나 그들이 한 달에 네 번씩 몸 검사를 맞으러 가는 데 있어서 번화한 상가인 서본정(西本町)통, 대화정(大和町)통을 지나 도립의원까지 떼지어 몰려나가게 된다는 것은 그들의 면목을 위해서나 또는 개성사회의 풍기 문제로나 어떠한 개선책이 있으면-하는 것은 비단 그들의 희망뿐이 아니고 일반 식자 간에 불평이었던 것인바 이번 개명권번 당국에서는 약 2천 원의 공비로 개수하여 이곳을 검매소(檢黴所)로 실시하고 오는 검사일부터는 이곳에 의사가 직접 출두

---

67 원문 표기대로임.

해서 검사를 하기로 되어 그들의 적년 숙원이던 이 대우 개선 문제가 오늘에야 해결을 보게 되었다 한다.

『경성일보(京城日報)』 1938년 2월 22일

사설 : 화류병예방법안, 국민 체위 향상의 열쇠(鍵鑰)

국민 체위 향상의 외침과 국민보건 증강 주창이 이루어지고 있는 시절이어서 총독부 경무국[68]에서는 내지와 호응하여 오는 7월경부터 '화류병예방법'을 실시하기로 한 것으로 전해진다.

◇

물론 이 제령이 기대하는 바는 우울[69]한 병독 보균자를 일소하고 이를 통해 비상시국 아래 국민보건을 증강함과 동시에 그 체위를 향상시키는 데 있으며, 종래에도 조선 전체에 걸쳐 있는 창기에 대해 1주일에 1회 매독검사를 실시해 왔지만, 더욱 소기의 목적을 달성시키기 위해서 그저 창기에만 그치지 않고 널리 창기, 작부, 여급에게까지 이를 미치게 하려는 것이며, 이들 접객업자가 화류병을 감염시키는 때에는 이에 대해 단호히 체형을 가하고자 하는 것이다.

◇

종래에 창기, 예기, 작부에게 시행된 건강진단의 통계를 보더라도, 그녀들의 인원 증가와 함께 유병자는 해마다 증가 경향을 밟고 있고, 그들 유병자의 내역에 비춰 보면 매독, 임질, 연성하감이 대부분을 차지하고 이른바 기타에 속하는 자가 비교적 적다. 진료 받은 자 연인원 100에 대한 유병자의 비율은 창기가 가장 많고 다음은 작부, 예기의 순(1936년 조사)이어서, 창기가 점차 감소되는 징후를 보이고 있는 데 반해 작부는 딱히 그렇지 않고, 예기에 이르러서는 오히려 유병자가 증가하는 경향인 것으로 나타나고 있다.

◇

이번 화류병예방법 실시에 즈음해 그 적용 방법은 당국으로서도 가장 고려하는 바가 될 것이다. 현재의 보안경찰제도를 가지고는 창기의 매독검사는 할 수 있어도 예기, 작부, 여급 등의 경우에는 그 매음 행위에 대해서만 행정처분에 의한 구류를 할 수 있을 뿐이고, 위생경찰의 입장에서라고 말하면서도 적극적으로 이 매독검사를 강제할 경우 오히려 그들 매음을 묵인하는 결과가 될

68 원문의 글씨를 警務局으로 읽었으나 警은 인쇄 상태가 흐려 확실치 않음.

69 원문의 글씨를 憂鬱로 읽었으나 鬱은 인쇄 상태가 흐려 확실치 않음.

우려가 있고 나아가 다시 인권유린을 야기 시킬 위험마저 따른다.

◇

즉 들리는 바대로라면, 당국에서는 신제도와 동시에 경찰서 혹은 부 당국을 단위로 하는 접객업자의 보건조합을 조직해 그녀들이 자발적으로 이에 가맹토록 하여 보건조합의 손으로 자주적 매독검사를 행한다는 방침이며, 위의 보건조합에 가입하지 않는 예기, 작부, 여급 등에 대해서는 절대로 영업허가를 부여하지 않는 행정수단에 나선다고 한다. 이미 제령에 의한 예방법인 이상 거기에 다소의 강압감이 따르는 것은 부득이하다고 해야 할 터이고 다만 조합을 단위로 해서 자주적으로 행한다는 부분에 그녀들의 자부의 여지가 남겨져 있다.

◇

어떠한 시대에도 화류병 같은 것은 단연코 박멸시키지 않으면 안 된다. 특히 성전(聖戰) 아래 있는 국민의 체위를 생각할 때 그 전제로서 예방법이 널리 시행되어야 함은 당연하며, 접객업자의 자발적 경계(自戒)와 협력을 요망함과 동시에 이와 상대 인과관계에 있는 일반 남성 또한 깊은 관심을 기울이지 않으면 안 됨을 강조하는 바다.

『부산일보(釜山日報)』 1938년 3월 18일

국방력을 좀먹는 망국병의 박멸, 강제적으로 국영 진료소를 설치, 화류병 근본적 예방 드디어 실시

(도쿄 전화) 장정을 좀먹고 국민 체위의 향상을 저해하는 망국병 화류병의 근본적 예방과 박멸은 현재 비상시국에 즈음해 국방력과 생산력 확충의 면에서도 초미의 사태로 여겨지고 있다. 때마침 후생성에서는 보건국책의 최고 목표인 의료 국영을 지향하며 우리나라 최초의 공공단체 경영에 관련한 화류병 진료소를 전국에 설치해 무료 진료와 이의 근본적 치료를 실시하게 되었다. 1938년도 추가 예산으로 화류병 예방비 보조의 증액 343천 엔, 화류병 예방과 치료에 필요한 경비 25만 엔, 합계 59만 엔을 계상하기로 결정하여 이미 대장성의 승인을 얻었으므로, 예산이 의회에서 통과되는 대로 이의 실현에 나서기로 했다. 위 진료소는 주로 사창, 예인(芸人), 카페, 마치아이(待合), 유곽 등이 많은 6대 도시와 내외 여러 선박의 왕래 □□가 심한 나가사키, 시모노세키, 모지(門司), 도바타(戸畑), 히로시마, 쓰루가(敦賀), 니가타(新潟), 무로란(室蘭), 하고다테(函館), 요코스카(横須賀)의 각 시 그리고 특히 필요하다고 인정되는 요충지 두 군데 내지 세 군데, 그외는 원칙적으로 하나의 부현(府県)에 한 군데를 전국적으로 94곳 설치하고, 부현 또는 시정촌으로 하여금 경

영하게끔 하며, 진료에 종사하는 의사는 부현 또는 시정촌이 우수한 의사를 임용하고, 진료는 전부 무료, 치료비에 대해서는 3분의 2를 정부가 부담하기로 되어 있다. 이 진료소는 태양등(太陽灯), 엑스레이, 기타 근대의학이 자랑하는 모든 설비를 갖출 것이다. 이러한 획기적 대사업이 실현되면 단순히 화류병 환자에 대한 복음에 그치는 것이 아니라 국민 체위의 향상에도 크게 공헌할 것으로 기대되고 있다. 이 진료소는 AB의 두 등급으로 나뉘며, A급 진료소는 건설비 8,000 내지 9,000엔, B급 진료소는 4,000 내지 5,000엔을 예정하고 있는데, 그 반액은 국고에서 지변하기로 되어 있다.

후생성 당국은 다음과 같이 말한다.

화류병의 박멸은 보건 국책 중에서도 가장 급선무이므로 이번 정부 보조금을 통해 강제적으로 진료소를 설치하게 되었습니다. 우선 전국에 94곳 설치하고 그 성적을 본 후 점차 늘리기로 했는데, 무엇보다도 진료가 무료이고 치료는 실비, 의사는 그 분야의 권위를 채용할 것이므로, 환자에게는 일대 복음입니다.

『부산일보(釜山日報)』 1938년 4월 16일

살려서 쓸 법문, 화류병예방법 제2, 3조의 발동 강화, 앞으로 사창을 진료하다

(도쿄 전화) 후생성 예방국에서는 성병 예방과 관련해 지난 의회에 제출한 예산도 통과됐기 때문에 오는 20일부터 종래에는 단순히 법문상의 규정에 머물러 있던 화류병예방법의 제2, 제3조의 발동을 강화하기로 했다. 이 규정은 직업상 성병 전파의 우려가 있는 사창의 진료를 실시하기 위해 해당 공공단체에 대해 진료소의 설치를 명령하는 규정인데, 우선 도쿄에서는 약 20곳의 공립 진료소가 설치될 것이고, 진료소 설치에 대해서는 국고에서 창설비의 2분의 1, 경영비의 6분의 1을 보조한다. 후생성에서는 곧 전국 수백 곳에 설치 명령을 발하고, 이와 함께 다가오는 5월 17일부터 개최되는 건강 주간을 출발 삼아 일반 국민에게 성병 예방사상을 계발하는 운동에 나설 계획이다.

『경성일보(京城日報)』 1938년 4월 28일

과연 비상시의 장정, 체위도 향상, 화류병자는 모두 없음, 함흥읍의 징병 예비 검사 호성적

(흥남) 흥남읍 본년도 징병검사는 5월 18, 19, 20의 3일간 소학교 강당에서 집행했다. 장정은 276명, 현역 지원자 19명으로 이들 적령자에 대하여 22, 23일의 양일에 걸쳐 예비검사를 행한 바,

작년에 비해 체위도 매우 향상되었고, 화류병자는 거의 없다고 해도 좋을 정도다. 변함없이 많은 것은 도라홈 환자였다.

『동아일보』 1938년 5월 4일

화류병 예방 평남 위생과 단속

(평양) 조선의 3대 질병의 하나로 화류병은 외국에 비하여 뛰어나게 많아, 일대 한심사가 되어 있는데 평남도 경찰부 위생과에서는 이번 건강 주간을 이용하여 이 화류병의 예방을 철저히 할 방침을 세우고 구체 방법을 연구 중인데 금후부터는 각 약종상과 위생에게도 화류병 예방구와 예방약을 비치하게 하고 공창을 엄밀히 단속하여 철저한 화류병 예방 운동에 매진하리라 한다.

『동아일보』 1938년 5월 16일

진남포경찰서서 성병 예방 주사

(진남포) 진남포서에서는 오는 17일부터 1주간 시내 예기, 창기, 작부, 기타 접객업자 전부에게 화류병 예방 주사를 시행하리라고 한다.

『동아일보』 1938년 5월 25일

전차금과 성병에 우는 홍등가 농중도의 비애, 개성서(開城署)서 적극 단속방침

(개성) 자기의 박행한 운명 때문이라고 할지 사회 시설의 결함 때문이라고 할지 히여간 본의 아니게도 인육 시장의 노예가 되어 처음에는 얼마 아니되는 몸값이 팔리나 악책한 노예 시장의 상품으로 이리저리 전매가 될수록 몸값은 터무니없이 올라가 일생을 가엾이도 백색노예로 종신케 되는 것이 기생, 작부, 매춘부들의 운명인데, 이렇게 불쌍한 운명에 사로잡힌 농중조가 개성부 내만에도 서본정 일대에 거주하는 기생만이 80여 명, 남산정 일대에 거주하는 을종이 50여 명으로 그들의 연약한 몸에 걸머지고 있는 전차금이라는 부채액이 5만 원의 거액을 돌파하고 있는 바 근일 부정 소개업자의 발호로 가뜩이나 가련한 그들의 신세를 더욱 망치게 하고 있다는데, 이 소식을 탐지한 개성서에서는 전기 영업자들을 적극적 취체하는 일방 멀쩡한 육체를 좀먹는 화류병의 예방 등으로 그들의 비참한 생활을 조금이라도 향상시키고자 지난 23일 경기도 아마기시(天岸) 위생과장과 경기도 기자와(木澤) 부장을 초청하여 동일 오후 1시에서부터 동 서훈 시설에 관계자 일동을 초집시키고 장시간의 주의를 시켰다고 한다.

『동아일보』 1938년 6월 11일

여급, 작부 3천 명 중 성병 보균자 80%, 병균 박멸, 풍기 단속이 급무, 건강 부산에 SOS

(부산) 항구의 뒷거리에 박쥐처럼 출몰하는 거리 계집의 정염에 타는 추파는 거친 창랑 속에서 죽을 고비를 넘기다가 갓 돌아온 뱃사람들의 정욕을 사로잡는바 이것은 세계 항구란 항구가 다 가진 밤거리의 일면상인지도 모른다.

이러한 추잡상이 항구 부산의 밤거리에 공공연하게 출현되어 이곳에서 발산되는 화류병의 세균은 만연될 대로 만연되어 건강 부산의 절벽을 위협하고 있으므로 지난 4월 말 관할 부산경찰서 위생계에서 관내 음식점 4백여 개소와 천여 주류 판매소 및 고녀를 사용하고 있는 요리점, 카페 등 전반에 이르러 여급, 작부 3,048명에 대한 건강진찰을 시행한 바 있었는데 그 결과가 지난 8일 집계된 바에 따르면 그중 건강자가 불과 6백여 명이고, 나머지 2천4백여 명인 총수의 약 80퍼센트는 그 전부가 화류병의 보균자인 것이 판명되었다.

이와 같이 이들의 보균자가 유지하고 있는 병균이 얼마나 항구의 사나이들을 위협하고 있는지를 알 수 있는데 금후 이에 대한 적극적 풍기 단속 및 병균 박멸책을 세우지 않고서는 항구 부산의 건강은 전멸될 위기에 있다 하여 관할 당국에서는 적극 노력하고 있다고 한다.

『동아일보』 1938년 6월 12일

횡설수설

▼ 부산항 내에는 소위 일류, 이류라는 유리점, 카페 등은 그만두고, 말하자면 삼류라고 할 음식점이 4백여, 주류 판매업자가 2천여 명이다. ▼ 아직 인구 20만 내외의 부산항에 주류 판매업자가 2천여란 끔찍한 숫자! ▼ 주류 판매자가 이처럼 많아지다가는 부산항이 사실 '술 연못(酒池)'화(化)될 위험성도 없지 않다. ▼ 각설. 이러한 요리점, 카페, 음식점, 주류 판매점 등에서 웃음을 파는 소위 여급, 작부 들이 자그마치 3천이오, 48이란 엄청난 숫자. ▼ 그러나 이보다도 더 놀라지 않을 수 없는 것은 이 3천여 매소부 중에 무병자는 겨우 6백. ▼ 그리고 나머지 2천4백여는 모두 화류병 보균자라는 것이다. ▼ 그리고 보면 매소부 총수의 약 80퍼센트가, 즉 10인 중 8인이 화류병 전파대(傳播隊)인 셈. ▼ 인구 20만의 도시에 화류병 전파대가 2천4백여란 참으로 전율할 현상! ▼ 그러나 이것은 어찌 부산항에만 국한된 현상이랴? ▼ 근래 조선의 소위 도시치고 다수 매소부의 횡행치 않는 곳이 어디있는가? ▼ 또 그들의 횡행처에 각종 화류병이 만연치 않는 예도 전무상태임은 세상 모두 인정하는 바(世所公認)의 살아 있는 사실(活事實). ▼ 사태를 이렇게 추구하여 보면

문제는 소위 여급, 작부 등 실질적 매소부의 존폐가부론에 귀착된다. ▼ 따라서 이에 매소부제도의 존폐 문제에 재고의 여지가 상존함을 당국, 및 만천하 인사에게 제의하노라.

『조선일보』 1938년 8월 7일

유곽가(廓街) 고녀(雇女) 83명 중 반수 이상 화류병, 신정, 병목정, 서사헌정을 검사 결과, 본정서(本町署)에서 곽주(廓主)를 불러(招致) 경고

시내 본정경찰서 보안계에서는 얼마전 신정, 서사헌정, 병목정 등지의 유곽집에 고용살이하는 안잠자기 처녀들을 조사해 본 결과 처녀가 고용살이를 하고 있는데, 그들은 대부분이 처녀로서 주인이 강제로 손님을 받게 하여 이때까지 매음 행위를 계속한 것이 판명되었다. 더욱 놀라운 것은 그들 83명의 건강을 진찰시켜 본 결과 반수 이상이 화류병에 걸려 있는 것이다. 이것은 법규상으로나 인도상으로나 용서할 수 없는 일이라 하여 주인을 불러다가 화류병의 치료를 책임지우는 동시에 금후에 다시 이런 것이 나타날 때는 엄중히 처벌할 것을 전달하고 감시 중이다.

『조선일보』 1938년 8월 19일

인천 창기 건강, 말 못 되는 형편

(인천) 항구의 명물인 인천 화류계의 건강진단 상황을 조사한 바에 따르면 인천부 내에 있는 유곽은 그 수가 조선인 25집에 창기 수가 85명이며 내지인은 9호에 창기가 30여 명으로 그들 창기의 건강을 보면 조선인은 화류병 유지자가 20명에 내지인은 10명이다. 인수의 비율로 본다면 조선인 창기 85명에 내지인 32명으로 화류병을 가진 창기가 10명인데 내지인에게 도리어 화류병 유지자가 많다는 것이다. 인천서 위생계에서는 금후 화류병을 가진 창기는 영업을 폐지시키고 매일 진찰을 받도록 각 루주에게 주의를 시켰다는 데 금후 위반자가 발각될 때는 엄중처벌하리라 한다.

『동아일보』 1938년 8월 19일

250 창기 중 4할이 성병 보균자, 인천부 보건에도 일대 문제

(인천) 푸른빛, 붉은빛이 전등불 아래 유두분면으로 부민의 정열의 위안 주는 유일한 오아시스의 대상이 되는 반면 11만 부민 보건상 공포까지 느끼게 하는 이단자의 존재가 되는 창기의 건강은 어떨는지? 금번 인천서 위생계에서 건강진단을 한 바에 따르면 총인원 247명에 대하여 그중 약 4

할에 해당하는 56명의 화류병 보균자가 있었다 한다. 이 56명 중 휴업한 자는 17명, 격리 치료는 9명, 통원 치료가 30명이라 한다. 그리고 최고위를 점령하고 있는 병은 임병으로서 격리 치료가 7명에 통원 치료가 15명 도합 22명의 놀라운 숫자를 보이고 있다 한다.

『경성일보(京城日報)』 1938년 9월 9일

결핵과 화류병은 어떻게 제어하는가, 우생결혼법 제정 이야기

자손에게 나쁜 병(悪疾)이 유전되는 것을 방지하기 위해 단종법(断種法)의 제정에 힘쓰고 있는 후생성에서는 여기서 한 발 더 나아가 건강한 젊은이의 결혼으로 우수한 자손을 남긴다는 적극적 명분(建前)을 내세워 우생(優生)결혼법의 제정에 나서기로 했습니다. 이는 결혼할 때 반드시 의사의 건강진단서를 교환한다는 법률로, 종래에도 다케우치 시게요(竹内茂代) 여사 등의 우생회 등이 크게 장려하던 바이지만, 국가가 법률안으로서 고려하게 된 것은 최초입니다. 이에 대해 후생성 예방국의 마쓰바라(松原) 우생국장에게 이야기를 들어봅시다.

후생성의 모토는 국민체력 향상에 있습니다. 그 방법으로는 환경, 의복, 영양 등의 보건위생과 체육을 통한 후천적 건강 증진도 중요하지만, 동시에 선천적으로 국민의 소질, 유전 등도 고려해 우수한 일본 민족을 남긴다는 것도 잊어서는 안 될 문제입니다.

그래서 나쁜 병이나 유전적 질환을 지닌 자에게는 불임 수술을 해서 자손을 남기게 하지 않는 법률이 곧 단종법이고, 임신에 앞서 우선 결혼 전에 불행을 미연에 방지하는 것이 더욱 바람직한 방법이 되리라는 것은 틀림없습니다. 외국에서는 이미 이 점에 착안해 독일, 미국, 튀르키예 등이 모두 우생결혼법을 실시하고 있습니다.

▽

이 법률은 특수한 전염성이 있는 질병, 즉 화류병, 결핵, 나병(癩), 유전적 정신병 등이 있는 환자는 완치될 때까지 결혼을 허용하지 않는다 해서, 결혼할 때는 누구든지 건강진단서를 교환하게 돼 있습니다. 그렇다면 만일 우리나라에서 이 우생결혼법이 실시될 경우 이에 따라 결혼을 연기해야 하는 결혼 적령자가 어느 정도 있는지 알아봅시다.

화류병 이 병이 국민들 사이에 침입된 정도는 상상 이상이어서 일본인의 10퍼센트 내외는 바세르만 반응이 있는 것으로 알려졌고, 우리나라의 영유아 사망률이 높은 것도 매독이 주된 요인이라 해야 할 것입니다. 또한 전쟁에 즈음 해 화류병 환자가 증가하는 것도 역사가 보여 주고 있어서,

독일 육군에서는 대전 전에는 군인 1,000명에 대해 19.9의 환자가 있었지만, 대전과 동시에 갑자기 증가해 전쟁 전의 3배에 달했다고 합니다. 우리나라에서도 1936년도의 장정 화류병 조사를 보면, 1,000명에 대해 평균 11.88을 나타내고 있는데, 사변 후의 수에 대해서는 충분히 국민의 경계심이 필요할 것입니다. 이 질병을 지니고 결혼하면 자녀에게도 병독을 전해서 불구, 백치 등을 낳으므로 우생학상 가장 두려워해야 합니다. (……)

▽

아무튼 우생결혼법은 결혼의 고스톱(go stop)이라고 할 만하고 이를 통해 올바른 인생을 걸어갈 수 있습니다.

종래에는 인격이나 물질적 조건, 연애 등이 조건으로 여겨지던 결혼에서 유전 문제가 중요시되기에 이른 것은 하나의 진보입니다. 이것이 법률화될 때에는 내연관계가 많아질 것이라든가 병자가 딱하다든가 약자에 대한 인정론에 기초한 반대도 있습니다만, 그러나 부인에게는 특히 결혼이 많은 위험을 수반하는 현실을 감안할 때 각자의 건강 문제에 관한 자각을 촉구하는 것만으로도 의의가 있지 않을까요?

우생결혼법을 단종법과 분리해서 생각할지 혹은 단종법도 우생결혼법 안에 포함시켜 나갈지는 앞으로의 협의회에서 연구해 나갈 것입니다. (후생성 예방국 우생과장 마쓰바라 히사토[松原久人] 씨의 이야기)

『동아일보』 1938년 11월 2일

성병 퇴치의 봉화 문화 발달에 정비례해 각종 화류병 더욱 만연 전시(戰時)의 증가율 격심에 감안하여(鑑) 총독부서 특별 방역책 강구

전쟁과 화류병은 예로부터 밀접한 관계를 가지게 되고 그 전염 계통이 소위 공사창으로부터 중계되는 것은 일반의 상식이 되었는데, 당국에서는 이제 전쟁의 진행과 종료에서 필연적으로 도래될 화류병의 만연을 위하여 특별한 대책을 강구 중인데, 총독부에서는 각도에 연락해 가지고 종래의 건강진단을 일층 엄밀히 하는 동시에 여기에서 악질의 자는 제일선에서 퇴각시켜 그 병균의 전파를 억제하려고 하는 중이다. 이제 작년도의 건강진단 통계가 최근 경무국에 집계되었는데 그 통계에 따르면 어느 것으로나 증가되어 있어 당국자에게 일종의 쇼크를 주고 있는 중이다.

즉 1937년도 중 창기, 예기, 작부의 건강진단 상황은 진단 횟수 2만 4,238회, 수진자 연인원 수 38만 1,452인으로, 이중에서 유병으로 결정된 것이 1만 7,834인이라는 엄청난 숫자다. 수진자를 표준으로 한다면 수진자 100명에 대하여 4, 6인의 비례가 되어 있다. 작년도에 비하면 수진자는 1만 4,959인을 증가하였고 유병자는 1개년간에 1, 095인을 격증시켰다.

사회적으로 또는 문명병이 되어 국민 생활의 근본적 파괴와 가정의 파멸을 가져오며 동서가 동일한 이 악질에 대하여 일대 운동의 전개가 필요하겠고 숨은 것 등을 조사한다면 전 인류의 반 이상이 화류병 환자일 것으로 이 공사창 예기 등의 화류병 통계는 크게 사회적 파문을 일으키고 있다.

공사창에만 2만 명 1년간에 2천 명이 증가 유병으로 확정된 1만 7,824명을 내용별로 보건대, 매독 환자가 2,526인으로 둘째에 가고 임질은 7,229인으로 근 반수에 가깝고 연성하감 환자가 1,245명, 횡현 질환자가 249인으로 이외에 박탈자 295명, 전염병 피부병자 34명, 결핵 환자 1명, 기타 6,255인인데 이것을 보아서 화류병 환자만이 1만 1,249명이므로 유병자의 8할을 점령하게 되었다.

이것을 도별로 보면 경상남도의 3,271인이 최고, 다음이 전라남도의 1,295인이 순서로 경상북도, 전라북도, 평안북도, 경기도, 함경북도, 함경남도, 강원도, 황해도의 순서로 각기 1천 인 이상인데 기타 도에는 1천 인 미만으로 특히 충청북도의 293인이 최소인 셈이다. 조선인과 일본 내지인별로 보면 조선인은 9,226인으로 5할 2부, 일본 내지인은 8,608인으로 4할 8부를 점령하고 있다.

『동아일보』 1938년 11월 5일

사설 : 성병퇴치의 급무

一. 화류병이 가공할 사회병인 것은 누구나 잘 아는 바다. 그리고 그 전염과 만연이 공사창에 의하여 매개되는 것도 일종의 상식으로 되어 있지만은 위정 당국과 사회 유지자는 그 대책의 필요를 절감하면서도 별로 이렇다 할 현저한 조치가 없고, 거의 방치되어 있다시피 되어 있음은 실로 유감이라 아니할 수 없다. 더욱이 현하 일단 국민의 체위 향상과 보건 운동이 크게 제창되고 있는 이때를 당하서랴. 이에 감안하여선지 당국에서는 이제 전쟁의 진행과 종료 후 필연적으로 도래될 이 화류병의 만연을 방지코자 특별한 대책을 강구 중이며, 경무국에서는 각도에 의뢰하여 종래의 건강진단을 일층 엄밀히 함과 동시에 악질 환자는 제일선에서 퇴각시켜 그 병균의 전파를 억제하려고 하는 중이라 한다. 이는 물론 좋은 일이지만은 우리는 이 당국의 대책이 전시에만 한정될 것이 아니라 평전시를 아울러 적용할 영구한 것이기를 바래 마지않는 바다.

二. 최근 경무국에 집계된 1937년도 창기, 예기, 작부의 건강진단 상황은 진단 횟수 2만 4,238회, 수진자 연인원 수 38만 1,452인 중 유병자 1만 7,034인이란 숫자를 보여 수진자를 표준으로 한다면, 백 명에 4명 내지 6명의 비례가 되며 전년도에 비하면 수진자는 1만 4,959인, 유병자는 1,095인의 증가를 보였다. 이 통계가 얼마나 정밀한 것인지는 모르나 조합에 가입치 아니한 예기나 인가를 받지 아니한 창기와 작부가 많은 것을 생각할 때엔 사실상의 유병자는 엄청난 숫자에 달할 것이 틀림없는 일이며 그 유병자의 대부분이 화류병자임을 볼 때에 누구나 두렵지(悚然) 않을 수 없을 것이다. 조선의 예창기와 작부가 얼마나 되는지는 수중에 통계가 없어 알 길이 없으나, 수진자 연인원 통계로 보아 창기에만 일례를 들어도 1911년 8만 8,924인이던 것이 1935년에는 18만 3,870인으로 약 배로 된 것을 보면 예창기가 증가한 것을 알 수가 있다. 그리고 수진자 백 명에 대하여 유병자 4인 내지 6인의 비례라는 것은 언뜻 보기에 그리 주목을 끌지 않을는지 모르나 다수 사람과 접촉하는 그 직업적 성질을 생각할 때는 이 화류병은 일종의 전염병과 같은 만연성을 가지고 사회에 해독을 끼치는 것을 알 수 있다.

三. 화류병이란 반드시 화류계에만 한정한 것이 아니고 일종의 문명병의 호칭이 있는 것처럼, 어느 사회나 계급 혹은 다른 지역의 구별이 없이 없는 데가 없고, 이로 인하여 사회를 부패케 하고 가정을 파멸케 하는 일이 가끔 있는 것을 볼 때에 우리는 이 화류병 박멸 운동도 보건운동이나 생활개선 운동과 함께 선전과 실지 양 방면으로 일대 운동이 전개되지 않으면 안 되리라 부르짖는 바다. 즉 강연, 영화 포스터, 팸플릿 등 선전으로 국민정신 운동 환기와 동시에 이 가공할 병균의 매개소인 화류계에 대한 당국의 엄중한 단속이 있지 않으면 안 될 것이다. 유곽이라든지, 예창기제도를 폐지하기는 곤란하지만은 악질의 해독을 받는 자가 국가의 중질 환자로 인하여 사회에 그 해독을 전파하는 것은 물론 그 자자손손에게까지 그 누를 미치게 하는 것을 생각하면 사회정화로 보나 우생학상으로 보나 이 악질의 전멸을 기하지 않으면 안 될 것이니 이 화류병의 전파 방지에 대하여는 당국과 민간이 마음과 힘을 모아(協心戮力) 만전의 대책을 강구하지 않으면 안 될 것이다.

『조선일보』 1939년 1월 21일

검사는 해도 화류병 창궐

(개성) 기생아씨들이 진절머리를 내지만 국민보건상 개성에는 엄연히 검매제가 실시되어 있으나 의연히 화류병균은 박멸시키지 못하고 있다. 즉 작년 1년간 개성서 위생계에 드러난 집계를 보면 부내 2백 명의 예창기 중 임실, 매독 등의 무서운 화류병에 걸려 치료를 받은 자가 60명이라고 한다. 그중 기생은 29명이며 소위 을종이란 별명을 가지고 정가를 붙이고 정조를 파는 작부가 31인이라 한다.

『조선일보』 1939년 1월 29일

화류병 전파에 법적 제재! 의식적 전염(移菌)과 중개는 체형(體刑), 벌금으로 단호 처단(斷乎處斷), 위생과 입안, 금춘(今春)부터 제령으로 발포 실시, 유곽업자에 일대 충격

현대 문화인에게 끔찍하게 무서운 매독, 임질 등 화류병은 의료 시설이 날로 확충되어 감에도 불구하고 오히려 끝 가는 데를 모르고 급격히 전파되고 있어, 특히 비상 시기 국민보건상 또는 제2세 국민의 체위까지 막대한 영향을 미치는 것으로 그 예방은 여간 중대한 일이 아니다. 그런데 이 무서운 병마를 태연하게 퍼뜨리고 있는 것은 말할 것도 없이 창기, 예기, 작부와 기타 어두운 거리에서 웃음을 팔고 있는 화류병자들로서 종래 이에 대한 예방 시설로서는 단지 경찰에서 하는 건강진단과 경찰범처벌규칙에 의한 밀매음 단속의 소극적 처치에 불과하였다. 이러한 미온적 처치로서는 도저히 날로 퍼져 나가는 이 무서운 병마를 퇴치해 나갈 수가 없으므로 총독부 위생 당국에서는 드디어 자기가 전염의 우려가 있는 화류병에 걸려 있는 것을 알고도 매음을 한 사람 또는 이를 중개한 사람과 업자들을 단연 처벌할 수 있는 강력 화류병예방령을 총독부 제령으로 발포 실시하여 그 예방에 만전을 기하기로 되었다. 즉 이 법령은 매독, 임질과 연성하감과 또 최근에 발견된 제4성병 등 전염성 있는 화류병을 뻔히 알고서도 전파한 사람은 3개월 이하의 징역에 처하고 그 매개를 하든지 이를 알고서도 묵인한 영업자 등은 곱절인 6개월 이하의 징역 또는 500원 이하의 벌금에 처하게 되는 것으로 요즈음 이 법령과 그 시행 규칙에 대한 입안을 맞추어서 근 일층으로 심의실로 회부될 것이다. 이 법령은 제령이므로 법제국을 거쳐서 오는 4월경에 발포 실시하리라고 한다. 그리고 이 법령에는 조선총독이 이들 화류병자를 진료하기 위하여 부 또는 특히 필요하다고 인정하는 공공단체에 대하여 진료소의 설치를 명하고 이에 국고보조를 하는 것도 규정되는데 이 법령의 실시는 금후 이 병의 예방에 큰 효과를 내는 동시에 일반 악덕 유객업자에 큰 공포가 될 뿐 아니라 일반 화류계에 큰 충격을 줄 것으로 보인다.

『조선일보』 1939년 1월 30일

사설 : 화류병령 실시설

一. 근대인의 생활 이면은 극히 복잡한 바가 있고 또 고래 윤리와 도덕의 해이 쇠퇴로 인하여 생활의 내용도 또한 절제와 금속(禁束)이 적어지게 되었다. 게다가 상공 문명과 자본주의적 산업 진군으로 도시의 인구 팽창과 및 부(富)의 불균형적 배분으로 인하여 일어나는(誘起) 사회적 폐해의 하나는 곧 남녀의 난교로 탁류가 도도한 것이다. 따라서 소위 문명병의 전파가 신속하고 또 비율이 증대를 보이고 있는 것은 숫자를 들어 예증치 않아도 가릴 수 없는 사실이다. 특히 화류항의 활기라든지 요정, 접객업의 번영(興隆) 같은 것은 이와 같은 사회악을 조장하는 큰 원인의 하나다. 그러므로 이에 대처할 법적 규제가 필요한 것은 두말할 여지도 없는 것이다.

二. 총독부 위생과에서는 이 비상시국에 처하여 국민보건과 및 제2세 국민의 혈액정화적 견지에서 화류병예방령을 제정 실시키로 되었다는데 그 내용은 아직 알 수 없으나 병균을 의식적으로 이동 및 중개한 자는 체형과 벌금으로 엄중하게 처단하기로 하는 모양이다. 이와 같은 법령은 비단 이 시국하에서만 필요한 것이 아니라 언제나 필요할 것이다. 그러나 한 가지 염려가 되는 것은 원래 성병은 일종의 치병(恥病)으로 환자가 절대로 비밀을 지키려고 하는 것인데 게다가 형벌로 엄단한다면, 이러한 감염자(罹病者)는 더욱 잠행할 우려가 있고 따라서 병독의 예방보다도 차라리 음성 전파가 더욱 심하지 아니할까 염려되는 바다. 그러므로 무엇보다도 무료 진료소 및 기타 의료 시설을 완비(完善)케 하여 환자로 하여금 급속히 치료할 기회를 얻게 하는 것이 더욱 효과적이 아닐까 하는 바다.

『동아일보』 1939년 2월 16일

성병 환자가 격증! 치료만 대구 인구의 3.5%, 민중 보건에 적신호

(대구) 화류병은 국민의 좀이라는 소리가 어찌 없겠는가. 이하의 숫자를 보라. 전년 중 대구부내 각 병원에서 치료를 받은 화류병 환자는 총수 4,863인으로서 그중 조선인 남녀의 환자 수효는 3,375명, 병별로는 임질 1,855명이 수위에 속하고 매독이 1,203명이 그다음이며, 연성하감, 제4성병 등이 317명이란 차례로 되어 있는데 이것만으로도 대구 전인구 3.5퍼센트란 놀라운 비례를

보이고 있다. 이외에 아직 표면에 나타나지 않은 환자들을 상상해 본다면 이야말로 크나큰 사회 문제가 아닐 수 없다 한다.

『동아일보』 1939년 2월 17일

도심 부민은 불근신(不謹愼), 종로 관내만 성병자가 7천여 명, 예방령 실시 전의 점고

"전쟁과 화류병"이라 하리만큼 전쟁에는 악성의 화류병이 따르고 평시에도 국민보건상 중대한 문제로 되어 방금 후생 당국에서는 화류병예방령을 제정 중으로 이것이 실시됨을 따라 응당 조선에서도 마찬가지로 실시할 것이어서 총독부 당국의 지시에 의하여 그 실시준비 자료를 수집 중에 있는바 요즈음 장안 도심 지대 종로서 관내 20만 주민의 화류병 보유(保持) 상황을 조사한 결과 7천 명은 적표(赤表)라는 놀라운 숫자를 제시하고 있다.

조사 방법은 종로서 관내 30의 의원과 의생에게 작 1938년 중 치료를 받은 화류병 환자 수를 집계한 것으로 방금 민족별, 병종별로 통계를 작성 중인데 대체로 환자 7천 명 중 임질이 4천, 매독 1천5백, 기타 1천5백, 여기에는 예기, 작부는 포함되어 있지 않았다.

이에 의하여 보면 종로서 관내의 12만 주민 중 화류병 보균율은 약 5분(分)강으로 일반의 주의를 한 번 더 요구한다.

『조선일보』 1939년 2월 19일

예방법 중 개정, 법률안위원회

(도쿄 전화 동맹) 귀족원의 화류병예방법 중 개정법률안위원회는 17일 오전 10시 개회 위원장에 사네요시 준로코(實吉純郎子)(연구)를 호선(互選) 결정하였다.

『동아일보』 1939년 2월 21일

20일의 양원(兩院)

(도쿄 전화 동맹) ▲ 귀족원. 오전 10시 본회의를 개최하고 (……) 화류병예방법 중 개정법률안(위원장 보고)을 상정, 가결하였다. 한편 오전 10시부터 예산총회, 기타의 여러 위원회를 개최.

『매일신보』 1939년 2월 25일

화류병예방령, 작일 원안을 탈고

국민의 체위 향상을 부르짖고 비상시적인 탄력 있는 체격을 가지자 하여 각 방면에 후생 운동이 맹렬히 일어나고 있는데 이러한 적극적인 방면도 좋겠지만 다시 고극적인 방면인 보건위생 방면을 철저히 하고자 해서 총독부에서는 이 방면에 많은 시설을 해오고 있는 중이다. 특히 비상시를 짐지고 또는 장래 사회를 책임지고 나서 청년에 대한 체위 향상과 보건위생의 철저는 더욱 중대한 의미를 가지고 있는바 이번 총독부에서는 이점에 유의해서 청년들의 체위 향상을 좀먹는 불순한 병의 퇴치를 해서 조선 화류병예방령을 실시하기로 하고 이 법령에 대한 초안을 작 23일 위생과에서 탈고하였다. 이 법령을 총독의 지정하는 바에 의하여 우선 화류병을 치료하는 진료소를 설치할 터이며 이 특설하는 진료 소외의 관, 공, 사립의 치료 기관을 진료소로 특별 지정하여 이 병에 걸린 사람들은 거의 강제적으로 치료를 시키도록 하는 것이다. 그리고 이러한 병을 가지고 있으면서도 공연히 매춘을 한다든지 혹은 전염을 시키는 자가 발견한 때에는 단호한 벌금형에 처하게 되며 또는 이러한 환자를 상대로 하여 과대한 광고를 해가며 약을 파는 사람까지도 철저하게 단속을 하리라고 한다. 특히 어떠한 약을 팔 때는 그 피봉과 포장지에 약의 성분 이외 분량, 약의 성질 등을 명백히 기입해서 환자로 하여금 공연한 호기심을 갖지 못하도록 하리라고 한다. 내지에서는 벌써 전부터 법령을 제정해 가지고 작년부터 실시한 것을 이번 총독부의 이 예방령도 여기에 준한 것인데 방금 만주와 중지에 출장 중인 니시카메(西龜) 위생과장이 돌아오는 대로 곧 이 법령과 시행 세칙을 작성할 터이며 시국의 장기건설과 이 병의 박멸은 함께 되는 만큼 일반 청년층에 한 경고가 되는 것이며 이번 병이 노리는 전 조선 예기, 창기, 여급, 작부 등 1만 5,780여 명 등 이를 것이라 한다.

『동아일보』 1939년 3월 8일

중의원 본회의

(도쿄 전화 동맹) 7일의 중의원 본회의는 오후 1시 16분 개회하고 (……) 一, 화류병예방법 중 개정 법률안(정부 제출 귀족원 송부)을 상정. 히로세(広瀬) 후상(厚相)으로부터 제안 이유의 설명을 하고 이에 대하여 야마다 기요(山田清) 씨(민정)

一. 국민건강등록제도를 확실할 생각은 없는가.

一. 사변하 및 전후의 화류병 예방에 대한 군 당국의 대책 여하

히로세 후상

一. 건강등록제도는 연구 중이다. 또한 화류병 예방의 전면적 개정에 관해서도 연구를 하고 있다. 전지에서 귀환자에게는 특별히 신체검사를 하고, 현지에도 특수한 병원을 설립하고 있다. 그리고 이번의 사변에 있어서 병(兵)의 화류병 환자는 적다고 보고하였다. (……)

『조선일보』 1939년 3월 25일

조야(朝野) 협조 무풍리에 흥아의회 금일 폐막, 정부 제출안 전부 의결 완료(議了)

(도쿄 전화 동맹) (……) 그리고 중의원에 남아 있는 우편연금법 중 개정법률안, 홋카이도 공조합법 중 개정 법률안, 화류병예방법 중 개정법률안 세 건은 24일 오전 오후의 위원회에서 각각 가결된 후 즉시 본회의에 긴급 상정 가결하기로 되었으므로 중의원은 이로써 정부 제출 법안 전부를 의료하여 흥아의회는 어떠한 파란도 없이 예정대로 25일 폐막하게 되었다.

『부산일보(釜山日報)』 1939년 3월 29일

화류병의 예방 박멸, 철저한 시설로

(경성 전화) 보건위생 시설을 완비시켜 인구의 증가와 체위 향상을 꾀하는 것은 시국 아래 긴급한 일이어서 조선에서도 이를 실현하고자 총독부가 전 관계 기관을 동원해 조사 연구에 기를 쓰고 있다. 화류병의 박멸을 기하게 함이 가장 중요 문제이고 화류병 예방규칙의 제정도 여러 해에 걸친 현안이어서, 드디어 오는 4월 24일부터 개최되는 각도 경찰부장회 석상에도 제출하여 심의한 후 실시하고자 목하 총독부 위생과에서 입안 중이다. 업체별로 화류병 전파의 우려가 있는 자를 진료케 할 방책으로는 우선 부 읍 및 특별히 필요하다고 인정하는 공공단체 등에 대해서는 시설 완비를 이루어 철저히 그 소탕에 나설 계획이다. 화류병 예방규칙의 제정 실시를 통해 최근 현저하게 격증된 화류병 환자도 박멸되어 인구의 증가, 체위의 향상은 물론 일반 가정도 명랑해질 것으로 기대하고 있다.

『동아일보』 1939년 4월 6일

조선에 성병자 50여 만. 화류병예방법 실시 앞두고, 조선 최초의 집계 완성, 전시 창궐을 법적 예방

전쟁과 화류병은 밀접한 관계가 있고 또 경기의 선풍과도 정비례되는 것은 일반의 상식이 되었으므로 인적 자원의 보호와 국내 안녕의 보호를 위하여 이 방면의 방어진을 견고케 하려는 것은 일찍부터 문제되어 오던 바인데 총독부 당국에서는 법적으로 이 전염병의 번식을 방지하기 위하여 화류병예방법을 입안하여 실시하게 되었고 이 실시를 앞두고 조선에서는 처음으로 화류병 통계가 집계되었다.

통계는 작년 1개년 동안에 당 각도 당국을 통하여 경찰서와 각 병원 등을 동원하여 1개년 중에 나타난 병원에 진찰을 받은 자의 수와 창기, 예기, 작부 등 검독하는 자들의 1년 중 집계가 있고 이외에 작년 10월 1일 현재의 두 가지 집계로 있어 이것을 표준으로 하여 화류병 퇴치의 근본적 방침을 수립하기로 되었다.

작년 중에 병원 등에 나타난 화류병 환자는 전 조선을 통하여 매독에 일본 내지인 1만 4,292인, 조선인 4만 3,486인, 외국인 951명으로 5만 8,729명에 달하고 임질은 전체로 9만 8,056인인데 그중 조선인이 6만 9,723명, 일본 내지인 2만 7,333명, 외국인 1천 명에 달하여 화류병 중에는 가장 많은 유에 속한다. 다음이 연성하감으로 1만 6,579명이고 제4종 화류병이 3,804명인데 총계는 17만 7,168인이다. 창기와 예기, 작부 등 계급의 화류병이 검진에 나타난 것은 임질이 5,850명이고 매독이 1,728명, 연성하감이 1,323명 제4종 화류병이 429명으로 총수가 9,340명이다.

당국에서 추정하는 전조선 2,300만 인 중에 이 방면의 화류병 환자의 수는 통계에 나타난 18만 6,500명의 2배 내지 3배는 될 것으로 보아서 52만 명 내지 60만 명에 달할 것으로 본다.

『동아일보』 1939년 4월 6일

성병 치료소를 설치, 화류병자가 매음하면 체형(體刑), 예방법의 주요 내용

경무국에서 입안 중인 화류병예방법은 일본 내지에 1927년에 실시된 같은 법을 참작하여 입안된 것으로, 그 내용은 전염병 치료를 위한 치료소를 공공단체에다 설치를 명하고 그 치료 진료소의 경비는 6분지 1 내지 2분지 1을 국고 보조하게 되었고, 화류병자의 매음을 금지하고 이 매음의 추진에 체형을 가하며 의사의 책임으로는 화류병자를 진단할 때는 전염 방지의 방법을 지시할 의무가 있고 이 성병에 관한 매약은 그 용기, 포장에다 그 성분과 분량, 제조법 등을 기재치 아니하면 발매치 못한다.

『경성일보(京城日報)』 1939년 4월 6일

비상시 후방의 위협, 화류병 격발에 대비하라. 무지는 예방과 치료의 커다란 적(敵)

전쟁과 화류병

결핵과 함께 전쟁과 중대한 관계를 가진 화류병 예방에 관해서는 후생성을 비롯하여 관계 각 단체에서 진지하게 대책을 강구하고 있는데, 이러한 병은 국민 전체가 충분히 자각하여 병의 피해를 막고 시국을 짊어지는 기백, 체력에 조금도 고장이 없도록-즉 국민 한 사람 한사람이 책임을 가지고 이 병의 근절에 임하지 않는다면 실적이 오르지 않는 것은 말할 필요가 없으므로 힘찬 민족적 자각을 필요로 합니다.

×

오늘날의 일본은 물론, 왕성한 장래를 위해서도 활동력에 찬 건강한 국민의 총동원을 필요로 하는 때인데 만약에 국민의 건강이 쇠퇴해서 체력이 약해지고 질병이 많아지고 출생률이 저하되는 상황이 벌어지면 그것은 실로 중차대한 일입니다. 따라서 민족적 건강 장애를 미리 방지하는 데는 일본인의 3대 질환인 결핵, 화류병, 소화기 전염병에 대해 현재의 우리가 정확하게 이해하고 협력해서 대책을 세우고 장래의 질환을 차단하지 않으면 안 됩니다.

그 밖에 두 개의 질환도 그렇습니다만 특히 화류병이 전쟁에 처해서 심하게 만연하는 것은 역사상 부정할 수 없는 것인데, 가까이는 세계대전의 실례를 보더라도 실로 가공할 정도로 늘어났습니다. 독일 육군에서는 전쟁 전에는 1천명당 약 20인의 환자가 있었으나 전쟁의 제1년째에는 45인, 제4년째에는 47인으로 증가했습니다. 따라서 국민 전반이 이에 비례해서 병에 걸렸다고 봐야 합니다.

화류병이 이와 같이 만연하는 것은 이 질병에 대해 일반이 무지하기 때문에 감염되기 쉽고 또 감염되어도 적당한 처치를 게을리 하기 때문에 자손에게 병독을 남기게 됩니다.

불행하게도 화류병에 걸려도 바로 적절한 방법을 강구하면 건강질 수 있고 다른 사람에게 감염시키지 않고 끝낼 수 있는데, 비밀리에 비전문가적 요법으로 해결하려고 하면 결국은 자기 몸을 망치고 병독을 자식이나 손자에게 남기고 그 가정에서 불구자, 백치, 정신이상자 등이 연달아서 나오는 사례가 적지 않습니다. 물론 출생률이 떨어지고 소아 사망률이 올라가기 때문에 다음 세대를 짊어지는 제2, 제3의 소국민에 대해 참으로 무섭고 변명할 여지가 없는 결과가 예상됩니다.

매독은 3대가 이어진다고 일컬어지듯이, 아내에게 감염시키면 혈액 속의 스피로헤타가 태반을 통해 태아를 침범하여 대개 유산이나 조산으로 끝나지만 그중에는 달이 차서 태어나는 아이가 있어도 발육 부진으로 부스럼이 많은 '운명의 자식'이 된다. 이러한 아이는 뇌막염이나 위장병으로 어릴 때 사망하는 자가 많기도 하고, 비록 성장하더라도 백치, 저능, 맹목 등이 적지 않습니다.

병독을 가지고 태어나도 외면적으로는 알 수 없고 천성적으로 사람이 뛰어나도 상급 학교에 진학하고 나서는 정신에 이상이 생기는 청소년은 실로 많습니다. 젖니나 검은 자위에 구름이 낀 아이는 혈액검사의 필요가 있을 만큼 여러 방면에 뿌리 깊게 파고듭니다.

매독은 일본인의 10%(1할)가 바세르만 반응 양성이라고 일컬어지고 스스로 자각하고 있지 않아도 이 질병이 천천히 내장을 침범하기 때문에 간장, 뇌신경, 척추, 순환기의 여러 병으로 쓰러지는 사람이 얼마나 많은지 알 수 없습니다. 소아 사망률이 문명국 중에서 가장 높은 것도 이 때문입니다. 생식 불능 남성의 8할은 임질에 기인하고 여성 불임자의 반수도 같은 이유에서 생기는 것이므로 낳아라, 늘여라는 국책에서 말해도 참으로 유감스럽습니다. 도쿄제국대학 안과 조사에서는 맹인 100인 중 32명은 임질 병독으로 인한 농루안(膿漏眼: 風眼)이었다고 하는데 이러한 숫자의 일단을 보더라도 그 참화를 엿볼 수 있겠지요.

『동아일보』 1939년 4월 10일

전 인류를 좀먹어 가는 화류병의 박멸책 : 자랑거리 못 되는 조선의 통계표 각처에 치료소를 둘 예정

세계적 인류의 가장 무서운 대책이 무엇이냐고 묻는 이가 있다면 각각 견지가 다른 만큼 대답하는 이에 따라 다 각각 다를 것입니다. 누구는 전염병이라 할 것이오, 어떤 이는 전쟁이라 할 것이오, 어떤 이는 전쟁이라 할 것이오, 혹은 불, 혹은 홍수, 혹은 지진 등 여러 가지로 대답하는 이가 있을 것입니다. 그러나 이상에 든 몇 가지 재난이라는 것은 대개는 방지하려면 할 수 있는 재난이라 할 수 있습니다. 가장 무섭고 두려운 것은 전 세계의 인류 전체에 미쳐 창설할 줄 아는 화류병이라고 단언할 수 있습니다.

적게 말하면 자기 몸을 망치고 크게 말하면 국가와 사회에 큰 해독을 끼치는 것도 이 화류병입니다. 좀 더 활기 있고 기운차게 인생이 번성해 나갈 수 있는 것이 그와 반대로 되는 것도 화류병을 원인함이 아닌가 합니다. 조산이 되고 유산이 되고 세상에 나오기는 나왔건만 쉽사리 죽고 살아 있지는 못하면서도 백치가 되거나 저능아가 되거나 육체상으로 불구자가 되거나 하며 또 어린 아이로 아무런 잘못이 없는 것만 벌써 유전된 화류병으로 해서 일생을 고통으로 지내는 일이 세상에 얼마나 많은지를 우리는 상상하지 못합니다. 간단하게 말하면 전 인류의 흥망성쇠가 이 한

가지에 달렸다고 해도 지나친 말씀이 아닙니다. 이렇게도 큰 문젯거리요 해독을 주는 병에 대하여 오늘까지 무관심하게 지낸 것은 아니나 박멸할 방법이 없으며 자기 자신이 견디지 못해서 병원을 찾는데 맡기고 오늘까지 지속이 되었던 것입니다. 이로부터라도 이 병은 창궐할 뿐이오 더구나 전쟁 뒤에 화류병 창궐은 반드시 따르는 만큼 무슨 방법으로든지 방지와 예방책이 없으면 인류의 행복을 도모하기는 힘든 일입니다.

성과는 어찌 되었든 이번에 여기 대한 방법이 생겼다는 것은 다시금 축하하여 마지아니한 바입니다. 총독부 당국에서는 적극적으로 화류병 방지 운동을 하는 한편 법적으로 예방법을 머지않아 실시하기로 되었습니다. 여기에 착안하게 된 것만 해도 기쁜 소식이오, 무슨 방법으로든지 속히 화류병을 박멸 예방한다면 인류에게 좀 더 큰 행복이 찾아들리라고 생각 아니할 수 없습니다. 이렇게 무서운 화류병이 대체로 전 조선 안에는 어떠한 정도로 만연하고 있는가? 총독부에서 작년 1년 동안을 두고 각 도에 있는 경찰서와 병원을 동원시켜 조사한 통계가 이제 나타났습니다. 작년 중에 병원에나 경찰서에서 조사할 수 있는 대로 조사한 것으로 보면[70] 화류병 환자는 전 조선을 하여 매독에 일본 내지인이 1만 4,292인이오, 조선 사람이 4만 3,486인이오, 외국인이 951명으로 합계가 5만 8,729명이며, 임질은 일본 내지인이 1만 7,333명이오, 조선인이 6만 9,723명이오, 외국인이 1천 명이니 합계 9만 8,056명으로 화류병으로는 제일 많습니다. 그다음에는 연성하감이 1만 6,579명이오, 제4종 화류병이 3,804명이니 총계 17만 7,168명에 달합니다. 이외에 직업적으로 나선 창기, 예기, 작부 계급의 화류병이 따로 있으니 진찰해 본 결과로는 임질이 5,850명이오, 매독이 1,738명이며 연성하감이 1,323명이고 제4종 화류병이 429명으로 총수 9,340명입니다. 이상 통계는 병원을 찾은 병자를 통계한 것뿐이니 병원을 찾지 아니한 병자는 실상 2배 내지 3배가 될 것이오, 혹은 더 될지도 모르는 바이니 60만 명이 훨씬 넘을 것입니다.

당국에서 이를 예방하는 방법으로는 먼저 각처에 전문 치료소를 설치하고 그 경비의 6분지 1 내지 2분지 1을 국고금으로 보조하게 되었으면 화류병 소유자로서 매음하는 직업자가 있으면 체형으로 벌을 줄 것이오, 의사의 책임으로는 화류병자를 진찰하였을 때는 전염방지의 방법을 지시해야 할 의무가 있게 되었습니다. 이 적극적 운동의 결과로 화류병이 감소되고 창궐을 방지한다면 우리에게 큰 기쁨이라 아니할 수 없을 것입니다.

70 이하 통계의 각 합계는 계산과 맞지 않지만 원문대로 기재함.

『동아일보』 1939년 4월 22일

화류병을 퇴치코자 접객업자 건강진단

(진남포) 화류병 퇴치, 이것은 현하 보건상 중대 문제로 되어, 어떻게 하면 완전히 이것을 치할까 어떻게 하면 이것을 또한 완전히 방지할까에 소관 진남포서 위생계에서는 오는 26일부터 2일간 동서 연무장과 유곽 5합 양처에서 권번 기생을 필두로 각 음식점의 작부, 창기, 기타 접객업자의 건강진단을 하리라고 한다.

『매일신보』 1939년 5월 13일

건전한 사회로 일보 전진, 악질 위반자엔 체형, 제령으로 발포되면 화류항의 자숙자계를 가기(可期), 화류병예방령 8월부터 실시

건전한 사회를 건설함에는 먼저 건전한 신체를 가져야 한다는 전제 아래 총독부에서는 여러 가지 위생 시설을 확충 강화하는 동시 일반 질병 예방에 의해서 법령까지 제정하는 등 적극 방침을 취하고 있는데 이번에 다시 총독부에서는 화류병예방령을 제령으로 발포하여 사회적으로 우울한 병을 일소해서 건전한 사회의 건설한 한 걸음 내딛기로 하였다. 이번 이 법령 실시에 따라 화류병자로 악질적 위반을 하는 자는 즉형 처분을 내린다는 것이 뚜렷한 조문으로 되어 있으며 지난번에 개최되었던 경찰부장회의에서도 이 법령 실시에 대한 주의가 있었던 만큼 그 서문은 다 되어 있는데 이 법의 실시에 따라 총후의 화류항은 일단의 자숙자계를 할 것이라고 관측되고 있다.

팔면육벽(八面六壁)의 신법령 내용 : 불경(勿驚) 환자 40만, 접객 여성의 매춘 행위엔 시법치분, 의사는 치료를 강권할 의무를 부담, 효과 없는 매약상(賣藥商)엔 철퇴 총독부 경무국 위생과에서는 내지에서 벌써부터 실시되고 있는 이 화류병예방령은 별항과 같이 조선에서도 실시하고자 그 법령을 기안하는 동시 얼마 전부터 각도 도립의원과 개업의를 통하여 작년 1년 중에 이 병을 치료한 환자 수를 조사보고케 해서 예방령 실시를 앞두고 참고 자료를 만들었다. 이 조사 보고에 따르면 치료를 받은 자만 17만 5,728명이라는 놀라운 숫자에 달하고 그중에 여자 환자는 6만 3,280명이라는 것이 드러났다. 그러나 치료를 받지 않은 이 병을 숨기고 있는 사람까지 합하면 무려 40만은 초과되리라는 것이다. 이렇듯 놀랍게 많은 환자들의 자숙과 전염률이 높은 관계자들의 자각을 촉진시키고자 오는 8월부터 이 법령을 단연 실시해서 명랑 건전한 사회를 건설하는 의미에서 치료예방에만 전념을 다하리라는 것이다.

그리고 사회적으로 불명예스러운 이 병을 가진 화류병이 있는 창기와 예기, 여급, 여관 하녀로서 매춘을 한 경우에는 새로운 법령에 의하여 종래보다도 단호한 처벌을 하리라는 것으로 전에는 행정처분을 하던 것을 이번에는 사법처분을 가하여 우울병 박멸에 기탄 없는 처치를 하리라는 것이다. 그리고 이 병을 발견한 의사는 환자에게 병명을 알려 주는 동시 치료를 강제적으로 권유할 의무를 가지게 하고 한편으로 과대한 선전으로 병자의 약점을 포착하여 효험도 없는 약을 파는 매약 행위에도 결단의 명령을 내려 국민보건에 새로운 □을 하게 되었다.

기녀 여급 등의 보건조합도 조직케. 별항과 같이 오는 8월부터 새로운 법령으로서 건전한 사회를 건설하는 전제를 세우게 된 화류병예방령 실시와 동시에 다시 창기에게 여급 등 접객업자들에게는 적극적으로 총후의 건강 보국과 위생사상을 고취시키기로 경성, 평양, 부산 등 큰 도시에는 우선 보건조합을 조직하기로 하였다. 이 조합에는 권위 있는 의사를 고문 혹은 지도자로 두어 관계자들의 자발적 검병과 치료를 시키기로 하였다. 그리고 여관업자, 카페, 기타 예창기 조합에서 각 조합별로 따로 건강상담소를 설치케 해서 이번 법령 실시에 대한 취지를 철저케 하여 총후의 보건위생진을 강화하는 데 자발적으로 노력할 것을 적극 지도키로 하였다.

『매일신보』 1939년 5월 14일

화류병예방령의 제정, 각인(各人)은 자숙자계하라

一. 화류병예방령은 드디어 오는 8월부터 총독부의 제정으로 발포하게 되었다. 구미 각국에서는 이미 오래전부터 화류병 박멸의 대책이 확립되어 있고 내지에서도 벌써 동 예방령이 적극 실행되고 있는 것은 주지의 일이어니와 조선에서도 이제부터 실행되게 된 것은 다소 □時의 □은 있어도 그러나 일반의 대망(待望)이 컸든만치 당연한 일임에 틀림없다.

국민의 체위 향상 문제는 현하의 국가적 모토이어서 스포츠의 장려, 유유아의 애호 등 일련의 기획은 이 운동의 적극적 측면이고 화류병 예방과 나병 방지 그리고 문제 중의 단종 법안 같은 것은 이것의 소극적 일측면인 것이다. 국민의 체위 향상은 이 두 가지의 적극과 소극의 양 측면 운동이 병진함에서 비로소 그 완벽한 효과를 기대할 수 있는 것이니 종래에 있어서 화류병 같은 것을 다소 등한시하여 왔음은 유감이라 하지 않을 수 없다.

二. 본부 경무국 위생과에서 전 조선 각 도립병원과 기타 민간 개업의를 통하여 소화 13년 중의 화류병 치료 환자 수를 조사한 바에 따르면 치료자 전수가 17만 5,700여 인이고 그중에서 특히 여자 환자 수가 3분의 1인 6만 3,000여 인이라는 놀라운 숫자를 나타내고 있다. 이 통계 숫자는 화류병이 □□한 것임을 상기하고 그리고 이것의 치료를 생각할 만한 자각과 용기와 내지는 경제적 여유를 가진 이들의 숫자일 것이니 이외에 전염을 감지하였더라도 여러 가지 사정으로 병원의 치료를 받지 못하는 대다수의 환자를 예상한다면 무려 50만 아래를 내려가지 않을 것이오. 더구나 부녀자의 환자가 전 환자의 3분의 1을 점하고 있는 사실을 볼 적에 실로 놀라지 않을 수 없는 것이다. 부녀자는 대개 가정에서 직접 자녀들의 교육에 당(當)하고 있는만치 이들의 엄청나게 많은 감염률은 경시치 못할 한 개 사회 문제이니 유유아의 애호는 먼저 유유아의 모성의 건전에서 출발하지 않으면 안 될 것이다. 이리하여 화류병 예방과 유유아의 애호는 소극과 적극의 양 측면으로 불가분한 연쇄관계에 서 있는 것이다.

三. 여기서 한 가지 부언할 것은 재래로 조선인은 이 같은 화류병을 은폐하는 것이 우심하여 전염 초기에 적당한 치료를 받으면 용이히 전치할 것은 까닭 없는 수치 때문에 공연하게 의사의 치료를 받기를 꺼려서 더더욱 화류병을 조성시키게 되고 그렇지 않으면 부정한 매약을 은밀하게 사용하여 병을 도지게 하는 일이 많다. 이 법령의 내용에 환자를 발견하는 동시에 치료를 강권할 수 있는 조항이 있다고 하니 이 점을 더욱 적극 실시하여 철저적으로 그 만연을 방지해야 할 것이고 더구나 화류병 전염의 소굴인 접객녀들은 무지와 경제적 여유의 부족으로 치료를 받지 못하여 이 때문에 점점 전파되어 가는 것인데 이것은 물론 그들 유녀의 고주의 책임에 지워 놓아야 할 것이며, 전시에 있어서 화류병의 만연이 더욱 심한 것은 많은 과거 경험에 의하여 분명한 바이어니와 현하에 있어서도 군수경기, 기타의 금융계 활황으로 화류계의 은성(殷盛)이 자못 번성하는 모양이다. 이 화류계의 창궐은 필연적으로 화류병의 창궐을 가져올 것이니 이때야말로 더욱 그 예방과 전파 방지에 노력할 때다. 법령은 물론 법령으로서 이 강행력을 가지고 있거니와 요는 각자의 경계심 여하에 있으니 일반은 각자 자신을 위하여 또는 사회국가를 위하여 자숙자계로써 화류병 예방에 노력하여야 할 것이다.

『동아일보』 1939년 5월 21일

화류병 방지의 적극책을 수립, 강원도 관하에 통첩(춘천)

(춘천) 강원도에서는 화류병 근절에 만전을 기하기 위하여 일반 민중에게 화류병이 무서운 것을 자각케 함과 동시에 병독을 매개하는 창부, 작부, 여급 등에게 다음의 방법을 반드시 실행하도록 하고 불일 경찰부로부터 관하 경찰서에 이 단속 방침을 통첩하리라 한다.

一. 업자는 방독구를 다수 예비하였다가 상대자에게 제공할 것(파는 것도 무방).

二. 이를 사용하기 싫어할 때는 예방약을 제공, 반드시 사용토록 할 것.

三. 방뇨와 세척을 반드시 행할 것.

『조선일보』 1939년 5월 25일

충북도 위생 당국서 화류병 예방에 주력

(충북지사발) 충북도 내 작년도 화류병 환자는 실로 3천 명에 가까웠다는 바 현하 국민 체위 향상을 강조하고 있는 이때 더욱이 총독부에서는 화류병예방령을 공포하고 적극적 소탕할 방침에 호응하여 충북도에서도 일반 민중의 자각을 촉진시키는 한편 창기와 작부에게 예방법을 독려시켜 화류병 전멸을 기하고자 근일 중 경찰부장 명의로 관하 각 경찰에서 통첩을 발하기로 되었다 한다.

『동아일보』 1939년 6월 21일

화류병의 예방법, 조선 내 실시는 명년(明年)으로 연기

화류병예방법의 조선 시행은 그대로 8월부터 실시하기로 되었던 것이나 일본 내지에서 전면적 개전을 목적하여 이미 안이 성립되어 금년도 의회에 제출하게 되었으므로, 조선에서는 이중으로 개정하는 일은 피하려고 이 개정안을 가져다가 조선에 실시할 예정으로 준비를 진행시켜 가는 중인데 특히 이 결정안의 골자는 "화류병 환자는 전부 강경한 의무를 지게 되어 만일에 다른 사람에게 전염시키는 날에는 벌금과 손해배상을 물어야 되는 것을 내용으로 한 만큼 화류병의 전시하의 창궐된 것이 각국의 상례이므로 철저적 퇴치를 목적하는 것이다." 따라서 오는 8월부터의 실시는 명년도로 연기되었다.

전시(戰時) 약국방(藥局方) 제정, 첫째는 전시 약국방의 제정인데 종래 외국의 수입 약품으로 된 부문에 대하여 국내 산품과 원 블럭 내의 생산되는 약재로서 충당시키는 소외 대용 약재를 기초로 한 약국방을 채용하기로 된 것인데 종래 일본 약국방은 폐지하고 그 대신 전시에 적당한 약국방을 제정하여 오는 7월 1일부터 실시하는데 이것은 그대로 조선에도 동일에 실시된다. 따라서 종래의 약국방은 이번 전시하에서는 적용되지 아니한다.

『조선일보』 1939년 7월 4일

카페 여급도 방병제(防病制) 실시? 사창에는 검미제 확장

화류병예방령의 실시를 한 걸음 앞서 경기도 위생과에서는 종래로 공창에 한해서만 적용해 오던 검미제도를 국민보건의 확보라는 좀 더 넓은 입장에서 내외주점 선술집 고용녀를 비롯한 각종 사창에까지 이 제도를 확장시킬 방침을 세우고 방금 그 실시 시기와 실시 방법에 대해서 연구 중이다. 방법은 접객업자 건강진단이라는 명목으로 소관 경찰서장의 권한으로 한 주일에 한 번 정도로 검사를 하도록 된 모양이며 실시기를 8월쯤부터 될 모양이다. 그리고 카페, 바의 여급과 기생에까지 적용할 것인가에 대해서는 아직 고려 중이나 이들도 역시 접객업자라는 점에서는 다를 바 없다 하여 이들에게도 역시 신체검사라는 명복을 붙여 이상과 비슷한 어떤 방침의 방병(防病)제도가 실시될 것만은 면할 수 없는 일이어서 소문을 전해 듣는 사람들 사이에 큰 이야깃거리가 되었다.

『매일신보』 1939년 7월 4일

내외 주점 작부도 정기로 건강진단, 모피(謀避)하면 엄벌한다

경기도 위생과에서는 화류병 예방에 만전을 다하기 위하여 오는 8월부터 부내 돈의정 일대에 있는 내외 주점 작부와 화천정, 교남정 등지에 있는 내외 주점 작부 100여 명에게 건강진단을 매주일 한 차례씩 신정유곽 창기와 같이 정기적으로 실시하기로 되었다 한다. 그리하여 화류병을 가진 작부에게는 손님을 대하지 못하게 하고 그 병을 전부 고친 후에 손님을 대하도록 하게 될 터라고 한다. 그런데 이와 동시에 종래 그들에게는 아무 감찰도 없었으나 이것이 실시되는 때에는 기생영업허가증과 같은 감찰을 주는 동시에 매주일 건강진단서를 만들어 그 진단을 받지 아니할 때에는 본인은 물론 영업자까지 엄벌에 처하게 될 터라고 한다. 이와 같이 내외 주점 작부에게 건강진단을 하게 되는 원인은 종래도 색주가라 하여 그들은 음식점 영업을 하면서도 유곽의 창기와 같이 행실을 바로 갖지 않고 있으므로 그대로 방임할 때 부민 보건상 큰 문제이므로 여러 해 동안 숙고 중에 있던 것을 이번에 단연 실시하게 되는 것이다.

『조선일보』 1939년 9월 2일

장전(長箭)의 접객업자 화류병이 많아

(춘천) 강원도 위생과에서 접객업자들의 신체검사를 실시 중 장전의 요리점, 카페, 음식점, 여관이 종업원들의 혈액검사를 실시한 결과 성적이 극불량하다는데 131명 중 화류병, 매독 보유자만 24명으로 1할 8분이나 되었는데 특히 여급 기생들이 많아 이 같은 자에게는 접객을 중지시키는 동시 철저적으로 치료를 시키리라 한다.

『조선일보』 1939년 12월 7일

조선인 유곽가에 매 호마다 목욕장 신설, 인천서(仁川署)에서 포주에게 권고 중

(인천) 인천부 부도정 일대의 조선인 유곽 조합원들의 집에는 목욕탕이 없으므로 300여 명의 창기들은 목욕탕의 거리가 멀어서 불평이 많으며, 따라서 화류계 여자들이므로 대부분이 화류병 환자라 하겠다. 그뿐 아니라 이에 위생상 관념이 박약해서는 안 되겠다 하여 인천서에서는 포주들에게 각호마다 목욕탕을 신설시켜 위생상 이상이 없도록 만전을 기하고자 목하 안을 만드는 중이다. 그러나 300여 명의 창기 중에 화류병 환자가 있다는 것은 어떻게 하느냐 함에 대하여 동서에서도 고려 중이다.

『동아일보』 1940년 1월 4일

현하 긴급한 사회 시설? 화류병에 대한 특별한 시설이 필요, 이영준(李榮俊) 씨

가. 빈한한 환자의 무료 수용기관의 시설.

나. 화류병 환자에 대한 특별 시료(施療) 기관의 시설. 진료비를 부담 못 하는 극빈한 환자가 현재 경성에도 막대한 숫자이니 이들을 수용할 시료 기관이 대단히 적다. 화류병은 사회의 현 상류, 하류를 물론하고 성히 만연한 상황인데 매독 같은 병은 완치 못하면 자신은 물론 상대자가 자손에게까지 전염 유전되어 불구자나 사망케 한다. 세계 각국 정부는 솔선하여 국영으로 화류병만을 특히 치료하는 시료 기관이 있다. 사회 유지의 의연과 정부의 경영으로 할 것인데 현재 도쿄에도 재단법인 성병예방회라는 것이 있어 일반 화류병 환자를 특별 취급하는 일방 기관지도 있다.

선진 제국의 화류병 환자에 대한 특별한 법률과 근본적 치료에 대한 정부의 시설과 극빈한 환자에 대하여 불편이 없도록 설비할 것.

『만선일보』 1940년 1월 23일

경성 전원배(田元培), 전쟁과 성병

전쟁이 있을 때마다 성병의 급격한 증가를 보았다는 것은 인류의 역사가 증명하는 사실이다. 저 1493년 프랑스 샤를 8세의 '나폴리' 공략 당시에 매독이 한창 만연 창궐을 극하여 자못 구라파 전토를 덮는 관이 있었다. 그때 프랑스 측에서는 이것을 '나폴리병'이라고 하고 나폴리 측에서는 이것을 '프랑스병'이라 하여 그 죄악을 서로 전가하기에 한동안 옥신각신하였다는 유명한 사실도 있거니와 이제 가까운 제1차 세계대전 당시에 일례를 들어 말하면 독일 육군에서는 전쟁 개시 전에 군인 1천 명당 성병 환자가 19.9던 것이 개전 제1년도에는 44.4, 제4년도에는 47.4로 급격히 증가하여 전전(戰前)의 약 3배라는 놀라운 숫자를 보였다. 이 사실은 비단 독일에만 한한 것이 아니라 이 전쟁에 참가하였던 전 세계의 모든 나라가 모두 마찬가지였다.

이로 볼 때 전쟁과 성병 사이에는 거의 숙명적인 인과관계가 있는 것 같다. 그 원인을 캐면 첫째 장정의 생활 상태의 급격한 변화, 둘째 전시 인플레 경기로 인한 국민의 넘치는 음란(淫淫) 행위의 증장(增長) 등에 있다고 학자들은 말한다.

三.[71] 성병의 해독 여하는 어리석은 자나 아이(愚者童蒙)이 아닌 이상 이미 세인의 주지에 속하는 사실인지라. 여기서 장황한 사족을 가하기를 피하려 하거니와 반신불수, 정신이상, 실명자, 생식불능자 등등 인간의 온갖 쓰레기의 태반이 그 원인을 그 성병에 기지고 있다 하여도 애오라지 과언이 아닐만치 성병의 해독이 끼치는 영향은 심각하고 또 광범한 바 있는 것이다. 최근 통계에 따르면 실명자 백 명 중 임균성 농루안(濃漏眼)이 원인으로 실명된 사람이 33인이라 하여 또 남자 생식 불능자 80퍼센트 이상, 여자 임신 불능자 반수 이상이 모두 임질 환자라 한다. 따라서 독일 한 나라에서만도 이 임질로 인한 국민 생식 감손(減損) 수가 매년 20만 인을 불하한다 하니 하물며 문화 발달이 늦고 의료기관이 미비한 이타(爾他)의 제국(諸國)에 있어서는 그 수를 헤아리기 어려울 것이다.

四. 매독과 임질과 결핵을 3대 국민병이라는 말은 세계 각국을 통하여 해당하는 사실이라 하거니와 아국의 통계를 보면 결핵으로 사망하는 인수가 매년 20만 명이라 하니 이와 임질로 인

71 원문에는 번호 一.과 二.를 찾아볼 수 없음.

한 독일 국민 생식 감손 수와 비교하여 보라! 임질이 얼마나 가공스런 것인가를 짐작하기에 족하지 않은가? 만일에 전쟁시대에 있어서 성병 환자가 평상시보다 2배나 3배로 증가한다는 것이 필연한 사실이라면 이번에 벌어진 제2차 세계대전이 얼마나 오래 끌는지 아직 예측하기 어려우나 이전 전쟁의 부산물일 성병의 만연과 그 참해(慘害)의 정도는 참으로 오인의 상상을 불허하리라고 생각된다.

인류의 행복을 위하여 이 현상을 우려할 자 어찌 다만 필자 한 사람뿐이랴!

五. 이번 전쟁을 멀고 먼 구라파의 일이라고 강 건너 불구경하지 말아야 한다. 현재 우리나라도 지나사변의 □리와 장기 건설이란 역사적 중요 사명을 가지고 수십만의 장정을 대륙에 보내고 있다. 이때에 그 누구가 성병의 만연을 보지 않을 수 있으리라고 장담할 수 있으랴!

그러므로 우리는 오늘날이야말로 이 성병 박멸의 시급을 요하는 이유를 알아야 한다.

거반 후생성에서 급거 화류병예방령을 실시하기로 □정하고 즉시 이것을 일반 국민에게 공포한 이유도 여기 있을 것이다. 그러나 성병 박멸을 한 편의 법령에 기대한다는 것은 어리석음의 정점(骨頂)에 지나지 않는 것이다. 전 국민이 다같이 이 성병의 실해(實害)를 이해하고 충심으로 그 박멸에 협력하지 않는다면 도저히 소기의 성과를 기대하기 어려운 것이다.

『조선일보』 1940년 1월 30일

검미제 실시나 화류병은 의연

(개성) 길에 핀 장미꽃이 곱기에 꺾고 보았더니 그곳에는 비수 같은 가시가 숨어 있다듯이 노류장화란 기생들 중에도 무서운 화류병 균이 많이 숨어 있다는 것을 오입쟁이들은 알아야 한다. 이 점에 대한 사실을 증명하기 위하여 작년 1년 동안 화류병에 걸린 수를 개성서 위생계에 물어보니 기생이 42명, 작부가 46명으로 합계가 80명[72]인데 그중 매독이 11명이고 나머지 69명은 전부 임질 환자다. 그리고 작년 환자 60여 명에 비하면 20명의 증가를 보인 바, 즉 이상 숫자는 남성 중에도 80명의 화류병 환자가 발생되었다는 것이 증명된다. 엄연히 검미제도까지 실시된 개성에 있어서 의연히 화류병균은 들어가고 있다 함은 군인 보건상 우려할 바가 있다.

72 합계가 틀리나 원문에 따름.

『만선일보』 1940년 3월 18일

살바르산만으로 매독은 낫지 않아요

매독에는 '살바르산' 소위 606호라면 아주 선약같이 생각합니다. 아닌게 아니라 '살바르산'이 이 매독에 없어서는 안 될 약이나 지금 매독은 이 약으로만 낫지 않습니다. 그저 외부 증후만 없어지면 나았다고 하는 것은 가장 위험한 생각입니다. 매독은 '살바르산'으로만 절대로 근치되지 않습니다. '창연(蒼鉛, 비스무트)', '옥도(沃度, 아이오딘)'를 병용해야 됩니다. 그렇지 않고는 근치도 되지 않거니와 근치되지 않는 매독은 균이 속으로 파고들어 더욱 더욱 무서운 것이 된답니다. 그럼으로 매독 치료는 자기 생각으로 다 나았다고 생각하시거든 병원에 가서 다시 혈액검사를 하여 아무 반응이 없도록까지 치료해야 합니다.

『경성일보(京城日報)』 1940년 3월 26일

물이 나쁜 산시(山西), 결핵과 화류병은 현지에서 치유, 북지(北支)에서 이마무라 교수의 여행담(土産話)

화약 연기가 아직도 감도는 북지의 위생 시설을 조사하고 경성제국대학(城大) 출신 군의부대를 위문하기 위해 한 달의 여행을 마친 경성대 의학부장 이마무라 유타카(今村豊) 교수는 24일 오전 3시 경성으로 돌아왔다. 교수는 지난 달 28일 경성을 출발해, 베이징(北京), 스좌장(石家荘), 양취안(陽泉), 타이위안(太原), 린펀(臨汾), 윈청(運城), □저우(□州)에서 산시(山西)의 남단 펑링두(風陵渡)까지 가서 황허(黄河)를 끼고 퉁관(撞關)을 바라보며 적진 앞에서 쏘는 총탄세례를 받으며 현지의 의료상태를 시찰하고 귀로에 올랐다. 그 여행담을 들어본다.

"허베이(河北)에서 산시(山西)로 가서 의료 시설, 위생 상태를 조사하고 왔는데 대체로 잘 하고 있다. 의료기관으로는 군, 동인회(同仁会), 철도(가 운영하는 것) 외에 개인 것도 있지만, 역시 군(의 의료기관)이 가장 좋다. 경성제대에서 나가 있는 의사들은 모두 씩씩하게 일하고 있었다. 산시는 물에 염분이 많아 대단히 안 좋지만, 건강은 대체로 좋고 특수한 전염병도 없다. 토지가 높아 평균 천 미터 정도이니, 공기가 건조하고 자외선이 많아 병이 안 생기는 것이리라. 일반 주민은 몹시 가난하다. 쿨리(苦力) 등도 노동 능률이 매우 낮다고 한다. 군대 내의 질병으로는 결핵이 가장 많다. 군에서는 결핵과 화류병은 현지에서 치유해 돌려보낸다는 방침인데, 이는 대단히 잘하는 일이다. 뭐니뭐니 해도 타이위안(太原) 같은 도시에조차 하수도가 없는데다가 주민은 화장을 기피해서 토장하는 습관이 있으니, 군에서 예방주사는 접종하고 있지만 일단 유행하면 큰일이라고 생각한다."

『조선일보』 1940년 4월 19일

예창기와 고녀 등의 건강 상담소 설치, 인천서에 투서가 답지

(인천) 항구로서 또는 관광지로서 일반에게 이름이 알려지게 되어 있는 인천항의 위생 시설이 뒤떨어져 있으므로 봄철 이후로는 지방개들이 많이 와서 체류하는 관계로 인천의 명물인 부도정 화류가를 비롯하여 예기, 창기, 음식점 고녀들의 위생으로 돌보아서 화류병이 없도록 하기 위하여 정기 건강 상담소를 만들어서 지방객의 접객을 하는 여자들을 위하여 건강 상담소가 필요하다고 이를 설치하여 달라는 일반의 간청이 인천서 위생계로 투서가 들어왔는데 해당 서에서도 이에 대한 안을 고려 중에 있다.

『조선일보』 1940년 4월 22일

1만 4천백여 명 전남 도내 화류병 환자 화류계 종사자는 제외하고도

(전남지사발) 국민체위 향상 또는 제2국민건강 등을 위하여 그 참고로서 전남도 위생과에서는 작년 1년간에 도내 각 공사립 병원에 촉탁하여 현재 화류계에 종사하고 있는, 즉 기생, 작부, 창기, 여급 등을 제외하고 일반 가정부인과 남자만의 화류병 환자 수를 조사케 하여 병원에 진찰 치료하여 온 환자만을 집계한 것이 조선인 1만 1,250명 내지인 2,671명, 외국인이 101명으로 도합 1만 4,122명의 다수다. 그리고 각종 병명은 다음의 표와 같으며 그중 여자 환자 수는 5,400여 명 다수다.[73]

병명	조선인 환자	내지인 환자	외국인
임질	5,192	1,205	103
매독	4,379	953	86
연성하감	813	291	15
횡현	529	151	2
기타	338	71	-
계	11,250	2,671	201

합계 14,122

73 통계 합산이 맞지 않는 경우도 있으나 원문에 따름.

『조선일보』 1940년 5월 5일

국민보건의 적 화류병, 조선도 예방령 실시, 9월에 법령 공포하고 진료소 설치, 매개자는 처벌, 각도에는 예방협회를 설치

자칫하면 청춘을 좀먹는 무서운 화류병을 일소하고자 총독부에서는 조선에 화류병예방령을 실시하고 선전기관으로 화류병예방협회를 설치하고자 준비 중이다. 매독, 임질, 연성하감 등 화류병을 예방하며 국민의 보건을 증진하고자 내지에서는 1927년에 화류병예방법을 공포하여 1938년 4월 20일부터 전면적으로 실시하고, 화류병 있는 자로 매음한 경우에는 3개월 징역, 화류병이 있는 줄 알면서 매음을 중개한 자는 6개월 이하 징역 또는 500원 벌금형에 처하여 전염하는 것을 막고 이미 걸린 사람을 위하여는 지방단체에 국고 보조를 주어 진료소를 만들게 하여 예방과 치료에 만전을 기하고 있는데 조선에서 실시하려는 예방령도 내용은 이와 같은 것이다. 지금 총독부 위생과에서 기안 중인데 9월경에 공포할 예정이며 별도 단체로 화류병예방협회를 만들고 각 도에 지부를 두어 화류병이 얼마나 무서운 병이고 예방과 치료는 어떻게 하여야 된다는 선전을 담당케 하기로 될 터다. 현재 조선에 화류병자가 얼마나 있는지 조사가 미비하여 알 길이 없으나 1938년 중에 의사의 치료를 받은 수만도 4만 명에 달하는 것으로 보아 현재 환자는 수십만에 달할 터이고 해마다 상당히 증가되는 것만은 틀림없는 사실이므로 예방령을 하루바삐 실시할 필요가 있는 것은 물론이다.

『조선일보』 1940년 5월 6일

화류병예방령

一. 내지에서는 1938년도 이래 화류병예방법을 실시하여서 화류병자로 매음한 경우에는 3개월의 징역, 화류병자인 줄 알면서도 매음을 매개한 자는 6개월 이하 징역 또는 5백 원 이상의 벌금에 처하여서 병독의 전염을 막고 또 이미 감염자(罹患者)에게는 지방단체에 국고 보조를 주어 진료소를 설치하여 가지고 예방과 치료에 만전을 기하여 상당한 성과를 얻고 있는 모양이다. 이에 비추어 작년도부터 총독부 경무국 위생과에서는 조선에도 화류병예방령을 제정하여 화류병을 방지(防遏)하려고 연구(考究) 중이라는 것은 이미 본보에 누차 보도한 바이요, 본란에서도 오인의 소견을 진술한 바가 있거니와 이 예방령을 현재 기안 중이어서 적어도 9월경에는 공포 실시하게 되리라고 한다.

二. 지금 이 화류병예방령의 내용 여하는 알 수가 없으나 그러나 대개는 내지의 그것과 대동소이할 것으로 짐작이 된다. 그리고 화류병예방협회 같은 기관을 설치하여서 실제 실행에 당하게 하리라고 추측된다. 이와 같은 법령을 실시하는 근본 목적으로 말하면 길게 말할 것도 없이 청춘인생을 해롭게(蠹毒)하는 병독의 전파를 방지(防遏)하고 기왕 감염자는 진료를 시행하여서 혈액을 정화하여 가지고 국민의 보건을 가일층 증진하자는 데 있는 것이다. 그러므로 이와 같은 법령의 실시는 1에도 2에도 찬의를 표하는 바로 어떠한 이론(異論)이 없을 것이요, 도리어 이와 같은 법령과 시설이 하루라도 조속히 시행 안 되는 것을 기괴히 여기는 바도 작년부터라도 실시를 기대했던 것이다.

三. 원래 상공업의 발전을 중심으로 하는 자본주의의 고도화는 필연적으로 인구의 도시 집중을 결과하고 이것은 사회상 난교를 유치(誘致)하여서 혈액의 혼탁을 면하기 어렵고 따라서 임질, 매독, 기타 성병의 전파가 급속도로 진행되는 것이나 이것은 구미의 선례가 증좌(證佐)하는 바로 이곳에서 말을 덧붙이지 않는(贅言不俟) 바다. 그런데 조선에서도 상공업의 진흥과 병행하여 인구의 도시 집중이 현저한 사회현상으로 진행되고 있은즉, 화류병독의 전파도 비례적으로 속도를 더할 염려가 있는 것이다. 이와 같은 시기에 화류병의 예방령을 실시하는 것은 가장 시기에도 적합한 것이라고 아니할 수가 없다. 그러므로 이와 같은 법령을 실시하는 동시에 성병검사제도를 강화하여서 기생, 여급 등 접객업자는 물론 밀매음 등도 단속을 엄중하게 하여서 성병의 만연과 전파를 근절치 않으면 안 될 것이다.

四. 화류병은 소위 문명병인 동시에 부끄러운 병(恥病)이기 때문에 이 병자는 공공연하게 치료를 꺼리는 것이다. 그래서 법령이 엄밀하면 잠행적 전파가 우려되나 그러나 이것은 일종의 기우에 불과한 것이다. 하물며 진료 기관을 설립하여 가지고 궁극적으로 치료를 실행하면 반드시 병독의 유포를 방지할 수 있을 것이다. 그리고 의사를 동원하여서 성병자 명부를 작성하여 치료의 완벽을 기하도록 할 것이다. 이와 같이 하면 성병의 전파를 방지하여서 국민의 혈액을 정화하여 보건 증진의 목적을 필경 달성하고야 말게 될 것이다.

『조선일보』 1940년 5월 9일

성병 예방 좌담회

(안성) 안성경찰서에서는 홍 위생주임의 알선으로 시내 각 요리점, 음식점, 여인숙에 종사하는 기생, 작부, 여급, 하녀 등 백여 명을 경방단회관에 모아놓고 도립의원 김 의사를 초청하여 성병 예방 좌담회를 지난 6일 오후 1시부터 개최하였다는데 그들에게 많은 참고가 되었다고 한다.

『조선일보』 1940년 5월 9일

한심한 이 숫자! 목포의 화류병 환자 천팔백 인

(목포) 1939년 중 목포 관내에 있는 관공 사립병원과 한지의생이 진단한 화류병 환자 수는 내지인 489명, 조선인 1,841명이라 한다. 병의 종별로 보면 내지인 489명 중 매독성 202명이고, 임질이 196명, 연성하감이 67명이요, 조선인은 매독이 656명, 연성하감이 162명이, 외국인은 임질이 2명, 연성하감이 1명 환자 수는 작년인 1938년도와 별 차이는 없으나 매독병 수효가 많음이 더욱 한심한 바다.

『만선일보』 1940년 5월 10일

주의할 화류병, 목포부 1천 800여 명

(목표지국보) 목포서 관내에 있는 관공 사립병원의 의사와 한지의사 의생 등의 작년 중 진정 화류병 환자(검미를 실시하고 있는 예창기작부를 제하고)의 수는 조선인 1,349명 내지인 489명, 외국인 3명 합계 1,841명이란 숫자를 보이고 있다. 그 종류에 있어서는 예상대로 역시 매독이 제1위로서 조선인은 매독이 656명, 임질이 418명, 연성하감이 162명, 기타가 118명이며 내지인은 매독이 202명, 임질이 196명, 연성하감이 67명이요, 외국인은 임질 2명, 연성하감이 1명이라 한다. 이 환자는 전년인 1938년에 비하여 대차가 없는데 일시 쾌락에 자손 몇 대에 악업을 끼치고 국민 일반에게 전염하는 이 무서운 성병이 1,841명에 달한 것은 실로 한심한 일이다.

『조선일보』 1940년 7월 20일

작부 건강진단, 3분 1이 화류병자

경기도 경찰부 위생과에서는 지난 5월 부내 각 내외주점 작부 약 150명의 건강진단을 하였던바 그중 3분지 1인 50명가량이 화류병 환자임이 판명되었으므로 곧 치료를 명령하는 동시에 앞으로는 정기적으로 건강진단을 하게 되었다.

『조선일보』 1940년 8월 9일

망국병인 화류병, 당국, 각도에 기본 자료의 축집(蓄集) 보고를 종용, 예방 운동을 적극적으로 전개

전시에 특히 많이 퍼지는 화류병은 총후 국민의 보건을 좀 먹을 뿐 아니라 2세 국민까지 무서운 해독을 주는 망국병임에 불구하고 이때까지 위생 당국이 취하고 있는 예방책은 너무나 소극적으로 실효를 거두지 못하고 있는 것은 유감되는 일이라 하여 총독부 경무국에서는 이 문제를 지난번 위생과장 회의에 중요한 문제로 들어 각도의 실정을 협의한 바 있었는데, 이 병에 한하여 적확한 통계를 얻기 어려운 것이 예방 시설에 큰 지장이 되어 있는 실정에 비추어 금후는 감염자 조사를 한층 힘써 행하기로 되었다. 그리고 얼마나 무서운 병이라는 것을 철저히 선전 교육하는 기관으로는 화류병예방협회를 만들어 각 도에 지부를 두어 예방 운동을 일대국민운동으로 철저시킬 것, 창기, 작부 등 특수 업태자의 검병을 한층 힘써 행할 것과 다시 단속 법규로 화류병예방령을 제정하여 병을 퍼뜨린 사람을 엄벌하는 등 예방 시설을 철저히 하기로 되었는데 예방협회와 법령은 준비 관계로 내년 봄에나 실현될 터다.

『매일신보』 1940년 9월 4일

전율할 이 숫자, 은진(殷賑) 산업지대에 화류병 만연, 충북은 제천이 수위(首位)

(청주) 충북도 위생 당국에서 조사한 화류병의 동향을 보면 은진산업지대에 만연하고 있는 것을 알게 되었다. 즉 지난 8일 중의 상황은 도내에 예기가 내지인 27명 반도인 103명으로 합계 130명 작부가 내지인 3명, 반도인 11명 합계 14명인데 그들에게 건강진단을 한 결과 화류병을 가진 자가 10명인데 그중 6명이 제천에 있고 청주와 충주에 각기 2명씩인 바 제천에는 근시 은진산업의 발흥으로 예기가 내지인 3명, 반도인 13명 합계 16명인데 그중에서 6명이나 화류병을 가지고 있는 바다.

『부산일보(釜山日報)』 1940년 12월 13일

몰아낼 테다 '화류병', 개정 예방법을 이번 의회에 제출, 일반 국민에게도 적용

(도쿄 전화) 후생성에서는 국민의 체력을 좀먹는 화류병의 박멸을 기대하며 현행 화류병예방법의 개정에 대해 체력심의회에 자문 중이었는데, 12일 오전에 열린 동회 총회에서 그 답신안이 만들어졌으므로, 이에 기초해 동법을 전면적으로 개정한 성병 예방법을 이번 의회에 제출하기로 했다. 개선의 요점은 다음과 같다.

一. 종래에 오로지 예기, 창기, 작부 등 종업자에 대해서만 단속의 중심을 두었지만 일반 국민에게도 단속을 미치게 한다. (가) 즉 환자는 의사 치료의 의무를 짊어짐과 동시에 의사로부터 지시받은 예방법을 따라야 한다. (나) 환자가 상당하는 예방법을 강구하지 않고 병독 전파행위가 있었을 경우는 6개월 이하의 징역 또는 500엔 이하의 벌금형에 처하고, 또한 종래 종업자 전용이었던 진료소를 일반 환자에게 개방한다.

二. 불량 매약 기구 등의 단속을 강화한다. 시장에 나와 있는 성병 약 중에는 좋은 것도 있지만 비전문인의 치료에는 적절하지 않으니 일반의 광고를 금한다.

『조선신문(朝鮮新聞)』 1941년 5월 7일

삼척 성병의 좌담회

(삼척) 삼척 경찰서에서는 국민건강 증진에 만전을 기하기 위해 4월 30일 오후 1시 연무장에서 예창기 각 접객업 100여 명을 모아 성병 좌담회를 개최하였는데, 삼척 도립의원 부인과 마쓰오(松尾) 의관이 질병의 유래 각 성병별 병의 증상과 예방 및 치료 방법에 대해 상세히 설명하여 매우 좋은 결과를 거뒀다.

Ⅳ. 증언·구술 자료를 통해 보는 성병과 일본군 위안소

1. 일본군의 회고록으로 보는 성병과 일본군 위안소

1) 군대와 성병

성병에 대한 교육이 군대만큼 철저한 곳은 아마 없으리라. 현란한 색의 성병 그림이 병영 곳곳에 붙어 있고, 그 교육법 또한 무척 노골적인 내용이었다.

첫째, 징병검사다. 음경을 쭉 빼서는 고환을 꽉 쥔 다음 그걸로 합격이다. 입영한 후에는 월례검사라고 해서 매월 1회, 알몸 군상들이 쭉 늘어서서 군의에게 검사를 받는 풍경은 누구나 체험했다. 외출 전에는 주번 사관이나 반장으로부터 장황하게 주의를 받고, 귀대하면 사후 뒤처리는 잘 했는지 상등병이 묻는다. 콘돔 자동 판매?(군대 매점 앞에서 5전을 넣어 1개 받을 수 있도록 되어 있다)도 있었다.

외지로 출발 전 군장 검사에도 콘돔은 필수품이었고 수송선에서도 상륙 후 그에 대한 주의도 있었다. 인종이 다를 경우의 성병은 매우 무섭다는 말을 몇 번이고 했다.

성병은 당시 화류병이라 불리며 임병(淋病), 매독 및 연성하감(軟性下疳)(가래톳)이 있었고, 또 군대에서는 1등 증(공병상, 전염병), 2등 증(본인 부주의로 인한 상병)이 있었고, 그 아래 3등 증에 성병이 속해 있어 가장 수치스럽게 여겨졌다.

입욕도 따로 환자용이 지정되었고, 성병에 걸리면 공표되었다.

전장에서는 위안소에서도 반드시 콘돔을 이용하도록 정하고 있었다. 귀환 시에는 엄중히 검사해 의심스러운 자는 연기되었다. 이는 내지에 병독을 옮기지 않으려는 배려 때문이다. 이처럼 엄중한 주위에도 불구하고 T 군조는 도중에 난징에서 감염, 귀가 후 1년간 잠복 기간을 거친 끝에 본인은 코가 무너져 사망하고, 처는 목소리가 안 나오게 된 사례도 있었다. S 상등병은 귀환 후 5년이나 잠복 기간이 있었는데 뇌매독으로 6년이나 입원했다가 사망한 사실도 있다.

전공이 아닌데도 위안부 검사를 해야 했던 젊은 수습 군의나 위생병의 재미있는 이야기도 있다.

[보104이야기간행회(歩104(物語刊行会)), 『보 104 이야기(歩一〇四物語)』, 1969, 362쪽]

2) 군의관과 성병검사

최악의 질병.

군의관과 간호사들 사이에서 기피하는 질병이 있다.

그 질병에 대해서는 군의관도 간호사도 친절하게 진찰하고 싶은 마음이 들지 않았다. 환자를 진찰하는 것은 군의관의 일이며 당연한 임무이기도 하지만 이 질병의 환자에 대해서만은 아무래도 정성껏 진찰하고자 하는 마음이 들지 않는 것이다. 바로 성병이다.

성병에 걸린 군인은 군의관이나 간호사들에게 회피당하고 '최악의 군인'이라는 낙인이 찍혔다. 왜 성병에 옮았는지 그 원인을 환자인 군인에게 물어보아도 자신의 부끄러움을 노출시키는 일이 되기 때문에 입을 닫고 진상을 별로 이야기하려 하지 않았다. 군의관이나 간호사들은 성병만큼 경멸할, 진찰할 가치도 없다고 생각하는 질병은 없다고 생각하고 있었다.

성병은 불특정 다수의 인간과 성관계를 갖지 않는 한 감염되지 않는 질병이라는 것은 간호학교 학생 시절부터 배운 것이다. 일본이 이기는가 지는가 하는 위급존망의 계절(가을)에 이게 무슨 일이냐며 군의관은 격분하고 계속 말을 이어갔다. 여기에 약간의 약이 있다고 하고 성실하게 근무하고 법정 감염병에 걸린 환자와 성병에 걸린 환자, 어느 쪽인가 한쪽에만 사용해야 한다면 주저하지 않고 전자를 위해 쓸 것이다. 품행이 부정한 상관을 돕는 일보다 성실하게 임무를 수행하는 군인을 돕고자 하는 것은 누구나 가지는 마음일 것이다. 상관이라는 지위를 사용해 부대를 벗어나 현지의 여성과 관계를 가지고 질병에 옮은 것이다. 한순간의 쾌락에 빠진 바보 같은 녀석들이다. 일개 군인이 여자를 안으려고 가서 성병에 옮아온 이야기는 별로 듣지 못했다. 듣지 못했다는 것은 그럴 수 없다는 것이다. 군대의 겉과 속을 알고 나면 싫어질 것이라고 군의관이 말했다.

한 군인이 자신이 소속해 있던 부대에서 있었던 이야기를 해 주었다.

상관이라는 신분을 이용해 오지 쪽에서 일본군 상대의 매춘부라는 것도 모르고 마을 여자들을 농락했다. 얼마 지난 후 그 상관은 몸에 이상이 생긴 것을 느꼈다. 매일매일 나빠지는 그 병상에 불안을 느낀 상관은 다른 상관에게 살짝 털어놓으며 자신 혼자뿐 아니라 당신도 그러한가 하고 이야기하게 되었다. 부대에도 어느 정도 약은 있었으나, 전혀 듣지 않았고 상관들은 자존심이 있어 자신이 성병에 걸린 것을 다른 병사들에게는 말하지 못했다. 병사들 중에는 중국의 일을 자세히 연구하고 민족의 루트를 공부하는 사람도 있었다. 지금은 보잘것없는 일개 군인이지만 실제 직업은 교사라는 그 군인은 오지에 들어가면 현지 일본인 상대의 여성들에게는 아무쪼록 조심하라고 알려주었다.

성병이 아니라 하더라도 그런 여성과 성행위를 하면 성기가 아파오고 고무공처럼 부어오르면서 소변도 제대로 볼 수 없게 되고 결국에는 점점 야위어 가며 그중에는 죽음에 이르는 사람도 있다는 것이다. 일본인은 일반적으로 성병에 관하여 무관심하다고 알려져 있기 때문에 더욱이 주의를 하지 않으면 안 된다는 것이다.

[다나카 료이치(田中良一), 『대동아의 여신(大東亜の女神)』, 분게이샤(文芸社), 2003, 84~87쪽.]

3) 1939년, 중국 광둥성(廣東省) 광저우시(廣州市) 톈허취(天河区) 사허(沙河) / 미상년 강원도 원산시

사허(沙河) 주변은 병참지구 내라고 해도 광둥(広東)처럼 되지는 않다. 여러 부대가 있었으나, 거칠어지는 마음으로 지내는 나날이며 쓸데없는 것으로 싸움이 난다. 전선에 있는 게 더 서로 도우며 친근하게 지낼 수 있다. 엉거주춤하게 한가하면 변변한 일이 없다.

그런 것을 생각했는지, 군이 지지하여 이동 위안소 파견을 통달해 왔다. 설치와 관리를 명령 받아 마을 중심부를 피하고 학교 터 건물을 이용해서 방을 만들었다. 방이라고 해도 2미터 길이 판자로 쌓고 지붕은 없고 4장(畳) 정도로 구분하여, 틈이 많고 옆에 훤히 다 보이는 작은 방들을 만들었다. 마치 마방이다.

준비 완료, 겨우 이동 위안부가 찾아왔다. 일본계 3명, 조선계 3명, 전자는 22세부터 28세, 후자는 18세부터 20세, 전자는 경험이 많아 익숙한 모양이다.

곧 오전 중은 검진이다. 위생 하사병은 조수로 삼 검상이다. 엄밀하게 하려면 그들 반은 사용금지로 하고 싶다. 제대로 보다가 장사녀라고 생각하면 흥이 깨져 버린다. 착색농후거나, 빨갛게 부었거나, 고름이 많았거나, 주변이 미란되어 있거나, 상처투성이였다. 대퇴부까지 습진이 되어 있거나. 그중 한 명은 질구협착이며 감히 이런 장사를 하려고 했냐고 신기하게 생각했다. 이 구멍 주변은 짓무르고 빨갛게 부어올랐다. 한 번이라도 안에 넣어준 적이 있냐고 물었더니 한 번도 없다, 그래서 고생한다. (사람들이) 무리하게 하니까 할 때마다 아파서 눈물을 흘리는 정도다. 가엾어 보여서 질벽 파결부(破結部)를 절개하여 확장해 줬다. 이틀 후에는 사용했다고 하는데 아팠지만 출납이 가능해졌다고 감사를 말해 줬다.

그날은 오후 1시부터 문을 열고, 여느 때처럼 병사는 3시까지, 3시부터 6시까지는 하사관, 7시부터 다음 날 아침까지가 장교다. 대개 1주일 출장으로 와 있다. 각 부대에 날짜별로 사용 허가를 내줬다. 병사 시간대 모습이야, 말문이 막힐 광경이다. 문을 열기 전부터 행렬이 생기고 안에 들어가자마자 바로 다음 사람이며, 평균 2분간. 한 명으로 약 70~80명을 상대하는 것이다. 마멸하는 것이 아니지만 모든 방문을 받아들였다면 어떻게 되어 버렸을까.

그녀들은 설 틈 없이 계속 누워 있다. 성격이 급한 이는 앞 사람이 끝나기도 전에 방에 들어가 기다린다. 그리고 늦는다고 말을 건다. 부끄럽고 외문도 없다. 그녀들 말로는 대부분 입구에서 끝내버려 있다. 둘째 번 준비를 할 시간은 없다, 뒤에서 밀려 있다.

하사관, 장교 시간대는 그렇게 할 수 없다. 한 명 한 명 방문을 받아들여야만 한다. 타산적인 하사관이면 불과 1시간 사이에 5회나 하고 1회 5센이었다고 해치우는 자도 있다고 한다. 이런 것은 없으면 없는 대로 제법 괜찮았는데, (위안소가) 있기 때문에 창피를 연기하게 되는 것이다. 전선에 있는 게 훨씬 마음이 편하다.

(……)

부대 내에는 여자 방 같은 것이 안 보였다. 그들 간에는 있었을 것이다. 요령을 잘 부리는 이들은 숨어서 성의 만족감을 맛보는 사람들이 있었을 것이다. 후방 경비대 본부 소재지에는 한 달의 한 번 또는 두 번 이동 위안소가 1주일씩 출장해 왔다. 그때마다 그 검사를 하러 갔으나 여자로서의 모습은 드물게 나쁘지 않았지만 (다리 사이를) 열어보고는 하니 감정도 움직이지 않다. 그래서 그런지 예전에 사허(沙河)에서 본 것 같은 한심스러운 풍경은 볼 수 없다.

(……)

원산(元山)시에는 50명 정도, 주로 조선인이지만 내지인도 있는 공창 일부가 있었다. 시 당국과 상의하여 경영 당사자와도 담합해서 충분한 검진과 그 결과를 보고하게 하여 장병, 하사관을 요금을 정하여 이용을 허가했다. 검진 날에는 부장에서도 2명 군달을 파견하게 했다. 그외 불상사가 일어나지 않도록 헌병대에서도 연락 의뢰를 했다.

[야마다 쇼노스케(山田長之助), 『우리종군기(我が従軍記)』, 2006, 오씨앤에스퍼블리싱(Oc&Sパブリッシング), 57~58쪽, 66~67쪽, 184쪽.]

4) 1941년, 중국 산둥성(山東省) 지닝시(済寧市) 진샹현(金郷県)

그때까지 주둔한 산둥성(山東省) 닝양(寧陽), 진샹(金郷), 텅현(滕県)에는 모두 성내 일각에 위안소가 있고, 군인 전용 위안부가 몇 명 있었다.

우리는 그녀들을 삐라고 호칭하여, 외출할 때는 위안소에 가장 먼저 들어가는 경쟁을 했다. 누구보다 빨리라는 심리는 상대가 몇 명 안 되니까 빨리 접하는 것이 더 깨끗하다고 믿기 때문에 불과한데 저녁에 부대에서 쉬면서 여자 이야기가 나오면 먼저 간 사람은 "너와 나는 형제다 그리고 오늘은 내가 형이다"고 같은 여자를 상대한 놈을 깎아내린다. 또 깎아내림을 당한 사람도 즐거운 기분으로 "당했구나"라고 이마에 손을 두고 졌다는 자세로 서로 싱글벙글 포복절도하는 일이 매번 있었다.

삐는 많은 장병을 적은 인원으로 상대해야 하기 때문에 상당한 체력이 필요하고, 스무 살 전의 젊은 여자가 대부분이었다. 가끔은 텅현(滕県) 같은 장소에서는 나이가 있는 일본인도 볼 수 있었지만, 대부분은 조선인과 지나인으로 구성되었다. 그래서 모두 가난한 집안에서 팔렸거나 남자에게 속아 신세를 망친 사람들이며, 문맹도 많아 고향으로 보내는 편지의 대필을 부탁받은 장병도 있었던 모양이다.

남자만 있는 매몰차고 흥취가 없다는 군대 생활에서, 게다가 내일도 모르는 목숨이기 때문에 외출하는 날 위안소에 다니는 일은 모두가 자기를 만족시켜 주는 따뜻한 정서가 있는 장소였으며, 목숨의 세탁소이기도 하여 그날을 애타게 기다리는 것은 당연한 일이었다.

그렇게 외출하는 날 위안소는 줄이 이어져 요리로 먼저 한 장 하는 사람들은 항상 후진을 지켰다.

나는 대개 한 달에 한 번 정도는 군의 삐 검진 조수를 했는데 그날 저녁은 항상 전우들이 나에게 와서 결과를 막 질문한 것은 곤란했다.

삐가 걸리는 병은 감기나 복통도 있지만 가끔은 임질이나 매독이 발생할 경우도 있다. 이것은 누군가가 군대 전속 외 무검진 삐(소위 출입금지 구역)와 접속하여 병을 옮기게 되어 그것을 군대 전속 삐에게 옮긴 건 틀림없지만, 물론 발병한 삐는 치료를 하고 완치하기까지 휴업 명령을 받는다. 그런데 옮긴 병사는 스스로 아마 성병이라고 알게 되면 정식으로 진단을 받고 병원에 가게 된다면 군대 수첩에 기록되어 승진을 막는 일이 되는 것을 두려워해서 직접 진찰을 기피하는 것이 늘 있는 일이었다.

그래서 비밀리에 그 상태를 상담하러 와서 뒤쪽 치료를 요청했다.

[수32회(搜三十二会),『황진, 수색 제32연대 제2중대사(黄塵 捜索第三十二連隊第二中隊史)』, 사가판(私家版:千代田区), 1978, 275~276쪽].

5) 1941년, 베트남 하띤(Hà Tĩnh)

수송대는 카강을 따라 상류로 전진해, 30킬로미터 정도 되는 곳에 가설된 다리를 건너, 해안을 따라 있는 마을 하띤에 도착했다. 여기서 차량을 점검하고 휴식을 취했다. 여기서부터는 안남산맥(Annamese Cordillera)을 넘는 험한 길을 가야 한다. 지휘관은 출발 전날 밤, 병사들을 모아 훈화를 했다.

그날 밤, 나는 부대와 함께 행동하고 있는 많은 여성들을 보았다. 일본인·조선인·중국인 등 복장이 달라서 알았다. 그녀들은 대화도 하지 않고, 잠자코 숙소 텐트 밖을 어슬렁거리며 걷고 있는 사람과 벤치에 앉아 있는 사람 등 제각각 움직이고 있었는데, 한결같이 밝지가 않고, 어두운 얼굴을 하고 있었다. 루화 회사 사람들이 그녀들을 보고, "일본군의 섹스 인형이다, 불쌍하게도"라고 중얼거리며 잰걸음으로 지나갔다.

여자들은 30명이나 50명 정도의 집단으로, 전쟁터의 후방 진지를 돌고, 병사들의 성욕을 채워주고 있다. 그날은 성병 예방 검진 날이어서 이 보급 주둔지에 있는 여자들이 전원 모였다. 적십자 마크를 지붕에 그린 큰 텐트 속에 5명 정도씩 들어가 5분이나 10분 만에 나온다. 여자들은 작은 소리로 무엇인가 얘기하면서 다시 가까운 텐트에 들어갔다. 얼마 지나지 않아 차례로 텐트를 나오면, 병사의 숙소들에서 조금 떨어진 곳에 만들어진 바라크 건물인 나가야(長屋) 풍의 집으로 들어갔다. 나가야는 10채로 만들어져, 2동 세워져 있다. 문짝에는 번호가 쓰여 번호 글자 밑에 가로선이 1개 그어진 것과 2개 그어진 것이 있다.

그리고 우리가 본 것은 나가야 각각의 문 앞에 선 병사들이 한 사람씩 안에 들어가 잠시 뒤에 나오고, 다음 사람과 교대하는 광경이었다. 한 명당 15분이라는 약속도 있었는지, 10개의 문을 드나드는 사람의 시간이 같다는 것은 우스꽝스러웠다. 그러나 웃을 수 없었다. 100미터 정도 떨어진 곳에서 본 것이지만, 문 안의 여자들은 한 번도 나오지 않는다. 문 밖에는 아직 20명 정도가 순번을 기다리고 있었다. 이것은 이미 윤간과 같다. 문에 쓰인 숫자 아래의 선의 의미는, 하사관과 병사의 구분임을 이해할 수 있었다. 장교용에는 다른 클럽이 준비되어 있다는 것이었다.

종군위안부라고 불리는 여성들이 있는 것은 화베이(華北)에서 몽골(蒙古)을 걷고 있을 때에도 자주 들었다. 군의 작전 행동의 일환으로, 일본 국내·조선 반도·만주·화베이 등에서 징용이라는 명목으로 모은 여성 속에서 골라 위안부로 종군시킨다는 이야기였는데, 현장을 보기까지는 믿을 수 없었다.

지프를 운전하고 있던 남자가 갑자기 엔진을 시동해 달려나갔다. 막사 텐트를 떠나 산으로 향하는 좁은 길을 지프로 10분 정도, 5킬로미터 정도 거리를 전진하자, 낮은 언덕 기슭에 도착했다. 차를 멈추고, 200미터 정도 언덕을 오른 풀밭에 무덤이 있었다. 8기로 각각 판자가 세워져 판자 앞쪽에 무엇인가 쓰여 있었는데, 읽을 수 없을 정도로 글자가 옅어 사라지고 있었다. "여자들의 묘다"라고 남자가 말하고, 등을 돌려 차로 돌아갔다. 여기 이곳에 있는 여자들은 난징보다도 북쪽에서 끌려왔다고 한다.

루화 회사에도 광저우·하이난 섬에서 여자 사냥의 의뢰가 헌병대로부터 있었는데 거절했다. 역시 거듭해서 의뢰는 없었던 듯하다.

[와케 시클시이(和気シクルシイ), 『전장의 개-특무 첩보원의 수기(戦場の狗―特務諜報員の手記)』, 筑摩書房, 1993, 91~92쪽.]

6) 1942년, 베트남 사이공

1941년 일본이 미국과 영국을 상대로 선전포고하기 한 달 전, 프랑스령 인도차이나(지금의 베트남) 사이공에서 11군 야전병기창(훗날 남방군 야전창으로 변경)이 편성되었다. 사이공의 부두에서 수백 미터 떨어진 기욤 마르탱 거리의 민가를 접수하여 부대 숙사로 충당하였다. 대동아전쟁의 준비를 위해 무기 수출 수송에 바쁜 나날들이었으나, "12월 8일에 이윽고 영미와 전투 상태에 돌입"한다는 명령이 전달되었다.

사이공에 있던 전투 부대인 고바야시(小林) 여단도 태국을 향해 전진하고 있었다. 사이공은 남방군 총사령부[군사령관은 데라우치(寺內) 대장], 기타 군직(軍直) 부대가 많이 주둔해 있었다. 일본군이 1942년 2월, 싱가포르를 점령한 후에 사이공은 후방 보급 기지라는 성격의 도시로 바뀌었다. 이곳은 남지나방면군(南支那方面軍)이 평화롭게 진주한 곳이어서 도시는 조금도 훼손된 곳이 없었다(지금은 엉망진창이지만). 동양의 작은 파리라는 이름을 자랑하는 카티나 거리(Rue Catinat) 등, 실로 아름답고 밝은 남국의 도시였다. 거리를 오고가는 프랑스인 여성의 핫팬츠는 매력적이었다. 대동아전쟁 발발 이후 이 풍경도 사라지고 말았으나, 싱가포르 점령 후에는 후방 기지이기도 해서 일요일에는 병사들이 휴일 외출이 허가되었다. 이날은 1주일에 단 한 번의 낙이었다. 이곳이야 주류 부대여서 내지의 군대처럼 외출 허가가 있었으나, 전선의 전투 부대는 당연히 일요일도 여느 날과 다를 게 없었다. 이 휴일 외출 풍경 중 신기한 풍경이 있었기에 기록해 두고 싶다.

아침 외출을 위해 병사가 광장에 집합해 있었다. 부대의 군의인 모리(森一碩) 견습사관(게이오대학 출신의 의학박사)은 얌전한 느낌의 사람으로 군인답다고는 할 수 없는 유형으로 때로는 왕진을 위해 외출해서는 군도를 잊어버리고 당번이 나중에 찾으러 가기도 했다. 종종걸음으로 걷는 의사다운 사람이었는데, 군대의 일이다 보니 위생 강의도 그의 몫이었다. 외출할 때는 콘돔(돌격일번) 2개와 외출증이 함께 제공되었다. 군의의 강의가 시작되었다. 당연히 외출 시 거리의 여자와 접촉할 때의 주의점도 포함되어 있었다. 지금 새삼스럽게 언급할 필요도 없으나 성병 예방을 위한 콘돔 사용법, 용무가 끝난 후 꼭 씻을 것 그리고 각도는 60도 정도가 가장 무리가 가지 않고 좋다, 상처가 날 일도 없다라고 칠판에 그림을 그리면서 설명한다. 하나 남방에는 서혜육아종(inguinal granuloma)[1]이라는 무서운 성병이 있었다. 이 병에 걸리면 성기의 앞부터 차례로 없어지고 마는 무시무시한 병으로 콘돔으로도 예방할 수 없었다. 뒤 세척을 충분히 실행할 필요가 있었다. 군의의 강의는 끝날 줄 몰랐는데 이때 마쓰모토(松本) 부대장이 2층(부대 본부의 2층은 부대장실이었다)에서 강연 광경을 보았는지 결국에는 내려와 "군의, 오늘 위생 강연은 내가 맡지"라며 군의와 자리를 바꾸었다. 우선 일동의 얼굴을 찬찬히 둘러보고는 "너희는 뭐냐, 너희들 아내는 다들 인내하며 너희들의 귀향을 기다리고 있는데 너희들은 마음대로 거시기를 휘두르고 다니다니 어찌 된 것이냐" 라며 평소의 부대장과는 다르게 언성을 높였다. 도중에 두 눈에서 눈물이 줄줄 흘러내렸다. 감동의 눈물이었다. 병사들은 군의의 서혜육아종 강의가 돌연 부대장으로 교체되어 주제가 180도 바뀌었다고 생각한 순간, 닭똥 같은 눈물을 보이며 아연실색한 모습이었다. 외출자가 전부 여자가 있는 곳으로 간다고는 할 수 없었으나, 전원 콘돔을 건네받았다. 귀대해 위병소 뒤편에 마련된 세정 설비에서 씻지 않으면 내부로는 들어갈 수 없었다. 여자를 사지 않았어도 일단 뒤편으로 돌아가 씻은 모습으로 들어갔다. 서혜육아종 이야기는 내지에서는 들은 적이 없어서 일동은 정말 충격

---

1 원문에는 "납촉병(蠟燭病)"이라 쓰여 있다. 이 병에 걸리면 남성의 성기가 초에 불이 붙은 듯 녹아 문드러지기 때문에 이런 이름이 붙었음.

을 받았다.

[나카자와 고이치로(長沢公一郎), 「위생강화」, 『참전기』, 1980, 233~235쪽.]

7) 1942년, 버마 양곤

외출할 때는 당시 군대에서 병사들에게 위생 삿쿠를 지급했다. 지금의 콘돔을 말한다. 외출하기 전에는 반드시 다음과 같은 주의사항을 들었다.

"남방에서는 10명 중 8명 정도까지는 성병을 가지고 있으니 군 지정 이외의 곳에서는 절대로 성행위를 해서는 안 된다. 또 군 지정 위안소라도 끝나면 즉시 세정을 하도록. 이상은 엄수할 것."

전단의 10명 중 8명이라는 것은 조금 과장된 표현인 듯하나 1943년에 일본에서 번역본이 출판된 존 르로이 크리스찬(John Leroy Christian)의 『현대 버마의 전모(現代ビルマの全貌)』에 따르면 버마 전체 인구 1500만 명 중 500만 명은 성병 환자이거나 그 유병 경험자라는 그야말로 경이로운 숫자가 적혀 있었고, 어쨌든 높은 비율임은 확실한 듯하다.

첫날, 위안소에서 지급품인 위생 콘돔을 착실하게 사용했던 병사도 있었는지도 모른다. 병사들은 위안소를 속어로 삐야라고 불렀다. 삐야의 P는 영어의 프로스티튜트(prostitute, 매춘부)에서 앞 글자를 딴 것이다. 이 삐야도 장교 전용 시설과 하사관 이하 시설이라는 두 종류로 나뉘었다. 위관(尉官) 이상의 군인을 상대하는 것은 일본인이나 조선인 여성이었고, 하사관이나 병사를 상대하는 것은 조선인이나 현지에서 채용한 여성이었다. 버마에서는 현지에서 채용한 여성으로 버마인과 인도인이 위안소에 몸을 의탁하고 있었던 듯하다. 당시 시대상을 반영해 조선 여성에 대해서만은 특별히 조선삐라는 말이 있었다.

[다카하시 쓰네오(高橋常雄), 『종이와 연필의 전쟁, 무선 통신수의 버마·태국·캄보디아 전전기(紙と鉛筆の戦争, 無線通信手のビルマ·タイ·カンボジア転戦記)』, 1991, 82쪽.]

8) 1942년, 중국 산둥성(山東省) 지닝시(濟寧市) 단현(單縣)

'위안부와 병사'

우리 중대가 산둥성(山東省) 진샹(金鄕) 그리고 단현(單縣)에 이동한 것은 1942년 3월의 일이다. 단현에는 대대본부, 중기관총중대, 제8중대의 200여 명이 주류했다.

단현의 위안소는 제8중대 병사와 길을 건너 바로 앞에 있고, 위안소에는 요시코, 모모에, 하루요, 기쿠코라는 4명의 위안부가 있었다. 요시코만 대만인이었고 그외 3명은 조선인이었다.

병사들이 기다리던 외출 날이 오자, 고참병도 초년병들도 신이 난 표정으로 중대 사무소 앞 광장에 정렬했다. 흰 목덜미가 눈에 띄어 모든 병사가 군화도 번쩍번쩍하게 닦았다.

이윽고 2층 사무실에서 인사 담당 준위가 내려오자 선임오장이, "차려"라고 구령을 내려서 전원이 준위에 경례한다. 그리고 당일 외출자 인원 보고가 끝나자, 준위는 느긋한 걸음으로 병사들 한 명 한 명의 옷차림을 점검한다. 점검이 끝나면 다음은 성병에 관한 주의 사항이 시작한다.

당시 지나파견군 장병들 사이에 성병이 만연하여 그것을 우려한 상층부는 부하 각 부대에 엄격한 포령을 통달했다. 이후 성병에 걸린 병사는 3일간의 중영창에 처하여 제대를 앞둔 병사는 성병이 완치될 때까지 제대를 연기한다.

라는 매우 엄격한 포령이었다. 성병에 관한 꼼꼼한 주의 사항이 끝나자, 준위는 뒤쪽에 대기시킨 위생병이 갖고 있는 상자 속에서 서서히 콘돔(콘돔)을 꺼내서 줄 서 있는 병사에 두 개씩 건네주면서 다닌다. 그 콘돔 종이 봉지에는 '돌격일번'이라는 용장한 문자가 쓰여 있었다. 초년병들은 준위가 건내준 콘돔을 눈앞에 보자,

"저는 필요 없습니다!!"

라든지

"저는 그런 곳에 가지 않습니다!!"

라고 입을 맞춰서 말했다. 그러자마자 준위는 눈을 부릅뜨고 노려본다.

"뭐라고, 자네, 넌 남보다 갑절 여자를 좋아하는데. 병이나 앓게 되면 영창을 가야 할 거다."

라고 반협박을 하면서 콘돔을 억지로 건네줬다. 느닷없이 "쿡"이라는 웃는 소리가 들렸다, 그 순간 그쪽으로 매서운 시선을 보낸 준위는

"이놈아, 자네들도 초년병 때 비슷한 것을 말한 것이 아니냐."

라고 고참병들을 노려봤다. 그러나 그 눈은 웃고 있었다.

"해산!!"

이라는 말을 듣자, "자"라고 하면서 고참병들은 서로 먼저 가려고 중대 위병소를 뛰어나가 각각이 단골인 위안부의 방을 목표로 쇄도해 간다. 우리 2년병은 위병소 밖에서 초년병들이 나오는 것을 기다렸다. 그것은 어떤 계획이 있던 것이다. 그것은 초년병한테서 콘돔을 받는 것이다. 내가 생각하기에 위안소에는 병사에 뭐라 한 무서운 3년 고참병이 모두 와 있다. 그런 곳에 초년병이 한 걸음이라도 발을 드나든 것은 호랑이 굴에 드나드는 것과 마찬가지다. 게다가 위안부를 안는다는 건 말도 안 되는 이야기다. 그래서 우리는 필요 없게 된 콘돔을 초년병한테서 가로채려 하는 건데, 그렇다고 우리는 그만큼 위안부를 안는 건 아니다. 가로챈 콘돔을 위안부에게 주면 그만큼 좋은 서비스를 받을 수 있는 것이다.

[고노 마사토(河野正人), 「위안부와 병대(慰安婦と兵隊)」, 『아침바람=우리 전쟁을 잊지 말자 제13호(朝風=われら戦争を忘れまい 第13号)』, 1993, 104~107쪽.]

9) 1942년, 인도네시아 말랑(Malang)

그중 한 사람인 A군은 촛불병이라는 성병에 걸려 나에게 남근을 보여 주었다. 촛불병이라고 하는 병은 성병 중에서도 최고로 힘든 질병으로서 극락 섬이라는 평판을 받던 자바(Java) 섬의 어두운 뒷면의 심벌 같은 것이었다. 나중을 위해 A군의 남근을 상세히 보았으나 귀두는 딱지가 벗겨지는 것처럼 무참히도 벗겨져 사라져 버렸다. 소변 구멍은 관의 중간에 새로운 입구가 생겨, 용변을 보면 새로운 입구에서 분수처럼 소변이 분출되었다. 그것은 분명히 세계적으로 희귀한 병인 것 같았다. 병명은 열에 녹아내린 촛불 같다고 하여 일본인이 붙인 이름이나 악성 매독이었다. 다음 날 A군은 전염병 방지를 위해 해고되었다. 군인들 사이에서 촛불병을 포함해 성병을 3등 상이라고 부르고 있었다. 나는 3등 상의 발상이 되는 군인 위안소를 견학하고 싶었다. 그런 어느 날, 인사 담당 야기(八木) 소위가 기리시마(霧島) 공장에 왔다. 위생 시찰을 위해 위안소를 검사하러 왔다고 했다.

"소위, 저는 공장장의 명령으로 인도네시아어를 배웠습니다. 어떤 용건이라도 상사가 마을을 나갈 때는 동행하고 정확한 통역을 해서 현지인들과의 오해가 없도록 하라는 명령이었으므로 오늘은 소위를 모시고 함께 가겠습니다."

호기심 덩어리와 같은 나는 매우 진지하게 소위를 설득했다.

“흠. 좋아! 따라오게.”

그렇게 나는 야기(八木) 소위의 통역사로서 위안소를 견학하게 되었다

장교용의 위안소는 단층 건물에 각방이 칸막이로 나누어져 있어, 각 방마다 검은 글씨로 다섯 조목의 훈시가 선명하게 적힌 종이가 벽에 붙어 있었다.

◎ 유희의 마음가짐

一. 전투 개시가 되었을 때는 반드시 철 모자를 착용할 것.

(콘돔 사용을 이야기한 것 같다)

一. 전투 시간은 1시간으로 함. 이후는 재빨리 퇴장할 것.

(다른 병사를 생각해서 용무가 끝나면 빨리 돌아갈 것)

一. 출입이 금지된 객실에 들어가는 것과 그 창부와의 접촉을 금한다.

(정기검진의 결과 성병 중증의 판단을 받은 창부의 방 입구에는 출입 금지의 간판이 걸린다)

一. 3등 상을 받았을 경우에는 재빨리 상관에게 보고할 것.

(성병에 걸렸을 때는 서둘러 의무실에 갈 것)

一. 규율을 어긴 3등 상을 병영에 반입한 자는 엄벌에 처한다.

다음 날 기회가 있어 3등 상을 군 병원에 방문해 만나 보니 “위안부의 성병은 정기적으로 검사를 하고 있다. 질병이 없는 사람은 없다. 군인들의 스트레스를 생각하여 질병 상태를 고려해 그때그때 어쩔 수 없이 용인하고 있다. 따라서 알몸 상태로는 금세 감염이 된다”라고 하였다.

[오카모토 마사루(岡本勝), 후지하라 마사카즈 편(藤原正一 編), 『바람과 구름과 청춘, 쇼와 종군소년사(風と雲の青春 : 昭和従軍少年史)』, 宇陸航十六年度同期生有志, 1994, 36~37쪽.]

10) 1942년, 중국 후베이성(湖北省) 한커우(漢口) 지칭리(積慶里) / 1945년, 중국 광시좡족자치구(廣西壯族自治區) 구이린시(桂林市)

삐와 병사

나는 한커우(漢口)와 구이린(桂林)에서 잠깐 적선지대에 대해 이야기했지만 삐들은 경시할 수 없는 전력의 요소이기도 했다.

부대가 경비를 하자 중점적으로 위안소가 개설된다. 물론 위안부를 통솔하는 인물은 군 공인인 자이기는 하나 장사이며 주류부대가 적은 곳에서는 위험하기도 해서 쉽게 나가지도 못한다.

그들은 지나, 일본, 조선의 여자를 혼성시키는 경우도 있지만, 일본, 조선 여자만의 혼성으로 나갈 경우도 있고, 일본 창기만 데리고 일하는 놈은 아직 신참들이었다.

위안소 개설은 어디든 가능하다는 것이 아니라 주류부대가 지정하는 가옥이나 지역에 한정된다. 위안부가 주류지에 도착하자 먼저 군의 검진을 받아야 한다.

군의는 병사를 보는 경우와 같이 진찰 구분을 명확하게 한다. 즉 무균인 여자는 거의 없으니 대체 입실, 연병휴, 취업이라는 3가지에 나뉜다.

입실, 연병휴는 영업을 허가받지 않는다. 잡무에 종사하거나 빨래 등을 하게 되는 것 같은데 연병휴인 여자만은 연회에 나와 술을 따라주거나 예를 피로한다 등 해서 벌 경우도 있다. 취업이라는 구분이 된 여자만이 경증이며 치료를 하면서 영업할 것을 허가되는데, 장병에게 방독구(콘돔)를 사용하게 하는 조건으로 감시되는 것이다.

이윽고 요금이 사정되어 장교, 하사관, 병사에 따라 영업시간이 정해진다.

방독구는 한 번 사용하면 버리도록 되어 있지만 병사 중에는 사용한 후 비밀로 가져가 씻고 재사용하는 놈도 있던 모양이다. (……)

삐들은 매독에 걸린 여자가 많고 연성하감인 자도 있었다.

특히 지나 창기에는 피부병인 개선(疥癬), 완선(頑癬)에 걸린 여자도 많았다. (……)

우리는 위안소 앞에 장사진을 만들면서 순서를 기다리는 병사들의 모습을 도대체 뭐라고 봐야 할 것일까.

[이마니시 요시노리(今西義則), 『군의의 수기(軍医の手記)』, 사가판(私家版 : 尼崎市), 1973, 126~127쪽.]

11) 1943년, 중국 안후이성(安徽省) 안칭(安慶)

만주사변부터 노몬한사건, 중일전쟁을 거치면서 현지인 부녀자에 대한 폭행 강간 사건이 속출하였다. 이 때문에 성병이 돌아 점령지의 치안을 유지하기 어렵게 되었고 이에 군은 위안부(창부)를 전장에 보내기로 한다. 이는 1938년 상해사변 때 처음 시작되어 종전 때까지 계속되었다.

나는 1943년 봄, 양쯔강 연안의 점령지 안칭(安慶)이라는 중규모 도시의 주둔부대에 배속되었는데, 첫 외출 일에 1개씩 피임 기구(고무 제품)를 건네주는 것에 놀랐다. 작은 상자의 뚜껑에 '돌격일번'이라고 쓰여 있었다.

"안칭의 추억 중 하나, 외출 시 받은 성 기구의 놀라움."

난하이(南海)의 섬으로 파견된 부대 수송선에는 병사와 함께 그 여자들도 태웠다고 하는데 현역병과 달리 소집병의 대부분은 유부남이었음을 생각하면 위안부의 존재는 현실적인 의미를 가진다고 생각된다.

이토 게이치(伊藤桂一) 씨는 이렇게 썼다. "전장적 이론감에서 말하자면, 굳이 말하자면 죽음을 건 자가 행하는 일종의 의식 같은 것으로, 그들끼리는 살아 있다는 차원이 동일하고 마음의 저변에 서로에 대한 동정과 이해를 품고 있다. 병대(兵隊)도 위안부도 모두 가엾다고밖에는 할 말이 없다."

전투가 시작되고 부대가 이동을 시작하면 위안부를 구할 것도 없이 성의 대상은 현지 부녀자를 구하게 된다. 혼자서 여자를 찾아 나섰다가 주민이나 적병에게 살해당하는 사례는 몇 번이고 있었다. 나를 입구에서 망을 보게 하고 민가 안에서 행위를 하는 고병이 있었다. 보리밭 안에서 도망치는 부녀를 마치 스포츠처럼 환호성을 올리며 쫓는 정경이 보였다. 노년의 부인조차 무분별한 성(性)의 대상이 되었다. 범했다면 반드시 죽이라고 지령을 내린 부대도 있었다고 한다.

우리 분대에 이 야만적 행위로 가래톳이라는 성병에 걸린 ○가 있었다. 넓적다리 부근에 굵직굵직한 부스럼이 생겼는데, 행군 도중이었기에 그게 아파서 비명을 지르면서 흉한 모습으로 걸었다.

○는 초년병이었기에 주위로부터 더 냉시당했다. 이때 나는 ○가 공연히 가엾다는 생각이 들었던 것을 기억한다. 전쟁이 끝난 후 ○는 전우회에 나오지 않는다.

[히사다 지로(久田二郎), 『정본 야전 환영(定本 戦野まぼろし)』, 1987, 70~74쪽.]

12) 1943년, 중국 헤이룽장성(黑龍江省) 지닝(雞寧)[2]

돌격 일번

경리부 간부후보생의 집단 교육을 시작한 지 얼마 되지 않았을 때 경리 담당 교관, 모 회계 중위가 강의에서 "일본군이 지급하는 소모품 내에 휴지, 바늘, 실은 상식적으로 이해할 수 있겠지만 '돌격 일번'(콘돔)이 있는 이유는 모를 것이다. 경리가 하는 일은 군대가 전투를 하든 안 하든 상관없이 인간으로서 살아갈 식욕, 물욕, 성욕의 모든 부분을 채워 주는 것이다. 식사는 하루에 3,600칼로리를 주며, 피복 비품을 모두 평등하게 지급한다. 나머지는 성욕인데 건강한 장년에게 이렇게나 많은 칼로리를 주고 체력과 전력 증강을 위한 훈련을 시키면 이쪽도 당연히 왕성해진다. 이를 억제해서 마을의 일반 부녀자에게 폭력을 행사하게 되면 황군의 위신을 해하는 일이 된다. 그래서 일본군은 특수위안소를 설치하여 여기서 젊은 힘을 발산시킨다.

한편, 성병은 망국병이며 이것 역시 막아야 하므로 외출 시에는 반드시 '돌격 일번'을 휴대하게 한다. 금욕 생활을 강요하면 병사는 흥분하여 작은 것으로도 싸움을 일으키고 통제가 어려워진다. 특히 앞으로 금단의 열매를 먹은 기혼자가 많아지면 더욱더 이 점을 특히 중요하게 생각해야 한다. 이러한 마음을 알아주지 못한 간부라면 병사들이 따르지 않는다."

"그런데 너희 중에 아직 여자를 모르는 놈 손 들어봐."

간부 후보생 20명 중 손을 드는 사람은 나를 포함해서 3명이었다. "국군의 간부가 되려는 놈은 알고 있어야 하는 일이다. 전우들이 도와줘라. 다음 외출 때에는 남자가 되게 하라."

그래서 난리가 났다. (전우들은) 책임을 다해야 하기 때문에 저녁 식사 동안 소란스러웠다. 이치리키(一力)의 모모코(桃子)가 좋다든지, 아사히로(朝日楼)의 하루고마(春駒)가 좋다든지, 시노노메의 폰타를 추천한다는 등 소란스러웠다. 이제 다음 일요일에는 산 밖에 있는 병사 숙소(兵寮)에 모두 다 같이 가서 마실 수 없는 술을 억지로 먹이고 지닝(鶏寧) 거리에 나가 모두 삐야에 직행한다. 나에게는 순한 애가 좋다고 하여 아케보노의 기요코(清子)로 결정되어 '돌격 일번'이 손에 쥐어져 방으로 보내졌다. 쓸데없이 참견하는 놈이 있어서 합판으로 만들어져 있는 문의 틈에서 엿보면서 "야, 빨리 바지를 내려", "맞다, 좀 더 힘을 줘"라고 시끄럽게 한다. 뭐가 뭔지 모르는 사이에 21년 동안 지켜온 동정을 버렸다. 그래서 무링허(穆稜河)에 가까운 찻집 에투알(エトワール)에서 축배를

2　현재 지명은 지시시(鶏西市).

들었다.

월요일 훈련을 시작하기 전에 정렬할 때 나와 다른 2명은 한 걸음 앞으로 나와서 교관에게 보고했다.

"교관님! 니시카와 히로시 외 2명은 어젯밤 훌륭히 남자가 되었습니다. 삼가 보고하겠습니다. 경례."

"훌륭히? 축하한다."

[니시가와 히로시(西川浩), 「満州編(만주편)」, 『나의 대동아 전기(私の大東亜戦記)』, 사가판(私家版 : 横浜市), 1985, 50~51쪽.]

13) 1943년, 중국 지린성(吉林省) 훈춘(琿春)

'군위안소'

1943년부터 2년 동안, 나는 733부대 공병 일등병으로 만주국 젠다오성(間島省) 훈춘(琿春)에 주둔했다. 훈춘은 조선과 만주와 소련에 접하는 군사적으로 중요한 장소였고 정체를 모르는 중국인, 조선인, 러시아인, 일본인이 거주하는 국경 마을이었다. 훈춘 마을은 불온한 분위기로 긴장되었다. 병사들 외출도 두 명 이상으로 행동하여 단독으로 지정된 장소 외 출입할 것은 금지되었다. 금지구역에 혼자서 놀러간 병사가 행방불명이 되어 사체도 발견되지 못했다는 이야기도 있었다. 허가된 장소는 이 마을에 단 하나 있는 영화관과 군위안소였다. 위안소라는 이름으로 나는 병사들이 좋아하는 달콤한 것이나 술 등이 있고 레코드가 유행가를 연주하여 젊은 여자가 주문한 것을 갖다 주는 건강한 장소라고 상상했다.

첫 외출 날 아침, "위안소에 가는 자는 할인권을 줄 테니 신청하라, 콘돔은 반드시 휴대할 것. 한 번 사용한 콘돔을 뒤집어 사용하면 안 된다. 그때마다 새로운 것을 사용할 것. 귀영 후는 즉시 의무실로 가서 세척을 받아라. 금지 구역에 가서 성병을 옮겨온 이들은 영창으로 갈 것을 각오해 두라"라는 조장님의 장황한 통달이 있고 나는 위안소의 정체를 알게 되었다.

위안소는 "삐야"라고 불리고 조선 여자들은 "조선삐"라는 이름으로 불렸다. 장교나 하사관에는 병사용과 다른 고급한 장소가 있고, 거기에는 "일본삐"라고 불리는 일본의 젊은 여자가 육체를 제공했다. 조선삐, 일본삐로 부르는 그 단어 자체에 인간멸시인 슬픈 느낌이 있었다. 병사 전용 삐야는 훈춘 마을에 다섯 집이 산재했다. 한 집에 여자가 10명 정도 있었다.

"병사님, 남자가 돼요." 조선 여자들은 길거리에 나와서 병사들을 권유했다. 아직 어린 얼굴을 한 여자도 섞어 있었다. 병사들의 위문을 위해 일하는 것은 훌륭한 일이고 더군다나 돈까지 벌 수 있다고 권유 받아 먼 곳까지 데리고 왔다. 깨달았을 때는 돌아가고 싶어도 갈 수 없고 그녀들은 굶주리는 병사들의 법으로 그 몸을 내던져야 했다. 일요일에는 괴물이 된 병사들을 상대로 저금도 쉴 틈이 없었다. 아직 끝나지도 않는 사이에 다음 병사가 문을 두드려서 재촉했다. 판자로 만든 작은 방에는 빈약한 거울과 여행 가방이 있었다. 그게 그녀의 전 재산이었다. 숨이 적고 보잘것없는 얇은 이불을 덮는 더러운 요에는 해부대와 같은 기분 나쁜 핏자국이 찌들었다. 생리할 때도 쉴 허락을 못 받아 일해야만 하는 여자들이었다.

사람을 죽일 것은 몸에 주입받아 인간성을 빼앗긴 병사들로 그녀들의 인간성도 짓밟고 빼앗겼다. 얼마 안 된 기간에 그녀들은 마음도 몸도 상처받아 자살한 여자도 있었다.

여자를 안으면서 나는 적의와 슬픔을 여자 눈 속에서 봤다. 나라를 빼앗기고 남자들은 강제적으로 일본으로 보내게 되어 노예노동을 혹사되었다. 그리고 여자들은 굶주리는 병사의 희생물이 되었다는 한이 눈 속에 있었다. 나는 군위안소에 그만 갔다.

나는 위험한 금지 구역에 혼자 놀 곳을 구하려 다녔다. 살풍경한 국경 거리에는 성을 파는 애매한 가게가 가는 곳마다 있고, 적과 자기 모두 첩보원이 암약한 것을 알게 되었다. 헌병대에서는 첩보활동 의혹으로 잡힌 만주인이 고문을 당한 비명이 밖으로도 들릴 정도였다.

천황의 군대가 성스러운 전쟁이라는 이름 아래 중국대륙에서 참학 행위를 했지만 주둔지에서는 치안과 군규는 보장되었다. 그 뒷면에서는 조선삐, 일본삐로 멸시당한 위안부라는 가난한 여성의 희생이 있었다. 100명이나 된 관동군(関東軍)을 약한 몸으로 지탱한 위안부들의 고통과 치욕을 생각할 때 30년 이상이 지난 지금도 마음 아프고 전쟁을 기도한 자에 대한 증오와 분노가 나온다. 그 후 우리 주둔부대 대부분은 패색이 짙은 마리아나 방면으로 가게 되었으니 위안부가 마지막 어떻게 되었는지에 대해서는 아무것도 모른다.

[시마모토 주조(島本重三), 전쟁체험을 기록하는 회(戦争体験を記録する会) 편, 『우리들과 전쟁 2(私たちと戦争 2)』, 타임스(タイムス), 1977, 32~34쪽.]

14) 1944년, 파푸아뉴기니 카비엥

저는 1번등 83경비대 본부에 들어가게 되어 52 방공대에 대해서는 아주 짧은 기간의 기억밖에는 남아 있지 않습니다. (……)

우리가 카비엥에 상륙했을 당시 중국인 거리의 서쪽에 카비엥장이라는 위안소가 있고 그곳에는 나와 동향인 이가 있었는데, 14근(根) 병원에서 검진을 받을 때 생각지도 않게 만나서, 고향 이야기를 서로 나누었습니다. 2월 11일 카비엥 대공습 당시에 적군의 노스아메리칸 기가 그녀들의 숙사에 추락해 카비엥장은 잿더미가 되었고 그녀들은 내지로 돌아가게 되었기에 나는 고향에 있는 부모님께 건강하게 잘 있다는 전언을 부탁했는데, 라바울 최후 수송선으로 항해 중 뉴하노버 해역에서 격침을 당해 버린 일 등 셀 수도 없이 많은 기억들이 뇌리를 스쳐 갑니다.

[의무대간호장 니시야마 마사토시(西山正利), 『상병과의 싸움(傷病との戦い)』, 1977, 226쪽.]

15) 1944년, 중국 후베이성(湖北省) 한커우(漢口)

일요일마다 외출이 허가되었다. 영문(營門)에 기꺼운 모습으로 정렬한 병사들에게는 군의 하급품으로 돌격일번이라 불리는 콘돔 제품이 지급되었다. “깨끗한 자긍심, 민족의 피를 지키기 위해 이민족의 무서운 성병을 몸에 옮겨 피에 남기지 마라”라는 훈시였다. 초년병인 우리에게는 그것보다 맛있는 음식을 먹는 게 우선이었다. 수도 난징(南京)에도 뒤처지지 않는 한커우(漢口)의 번화가에서 자유롭게 마시고 먹을 수 있다는 매력은 절대적이었다. 새장에서 탈출한 작은 새처럼 처마가 늘어선 중화요리점, 술집으로 뛰어들어갔다. 일요일마다 이 즐거움은 계속되었다. 배부르게 먹을 사람은 먹고 마실 사람은 마시고 거리를 돌아다니며 영화 등을 보고 귀대했는데, 각자 다음의 무언가를 갈구하고 있던 어느 날, “삐야에 한 번 가보자”라며 전우와 함께 찾아갔다. ‘삐야’라 불리는 군 공인 위안소에는 차례를 기다리는 병사들로 마당이 꽉 차 도로까지 긴 줄이 이어져 있었다. 그리고 행렬은 종일 이어진다고 한다. 아랫도리만 벗고 용무를 마치고 돌아가는 병사들을 잇달아 처리하는 조선 여인 수 명의 육체적 중노동에는 기막힐 따름이었다. 초년병인 우리는 용기가 2프로 부족해 이 행렬에 끼지 못했다. 원주민을 상대하는 저속한 매음굴에서 부대나 헌병의 눈을 피해 놀아난 병사들이 매독에 걸려 영창에 들어가는 오명을 남겼다는 말을 듣고, 군 공인이라고는 하나 용기가 2프로 부족했던 것을 기뻐해도 좋을 성 싶었다. 그래도 누구 하나 막지 않는 외지 여성과의 접촉 기회를 영원히 놓치고 만 일이 마음 한구석에 작은 미련 같은 것으로 남는다.

[독립공병 제60대대 전우회(独立工兵第六十大隊戦友会), 『유유히 흐르는 장강의 물결 독립공병대 제60대대의 자취(独立工兵隊第六十大隊の足跡)』, 1986, 356쪽.]

16) 1944년, 중국 하이난(海南島) 하이커우(海口) 충산(琼山)

여단사령부에서 "○월 ○일, 충산(琼山) 주둔지에 종군위안부 한 개 소대가 위문을 온다. 부대장은 이 특종(수) 소대를 장악하여, 부대 장병의 사기 고양에 힘쓰겠다"라는 요지의 명령이 전달되었다.

조속히 부관과 군의가 대장에게 불려와 이 명령이 전달되었고, 부관과 군의는 실시 계획을 세워 특종 소대의 취급과 문제없는 실시가 요청되었다.

전술했듯이 지극히 고지식한 부관과 총각(チョンガー)[3]인 군의가 이렇게 큰 사업을 일임받아, 크게 당황하고 곤혹스러워 쩔쩔맨 것은 상상에 맡기겠다.

그러나 약간의 예외(중학, 대학을 막 졸업한 간부후보생)를 제외하면, 장병은 대부분 아내가 있는 사람들이다. 이미 여자를 알고 있는 젊은 남자뿐인 집단이다. 이들 혈기 왕성한 남자들이 먼 이국에서는 모든 것을 잊고 있지만, 일단 주둔하게 되면 이야기는 달라진다. 별의별 욕망이 미리를 쳐드는 것은 극히 자연스러웠다.

주둔지에서 아주 가깝게는 하이커우(海口) 거리가 있고, 여기에는 3만 명 정도의 일반 시민이 있다. 전시라고 해도 남녀노소의 시민이 지극히 보통의 생활을 영위하고 있다. 이 현실을 눈으로 보고, 장병들은 갑자기 향수가 생기고, 욕망이 머리를 쳐드는 것은 어쩔 수 없다. 이 욕망을 억제하면 때때로 행동이 난폭해지고, 싸움이 끊이지 않게 된다. 따라서 이번 사령부의 조치는 정신위생상 타당한 배려라고 받아들였다.

조속히 모리모토(森本) 부관과 나는 세부에 이르는 실시 계획을 시작했다. 우리가 주둔하고 있는 해군 병영(兵舎)은 때마침 한 동이 비어 있었다. 이 동을 제5중대 동이라고 부르고, 이 숙소 개

---

3 속어. 총각은 '総角'의 한국음에 따른 것이며 과거에는 멸시의 뜻도 있었음.

조에 착수했다.

각 중대로부터 목수·창호 등 건축 관계 장인을 소집했다. 숙소는 한 개 분대용 큰 방으로 되어 있었는데, 이것을 부실(副室)이 딸려 있는 개인실 약 50실로 개조했다. 각각의 개인실을 장교용, 하사관용, 병사용으로 구분했다. 목제 침대도 운반해 들여놓고, 침구도 준비되어, 만반의 준비를 갖추었다.

마침내 그날이 되었다.

제5중대 약 50명이 트럭에 나눠 타고, 병영에 도착했다. 이것을 맞이하는 위병의 받들어 총도 대장(隊長)에 대해 늘 하는 것 이상으로 기합이 들어가 있었다.

남자뿐인 집단 속에 오랜만에 여성을 선보이는 것이다. 신비롭고 요염한 분위기가 감돈다.

제5중대의 구성은 일본 여성도 조금 있었는데, 대부분은 대만과 한국의 여성이었다. 연령은 25~30세 전후로 보였다. 먼저 처음으로 군의로부터 검매(성병검사)가 실시된다. 두 명의 군의 모두 완전 초보자이고, 경험도 전무하다. 따라서 완전 형식적인 것이며, (199) 전원 합격되었다.

이어서 여자들은 미리 준비되어 있는 제5중대의 개인실로, 지명된 대로 분산 배치되었다.

맞이하는 부대 쪽도 각 중대별로 장교·하사관·병사로 서열이 지어져, 이미 전투준비를 완료하고, 기다리고 있는 진지를 향해 한 명씩 정연하게 공격을 개시한다. 오후 2~3시라는 한낮의 전투이다.

이상하게 흥분하고, 갑자기 서는 장병, 그것과는 완전히 대조적으로 진지에 기다리고 있는 그녀들은 연일 분투에 너무 지쳐서 권태의 색이 농후하여, 그 대전(対戦)은 완전히 기계적·무감동·무표정 그 자체였다. 약 두 시간, 모든 남자들의 공격이 어떤 문제도 없이 지극히 평온함 속에서 종료되었다.

무사히 일을 완료한 제5중대의 여성들에 대해, 부대장은 정중하게 사례하고, 병영에서 내보냈다. 거의 1년 반 만에 생리적 욕망을 채울 수 있었던 장병의 얼굴에, 지금까지 오랫동안 본 적이 없었던 평온함이 찾아왔다.

[호리에 유지(堀江祐司), 『샹구이작전에 종군했던 한 군의의 회상(湘桂作戦に従軍した一軍医の回想)』, 사가판(私家版), 1988. 198~199쪽.]

17) 1945년, 중국

위안부

일요일은 외출이 허용되었다. 배급품은 성병 예방을 위한 고무 제품으로 위안소로 가라는 뜻이었다. 위안소는 양민의 자녀를 범해서는 안 되는 병사를 위해 만든 군의 시설로 무료. 마을에서 떨어져 있었으나, 암페라로 둘러친 다다미 2개 정도의 통나무 오두막이었다. 안에는 여자가 있다. 일본인인지 조선인인지 어디 태생인지 멀리서 보기만 했던 나는 알 수 없었다. 오두막은 한 명이 들어가면 꽉 차서 남자들은 밖에서 줄지어 기다렸다. 바지를 벗고 차례를 기다리는 자도 있었다. 그 수 30, 40명으로 마치 백화점 개점일처럼 북적거렸다.

여자는 홀로 그것을 처리하니 엄청난 중노동이다.

거리의 십자로에 거적을 깔고 그 위에 앉아 손님을 기다리는 삐라는 중국인 매춘부도 있었다. 얼굴에는 자색반이 돋아 있어 언뜻 봐도 성병 환자임을 알 수 있는 여자로 나는 얼굴을 돌리고 지나갔다. 이는 영업이므로 돈으로 사는 것인데 샀다는 병사는 한 명도 없었다. 성병 환자가 없던 것을 생각하면 멀리했기 때문일 터이다.

부대 안에는 '위안부'라는 창부가 일곱, 여덟 명 상주하고 있었다. 장교용으로 고등관 대우. 병사들은 나흘, 닷새나 행군해 가까스로 도착한 주둔지에 그녀들은 군의 차로 먼저 도착해 있었고 예쁘게 화장하고 기다리고 있었다. 고국을 떠나 내일도 알 수 없고 생명이 위험에 노출된 전쟁터에서 그녀들의 존재는 높은 곳에서 아름답게 빛나는 밤하늘의 별과 같았다.

여름밤 1시, 나는 불침번을 서고 있었다. 젊은 현역병은 초저녁이나 새벽녘 수면에 지장이 없는 시간대에 섰으나, 소집병에게는 늘 심야 시간대가 할당되었다. 가만히 있을 수 없어 나도 모르겠다는 식으로 복장 위반인 줄 알면서 잠방이 차림으로 섰다. 그러자 저쪽에서 안면이 있는 소위가 보였다. '망했다'라고 생각했지만 이미 늦었다.

"그 태도는 뭐냐?"

찰싹하고 손바닥이 뺨으로 날아들었다.

"뭐하고 있냐고 소위, 위안부 사러 갔다 온 주제에."

라고 대들고 싶었으나, 이곳은 군대.

"죄송합니다."

소위로서는 추하게 밤이슬을 맞고 들어오는 모습을 들켜서 난처했는지 모르겠으나, 그 벌은 곧

바로 받았다.

두 달 후, 소위는 악성 매독에 걸려 야전병원에 입원한다.

"꼴 좋다."

나는 속으로 득의의 미소를 지었는데, 그 청결하다는 위안부가 매독을 가지고 있었다니 배신당한 기분이었다. 하지만 소위가 찾은 것은 위안부가 아닌 삐였을지도 모른다.

[야네모토 마사오(屋祢本正雄), 『위대한 길(大いなるみち)』, 1993, 136~137쪽.]

2. 피해자 구술에서 보는 성병과 일본군 위안소

1) 1936~1942년, 팔라우

그 집에 있는 여자들은 일주일에 한 번씩 검사를 하러 병원에 갔다. 병원은 군병원이었고 일본인 군의관 한 명과 일본인 간호부 두 명이 있었다. 우리는 매독검사를 받았는데 군인을 많이 받은 언니는 매독이 있었다. 콘돔을 끼는 군인도 있고 안 하는 군인도 있기 때문이다. 병에 걸리면 병원에 입원하여 치료받았다. 나는 성병에 걸린 적이 없었다. 군인을 받고 나서는 곧 화장실로 달려가서 씻었다. 더럽다고 생각했기 때문이다. (…) 병에 걸려 입원하면 주인은 펄펄 뛰고 난리가 났다. 이렇게 한 달, 두 달 동안을 병원에 있으면서 어떻게 빚을 갚으려고 그러느냐고 야단이었다. 빚을 갚지 못하면 기한이 자꾸 늦어졌다. (……)

내가 일본말을 조금 할 줄 아니까 그 군의관이 상관에게 얘기를 해서 병원에서 일하게 되었다.

그후 병원에서 의사가 가르쳐 주는 대로 오리주둥이 같은 기구로 여자들 성기를 검사하는 일을 했다. 일주일에 한 번씩 이 여자들을 검사할 때가 제일 바빴다. 왜냐하면 100명이 넘는 여자들이 검사를 받으러 왔기 때문이다. 그중에 조선인 여자가 50명 정도 되었다. 병원에 있으면서 팔라우에는 일본 유곽과 조선 유곽이 각기 하나씩 있다는 것을 알게 되었다.

병이 있는 여자들은 나팔관에 고름이 생겨서 잘 빠지지 않았다. 10명 이상이 늘 입원해서 치료를 받았다. 치료는 자궁 안에 있는 새알 같은 약을 넣고 솜으로 막은 후 24시간이 지난 다음에 다시 검사를 하는 것이다. 증세가 덜한 여자는 2, 3일 만에 나가고 심한 여자들은 한 달 정도 있었다. 검사를 하면서 보니 끌려온 여자 중에는 애기를 낳은 경험이 있는 사람들도 있었다.

(한국정신대문제대책협의회·한국정신대연구회 엮음, 『증언집 : 강제로 끌려간 조선인 군위안부들』, 한울, 1993, 190~193쪽.)

2) 1937년 또는 1939~1940년 즈음, 중국 상하이

성병검사는 한 달에 한 번씩 군 병원에 가서 받았다. 나는 성병에 걸린 적은 없었다. 그래서 주인이 좋다고 했다. 성병에 걸린 다른 여자들은 병원에 다니면서 치료해야 했다. 성병 검사는 일본인 의사가 하기도 했고 일본인 간호원이 하기도 했다. 그 병원은 2층으로 건물이 꽤 커서 부상당한 군인들이 많이 들어왔다. 내가 본 의사는 세 명이었고, 간호원은 두 명이었다.

(한국정신대문제대책협의회·한국정신대연구회 엮음, 『증언집 : 강제로 끌려간 조선인 군위안부들』, 한울, 1993, 79~80쪽.)

3) 1938년 중국 후베이성(湖北省) 우창(武昌) '세계관' 위안소

영업 허가가 나기도 전에 많은 군인이 몰려들었지만, 검사 전이라 모두 쫓겨났다. 신도 씨는 성병 유무를 조사하는 검사를 울면서 저항했다. 군의관은 심한 저항에 질려 성 경험이 없으니 성병 감염은 없다고 말할 수 있다며 엉덩이를 철썩 치더니 다음 수진자를 들어오라 했다.

신도 씨의 작은 방에 처음으로 온 사람은 바로 그 군의관이었다. 이때도 신도 씨는 저항했다. 군의관은 신도 씨의 머리를 쓰다듬고는 방을 나갔다. 하지만 그 후 업자에게 구타를 당했다. 군인의 요구에 복종하지 않을 거면, 지금 바로 빚을 갚으라며 협박했다.

(……) 위안소의 작은 방에는 세면기가 있었다. 크레졸과 과망간산칼륨을 희석시켜 일을 끝낸 다음 소독을 했다. 옆 위안소에 있는 열아홉 살 여성이 크레졸 원액을 화장실에서 마시고 자살했다.

(가와다 후미코 지음, 안해룡·김해경 옮김, 『몇 번을 지더라도 나는 녹슬지 않아』, 바다출판사, 2016, 240~242쪽.)

4) 1938년 중국 후베이성(湖北省) 한커우(漢口)

위안소에서 성병검사는 일주일에 한 번씩 부대의 군의에게 가서 받았다. (···) 콘돔은 군인들이 가져오기도 하였고 내가 모아 놓는 것을 쓰기도 하였다. 군인과 관계를 할 때는 크기가 5센티미터 정도 되는 연고를 짜서 콘돔에 발랐다.

(한국정신대문제대책협의회·한국정신대연구회 엮음, 『증언집 : 강제로 끌려간 조선인 군위안부들』, 한울, 1993, 203쪽.)

5) 1938년, 중국 상하이

방마다 콘돔을 상자 속에 수북이 갖다놓아서 군인들은 방에 와서 이것을 집어서 사용했다. 간혹 사용하지 않으려고 하는 군인들도 있었으나 절반 이상은 사용했다. 사용하지 않으려는 군인에게는 내가 나쁜 병이 있으니 옮지 않으려면 콘돔을 사용해야 한다고 말했다. 그래도 언제 죽을지 모르는 판에 병에 걸리면 무슨 대수냐고 하면서 막무가내로 덤비는 사람이 많았다. 이럴 때 나는 성병에 걸릴까 봐 환장할 지경이었다. 콘돔은 한 번 사용하면 버렸고 늘 충분히 준비되어 있었다.

한두 달에 한 번씩 군의관에게 검진을 받았다. 만일 병이 있으면 며칠 쉬도록 명령이 내려졌다. 병원으로 가서 검진을 받았는데 상해에서 검진할 때는 다른 위안소에서 온 여자들까지 있어 여자들이 아주 많았다. 중국 여자들이 늘어서 있는 것도 보았다. (…) 병원에는 검사대 같은 것이 놓여 있어서 여기에 올라가서 두 다리를 벌리면 군의관이 나팔 같기도 하고 오리주둥이 같기도 한 것을 밑으로 넣어서 보았다. 병이 있으면 606호를 놓아 주었는데 나는 이 주사를 맞은 적이 없다. 나는 성병은 없었지만, 아래에서 피가 흐르고 소변을 못 보는 병에 걸려 병원에 다니며 치료를 받았다. 다른 여자들 중에도 밑이 바늘 들어갈 구멍도 없이 홀떡 뒤집어지도록 붓고 피가 나는 사람이 많았다. 멀쩡한 처녀들을 데려다가 날이면 날마다 이런 일을 시키니 오죽했겠는가. 아이를 낳은 여자는 없었지만 임신을 해서 주사 맞거나 약을 먹어서 떼었다는 말을 들은 적이 있다. 나는 성병은 없었지만, 최근 병원에 가서 진단을 받으니 어려서 하도 많이 자궁을 사용하여 자궁이 비뚤어졌다고 한다.

(한국정신대문제대책협의회·한국정신대연구회 엮음, 『증언집 : 강제로 끌려간 조선인 군위안부들』, 한울, 1993, 51~52쪽.)

6) 1938년, 중국 광둥성 광둥

중국 사람이 살던 집을 개조한 위안소의 방은 침대 하나가 놓일 정도의 공간으로 마치 헛간과도 같았다. (…) 군인을 상대한 후에는 소독실에 가서 과망간산칼리 희석액이 나오는 소독 호스로 밑을 소독하게 되어 있는데 (…)

우리 자신들과 군인들은 위생을 각별히 중시하는 훈련을 받았다. 위안소 입구에는 들어오는 군인마다 손을 씻을 수 있도록 물이 담긴 대야가 준비되어 있었다. 일주일에 한 번씩 군의가 와서 산부인과 검진을 하고 다른 병이 생겼을 때도 군의가 치료해 주었다.

(한국정신대문제대책협의회·한국정신대연구회 엮음, 『증언집 : 강제로 끌려간 조선인 군위안부들 2』, 한울, 1997, 124~125쪽.)

7) 1939년, 중국 광둥성 광둥

군인이 오면 주인 여자나 먼저 와 있던 위안부 여자들이 방으로 따라 들어와서 돈을 받았다. 돈을 받은 후에 가격표시가 되어 있는 전표를 콘돔과 같이 나에게 주었다. (…) 나는 성병에 자주 걸려서 매상이 적었기 때문에 자주 맞았다. (……)

정기적으로 일주일에 한 번씩 병원에 가서 성병검사를 받았다. 성병검사를 받은 후에 약간이라도 이상이 있으면 1호에서 6호까지 있는 606호 주사를 맞았다. 그 주사는 한 번 맞으면 너무 독해서 일주일 동안 물에 손을 못 댈 정도였다. 군인에게 성병이 전염되면 전력에 차질이 생긴다고 완전히 나은 후에 군인을 상대하라고 했다. 주인은 매상을 많이 올리지 못한다고 몹시 싫어했지만 성병이 있을 때는 군인을 받지 못하게 했다.

나는 군인을 많이 상대해서 밑이 퉁퉁 붓곤 했다. 밑이 그렇게 되면 병원에 갔는데 병원에 갈 때는 아랫배가 터져나올 것같이 아팠다. 조금이라도 이상이 있으면 절대로 군인을 받지 못하게 했다. 나는 밑이 잘 부어서 일년에 서너 번 병원에 입원을 했다. 그러다가 1년이 지나자 내 몸은 내가 돌보아야 한다는 생각이 들어 그때부터는 꾀를 부리기도 했다. 검사를 할 때는 소금물로 깨끗이 닦은 후에 검사대에 올라가야 하는데 닦지 않고 올라가서 이상이 있는 것처럼 위장을 하기도 했다. 그러면 치료를 받기 때문에 당분간 군인을 상대하지 않았다. 병원에 입원했을 때는 군인을 상대하지 않아서 좋았지만, 매일 검사하는 것이 너무 싫었다. 병을 고친다고 주인이 아랫배에 쑥뜸을 해 주었는데 쑥뜸을 한 자리가 아물만 하면 뜨고 또 뜨고 해서 그 상처가 지금까지 크게 남아 있다. 병이 나을 만하면 다시 군대를 상대하였다. 위안부 여자들끼리 같이 있을 때면 "우리는 나이가 들면 아마 하체를 못 쓸 거야" 하는 이야기를 하기도 했다.

(한국정신대문제대책협의회·한국정신대연구회 엮음, 『증언집 : 강제로 끌려간 조선인 군위안부들』, 한울, 1993, 65~66쪽.)

8) 1939~1940년 즈음, 대만 기룽(基隆)

6개월이 지나 매독에 걸렸다. 또 일본말로 '요코네'라 하여 그 증상이 사타구니에 몽아리가 섰고 머리며 눈알까지 가려웠는데, 일본약으로 삭아내려 다 나았다. 그후 매독으로 2명의 여자가 죽었다. 병원은 따로 없었는데 군의관이 오면 일주일에 한 번은 방마다 성병검사를 받았다. 그 독한 606호 주사를 맞아, 사흘 동안 하늘이 뱅뱅 돌고 속도 메스껍고 월경도 한 달씩 걸러 했다. (…) 606호 주사는 한 달에 두 번 정도 맞았지만, 병에 걸리면 자주 맞았다. (……)

(군인은) 콘돔을 사용했는데 사용 안 하려는 군인도 있었다.

(한국정신대문제대책협의회·한국정신대연구회 엮음, 『증언집 : 강제로 끌려간 조선인 군위안부들 2』, 한울, 1997, 23쪽.)

9) 1939~1942년 즈음, 중국 헤이룽장성 무단장(牧丹江) 둥안(東安) 가기 몇 정거장 전 조그만 역 근처 '낙원' 위안소

고무로 된 것을 군인들이 가지고 와서 썼는데 부대에서 하나씩 준다고 했다. 일본말로 삿쿠라고 했다. 삿쿠(콘돔)를 안 끼는 군인이 있으면 병 나면 어떻게 하느냐고 쓰라고 했다. 군인이 쓰고 버린 콘돔은 휴지로 싸서 버렸다. (……)

군인이 계속 들어오니까 군인을 받는 동안은 목욕탕에 가서 씻을 시간이 없었다. 콘돔을 끼라고 해도 안 끼는 군인을 받고 나면 목욕탕에 가서 씻었다. 목욕탕에 하얀 소독약이 있었다. 군인들은 병에 걸리면 기합을 받는다고 하면서 콘돔을 끼지 않으면 여자들과 관계하지 말아야 했고, 중국인 여자한테는 가지 말고 우리한테 가라는 말을 들었다고 했다. (……)

처음에는 일주일에 두 번씩 군인 장교인 의사한테 검사를 받았다. 폐병이 있는지 여부 등 몸 전체도 봤다. 여자들한테 병이 있으면 군인들에게 큰일나는 일이었기 때문이다. 검사는 낙원에서 한참 떨어져 있는 아무렇게나 지은 초가집에 기계를 설치해 놓았는데 거기에 들어가서 했다. 나중에는 일주일에 한 번씩 했다. 검사하는 곳은 병원이 아니었다. 부대에 병원이 있었는데 군인들이 많으니까 우리들은 거기까지 가지 않았다. (……)

만주에서 군인을 보는 의사가 나를 보더니 몸이 나쁘다고 했다. 그러면서 조심해야지, 안 그러면 죽는다고 했다. 나는 잘 먹지도 못해 말랐다. 606호 주사는 맞지 않았다. 부대에 약이 없어서 군인에게 약을 구해 달라고 부탁해서 쓰기도 했다. 밑이 붓는 병이 들어 몸이 부어 있자 부대장이 힘을 써서 나를 고향으로 내보내 주었다. 몸이 자꾸 아파서 장교에게 자꾸 보내 달라고 했더니 병이 안 나으면 집에 가고 병이 나으면 있어야 한다고 했다. 그리고 병원에는 입원하지 못한다고 했다. 그냥 주는 약만 먹었다. 나는 여기서 죽어도 좋은데 내가 자꾸 앓고 하니까 거기서 필요치 않으니 내보내려는 것이다. 2년 7~8개월 만에 나왔다.

(한국정신대문제대책협의회·한국정신대연구회 엮음, 『증언집 : 강제로 끌려간 조선인 군위안부들 2』, 한울, 1997, 154~161쪽.)

10) 1940~1945년, 중국 후베이성(湖北省) 한커우(漢口) 해군위안소

배가 들어오면 해군들이 왔는데 그들이 돈을 가져와서 주인에게 줬다. 군인들이 콘돔을 가지고 들어와서 꼈다. (……)

성병검사는 일주일에 한 번씩 여자들이 모두 함께 의원에 가서 했다. 의사가 누군지는 모른다. 처음에 검사를 하러 갔는데 나보고 누우라고 하는데 눕지 않았더니 강제로 눕혀서 검사했다. 내가 우니까 언니들이 불쌍해했다. 병이 있으면 고쳐줬다. 나는 606호 주사는 맞지 않았다. 죽은 여자도 많았다. 약 먹고 죽고, 성병 걸려 죽었다.

(정신대연구회·한국정신대문제대책협의회 엮음, 『50년 후의 증언 : 중국으로 끌려간 조선인 군위안부들』, 한울, 1995, 104~105쪽.)

11) 1940~1941년, 중국 헤이룽성(黑龍江省) 둥안(東安)

일주일에 한 번씩 군의관이 와서 성병검사를 했다. 병들고 싶지 않으면 검사를 받으라고 했기 때문에 부끄러운 검사였지만 주저하지 않고 받았다. 검사 기구를 질 속에 넣었다가 꺼내서 묻어 나온 분비물로 성병 여부를 검사했는데, 열 명 중 대여섯 명은 상태가 좋지 않아 삼 일에서 일주일간 쉬어야 했다. 병들었다는 표시로 의사가 준 나무표찰에는 붉은 글씨고 '출입금지'라고 적혀 있었다.

(모리카와 마치코 글, 김정성 옮김, 『버마전선 일본군'위안부' 문옥주』, 아름다운 사람들, 2005, 53~54쪽.)

12) 1940~1945년, 대만 장화(彰化)

콘돔은 군인들이 가지고 왔다. 콘돔을 사용하지 않는 군인도 소수 있었다. (……)

관리인은 아침마다 우리 성기에 기계를 넣어 검사를 했다. 검사한 후에 소독도 했다. 피임약이라면서 알약을 주고 먹으라고 했다. 우리는 그 약을 방에 놓고 때때로 먹었다. 우리가 성병에 걸리면 손님한테 옮기고 장사를 못하게 되니까 조심하라고 관리인이 말했다. 여자들이 병이 있으면 주인이 병원에 데리고 갔다. 여자들이 성병이 있어서 그 병을 손님한테 옮기면 집 간판이 떨어진다고 했다. 병이 난 여자는 병원에서 주사를 맞았다. 그 병원은 아주 크고 군인들도 민간인들도 많았다. 의사는 일본 사람이었다. 병원에서 치료를 받아 금방 괜찮아지는 여자도 있었고, 며칠 입원한 여자도 있었고, 수술을 받은 여자도 있었다. 나도 수술을 받았다. 손님을 많이 받으니까 오른쪽 넓적다리가 퉁퉁 부어올라서 병원에 갔더니 수술을 하자고 했다. 그 수술 자국이 지금도 있다.

(한국정신대문제대책협의회·한국정신대연구회 엮음, 『증언집 : 강제로 끌려간 조선인 군위안부들 2』, 한울, 1997, 36~38쪽.)

13) 1941년 즈음, 중국 광둥성 광둥

일본 군의관이 우리를 검사했다. 군의관은 내게 아랫도리 옷을 전부 벗고 나무판 위에 올라가서 다리를 벌리라고 했다. 생전 다른 남자 앞에서 옷을 벗어 본 적이 없는 나는 너무나 놀라고 무서웠다. 이게 무슨 일인가 알지 못했다. (…) 나는 나무판 위에 올라가지 않으려고 발버둥쳤다. 군의관은 강제로 내 옷을 벗기고 아래를 검사했다.

우리 모두는 검사가 끝난 후 한참을 걸어서 어떤 건물로 갔다. 그곳이 바로 우리가 악몽과 같은 세월을 시작한 위안소였던 것이다. (……)

군의관에게 검사를 받은 바로 그 첫날밤에 방에서 쉬고 있는데, 그날 낮에 우리를 검사한 군의관이 내 방으로 들어왔다. 그가 내게 가까이 오자 나는 너무나 무서워서 뒤곁으로 도망쳐 덤불 속에 숨었다. 그 군의관은 나를 쫓아와서 내 양볼을 엄청난 힘으로 때렸다. 한참을 맞고 나니 얼굴 전체가 감각이 없을 정도로 되었다. 그는 시키는 대로 해야 좋을 것이라고 말했다. 말을 안 들을 수가 없었다. 반항해 봐야 나만 손해다 싶어 시키는 대로 하자고 마음을 먹었다. 그러나 그런 일은 처음 당했기 때문에 도저히 떨려서 견딜 수가 없었다. (……)

위안소는 군대 바깥에 있었으나 위안소에는 일본 군인들만 들어올 수 있었다. 군인들은 위안소에 들어올 때 문 앞에서 관리자에게 무슨 증명서를 내보이고, 대신에 표와 콘돔을 받아서 방으로 들어왔다. (……)

성병검사는 일주일마다 정기적으로 했다. 군의관이 우리 숙소로 와서 나무판을 만들어 놓곤 했다. 606호 주사는 성병이 있고 없고에 관계없이 한 달에 몇 번씩 놓아 주었다. 이 주사를 맞으면 피가 좋아진다고 했다. 그런데 이 주사를 맞고 나면 코에서 이상한 냄새가 나고 어질어질했다. 밑이 붓거나 아프면 군의관이 치료해 주고 나을 동안 며칠은 군인을 받지 못하게 했다. 방 뒤쪽으로 문이 나 있어서 뒤로 나오면 밑으로 물이 흘러가도록 되어 있고, 위쪽에서는 링거줄같이 생긴 호수가 연결되어 있어서 그곳으로 붉은색 소독물이 나온다. 수시로 그것을 받아 밑을 씻었다. 군인이 많이 오는 토요일, 일요일에는 씻을 시간이 없어 저녁에 한 번 겨우 씻었다. 위안소 건물 바깥에 목욕탕이 있어서 저녁에 목욕을 했다. 나는 성병에 걸린 적은 한 번도 없었지만, 상처가 나서 치료를 받은 경우는 많았다.

(한국정신대문제대책협의회·한국정신대연구회 엮음, 『증언집 : 강제로 끌려간 조선인 군위안부들 2』, 한울, 1997, 88~91쪽.)

14) 1942~1945년, 인도네시아 수마트라 쿠타라자

우리는 일주일에 한 번씩 성병검사를 하였다. 나는 매우 철저히 몸 관리를 하였는데 군인을 상대한 후에는 반드시 부대에서 주는 소독약으로 열심히 씻어내었다. 그래서 성병에는 걸리지 않았다. 군의 조교도 관리를 잘 한다고 나를 칭찬해 주었다. 그러나 나는 질이 얇고 자궁이 약하여 몸이 자주 아팠다. (……)

우리는 군에서 콘돔을 아끼라고 하여 그것을 두서너 번씩 씻어서 다시 사용했는데 콘돔을 씻을 때면 씻은 만큼 또 군인들을 받아야 된다는 생각이 들어 몸서리가 쳐졌다. 또 군인들 중에는 콘돔을 끼지 않고 관계를 하려고 하는 놈도 많았는데 그럴 때면 나는 "끼지 않으면 안 하겠다"고 버티었다. (……)

우리는 그곳에서 성병과 말라리아 때문에 고생을 많이 하였다. 나와 만주 목단강에서 함께 온 두 살 위의 평양 여자는 군인한테서 성병을 옮아 시름시름 앓다가 죽었다. 우리는 군의한테 정기적인 검사를 받았지만 별로 소용이 없었다.

(한국정신대문제대책협의회·한국정신대연구회 엮음, 『증언집 : 강제로 끌려간 조선인 군위안부들』, 한울, 1993, 203~207쪽.)

15) 1942~1945년, 인도네시아 보르네오 '끌라왕' 위안소

방의 구석진 곳에 천으로 가려진 작은 공간이 하나 있었다. 그곳에 케첩 병 크기의 병 6개가 놓여 있었는데 그 안에는 정체불명의 흰색 액체가 담겨 있었다. 그리고 한쪽 벽 아래쪽으로 작은 구멍이 나 있어 밖으로 물이 빠져나갈 수 있게 되어 있었다. 사실 그 하얀색 액체는 여성들의 성병 감염 방지를 위한 것이었으며 작은 구멍은 성관계 후 여성 성기를 씻은 물이 빠져나가는 통로였다는 것을 위안소 생활을 하면서 알게 되었다.

(……) 다음 날 우리는 일본 군용 트럭에 태워져 몸 검진을 받기 위해 안차산(Ancasan)에 있는 군대 병원으로 갔다. (…) 몸 검진은 위안소 감독의 강압적인 지시에 따른 것이었다. 우리는 어쩔 수 없이 그 명령을 따를 수밖에 없었다. 내 몸뚱이는 세 사람에 의해 철저하게 검사되었다. 한 명의 의사와 두 명의 조수에 의해 내 몸은 구석구석 발가벗겨졌다. 조수 중 한 명은 일본인이었는데 구레

나룻이 있었고 일본 군복을 입고 있었다.

한 명씩 검사실로 불려 갔다. 이름을 부르는 것이 아니었다. '너 들어가!'였다.

검사를 통해 그들은 내가 처녀라는 사실과 아직 생리를 경험하지 않은 몸이라는 것을 알게 되었다. 일본 의사는 내 성기에다가 나중에 우리가 '오리주둥이'라고 이름 붙인 기구를 강제로 삽입하였다. '오리주둥이'는 금속으로 만들어진 기구로 손잡이 부분을 작동하면 끝부분이 벌어지면서 성기를 크게 확대할 수 있는 기능이 있었다. 이 기구를 통해 성기의 내부를 관찰할 수 있었으며 질병의 유무와 건강 상태를 확인할 수 있었다. 내 의심은 점점 확신에 가까워졌다. 지금 당장은 상상할 수 없지만, 나는 분명 죄를 짓는 바쁜 사람이 되는 길에 들어서고 있는 것이었다. 동료들도 그렇게 믿게 되었다. 검사 결과 우리 일행 중 부인과 질병을 앓고 있는 사람은 한 명도 없었다.

건강검진이 끝난 후, 우리는 다시 끌라왕으로 돌아왔다. (……) 내가 문을 열었을 때 그날 오전 병원에서 만난 구레나룻 일본인이 손에 11번 방 번호표를 쥔 채 방문 앞에 서 있었다. 그는 내 몸을 샅샅이 검사한 바로 그 일본인 의사의 조수였다. 마음 속으로 그 구레나룻 일본인을 극도로 증오하고 있었는데 왜 그가 나를 찾아왔는지 그때는 정말 몰랐다. 그는 내가 처녀고 아직 생리를 경험하지 않은 몸인 것을 잘 알고 있었다. (……) 위안소에 있는 동안 매일 안차산병원의 의사 조수가 와서 건강 상태를 검사했다. 우리는 그것을 '성기 세탁'이라고 불렀다. 군의관은 매주 토요일마다 검진을 위해 위안소에 왔다. 그들의 주 임무는 우리가 성병이나 부인병에 걸렸는지 확인하는 것이었다.

우리들의 성병검사는 '오리주둥이'라고 별명이 붙은 기구를 성기 안에 삽입한 후 진행되었다. 이를 통해 성병 유무나 부인병 여부를 확인할 수 있었다. 만약 여성 성기 질 주변에 작고 붉은 종양이 있거나 콧물 같은 액체가 흘러나오면 작은 솜으로 닦아냈다. 그런 다음 정체불명의 물약을 그곳에 발랐다. 그렇게 증세가 호전될 때까지 매일같이 약을 발랐다. 건강검진은 위안소 본 건물 중앙에 있는 방에서 진행되었다. 그날 일을 배정받은 사람들은 검진을 받아야 했고 성기를 깨끗이 닦아야만 했다. 만약 부인병이나 성병이 걸리면 치카다는 위안소 앞에 있는 민간인 집에 보내 완치가 될 때까지 치료를 받게 했다. 그 집은 치카다가 질병에 걸린 '위안부'들을 위해 세를 얻은 집이었다.

(에카 힌드라티·기무라 고이치 지음, 김영수 옮김, 『그들은 나를 모모예라고 불렀다』, 일본군'위안부'문제연구소, 2021, 88~90쪽, 106~107쪽.)

16) 1942~1943년, 버마 만달레이 위안소

만달레이에서도 일주일에 한 번 군의와 위생병이 와서 검사를 했다. 검사 기구를 질에 넣어 문드러짐이 없는지 확인하고 분비물을 이용해서 검사를 했다. 나는 역시 자진해서 검사를 받았다. 병에 걸리는 것이 무엇보다도 무서웠기 때문에 콘돔을 사용하지 않는 군인이 있거나 하면 특히 신경을 써서 씻어내곤 했다. 예를 들면 콘돔을 사용했다고 해도 질이 안 좋은 군인이 있을 때는 끝난 뒤에 꼭 철저하게 씻어냈다. 사실 찾아오는 군인이 성병에 걸려 있는지 아닌지도 우리들은 알 수 없었기 때문에 결국은 스스로 조심하는 수밖에는 없었다. 그리고 "내가 병에 걸리는 것도 싫지만 당신도 병에 걸리면 괴롭잖아요. 피차 어려워지니까 콘돔을 써 주세요"라고 말하며 콘돔을 사용하도록 열심히 설득했다. 제대로 설명을 하면 대체로 군인들은 납득했다.

세정실은 복도의 맨 끝에 있었는데 거기에는 수도꼭지가 하나 있어 샤워를 할 수 있었다. 욕조는 없었지만 버마는 무더운 곳이라 목욕까지 할 필요는 없었다. 대야에 물을 받아서 소독 액을 사용해서 국부를 씻어냈다. 소댁 액은 과망간산이라는 붉고 둥근 약을 녹여서 만든 감색 물이었다. 이 약은 일주일에 한번 배급되었다. 마시면 죽는 맹독성이었지만, 오줌을 섞으면 중화되어 독이 없어진다고 위생병에게 들었다.

(모리카와 마치코 글, 김정성 옮김, 『버마전선 일본군'위안부' 문옥주』, 아름다운 사람들, 2005, 84쪽.)

17) 1942~1945년, 버마(양곤에서 하루 종일 기차와 트럭을 타고 들어간 곳의 조그만 마을)

버마 산골짜기인데 큰 군 병원만 하나 있었다. 우리 위안소는 바로 병원 옆에 있는 작은 도랑 하나만 건너가면 되었다. 군인들도 그 병원에 관계되는 사람들만 오는 것 같았다. 처음에 병원에 가서 자궁에 기계를 집어넣고 검사를 했다. (……)

일주일에 한 번씩 병원에 가서 성병검사를 했다. 병이 있으면 문밖에다 '휴가'라고 써붙여 놓았다. 그걸 써붙이면 군인들이 들어오지 않았다. 군 병원에서 소독약을 주었다. 그 약은 물에 조금만 타도 물이 빨갛게 된다. 너무 진하면 검게 보이고 연하게 타면 분홍색이다. 그걸 먹으면 죽기도 한다. 그걸로 뒷물을 했다. 콘돔은 군인들이 가지고 오기도 하고 나도 가지고 있어서 들어오는 사람들은 모두 했다. 안 가지고 온 사람은 내가 하라고 했다.

(한국정신대문제대책협의회·한국정신대연구회 엮음, 『증언집 : 강제로 끌려간 조선인 군위안부들』, 한울, 1993, 120~121쪽.)

18) 1942년 즈음, 라바울 '논뙤브' 위안소

도착 후 우리는 피곤하고 아파서 이틀인가 쉬었다. 밥은 부대에서 갖다 주어서 먹었다. 우리가 마주 보이는 곳에는 큰 천막을 쳐서 만든 육군 야전병원이 있었는데 거기서 위생병이 와서 주사도 놔주고 약도 갖다 주었다. (……)

병원에 가서 일주일에 한 번씩 검진을 했다. 안 좋으면 606호라는 독한 주사를 맞았다. 나는 이 주사를 맞아본 적이 없지만 딴 춘구들이 그걸 맞고 나서 너무 아파서 죽으려고 하는 것을 여러 번 보았다. 콘돔은 케이스로 갖다 놓고 썼고, 남자들을 받고 나면 밑을 씻으라고 소독약도 주었다.

(한국정신대문제대책협의회·한국정신대연구회 엮음, 『증언집 : 강제로 끌려간 조선인 군위안부들 2』, 한울, 1997, 75~76쪽.)

19) 1942~1945년, 라바울

거기서는 성병을 아주 겁내. 야전병원에서 일주일에 한 번씩 와서 우리를 검사했다. 의사는 서너 명씩 왔지만 여자 간호원이 오는 것은 못 봤다. 침대에 누워 있으면 기게를 집어넣고 검사하였다. 아기가 생기든지 병이 생기면 안 된다고 콘돔은 꼭 끼게 했다. 콘돔은 군인들도 가져오지만 사무실에서 주었고, 다 떨어지면 또 주곤 했다. 콘돔은 우리가 씌워 주는 데 스무 명 중에 한 명쯤은 안 하려고 하는 경우도 있었다. 안 한 사람은 접촉을 거절하였는데, 어떤 놈은 내 뺨을 때리기도 하고 생발광을 하는 놈도 있었다. 또 병원에서는 덩어리 약을 주었는데 그걸 물에 타서 나는 꼭 씻고 군인도 씻어 주었다. 2층에는 물탱크가 있었는데 물이 있을 때는 거기에서 씻었다. 나는 내 몸 관리를 철저히 해서 다행히 성병을 앓은 적은 없었다. (……)

성병에 걸린 사람은 606호를 맞고 일주일쯤 치료를 받았는데 문에는 '휴가'라고 적어 놓았다.

(한국정신대문제대책협의회·한국정신대연구회 엮음, 『증언집 : 강제로 끌려간 조선인 군위안부』, 한울, 1993, 246~247쪽.)

20) 1943년, 인도네시아 발릭파판

병에 걸리는 날이면 손님을 못 받지. 걸렸다 하는 것은 의사가 판정하지. 두 발을 올려놓고 검사를 하거든. 병 걸렸는가 안 걸렸는가 검사를 하고. '콘돔'이라고 또 끼우는 게 있어. 남자들, 그거 끼우고 그래도 병 걸리는 사람은 걸리지. 인자 심한 사람은 입원도 하고 약도 가와 뿌리고 뭐. 별짓을 다 하지요. 난 딱 한 번 걸렸어. 오래 가진 안 하더만. 그래 내가 요새 다른 사람은 다 아(이) 낳고 살고 하는데 나는 이 모양이 됐을까 하고.

[검사는] 일주일 만에. 병원이 거 옆에 만날 붙어갖고 있는 데가 있는 갑데요. 일주일에 한 번씩 검사라고 하여 차 태워가지고 바로 앞에 내려서 죽 '나라비'를 서가 검사하고. 그 병원에 일반인은 없고요. 딴 사람들은 아무도 안 보이고, 만날 보이는 사람만 보이니까네요. 그게 만땅 다 군인인지 알지.

[매독 같은 건] 안 걸리죠. 그런 숭악한 것을. 걸렸으면 어찌될끼고. (걸린 사람도) 있긴 있었다. 그랑께 그 '콘돔'이라는 그거 안 끼요. 그런 거 못 걸리라고, 하모. 군인도 주머니에 여코 데닌다. 그런 건, '콘돔' 같은 건. 저그도 병 걸리면 큰일이거든.

[씻는 물은] 소독물이지 뭐. 흰색이었지요. (…) 혹시나 사람일은 모르니께니 소독물에 씻어야지. 지 몸을 위해서 귀찮아도 꼭 씻어야지.

씻으러 가는 데는 목욕탕.

(대일항쟁기강제동원피해조사및국외강제동원희생자등지원위원회, 『일본군위안부 피해 구술기록집 : 열두 소녀의 이야기 들리나요?』, 대일항쟁기강제동원피해조사및국외강제동원희생자등지원위원회, 2013, 62~64쪽.)

21) 1942~1943년 즈음, 중국 지린성(吉林省) 훈춘(琿春) '긴가쿠' 위안소

씻지 못해. 끼는 거 저거 하니까는 아파. 아픈데 어디 생각해 주나, 나만 아팠지. 검사해요. 매주 금요일 날 검사해요. 군인 트럭 타고 우리가 의료 저거 하는 데로 가요. 검사하는 사람은 군인이지 뭐. 군의라고 그 사람 혼자서 다 해. 병원은 군대에 있어. 검사할 때 병원에는 우리들이 우리밖에 없었어. 병원은 막사로 지은 거야.

성병 걸려 본 적이 있어. 매독. 치료받았지. 그때 군인은 안 받았어. 매일매일 병원 가서 치료받았지. 606 주사를 맞았어. 한 삼 일은 맞았을 거야. 냄새 나지. 그게(콘돔) 어떤 거는 터지고 터지기 땜에 안 하는 사람도 있어. 군인들이 가지고 오나 봐.

(한국정신대연구소·한국정신대문제대책협의회 엮음, 『증언집 : 강제로 끌려간 조선인 군위안부들 3』, 한울, 1999, 81쪽.)

22) 1943~1945년, 팔라우

일주일에 한 번 10명씩 교대로 코롤병원에 가서 검사를 했다. 군의와 위생병이 있었다. 간호원은 없었다. 아래 간수를 잘 못하는 여자들은 사흘마다 검사가 떨어졌다. 검사에서 떨어지면 일주일 동안 손님을 받지 않았다. 의사에게 잘 보이면 쉬라면서 일주일 휴가라고 붙여 주었다. 대신 자기들에게 밉게 보이면 질 속에 손가락을 넣고 휘질러 댔다. 나이 어린 우리에게는 안됐다고 말하기도 했다. 소독약을 줘도 질이 부으면 손가락도 안 들어가서 잘 바르지 못했다. 매독, 임질 같은 병에 걸리지 말라고 한 달에 두 번인가 606호 주사를 놓았다. 애를 못 낳는 주사도 놓았다. 가끔 아주 힘들다고 하면 잠 오는 약을 하나씩 주기도 했다. (……) 군인들은 처음에 콘돔을 가져와서도 쓰지 않았는데 나중에는 매독 때문에 콘돔을 끼워 주라고 명령이 내렸다.

(한국정신대문제대책협의회·한국정신대연구회 엮음, 『증언집 : 강제로 끌려간 조선인 군위안부들 2』, 한울, 1997, 57~59쪽.)

23) 1943~1945년, 중국 지린성(吉林省) 옌지(延吉)

만주 연길역에 턱 내리기까네, 군용차가, 화물차가 오는 기라. 그래 내리니까는 인제 뭐, 참 공장 같애. (…) 여기가 공장인가 하는데 기계는 하나도 없고, 창고같이 방문이 하나씩 다 있는기라.

그래가지고 그 이튿날인가 (…) '검사하러 간다' 그러데. 신체검사 하나 했더니 신체검사 한다 그래. (…) 가니께네, 누우라고 해서 다이 있는데 누운께, 오리주둥이 같은 거, 그게 안 들어가는 데 뭐, 아이고. (……)

뭐 인제 금요일인가, 뭐, 매주 요일, 내일은 검사하러 간다카데. 그래 병이 있는 아이들은 일주일 동안 검사 새로 받은 동안은 손님 못 받구로 하지. 그 검사는 일주일에 한 번씩 그래 가는데, 나는 처음에 해 봐도 되지 안 하고 하니께네, 아예 가자 소리도 안 해. 일주일에 한 번 빠지고 두 번째 또 가자 그래. 그래 갔지. 가도 여전히 마찬가지거든. (…) 자궁문이 안 열리니까네, 손님을 못 받으니 뚜드려 패고. (……)

열다섯 살 되던 해에 (손님) 받았지. (…) 전문 군인들 뿐이지. (…) 일주일에 한 번씩 검사를 하니께네 병 걸린 사람이 있나. (…) (검사하는 곳에) 걸어가는 데 얼마 되지는 않았어. 안 멀어. 일본 놈들이, 병원에 있는 놈들이 와갖고서 검사하지. 창고 같은 데, 이런 데 눕는 자리가 있데. (…) 다이 하나에 의사가 하나쓱 다 있는 기라. (…) 뭐 나무 침대라. 다리 밑에 보는 데가 있어. (……)

(모르는 여자들도 검사하러) 왔지. 딴 집의 여자들도 많이 와요. 그러면 그 사람들도 검사하고 그래. (……)

('콘돔'은) 주인이 다(여자) 하나 앞에 몇 개씩 주는데, 그리고 손님 받고 이라니까네. 하얀 약을 하나 주데. 그거를 묵어야 몸에 병이 안 오다 이러카데. (…) 그게 얼라 뵐 까봐 그래 주는기라 카데.

(대일항쟁기강제동원피해조사및국외강제동원희생자등지원위원회, 『일본군위안부 피해 구술기록집 : 열두 소녀의 이야기 들리나요?』, 대일항쟁기강제동원피해조사및국외강제동원희생자등지원위원회, 2013, 80~81쪽, 84~87쪽.)

24) 1943~1945년, 부산 영도

매번 군인을 상대하고 나면 1층에 있는 목욕탕으로 내려가서 크레졸을 탄 물로 씻었다. 그런 다음 다시 내 방으로 올라와 군인을 받아야 했다. 나는 한 명의 군인이라도 덜 받으려고 아무리 바빠도 씻어야 된다고 하면서 시간을 끌기도 하였다. 군인들은 콘돔을 사용하도록 되어 있었으나 사용하지 않으려는 군인들이 많았다. (……)

위안소 건물 옆에는 위안부들의 지정 병원이 있었다. 병원에는 일본인 의사 한 명과 일본인 간호부 한 명이 있었다. 한 달에 한 번씩 병원에 가서 성병검사를 했다. 검사할 때는 남자 의사가 자궁을 들여다보고 손을 넣어 검사했다. 임질에 걸린 사람은 606호 주사를 맞았다. 606호라는 주사를 맞으면 팔이 떨어져 나가는 것같이 아프다.

위안소에서 임질에 옮은 일이 있었다. 병원에 다니며 주사를 맞고 약을 많이 먹었다. 그런데도 위안소를 나온 후 몸이 약해지면 다시 재발하곤 한다.

(한국정신대문제대책협의회·한국정신대연구회 엮음, 『증언집 : 강제로 끌려간 조선인 군위안부』, 한울, 1993, 292~293쪽.)

25) 1944년, 인도네시아 스마랑 '칠해정' 위안소

어느 날 아침 '칠해정'에 어느 때보다 더 많은 꽃이 배달되어 왔다. '미스 가드'가 조금 흥분한 것처럼 보였다. 그녀는 거만한 표정으로 모든 사람에게 명령을 내렸다.

대개 그녀의 이런 행동은 중요한 손님이 올 예정임을 뜻했다. 손님은 의사였고, 우리는 의료 검진을 받게 될 것이라고 했다. 그말을 듣자마자 그 의사가 우리를 도울 수 있을지도 모른다는 생각이 스쳐 지나갔다. 의사라면 우리를 안타깝게 여기고, 우리가 처한 상황에 작은 변화라도 가져다 줄 수 있을 게 틀림없다. 마침내 의사가 방문했다. 나는 면담 요청을 하고 조심스럽게 그가 있는 방문을 두드렸다. (……) 나는 의사 표정을 살피며 그나 내 말을 제대로 듣고 있는지 의심스러웠다. 그는 거구였고 안경을 쓰고 있었다. 그는 머리 뒤로 깍지를 낀 채 의자에 등을 기대고 앉아 나를 위아래로 유심히 훑어보았다. 느낌이 안 좋았다. 그는 내 이야기에 아무 관심을 보이지 않았고, 안타까움이나 미안한 표정도 보이지 않았다. 낙담했지만 그래도 시도는 한 셈이다.

그런데 의사가 불쑥 일어나서 걸어왔다. 표정을 보고 그가 무슨 짓을 하려는지 직감했다. 그는 나를 붙잡으려고 했지만, 나는 꽤 민첩했다. 나는 방에서 빠져나와 뒷마당으로 가서 숨었다. 나는 작고 낮은 닭장으로 갔다. 그는 몸집이 크고 뚱뚱해서 그 안쪽까지 나를 따라올 수 없을 터였다. 나는 닭들 사이에서 웅크리고 있었다. (……) 일본인 두 명이 나타나 닭장에서 끌어내려고 내 다리를 잡아당겼다. 늘 그랬듯이 나는 끌려 나올 수밖에 없었다. 의사는 내 양손을 등 뒤로 세게 결박하여 내 방으로 끌고 갔다. 그 자리에서 의사는 무자비하게 나를 강간했다. 그가 이 집에 온 첫날 벌어진 일이다!

의사가 어떻게 그런 짓을 저지를 수 있는지 이해할 수가 없었다. 그날 이후로 나는 의사를 무서워했다. 아주 불가피한 경우가 아니면 진료실에도 가지 않았다.

그뒤로 그의 방문이 계속 이어졌고, 뒷마당에 있는 어떤 방에 산부인과 진료기가 설치되었다. 그곳에서 우리는 성병 검진을 받아야 했다.

검진이 시작되는 아침이 왔다. 서로 돕기 위해 우리는 함께 검진을 받으러 갔다. 이 일본인 의사가 검진하는 동안 나는 몹시 수치스럽고 무서웠다. 그는 이곳을 정기적으로 방문했고 올 때마다 낮에 나를 강간했다. 마치 업무의 일부인 것처럼.

진료실에는 문이 달려 있지 않았다. 우리를 더 참혹하고 황당하게 한 것은 다른 일본인 남성들이 늘 안을 들여다보고 있었다는 점이다. 그들은 언제든 들어와 옆에 서 있어도 된다는 권유를 받았고, 우리가 검진 받는 모습을 지켜보았다. 이런 검진은 강간만큼이나 끔찍했다.

이런 모욕을 어떻게든 감당해야 했다.

(얀 루프-오헤른 지음, 최재인 옮김, 『네덜란드 여성이 증언하는 일본군'위안소' : 나는 일본군 성노예였다』, 삼천리, 2018, 151~153쪽.)

26) 1944년, 중국 후베이성(湖北省) 한커우(漢口) 지칭리(積慶里)

위안소에 들어와서 처음 3일은 쉬었다. 그리고 검사를 했다. (…) 의사는 몸을 먼저 보고 밑을 보며 병이 있는지 검사했다. 의사는 나를 검사하고 처녀인 것을 알았다. 검사를 받고 주사를 맞았다. 무슨 주사냐고 언니들에게 물으니 어린애 못 낳게 하는 주사라고 했다. 어린애 못 낳는 약도 먹으라고 해서 먹었다. 원래 처음 들어오면 그런다고 했다. 그래서 위안소에 어린애 밴 여자가 없었다. (……)

몸을 버린지 사흘 째 되는 저녁에 나를 검사했던 의사가 찾아왔다. 내가 처녀인 줄 알아서 그랬던 것 같다. 난 죽어도 그 사람을 받기 싫어서 방에 들어가지 않았다. (……)

내 방은 2층에 있었다. 한 사람이 방 하나를 사용했다. 방은 모두 20개 정도였다. 방 바닥은 다다미였다. 내 방에는 이불, 옷장, 조그만 상 하나 그리고 약물을 넣은 세숫대야가 있었다. 목욕탕이 있어서 한 사람과 관계를 하고 나면 목욕탕에 가서 약물로 씻었다. 위생 면에서 괜찮았다. (……)

매주 월요일마다 적경리 안에 있는 병원에 가서 일본인 의사들에게서 성병 검사를 받았다. 검사하는 곳은 적경리에 들어와서 첫 번째 집이었다.

검사하기 전날 여자들끼리 오리 주둥이같이 생긴 기구로 서로를 봤다. 손님을 많이 받은 여자는 속이 빨갛고, 병 있는 여자는 상처가 있었다. 병이 있어서 손님을 못 받으면 주인이 싫어하기 때문에 먼지를 솜에 묻혀서 조금 발랐다. 그리고 검사를 가면, 빨리 하는 검사에서 보이지 않게 되었다. 병 있으면 손님 안 받고 좋은 것을, 그때는 몰라서 그랬던 것이다. (……)

군인이 돈을 가지고 와서 나에게 주면, 나는 그것을 주인에게 갖다 주고 콘돔과 휴지를 받아 왔다. (…) 군인들은 콘돔을 썼다. 그러나 콘돔을 안 쓰는 군인도 있었는데 내가 콘돔을 안 하면 안 된다고 하면 싸움을 하게 되었다. 내가 주인을 불러서 항의를 하고 주인도 병 때문에 콘돔을 해야 한다고 하자 술 먹은 군인이 '고노야로!' 하면서 주인을 때리기도 했다. (……)

매독 걸린 여자들은 병원에 입원해서 606호 주사를 맞고 보름 정도 지나면 나왔다.

(정신대연구회·한국정신대문제대책협의회 엮음, 『50년 후의 증언 : 중국으로 끌려간 조선인 군위안부들』, 한울, 1995, 66~72쪽.)

27) 1944~1945년, 버마(양곤에서 트럭 타고 두세 시간 정도 북쪽 산길로 간 곳)

콘돔은 우리에게 맡겼다. 그것을 안 가져오는 군인들한테 우리가 줬다. 그런데 콘돔이 아주 귀했다. 그래서 한 번 쓴 콘돔을 병에 모두 모아 두었다가 시간이 있을 때 냇가에 가서 빨았다. 비누로 씻어서 햇볕에 말린 다음 하얀 가루로 된 소독제를 뿌려 다시 사용했다. 이 일을 할 때가 제일 싫고 죽고 싶었다. 콘돔이 터졌을 때는 자기 성기를 파란색 소독약으로 소독하는 군인도 있었다.

(한국정신대문제대책협의회·한국정신대연구회 엮음, 『증언집 : 강제로 끌려간 조선인 군위안부들』, 한울, 1993, 235쪽.)

28) 1945년, 인도네시아 할마헤라

그 섬은 열대지방이라 비가 자주 오더라구. 스콜, 소나기가 자주 왔어. 병에 걸린 사람도 있어. 병에 걸리면 벌벌벌벌 떨고 그러네. 심하면 죽는 사람도 있고. 약은 키니네. 거기도 의사가 있거든. 약을 먹고도 심한 사람은 죽고 좀 안 심한 사람은 살고. 나는 병이 없어. 건강했지. 가까운 데 병원이 있어서 약도 주고 치료도 받고 그래.

일주일에 한 번 성병 검사를 받았어. 천막 쳐놓고 의사가 주사도 놔주고 약도 주고 그러데. 나는 임질이나 매독에 걸린 일은 없어. 거기서 임신한 여자는 없었어. 인도네시아, 필리핀 여자도 왔어. 606 주사는 모르겠어. 검사를 받기 전에도 몸이 안 좋으면 병원에 가고 그래. 자주 가도 병원에서는 언제나 받아줘. 무료로.

(한국정신대연구소·한국정신대문제대책협의회 엮음, 『증언집 : 강제로 끌려간 조선인 군위안부들 3』, 한울, 1999, 326쪽.)

일제침탈사 자료총서 100

식민지 조선과 일본군 '위안부' 문제 자료집 VI

-일제의 성병 대책과 전장의 위안소-

초판 1쇄 발행 2024년 12월 31일

엮은이 동북아역사재단
편역자 박정애
펴낸이 박지향
펴낸곳 동북아역사재단

등록 제312-2004-050호(200년 10월 18일)
주소 서울시 서대문구 통일로 81 NH농협생명빌딩
전화 02-2012-6065
홈페이지 www.nahf.or.kr
제작 · 인쇄 (주)동국문화

ISBN 979-11-7161-172-0 94910
978-89-6187-589-9 (세트)